AUZOU

DICTIONNAIRE DES DÉBUTANTS

DIRECTION GÉNÉRALE : Philippe Auzou

DIRECTION ÉDITORIALE : July Zaglia

ÉDITION : Gwenaëlle Hamon

RÉDACTEURS : Patrice Geenen, Sibel Maras, Rocio Serrano

MÉTHODE DE LECTURE : Rachel Frugier (professeur des écoles)

RELECTURE : Anne Placier, Sarah Renou

CRÉATION GRAPHIQUE ET ILLUSTRATIONS : Julien Famchon

ILLUSTRATIONS CAHIER D'ANGLAIS : Frédéric Coince

ILLUSTRATIONS ATLAS : Marie Auvinet

MISE EN PAGE : Julien Famchon, Corentin Séjournet, Fanny Letournel, Juliana Montoya Posada, Compo-Méca, Christelle Defretin

COUVERTURE : Armelle Drouin, Christelle Defretin, Julia Verneau, Eugénie Varone

DÉVELOPPEMENT À L'EXPORTATION : Noëlle Brasseur, Aurélia Hardy, Caroline Rousseau

ADMINISTRATION : Michèle Halimi, Armand Le Philippe, Nathalie Pourcelot

Dépôt légal : 2e trimestre 2013

CAISSE DES ECOLES DU PLESSIS-ROBINSON

Je suis très heureux de t'offrir ce dictionnaire qui t'accompagnera tout au long de ton passage à l'école élémentaire.

La municipalité te souhaite une agréable scolarité où se mêleront apprentissages et découvertes pour ton plus grand plaisir et celui de tes parents.

Bien amicalement

Philippe PEMEZEC
Maire,
Président de la Caisse des Ecoles

Mode d'emploi de ton dictionnaire

bon, bonne

Le mot recherché

adjectif masculin, féminin (adj. m., f.)

la catégorie grammaticale

1. À chaque sens son numéro !

Cette viande est très bonne

Un exemple clair pour t'aider

Une numérotation pour les homonymes (même orthographe, mais pas le même sens !)

mauvais, faux

En vert, les synonymes ou les contraires

Avoir du bon, c'est avoir des avantages

Une définition

1. bon, bonne

adjectif masculin, féminin (adj. m., f.)

1. Quelque chose de bon est quelque chose qui a un goût agréable. *Cette viande est très bonne.*
Le contraire est : mauvais.
2. Quelque chose de bon est quelque chose qui fait du bien. *J'ai passé un bon moment au parc.*
3. Quelque chose de bon est quelque chose de réussi. *C'est un très bon film !* **4.** Quelque chose de bon est quelque chose de juste. *Mon exercice est bon.*
Le contraire est : faux.
5. Quelqu'un de bon est quelqu'un de généreux. *Monsieur Perret est un homme bon.* **6.** Être bon dans une activité, c'est bien faire ce que l'on doit faire. *Linda est bonne en sport.*

bon *nom masculin (n. m.)*
Avoir du bon, c'est avoir des avantages. *Cette activité a du bon.*

bon *adverbe (adv.)*
Sentir bon, c'est dégager une odeur agréable. *Éloïse sent bon !*

2. bon *nom masculin (n. m.)*

Bon ! est un petit mot utilisé pour annoncer quelque chose ou pour montrer que l'on est surpris. *Bon ! Il faut partir maintenant ! Ah bon ? Il a vraiment dit ça ?*

Le mode d'emploi

Remarque :
Ces encadrés roses t'aident à déjouer les pièges de la langue française !

Illustrations
Des dessins clairs pour illustrer les définitions.

marcher

marcher *verbe (v.)*
1. Marcher, c'est avancer en mettant un pied devant l'autre. *Lisa a marché jusqu'à la piscine.* **2.** Marcher, c'est être en état de marche. *Le téléphone ne marche plus, je ne peux pas appeler.*
Le synonyme est : fonctionner.

Remarque : Ne pas confondre *marcher* avec le *marché.*

mardi *nom masculin (n. m.)*
Le mardi est le deuxième jour de la semaine, il se trouve entre lundi et mercredi. *Le mardi, Quentin a son cours de solfège.*

mare *nom féminin (n. f.)*
Une mare est une petite étendue d'eau. *Au parc, il y a une mare avec des canards et des cygnes.*

Remarque : Ne pas confondre une *mare* avec l'adverbe *marre* : *J'en ai marre.*

marécage *nom masculin (n. m.)*
Un marécage est un endroit toujours recouvert d'eau peu profonde où poussent de nombreuses plantes. *Les grenouilles vivent dans les marécages.*
Le synonyme est : marais.

marée *nom féminin (n. f.)*
Une marée est le mouvement de la mer qui monte et qui descend. *Quand la mer monte, c'est la marée haute et quand elle descend, c'est la marée basse. À la marée basse, la mer est très éloignée.* ► Marée noire : ce sont des flaques de pétrole qui se déposent sur les plages quand un bateau transportant du pétrole a eu un accident. *À cause de la marée noire, beaucoup d'oiseaux et de poissons sont morts.*

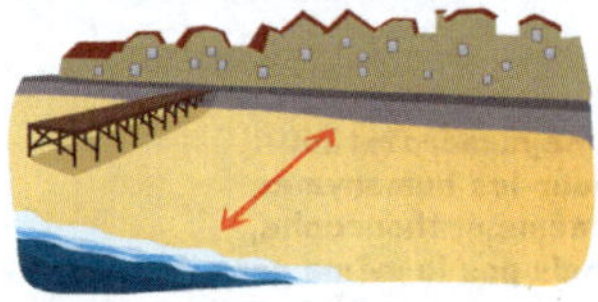

marelle *nom féminin (n. f.)*
Une marelle est un jeu où il faut lancer un caillou sur des cases dessinées sur le sol, puis sauter sur un pied dans toutes les cases, sauf celle où se trouve le caillou. *Les filles jouent à la marelle pendant la récréation.*

marge *nom féminin (n. f.)*
Une marge est un espace vide qui se trouve à côté d'un texte. *Il ne faut pas écrire dans la marge du cahier pour que le professeur ait de la place pour noter les erreurs.* ► Vivre en marge de la société : c'est vivre à l'écart des autres personnes. *Les clochards vivent en marge de la société.*

416

de ton dictionnaire

marguerite *nom féminin (n. f.)*
Une marguerite est une fleur qui est jaune au milieu et qui a des pétales blancs et allongés. *J'ai offert un bouquet de marguerites à maman pour la fête des mères.*

mariage *nom masculin (n. m.)*
Le mariage est l'union d'un homme et d'une femme qui promettent de rester ensemble jusqu'à la mort. *Ils ont fait une fête pour leur mariage.*

1. marin, marine
adjectif masculin, féminin (adj. m., f.)
Une chose, un animal marin fait penser à la mer ou vit dans la mer. *Il a un décor marin dans sa salle de bains. Le phoque est un animal marin.* ► Avoir le pied marin : c'est bien se sentir sur un bateau. *Hugo a le pied marin, il adore les balades en mer.*

2. marin *nom masculin (n. m.)*
Un marin est un homme dont le métier est de naviguer sur la mer. *Les marins partent en mer pendant plusieurs mois.*

marine
adjectif masculin ou féminin (adj. m. ou f.)
La couleur marine est une couleur bleu foncé. *Léa a mis un jean bleu marine.*

Remarque : Au pluriel, ce mot s'écrit de la même façon : des pulls marine.

marionnette *nom féminin (n. f.)*
Une marionnette est un petit personnage que l'on fait bouger avec les mains pour faire un spectacle. *Le spectacle de marionnettes était très amusant.*

coin lecture

« La boîte des marionnettes était là, renversée, et toutes les marionnettes en étaient tombées et gisaient au sol, les unes sur les autres. » *Le Montreur de marionnettes.* Andersen.

marmite *nom féminin (n. f.)*
Une marmite est un récipient avec deux poignées et un couvercle, qui sert à cuire les aliments. *Le poulet est dans la marmite, je vais servir.*

marmotte *nom féminin (n. f.)*
Une marmotte est un petit animal rongeur qui vit dans les montagnes.

à savoir

Les marmottes vivent en famille dans des terriers. Dès l'automne, elles bouchent l'entrée de leur terrier pour dormir tout l'hiver jusqu'au printemps. La marmotte est très vigilante et elle prévient les autres d'un danger en sifflant.

marocain, marocaine
adjectif et nom masculin, féminin (adj. et n. m., f.)
Ce qui est marocain vient du pays qui s'appelle le Maroc. *Rachid est marocain. Il est né au Maroc.*

A B C D E F G H I J K L **M** N O P Q R S T U V W X Y Z

coin lecture
Les animaux des fables de Jean de La Fontaine te présentent dans ces encarts de couleur verte un extrait de conte ou de fable, en rapport avec un mot qui se situe dans la page.

Alphabet
Pour aller plus vite : à chaque lettre sa couleur ! Tout l'alphabet apparaît pour situer facilement la lettre.

à savoir
Les animaux des fables de Jean de La Fontaine t'indiquent dans ces encarts repérables à leur couleur rouge un complément d'informations pour être incollable sur tout !

Présentation de la méthode

Cette méthode est une méthode mixte dans la mesure où l'enfant apprend à la fois à reconnaître des mots (mots qui sont en début de page avec leurs illustrations), méthode dite « globale », et à la fois à déchiffrer en combinant les lettres (et donc les sons), méthode dite « syllabique ».

Cette méthode suit toujours le même parcours :

- On commence par indiquer le son sur lequel l'enfant va travailler et les mots qui s'y rapportent (avec le son indiqué en rouge).
- Les mots sont écrits selon les deux écritures : cursive et bâton, pour familiariser l'enfant avec les deux ; en effet, l'enfant est censé écrire en cursif, mais doit être capable de lire en écriture bâton, il est donc important de lui rendre tout ceci accessible.
- Il y a un texte (histoire suivie tout au long de la méthode) où l'élève peut rencontrer le son étudié dans la page.

Ensuite, plusieurs exercices ponctuent la page du son étudié. Ces exercices entraînent l'enfant à reconnaître le son, à apprendre les différentes orthographes. En effet, pour apprendre à lire, l'enfant doit savoir :

- reconnaître les sons
- connaître les lettres
- faire correspondre les lettres (graphie) aux sons (phonie), de manière à acquérir rapidement la combinatoire (association des sons pour former des mots).

À travers ces exercices, l'enfant apprend à reconnaître les différentes écritures d'un même son, à reconstituer des mots en assemblant des syllabes, à associer des lettres pour écrire des mots.

Cette méthode peut servir de soutien ponctuel aux enseignants. En photocopiant ces pages, ils peuvent ainsi donner des exercices aux enfants apprenant à lire. Pour les parents, cette méthode crée une ligne de conduite qui leur permettra de suivre les progrès de leur enfant et, occasionnellement, de leur apporter une aide.

a

a A

a A

avion	ananas	cartable
avion	ananas	cartable

Marie prend l'avion pour aller au Canada.
Elle avale un jus d'ananas, elle adore ça !

1) J'entoure les images où j'entends le son « a »

chat

livre

ballon

banane

fourmi

chien

2) J'entoure les lettres a

o a i **e** a f **b** c a a d v b a **p** m a

3) J'entoure les lettres a dans les mots suivants

banane **chat** **ballon** **cartable**
balai **tapis** **avion** **ananas**

4) Je relis / Je reconnais

Avion	ananas	cartable	ça
Avion	ananas	cartable	ça

i et y

i Y

i Y

image	idée	stylo	Italie
image	*idée*	*stylo*	*Italie*

Marie regarde les images de son ami David qui vit en Italie.
Il a un chat qui s'appelle Pili et qui est gris ! Le samedi et le dimanche, il y a toujours des amis chez eux !

1) J'entoure les images où j'entends le son « i »

cartable

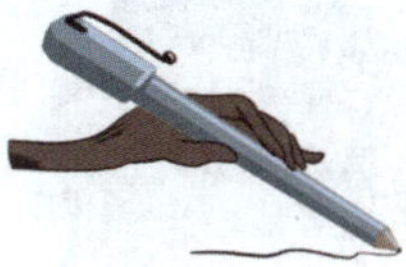

stylo

miroir

lit

raquette

igloo

2) J'entoure les lettres i

A y a t y i Y S i r e I y b m y o z f x y m d Y u v g i u l

3) J'entoure les lettres y et i dans les mots suivants

photographie bisou stylo physique

4) Je relis / Je reconnais

Un lit	un bisou	stylo	il y a
Un lit	*un bisou*	*stylo*	*il y a*

o au eau

o O au / eau

o O au / eau

moto	vélo	bateau	tuyau
moto	vélo	bateau	tuyau

Marie et David font du vélo dans la ville de Toronto. Il fait beau et chaud. Ils mettent leur maillot de bain pour aller à la piscine où l'eau est chaude !

1) J'entoure les images où j'entends le son « o »

mer

piano

tableau

métro

chapeau

haricot

2) Je relie les deux écritures du même mot

chocolat	auto
château	chocolat
auto	**château**

3) Je classe les mots dans le tableau

un tuyau, un manteau, un maillot, une photo, un bureau, une auto

je vois ***o***	je vois ***au***	je vois ***eau***

4) Je relis / Je reconnais

Un vélo	chaud	l'eau	un haricot	un château
Un vélo	chaud	l'eau	un haricot	un château

u

u U

u U

jupe lune bulle plume

jupe lune bulle plume

Quand il rentre de la piscine, David doit se préparer pour aller au judo. Il met son kimono et boit un jus d'ananas avant de prendre le bus qui est dans la rue à côté de la maison de Marie.

1) J'entoure les images où j'entends le son « u »

lune

légumes

stylo

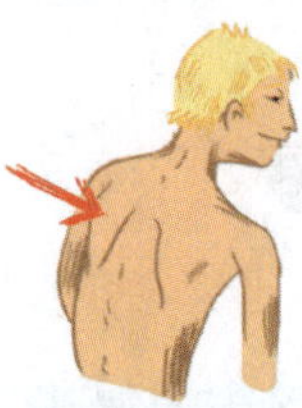

dos

voiture

lunettes

2) Je lis les mots suivants et j'entoure les lettres u

Lui vu **bu** rue **lune**

Mur Arthur **bus** voiture

3) Je relis / Je reconnais

La voiture les lunettes une bulle j'ai vu

La voiture les lunettes une bulle j'ai vu

é er ez

é É

é É

bébé nez panier collier

bébé nez panier collier

Comme Marie habite au rez-de-chaussée, David peut regarder par la fenêtre si le bus arrive ! Dès qu'il le voit, il court pour monter dedans ! Marie, pendant ce temps, doit s'occuper de Pili, car c'est encore un bébé et il fait des bêtises. Il a même enlevé son collier et il l'a caché avec son petit nez dans le panier…

1) J'entoure les images où j'entends le son « é »

Nez

montre

bébé

Dé

vélo

voiture

2) J'entoure dans le texte les é en rouge, les ez en vert et les er en bleu

3) Je relie les deux écritures du même mot

Le nez le pâtissier Un éventail La télévision dessiner

La télévision *Le nez* *Un éventail* *dessiner* *le pâtissier*

4) Je relis / Je reconnais

Le nez un panier le bébé le pâtissier

Le nez un panier le bébé le pâtissier

l

l L

l L

Livre lait bol table

livre lait bol table

Marie a couché le petit chat Pili dans son panier et elle a ensuite pu faire ce qu'elle avait prévu : faire un joli dessin pour sa maman et un bon gâteau au chocolat pour son papa. Lorsque Pili se réveille, Marie doit s'occuper de lui !

1) J'entoure les images où j'entends le son « l »

luge

chat

bol

sapin

léopard

tableau

2) J'entoure les lettres l

l a L L v d l f t h k l b b h

3) Je relie chaque mot à son image

vélo cartable lion

4) Je relis / Je reconnais

Livre joli elle Pili lui le

Livre joli elle Pili lui le

m

m M

m M

maman moto miroir fumée

maman moto miroir fumée

David monte les escaliers pour rentrer chez Marie, car son cours de judo est terminé. Mais lorsqu'il ouvre la porte, Pili se sauve en courant et dévale l'escalier comme une furie…
David court pour le rattraper, mais c'est trop tard…

1) J'entoure les images où j'entends le son « m »

mouche

bague

vache

matelas

moulin

2) Je lis les syllabes

ma **mi** **mo** **mu** **mé**

3) J'entoure les lettres m dans les mots suivants

pomme

fourmi

maison

mouchoir

4) Je relis / Je reconnais

Mais Marie maison comme

Mais Marie maison comme

p

p P

p P

papa pomme pile nappe

papa pomme pile nappe

En sortant comme une furie, Pili a renversé la nappe avec tout ce qu'il y avait dessus : les pommes, les poires et les papiers pour les dessins de Marie…
Mais Marie et David n'ont pas le temps de s'occuper de ça, ils le feront plus tard. Ils doivent d'abord retrouver Pili.

1) Je souligne les mots quand j'entends le son « p »

pommier fromage loupe

porte téléphone poussette

chaussure paon tapis

2) Je lis les syllabes

pa po pi pé pu py peau

3) Je remets les syllabes dans l'ordre et je forme trois mots

pis te mme ta por po

4) Je relis / Je reconnais

Pour plus pas poire porte

Pour plus pas poire porte

t

t T

t T

tomate téléphone taureau voiture

tomate téléphone taureau voiture

Marie décide d'abord de téléphoner à sa tata pour qu'elle les emmène en voiture : ce sera sûrement plus rapide.
Cinq minutes plus tard, Tata arrive. Une fois dans la voiture, ils se dirigent vers le tout petit parc où il y a parfois des chats qui se promènent. Marie et David descendent de la voiture pour entrer dans le parc.

1) Je relie

Marie téléphone à •	• sa tata • son tonton
David et Marie vont •	• dans un grand parc • dans un petit parc
Ils cherchent •	• un chat • un éléphant

2) Je lis les mots

Tata tapis tomate petit bateau

3) Je complète avec la syllabe qu'il faut : ta, té, ti, tu

une ___ lipe un ___ bleau

un ___ léphone une ___ relire

4) Je relis / Je reconnais

Petit tard une minute un tableau

Petit tard une minute un tableau

r

r R

r R

radis	riz	rue	larme
radis	riz	rue	larme

Marie commence à avoir les larmes qui lui coulent sur les joues… elle a peur de ne pas retrouver Pili. Tout à coup, David se rappelle que lorsqu'il faisait bouger une petite clochette, Pili accourait ! Ils rentrent donc tous les trois à la maison pour chercher cette clochette.

1) J'entoure les lettres r

A r b t f z o z r q v r m s R c p R

2) Je lis les syllabes

Ra ri ré rau ry ro ru

3) Je relie chaque mot à son image

oreiller roi guitare larme

4) Je relis / Je reconnais

Pour	lorsque	larme	trois
Pour	lorsque	larme	trois

b

b B

b B

bateau bille balle banane table

bateau bille balle banane table

De retour au parc, David fait sonner la cloche. Marie et lui s'approchent d'un banc, regardent en dessous : rien ! Ils s'approchent de l'aire de jeu pour enfants où il y a un bateau : rien ! David refait sonner la cloche et, tout à coup, il voit deux petites oreilles derrière un buisson… David se précipite pour voir s'il s'agit bien de Pili… et quelle chance, c'est bien lui ! Tout le monde est bien soulagé !

1) Je relie l'image au mot correspondant

banane **arbre** **bateau** **balle** **lavabo**

2) J'entoure les lettres b

D f *d* g j b *d* s v t o *p* p y *y* b *p* b *d*

3) Je complète avec b ou p

une _ anane une _ ile une _ alle

un ta _ lier un cha _ eau une pi _ e

4) Je relis / Je reconnais

Bien banane balle bateau

Bien banane balle bateau

g et j

j J

j J

g G

g G

jupe genou singe pyjama

jupe genou singe pyjama

Dans la voiture, Marie met Pili sur ses genoux, sur sa jolie jupe toute jaune, et le caresse tout au long du voyage ; il a l'air d'avoir eu peur, car il est tout tremblant… En rentrant à la maison, elle lui donne à manger et joue un peu avec lui. David est jaloux, car c'est Marie qui s'en est occupée depuis qu'ils l'ont retrouvé : il décide de le prendre un peu dans ses bras pour lui faire des câlins !

1) Je souligne les mots quand j'entends le son « j »

singe

luge

jardin

génie

araignée

jaune

montgolfière

2) Je relie

Pili est sur les genoux de •

• Marie
• David

La jupe de Marie est •

• grise
• jaune

David est •

• jaloux
• triste

3) Je relis / Je reconnais

Je joli manger génie

Je joli manger génie

c, q, qu, k

c C   q Q   k K

c C   q Q   k K

carotte   kiwi   quartier   école   coq

carotte   kiwi   quartier   école   coq

David amène Pili dans sa chambre pour s'occuper un peu de lui ! Il le pose à côté de lui et le caresse en lui parlant ! Il lui dit que ce n'était pas bien qu'il parte tout seul au parc et que Marie et lui s'étaient beaucoup inquiétés.

1) Je souligne les mots quand j'entends le son « k »

coussin

ordinateur

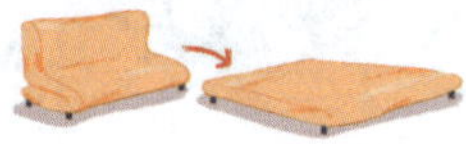
canapé

vase

chien

café

2) Je lis les syllabes

Ca   co   ki   ku   quo   qui   ka   qua   ky

3) Je classe les mots dans le tableau

équipe, cartable, kangourou, qui, école, parking

je vois c	je vois qu	je vois k

4) Je relis / Je reconnais

Qui   canapé   coq   kiwi

Qui   canapé   coq   kiwi

è, ê, ei, ai, ë

père tête bête j'ai fait beige

père tête bête j'ai fait beige

Marie arrive dans la chambre de David pour le réveiller, mais il est déjà debout ! Elle lui propose d'aller faire de la luge sur la neige. Il accepte avec plaisir, car il adore ça !
Ils décident donc de partir le lendemain matin et de passer par la forêt. Ils ont entendu dire qu'il y avait des lutins du père Noël qui travaillaient très près de cette forêt.

1) Je classe les mots suivants dans le tableau

ma mère, fenêtre, aime, même, très, neige, mais, veine

je vois **ê**	je vois ***ai***	je vois **è**	je vois ***ei***

2) Je lis les mots suivants

ma mère, une bête, être, une paire, j'aime, de la neige

3) Je relie chaque mot à son image

un sapin de Noël **une aile** **un militaire**

4) Je relis / Je reconnais

j'ai fait très mais la neige une fenêtre

J'ai fait très mais la neige une fenêtre

ou

Ou

Ou

outil rouge toupie fourmi

outil rouge toupie fourmi

David et Pili finissent par s'endormir. David fait un drôle de rêve : il est dans une maison toute rouge et il y a beaucoup de fourmis sur le sol… il ne sait pas trop où marcher. Il ouvre la porte et là, toutes les fourmis s'en vont en lui disant au revoir !

1) Je lis les mots suivants

rouler **jouer** **pour** **toute**

genou **roue** **loup**

2) Je remets les lettres dans l'ordre pour former un mot

l p u o e **e i u o t p** **r m f o i u**

3) Je relie chaque mot à son image

moulin **four** **poupée** **mouton**

4) Je relis / Je reconnais

Pour tout où loup joue

Pour tout où loup joue

n

n N

n N

neuf navire neige nez

neuf navire neige nez

David et Marie se sont levés très tôt et se sont habillés chaudement pour partir à la neige. Les vêtements de David sont tout neufs : il les a achetés au moment de Noël.
Bien sûr, Pili vient avec eux : il n'a encore jamais vu la neige !
Au début, Marie ne voulait pas l'emmener, mais elle a fini par accepter !

1) Je relie

David et Marie se sont levés ●
- ● *très tard*
- ● *très tôt*

Les vêtements de David ●
- ● *ne sont pas neufs*
- ● *sont neufs*

Pili ●
- ● *vient avec David et Marie*
- ● *ne vient pas avec David et Marie*

2) Je classe les mots dans le tableau

une plante, des lunettes, un animal, un endroit, mes parents, lundi, une noisette, un âne

Je vois ***n*** et j'entends ***n***	Je vois ***n*** et je n'entends pas ***n***

3) Je relis / Je reconnais

Ne pas elle a fini neuf la neige

Ne pas elle a fini neuf la neige

d

d D

d D

David dimanche dommage cadeau

David dimanche dommage cadeau

C'est dimanche, alors il y a beaucoup de monde qui se promène. David, Marie et Pili arrivent à trouver un endroit où il n'y a personne… Ils commencent par faire un bonhomme de neige : Pili va leur chercher deux pommes de pin pour faire les yeux.
Marie lui demande d'aller chercher, dans la forêt, quelque chose pour faire la bouche !

1) Je relie

Il y a beaucoup de monde, car c'est ●	● *dimanche* ● *mardi*
Marie et David font ●	● *un igloo* ● *un bonhomme de neige*
Pour les yeux, Pili a trouvé ●	● *des pommes de pin* ● *des boutons*

2) Je complète avec d ou t

un car_on une i_ée une voi_ure mercre_i

une minu_e un ra_is un _omino un mar_eau

3) J'entoure les lettres d

F **d** b **D** t **p** D y **c** d **q** i l q d **B** d **D**

4) Je relis / Je reconnais

Dans le monde elle demande deux

Dans le monde elle demande deux

s

ss s S

ss s S

le soleil samedi le ciel les fesses

le soleil samedi le ciel les fesses

Marie, David et Pili ont de la chance, le temps est superbe : il y a un grand soleil et un ciel tout bleu !
Une fois leur bonhomme de neige terminé, ils décident d'aller faire un peu de luge. Ils rencontrent des skieurs en glissant sur les pistes pleines de grosses bosses. Cela les amuse beaucoup !

1) Je classe les mots dans le tableau

une bosse, ceci, une place, salut, passer, le pouce, une brosse, une serviette, un signe

Je vois c	Je vois ss	Je vois s

2) Je lis les syllabes

Ce ça ci cy sa ses sou si

3) Je souligne le mot quand j'entends le son [s]

une fraise

un lacet

un poisson

un coussin

des chaussures

4) Je relis / Je reconnais

Ceci de grosses bosses le ski le ciel

Ceci de grosses bosses le ski le ciel

ch

Ch

Ch

un chat la cheminée acheter une vache

un chat la cheminée acheter une vache

Pili est un champion, car il est le seul à ne pas être tombé de la luge ! Marie, en descendant une piste, est tombée la tête la première dans la neige. David, lui, a pris un chemin plein d'arbres et il s'est cogné contre le tronc d'un sapin ! Heureusement, il ne s'est pas fait mal, mais il a eu chaud !

1) Je lis les syllabes

Cha chou chi chez chy cha cho chu

2) Je relie chaque mot à son image

un chat un chou une chaussure un manchot une marche

3) Je relie les deux écritures du même mot

une mouche	un chemin
un chemin	une retouche
une retouche	une mouche

4) Je relis / Je reconnais

Un chat chez nous un chemin une mouche

Un chat chez nous un chemin une mouche

e, eu, œu

une cerise   samedi   des œufs   du beurre

une cerise   samedi   des œufs   du beurre

Après ces descentes en luge, Marie, David et Pili font un pique-nique ! Ils ont tout prévu : en entrée, des œufs, en plat de résistance, des sandwiches avec du pain, du beurre et du saucisson ! Et en dessert, des cerises. Maintenant que leur ventre est bien rempli, il est l'heure d'aller faire une petite promenade pour digérer.

1) Je relie chaque mot à son image

un renard   un matelas   un cheval   un œuf

2) Je lis les mots suivants

J'entends le son [œ] :
une odeur, du beurre,
il meurt, un pleur,
ma sœur, neuf.

J'entends le son [ø] :
un pneu, c'est bleu,
deux, je peux, des yeux,
il est curieux.

3) Je classe les mots suivants dans le tableau

un nœud, le cœur,
du feu, des œufs,
des fleurs, c'est l'heure

J'entends [œ]	J'entends [ø]

4) Je relis / Je reconnais

Des œufs   le, de, ne   c'est l'heure   petit

Des œufs   le, de, ne   c'est l'heure   petit

v

v V

v V

vert un vélo une valise une arrivée

vert un vélo une valise une arrivée

Après leur balade, la petite troupe repart faire de la luge. Ils sont à présent arrivés devant la maison des lutins du père Noël. Ils l'ont trouvée par hasard, car ils l'avaient un peu oubliée.
Ils s'approchent de la porte pour frapper quand, tout à coup, ils entendent une explosion. Ils voient sortir de la cheminée une épaisse fumée verte…

1) Je relie chaque mot à son image

une locomotive un avion un vase un lave-linge

2) Je relie

David et Marie sont arrivés devant
- la maison des lutins
- la maison des monstres

Ils entendent
- un oiseau
- une explosion

La fumée qui sort de la cheminée est
- bleue
- verte

3) Je relis / Je reconnais

Avoir voir vite trouver

Avoir voir vite trouver

on om

on

on

une maison du saucisson l'ombre un sombrero

une maison du saucisson l'ombre un sombrero

Ils frappent et attendent quelques secondes avant que quelqu'un ouvre la porte. Ils sont d'abord assez déçus, car c'est une personne tout à fait normale qui leur ouvre la porte !
Marie se décide à poser la question : « On nous a dit qu'il s'agit de la maison des lutins du père Noël… Est-ce vrai ? »

1) Je relie chaque mot à son image

une ombre — une boisson — une maison — un poisson

2) Je relie

Avant que quelqu'un ouvre, ils attendent quelques
- secondes
- minutes

Qui vient leur ouvrir la porte ?
- un lutin
- une personne normale

Qui pose la question ?
- David
- Marie

3) Je relis / Je reconnais

Ils sont une question un concombre une seconde

Ils sont une question un concombre une seconde

h

h H

h H

une horloge l'heure du thé heureux

une horloge l'heure du thé heureux

- Bien sûr que les lutins habitent ici ! dit la personne à la porte de la maison. Marie n'ose pas demander s'il est possible d'entrer et de voir les lutins. Mais David intervient :
- Est-il possible que nous entrions pour voir les lutins ?
- Je ne sais pas, car c'est l'heure de manger et il faut qu'ils prennent des forces pour travailler cet après-midi. Je vous propose quelque chose : vous voyez cette horloge sur la maison ? Vous attendez qu'il soit 13 heures et vous revenez frapper. D'accord ?
- Entendu, nous serons là ! disent Marie et David.

1) Je classe les mots suivants dans le tableau

un champignon, un photographe, un chaton, un chemin, un phoque, une pharmacie, acheter, un éléphant

J'entends le son [ʃ]	J'entends le son [f]

2) Je relie chaque mot à son image

un hippopotame **un hérisson** **une chèvre** **un hibou** **un éléphant**

3) Je relis / Je reconnais

C'est l'heure j'habite ici dehors un hibou

C'est l'heure j'habite ici dehors un hibou

an, am, en, em

un pantalon une jambe content longtemps

un pantalon une jambe content longtemps

Tous les trois attendent 13 heures avec impatience. Dès que la grande aiguille arrive sur le 12, ils se précipitent, tout contents, devant la porte, et c'est David qui frappe cette fois-ci !
La même personne leur ouvre la porte :
- Ah vous voilà ! C'est très bien, les lutins sont au travail. Vous pouvez entrer et leur parler. Ils sont très gentils ; ils répondront à toutes vos questions si vous en avez !

1) Je souligne le mot quand j'entends [en]

un hérisson **une tente** **un éléphant,**

un pont **une trompette** **un pansement**

2) Je classe les mots suivants dans le tableau

un éléphant, un tambour, une ambulance, la danse, un pantalon, une rampe

Je vois an	Je vois am

une dent, le temps, une pensée, embrasser, un empereur, une entrée

Je vois en	Je vois em

3) Je relis / Je reconnais

Dans une ambulance j'en ai longtemps

Dans une ambulance j'en ai longtemps

f et ph

f F   ph Ph

f F   ph Ph

une flûte   la fête   une photo   un saxophone

une flûte   la fête   une photo   un saxophone

C'est fait, Marie, David et Pili entrent dans la grande maison, ils sont enthousiasmés par tout ce qu'ils voient. Les lutins fabriquent des jouets pour que le père Noël puisse les distribuer dans les maisons pour les familles.
Marie et David ne savent pas quoi demander aux lutins, alors ils regardent : il y a une pièce où les lutins fabriquent des instruments de musique ; on peut voir des flûtes, des saxophones : on pourrait faire une fanfare !

1) Je lis les mots

une flûte   la forêt   l'alphabet   la fumée
la pharmacie   un fou   enfin   un enfant

2) Je réponds aux questions

Que font les lutins ? ____________________

Où sont distribués les jouets ? ____________________

Que peut-on voir comme instruments ? ____________________

3) Je classe les mots suivants dans le tableau

un souffle, un phoque, offrir, un phare, la famille, une fleur, souffrir, un fantôme, un téléphone

Je vois f	Je vois ff	Je vois ph

4) Je relis / Je reconnais

C'est fait   un enfant   la forêt   une fleur

C'est fait   un enfant   la forêt   une fleur

g et gu

gu Gu g G

gu Gu g G

Un déguisement le gardien un escargot un guépard

Un déguisement le gardien un escargot un guépard

Ils arrivent dans une pièce où sont fabriqués des déguisements ! Il y a des déguisements de gardiens de but, de gorilles, de grenouilles, de guépards, d'escargots et de dragons ! Les lutins les autorisent même à les essayer ! Ils se regardent dans la glace et font un défilé de mode pour les lutins ! Ils s'amusent bien, mais il va être l'heure de partir…

1) Je lis les mots

ga : le garage, la gare, la cigale, gauche, la garderie

go : un gorille, un escargot, le goûter, une goutte, rigoler

gui : du gui, une guitare, un guidon, de la guimauve

gue : la langue, la fatigue, la guerre, guetter, une guenon

2) Je classe les mots suivants dans le tableau

une girafe, un dragon, un kangourou, un alligator, un genou, une bougie, la bagarre, un singe

J'entends [dʒ]	J'entends [g]

3) Je complète avec ga, go ou gui

une __lère une __tare un escar__t le __lop la __rge

4) Je relis / Je reconnais

La gare une guitare le goûter la langue

La gare une guitare le goûter la langue

oi

oi OI

oi

moi toi un roi un oiseau une étoile

moi toi un roi un oiseau une étoile

Marie et David, suivis de Pili bien sûr, disent au revoir à tous les lutins. Ils sont un peu tristes de partir, mais tellement contents d'avoir vu tout ça !!

Ils repartent tous les trois avec plein d'images dans la tête !

- Moi, je crois que je reviendrai les voir, c'était vraiment super ! dit David.

1) Je souligne les mots quand j'entends « oi »

une noisette **un abricot** **un doigt**

une toiture **du foin** **une poire**

2) Je complète par voi ou oir

un mir ___ **un coul___** **une ___ ture**

un ___ lier **mon ___ sin** **un trott___**

3) Je relie chaque mot à son image

un couloir **une noix** **un roi** **un oiseau**

4) Je relis / Je reconnais

C'est toi ou moi un poisson trois voir

C'est toi ou moi un poisson trois voir

z et s

s S z Z

s S z Z

un zoo le lézard un zèbre la maison rose

un zoo le lézard un zèbre la maison rose

Une fois rentrés à la maison, David et Marie vont dessiner ce qu'ils ont vu durant toute cette journée : les lutins avec tous leurs jouets, mais aussi toutes les descentes en luge, le pique-nique…
Marie propose pour demain d'aller faire un tour au zoo ! Elle a envie de voir les zèbres et les lézards : elle trouve ces animaux bizarres, mais elle aime bien les regarder !

1) Je souligne les mots quand j'entends [z]

une fraise un poisson un pharmacien

des ciseaux une girafe zéro

2) Je classe les mots suivants dans le tableau

Zorro, du poison, un voisin, bizarre, bronzé, du raisin, une cerise, un zeste

Je vois s	Je vois z

3) Je lis les mots dans lesquels j'entends [z]

un bison, une maison, une rose, une chose, un cousin, un zébu, le blizzard, zozoter, douze, treize

4) Je relis / Je reconnais

C'est bizarre ! Je suis bronzé des ciseaux

C'est bizarre ! Je suis bronzé des ciseaux

ain, ein, im, in

une main un lutin la peinture c'est impossible

une main un lutin la peinture c'est impossible

C'est le matin, David et Marie ont bien dormi et ils ont tous les deux rêvé des lutins. En se réveillant, ils pensent : c'est impossible, nous n'avons pas pu voir ça ! Ils parlent de leur rêve au petit déjeuner. Ils mangent du pain avec du beurre et de la confiture, et ils boivent un verre de jus d'orange ainsi que du chocolat au lait. Ils prennent des forces, car ils savent qu'ils vont devoir marcher toute la journée ! Ils vont se laver les mains, prendre leur sac à dos : ils mettent cinq gâteaux et une bouteille d'eau dedans. Ils sont maintenant prêts à partir au zoo !

1) Je relie chaque mot à son image

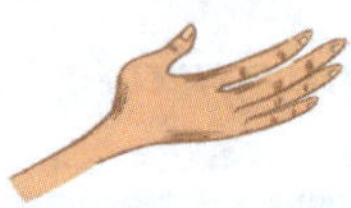

un marcassin une peinture une main un lapin

2) Je classe les mots dans le tableau

maintenant, interdit, la peinture, un rein, le matin, un câlin, demain

Je vois ain	Je vois ein	Je vois in

3) Je relis / Je reconnais

Maintenant ainsi c'est impossible du pain

Maintenant ainsi c'est impossible du pain

gn

gn Gn

g Gn

un champignon   la montagne   des agneaux

un champignon   la montagne   des agneaux

Ils font la course jusqu'au zoo et c'est David qui gagne !
Arrivés à l'entrée, ils se renseignent pour savoir où sont les zèbres et les lézards, car Marie veut les voir en premier !
Le gardien du zoo leur explique comment y aller.
Ils passent devant des cygnes et des agneaux tout mignons !
Marie veut s'arrêter pour les caresser ! Et David en profite pour prendre quelques photos.

1) Je lis les mots avec gn

une montagne   un peigne   un chignon

la campagne   un cygne   la baignade.

2) Je classe les mots suivants dans le tableau

un garage, une bague, la poignée, un signal, soigner, une guitare, un rossignol, se garer

J'entends [g]	J'entends [n]

3) Je réponds aux questions

Qui gagne la course pour aller au zoo ? ______________________

Que font-ils lorsqu'ils arrivent à l'entrée du zoo ? ______________________

Devant quels animaux passent-ils ? ______________________

4) Je relis / Je reconnais

Tu as gagné   se renseigner   la campagne   un cygne

Tu as gagné   se renseigner   la campagne   un cygne

x

x X

x X

un xylophone | un taxi | six | heureux

un xylophone | un taxi | six | heureux

Lorsqu'ils arrivent devant les lézards, ils assistent à la naissance de six petits. Marie et David sont tout heureux ! Les deux parents, eux, sont assez peureux, car ils vont vite se cacher dans leur cabane quand ils repèrent la présence de Marie et David !
Marie se rappelle qu'elle a cinq gâteaux dans son sac, elle en sort deux et les pose par terre pour chacun des parents.

1) Je lis les mots avec x

Je n'entends pas de son (x muet) : ***joyeux, venimeux, des animaux, des bateaux, curieux.***

J'entends le son [ks] : ***un taxi, la boxe, extraordinaire, expérience***

J'entends le son [s] : ***dix, six.***

J'entends le son [gz] : ***un xylophone, un exemple, exactement, exercice***

2) Je relie chaque mot à son image

boxer | ***des chevaux*** | ***un sèche-cheveux*** | ***un lynx***

3) Je relis / Je reconnais

six, dix | Il est peureux ! | C'est extraordinaire !

six, dix | Il est peureux ! | C'est extraordinaire !

ill y, i

Ill Y I

Bien la famille un gorille un voyage

bien la famille un gorille un voyage

David et Marie laissent les lézards et se dirigent vers l'endroit où se trouvent les zèbres. Ils passent devant une famille de gorilles.
Ils arrivent enfin, mais sur le grillage, ils lisent : « La famille des zèbres est en voyage : elle reviendra le 1er juillet. »
De toute façon, ils doivent bien rentrer, car, ce soir, David doit préparer ses valises : il rentre en Italie…

1) Je lis les mots

un papillon la question une fille une chenille sérieux de la vanille gentille bientôt des lentilles un pavillon bien la banlieue.

2) Je classe les mots suivants dans le tableau

le voyage, il y a, joyeux, rayer, stylo, physique, pyjama

J'entends [j]	J'entends [i]

3) Je réponds aux questions

Devant quelle famille d'animaux David et Marie passent-ils ? ____________

____

Où sont les zèbres ? ____________

Quand reviennent les zèbres ? ____________

4) Je relis / Je reconnais

bientôt un voyage une fille gentille

bientôt un voyage une fille gentille

ieu ion ien ian

ieu ion ian

ieu ion ian

de la viande c'est mieux ! l'avion un chien

de la viande c'est mieux ! l'avion un chien

Le retour à la maison est un peu difficile, tous les deux sont tristes de devoir faire leurs adieux… David prend l'avion demain, et pas question de le rater, car il doit récupérer son chien qu'il a laissé à des amis le temps où il est resté au Canada chez Marie.

1) Je lis les mots avec x

vieux mieux curieux adieu milieu

une question une réunion un camion un champion

rien le mien le tien le sien un Indien

2) Je complète par ion ou ieux

mystér____ un av____ une rég____ un lamp____

silenc____ souc____ un scorp____

délic____ un esp____

3) Je réponds aux questions

Pourquoi David et Marie sont-ils tristes ? ____________________

Que doit récupérer David chez ses amis ? ____________________

Où Marie habite-t-elle ? ____________________

4) Je relis / Je reconnais

le mien, le tien, le sien il est vieux une question

le mien, le tien, le sien il est vieux une question

ail, eil, euil, ouill

de l'ail un réveil un écureuil une grenouille

de l'ail un réveil un écureuil une grenouille

Voilà, David est installé dans le fauteuil : l'avion va décoller. Il fait un super soleil.
Le réveil a été dur ce matin… Marie avait les joues toutes mouillées d'avoir pleuré… elle lui a offert une grenouille en peluche pour qu'il pense à elle ! Dans l'avion, David commande une bouteille d'eau ; il la boit et finit par s'endormir, car il est très fatigué.

1) Je lis les mots

un travail un détail du bétail un portail le soleil un conseil

le sommeil un orteil un chevreuil une feuille un fauteuil

le deuil de la rouille ça mouille il fouille une embrouille

2) Je complète par ail ou eil

un m___lot une éc___le c'est par___
un cons___ un vitr___ un appar___
un vi___ ami un épouvant___ de l'___

3) Je réponds aux questions

Où David est-il installé ? ___

Comment étaient les joues de Marie ce matin ? ___

Que commande David dans l'avion ? ___

4) Je relis / Je reconnais

C'est pareil ! une feuille ça mouille ! un travail

C'est pareil ! une feuille ça mouille ! un travail

br, cr, dr, fr...

une brebis du sucre un drapeau une fraise

une brebis du sucre un drapeau une fraise

Cela fait maintenant trois semaines que David est rentré. Il écrit une lettre à Marie pour lui donner quelques nouvelles.
Il voudrait l'inviter en Italie pour les prochaines vacances. Il préférerait qu'elle vienne quand il fait beau, quand les fraises de son jardin sont assez mûres pour être mangées!!
David dessine en gros le drapeau de son pays sur l'enveloppe !

1) Je lis les mots

Du brouillard, un bras, briser, un creux, creuser, croire, des draps, drôle, un dromadaire, froid, des frissons, fredonner, grelotter, une grappe, griller, préparation, pratique, des problèmes, un trait, trouver, un tracteur, vraiment, en vrac.

2) Je complète les mots avec tr, cr ou fr

un ___igidaire **un ___ochet** **la maî___esse**
une ___ottinette **du ___omage** **une ___oix**

3) Je réponds aux questions

Depuis combien de temps David est-il rentré ? ________________

Quand veut-il inviter Marie en Italie ? ________________

Que veut-il manger avec elle ? ________________

4) Je relis / Je reconnais

vraiment gros écrire préférer

vraiment gros écrire préférer

The self presentation (La présentation de soi)

âge : old (years old)
la fille : the girl
le garçon : the boy
grand : tall
petit : small
court : short
long : long
nom : name
jeune : young
vieux : old
beau : beautiful
laid : ugly
intelligent : clever
gros : fat
mince : thin
blond : blond
bleu : blue
vert : green
marron : brown
noir : black

The human body
(Le corps humain)

le visage : the face
la tête : the head
la dent : the tooth
la bouche : the mouth
le nez : the nose
l'œil : the eye
le front : the forehead
la joue : the cheek
l'oreille : the ear
le cou : the neck
les cheveux : the hair
la jambe : the leg
le bras : the arm
la main : the hand
le pied : the foot
le ventre : the stomach
l'épaule : the shoulder
le genou : the knee
le doigt : the finger
l'orteil : the toe

la plage : the beach
le sable : the sand
la mer : the sea
le seau : the bucket
la pelle : the spade
le bateau : the boat
la vague : the wave
le maillot de bain : the swimsuit
la serviette : the towel
la bouée : the buoy
le parasol : the beach umbrella
la montagne : the mountain
les skis : skiis
la neige : the snow
le ciel : the sky
le nuage : the cloud
le soleil : the sun
la luge : the toboggan
l'avion : the plane
les lunettes de soleil : sunglasses

The family
(La famille)

la mère (maman) : the mother (mum)
le père (papa) : the father (dad)
le frère : the brother
la sœur : the sister
le grand-père : the grandfather
la grand-mère : the grandmother
l'oncle : the uncle
la tante : the aunt
le cousin, la cousine : the cousin
le fils : the son
la fille : the daughter
les parents : the parents
les grands-parents : the grandparents
l'animal de compagnie : the pet
la belle-sœur : the sister-in-law
le beau-frère : the brother-in-law
le gendre : the son-in-law
la bru : the daughter-in-law
la nièce : the niece
le neveu : the nephew

The hobbies
(Les loisirs)

faire du sport : to do sport
faire de la danse : to do dance
jouer au football : to play football
jouer de la guitare : to play guitar
jouer du piano : to play the piano
jouer du violon : to play violin
faire un dessin : to do a drawing
peindre : to paint
faire de l'équitation : to go riding
le jouet : the toy
lire un livre : to read a book
la musique : the music
regarder des dessins animés : to watch cartoons
nager : to swim
chanter : to sing
la chorale : the choir
la piscine : the swimming pool
courir : to run
faire du vélo : to cycle

The feelings
(Les sentiments)

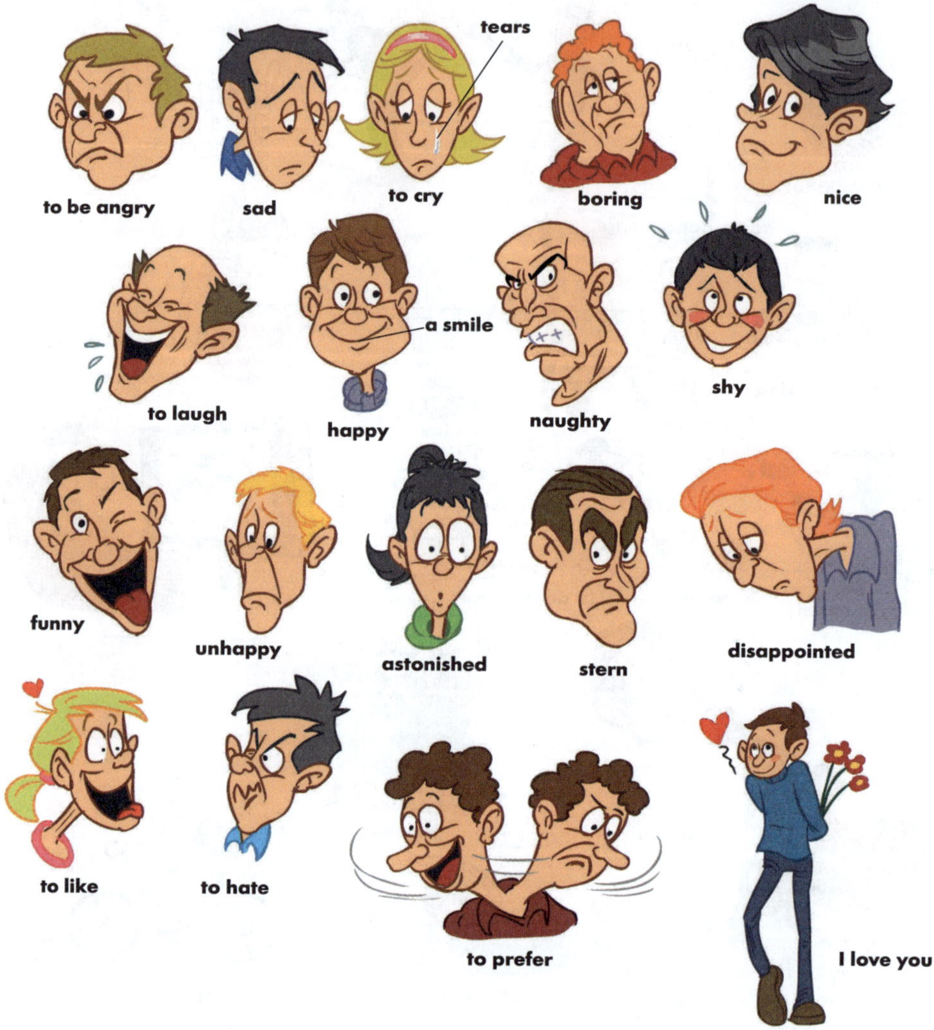

aimer : to like
détester : to hate
préférer : to prefer
pleurer : to cry
rire : to laugh
un sourire : a smile
des larmes : tears
être en colère : to be angry
timide : shy
gentil : nice
méchant : naughty
triste : sad
je t'aime : I love you
heureux : happy
malheureux : unhappy
drôle : funny
étonné : astonished
déçu : disappointed
sévère : stern
ennuyeux : boring

Alimentation
(L'alimentation)

le pain : the bread
la viande : the meat
le poisson : the fish
les fruits : fruits
les légumes : vegetables
les pâtes : the pasta
le riz : the rice
les céréales : cereals
le gâteau : the cake
le lait : the milk

l'eau : the water
le beurre : the butter
la confiture : the jam
les frites : chips
l'œuf : the egg
le chocolat : the chocolate
le fromage : the cheese
le poulet : the chicken
la glace : the ice-cream
le jambon : the ham

Les animaux domestiques

Cochon

Chat

Chien

Lapin

Rat

Oie

Souris

Hamster

Dindon

Coq

Poule

Canard

Poussin

Caneton

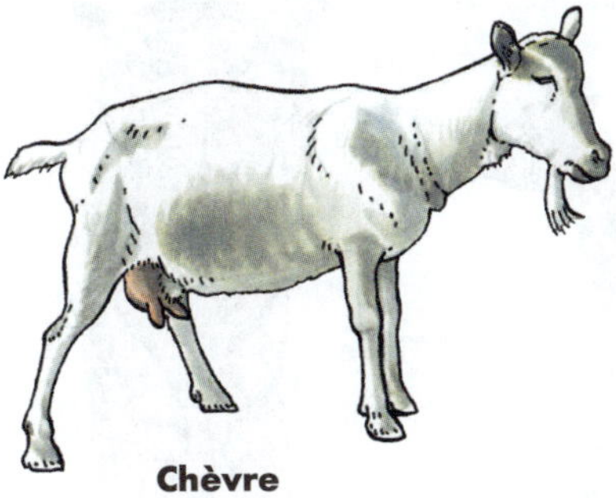

Chèvre

Mouton

Agneau

Âne

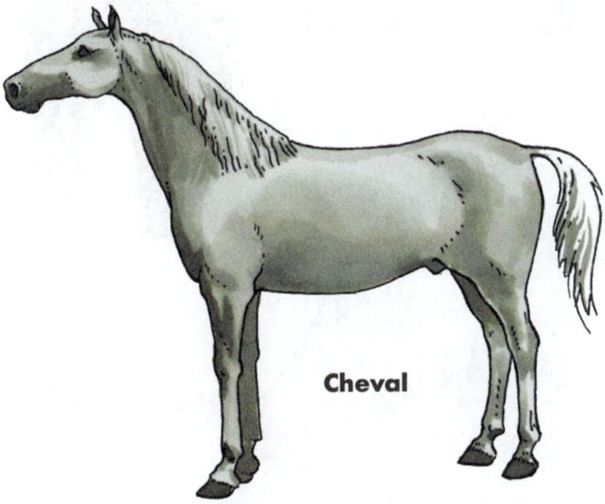

Cheval

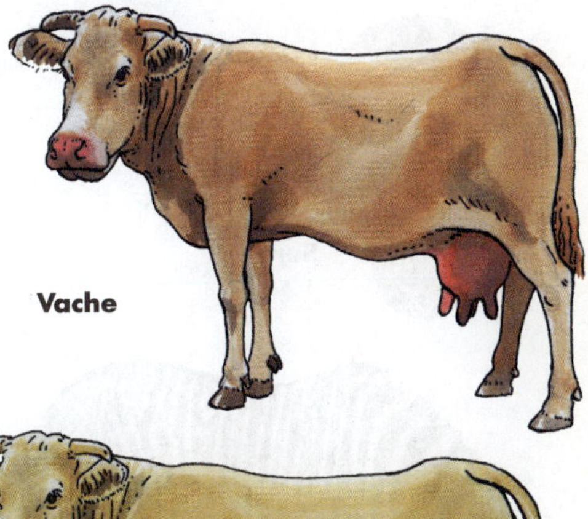

Vache

Taureau

Bœuf

Les animaux sauvages

Lion

Girafe

Tigre

Gazelle

Léopard

Hippopotame

Serpent

Zèbre

Éléphant

Kangourou

Iguane

Ours

Singe

Loup

Rhinocéros

Crocodile

Tortue

Panthère

Koala

Les animaux aquatiques

Dauphin

Requin

Espadon

Truite

Daurade

Raie

Hippocampe

Baleine

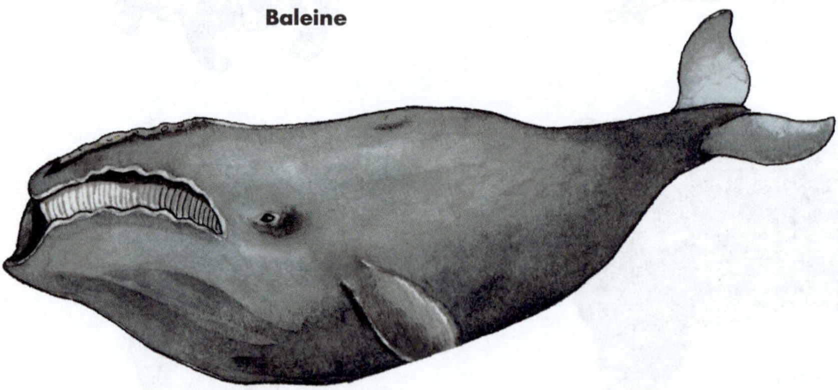

Thon

Mérou

Morue

Truite

Poisson rouge

Sardine

Hareng

Sole

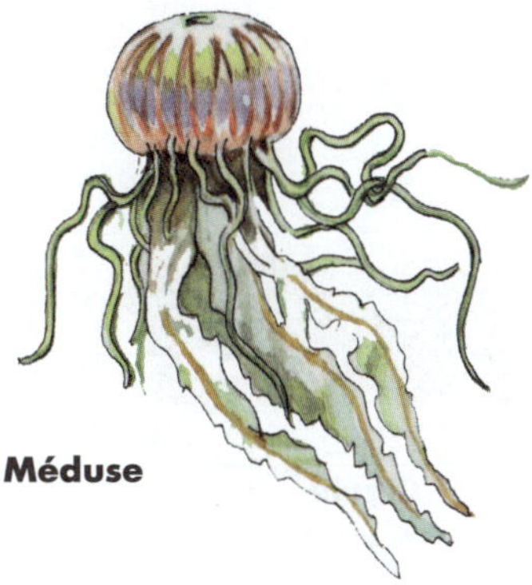

Méduse

Huître

Crevette rose

Homard

Poulpe

Les insectes

Faux bourdon

Moustique

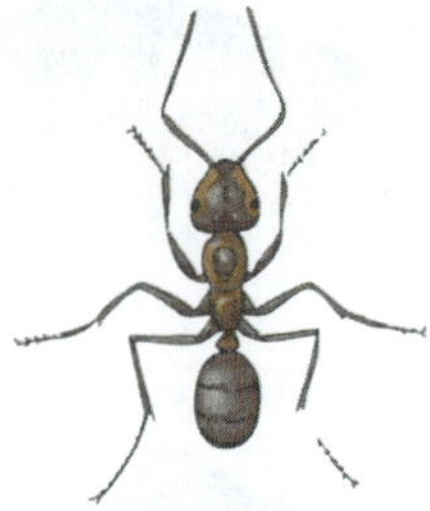

Fourmi

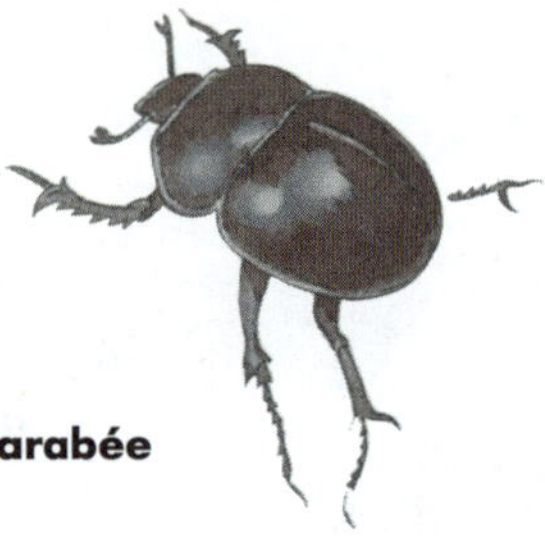

Scarabée

Puce

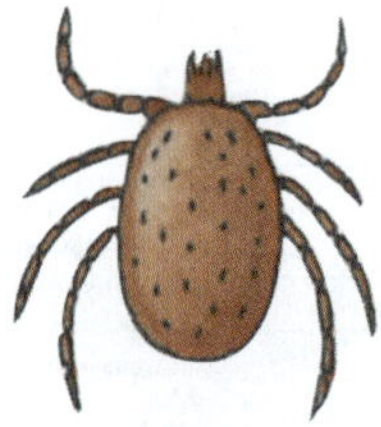

Tique

Libellule

Cigale

Guêpe

Mouche

Abeille

Chenille

Papillon

Coccinelle

Mante religieuse

Mille-pattes

Pou

Sauterelle

Les oiseaux

Vautour

Paon

Faisan

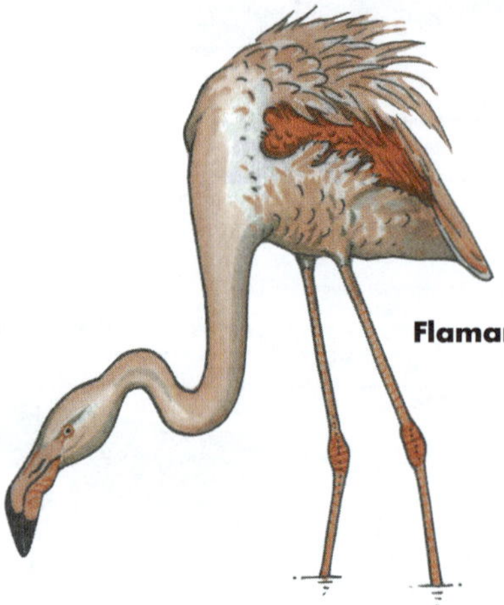

Flamant rose

Pélican

Rouge-gorge

Héron

Hibou

Ibis

Perruche

Perdrix

Mouette

Perroquet

Hirondelle

Toucan

Cygne

Aigle

Les fruits

Mangue
Pistaches
Cassis
Abricot
Prune
Noix
Mûres
Ananas
Raisin
Goyave
Banane
Pêche
Cerises
Orange
Citron
Poire

Litchis

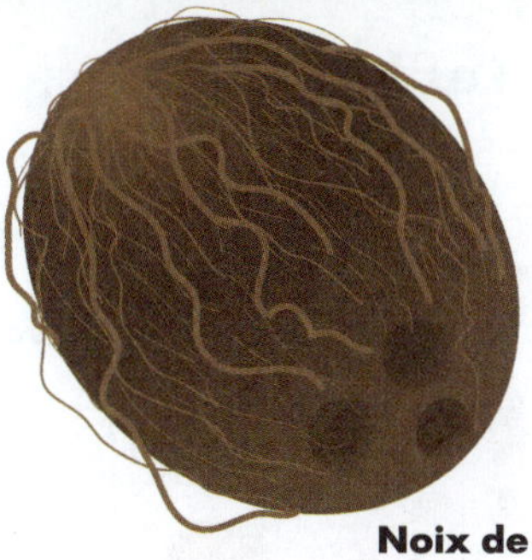
Noix de coco

Framboises

Amandes

Fraises

Olives

Nectarine

Myrtilles

Avocat

Groseilles

Mandarines

Kiwi

Melon
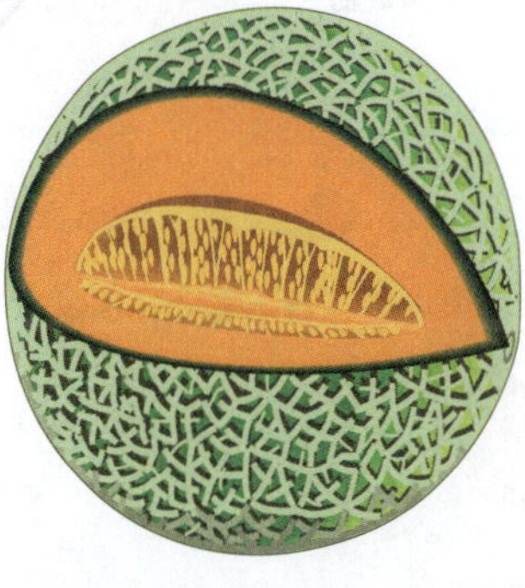

Brugnon

Pomme

Les légumes

Artichaut
Carottes
Avocats
Betterave
Tomate
Piment
Haricots
Pommes de terre
Cornichon
Bette
Topinambour
Salade
Asperges
Champignons
Cardon
Poireau
Courge
Petits pois

Maïs
Courgette
Navet
Concombre
Oignon
Lentilles
Radis
Chou
Aubergine
Poivrons
Brocoli
Manioc
Rhubarbe
Échalote
Céleri
Épinards
Citrouille
Endive

Endive

à *préposition (prép.)*
À est un mot qui sert à introduire des indications, de lieu, par exemple. *Théo habite à Paris.*

Remarque : Il ne faut pas confondre *à* avec *a* ! *A* sans accent est le verbe *avoir*. Lorsque *à* est suivi de *le* ou *les*, cela se transforme en *au* ou *aux* : *Maman va au marché le dimanche. Lisa pense aux vacances de Noël.*

abandonner *verbe (v.)*
1. Abandonner quelqu'un ou un animal, c'est ne plus du tout s'en occuper. *Ce méchant monsieur a abandonné son chien.*
2. Abandonner une chose, c'est y renoncer. *Emma a abandonné la danse.*

abat-jour *nom masculin (n. m.)*
Un abat-jour est un objet qui, posé autour d'une lampe, rend la lumière moins vive. *L'abat-jour de ma lampe est en tissu bleu.*

abattre *verbe (v.)*
1. Abattre quelqu'un ou un animal, c'est le tuer. *Le chasseur a abattu un lièvre.* **2.** Abattre, c'est faire tomber par terre. *Le bûcheron abat un grand arbre.*

s'abattre *verbe (v.)*
S'abattre, c'est tomber très fort. *La pluie s'abat sur la maison.*

abattu, abattue
adjectif masculin, féminin (adj. m., f.)
Être abattu, c'est être très triste et découragé. *Maman est abattue par une mauvaise nouvelle.*

abeille
nom féminin (n. f.)
Une abeille est un insecte qui produit du miel. *La ruche de papy est remplie d'abeilles !*

à savoir

Les abeilles vivent en groupe. Elles forment un essaim constitué par une reine qui peut pondre 3 000 œufs par jour, des milliers d'ouvrières et des mâles, appelés « faux-bourdons ».

abîmer *verbe (v.)*
Abîmer une chose, c'est la mettre en mauvais état. *Édouard a abîmé tous ses jouets.*
Les synonymes sont : détériorer, esquinter.

abominable
adjectif masculin ou féminin (adj. m. ou f.)
Une chose est abominable lorsqu'elle est horrible, atroce. *C'est abominable, elle a été agressée dans la rue.*

abondant, abondante
adjectif masculin, féminin (adj. m., f.)
Une chose est abondante lorsqu'on la trouve en grande quantité. *Les champignons sont abondants dans ce bois.*

abonné, abonnée
nom masculin, féminin (n. m., f.)
Un abonné, une abonnée est une personne qui a pris un abonnement. *Ce club compte de nombreux abonnés.*

abord *nom masculin (n. m.)*
Les abords d'un lieu sont les environs, ce qu'il y a autour. *Ma cousine habite aux abords de Paris.*

d'abord *adverbe (adv.)*
D'abord signifie *avant tout, pour commencer. Je veux d'abord faire ma lecture et, ensuite, mon calcul !*

aborder *verbe (v.)*
Aborder une personne, c'est s'approcher d'elle pour lui parler. *Maman a abordé une dame pour lui demander un renseignement.*

aboyer *verbe (v.)*
Aboyer, c'est crier lorsque l'on parle d'un chien. *Le chien de tonton a aboyé toute la nuit !*

abréviation *nom féminin (n. f.)*
Une abréviation est la forme raccourcie d'un mot. *L'abréviation* Dr *signifie* Docteur.

abri *nom masculin (n. m.)*
Un abri est un endroit où l'on va pour se protéger. *Les oiseaux ont trouvé un abri pendant l'orage.*
► Se mettre à l'abri de quelque chose : se mettre à l'abri de quelque chose, c'est se protéger. *Louis s'est mis à l'abri de la pluie dans sa cabane.*

abricot *nom masculin (n. m.)*
L'abricot est un fruit de couleur orange qui pousse sur l'abricotier. *La tarte aux abricots est délicieuse.*

abriter *verbe (v.)*
1. Abriter, c'est mettre à l'abri. *Je me suis abritée sous le parasol.*
Le synonyme est : protéger.
2. Abriter, c'est servir de logement. *Cet immeuble abrite beaucoup de familles.*
Les synonymes sont : accueillir, loger.

abruti, abrutie
adjectif masculin, féminin (adj. m., f.)
Être abruti, c'est être idiot. *Ce chien est abruti, il mord tout le monde !*

Remarque : Les adjectifs *abruti, abrutie* peuvent être des noms : *Pierre est un vrai abruti !*

abrutir *verbe (v.)*
Abrutir quelqu'un, c'est le fatiguer tellement qu'il ne peut plus réfléchir. *Maman dit que certaines séries à la télévision nous abrutissent.*

absence *nom féminin (n. f.)*
Une absence, c'est lorsque l'on n'est pas là. *L'absence du maître d'école a rendu les enfants heureux !*

absent, absente
adjectif masculin, féminin (adj. m., f.)
Une personne absente n'est pas là. *Rémy est absent aujourd'hui, il est malade.*
Le contraire est : présent.

A B C D E F G H I J K L M N O P Q R S T U V W X Y Z

s'absenter *verbe (v.)*

S'absenter, c'est quitter le lieu où l'on est. *Il n'y a pas de pain, la boulangère s'est absentée toute la journée !*

absolument *adverbe (adv.)*

1. *Absolument* signifie *totalement, complètement. Caroline n'est pas absolument certaine d'avoir réussi tout son exercice.* **2.** *Absolument* signifie *impérativement. Il faut absolument aller à l'école pour apprendre beaucoup de choses !*

absorber *verbe (v.)*

1. Une éponge qui absorbe l'eau la laisse pénétrer, mais la retient. *Ma sœur a pris une éponge pour absorber l'eau que j'ai renversée.*
2. Absorber, c'est manger ou boire. *Luca a absorbé tout son déjeuner en cinq minutes !*

3. Absorber, c'est aussi occuper complètement quelqu'un. *Alicia est absorbée par son dessin animé. Papa est totalement absorbé par son travail.*

absurde

adjectif masculin ou féminin (adj. m. ou f.)

Une chose est absurde quand elle n'est pas logique. *La réponse que tu as donnée est absurde.*
Les synonymes sont : aberrant, insensé, stupide.

accent *nom masculin (n. m.)*

1. Un accent est la façon particulière dont on prononce les mots. *Le père de Carlos a un accent espagnol.*
2. Un accent est un signe placé sur une voyelle. *Le prénom* Théo *s'écrit avec un accent aigu.*
► Mettre l'accent sur : mettre l'accent sur quelque chose, c'est insister sur cette chose. *Le maître a mis l'accent sur l'importance de cette leçon.*

accepter *verbe (v.)*

1. *Accepter* signifie *être d'accord* pour faire quelque chose. *Papa et maman ont accepté de nous acheter un ordinateur.* **2.** Accepter, c'est recevoir, prendre avec plaisir. *Axel a accepté les dix euros de son parrain.*

accès *nom masculin (n. m.)*

1. Un accès est une entrée. *L'accès au bâtiment est bien indiqué.*
2. L'accès est la possibilité d'atteindre un endroit. *La foule rendait difficile l'accès au stade.*

accessible

adjectif masculin ou féminin (adj. m. ou f.)

1. Une chose est accessible lorsque l'on peut l'atteindre. *L'alpiniste pense que le sommet de la montagne est accessible.*
Le contraire est : inaccessible.
2. Quelque chose d'accessible est facile à comprendre. *Cet exercice est très accessible !*
Le synonyme est : compréhensible.

accessoire *nom masculin (n. m.)*
Un accessoire est un petit objet qui complète un élément principal. *Le robot de cuisine comporte plein d'accessoires..*

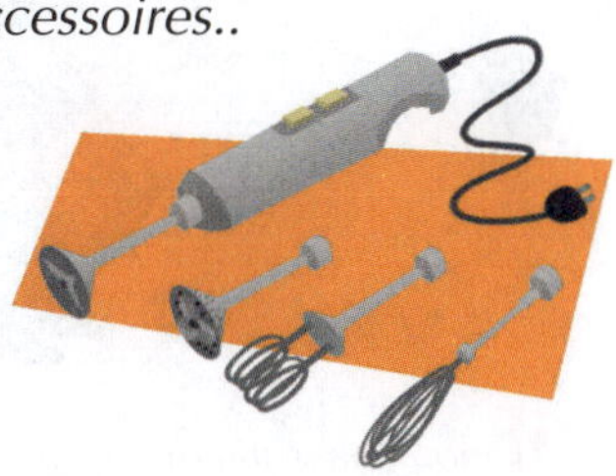

accident *nom masculin (n. m.)*
1. Un accident est un événement que l'on ne peut pas prévoir. *Mon frère a eu une mauvaise note, mais c'est un accident !* **2.** Un accident est un événement qui peut être grave. *Notre voisin a eu un accident de voiture.*

accompagnateur, accompagnatrice
nom masculin, féminin (n. m., f.)
1. Un accompagnateur, une accompagnatrice est une personne qui accompagne un groupe. *L'accompagnateur de ce groupe s'appelle Alexandre.* **2.** Un accompagnateur est un musicien. *L'accompagnateur de cette chanteuse est très connu.*

accompagner *verbe (v.)*
1. Accompagner quelqu'un, c'est aller avec lui. **2.** Accompagner un chanteur, c'est jouer avec lui. *Thomas a accompagné la chanteuse avec sa guitare.* **3.** Accompagner une viande ou un poisson, c'est le servir avec des légumes, des pâtes ou du riz. *Mathis a pris des pommes de terre pour accompagner sa viande.*

accord *nom masculin (n. m.)*
1. Être d'accord avec quelque chose, c'est l'accepter. *Inès est d'accord pour travailler pendant les vacances.* **2.** Être d'accord avec une personne, c'est s'entendre avec elle. *Je suis toujours d'accord avec mon frère.* **3.** Un accord est un ensemble de notes de musique. *Hugo joue des accords sur sa guitare.*

accordéon *nom masculin (n. m.)*
Un accordéon est un instrument de musique muni d'un soufflet. *Papy sait jouer de l'accordéon.*

accorder *verbe (v.)*
1. Accorder une chose, c'est bien vouloir la donner. *La maîtresse a accordé trois heures de son temps aux élèves.* **2.** Accorder, c'est donner son accord. *Papa nous a accordé le droit de regarder la télévision.* **3.** En musique, accorder un instrument, c'est le régler. *Nous avons fait accorder notre piano.*

accouchement
nom masculin (n. m.)
Un accouchement est le moment où un enfant vient au monde. *L'accouchement de ma maman s'est bien passé : j'ai une petite sœur !*

A B C D E F G H I J K L M N O P Q R S T U V W X Y Z

s'accouder *verbe (v.)*

S'accouder, c'est s'appuyer sur quelque chose avec les coudes. *Manon s'accoude sur le rebord de la fenêtre.*

accroc *nom masculin (n. m.)*

1. Un accroc est une petite déchirure dans un vêtement. *Marion a fait un accroc à sa robe.* **2.** Un accroc est un incident, une petite difficulté. *Ce séjour s'est déroulé sans accroc.*

accrochage *nom masculin (n. m.)*

1. Un accrochage est un léger choc entre deux véhicules. *Mon oncle a eu un accrochage sur l'autoroute.*
2. Un accrochage est une petite dispute. *Mila a eu un accrochage avec Laura.*
Le synonyme est : querelle.

accrocher *verbe (v.)*

1. Accrocher un objet, c'est le suspendre. *Papa a accroché une lampe au plafond.* **2.** Accrocher, c'est heurter légèrement. *Le livreur a accroché la voiture du voisin avec sa moto.*

s'accrocher *verbe (v.)*

1. S'accrocher à une chose signifie bien la tenir. *Mamie s'accroche à la rampe d'escalier pour ne pas tomber.*
Les synonymes sont : s'agripper, se cramponner.
2. S'accrocher, c'est ne pas abandonner. *Mélanie s'accroche en calcul pour ne pas redoubler.*

s'accroupir *verbe (v.)*

S'accroupir, c'est s'asseoir sur ses talons. *Papa a l'habitude de s'accroupir pour me parler.*

accueil *nom masculin (n. m.)*

1. L'accueil est la façon de recevoir quelqu'un ou quelque chose. *Son accueil a été glacial.* **2.** L'accueil est l'endroit où l'on reçoit les visiteurs, les clients. *Maman connaît la dame de l'accueil de cette entreprise.*

accueillir *verbe (v.)*

Accueillir une personne, c'est la recevoir. *J'ai été très bien accueilli dans ce club de football.*

accuser *verbe (v.)*

Accuser une personne, c'est dire qu'elle est coupable d'avoir fait une mauvaise action. *Arthur a accusé Enzo d'avoir volé son stylo.*

acheter *verbe (v.)*

Acheter quelque chose, c'est l'obtenir en payant. *Eva a acheté un joli livre pour sa sœur.*
Le synonyme est : acquérir.
Le contraire est : vendre.

achever *verbe (v.)*

1. Achever une chose, c'est la terminer. *Léo a achevé ses devoirs.*
Le synonyme est : terminer.
Les contraires sont : commencer, débuter.
2. Achever un animal blessé, c'est le tuer. *Le cheval a été achevé par le vétérinaire.*

acné *nom féminin (n. f.)*

Pour les adolescents, avoir de l'acné, c'est avoir de petits boutons sur le visage. *Ma grande sœur a beaucoup d'acné.*

acrobate

nom masculin ou féminin (n. m. ou f.)
Un acrobate est une personne qui fait des exercices d'équilibre et de gymnastique très difficiles. *J'adore les acrobates au cirque !*

acrobatie *nom féminin (n. f.)*

Une acrobatie est un exercice d'équilibre. *Il faut être souple pour faire des acrobaties !*

acteur, actrice

nom masculin, féminin (n. m., f.)
Un acteur ou une actrice est une personne qui joue un rôle au cinéma ou au théâtre. *L'acteur de ce film joue très bien son rôle.*

actif, active

adjectif masculin, féminin (adj. m., f.)
1. Une personne active est une personne qui a de l'énergie. *Papy est encore très actif à soixante-dix ans.*
Le synonyme est : énergique.
Le contraire est : inactif.
2. Quand un médicament est actif, c'est qu'il est efficace. *Ce comprimé est très actif, je n'ai plus mal à la tête.*

action *nom féminin (n. f.)*

1. Une action est une chose que l'on fait. *Ce voyou a fait beaucoup de mauvaises actions.* **2.** L'action est ce qui se passe au cinéma ou dans un livre. *L'action de ce film se déroule en 2008.*

activité *nom féminin (n. f.)*

1. L'activité est le fait d'être actif. *Léo a une activité débordante.*
Le synonyme est : dynamisme.
2. L'activité est une chose que l'on fait pour s'occuper. *Gabriel a deux activités le mercredi : le tennis et les échecs.*

actualité *nom féminin (n. f.)*

L'actualité est l'ensemble des nouvelles. *Mes parents s'intéressent à l'actualité de notre ville.*

addition *nom féminin (n. f.)*
L'addition est une opération qui permet d'ajouter et de calculer des nombres. *2 + 2 = 4. Cette addition est facile !*
Le contraire est : soustraction.

adieu *interjection (interj.)*
Adieu est le mot utilisé lorsque l'on veut dire au revoir pour longtemps. *Adieu ! Je pars demain pour habiter en Allemagne.* ▶ Dire adieu à : dire adieu à quelque chose, c'est y renoncer. *Cet homme a dit adieu à l'alcool.*
▶ Faire ses adieux à quelqu'un : faire ses adieux, c'est dire au revoir. *Je suis venu vous faire mes adieux, je pars en voyage demain.*

adjectif *nom masculin (n. m.)*
Un adjectif est un mot qui donne des précisions sur un autre mot. *L'adjectif génial devient « géniaux » au pluriel : les jouets de Pauline sont géniaux !*

admettre *verbe (v.)*
1. Admettre quelqu'un ou quelque chose, c'est l'accepter. *Je suis admis en CE2 ! Papa n'admet pas que le chien dorme sur le canapé.* **2.** Admettre une chose, c'est reconnaître qu'elle est vraie. *Il admet que j'ai eu raison.*

admirer *verbe (v.)*
1. Admirer une chose, c'est la regarder en la trouvant très belle. *J'admire la mer depuis la fenêtre de ma chambre.*
2. Admirer une personne, c'est la trouver remarquable. *Élodie admire son frère.*

adolescent, adolescente
nom masculin, féminin (n. m., f.)
Un adolescent ou une adolescente est une personne âgée de 12 à 18 ans, entre l'enfance et l'âge adulte. *Je ne suis pas encore un adolescent !*

adorable
adjectif masculin ou féminin (adj. m. ou f.)
Une personne adorable est une personne charmante. *Maxime est adorable.*

adorer *verbe (v.)*
Adorer quelqu'un ou quelque chose, c'est l'aimer énormément. *J'adore ma grand-mère. Emma adore le chocolat.*

s'adosser *verbe (v.)*
S'adosser, c'est appuyer son dos contre quelque chose. *Je m'adosse au mur.*

adoucir *verbe (v.)*
Adoucir, c'est rendre plus doux. *Le miel adoucit la voix.*
s'adoucir *verbe (v.)*
S'adoucir, c'est devenir moins froid. *Le temps s'est adouci dans la journée.*

1. adresse *nom féminin (n. f.)*
L'adresse signifie *être habile, adroit. L'adresse de ce jongleur est remarquable.*

2. adresse *nom féminin (n. f.)*
L'adresse est l'endroit où l'on habite. *Julien m'a donné sa nouvelle adresse.*

adresser *verbe (v.)*
1. Adresser une lettre, c'est la faire parvenir. *Margot a adressé sa lettre à la maman de Noémie.*
2. Adresser une personne à une autre, c'est l'envoyer vers elle. *Nos voisins nous ont adressés à leur dentiste.*

s'adresser à *verbe (v.)*
1. S'adresser à une personne, c'est lui parler. *Fatou s'adresse à Jérémy.*
2. S'adresser à une personne, c'est lui être destiné. *Ce spectacle s'adresse aux enfants.*

adroit, adroite
adjectif masculin, féminin (adj. m., f.)
Une personne adroite sait très bien se servir de ses mains. *Papy est très adroit pour construire les cabanes.*
Le synonyme est : habile.
Le contraire est : maladroit.

adulte *adjectif masculin ou féminin (adj. m. ou f.)*
Une personne adulte est une grande personne. *Ce spectacle est réservé à un public adulte.*

adulte *nom masculin ou féminin (n. m. ou f.)*
Un ou une adulte est une grande personne. *Les adultes ont emmené les enfants au parc.*

adversaire
nom masculin ou féminin (n. m. ou f.)
Un ou une adversaire est une personne qui n'est pas de notre camp. *Nos adversaires ont mieux joué que nous. Ils ont gagné la partie.*
Le contraire est : partenaire.

aérer *verbe (v.)*
Aérer une pièce, c'est ouvrir la fenêtre pour que l'air y entre. *Ma mère aère les pièces de la maison tous les jours.*

aéroport *nom masculin (n. m.)*
L'aéroport est l'endroit où l'on va pour prendre l'avion. *Nous avons enregistré nos bagages à l'aéroport et pris un vol pour Rome.*

A B C D E F G H I J K L M N O P Q R S T U V W X Y Z

affaire *nom féminin (n. f.)*

1. Une affaire est une chose qui concerne une personne. *Il doit régler ses affaires avant de partir en vacances.* **2.** Une affaire est un achat. *Ma sœur a fait de bonnes affaires pendant les soldes.* **3.** Les affaires sont les vêtements ou les objets d'une personne. *Anaïs a beaucoup d'affaires dans son armoire.*

affamé, affamée

adjectif masculin, féminin (adj. m., f.)

Être affamé, c'est avoir très faim. *Léo est affamé quand il rentre de l'école.*

affectueux, affectueuse

adjectif masculin, féminin (adj. m., f.)

Être affectueux, c'est montrer de la tendresse. *Notre chien est très affectueux.*

affiche *nom féminin (n. f.)*

Une affiche est une grande feuille de papier, avec un texte et/ou une image, que l'on colle dans les endroits publics. *J'adore l'affiche de ce film.*

afficher *verbe (v.)*

Afficher, c'est poser une affiche sur un mur ou un panneau. *J'ai affiché mon chanteur préféré au mur de ma chambre.*

Le synonyme est : placarder.

affolant, affolante

adjectif masculin, féminin (adj. m., f.)

Une chose affolante est une chose très inquiétante. *C'est affolant de voir tant de gens sans travail.*

affolé, affolée

adjectif masculin, féminin (adj. m., f.)

Être affolé, c'est être paniqué. *Les enfants sont affolés par le grand méchant loup !*

affranchir *verbe (v.)*

Affranchir une lettre, c'est coller un timbre sur une enveloppe pour l'envoyer.

affreux, affreuse

adjectif masculin, féminin (adj. m., f.)

Affreux signifie *très moche. Ce chien est affreux avec ses grosses moustaches.*

Le synonyme est : horrible.

Le contraire est : magnifique.

affronter *verbe (v.)*

1. Affronter une personne, c'est se battre contre elle. *Le boxeur a affronté son adversaire avec courage.* **2.** Affronter une chose, c'est y faire face. *Anne a affronté la colère de sa maman.*

agacer *verbe (v.)*
Agacer quelqu'un, c'est l'énerver légèrement. *Le mauvais temps m'agace.*

âge *nom masculin (n. m.)*
L'âge d'une personne est le nombre d'années qu'elle a vécu. *Sarah a le même âge que Rose.*

Remarque : Le *a* prend un accent circonflexe.

âgé, âgée *adjectif masculin, féminin (adj. m., f.)*
Être âgé, c'est être vieux. *Papy est très âgé.*

Remarque : Le *a* prend un accent circonflexe.

s'agenouiller *verbe (v.)*
S'agenouiller, c'est se mettre à genoux. *Le jardinier s'est agenouillé pour planter ses salades.*

agent *nom masculin (n. m.)*
1. Un agent de police est une personne en uniforme chargée de faire respecter l'ordre et la circulation. *L'agent a mis une amende à mon oncle, qui était mal garé.*
2. Un agent immobilier est une personne qui vend ou loue des maisons, des appartements. *L'agent immobilier a vendu cette belle villa.* **3.** Un agent secret est une personne qui remplit des missions secrètes. *L'agent secret de ce film est un héros.*

aggraver *verbe (v.)*
Aggraver, c'est rendre plus important. *La neige aggrave la circulation.*

s'aggraver *verbe (v.)*
Une chose s'aggrave lorsqu'elle devient plus grave. *Les problèmes de mon cousin s'aggravent : il n'a plus du tout d'argent.*

agile *adjectif masculin ou féminin (adj. m. ou f.)*
Agile signifie *souple*. *Cet équilibriste est très agile.*

agir *verbe (v.)*
1. Agir, c'est faire une action. *Alice a bien agi en s'excusant de n'être pas venue à mon anniversaire.* **2.** Agir, c'est avoir un effet. *Ce médicament agit vite.*

agiter *verbe (v.)*
Agiter, c'est remuer en tous sens. *Les supporters agitent le drapeau du club.*
s'agiter *verbe (v.)*
S'agiter, c'est bouger dans tous les sens. *Baptiste s'agite beaucoup lorsqu'il parle.*

agneau *nom masculin (n. m.)*
L'agneau est le petit de la brebis et du bélier. *De tous ces petits, cet agneau est le plus beau !* ► Être doux comme un agneau : être doux comme un agneau, c'est avoir un caractère très doux. *Notre gros chien est doux comme un agneau !*

agrafe *nom féminin (n. f.)*
Une agrafe est un petit crochet de métal utilisé pour attacher plusieurs feuilles de papier.

agrafer *verbe (v.)*
Agrafer, c'est relier avec une agrafe. *La maîtresse a agrafé tous mes dessins.*

agrafeuse *nom féminin (n. f.)*
Une agrafeuse est un appareil que l'on utilise pour agrafer.

agrandir *verbe (v.)*
Agrandir une chose, c'est la rendre encore plus grande qu'elle n'est. *Je ne veux pas que tu prennes mes gants, tu vas les agrandir.*

agréable *adjectif masculin, féminin (adj. m., f.)*
1. Une chose est agréable lorsqu'elle fait plaisir. *Ce dessin animé est très agréable à regarder.* **2.** Une personne agréable est une personne gentille, sympathique. *Alicia est une fille très agréable.*
Le synonyme est : plaisant.
Les contraires sont : désagréable, déplaisant.

agresser *verbe (v.)*
Agresser une personne, c'est l'attaquer. *Cette femme a été agressée dans la rue.*

agriculteur, agricultrice
nom masculin, féminin (n. m., f.)
Un agriculteur ou une agricultrice est une personne qui cultive la terre et élève les animaux de la ferme. *Comme métier, j'aimerais bien faire agriculteur !*

aide *nom féminin (n. f.)*
Apporter de l'aide à quelqu'un, c'est l'aider. *Juliette apporte son aide à sa maman en faisant le ménage.*
► À l'aide ! Crier à l'aide, c'est appeler au secours ! *À l'aide ! Une personne est tombée à l'eau !*

aider *verbe (v.)*
Aider une personne, c'est lui rendre service en faisant des choses pour elle. *J'aide Quentin à construire sa cabane.*

s'aider *verbe (v.)*
S'aider de quelque chose, c'est s'en servir pour faire quelque chose. *Mon grand-père s'aide de sa canne pour marcher.*

aide-soignant, aide-soignante
nom masculin, féminin (n. m., f.)
Un aide-soignant ou une aide-soignante est une personne chargée de donner des soins aux malades. *L'aide-soignante de cet hôpital est très gentille.*

aigle *nom masculin (n. m.)*
Un aigle est un grand oiseau de proie.

à savoir
L'aigle possède un bec recourbé. Ses pattes sont armées de griffes que l'on appelle des « serres ». L'aigle construit son nid dans les rochers des grandes montagnes.

aiglon *nom masculin (n. m.)*
L'aiglon est le petit de l'aigle.

aiguille *nom féminin (n. f.)*
1. Une aiguille est une petite tige d'acier très pointue qui permet de coudre. *Ma grand-mère cherche du fil et une aiguille pour recoudre mon pantalon.* **2.** L'aiguille est la tige très piquante d'une seringue. *Je déteste les piqûres parce que j'ai peur des grandes aiguilles !* **3.** Les aiguilles d'une montre sont les petites tiges qui font le tour du cadran et qui indiquent l'heure. *Les aiguilles de ma montre se sont arrêtées.* **4.** Les aiguilles sont les feuilles fines et pointues des pins et des sapins. *Le sapin de Noël perd ses aiguilles.*

aiguiser *verbe (v.)*
Aiguiser un couteau, c'est rendre la lame coupante. *Papy aiguise son couteau avant de manger.*

ail *nom masculin (n. m.)*
L'ail est une plante utilisée en cuisine pour assaisonner les plats. *Le cuisinier met de l'ail dans les légumes.*

Remarque : Au pluriel, on écrit : des *ails* ou des *aulx*.

aile *nom féminin (n. f.)*
1. Les ailes sont les parties du corps d'un oiseau, d'un insecte ou d'une chauve-souris qui leur permettent de voler. *Ce pigeon ne peut plus voler avec son aile cassée.*
2. Les ailes d'un avion sont les deux parties planes qui lui permettent de rester stable dans l'air.

coin lecture
« … Moi souris ! Des méchants vous ont dit ces nouvelles. Grâce à l'auteur de l'univers, je suis oiseau : voyez mes ailes… »
La Chauve-Souris et les Deux Belettes. Jean de La Fontaine.

ailleurs *adverbe (adv.)*
Ailleurs signifie *dans un autre lieu. Elle est ailleurs, pas ici.*
► D'ailleurs : *d'ailleurs* signifie *de toute façon. Il ne viendra pas, d'ailleurs il n'est pas invité.*

aimable *adjectif masculin ou féminin (adj. m. ou f.)*
1. Une personne aimable est une personne gentille, polie. *Ma voisine est très aimable avec moi.*
Le contraire est : désagréable.

aimant *nom masculin (n. m.)*
Un aimant est un morceau d'acier qui attire le fer.

aimer *verbe (v.)*
1. Aimer une personne, c'est être amoureux d'elle. *Valentin aime Clara.* **2.** Aimer quelqu'un, c'est avoir de l'affection pour lui. *Gabriel aime beaucoup ses sœurs.* **3.** Aimer une chose, c'est l'apprécier beaucoup. *Je n'aime pas les épinards.*

aîné, aînée
nom masculin, féminin (n. m., f.)
L'aîné ou l'aînée d'une famille est l'enfant né en premier. *J'ai deux frères et c'est moi l'aîné.*

ainsi *adverbe (adv.)*
Ainsi signifie *de cette façon. Tu ne dois pas parler ainsi à tes parents.*
► Pour ainsi dire : *pour ainsi dire* signifie *presque. Il est pour ainsi dire un véritable idiot !*

1. air *nom masculin (n. m.)*
L'air est l'atmosphère que l'on respire. *J'aime respirer le bon air de la montagne.* ► Prendre l'air : prendre l'air, c'est aller dehors pour faire un petit tour. *Tonton aime prendre l'air après le travail.* ► En plein air : être en plein air, c'est être dehors. *Les jeux ont lieu en plein air.*

2. air *nom masculin (n. m.)*
L'air est l'allure que l'on a. *Ce vêtement lui donne des airs de Prince Charmant.* ► Avoir l'air : avoir l'air, c'est sembler, paraître.
Il a l'air bête avec ce chapeau !

3. air *nom masculin (n. m.)*
L'air est la mélodie d'une chanson. Papy siffle un air connu.

aise *nom féminin (n. f.)*
Être à l'aise, c'est se sentir bien.
► Se mettre à l'aise : se mettre à l'aise, c'est s'installer confortablement. *Entrez et mettez-vous à l'aise !*
► Prendre ses aises : prendre ses aises, c'est s'installer confortablement en oubliant les autres. *Il prend ses aises comme s'il était chez lui.*

ajouter *verbe (v.)*
1. Ajouter, c'est mettre en plus. *Ajoute de la couleur dans ton dessin !*
2. En calcul, ajouter, c'est additionner. *Si j'ajoute 2 à 3, je trouve 5.*

alarme *nom féminin (n. f.)*
Une alarme est une sonnerie qui avertit d'un danger. *L'alarme s'est déclenchée lorsque le voleur est entré dans la maison.* ► Donner l'alarme : donner l'alarme, c'est avertir d'un danger. *Monsieur Lacoste a donné l'alarme juste après l'accident.*

alarmer *verbe (v.)*
Alarmer, c'est inquiéter beaucoup. *L'état de santé du blessé alarme son entourage.*
s'alarmer *verbe (v.)*
S'alarmer, c'est s'inquiéter. *Maman s'est alarmée en me voyant tomber.*

albatros *nom masculin (n. m.)*
Un albatros est un oiseau des mers du Sud aux très longues ailes.

album *nom masculin (n. m.)*
1. Un album est un gros cahier dans lequel on classe des photos. *Maman aime regarder l'album où il y a des photos de moi bébé !* **2.** Un album est un disque. *Laura a acheté le dernier album de ce chanteur.*

alcool *nom masculin (n. m.)*
1. L'alcool est une boisson forte que boivent les adultes. *Papa ne boit pas beaucoup d'alcool.* **2.** L'alcool est un produit qui sert à désinfecter. *L'infirmière a mis de l'alcool sur ma coupure.*

alentours *nom masculin pluriel (n. m. pl.)*
Les alentours sont les lieux qui se trouvent autour de quelque chose. *On construit de nouvelles maisons aux alentours de la ville.*
Le synonyme est : environs.

alerte *nom féminin (n. f.)*
Une alerte est un signal qui avertit d'un danger. *Les gens ont donné l'alerte pour prévenir les pompiers.*

algérien, algérienne
adjectif et nom masculin, féminin (adj. et n. m., f.)
Ce qui est algérien vient du pays qui s'appelle l'Algérie. *Ali est algérien. Il est né en Algérie.*

algue *nom féminin (n. f.)*
L'algue est une plante qui pousse au fond de l'eau. *Il y a des algues dans ce lac.*

aligner *verbe (v.)*
Aligner, c'est mettre en ligne. *Le maître aligne les élèves devant la classe.*

aliment *nom masculin (n. m.)*
Un aliment est une chose qu'on mange pour se nourrir. *Mon petit frère est encore nourri avec des aliments pour bébés.*

alimentation *nom féminin (n. f.)*
L'alimentation est la façon dont on se nourrit. *Manon a une bonne alimentation : elle mange des fruits et des légumes tous les jours.*

alimenter *verbe (v.)*
1. Alimenter une personne ou un animal, c'est lui donner à manger. *La fermière alimente ses lapins tous les soirs.* **2.** Alimenter, c'est approvisionner. *Une source alimente le village.*

allée *nom féminin (n. f.)*
1. Une allée est un petit chemin dans une forêt ou un jardin. *Le jardinier a planté des fleurs au bord de l'allée du jardin.* **2.** Une allée est le passage entre les rayons dans un magasin. *Les allées de ce supermarché sont nettoyées tous les matins.*

Remarque : Il ne faut pas confondre *allée* avec le nom *aller* ou le verbe *aller*.

alléger *verbe (v.)*
Alléger une chose, c'est la rendre moins lourde. *Allège ton cartable, il est trop lourd !*

1. aller *verbe (v.)*

1. Aller à un endroit, c'est se déplacer vers cet endroit. *Je vais à la piscine le mercredi.* **2.** Aller, c'est mener à un endroit. *Cette route va à Lyon.* **3.** Aller, c'est se sentir bien ou mal. *Il va bien depuis son opération du genou.* **4.** Lorsqu'une chose va, c'est qu'elle convient. *Ce pantalon lui va bien.* **5.** Aller, c'est être sur le point de faire quelque chose. *On dirait qu'il va pleuvoir.*

2. aller *nom masculin (n. m.)*

1. L'aller est le trajet pour se rendre à un endroit. *Elle a fait l'aller avec son frère et le retour avec sa sœur.*
2. L'aller est un billet de transport. *Le directeur a pris un aller en première classe.*

allergie *nom féminin (n. f.)*

Une allergie est une réaction de notre corps à certaines choses qui le rendent malade. *Il fait une allergie à la poussière.*

alligator *nom masculin (n. m.)*

L'alligator est un reptile qui ressemble à un crocodile.

à savoir

L'alligator a un museau plus large et plus court que le crocodile. Il vit en Amérique du Nord et en Chine et peut mesurer jusqu'à 5 mètres de long.

allô ! *interjection (interj.)*

Allô est le premier mot que l'on dit lorsqu'on répond au téléphone.
Allô ?
Qui est à l'appareil ?

allonger *verbe (v.)*

1. Allonger, c'est augmenter la longueur. *La durée de l'exercice est allongée de dix minutes.*
Le synonyme est : rallonger.
2. Allonger, c'est étendre une partie du corps. *Paula allonge ses jambes sous la table.*
3. Les jours allongent lorsqu'ils deviennent plus longs. *Au printemps, les jours allongent.*

s'allonger *verbe (v.)*

1. S'allonger, c'est se coucher. *Papy s'allonge pour faire la sieste.*
Le synonyme est : s'étendre.

allumer *verbe (v.)*

1. Allumer une chose, c'est y mettre le feu. *Il allume le feu dans la cheminée.*
Le contraire est : éteindre.
2. Allumer, c'est appuyer sur un bouton pour avoir de la lumière. *Allume ! Il fait sombre !*
Le contraire est : éteindre.
3. Dans le langage familier, allumer un appareil, c'est le mettre en marche. *Allume la télé !*

allumette *nom féminin (n. f.)*

Une allumette est une petite tige en bois munie, au bout, d'une substance que l'on frotte pour avoir du feu. *Ne joue pas avec les allumettes, c'est dangereux !*

coin lecture

« L'enfant prend une troisième allumette, et elle se voit transportée près d'un arbre de Noël splendide. Sur ses branches vertes, brillaient mille bougies de couleurs : de tous côtés, pendait une foule de merveilles. La petite étendit la main pour saisir la moins belle : l'allumette s'éteint. »
La Petite Fille aux allumettes. Andersen.

allure *nom féminin (n. f.)*

1. L'allure d'un véhicule est sa vitesse. *La voiture roule à vive allure.* **2.** L'allure d'une personne est son air, son aspect. *Tu as une drôle d'allure !*
► Avoir de l'allure : avoir de l'allure, c'est être élégant.

alors *adverbe (adv.)*

Alors signifie *à ce moment-là.*

alors que *conjonction (conj.)*
1. *Alors que* signifie *au moment où. Il a déménagé alors qu'il n'était encore qu'un bébé.* **2.** *Alors que* signifie *bien que. Gaël est venu à l'école alors qu'il était malade.*

alouette *nom féminin (n. f.)*

Une alouette est un petit oiseau des champs.

à savoir

L'alouette mange des insectes. Elle fait son nid sur le sol.

alphabet *nom masculin (n. m.)*

L'alphabet est l'ensemble des lettres d'une langue classées par ordre alphabétique. *Je connais les 26 lettres de l'alphabet !*

coin lecture

« Cette fois, comme nous étions le 12 du mois, j'ai suivi les lettres de l'alphabet depuis l'A, et j'ai compté jusqu'à douze ; j'étais arrivé à L : c'était donc au lièvre que revenait le premier prix. »
Les Coureurs. Andersen.

alphabétique

adjectif masculin ou féminin (adj. m. ou f.)
L'ordre alphabétique est l'ordre de l'alphabet.

alphabétiser *verbe (v.)*

Alphabétiser, c'est enseigner la lecture et l'écriture aux adultes qui ne savent ni lire ni écrire.

alpiniste *nom masculin ou féminin (n. m. ou f.)*

Un alpiniste, une alpiniste escalade les montagnes.

amateur, amatrice
nom masculin, féminin (n. m., f.)
1. Un amateur, une amatrice est une personne qui pratique une activité pour son plaisir. *Mon père n'est pas un professionnel du golf, c'est un amateur.* **2.** Un amateur, une amatrice est une personne qui aime beaucoup une chose. *Je suis un amateur de glace à la fraise !*

ambitieux, ambitieuse
adjectif masculin, féminin (adj. m., f.)
Une personne ambitieuse veut réussir de grandes choses. *Robin est très ambitieux, il veut devenir président de la République !*

ambulance *nom féminin (n. f.)*
Une ambulance est un véhicule qui transporte les malades ou les blessés à l'hôpital. *On entend les sirènes de l'ambulance dans toute la ville.*

améliorer *verbe (v.)*
Améliorer une chose, c'est la changer en mieux. Elle *a amélioré sa recette du gâteau au chocolat.*

aménager *verbe (v.)*
Aménager une pièce, c'est la transformer pour la rendre plus agréable à vivre. *Alicia et Sarah ont aménagé leur chambre avec de nouveaux meubles.*

amener *verbe (v.)*
1. Amener une personne, c'est la faire venir avec soi. Nadia *a amené Malika à Hammamet.* **2.** Amener, c'est conduire dans un endroit. *Le train nous amène à Paris.*

amer, amère
adjectif masculin, féminin (adj. m., f.)
Un goût amer est un goût que certains trouvent désagréable. *Ces endives sont très amères.*

ami, amie *nom masculin, féminin (n. m., f.)*
Un ami ou une amie est une personne que l'on connaît bien et avec laquelle on s'entend merveilleusement. *César a beaucoup d'amis au centre aéré.*

Le contraire est : ennemi.

coin lecture

« Deux vrais amis vivaient au Monomotapa ;
l'un ne possédait rien qui n'appartînt à l'autre.
Les amis de ce pays-là valent bien, dit-on, ceux du nôtre… »
Les Deux Amis. Jean de La Fontaine.

amical, amicale, amicaux
adjectif masculin, féminin, pluriel (adj. m., f. pl.)
Être amical, c'est montrer de l'amitié, de la sympathie. *Les étrangers ont reçu un accueil amical.*

Remarque : Au pluriel, ce mot s'écrit *amicaux* : *Ils se sont dit des mots amicaux.*

amincir *verbe (v.)*
1. Amincir, c'est rendre plus mince. *Ne mange pas trop si tu veux amincir ta silhouette !* **2.** Amincir, c'est faire paraître plus mince. *Cette couleur sombre t'amincit.*

amitié *nom féminin (n. f.)*
Avoir de l'amitié pour quelqu'un, c'est l'aimer beaucoup. *J'ai de l'amitié pour Clara.*

amour *nom masculin (n. m.)*
1. L'amour est un sentiment très fort, une attirance qu'a un garçon pour une fille ou une fille pour un garçon. *Ce n'est pas de l'amitié entre Romain et Marie, c'est de l'amour !* **2.** Avoir de l'amour pour une personne de sa famille, c'est l'aimer beaucoup. *J'ai beaucoup d'amour pour mon petit frère.* **3.** Avoir de l'amour pour une chose, c'est s'y intéresser passionnément. *C'est l'amour du sport qui le rend si heureux.*

coin lecture

« Deux pigeons s'aimaient d'amour tendre : l'un d'eux, s'ennuyant au logis, fut assez fou pour entreprendre un voyage en lointain pays. »
Les Deux Pigeons. Jean de La Fontaine.

amoureux, amoureuse
adjectif masculin, féminin (adj. m., f.)
1. Être amoureux d'une personne, c'est éprouver de l'amour pour elle. *Chloé est amoureuse de Maxime.*
2. Être amoureux d'une chose, c'est avoir un intérêt extrêmement fort pour elle. *Mon parrain est amoureux de la nature.*

Remarque : Les adjectifs *amoureux, amoureuse* peuvent aussi être des noms : *Élisa a un amoureux.*

ampoule *nom féminin (n. f.)*
1. Une ampoule est une petite boule de verre qui sert à éclairer. **2.** Une ampoule est un tube de verre contenant un médicament. *Le médecin lui a donné des ampoules.*
3. Une ampoule est une cloque sous la peau. *Anne-Laure a des ampoules aux pieds.*

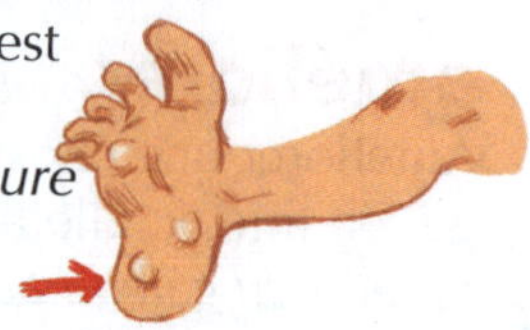

amusant, amusante

adjectif masculin, féminin (adj. m., f.)
Une chose amusante est une chose qui fait rire. *C'est amusant d'écouter Loïc raconter ses histoires !*

amuser *verbe (v.)*

Amuser une personne, c'est la faire rire. *Le clown amuse tous les enfants.*
Le synonyme est : divertir.
Le contraire est : ennuyer.

s'amuser *verbe (v.)*
S'amuser, c'est passer un moment agréable en jouant. *Valentin s'amuse avec tous ses jouets.*

an *nom masculin (n. m.)*

Un an est une période de douze mois. *Il est resté un an en Espagne.*
► Jour de l'an : le jour de l'an est le 1er janvier. *Mes amis ont fêté le jour de l'an à l'étranger.*

> **Remarque :** Il ne faut pas confondre le nom *an* avec la préposition *en* ou le pronom *en*.

anaconda *nom masculin (n. m.)*

Un anaconda est un grand serpent qui peut mesurer 10 mètres.

analyser *verbe (v.)*

Analyser une chose, c'est l'étudier. *Le médecin a analysé les résultats du test.*

ananas *nom masculin (n. m.)*

Un ananas est un gros fruit jaune qui a comme des écailles sur sa peau. *Anthony adore le jus d'ananas.*

ancien, ancienne

adjectif masculin, féminin (adj. m., f.)
1. Une chose ancienne est une chose qui existe depuis longtemps. *Cette maison est très ancienne, le toit est très abîmé.*
Le synonyme est : vieux.
Les contraires sont : moderne, récent.

2. Quelqu'un d'ancien n'exerce plus la même fonction. *Cet ancien sportif est aujourd'hui éducateur.*
Le contraire est : nouveau.

ancien, ancienne *nom masculin, féminin (n. m., f.)* Un ancien, une ancienne est une personne qui est là depuis longtemps. *Papa est un ancien dans son usine.*

ancre *nom féminin (n. f.)*

L'ancre du bateau est la lourde pièce d'acier que l'on jette à la mer pour immobiliser le bateau. *Le chalutier a jeté l'ancre dans le port.*

âne *nom masculin (n. m.)*
L'âne est un animal domestique plus petit qu'un cheval, mais avec de plus longues oreilles. *L'âne de papy adore les carottes.*

coin lecture

« Pour te récompenser de ta bonne conduite je veux te donner un âne. Il est d'une espèce particulière, et ne supporte ni le bâton ni l'attelage. — À quoi donc est-il bon ? [...] — Il produit de l'or, répondit le meunier ; tu n'as qu'à le faire avancer [...] et qu'à prononcer bricklebrit. »
La Table, l'Âne et le Bâton merveilleux. Les frères Grimm.

ânerie *nom féminin (n. f.)*
Dire des âneries, c'est dire des bêtises. *Quentin raconte souvent des âneries.*

ânesse *nom féminin (n. f.)*
L'ânesse est la femelle de l'âne.

ange *nom masculin (n. m.)*
1. Un ange est un messager de Dieu. **2.** Un ange est quelqu'un de très gentil. *Mon petit cousin est un ange !*

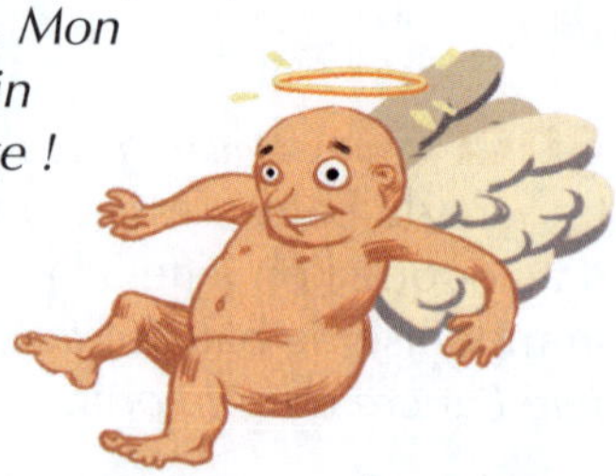

coin lecture

« [...] l'enfant, ouvrant tout à fait les yeux, regarda le visage éclatant et superbe de l'ange. » *L'Ange.* Andersen.

angine *nom féminin (n. f.)*
Une angine est une maladie qui irrite la gorge. *Elsa est malade, elle a une angine.*

angle *nom masculin (n. m.)*
Un angle est un coin. *Il habite à l'angle de la rue. Maman a mis un meuble dans l'angle du mur.*

anguille *nom féminin (n. f.)*
Une anguille est un poisson de rivière qui a la forme d'un serpent. *Papy a pêché des anguilles ce matin.*

animal *nom masculin (n. m.)*
Un animal est un être vivant qui n'est ni un homme ni une plante. *Il y a beaucoup d'animaux dans cette ferme.*
Le synonyme est : bête.

animateur, animatrice
nom masculin, féminin (n. m., f.)
1. Un animateur ou une animatrice est une personne qui présente un spectacle. *L'animatrice de cette émission de télévision est célèbre.* **2.** Un animateur ou une animatrice est une personne qui organise des activités. *L'animateur du centre aéré s'appelle Frédéric.*

animer *verbe (v.)*

1. Animer une chose, c'est la faire bouger. *Mon grand-père anime des marionnettes.* **2.** Animer, c'est présenter une émission, un spectacle. *La maîtresse anime le spectacle de fin d'année.*

s'animer *verbe (v.)*

S'animer, c'est devenir plus vivant. *Le spectacle s'anime lorsque les clowns font leur entrée.*

anneau *nom masculin (n. m.)*

1. Un anneau est un petit cercle dur qui sert à attacher. *Les rideaux du salon tiennent avec des anneaux en bois.* **2.** Un anneau est une bague. *Maman porte un anneau en or.*

année *nom féminin (n. f.)*

Une année est une période de douze mois. *L'année 2007 a été une grande année !*

anniversaire *nom masculin (n. m.)*

1. L'anniversaire est le jour de la naissance de quelqu'un. *Son anniversaire tombe un mardi cette année.* **2.** L'anniversaire est le jour où un événement est célébré. *L'anniversaire de mariage de mes parents a été très réussi.*

annoncer *verbe (v.)*

1. Annoncer une chose, c'est la faire savoir. *J'annonce que je vais bien travailler à l'école cette année !* **2.** Annoncer, c'est être le signe qu'une chose va arriver. *Ces nuages gris annoncent un orage.*

annuaire *nom masculin (n. m.)*

Un annuaire est un gros livre publié tous les ans où l'on trouve des renseignements divers.

annuel, annuelle

adjectif masculin, féminin (adj. m., f.)

Une chose annuelle a lieu tous les ans. *Le 14 Juillet, jour de la fête nationale française, est une fête annuelle populaire en France.*

annuler *verbe (v.)*

Annuler une chose, c'est décider de la supprimer. *Le dentiste a annulé ses rendez-vous.*

anonyme *adjectif masculin, féminin (adj. m., f.)*

Une personne anonyme est une personne dont on ne connaît pas le nom. *Le gagnant du jeu est resté anonyme.*

anormal, anormale, anormaux

adjectif masculin, féminin, pluriel (adj. m., f., pl.)

Ce qui est anormal est bizarre, étrange. *Ce mauvais temps en plein été est anormal dans ce pays.*

Le synonyme est : inhabituel.

Les contraires sont : habituel, normal.

Remarque : Au pluriel, ce mot s'écrit *anormaux* : *Les mauvais résultats de cette bonne équipe sont anormaux.*

anse *nom féminin (n. f.)*
Une anse est la poignée d'un objet. *L'anse de ce panier est cassée.*

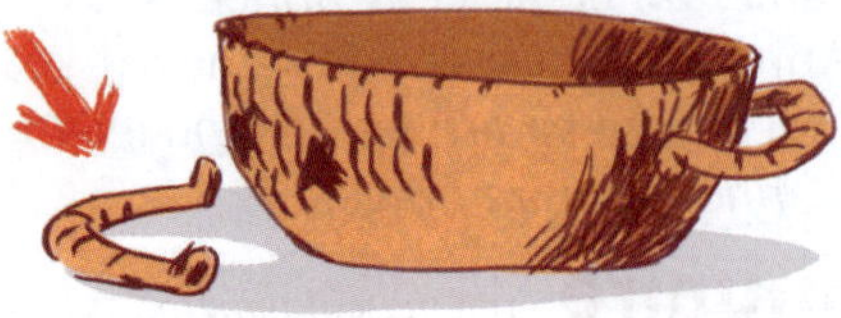

antilope *nom féminin (n. f.)*
Une antilope est un animal à cornes qui court très vite et que l'on trouve en Afrique.

août *nom masculin (n. m.)*
Le mois d'août est le huitième mois de l'année. *Cet été, papa et maman prennent leurs vacances en août.*

apaisant, apaisante
adjectif masculin, féminin (adj. m., f.)
Une chose apaisante rend calme. *Les vacances à la campagne sont très apaisantes.*

apercevoir *verbe (v.)*
Apercevoir une chose, c'est la voir de loin, plus ou moins bien. *J'ai aperçu Marilyne dans la rue.*

apiculteur, apicultrice
nom masculin, féminin (n. m., f.)
Un apiculteur, une apicultrice est une personne qui récolte le miel des abeilles.

aplatir *verbe (v.)*
Aplatir une chose, c'est la rendre plate. *Le pâtissier aplatit sa pâte avec un rouleau.*

apostrophe *nom féminin (n. f.)*
Une apostrophe est ce petit signe placé en haut (') après une consonne pour indiquer qu'une voyelle a été supprimée. *Dans* J'arrive, *l'apostrophe remplace le* e *de* je.

apparaître *verbe (v.)*
Apparaître, c'est être visible tout à coup. *Un éclair est apparu dans le ciel.*
Le contraire est : disparaître.

appareil *nom masculin (n. m.)*

Un appareil est un objet qui sert à faire quelque chose de précis. *Son téléphone portable est un appareil qui prend aussi des photos !*

appartement *nom masculin (n. m.)*

Un appartement est un logement dans un immeuble. *Julie habite dans un appartement au cinquième étage.*

appartenir *verbe (v.)*

1. Appartenir à quelqu'un, c'est être à lui. *Cette voiture appartient à mon voisin.* **2.** Appartenir à quelque chose, c'est en faire partie. *Ce joueur appartient à un grand club.*

appel *nom masculin (n. m.)*

1. Un appel est le cri ou le geste d'une personne pour en appeler une autre. *J'ai entendu un appel au secours dans la rue.* **2.** Un appel est un coup de téléphone. *Maman a eu un appel sur son portable.*

appeler *verbe (v.)*

1. Appeler, c'est demander de venir. *J'appelle mon chien en le sifflant.*
2. Appeler, c'est téléphoner. *Il a appelé le médecin cette nuit.*
3. Appeler, c'est donner un nom. *Tout le monde l'appelle Gaby.*
Le synonyme est : nommer.

s'appeler *verbe (v.)*
S'appeler, c'est avoir pour nom. *Elle s'appelle Kelly.*

appétissant, appétissante

adjectif masculin, féminin (adj. m., f.)
Un plat appétissant est un plat qui semble très bon. *Hmmm ! Ce gâteau est appétissant !*

appétit *nom masculin (n. m.)*

L'appétit est le besoin et le plaisir de manger. *Bon appétit, mes amis !*

applaudissements

nom masculin pluriel (n. m. pl.)
Les applaudissements sont les battements de mains d'un public qui aime un spectacle. *Tous les spectateurs ont applaudi les acteurs de la pièce de théâtre.*

apporter *verbe (v.)*

Apporter une chose, c'est la prendre avec soi. *Hugo a apporté des billes à l'école.*

appréciation *nom féminin (n. f.)*

Une appréciation est une remarque que l'on fait sur quelque chose. *Ma sœur a eu une bonne appréciation sur son bulletin de notes.*

apprécier *verbe (v.)*

Apprécier une chose, c'est la trouver agréable. *Bastien apprécie les dessins animés.*

apprendre *verbe (v.)*

1. Apprendre, c'est étudier une chose pour la connaître. *Il apprend sa leçon d'histoire.* **2.** Apprendre, c'est transmettre ce que l'on sait. *La maîtresse nous apprend à lire.*
3. Apprendre une nouvelle, c'est être informé de cette nouvelle. *Antonin est heureux d'avoir appris cette bonne nouvelle.*

apprivoiser *verbe (v.)*

Apprivoiser un animal, c'est le rendre moins sauvage. *Le dompteur a apprivoisé le lion.*

approcher *verbe (v.)*

1. Approcher, c'est mettre plus près. *Approche ton assiette, tu en mets partout !* **2.** Approcher une personne, c'est venir près d'elle. *Leslie a approché son chanteur préféré.*

s'approcher *verbe (v.)*

S'approcher, c'est se déplacer et venir plus près. *Alexandre s'approche du chien sans avoir peur.*

approuver *verbe (v.)*

Approuver quelque chose, c'est être d'accord. *Papa n'approuve pas que je mange des bonbons.*

appui *nom masculin (n. m.)*

Un appui est un soutien, une aide. *Son frère lui donne son appui*

appuyer *verbe (v.)*

1. Appuyer, c'est presser avec le bout du doigt. *Il a appuyé sur le bouton pour allumer la lumière.* **2.** Appuyer, c'est poser une chose contre une autre. *J'appuie mon dos contre le mur.*

après *préposition (prép.)*

1. *Après* signifie *plus tard. Je vais à l'école et après je rentre chez moi.*
Le contraire est : avant.
2. *Après* signifie *plus loin. Virgile habite après la boulangerie.*
Le contraire est : avant.

après-demain *adverbe (adv.)*

Après-demain est le jour qui suivra demain. *Après-demain, je vais à la pêche avec papy.*

après-midi

nom masculin ou féminin (n. m. ou f.)

L'après-midi est le moment d'une journée qui commence à midi et qui se termine le soir. *Que fais-tu cet(te) après-midi ?*

Remarque : On peut dire *un* ou *une* après-midi. Au pluriel, on écrit : des après-midi.

aquarium *nom masculin (n. m.)*

Un aquarium est un récipient rempli d'eau dans lequel on met des poissons. *Il y a de jolis poissons de toutes les couleurs dans son aquarium.*

araignée *nom féminin (n. f.)*

Une araignée est un petit animal à huit pattes qui se nourrit d'insectes.

coin lecture

« […] l'araignée autrefois tapissière, et qui, lors étant filandière, prétendait enlacer tout insecte volant. »
l'Araignée et l'Hirondelle.
Jean de La Fontaine.

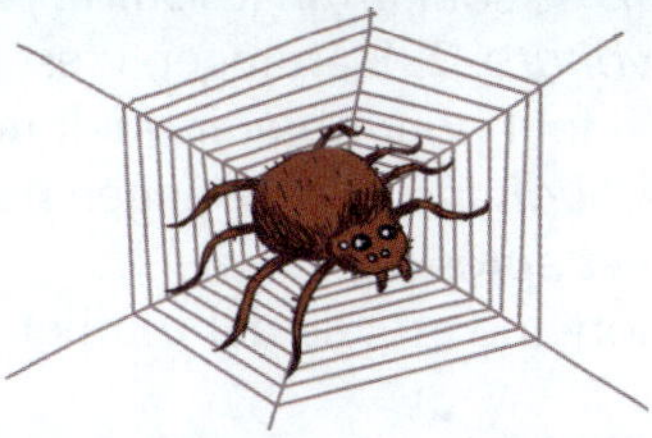

arbitre *nom masculin ou féminin (n. m. ou f.)*

Un arbitre ou une arbitre est une personne qui fait appliquer les règles d'un jeu. *L'arbitre a sifflé la fin du match.*

arbre *nom masculin (n. m.)*

Un arbre est une grande plante avec des racines, un tronc, des branches et des feuilles. *Mon grand-père a des arbres dans son jardin.*

arbuste *nom masculin (n. m.)*

Un arbuste est un arbre très petit.

arc *nom masculin (n. m.)*

Un arc est une arme servant à envoyer des flèches. *Robin des bois a un bel arc !*

arc-en-ciel *nom masculin (n. m.)*

Un arc-en-ciel est un arc multicolore qui apparaît dans le ciel quand le soleil traverse la pluie. *L'arc-en-ciel a sept couleurs : rouge, orangé, jaune, vert, bleu, indigo, violet.*

Remarque : Au pluriel, on écrit : des arcs-en-ciel.

ardoise *nom féminin (n. f.)*
Une ardoise est une petite plaque sur laquelle on écrit des choses. *J'écris le résultat du calcul sur l'ardoise pour le montrer à la maîtresse.*

arête *nom féminin (n. f.)*
Les arêtes sont les os fins de certains poissons. *Il y a des arêtes dans cette truite.*

argent *nom masculin (n. m.)*
1. L'argent est un métal blanc précieux. *Sa montre est en argent.*
2. L'argent représente les pièces et les billets qui servent à payer. *Elle gagne beaucoup d'argent.*

arme *nom féminin (n. f.)*
Une arme est un instrument qui sert à blesser ou à tuer. *Attention ! Les armes sont dangereuses !*

armer *verbe (v.)*
Armer, c'est équiper d'une arme. *Les soldats ont été armés pour partir au combat.*

armoire *nom féminin (n. f.)*
Une armoire est un meuble haut où l'on range du linge ou des vêtements. *L'armoire de Noémie est remplie de vêtements.*

aromatiser *verbe (v.)*
Aromatiser, c'est parfumer avec une plante qui donne du goût. *Ma grand-mère aromatise son plat avec du laurier.*

arôme *nom masculin (n. m.)*
L'arôme est le parfum agréable d'une plante, d'un aliment. *La vanille est mon arôme préféré.*

arracher *verbe (v.)*
Arracher une chose, c'est l'enlever en tirant très fort.
Le synonyme est : extraire.
► S'arracher les cheveux :
s'arracher les cheveux, dans le langage familier, c'est être désespéré. *Il s'arrache les cheveux lorsque son ordinateur ne marche pas.*

arranger *verbe (v.)*
1. Arranger une chose, c'est la disposer comme on veut. *Juliette a arrangé sa chambre comme celle de Marie.* **2.** Arranger une chose, c'est la remettre comme il faut. *Arrange ta coiffure, tu es toute dépeignée !*
3. Arranger une personne, c'est la satisfaire. *L'horaire de ce train nous arrange.*
s'arranger *verbe (v.)*
1. S'arranger, c'est se mettre d'accord. *ils se sont arrangés sur le prix de la voiture.* **2.** S'arranger, c'est faire ce qu'il faut pour obtenir quelque chose. *Ludivine s'est arrangée pour sortir cet après-midi.*
Le synonyme est : se débrouiller.

arrêt *nom masculin (n. m.)*
1. L'arrêt est l'action de stopper quelque chose. *Ne descendez pas avant l'arrêt complet du train.* **2.** L'arrêt est le lieu où l'on attend le bus. *L'arrêt du bus est à côté de chez moi.*

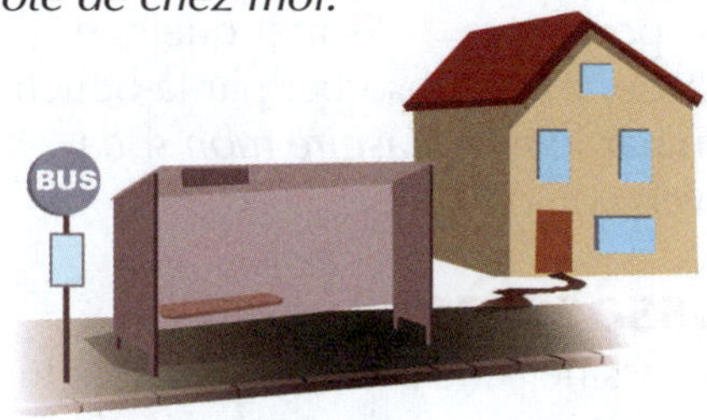

arrêter *verbe (v.)*
1. Arrêter, c'est empêcher d'avancer. *Le gendarme arrête l'automobiliste.* **2.** Arrêter, c'est interrompre. *L'arbitre a arrêté le match à cause de la pluie.* **3.** Arrêter une personne, c'est la mettre en prison. *Le voleur a été arrêté par la police.*

s'arrêter *verbe (v.)*
1. S'arrêter, c'est ne plus avancer. *Marjorie s'arrête devant toutes les boutiques.* **2.** S'arrêter, c'est ne plus fonctionner. *Ma montre s'est arrêtée.*

1. arrière *adverbe (adv.)*
Arrière signifie *derrière. Nous avons fait marche arrière.* En arrière : *en arrière* signifie *dans le sens contraire de la marche. Ne regarde pas en arrière, tu vas te cogner !*

2. arrière *nom masculin (n. m.)*
L'arrière est la partie située derrière. *L'arrière de la voiture a été abîmé.*

arrière *adjectif masculin ou féminin (adj. m. ou f.)*
Arrière signifie *derrière. Installe-toi sur la banquette arrière de la voiture.*

arrivée *nom féminin (n. f.)*
L'arrivée est le moment, le lieu où quelqu'un ou quelque chose arrive. *L'arrivée des voyageurs est prévue pour 18 heures. L'arrivée du train à Paris a été retardée.*

arriver *verbe (v.)*
1. Arriver, c'est atteindre le lieu souhaité. *Ils arrivent en France ce soir.* **2.** Arriver, c'est se passer, se produire. *C'est arrivé l'an dernier.* **3.** Arriver, c'est réussir. *Julie arrive à faire les additions.* **4.** Arriver, c'est atteindre un niveau. *L'eau lui arrive à la taille.*

arroser *verbe (v.)*
Arroser une plante, c'est verser de l'eau dessus. *J'arrose les fleurs tous les soirs.*

arrosoir *nom masculin (n. m.)*
Un arrosoir est un récipient avec une anse que l'on utilise pour arroser. *J'ai rempli un arrosoir d'eau pour arroser les fleurs.*

artichaut *nom masculin (n. m.)*
L'artichaut est un légume vert dont on mange les feuilles et le fond. *Maman a préparé un artichaut avec de la vinaigrette.*

artiste *nom masculin ou féminin (n. m. ou f.)*
1. Une artiste est une personne qui pratique un art. *Ce peintre est un artiste très connu.* **2.** Une artiste est une personne qui interprète une œuvre. *Les artistes de ce théâtre sont de grands comédiens.*

ascenseur *nom masculin (n. m.)*
Un ascenseur est un appareil qui permet de monter les étages d'un immeuble. *Je prends l'ascenseur pour monter au dernier étage.*

aspect *nom masculin (n. m.)*
L'aspect d'une personne ou d'une chose est son apparence. *Cet homme a un drôle d'aspect.*

asperge *nom féminin (n. f.)*
Une asperge est un légume qui a la forme d'une tige. *J'aime les asperges avec de la mayonnaise.*

aspirateur *nom masculin (n. m.)*
Un aspirateur est un appareil qui aspire la poussière. *J'aide maman à passer l'aspirateur.*

aspirer *verbe (v.)*
1. Aspirer, c'est faire entrer l'air dans les poumons. **2.** Aspirer quelque chose, c'est l'absorber par la bouche ou par le nez. *J'aspire mon soda avec une paille.*

assassiner *verbe (v.)*
Assassiner une personne, c'est la tuer volontairement. *Il a assassiné des personnes avant d'aller en prison.*

assembler *verbe (v.)*
Assembler des choses, c'est les mettre ensemble. *Il a réussi à assembler toutes les pièces du puzzle.*

s'asseoir *verbe (v.)*
S'asseoir, c'est poser ses fesses sur un siège. *Assieds-toi et tais-toi !*

assez *adverbe (adv.)*
1. *Assez* signifie *autant qu'il en faut. J'ai assez de billes pour jouer.*
Le synonyme est : suffisamment.
2. *Assez* signifie *moyennement. Il est assez bon en sport.* ► En avoir assez de quelqu'un ou de quelque chose : en avoir assez de quelqu'un ou de quelque chose, c'est en être fatigué. *J'en ai assez de tes histoires !*

assiette *nom féminin (n. f.)*
Une assiette est une pièce de vaisselle dans laquelle on met de la nourriture. *Papy mange sa soupe dans une assiette creuse et mamie ses légumes dans une assiette plate.*

assimiler *verbe (v.)*
Assimiler, c'est comprendre. *Héloïse a assimilé sa leçon.*

assis, assise
adjectif masculin, féminin (adj. m., f.)
Être assis signifie *être en appui sur ses fesses. Je suis assis sur une chaise.*

assister *verbe (v.)*
1. Assister quelqu'un, c'est l'aider dans son travail. *Papa assiste maman dans les tâches ménagères.*
2. Assister à quelque chose, c'est en être témoin ou spectateur. *Marie a assisté à une scène de violence. Il a assisté au match de tennis.*

association *nom féminin (n. f.)*
Une association est un groupe de personnes qui s'occupent de quelque chose. *Cette association lutte contre la faim dans le monde.*

associer *verbe (v.)*
1. Associer des choses, c'est les mettre ensemble. *Louise a associé un pantalon noir avec un pull-over rose.*
2. Associer, c'est faire participer une personne à quelque chose. *L'entraîneur a associé le nouveau joueur à l'entraînement.*

s'associer *verbe (v.)*
S'associer, c'est s'unir à d'autres personnes. *Ces deux sociétés se sont associées.*

assoiffé, assoiffée
adjectif masculin, féminin (adj. m., f.)
Une personne assoiffée est une personne qui a grand soif. *Avec cette chaleur, je suis assoiffé !*

assommer *verbe (v.)*
Assommer une personne, c'est l'étourdir en la frappant fort sur la tête. *Le boxeur a été assommé d'un seul coup de poing.*

assorti, assortie

adjectif masculin, féminin (adj. m., f.)

Une chose assortie, c'est une chose qui s'accorde bien avec une autre. *Son pantalon et sa veste sont assortis.*

s'assoupir *verbe (v.)*

S'assoupir, c'est s'endormir légèrement. *Il s'est assoupi sur le canapé.*

assourdir *verbe (v.)*

Assourdir, c'est rendre sourd pour un petit instant. *Les avions qui décollent nous assourdissent.*

assourdissant, assourdissante

adjectif masculin, féminin (adj. m., f.)

Un bruit assourdissant est un bruit très fort.

assumer *verbe (v.)*

Assumer une chose, c'est en accepter les résultats. *Il assume son choix.*

assurer *verbe (v.)*

1. Assurer d'une chose, c'est dire qu'elle est vraie. *Je t'assure qu'il ne viendra pas ce soir.* **2.** Assurer, c'est veiller à ce qu'une chose se passe bien. *L'arbitre assure le bon déroulement de la partie.*

asthme *nom masculin (n. m.)*

L'asthme est une maladie qui empêche de respirer normalement. *Il soigne son asthme.*

asticot *nom masculin (n. m.)*

Un asticot est une larve de mouche. *Il pêche à l'asticot.*

astronaute

nom masculin ou féminin (n. m. ou f.)

Une astronaute est une personne qui va dans l'espace. *L'astronaute a marché sur la Lune.*

Le synonyme est : cosmonaute.

astronome

nom masculin ou féminin (n. m. ou f.)

Un ou une astronome est une personne qui étudie les astres.

astuce *nom féminin (n. f.)*
Une astuce est un moyen très pratique pour faire quelque chose. *Il a trouvé une astuce pour arriver à la bonne solution.*

atelier *nom masculin (n. m.)*
Un atelier est un lieu de travail. *Ce bricoleur a un atelier chez lui.*

athlète *nom masculin ou féminin (n. m. ou f.)*
Un athlète ou une athlète est une personne qui pratique un sport. *Les athlètes s'échauffent avant l'entraînement.*

atroce *adjectif masculin ou féminin (adj. m. ou f.)*
Une chose atroce est une chose horrible, terrible. *Il a eu un accident atroce.*
Les synonymes sont : abominable, monstrueux.

attacher *verbe (v.)*
1. Attacher, c'est faire tenir deux choses avec une corde, une ficelle, etc. *Il a attaché son chien au poteau avec une grande laisse.*
Le contraire est : détacher.
2. Attacher une chose, c'est la fermer. *Attache tes lacets, tu vas tomber !*
s'attacher *verbe (v.)*
S'attacher à une personne ou une chose, c'est avoir de l'affection pour elle. *Il s'attache facilement aux gens.*

attaque *nom féminin (n. f.)*
1. Une attaque est l'action d'attaquer. *Les cow-boys attaquent les Indiens.* **2.** Une attaque est une critique sévère. *Il répond aux attaques de son chef.* **3.** Une attaque, c'est une crise. *Il a eu une attaque cardiaque.*

attaquer *verbe (v.)*
1. Attaquer, c'est agir avec violence contre quelqu'un. *Le voyou a attaqué la vieille dame.* **2.** Attaquer une personne, c'est la critiquer. *Le patron attaque son ouvrier.* **3.** Attaquer une chose, c'est commencer à la faire. *Rose prend son goûter et attaque ses devoirs.*
s'attaquer *verbe (v.)*
1. S'attaquer à une personne, c'est s'en prendre à elle. *Il ne faut pas s'attaquer aux plus faibles que soi.*
2. S'attaquer à un problème, c'est essayer de le résoudre. *Djamel s'attaque à son problème de calcul.*

s'attarder *verbe (v.)*

S'attarder, c'est faire quelque chose qui met en retard. *Il s'est attardé sur le chemin du retour.*

atteindre *verbe (v.)*

1. Atteindre une chose, c'est arriver à la toucher. *Pauline est trop petite pour atteindre le livre sur l'étagère.* **2.** Atteindre, c'est arriver à blesser quelqu'un. *La balle a atteint le soldat au bras.* **3.** Atteindre, c'est arriver à un endroit. *L'alpiniste a atteint le sommet de la montagne.*

attendre *verbe (v.)*

1. Attendre, c'est rester à un endroit jusqu'à ce que quelqu'un ou quelque chose arrive. *J'attends mon frère devant l'école. Nora attend que la pluie s'arrête.*
2. Attendre, c'est espérer quelque chose. *J'attends beaucoup de son aide.* ► S'attendre à quelque chose : s'attendre à quelque chose, c'est penser que cette chose va arriver. *Ils s'attendent à son arrivée dans les prochains jours.*

attendrir *verbe (v.)*

Attendrir une personne, c'est l'émouvoir. Mes petits mots d'amour ont beaucoup attendri ma maman.
Le synonyme est : toucher.

s'attendrir *verbe (v.)*

S'attendrir, c'est être touché, ému. *Elle s'attendrit facilement devant un film triste.*

attente *nom féminin (n. f.)*

L'attente est le temps durant lequel on attend. *L'attente devant l'entrée du parc d'attractions est longue.*
► Salle d'attente : la salle d'attente est la salle où l'on attend. *La salle d'attente du médecin est toujours pleine.*

attentif, attentive

adjectif masculin, féminin (adj. m., f.)

Une personne attentive est une personne qui fait attention. *Lola est très attentive à ce qui se passe autour d'elle.*

attention *nom féminin (n. f.)*
1. L'attention est le fait de se concentrer. *Cette leçon importante demande une grande attention.*
2. L'attention est un signe, une parole de gentillesse. *Fanny a de gentilles attentions pour la vieille dame.*
attention ! *interjection (interj.)*
Attention ! est un mot pour avertir d'un danger. *Attention ! Ça brûle !*

atterrir *verbe (v.)*
Atterrir, c'est se poser sur le sol. *L'avion a atterri sur la piste 13.*

atterrissage
nom masculin (n. m.)
L'atterrissage est le moment où l'avion touche le sol. *L'atterrissage de l'avion est prévu pour 15 heures.*

attirant, attirante
adjectif masculin, féminin (adj. m., f.)
Une personne ou une chose attirante plaît, intéresse. *Ce garçon est très attirant.*

attirer *verbe (v.)*
1. Attirer, c'est faire venir vers soi. *Le chasseur attire le renard dans un piège.* **2.** Attirer, c'est plaire, intéresser. *Ce film attire beaucoup de spectateurs.*

attitude *nom féminin (n. f.)*
L'attitude est la façon de se comporter. *La maîtresse l'a puni à cause de son attitude désagréable avec les autres élèves.*

attractif, attractive
adjectif masculin, féminin (adj. m., f.)
Une personne ou une chose attractive attire, plaît. *Ce manège est très attractif.*

attraper *verbe (v.)*
1. Attraper un animal, c'est le capturer. *Il a attrapé un rat avec son piège.* **2.** Attraper une maladie, c'est l'avoir. *Léon a attrapé la grippe.*

attribuer *verbe (v.)*
Attribuer une chose, c'est la donner. *On lui a attribué le prix du meilleur acteur.*

attrister *verbe (v.)*
Attrister, c'est rendre triste. *Son départ attriste les enfants.*
Le synonyme est : peiner.
Le contraire est : réjouir.

s'attrouper *verbe (v.)*
S'attrouper, c'est se rassembler. *Des gens s'attroupent devant la maison du chanteur.*

A B C D E F G H I J K L M N O P Q R S T U V W X Y Z

au *article défini (art. déf.)*
Au est la contraction de *à* et *le*. *Il va au parc.*

aube *nom féminin (n. f.)*
L'aube est le début du jour. *Il se lève tous les jours à l'aube.*

aubergine *nom féminin (n. f.)*
L'aubergine est un légume violet et lisse.

aucun, aucune
pronom indéfini (pron. ind.)
Aucun, aucune signifie *pas un seul, pas une seule*. *Tu as des animaux chez toi ? Non, je n'en ai aucun.*

aucun, aucune *adjectif indéfini (adj. ind.)*
Aucun, aucune signifie *pas un seul* et *pas une seule*. *Je n'ai fait aucune faute dans ma dictée !*

audace *nom féminin (n. f.)*
Avoir de l'audace, c'est oser faire des choses difficiles. *Il faut avoir de l'audace pour plonger de si haut !*

au fur et à mesure
adverbe (adv.)
Au fur et à mesure signifie *progressivement*. *Nous apprenons à lire au fur et à mesure.*

augmentation
nom féminin (n. f.)
1. Une augmentation est une hausse. *L'augmentation des prix énerve les gens.*
Le contraire est : baisse.
2. Une augmentation est une hausse du salaire. *Maman gagne plus maintenant, elle a eu une augmentation.*

augmenter *verbe (v.)*
1. Augmenter, c'est rendre plus élevé. *Le patron a augmenté les salaires.*
Les contraires sont : baisser, diminuer.
2. Augmenter, c'est devenir plus cher. *L'essence va encore augmenter.*

aujourd'hui *adverbe (adv.)*
Aujourd'hui est le jour où nous sommes. *Aujourd'hui, je n'ai pas école.*

au revoir ! *interjection (interj.)*
Au revoir ! est ce que l'on dit lorsque l'on s'en va. *Au revoir, les copains ! À demain !*

auriculaire *nom masculin (n. m.)*
L'auriculaire est le plus petit doigt de la main. *Il s'est tordu l'auriculaire en jouant au ballon.*

aurore *nom féminin (n. f.)*
L'aurore est le moment où le soleil se lève. *Il s'est levé à l'aurore pour aller travailler.*

ausculter *verbe (v.)*
Ausculter une personne, c'est contrôler qu'elle est en bonne santé. *Le médecin a ausculté mon frère.*

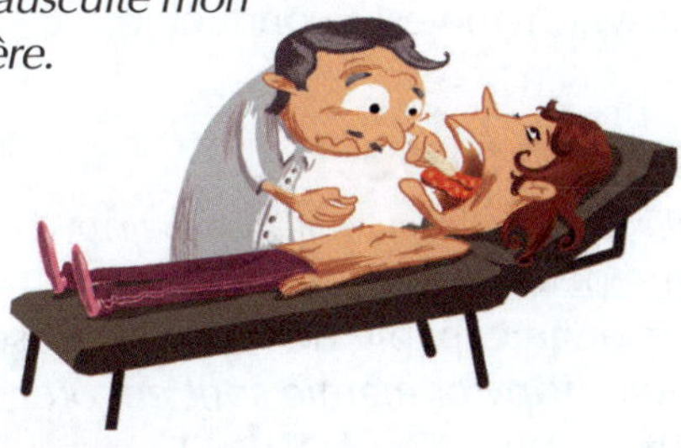

aussi *adverbe (adv.)*
Aussi signifie *également. Il a aussi deux frères.*

aussitôt *adverbe (adv.)*
Aussitôt signifie *tout de suite. Il s'est couché et s'est endormi aussitôt.*

aussitôt que *conjonction (conj.)*
Aussitôt que signifie *dès que. Il est sorti aussitôt que le soleil est revenu.*

autant *adverbe (adv.)*
1. Avoir la même quantité d'une chose, c'est en avoir autant. *Clara a quatre poupées et j'en ai autant !*
2. *Autant* signifie *beaucoup. Tu manges toujours autant ?*

auteur *nom masculin (n. m.)*
1. Un auteur est une personne qui est responsable d'une chose. *Il est l'auteur du vol chez cette dame.*
2. Un auteur est une personne qui a écrit un livre. *On trouve le roman de cet auteur dans toutes les librairies.*

auto *nom féminin (n. f.)*
Une auto est une automobile, une voiture.

autobus *nom masculin (n. m.)*
L'autobus est un véhicule qui transporte des personnes dans une ville. *Je prends l'autobus tous les matins.*
Le synonyme est : bus.

autocar *nom masculin (n. m.)*
Un autocar est un véhicule qui transporte des voyageurs. *L'autocar est parti ce matin pour Londres.*
Le synonyme est : car.

autocollant, autocollante

adjectif masculin, féminin (adj. m., f.)
Une chose autocollante colle d'elle-même sur une surface. *Maman a acheté des timbres autocollants.*

autocollant *nom masculin (n. m.)*
Un autocollant est une image que l'on peut coller sur quelque chose. *Nora a mis des autocollants sur la couverture de son cahier.*

autodéfense *nom féminin (n. f.)*

L'autodéfense est l'action de se défendre tout seul. *Elle prend des cours d'autodéfense.*

autographe

nom masculin (n. m.)
Un autographe est la signature d'une personne connue. *Zoé a demandé un autographe à son chanteur*

automatique

adjectif masculin ou féminin (adj. m. ou f.)
Une chose automatique est une chose qui marche avec un mécanisme. *L'ouverture des portes est automatique.*

automne *nom masculin (n. m.)*

L'automne est la saison entre l'été et l'hiver.

automobile *nom féminin (n. f.)*

Une automobile est un véhicule à quatre roues et à moteur.
Les synonymes sont : auto, voiture.

automobiliste

nom masculin ou féminin (n. m. ou f.)
Un ou une automobiliste est une personne qui conduit une automobile. *En France, les automobilistes roulent à droite.*
Le synonyme est : conducteur.

autonome

adjectif masculin ou féminin (adj. m. ou f.)
Une personne autonome est une personne capable de faire les choses seule. *Papy et mamie sont encore autonomes.*

autoriser *verbe (v.)*

Autoriser quelqu'un à faire quelque chose, c'est lui donner le droit de le faire. *Mes parents m'autorisent à regarder la télévision.*
Le synonyme est : permettre.
Les contraires sont : interdire, défendre.

autoritaire

adjectif masculin ou féminin (adj. m. ou f.)
Une personne autoritaire est une personne qui exige qu'on fasse ce qu'elle dit. *Notre maîtresse est très autoritaire.*

autoroute *nom féminin (n. f.)*

Une autoroute est une route très large où les véhicules peuvent rouler vite, et dont les deux sens de circulation sont bien séparés. *Nous avons pris l'autoroute pour partir en vacances.*

auto-stop *nom masculin (n. m.)*

Faire de l'auto-stop, c'est faire signe à un véhicule de s'arrêter pour monter dedans. *Il a fait de l'auto-stop pour aller à Paris.*

autour *adverbe (adv.)*

Autour signifie *dans l'espace environnant. Dans notre jardin, il y a un sapin avec des fleurs autour.*

autour de *préposition (prép.)*
Autour de signifie *dans l'espace qui entoure. La Terre tourne autour du Soleil.*

autre

adjectif masculin ou féminin (adj. m. ou f.)
1. *Autre* signifie *différent. Il a pris un autre chemin pour aller au cinéma.*
2. *Autre* signifie *en plus. J'aimerais avoir un autre bonbon, s'il te plaît !*

autre *pronom indéfini (pron. indéf.)*
Autre signifie *supplémentaire, différent. Il a acheté ce pantalon, et moi, un autre.*

autre part *adverbe (adv.)*

Autre part signifie *ailleurs. Je n'ai pas caché ton stylo ici, mais autre part.*

autrefois *adverbe (adv.)*

Autrefois signifie *à une autre époque, jadis. Autrefois, les gens n'avaient pas la télévision.*

autrement *adverbe (adv.)*

Autrement signifie *d'une autre manière. Ce n'est pas comme ça qu'il faut faire, mais autrement.*

autruche *nom féminin (n. f.)*

L'autruche est un très grand oiseau coureur.

à savoir

Les autruches vivent en Afrique et peuvent mesurer plus de 2 mètres et peser plus de 100 kilos. On les élève pour leur viande et leurs œufs.

aux *article défini (art. déf.)*
Aux est la contraction de *les* avec *à*. Voir *le*.

auxquels, auxquelles
pronom masculin, féminin (pron. m., f.)
Auxquels, auxquelles est la contraction de *lesquels* et *lesquelles* avec *à*. Voir *lequel*.

avalanche *nom féminin (n. f.)*
Une avalanche est un gros bloc de neige qui se détache de la montagne en emportant tout sur son passage. *Les skieurs ont échappé à une terrible avalanche.*

avaler *verbe (v.)*
Avaler un aliment, c'est le faire descendre dans son estomac. *J'ai du mal à avaler les épinards.*

avancer *verbe (v.)*
1. Avancer, c'est aller en avant. *La voiture n'avance plus, elle est en panne.* **2.** Avancer, c'est déplacer vers l'avant. *Avance ta chaise, tu es loin de la table.* **3.** Avancer, c'est progresser. *Le travail avance bien.* **4.** Avancer, c'est afficher une heure qui est en avance sur l'heure réelle. *Ma montre avance de cinq minutes.* **5.** Avancer de l'argent, c'est en prêter. *Il m'a avancé trois euros.*

1. avant *préposition (prép.)*
1. *Avant* indique que quelque chose ou quelqu'un nous précède dans le temps. *Je suis arrivé avant elle.*
Le contraire est : après.
2. *Avant* indique que quelque chose ou quelqu'un nous précède dans l'espace. *J'habite juste avant l'école.*
Le contraire est : après.

avant *adverbe (adv.)*
1. *Avant* signifie *plus tôt. Tu peux aller jouer, mais avant, termine tes devoirs !*
Le synonyme est : auparavant.
2. *Avant* indique que quelqu'un ou quelque chose précède dans l'espace. *Avant la boulangerie, il y a la boucherie.* ▶ En avant : *en avant* signifie *devant, vers l'avant. Ne te penche pas en avant, c'est dangereux.* ▶ Avant tout : *avant tout* signifie *tout d'abord. Tu dois avant tout apprendre tes leçons !*

2. avant *nom masculin (n. m.)*
L'avant est la partie d'une chose qui se trouve devant. *Papa a abîmé l'avant de la voiture.*

avantage *nom masculin (n. m.)*
Un avantage est une chose dont on profite. *Ce monsieur a l'avantage d'avoir une piscine chez lui.*
Les contraires sont : désavantage, inconvénient.

avantager *verbe (v.)*
Donner un avantage, c'est favoriser. *Sa grande taille lui donne un avantage au basket-ball.*

avant-bras
nom masculin (n. m.)
L'avant-bras est la partie du bras entre le coude et le poignet.

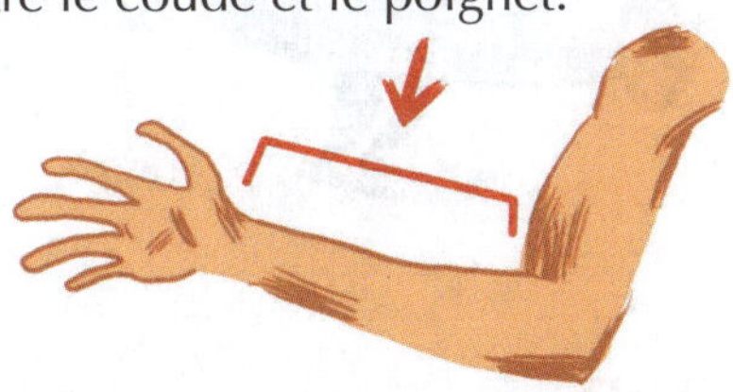

avant-dernier, avant-dernière
adjectif masculin, féminin (adj. m., f.)
L'avant-dernier, l'avant-dernière vient avant le dernier, la dernière. *Ce garçon est l'avant-dernier de la classe.*

avant-hier *adverbe (adv.)*
Avant-hier, c'est deux jours avant aujourd'hui. *Aujourd'hui, c'est samedi, avant-hier, c'était jeudi.*

avare
adjectif masculin ou féminin (adj. m. ou f.)
Une personne avare est une personne qui n'aime pas dépenser son argent. *Il est si avare qu'il ne veut pas laisser de pourboire au serveur !*
Les contraires sont : dépensier, généreux.

avec *préposition (prép.)*
1. *Avec* signifie *en compagnie de. Je vais au cinéma avec mon oncle.* **2.** *Avec* indique la cause. *Avec cette pluie, on ne peut pas sortir.* **3.** *Avec* indique le moyen, la manière. *Il faut faire ce trait avec une règle.*

avenir *nom masculin (n. m.)*
L'avenir est ce qui se passera plus tard. *L'avenir nous dira si tu es un bon élève !* ► À l'avenir : *à l'avenir* signifie *à partir d'aujourd'hui. À l'avenir, tu rentreras à l'heure à la maison.*

aventure *nom féminin (n. f.)*
Une aventure est un événement qui sort de l'ordinaire. *Les randonneurs ont vécu une grande aventure dans la montagne.* ► Dire la bonne aventure, c'est prédire l'avenir. La bohémienne nous a dit la bonne aventure.

s'aventurer *verbe (v.)*
S'aventurer, c'est aller dans un endroit qui présente des risques. *Je n'ose pas m'aventurer dans sa cour, car son chien est méchant.*

avenue *nom féminin (n. f.)*
Une avenue est une large rue d'une ville. *L'avenue des Champs-Élysées est magnifique.*

averse *nom féminin (n. f.)*
Une averse est une pluie soudaine qui ne dure pas longtemps. *Il y a une averse, nous sortirons juste après.*

avertir *verbe (v.)*
Avertir quelqu'un, c'est le prévenir de quelque chose. *Il nous a avertis qu'il sera absent demain.*

avertissement *nom masculin (n. m.)* **1.** Un avertissement est une mise en garde. *Son père lui a donné un avertissement après sa mauvaise note ; la prochaine fois, il sera puni.*
2. Un avertissement est un conseil. *J'ai écouté ses avertissements, et j'ai bien fait !*

aveuglant, aveuglante
adjectif masculin, féminin (adj. m., f.)
Quelque chose d'aveuglant éblouit à cause de sa lumière vive. *Le soleil est aveuglant.*
Le synonyme est : éblouissant.

aveugle
adjectif masculin ou féminin (adj. m. ou f.)
Une personne aveugle est une personne qui ne peut plus voir. *Il est devenu aveugle.*
aveugle *nom masculin ou féminin (n. m. ou f.)*
Un ou une aveugle est une personne qui ne voit pas. *Les aveugles ont une canne blanche.*

à l'aveuglette *adverbe (adv.)*
À l'aveuglette signifie *au hasard. Tata a pris cette décision à l'aveuglette.*

aviateur, aviatrice
nom masculin, féminin (n. m., f.)
Un aviateur ou une aviatrice est une personne qui pilote un avion. *Jonathan aimerait devenir aviateur.*

avion *nom masculin (n. m.)*
Un avion est un appareil avec des ailes, conçu pour voler. *Nous avons pris l'avion à Paris pour partir en Espagne.*

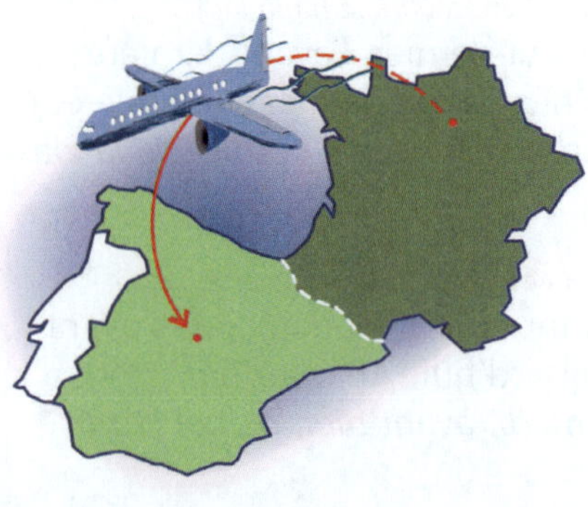

avis *nom masculin (n. m.)*
L'avis d'une personne est ce qu'elle pense sur quelqu'un ou quelque chose. *Clémence a donné son avis sur le dessin animé.*

avocat *nom masculin (n. m.)*
Un avocat est un fruit à la peau verte qui a un gros noyau. *Maman ajoute toujours de l'avocat dans la salade.*

avoine *nom féminin (n. f.)*
L'avoine est une céréale dont le grain est surtout utilisé pour la nourriture des chevaux et des volailles.

1. avoir *verbe (v.)*
1. Avoir une chose, c'est la posséder. *Sonia a une jolie poupée.* **2.** Avoir, c'est porter sur soi. *Tu as les clés de la maison ?* **3.** Avoir, c'est éprouver, ressentir. *J'ai toujours faim à midi.* **4.** Avoir, c'est être de telle ou telle façon. *Julien a les cheveux blonds et les yeux bleus.* **5.** Avoir, c'est être touché par un mal. *Hugo a mal aux dents.* Il y a : *il y a* signifie *cela fait* ou *il existe. Il y a trois ans que je ne l'ai pas vu. Il y a des jeux au parc.*

Remarque : Le verbe *avoir* est aussi un auxiliaire qui sert à conjuguer d'autres verbes : *Léa a école aujourd'hui, et elle n'a pas appris sa leçon !*

2. avoir *nom masculin (n. m.)*
Un avoir est un crédit chez un commerçant.

avouer *verbe (v.)*
Avouer une chose, c'est reconnaître qu'on l'a faite. *Arthur a avoué qu'il a mangé tout le chocolat.*
Le contraire est : nier.

avril *nom masculin (n. m.)*
Avril est le quatrième mois de l'année. *En avril, ne te découvre pas d'un fil !*

A B C D E F G H I J K L M N O P Q R S T U V W X Y Z

babines *nom féminin pluriel (n. f. pl.)*
Les babines sont les lèvres de certains animaux. *Son chien fait peur quand il retrousse ses babines.*
► Se lécher les babines : se lécher les babines, c'est se réjouir à l'avance de manger quelque chose. *Ce soir, nous allons au restaurant, et je m'en lèche les babines !*

babouin *nom masculin (n. m.)*
Le babouin est un singe d'Afrique, au museau allongé.

baby-sitter
nom masculin ou féminin (n. m. ou f.)
Le ou la baby-sitter est une personne qui garde les enfants en l'absence de leurs parents. *La baby-sitter vient tous les jours garder mon petit frère.*

bac *nom masculin (n. m.)*
Un bac est un récipient. *Mathias joue dans le bac à sable.*

bafouiller *verbe (v.)*
Bafouiller, c'est parler de façon pas très claire. *Tu bafouilles, je ne te comprends pas !*

bagage *nom masculin (n. m.)*
Un bagage est un sac ou une valise où l'on met ses affaires pour partir en voyage. *Roselyne est partie en vacances avec beaucoup de bagages.*
► Plier bagage : plier bagage, c'est partir très vite. *Les trois petits cochons plient bagage lorsqu'ils voient le loup.*

bagarre *nom féminin (n. f.)*
Une bagarre est une lutte entre deux personnes. *Ne cherche pas la bagarre, sinon tu auras des ennuis !*

se bagarrer *verbe (v.)*
Se bagarrer avec quelqu'un, c'est se battre avec lui. *Adrien et Antoine sont punis pour s'être bagarrés pendant la récréation.*

bague *nom féminin (n. f.)*
Une bague est un bijou que l'on met à son doigt. *Tonton a offert une jolie bague à tata.*

baguette *nom féminin (n. f.)*
1. Des baguettes sont de fines tiges de bois assez longues utilisées pour jouer de la batterie. **2.** Les baguettes sont les deux tiges de bois utilisées par les Asiatiques pour manger. *J'ai mangé au restaurant chinois avec des baguettes.* **3.** Une baguette est un pain long et mince. *Maman a acheté deux baguettes pour ce midi.*

baie *nom féminin (n. f.)*
Une baie est un petit fruit à pépins. *Mes baies préférées sont les myrtilles et les groseilles.*

baigner *verbe (v.)*
1. Baigner une personne, c'est lui faire prendre un bain. *Maman a baigné ma sœur avant le dîner.*
2. Baigner, c'est être plongé dans un liquide. *Ces frites baignent dans l'huile.*

se baigner *verbe (v.)*
Se baigner, c'est aller dans l'eau pour nager. *J'adore me baigner dans la mer.*

baignoire *nom féminin (n. f.)*
Une baignoire est un grand récipient dans la salle de bains, qui sert à se laver. *Nous avons une baignoire et une douche dans notre salle de bains.*

bâiller *verbe (v.)*
Bâiller, c'est ouvrir grand la bouche en signe de fatigue. *Si tu te couchais tôt, tu ne bâillerais pas sans arrêt !*

A B C D E F G H I J K L M N O P Q R S T U V W X Y Z

bain *nom masculin (n. m.)*
Un bain est l'eau dans laquelle on se baigne et on se lave. *Je prends un bain le plus souvent possible !*
► Bain de soleil : un bain de soleil est une exposition au soleil pour bronzer. *Jennifer a pris un bain de soleil dans son jardin.*

baiser *nom masculin (n. m.)*
Donner un baiser à quelqu'un, c'est l'embrasser. *Sonia a donné un baiser à Julien.*

baisser *verbe (v.)*
1. Baisser, c'est mettre plus bas. *Baisse les vitres de la voiture, il fait chaud !*
Le contraire est : lever.
2. Baisser, c'est pencher une partie de son corps. *Baisse la tête, Julien, je ne vois pas le spectacle !* **3.** Baisser le son ou le volume, c'est mettre moins fort. *Baisse le son s'il te plaît, on ne s'entend plus !* **4.** Baisser, c'est devenir moins fort. *La température a encore baissé cette nuit.*
Le contraire est : monter.
se baisser *verbe (v.)*
Se baisser, c'est se courber. *Papa se baisse pour m'embrasser.*

bal *nom masculin (n. m.)*
Un bal est une fête où l'on danse. *Nous sommes allés au bal du 14 Juillet.*

balade *nom féminin (n. f.)*
Faire une balade, c'est faire une promenade. *Nous avons fait une balade sur la plage.*

baladeur *nom masculin (n. m.)*
Un baladeur est un appareil à écouteurs pour cassettes ou CD. *Pauline a eu un baladeur pour son anniversaire.*
Le synonyme est : Walkman.

balai *nom masculin (n. m.)*
Un balai est une brosse fixée à un manche pour faire le ménage. *J'ai passé le balai dans la cuisine.*

balance *nom féminin (n. f.)*
Une balance est un appareil pour se peser ou peser des choses. *Monte sur la balance et dis-nous ton poids ! L'épicier a mis les tomates sur la balance.*

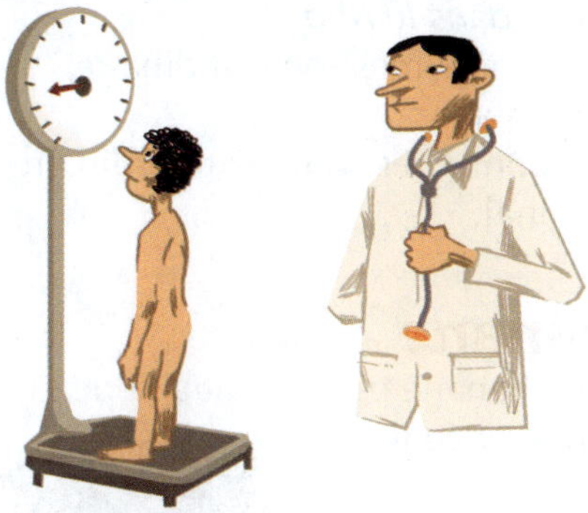

balancer *verbe (v.)*
Balancer, c'est faire un mouvement régulier d'un côté puis de l'autre. *Il balance les bras lorsqu'il marche.*

se balancer *verbe (v.)*
Se balancer, c'est faire des mouvements d'avant en arrière. *Ne te balance pas sur ta chaise !*

balançoire *nom féminin (n. f.)*
Une balançoire est un siège suspendu sur lequel on se balance. *J'aime aller jouer chez Juliette parce qu'elle a une balançoire dans son jardin.*

balayer *verbe (v.)*
Balayer, c'est nettoyer le sol avec un balai. *La femme de ménage a balayé la maison.*

balcon *nom masculin (n. m.)*
Un balcon est une petite terrasse qui dépasse de la façade d'une maison ou d'un immeuble. *L'été, nous mangeons sur le balcon.*

baleine *nom féminin (n. f.)*
Une baleine est un gros mammifère qui vit dans la mer.

à savoir
La baleine est le plus grand animal du monde. Elle peut mesurer 30 mètres et peser 190 tonnes. Sa nourriture se compose de plancton qu'elle filtre avec ses fanons.

baleineau *nom masculin (n. m.)*
Le baleineau est le petit de la baleine.

balle *nom féminin (n. f.)*
1. Une balle est une boule qui rebondit et avec laquelle on joue. *Je joue à la balle avec mon chien.*
2. Une balle est un petit morceau de métal placé dans une arme à feu et qui peut blesser ou tuer. *Il a été tué par balle.*

ballon *nom masculin (n. m.)*

1. Un ballon est une balle en cuir ou en caoutchouc. *Léo a eu un ballon de rugby pour Noël.* **2.** Un ballon est un objet en caoutchouc gonflé avec de l'air ou du gaz. *Il y a eu un lâcher de ballons de toutes les couleurs pour le 14 Juillet.* **3.** Un ballon est une grosse boule gonflée à l'air chaud qui permet de transporter des personnes dans les airs. *Deux ballons sont passés au-dessus de notre maison.*
Le synonyme est : montgolfière.

bambou *nom masculin (n. m.)*

Un bambou est une plante dont on utilise la tige pour fabriquer des objets.

à savoir

Le bambou a une tige longue et creuse. Il peut mesurer 40 mètres de haut et grandir de 1 à 2 mètres par an. On utilise cette plante pour fabriquer des meubles ou des objets.

banal, banale, banals

adjectif masculin, féminin, pluriel (adj. m., f., pl.)

Une chose banale est une chose ordinaire. *C'est banal d'avoir du soleil dans le Midi.*
Les synonymes sont : ordinaire, commun.
Les contraires sont : extraordinaire, original.

banane *nom féminin (n. f.)*

Une banane est un fruit à la peau jaune et épaisse.

bananier *nom masculin (n. m.)*

Le bananier est la plante qui produit les bananes.

banc *nom masculin (n. m.)*

1. Un banc est un long siège où peuvent s'asseoir plusieurs personnes. *Il y a beaucoup de bancs dans le jardin public.* **2.** Un banc de poissons est une grande quantité de poissons qui se déplacent ensemble. *Le pêcheur a repéré un banc de poissons.*

bandage *nom masculin (n. m.)*
Un bandage est une bande de tissu qui permet de protéger une blessure. *Maxime est tombé et l'infirmière lui a fait un bandage au bras.*

1. bande *nom féminin (n. f.)*
Une bande est un groupe de personnes ou d'animaux. *Il y a une bande de jeunes en bas de chez moi. Une bande de sangliers a été vue dans la campagne.* ► Faire bande à part : faire bande à part, c'est se mettre à l'écart d'un groupe. *Théo a fait bande à part dans le bus.*

2. bande *nom féminin (n. f.)*
Une bande est un long morceau de tissu, de papier ou de plastique. *Enlève la bande adhésive si tu veux coller ton enveloppe !* ► Bande dessinée ou BD : une bande dessinée est une suite de dessins contenant un petit texte, qui raconte une histoire. *Cette bande dessinée est très drôle, et les dessins sont bien faits.*

bandeau *nom masculin (n. m.)*
Un bandeau est un morceau de tissu qui sert à tenir les cheveux ou à couvrir les yeux. *Amélie met un bandeau dans ses longs cheveux. Le pirate couvre son œil avec un bandeau.*

bander *verbe (v.)*
Bander une blessure, c'est l'entourer d'une bande. *Le docteur a bandé la cheville d'Aurélien.*

bandit *nom masculin (n. m.)*
Un bandit est une personne qui attaque les gens pour les voler. *Le bandit a été arrêté et mis en prison.*

banjo *nom masculin (n. m.)*
Un banjo est une sorte de guitare ronde. *Valentin sait jouer du banjo.*

à savoir

Le banjo est un instrument à quatre ou cinq cordes, au long manche et à la caisse de résonance ronde. À l'origine, le banjo vient d'Afrique.

A B C D E F G H I J K L M N O P Q R S T U V W X Y Z

banlieue *nom féminin (n. f.)*
La banlieue représente les communes qui entourent une grande ville. *Vanessa habite en banlieue.*

banque *nom féminin (n. f.)*
Une banque est un établissement où l'on dépose son argent, et où l'on peut en emprunter. *Mes parents sont passés à la banque avant d'acheter une nouvelle voiture.*

banquette *nom féminin (n. f.)*
Une banquette est un banc rembourré. *Les banquettes de ce train sont très confortables.*

baobab *nom masculin (n. m.)*
Un baobab est un arbre géant des régions tropicales.

à savoir

Le baobab peut vivre des milliers d'années et mesurer jusqu'à 25 mètres de haut. Son tronc est très large, il peut atteindre 10 mètres de diamètre et plus de 20 mètres de circonférence.

baptême *nom masculin (n. m.)*
1. Le baptême est une cérémonie religieuse pendant laquelle un enfant ou un adulte devient chrétien. *Le baptême de Morgane a eu lieu dans l'église du village.* **2.** Le baptême de l'air, c'est le premier vol que l'on effectue dans les airs. *Julia a fait son baptême de l'air dans une montgolfière.*

baptiser *verbe (v.)*
1. Baptiser, c'est donner le baptême. *Gaëlle a été baptisée dans une petite église.* **2.** Baptiser une personne, c'est lui donner un nom ou un surnom. *Il a été baptisé « Tintin » à cause de sa petite houppe !*
Le synonyme est : appeler.

bar *nom masculin (n. m.)*
1. Un bar est un endroit où l'on sert des boissons. *Il a bu un diabolo dans un bar.*
Le synonyme est : café.
2. Le bar est le comptoir du café. *Pauline boit un verre au bar.*

barbe *nom féminin (n. f.)*
Une barbe est faite de poils qui recouvrent les joues, le menton et le dessus des lèvres des hommes. *Le père Noël a une grande barbe blanche.*

coin lecture

« Il était une fois un homme qui avait de belles maisons à la ville et à la campagne [...] ; mais par malheur cet homme avait la barbe bleue [...]. »
La Barbe bleue. Charles Perrault.

barbecue *nom masculin (n. m.)*
Un barbecue est un appareil sur lequel on fait griller de la viande ou du poisson en plein air. *J'adore les grillades au barbecue !*

barbelé *nom masculin (n. m.)*
Un fil de fer barbelé est un fil métallique avec de petites pointes. *Marie s'est écorchée sur un fil de fer barbelé.*

barbu *adjectif masculin (adj. m.)*
Un homme barbu est un homme qui a une barbe. *Le capitaine Haddock est barbu.*

bariolé, bariolée *adjectif masculin, féminin (adj. m., f.)*
Un vêtement bariolé est un vêtement avec beaucoup de couleurs vives. *Léa porte des robes bariolées.*

barque *nom féminin (n. f.)*
Une barque est un petit bateau avec des rames ou un moteur. *Nous avons traversé le lac en barque.*

barrage *nom masculin (n. m.)*
1. Un barrage est un grand mur construit sur un fleuve ou une rivière pour retenir l'eau. **2.** Un barrage est un obstacle qui sert à barrer le passage. *Les policiers ont installé un barrage sur la route.*

barre *nom féminin (n. f.)*

1. Une barre est un morceau allongé de bois ou de métal. *Attention avec cette barre de fer, tu pourrais blesser quelqu'un.* **2.** Une barre est un trait droit. *Il met une barre sur son cahier pour signaler chaque jour qui passe.* **3.** Sur un bateau, la barre est la commande de direction. *Le matelot est à la barre.* ► Avoir un coup de barre : avoir un coup de barre, c'est ressentir de la fatigue. *Je vais m'allonger, j'ai un coup de barre.*

barreau *nom masculin (n. m.)*

Un barreau est une petite barre. *Le prisonnier a scié les barreaux de sa prison.*

barrer *verbe (v.)*

1. Barrer le passage, c'est le bloquer. *Pousse-toi s'il te plaît, tu nous barres le passage.* **2.** Barrer, c'est rayer d'un trait. *La maîtresse a barré mon exercice, qui était faux.*

barrette *nom féminin (n. f.)*

Une barrette est une petite pince utilisée pour attacher les cheveux. *Adeline met une barrette pour ne pas avoir les cheveux dans les yeux.*

barrière *nom féminin (n. f.)*

Une barrière est une porte formée d'un assemblage de morceaux de bois ou de métal, qui ferme un jardin ou une cour. *Ferme la barrière, sinon le chien va se sauver !*

barrir *verbe (v.)*

Barrir, c'est pousser son cri en parlant de l'éléphant. *Charlotte a eu peur quand l'éléphant a barri.*

1. bas, basse

adjectif masculin, féminin (adj. m., f.)

1. Une chose basse est une chose qui a peu de hauteur. *J'aime déjeuner sur la table basse du salon.*
Les contraires sont : élevé, haut.
2. *Bas* signifie *de faible niveau. Les notes du contrôle sont basses.*
3. Une température basse est une température froide. *Le thermomètre est très bas ce matin, il a gelé.*
4. Une note de musique basse est une note qui a un son grave. *Tes notes sont trop basses, la mélodie n'est pas agréable.*

bas *adverbe (adv.)*

1. *Bas* signifie *à faible hauteur. Les hirondelles volent bas.* **2.** *Bas* signifie *doucement. Parle tout bas, on n' entend que toi !*

bas *nom masculin (n. m.)*

Le bas est la partie d'une chose qui est la plus proche du sol. *Il a déchiré le bas de son pantalon.* ► En bas : *en bas* signifie *en dessous. Le salon est en bas et ma chambre, à l'étage.*
► Avoir des hauts et des bas : avoir des hauts et des bas, c'est aller bien par moments, et moins bien à d'autres. *Le moral de mamie connaît des hauts et des bas.*

2. bas *nom masculin (n. m.)*

Un bas est un vêtement très léger qui couvre le pied et la jambe d'une femme jusqu'en haut de la cuisse. *Ma mère met des bas.*

basané, basanée

adjectif masculin, féminin (adj. m., f.)

Être basané, c'est avoir la peau naturellement très bronzée. *Miguel a le teint basané.*

basculer *verbe (v.)*

Basculer, c'est perdre l'équilibre et tomber. *Il a trébuché et basculé dans la piscine.*

1. basket *nom féminin (n. f.)*

Une basket est une chaussure de sport à semelle de caoutchouc. *J'ai de nouvelles baskets pour la rentrée.*

2. basket ou basket-ball

nom masculin (n. m.)

Le basket est un sport qui se joue entre deux équipes de cinq et qui consiste à lancer le ballon dans le panier de l'adversaire.

à savoir

Le basket se joue sur un terrain de 28 mètres sur 15 mètres. Les deux paniers de chaque camp sont situés à 3,05 m du sol. Ce sport, inventé en 1891 par un professeur canadien, est devenu un sport olympique en 1936 pour les hommes et en 1976 pour les femmes.

basse-cour *nom féminin (n. f.)*

La basse-cour est une cour de ferme où l'on élève des volailles. *Il y a des poules et des canards dans la basse-cour de cette ferme.*

1. bassin *nom masculin (n. m.)*

1. Un bassin est une sorte de gros récipient rempli d'eau. *Il y a des poissons rouges dans ce bassin.*
2. Un bassin est une grande plaine en forme de cuvette. *Il habite le Bassin parisien.*

2. bassin *nom masculin (n. m.)*

Les os à la base du tronc constituent le bassin. *C'est très grave, il a une fracture du bassin.*

bassine *nom féminin (n. f.)*
Une bassine est un petit bac dans lequel ou peut laver du linge ou faire la vaisselle. *J'ai mis les assiettes dans la bassine, tu n'as plus qu'à les laver !* Le synonyme est : cuvette.

bataille *nom féminin (n. f.)*
Une bataille est un affrontement entre deux camps ou deux personnes. *L'équipe de Maxime a gagné la bataille de boules de neige.*

bateau *nom masculin (n. m.)*
Un bateau est une embarcation qui transporte des personnes ou des marchandises sur l'eau. *J'ai pris le bateau à Marseille pour aller en Corse.* ▶ Mener quelqu'un en bateau : mener quelqu'un en bateau, c'est lui faire croire des choses fausses pour se moquer de lui. *Il t'a mené en bateau, il t'a raconté n'importe quoi, ce n'est pas vrai !*

bâtiment *nom masculin (n. m.)*
Un bâtiment est une construction, une habitation. *Ce musée est un beau bâtiment. Il habite dans le bâtiment au coin de la rue.*

Remarque : Le *a* de *bâtiment* prend un accent circonflexe.

bâtir *verbe (v.)*
Bâtir une chose, c'est la construire. *Il a bâti une cabane dans le jardin.* Les contraires sont : démolir, détruire.

Remarque : Le *a* de *bâtir* prend un accent circonflexe.

bâton *nom masculin (n. m.)*
1. Un bâton est un long morceau de bois qui est dur. *Il m'a donné un coup de bâton.* **2.** Un bâton est un objet qui a la forme d'un bâton. *La maîtresse a des bâtons de craie de toutes les couleurs.* ▶ Mettre des bâtons dans les roues : mettre des bâtons dans les roues de quelqu'un, c'est le gêner dans ce qu'il fait. *Le banquier met des bâtons dans les roues de tonton qui voudrait bien faire un emprunt.*

Remarque : Le *a* de *bâton* prend un accent circonflexe.

battement *nom masculin (n. m.)*
Les battements de cœur sont les pulsations que l'on ressent lorsqu'on place sa main sur son cœur. *Je sens les battements de son cœur sous ma main.*

batterie *nom féminin (n. f.)*
Une batterie est un instrument de musique composé de plusieurs éléments et sur lequel on tape avec des baguettes. *Il sait bien jouer de la batterie.*

battre *verbe (v.)*
1. Battre une personne ou un animal, c'est lui donner des coups. *Il a battu son chien.*
Les synonymes sont : frapper, taper.
2. Battre, c'est remporter une victoire. *Mon équipe a battu la tienne.*
Le synonyme est : vaincre.
3. Battre des aliments, c'est les mélanger. *Le pâtissier a battu les œufs pour faire ses gâteaux.*
Le synonyme est : fouetter.

se battre *verbe (v.)*
1. Se battre, c'est se bagarrer. Tu ne dois pas te battre avec tes camarades !
2. Se battre, c'est faire de gros efforts pour atteindre son but. *Il s'est battu pour obtenir le poste de directeur.*

baume *nom masculin (n. m.)*
Du baume est de la pommade pour calmer la douleur. *J'ai mis du baume sur mon bras, j'avais trop mal !*

bavard, bavarde
adjectif masculin, féminin (adj. m., f.)
Une personne bavarde est une personne qui parle beaucoup. *La maîtresse a puni les élèves trop bavards de sa classe.*

bavardage *nom masculin (n. m.)*
Le bavardage est le fait de bavarder. *Cesse tes bavardages, s'il te plaît !*

bavarder *verbe (v.)*
Bavarder, c'est discuter sans cesse. *Il bavarde souvent avec Nora.*

bave *nom féminin (n. f.)*
La bave est la salive d'une personne ou d'un animal. *Le chien de Marjorie essuie sa bave sur la moquette !*

baver *verbe (v.)*
Baver, c'est laisser la salive couler. *Son chien bave quand il fait chaud.*

bavoir *nom masculin (n. m.)*
Un bavoir est une serviette de bébé. *Mon petit frère met un bavoir pour manger.*

bazar *nom masculin (n. m.)*

1. Un bazar est un magasin où l'on vend toutes sortes de choses. *Il a acheté des piles et des cahiers au bazar.* **2.** Un bazar est un grand désordre. *Sa chambre est un vrai bazar !*

BD *nom féminin (n. f.)*

Une BD est l'abréviation de « bande dessinée ». *Antoine a une collection impressionnante de BD.*

beau, bel, belle, beaux

adjectif masculin, féminin, pluriel (adj. m., f., pl.)

1. Ce qui est beau est agréable à regarder. *Stella est une belle fille.*
Le contraire est : laid.
2. Une belle action est un geste très gentil et généreux. *Il a fait une belle action en donnant de l'argent à ce pauvre homme.* **3.** Une belle chose est une chose réussie. *Il a fait un beau dessin.*

beau *adverbe (adv.)*
Beau, en parlant du temps, signifie qu'il fait soleil. *Il fait beau aujourd'hui.* ► Avoir beau : *avoir beau* signifie *essayer vraiment. Il a beau apprendre sa poésie, il ne la retient pas.* ► Bel et bien : *bel et bien* signifie *en vérité, réellement. Il est bel et bien pris au piège.*

Remarque : Devant une voyelle ou un *h* aspiré, *beau* devient *bel* : *Mon père est un bel homme.* Au pluriel, ce mot s'écrit *beaux* : *Ces petits chats sont très beaux.*

beaucoup *adverbe (adv.)*

1. *Beaucoup* signifie *en grande quantité* ou *en grand nombre. Il mange beaucoup de bonbons.*
Le contraire est : peu.
2. *Beaucoup* signifie *de nombreuses personnes. Beaucoup d'entre nous ne viendront pas à la fête.*
3. *Beaucoup* signifie *énormément. Cette chanson me plaît beaucoup.*
► De beaucoup : *de beaucoup* signifie *avec une grande différence. Il est plus riche que lui, et de beaucoup.*

beauté *nom féminin (n. f.)*

On parle de la beauté d'une personne ou d'une chose lorsque celles-ci sont belles. *Tout le monde parle de la beauté de cette actrice.*

coin lecture

« J'aimerais mieux, dit la princesse, être aussi laide que vous et avoir de l'esprit, que d'avoir de la beauté comme j'en ai, et être bête autant que je le suis. » *Riquet à la houppe.* Charles Perrault.

bébé *nom masculin (n. m.)*

1. Un bébé est un enfant tout petit. *Ce bébé pleure sans arrêt.*
2. Un bébé est le petit d'un animal. *Ce bébé lapin est trop mignon.*

bec *nom masculin (n. m.)*

Le bec est la bouche de l'oiseau. *Le perroquet a un bec recourbé.*

bégayer *verbe (v.)*

Bégayer, c'est parler en butant sur les mots. *Il bégaie quand il est stressé.*

beige

adjectif masculin, féminin (adj. m., f.)

Beige est une couleur entre le blanc et le marron clair. *Je ne porte pas de pantalon beige, c'est salissant !*

beignet *nom masculin (n. m.)*

Un beignet est une pâte que l'on a fait frire et qui enveloppe un aliment comme un fruit, de la viande ou du poisson. *J'adore les beignets aux pommes.*

bel, belle

Voir *beau*.

belette *nom féminin (n. f.)*

Une belette est un petit animal carnivore de couleur brun fauve.

à savoir

La belette mesure environ 18 centimètres et pèse entre 60 et 110 grammes. Son corps allongé est d'un brun roux sur le dessus et blanc dessous. La belette vit dans les plaines, à la lisière des bois ou dans les broussailles. Elle se nourrit de rongeurs, en particulier de campagnols.

belge
adjectif et nom masculin, féminin (adj. et n. m.)
Ce qui est belge vient du pays qui s'appelle la Belgique. *Daniel est belge. Il est né en Belgique.*

bélier *nom masculin (n. m.)*
Le bélier est le mouton mâle. *Ce bélier a des cornes énormes !*

belle
Voir *beau.*

béquille *nom féminin (n. f.)*
1. Une béquille est une sorte de canne qui aide à marcher. *Samantha a le pied dans le plâtre et marche avec des béquilles.*
2. Une béquille est une tige en métal qui sert à maintenir debout un vélo ou une moto. *J'ai mis mon vélo sur la béquille.*

berbère *adjectif et nom masculin ou féminin (adj. et n. m. ou f.)*
Les Berbères sont un peuple d'Afrique du Nord. *Son mari est d'origine berbère.*

berceau *nom masculin (n. m.)*
Un berceau est un lit de bébé. *Le bébé dort dans son berceau.*

bercer *verbe (v.)*
Bercer, c'est balancer très doucement. *Elle berce son petit frère pour l'endormir.*

berceuse *nom féminin (n. f.)*
Une berceuse est une chanson douce pour endormir les enfants. *Maman chante une berceuse à mon frère pour l'endormir.*

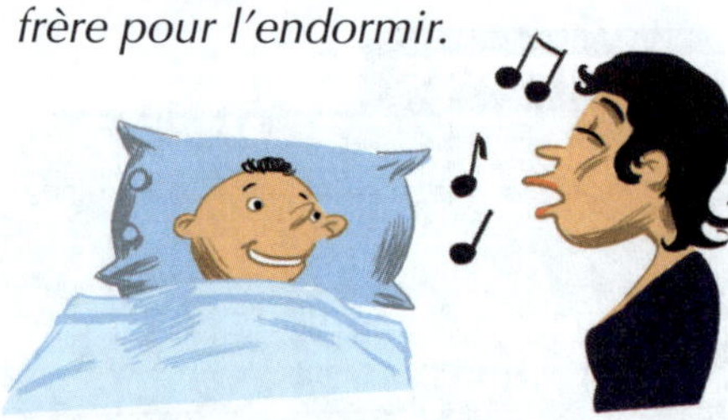

berger, bergère
nom masculin, féminin (n. m., f.)
Un berger, une bergère est une personne qui garde les moutons. *Le berger a conduit les moutons dans la montagne.*

coin lecture

« […] Il est un berger du
village dont l'abord, dont la voix,
dont le nom fait rougir :
on soupire à son souvenir ;
on ne sait pas pourquoi, cependant
on soupire ;
on a peur de le voir, encore qu'on
le désire… »
Tircis et Amarante.
Jean de La Fontaine.

bermuda *nom masculin (n. m.)*
Un bermuda est un short qui descend jusqu'aux genoux. *Sa mère lui a acheté des bermudas pour l'été.*

besoin *nom masculin (n. m.)*
Un besoin est une chose dont on ne peut pas se passer. *Manger et boire sont des besoins.* ► Avoir besoin de : avoir besoin de quelque chose, c'est en avoir la nécessité. *Ce vieux monsieur a besoin d'aide pour monter l'escalier.*

1. bête
adjectif masculin ou féminin (adj. m. ou f.)
Être bête, c'est ne pas être très intelligent. *Il est bête, il ne comprend rien.*
Les synonymes sont : idiot, stupide.
Le contraire est : intelligent.
► Bête comme ses pieds : être bête comme ses pieds, c'est être très bête. ► Bête comme chou : être bête comme chou, c'est être très simple. *Ce calcul est bête comme chou.*

Remarque : Le *e* prend un accent circonflexe.

2. bête *nom féminin (n. f.)*
Une bête est un animal. *Le tigre est une bête dangereuse.* ► Chercher la petite bête : chercher la petite bête, c'est s'attacher à des détails sans importance. *Je t'ai tout expliqué, tu cherches la petite bête maintenant !*

Remarque : Le *e* prend un accent circonflexe.

bêtise *nom féminin (n. f.)*
1. Une bêtise est une chose à ne pas faire. *Sabrina a fait une grosse bêtise en écrivant sur le mur de sa chambre.* **2.** Une bêtise est une parole idiote. *N'écoute pas ses histoires, ce sont des bêtises.*

betterave *nom féminin (n. f.)*
La betterave est une plante cultivée pour sa racine. *J'adore la salade de betteraves.*

beurre *nom masculin (n. m.)*
Le beurre est une matière grasse extraite du lait. *Je prends toujours une tartine de beurre à mon petit déjeuner.*

beurrer *verbe (v.)*
Beurrer, c'est étaler du beurre sur quelque chose. *Le cuisinier beurre le moule avant de mettre la pâte à tarte.*

bi- *préfixe (préf.)*
Bi- se place au début d'un mot et signifie *deux fois. Un magazine bimensuel paraît deux fois par mois.*

biberon *nom masculin (n. m.)*
Un biberon est une petite bouteille avec une tétine. *Cette femme donne le biberon à son bébé.*

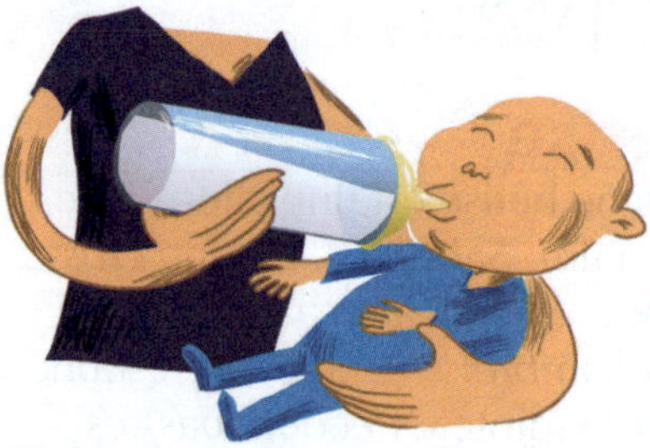

bible *nom féminin (n. f.)*
Une bible est un livre qui répond à beaucoup de questions. *Tu trouveras la recette de ce plat dans ce livre de cuisine, une véritable bible !*

Remarque : Il ne faut pas confondre le nom *bible* avec *la Bible* (*B* majuscule), le livre saint des juifs et des chrétiens : *Le prêtre nous a lu un passage de la Bible.*

bibliothèque *nom féminin (n. f.)*
1. Une bibliothèque est un meuble où les livres sont rangés sur des étagères. *Nous avons une bibliothèque dans le salon.* **2.** Une bibliothèque est un endroit où l'on peut emprunter des livres. *Je vais à la bibliothèque pour rendre un livre que j'ai emprunté.*

biceps *nom masculin (n. m.)*
Les biceps sont les muscles du bras. *Ce sportif a de gros biceps.*

biche *nom féminin (n. f.)*
La biche est la femelle du cerf. *J'ai aperçu une biche dans les bois.*

bicyclette *nom féminin (n. f.)*
Une bicyclette est un véhicule à deux roues avec un guidon et des pédales. *Je vais chercher le pain avec ma bicyclette.*

bidon *nom masculin (n. m.)*
Un bidon est un grand récipient qui sert à transporter des liquides. *Papa a acheté un bidon d'huile pour la voiture.*

bien *adverbe (adv.)*

1. *Bien* signifie *d'une façon correcte. Anthony se comporte toujours bien avec les gens.*
Le synonyme est : correctement.
2. *Bien* signifie *très, beaucoup. Tu es bien gentille de m'aider.* **3.** *Bien* signifie *au moins. Agathe a bien dix paires de chaussures !* **4.** *Bien* signifie *vraiment. C'est bien son adresse ?*
5. *Bien* signifie *volontiers. Je prendrais bien un verre de limonade.*

bien *adjectif (adj.)*
Une personne bien est une personne qui a des qualités. *Amélie est une fille bien.* ► Aller bien : aller bien, c'est être en bonne santé. Ne t'inquiète pas, je suis guéri, je vais bien.

bien *nom masculin (n. m.)*
1. Faire le bien, c'est faire des choses qui sont bonnes pour les autres. *Elle fait le bien autour d'elle.*
Le contraire est : mal.
2. Le bien est ce que l'on possède. *Il m'a donné tous ses biens.*
Le synonyme est : richesse.

bien ! *interjection (interj.)*
1. *Bien !* est un petit mot que l'on dit lorsque l'on est satisfait. *Bien ! Ton exercice est tout juste !* **2.** *Bien* exprime l'interrogation. *Eh bien ? Que fais-tu là ?*

bien que *conjonction (conj.)*
Bien que indique qu'une chose arrive malgré tout. *Bien qu'il fasse beau, je ne vais pas à la piscine.*

bien-être *nom masculin (n. m.)*

Le bien-être, c'est lorsque l'on se sent bien. *Il ressent un bien-être incroyable lorsqu'il va à la montagne.*

bien sûr *adverbe (adv.)*

Bien sûr signifie *certainement, évidemment. Bien sûr que tu es mon ami !*

bientôt *adverbe (adv.)*

Bientôt signifie *dans peu de temps. Nous sommes bientôt en vacances.*

bienvenu, bienvenue

adjectif masculin, féminin (adj. m., f.)
Une personne, une chose bienvenue arrive au bon moment. *J'ai très soif, un soda serait bienvenu !*

bienvenue *nom féminin (n. f.)*
Souhaiter la bienvenue à quelqu'un, c'est lui faire un bon accueil. *Je vous souhaite la bienvenue, mes chers amis !*

Remarque : Les adjectifs *bienvenu* et *bienvenue* peuvent aussi être des noms commun : *Lola est la bienvenue à la maison.*

bifteck *nom masculin (n. m.)*

Un bifteck est une tranche de viande de bœuf. *Il a fait cuire un gros bifteck.*

Remarque : Ce mot s'écrit avec *ck.*

A B C D E F G H I J K L M N O P Q R S T U V W X Y Z

bigoudi *nom masculin (n. m.)*

Un bigoudi est un petit rouleau qui sert à enrouler une mèche de cheveux pour la boucler. *Le coiffeur a mis des bigoudis à ma grand-mère.*

bijou *nom masculin (n. m.)*

Un bijou est un objet souvent précieux que l'on porte au doigt, au poignet, aux oreilles ou autour du cou. *Cette dame a beaucoup de bijoux.*

coin lecture

« Ils finirent cependant par se demander de quoi ils devaient être fiers et ce que c'était au juste qu'une pierre précieuse.
- C'est un bijou, répondit la mère crapaude, si beau et si précieux, que je ne peux même pas le décrire. » *Le Crapaud.* Andersen.

bijouterie *nom féminin (n. f.)*

Une bijouterie est un magasin où l'on vend des bijoux. *Papa a emmené maman dans une bijouterie pour la fête des mères.*

bijoutier, bijoutière

nom masculin, féminin (n. m., f.)

Un bijoutier, une bijoutière est une personne qui farique ou vend des bijoux. *Bijoutier, c'est un très beau métier !*

bilan *nom masculin (n. m.)*

Faire un bilan, c'est examiner l'ensemble des résultats. *L'entreprise a fait le bilan de l'année.*

bilingue

adjectif masculin ou féminin (adj. m. ou f.)

1. Une personne bilingue est une personne qui parle deux langues. *Carlos est bilingue, il parle français et espagnol.* **2.** Une chose bilingue est en deux langues. *Le professeur a acheté un dictionnaire bilingue français-anglais.*

Remarque : L'adjectif *bilingue* peut aussi être un nom commun : *Il y a des bilingues dans la classe de ma sœur.*

billard *nom masculin (n. m.)*

Le billard est un jeu pratiqué avec des boules que l'on pousse dans les trous de la table avec de longues cannes appellées des « queues ». *Il sait très bien jouer au billard.*

bille *nom féminin (n. f.)*

Une bille est une petite boule d'acier, de terre ou de verre. *Bastien joue aux billes dans la cour de récréation.* ► Stylo bille : un stylo bille est un stylo qui a une petite bille à sa pointe, qui dépose de l'encre sur le papier. *Tanaïs écrit au stylo bille.*

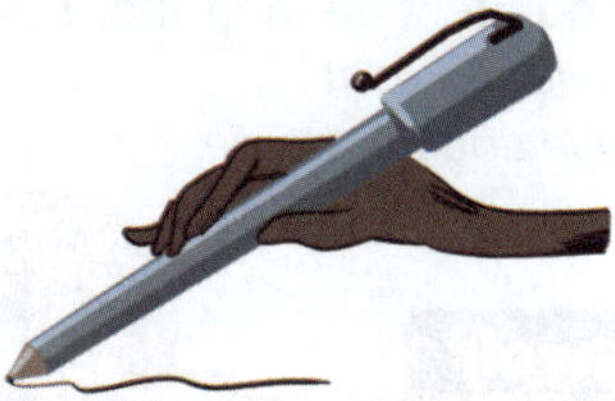

billet *nom masculin (n. m.)*

1. Un billet de banque est un rectangle de papier qui représente une certaine somme d'argent. *Il a payé avec un billet de vingt euros.* **2.** Un billet est un ticket pour jouer à un jeu ou prendre un moyen de transport. *Elle a pris un billet de grattage, mais elle a perdu. Mon parrain a réservé son billet d'avion sur Internet.*

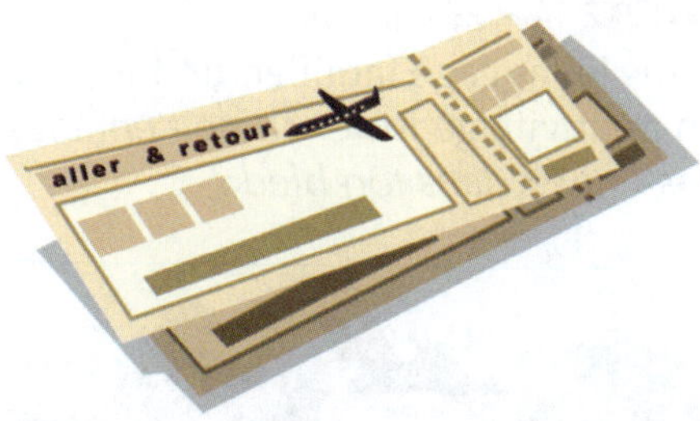

bis *adverbe (adv.)*

Bis est un petit mot qui indique qu'un numéro se répète. *Il habite au 17 bis, moi au 17, c'est juste à côté.*

bis ! *interjection (interj.)*

Bis ! est un petit mot que disent les spectateurs quand ils veulent revoir ou réentendre un artiste. *Le public a crié « Bis ! » pour écouter une seconde fois la chanson.*

biscotte *nom féminin (n. f.)*

Une biscotte est une tranche de pain de mie séchée au four. *Je prends des biscottes beurrées au petit déjeuner.*

biscuit *nom masculin (n. m.)*

Un biscuit est un petit gâteau sec. *J'aime les biscuits à la fraise.*

1. bise *nom féminin (n. f.)*

Une bise est un baiser sur la joue. *Maxime a fait une bise à Léa pour la remercier.*

bison *nom masculin (n. m.)*

Un bison est un bœuf sauvage.

à savoir

Le bison, ce bœuf sauvage au front bombé et à l'épaisse crinière, vit en Amérique du Nord et en Europe centrale. Il commence à disparaître, c'est pourquoi, aujourd'hui, il vit surtout dans des parcs pour être protégé.

bisou *nom masculin (n. m.)*
Un bisou est un petit baiser. *Il m'a fait un bisou dans le cou.*

bizarre
adjectif masculin ou féminin (adj. m. ou f.)
Une chose bizarre est une chose étrange, pas normale. *C'est bizarre qu'il fasse aussi froid au mois de juillet.*
Le synonyme est : curieux.
Les contraires sont : banal, normal.

blague *nom féminin (n. f.)*
Une blague est une petite histoire drôle. *Les blagues de Coralie sont très drôles !*

blaguer *verbe (v.)*
Blaguer, c'est raconter des blagues. *Arrête de blaguer et sois un peu sérieux !*

blanc, blanche
adjectif masculin, féminin (adj. m., f.)
1. Une chose blanche est de la couleur de la neige. *Il porte souvent des vêtements blancs.* **2.** Une chose blanche est de couleur claire. *J'aime le raisin blanc.* **3.** Une page blanche est une page où rien n'est écrit. *L'écrivain ne trouve pas d'idées et reste devant sa page blanche.*
blanc *nom masculin (n. m.)*
1. Le blanc est la couleur blanche. *Tu préfères le blanc ou le noir ?* **2.** Le blanc est la partie claire de quelque chose. *J'adore le blanc de poulet.*
3. Le blanc d'un œuf est la partie claire. *Je n'aime pas trop le blanc, je préfère le jaune de l'œuf.*
Blanc, Blanche *nom masculin, féminin (n. m., f.)* Un Blanc ou une Blanche est une personne qui a la peau claire. *En France, il y a des Blancs et des Noirs.*

blanchir *verbe (v.)*
1. Blanchir, c'est rendre blanc. *La neige blanchit les sapins* **2.** Blanchir, c'est devenir blanc. *Ses cheveux ont blanchi d'un coup.*

blé *nom masculin (n. m.)*
Le blé est une céréale dont les grains moulus donnent de la farine. *Les champs de blé sont d'une jolie couleur dorée.*

à savoir
Le blé est cultivé dans beaucoup de pays. Il en existe deux variétés : le blé dur, utilisé pour la semoule et les pâtes, et le blé tendre, dont la farine sert à faire le pain.

bled *nom masculin (n. m.)*
Dans le langage familier, un bled est un petit village isolé. *Tu ne t'ennuies pas l'hiver dans ton bled ?*

blessant, blessante
adjectif masculin, féminin (adj. m., f.)
Une chose blessante est une chose qui fait de la peine. *Il m'a dit des paroles blessantes.*
Le synonyme est : vexant.

blesser *verbe (v.)*

1. Blesser quelqu'un ou un animal, c'est lui faire mal en lui faisant une blessure. *Le chasseur a blessé le sanglier à la patte.* **2.** Blesser une personne, c'est la vexer. *Il blesse les gens en leur disant des méchancetés.*

se blesser *verbe (v.)*
Se blesser, c'est se faire mal. *Il s'est blessé avec un couteau.*

blessure *nom féminin (n. f.)*

1. Une blessure est une plaie ou une coupure. *Papa a une blessure au doigt.* **2.** Une blessure est une grosse peine, un chagrin. *La mort de son chien lui a causé une blessure profonde.*

bleu, bleue

adjectif masculin, féminin (adj. m., f.)
Une chose bleue est une chose de la couleur du ciel quand il fait beau. *Elle a de beaux yeux bleus.*

bleu *nom masculin (n. m.)*
1. Le bleu est la couleur bleue. *Le bleu est ma couleur préférée.* **2.** Un bleu est une marque sur la peau après un choc. *Elle est tombée et s'est fait un bleu au genou.*
Le synonyme est : hématome.

bloc *nom masculin (n. m.)*

1. Un bloc est un gros morceau de matière dure. *La grue a enlevé les blocs de béton qui étaient dans la cour.* **2.** Un bloc est un ensemble de feuilles qui peuvent se détacher. *Maman a noté la liste des courses sur son bloc.*

blond, blonde

adjectif masculin, féminin (adj. m., f.)
Des cheveux blonds sont des cheveux d'une couleur dorée. *Vivien est un petit garçon blond.*

> **Remarque :** Les adjectifs *blond, blonde* peuvent aussi être des noms communs : *Dans ma classe, il y a des blonds et des bruns.*

bloquer *verbe (v.)*

1. Bloquer une porte, c'est l'empêcher de s'ouvrir en plaçant quelque chose devant. *Il a bloqué la porte de sa chambre avec un fauteuil.*
2. Bloquer un ballon, c'est l'arrêter. *Le gardien de but a bloqué la balle.*

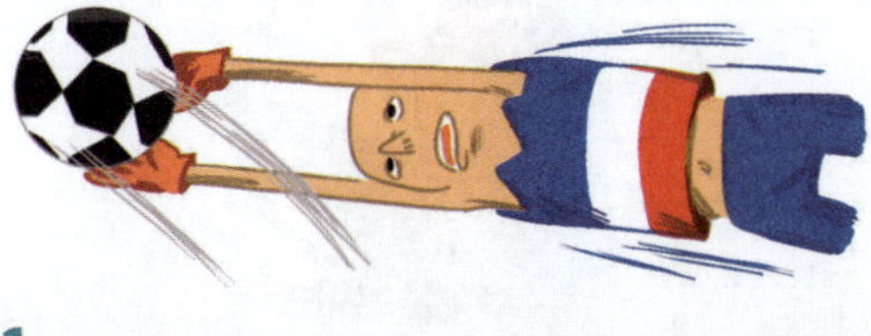

se blottir *verbe (v.)*
Se blottir, c'est se serrer contre quelqu'un. *Anaïs se blottit contre son papa.*

blouse *nom féminin (n. f.)*
Une blouse est un vêtement de travail. *Elle porte une blouse pour faire le ménage.*

blouson *nom masculin (n. m.)*
Un blouson est une veste de sport qui s'arrête aux hanches. *Il s'est acheté un blouson pour aller aux sports d'hiver.*

boa *nom masculin (n. m.)*
Un boa est un gros serpent.

à savoir
Le boa vit en Amérique du Sud et peut mesurer 4 mètres de long. Ce serpent étouffe ses proies pour ensuite les avaler.

bobo *nom masculin (n. m.)*
Dans le langage familier, un bobo est une petite blessure. *Ne pleure pas, ce n'est qu'un bobo !*

bocal *nom masculin (n. m.)*
1. Un bocal est un récipient en verre qui possède un couvercle. *Mamie a fait des bocaux de cerises.* **2.** Un bocal est un aquarium rond. *Il a un bocal avec des poissons rouges.*

bœuf *nom masculin (n. m.)*
1. Un bœuf est un taureau que l'on a empêché de faire des petits. *Les bœufs de ce fermier sont énormes.* **2.** Du bœuf est de la viande. *J'ai mangé un steak de bœuf.*

boire *verbe (v.)*
1. Boire, c'est avaler un liquide. *Il aime boire du soda.* **2.** Boire, c'est consommer des boissons alcoolisées. *Cet homme boit trop.* ► Boire les paroles de quelqu'un : boire les paroles de quelqu'un, c'est l'écouter en l'admirant. *Enzo boit les paroles de son grand frère.*

bois *nom masculin (n. m.)*
1. Le bois est la matière dont est fait un arbre. *Nos meubles sont en bois.* **2.** Un bois est une petite forêt. *J'ai cueilli du muguet dans le bois.*

bois *nom masculin pluriel (n. m. pl.)*
Les bois sont les cornes du cerf. *Ce vieux cerf a des bois impressionnants.*

boisson *nom féminin (n. f.)*
Une boisson est un liquide que l'on boit. *J'adore les boissons aux fruits.*

boîte *nom féminin (n. f.)*
Une boîte est un objet qui ferme où l'on emballe ou range des choses. *Ne sors pas le lecteur DVD de sa boîte, maman va le rapporter au magasin. Léo range ses jouets dans une boîte en carton.* ► Boîte aux lettres : la boîte aux lettres est la boîte où le facteur met les lettres qu'on reçoit. *Le facteur est passé, va chercher le courrier dans la boîte aux lettres, s'il te plaît !*

boîtier *nom masculin (n. m.)*
Un boîtier est une petite boîte qui renferme un mécanisme. *Cet ordinateur ne marche pas sans son boîtier d'alimentation électrique.*

bol *nom masculin (n. m.)*
Un bol est un petit récipient rond sans anse. *Anaïs a pris un bol de céréales.*

1. bon, bonne
adjectif masculin, féminin (adj. m., f.)
1. Quelque chose de bon est quelque chose qui a un goût agréable. *Cette viande est très bonne.*
Le contraire est : mauvais.
2. Quelque chose de bon est quelque chose qui fait du bien. *J'ai passé un bon moment au parc.*
3. Quelque chose de bon est quelque chose de réussi. *C'est un très bon film !* **4.** Quelque chose de bon est quelque chose de juste. *Mon exercice est bon.*
Le contraire est : faux.
5. Quelqu'un de bon est quelqu'un de généreux. *Monsieur Perret est un homme bon.* **6.** Être bon dans une activité, c'est bien faire ce que l'on doit faire. *Linda est bonne en sport.*

bon *nom masculin (n. m.)*
Avoir du bon, c'est avoir des avantages. *Cette activité a du bon.*

bon *adverbe (adv.)*
Sentir bon, c'est dégager une odeur agréable. *Éloïse sent bon !*

2. bon *nom masculin (n. m.)*
Un bon est un papier que l'on échange contre quelque chose. *Maman a un bon d'achat pour de la lessive.*

bonbon *nom masculin (n. m.)*
Un bonbon est une petite friandise à croquer ou à sucer. *Les sucettes à la fraise sont mes bonbons préférés.*

A B C D E F G H I J K L M N O P Q R S T U V W X Y Z

bond *nom masculin (n. m.)*
1. Un bond est un saut. *Notre chat fait des bonds impressionnants !*
2. Un bond est le mouvement d'une chose qui rebondit. *Au tennis, la balle ne doit faire qu'un bond.*

bondir *verbe (v.)*
Bondir, c'est sauter. *Le chat bondit sur la souris.*

bonheur *nom masculin (n. m.)*
Le bonheur est l'état dans lequel on est lorsqu'on est très heureux. *C'est un vrai bonheur d'être en vacances.*
► Porter bonheur : porter bonheur, c'est porter chance. *Cet objet lui porte bonheur.*

bonhomme, bonne femme
nom masculin, féminin (n. m., f.)
Dans le langage familier, un bonhomme ou une bonne femme est un homme ou une femme. *Ce bonhomme me fait peur.*

Remarque : Le pluriel est : des bonshommes.

coin lecture
« Il avait […], au lieu d'yeux, deux gros morceaux de charbon de terre brillant, et sa bouche était faite d'un vieux râteau […]. Le bonhomme de neige était né au milieu des cris de joie des enfants. »
Le Bonhomme de neige. Andersen.

bonjour *nom masculin (n. m.)*
Bonjour est le mot que l'on dit pour saluer une personne pendant la journée. *Axel me dit bonjour tous les matins.*
► Simple comme bonjour : être simple comme bonjour, c'est être facile. *Cet exercice est simple comme bonjour.*

bonne femme
Voir *bonhomme*.

bonnet *nom masculin (n. m.)*
Un bonnet est un petit chapeau souple de laine ou de coton. *Je prends mon bonnet, il fait froid !*

bonsaï *nom masculin (n. m.)*

Un bonsaï est un tout petit arbre cultivé dans un pot. *Tonton a un joli bonsaï sur sa cheminée.*

à savoir

Le bonsaï est un arbre qui demande beaucoup de soins. Il peut atteindre l'âge de 300 ans. Le plus vieux bonsaï connu a 378 ans et mesure 50 cm de hauteur.

bonsoir *nom masculin (n. m.)*

Bonsoir est un petit mot que l'on dit pour saluer quelqu'un le soir. *Marie m'a dit bonsoir et m'a fait un bisou.*

bord *nom masculin (n. m.)*

Le bord d'une chose est son contour, ses limites. *Attention ! Ton verre est sur le bord de la table.* ► À ras bord : *à ras bord* signifie *jusqu'au bord. Ne renverse pas, cette assiette est remplie à ras bord.* ► Le bord de mer : le bord de mer est la région qui touche la mer. *Nos voisins ont une maison au bord de la mer.* ► Monter à bord : monter à bord, c'est monter sur un bateau ou entrer dans un avion. *Les passagers sont montés à bord de l'avion.*

border *verbe (v.)*

1. Border, c'est occuper le bord. *Les arbres bordent le jardin.*
2. Border un lit, c'est rentrer le drap et la couverture sous le matelas. *Je borde mon lit tous les matins.*

bosse *nom féminin (n. f.)*

1. Une bosse est une boule qui se forme sous la peau après un choc. *Paula s'est cognée et a une bosse au front.* **2.** Une bosse est la partie arrondie sur le corps d'un animal. *Le chameau a deux bosses et le dromadaire, une bosse.* **3.** Une bosse est une grosseur dans le dos. *Quasimodo a une bosse dans le dos.*
4. Une bosse est la partie bombée d'une surface. *Cette route a des bosses.*

bossu, bossue

adjectif masculin, féminin (adj. m., f.)

Une personne bossue est une personne qui a une bosse dans le dos. *Ce vieil homme est bossu.*

Remarque : Les adjectifs *bossu, bossue* peuvent aussi être des noms : *Quasimodo est un bossu célèbre.*

1. botte *nom féminin (n. f.)*

Une botte de poireaux est composée de plusieurs poireaux attachés ensemble. *Mamie a acheté une botte de poireaux au marché.*

2. botte *nom féminin (n. f.)*

Une botte est une chaussure qui monte jusqu'au genou. *Guillaume met des bottes en caoutchouc pour aller à la pêche.*

coin lecture

« Le petit Poucet, s'étant approché de l'ogre, lui retira doucement les bottes, et les mit aussitôt. Les bottes étaient bien grandes et bien larges ; mais comme elles étaient magiques [...] elles se trouvèrent aussi justes à ses pieds et à ses jambes que si elles avaient été faites pour lui. »
Le Petit Poucet. Charles Perrault.

bouc *nom masculin (n. m.)*

1. Le bouc est le mâle de la chèvre.
2. Un bouc est une petite barbe à la pointe du menton. *Son père porte le bouc.* Le synonyme est : barbiche.

coin lecture

« Si tu ne veux pas me donner de cheval, répliqua Hans le Balourd, je monterai mon bouc, il est à moi et il peut bien me porter.
Et il se mit à califourchon sur le bouc, l'éperonna de ses talons et prit la route à toute allure. »
Hans le Balourd. Andersen.

bouche *nom féminin (n. f.)*

La bouche est l'ouverture en bas du visage. *Mets ta main devant la bouche quand tu bailles !* ► Faire la fine bouche : faire la fine bouche, c'est faire le difficile. *Ne fais pas la fine bouche et mange ta soupe !*

1. boucher, bouchère

nom masculin, féminin (n. m., f.)

Un boucher, une bouchère est une personne qui vend de la viande. *Le métier de son père est boucher.*

2. boucher *verbe (v.)*

1. Boucher, c'est fermer avec un bouchon. *Bouche la bouteille, s'il te plaît.*
Le contraire est : déboucher.
2. Boucher, c'est fermer une ouverture. *Le maçon a bouché le trou avec du ciment.* **3.** Boucher, c'est empêcher le passage. *Le camion bouche l'entrée de la cour.*
Le synonyme est : bloquer.

boucherie *nom féminin (n. f.)*

La boucherie est l'endroit où le boucher vend sa viande. *Il y a de la bonne viande de bœuf dans cette boucherie.*

bouchon *nom masculin (n. m.)*
1. Un bouchon est un petit objet qui sert à fermer une bouteille. *Remets le bouchon après t'être servi.* **2.** Un bouchon est un grand nombre de véhicules qui bloquent la circulation. *Il y a des bouchons sur l'autoroute.*

boucle *nom féminin (n. f.)*
1. Une boucle de ceinture est l'anneau qui sert à la fermer. *J'ai cassé la boucle de ma ceinture.*
2. Une boucle de cheveux est une mèche de cheveux qui s'enroule sur elle-même. *Tiphaine a de jolies boucles noires.* ► Boucle d'oreille : Une boucle d'oreille est un bijou qu'on accroche à l'oreille. *Astrid a des boucles d'oreilles en or.*

bouclé, bouclée
adjectif masculin, féminin (adj. m., f.)
Être bouclé, c'est avoir les cheveux frisés. *Julien est un petit garçon tout bouclé.*

boucler *verbe (v.)*
1. Boucler, c'est attacher avec une boucle. *Boucle ton ceinturon, ton pantalon descend !* **2.** Boucler, c'est fermer. *La police a fait boucler tout le quartier* **3.** Boucler, c'est former des boucles. *Ses cheveux bouclent lorsqu'il pleut.*

bouder *verbe (v.)*
Bouder, c'est faire la tête pour montrer qu'on n'est pas content. *Ne boude plus et viens jouer avec nous !*

boue *nom féminin (n. f.)*
De la boue est de la terre mélangée avec de l'eau. *Ne marche pas dans la boue, tu vas salir la maison.*

bouée *nom féminin (n. f.)*
Une bouée est un anneau gonflé d'air qu'on met autour de la taille pour flotter dans l'eau. *Il a une bouée parce qu'il ne sait pas nager.*

bouger *verbe (v.)*
Bouger, c'est faire des mouvements. *Ne bouge pas comme ça et reste calme !*
Le synonyme est : remuer.

bougie *nom féminin (n. f.)*
Une bougie est un bâton de cire avec une mèche qu'on allume pour faire de la lumière. *Mes parents allument les bougies de la cheminée le jour de Noël.*

bouillant, bouillante
adjectif masculin, féminin (adj. m., f.)
Quelque chose de bouillant est quelque chose de très chaud. *Pour faire des pâtes, il faut une grande quantité d'eau bouillante.*
Le synonyme est : brûlant.
► Être bouillant : être bouillant, c'est avoir de la fièvre. *Tu es bouillant, tu devrais prendre ta températue.*

bouillir *verbe (v.)*
1. Faire bouillir de l'eau, c'est la faire chauffer jusqu'à ce que de grosses bulles apparaissent. *Maman a fait bouillir de l'eau pour cuire les pâtes.* **2.** Faire bouillir des aliments, c'est les cuire dans de l'eau bouillante. *Elle a fait bouillir les haricots verts.*

boulanger, boulangère
nom masculin, féminin (n. m., f.)
Un boulanger, une boulangère est une personne qui fait ou vend du pain. *Cette boulangère vend toujours du bon pain chaud.*

boulangerie *nom féminin (n. f.)*
Une boulangerie est un endroit où l'on vend du pain. *Cette boulangerie est ouverte très tôt le matin.*

boule *nom féminin (n. f.)*
Une boule est un objet rond. *Maman a acheté des boules et des guirlandes pour décorer le sapin.* ► Jouer aux boules : jouer aux boules, c'est lancer des boules de pétanque en essayant de les rapprocher le plus près possible de la toute petite boule appelée « cochonnet ». *Ils aiment jouer aux boules sur la plage.*

boulevard *nom masculin (n. m.)*
Un boulevard est une large avenue. *Il y a beaucoup de circulation sur le boulevard.*

Remarque : Ce mot se termine par un *d*.

bouleverser *verbe (v.)*
1. Bouleverser, c'est rendre triste, causer une très forte émotion. *L'histoire de cette pauvre femme me bouleverse.* **2.** Bouleverser, c'est modifier énormément. *Il a bouleversé son emploi du temps pour ne pas rater son rendez-vous.*

bouquet *nom masculin (n. m.)*
Faire un bouquet, c'est mettre plusieurs fleurs coupées ensemble. *J'ai offert un bouquet de fleurs à maman.*

bouquin *nom masculin (n. m.)*
Dans le langage familier, un bouquin est un livre. *Paloma lit des tas de bouquins.*

bourdon *nom masculin (n. m.)*
Un bourdon est une sorte de grosse abeille. *Alexia a peur des bourdons.*

bourgeon *nom masculin (n. m.)*
Un bourgeon est une pousse qui deviendra une feuille ou une fleur. *Au printemps, les arbres sont couverts de bourgeons.*

bousculer *verbe (v.)*
Bousculer une personne, c'est la pousser brutalement pour passer. *Corentin a bousculé Mélanie pour sortir dans la cour de récréation.*

bout *nom masculin (n. m.)*
1. Le bout d'une chose est sa fin. *Au bout du chemin, il y a une cabane.*
2. Un bout est un morceau. Elle a fait une robe pour poupée avec des bouts de tissu. ► Au bout de : *au bout de* signifie *après une durée de. Charlène est arrivée au bout d'une heure.*

Remarque : Il ne faut pas confondre *bout* avec de la *boue : Il a sali ses chaussures dans la boue.*

bouteille *nom féminin (n. f.)*
Une bouteille est un récipient en verre ou en plastique muni d'un goulot. *Papy a des bouteilles de vin dans sa cave.*

coin lecture

« La bouteille voyait tout, par les interstices d'un panier où elle se trouvait à côté d'un lapin vivant qui était tout ahuri […]. »
Le Goulot de la bouteille. Andersen.

boutique *nom féminin (n. f.)*
Une boutique est un magasin. *Elle a acheté son pantalon dans une boutique en ville.*

bouton *nom masculin (n. m.)*

1. Un bouton est un petit objet rond qui sert à fermer un vêtement. *J'ai perdu un bouton de ma chemise.*

2. Un bouton est une petite grosseur sur la peau. *Il a des boutons sur le visage.*

3. Un bouton est un petit objet sur lequel on appuie pour faire marcher quelque chose. *Appuie sur le bouton pour allumer l'ordinateur !*

4. Un bouton est un bourgeon qui donnera une fleur. *Les rosiers du jardin sont en boutons.*

Le synonyme est : interrupteur.

boutonner *verbe (v.)*

Boutonner, c'est fermer un vêtement avec des boutons. *Boutonne ton manteau, il fait froid.*

boxe *nom féminin (n. f.)*

La boxe est un sport où deux personnes portent des gants pour échanger des coups. *Enzo fait de la boxe dans un club.*

à savoir

La boxe anglaise est un sport de combat où l'on frappe seulement avec les mains, tandis que la boxe française se pratique avec les poings et les pieds. Un match de boxe a lieu sur un ring et se divise en plusieurs reprises appelées « rounds ».

boxeur, boxeuse

nom masculin, féminin (n. m., f.)

Un boxeur ou une boxeuse est une personne qui pratique la boxe. *Ce boxeur a gagné tous ses matchs.*

bracelet *nom masculin (n. m.)*

Un bracelet est un bijou qui entoure le poignet. *Adeline a un bracelet de perles.*

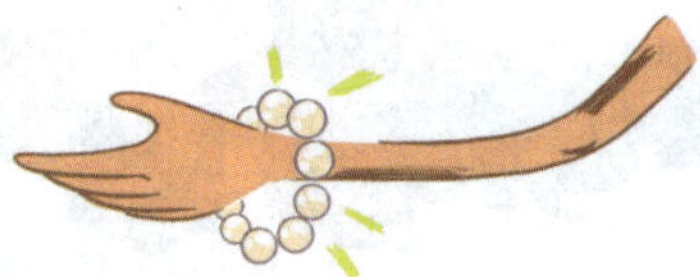

braconnier, braconnière

nom masculin, féminin (n. m., f.)

Un braconnier, une braconnière est une personne qui pêche et qui chasse là où c'est interdit. *Le braconnier a vendu ses truites en cachette.*

braderie *nom féminin (n. f.)*

Une braderie est une vente d'articles à bas prix. *Il y a une braderie dans ma rue tous les ans.*

braguette

nom féminin (n. f.)

Une braguette est l'ouverture sur le devant d'un pantalon. *Ta braguette est ouverte !*

braise *nom féminin (n. f.)*
Une braise est un morceau de bois ou de charbon de couleur rouge vif qui brûle sans faire de flammes. *J'aime les pommes de terre cuites.*

branchages
nom masculin pluriel (n. m. pl.)
Des branchages sont un ensemble de branches coupées. *Il a cherché des branchages pour allumer un feu.*

branche *nom féminin (n. f.)*
1. Une branche est la partie d'un arbre sur laquelle poussent les feuilles et les fruits. *Cet arbre a de grosses branches chargées de cerises.* **2.** Une branche est une tige articulée. *Pierre a cassé les branches de ses lunettes.*

brancher *verbe (v.)*
Brancher un appareil, c'est le raccorder à une prise de courant électrique. *Branche ton ordinateur dans la prise de ce mur.*

bras *nom masculin (n. m.)*
1. Le bras est la partie du corps entre l'épaule et le coude. *Kévin s'est cassé le bras en tombant.* **2.** Le bras d'un siège ou d'un fauteuil est la partie où l'on pose les coudes. *Le fauteuil du directeur a des bras en cuir.* ► À bras ouverts : accueillir, recevoir quelqu'un à bras ouverts, c'est lui faire un excellent accueil. *Les invités ont été reçus à bras ouverts.* ► Rester les bras croisés : rester les bras croisés, c'est ne rien faire. *Axel reste les bras croisés et regarde les autres travailler.* ► Baisser les bras : baisser les bras, c'est abandonner. *Ne baisse pas les bras ! Continue et tu vas y arriver !* ► Avoir le bras long : avoir le bras long, c'est connaître des personnes qui peuvent obtenir des choses difficiles à avoir. *Il pourra nous avoir des places pour le match, il a le bras long.* ► Bras de fer : un bras de fer est une épreuve de force où deux adversaires essaient de faire plier le bras de l'autre. *Jules est imbattable au bras de fer.*

brasse *nom féminin (n. f.)*
La brasse est une nage sur le ventre. *Guillaume sait nager la brasse.*

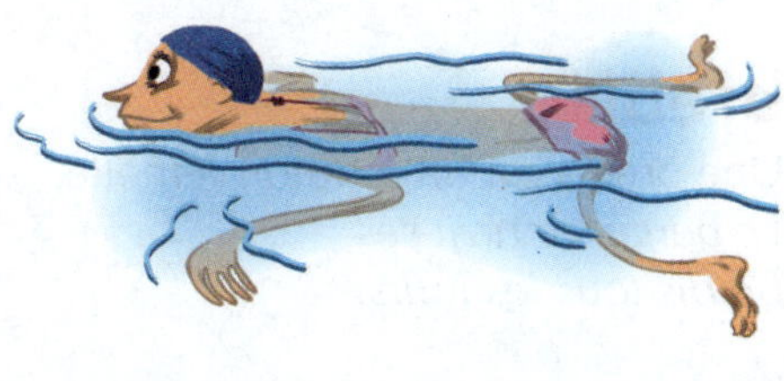

A B C D E F G H I J K L M N O P Q R S T U V W X Y Z

brave *adjectif masculin ou féminin (adj. m. ou f.)*
1. Une personne brave a beaucoup de courage. *Il a été très brave de sauter dans l'eau pour sauver cette personne.* **2.** *Brave* signifie *honnête* et *gentil*. *Son père est un brave homme.*

bravo ! *interjection (interj.)*
Bravo ! est un mot que l'on dit pour féliciter une ou plusieurs personnes. *Bravo ! Tu as gagné la partie !*
bravo *nom masculin (n. m.)*
Les bravos sont des applaudissements. *Le chanteur est sorti sous les bravos du public.*

brebis *nom féminin (n. f.)*
Une brebis est un mouton femelle. *Le berger nourrit ses brebis tous les jours.*

coin lecture

« Après mille ans et plus de guerre déclarée,
les loups firent la paix avec les brebis.
C'était apparemment le bien des deux partis :
car, si les loups mangeaient mainte bête égarée,
les bergers de leur peau se faisaient maints habits... »
Les Loups et les Brebis.
Jean de La Fontaine.

bref, brève
adjectif masculin, féminin (adj. m., f.)
Une chose brève ne dure qu'un court moment. *Ta visite a été brève.*
Le synonyme est : court.

bretelle *nom féminin (n. f.)*
1. Une bretelle est une bande de tissu que l'on passe par-dessus l'épaule et qu'on accroche à son pantalon pour l'empêcher de tomber. *Léo met des bretelles, sinon il perd son pantalon !* **2.** Une bretelle est une bande de tissu ou de cuir qui sert à porter quelque chose. *Papa a réglé les bretelles de mon cartable.*

brevet *nom masculin (n. m.)*
Le brevet est un diplôme que l'on passe la dernière année au collège. *Mon grand frère a réussi son brevet.*

bricolage *nom masculin (n. m.)*
Le bricolage consiste à faire de petits travaux manuels ou de réparation dans la maison. *Mon grand-père fait du bricolage pour s'occuper.*

bricoler *verbe (v.)*
1. Bricoler, c'est s'occuper avec du travail manuel ou de réparation. *Papa passe ses vacances à bricoler dans son atelier.* **2.** Bricoler, c'est créer quelque chose avec peu de choses. *Il a bricolé une canne à pêche avec un morceau de bois.*

bridé, bridée
adjectif masculin, féminin (adj. m., f.)
Avoir les yeux bridés, c'est avoir les yeux étirés.
Xuan a les yeux bridés.

brillant, brillante
adjectif masculin, féminin (adj. m., f.)
1. Une chose brillante est une chose qui émet une lumière vive. *Ce diamant est brillant.* **2.** Être brillant, c'est être excellent. *Lise est une élève brillante.*

briller *verbe (v.)*
1. Briller, c'est émettre une lumière vive. *Les étoiles brillent dans le ciel.*
Le synonyme est : étinceler.
2. Briller, c'est montrer son talent.
Matéo brille en sport.
Le synonyme est : se distinguer.

brin *nom féminin (n. f.)*
Un brin est la fine tige d'une plante. *Papa a cueilli quelques brins de muguet pour maman.*

brindille *nom féminin (n. f.)*
Une brindille est une petite branche très fine. *Il a allumé le feu avec des brindilles.*

brioche *nom féminin (n. f.)*
Une brioche est une pâtisserie très légère. *Ophélie mange une brioche pour son goûter.*

brique *nom féminin (n. f.)*
Une brique est un bloc de terre cuite de couleur rouge orangé qui sert à construire des maisons. *Mon oncle a construit une maison en briques.*

briquet *nom masculin (n. m.)*
Un briquet est un petit instrument qui fabrique une flamme. *Il allume sa cigarette avec un briquet.*

brise *nom féminin (n. f.)*
Une brise est un petit vent. *La brise d'été est très agréable.*

briser *verbe (v.)*
Briser une chose, c'est la casser. *Raphaël a brisé une vitre avec son ballon.*

broche *nom féminin (n. f.)*
1. Une broche est un bijou qu'on accroche au niveau de la poitrine. *La grand-mère d'Élisa porte une broche en or.* **2.** Une broche est une tige de métal sur laquelle on enfile de la viande pour la rôtir. *Papa a cuit le poulet à la broche.*

brochette *nom féminin (n. f.)*
Une brochette se compose de morceaux de viandes, de poissons ou de légumes enfilés sur une tige. *J'ai mangé des brochettes cuites au barbecue.*

broder *verbe (v.)*
Broder, c'est coudre des motifs sur un tissu. *Mamie a brodé des fleurs sur sa nappe.*

bronzage *nom masculin (n. m.)*
Le bronzage est la couleur brune de la peau qui a pris le soleil. *Virgile a un bronzage magnifique.*

bronze *nom masculin (n. m.)*
Le bronze est un métal fait à partir d'un mélange de cuivre et d'étain. *Les cloches de l'église sont en bronze.*

bronzer *verbe (v.)*

Bronzer, c'est avoir la peau qui fonce au soleil. *Maxime bronze facilement.*

brosse *nom féminin (n. f.)*

Une brosse est un ustensile avec des poils durs pour nettoyer ou frotter. *Je me lave les dents avec une brosse à dents électrique.* ► Cheveux en brosse : avoir les cheveux en brosse, c'est les avoir courts et dressés sur la tête. *Nathan a les cheveux en brosse.*

brosser *verbe (v.)*

1. Brosser, c'est frotter avec une brosse pour nettoyer. *N'oublie pas de te brosser les dents tous les jours !*
2. Brosser un portrait, c'est faire une description rapide de quelqu'un ou de quelque chose. *Le témoin a brossé le portrait du bandit.*

brouette *nom féminin (n. f.)*

Une brouette est un chariot à une roue et deux manches qui sert à transporter des choses. *Il a rempli sa brouette de sable.*

brouillard *nom masculin (n. m.)*

Le brouillard est un nuage bas formé de fines gouttelettes d'eau. *On ne voit rien du tout dans ce brouillard.*

brouiller *verbe (v.)*

Brouiller, c'est rendre trouble ou confus. *Le renard a brouillé les pistes pour échapper au chasseur.*

se brouiller *verbe (v.)*

1. Se brouiller, c'est se troubler. *La vue de ma grand-mère se brouille.*
2. Se brouiller, c'est se disputer. *Il s'est brouillé avec son meilleur ami.*

brouillon *nom masculin (n. m.)*

Un brouillon est un texte qu'on écrit et qu'on corrige avant de le recopier. *J'ai écrit ma poésie au brouillon avant de la recopier au propre sur mon cahier.*

brouter *verbe (v.)*

Brouter, c'est arracher l'herbe avec les dents et la manger. *La vache broute dans le pré.*

broutille *nom féminin (n. f.)*
Une broutille est un détail sans importance, sans intérêt. *Ne te rends pas malade pour des broutilles.*
Le synonyme est : bricole.

broyer *verbe (v.)*
Broyer quelque chose, c'est l'écraser et en faire de la poudre ou des petits morceaux. *Le blé a été broyé pour faire de la farine.* ► Broyer du noir : broyer du noir, c'est être déprimé. *Il broie du noir à la fin des vacances !*

brugnon *nom masculin (n. m.)*
Un brugnon est une sorte de pêche à la peau lisse. *Le brugnon est mon fruit préféré.*

bruit *nom masculin (n. m.)*
Le bruit est un ensemble de sons désagréables. *Ferme la fenêtre, il y a du bruit dans la rue.*

brûlant, brûlante
adjectif masculin, féminin (adj. m., f.)
Quelque chose de brûlant est quelque chose de très chaud. *Son café est brûlant.*
Le contraire est : glacé.

brûlé, brûlée
adjectif masculin, féminin (adj. m., f.)
Un aliment brûlé est un aliment qui a été trop cuit. *La viande est brûlée, je ne la mange pas !*
brûlé *nom masculin (n. m.)*
Le brûlé est l'odeur d'une chose qui a brûlé. *Il y a une odeur de brûlé dans la cuisine.*
brûlé, brûlée
nom masculin, féminin (n. m., f.)
Un brûlé ou une brûlée est une personne qui a des brûlures. *Il y a eu un brûlé grave dans l'incendie.*

brûler *verbe (v.)*
1. Brûler, c'est détruire avec le feu. *Il a brûlé de vieilles choses au fond du jardin.* **2.** Brûler, c'est être en feu. *La maison de nos voisins brûle.* ► Brûler d'impatience : brûler d'impatience, c'est ne plus pouvoir attendre tellement on est impatient. *Je brûle d'impatience de voir mes amis.*
► Brûler un feu : brûler un feu, c'est passer au feu rouge sans s'arrêter. *Papa ne brûle jamais le feu, c'est trop dangereux.*

brûlure *nom féminin (n. f.)*
1. Une brûlure est une blessure causée par le feu ou quelque chose de brûlant. *Il a une brûlure au bras.*
2. Une brûlure est une trace laissée par quelque chose qui a brûlé. *Il y a des brûlures de cigarette sur la moquette.*

brume *nom féminin (n. f.)*
La brume est un léger brouillard. *Le matin, il y a de la brume dans les champs.*

brun, brune
adjectif masculin, féminin (adj. m., f.)
Quelque chose de brun est de couleur marron foncé. *J'ai vu un ours brun au zoo.*

brun, brune *nom masculin, féminin (n. m., f.)*
Un brun ou une brune est une personne aux cheveux noirs ou foncés. *Il y a beaucoup de bruns dans ma classe.*

brusque
adjectif masculin ou féminin (adj. m. ou f.)
1. Une personne brusque est une personne qui agit sans douceur. *Ne lui donne pas mon chat à garder, il est trop brusque avec les animaux.*
2. Une chose brusque arrive d'un seul coup. *J'ai eu une brusque envie de rire quand j'ai vu le clown.*

brut, brute
adjectif masculin, féminin (adj. m., f.)
Une chose brute est une chose naturelle qui n'a pas été encore transformée. *Le pétrole brut devient ensuite de l'essence.*

brutal, brutale, brutaux
adjectif masculin, féminin, pluriel (adj. m., f., pl.)
1. Une personne brutale agit avec violence. *Ce vilain monsieur est brutal avec les animaux.*
Le contraire est : doux.
2. Une chose brutale arrive de façon brusque et sans qu'on s'y attende. *La mort de sa grand-mère a été brutale.*
Le synonyme est : soudain.

Remarque : Au pluriel, ce mot s'écrit *brutaux* : *Ne fais pas de gestes brutaux, s'il te plaît !*

brute *nom féminin (n. f.)*
Une brute est une personne qui est brutale, violente. *Cette brute m'a fait mal en me serrant la main.*

bruyant, bruyante
adjectif masculin, féminin (adj. m., f.)
1. Être bruyant, c'est faire du bruit. *Ne sois pas si bruyant, ta sœur est couchée !* **2.** Un endroit bruyant est un endroit où il y a du bruit. *La classe est bruyante quand le maître n'est pas là !*

bûche *nom féminin (n. f.)*
Une bûche est un morceau de bois de chauffage. *Il y a des bûches qui flambent dans la cheminée.*

bûcheron, bûcheronne

nom masculin, féminin (n. m., f.)

Un bûcheron, une bûcherone est une personne dont le métier est de couper du bois dans la forêt. *Le bûcheron a abattu un arbre avec une hache.*

coin lecture

« Un matin le bûcheron s'en alla [...] travailler dans la forêt, et, comme il fendait du bois, une grande et belle femme se présenta tout à coup devant lui [...] et lui dit : « Je suis la Vierge Marie, mère du petit enfant Jésus. »
L'Enfant de la bonne Vierge.
Les frères Grimm.

buée *nom féminin (n. f.)*

De la buée est de la vapeur d'eau qui se dépose sur une surface froide. *Il y a de la buée sur les vitres.*

buffet *nom masculin (n. m.)*

1. Un buffet est un meuble où on range la vaisselle. *Les assiettes en porcelaine sont dans le buffet.* **2.** Un buffet est une table sur laquelle on dispose des plats et des boissons. *Au mariage de Mickaël et de Séverine, il y avait un excellent buffet.*

buisson *nom masculin (n. m.)*

Un buisson est une touffe serrée d'arbustes sauvages. *Le lièvre s'est caché dans les buissons.*

bulle *nom féminin (n. f.)*

1. Une bulle est une petite bille d'air ou de gaz qui remonte à la surface d'un liquide. *Le champagne fait des bulles.* **2.** Une bulle est une boule d'air. *Il sait faire de grosses bulles de savon.* **3.** Dans une bande dessinée, une bulle est l'endroit où le texte est écrit. *Je sais lire les bulles de ma bande dessinée.*

bulletin *nom masculin (n. m.)*

Un bulletin est un papier sur lequel figurent les notes d'un élève et les avis de ses professeurs. *Mon frère a eu un bon bulletin ce trimestre.*

bureau *nom masculin (n. m.)*

1. Un bureau est une table de travail. *Je fais mes devoirs sur mon bureau.* **2.** Un bureau est un pièce où l'on travaille. *Ne dérange pas maman, elle travaille dans son bureau.*

A B C D E F G H I J K L M N O P Q R S T U V W X Y Z

bus *nom masculin (n. m.)*
Un bus est un long véhicule de ville qui transporte des personnes. *Il va à l'école en bus.*

but *nom masculin (n. m.)*
1. Le but est ce que l'on veut arriver à faire. *Notre but est d'arriver au sommet de la montagne avant ce soir.* **2.** Le but d'une personne est son objectif. *Son but est de devenir médecin.* **3.** En sport, un but est un point marqué pour son équipe. *Le footballeur a marqué un très beau but.* ► Aller droit au but : aller droit au but, c'est dire les choses de façon directe. *Ne me raconte pas d'histoires et va droit au but !*

butiner *verbe (v.)*
Butiner, c'est recueillir le pollen et le nectar des fleurs, en parlant de certains insectes. *Les abeilles butinent les fleurs de notre jardin.*

butte *nom féminin (n. f.)*
Une butte est une petite colline. *Nous sommes montés sur la butte pour admirer le village.*

ça *pronom démonstratif (pron. dém.)*
Ça signifie *ceci, cela*. *Je ne veux pas d'épinards, je n'aime pas ça.*

Remarque : Il ne faut pas confondre *ça* avec *sa* : *J'aime beaucoup sa mère.*

cabane *nom féminin (n. f.)*
Une cabane est une petite maison en bois. *Joan a construit une cabane dans le jardin.*

cabine *nom féminin (n. f.)*
1. Une cabine est une chambre dans un bateau. *La croisière était très agréable, et notre cabine était très confortable.*
2. Dans un magasin, une cabine est le petit endroit où l'on essaie les vêtements. *Cette cabine est libre, tu peux y aller pour essayer ce pantalon.* **3.** Une cabine est l'espace réservé aux pilotes. *Le pilote de l'avion est dans la cabine.*

cabinet *nom masculin (n. m.)*
Un cabinet est la pièce où travaillent les médecins, les dentistes et les avocats. *Mon frère est dans le cabinet du médecin.*

cabinets *nom masculin pluriel (n. m. pl.)*
Les cabinets sont l'endroit où l'on fait ses besoins. *Vite ! J'ai envie de faire pipi ! Il faut que j'aille aux cabinets !*

câble *nom masculin (n. m.)*
1. Un câble est une grosse corde en métal. *L'ascenseur est tenu par des câbles.* **2.** Un câble est un fil métallique par lequel passe le courant électrique. *Il n'y a plus d'électricité, le câble est cassé.* **3.** Le câble est un ensemble de chaînes de télévision. *Il a le câble chez lui, avec 150 chaînes.*

cacahuète ou cacahouète
nom féminin (n. f.)
Une cacahuète est une petite graine grillée. *Maman a servi des cacahuètes pour l'apéritif.*

cacao *nom masculin (n. m.)*
1. Le cacao est une graine avec laquelle on fait du chocolat. **2.** Le cacao est une boisson au chocolat. *Bérengère boit du cacao tous les matins.*
Le synonyme est : chocolat.

cache-cache *nom masculin (n. m.)* Jouer à cache-cache est s'amuser à se cacher. *J'aime jouer à cache-cache avec Julie, je la trouve toujours !*

cacher *verbe (v.)*
1. Cacher une chose, c'est la mettre là où on la trouvera difficilement. *Samuel a caché 10 euros sous son matelas.*
Le synonyme est : dissimuler.
2. Cacher, c'est boucher la vue de quelque chose. *Les arbres cachent la vue sur la mer.*
Le synonyme est : masquer.
3. Cacher une chose, c'est ne pas la dire. *Il nous a caché qu'il redoublait.*
Les synonymes sont : taire, dissimuler.
Les contraires sont : dire, montrer, exprimer.

se cacher *verbe (v.)*
Se cacher, c'est se mettre dans un endroit pour ne pas être trouvé. *Le cambrioleur s'est caché dans les bois pour échapper à la police.*

cachet *nom masculin (n. m.)*
Un cachet est un médicament. *Robin a pris un cachet qui se prend sous forme de pastille.*
Le synonyme est : comprimé.

cachette *nom féminin (n. f.)*
Une cachette est un endroit où des personnes ou des choses sont cachées. *Tu ne me trouveras jamais, j'ai une bonne cachette !*

cactus *nom masculin (n. m.)*
Un cactus est une plante avec des épines. *Mamie n'arrose pas souvent ses cactus.*

à savoir
Il y a plus de 2 000 espèces de cactus. On les trouve en Amérique, en Australie et en Afrique. Cette plante fait des réserves dans sa large tige, ce qui lui permet de résister à la sécheresse.

cadeau *nom masculin (n. m.)*
Un cadeau est une chose qu'on offre à quelqu'un. *J'ai eu beaucoup de cadeaux pour mon anniversaire.*

Remarque : Le pluriel de ce nom est : des cadeaux.

cadet, cadette

nom masculin, féminin (n. m., f.)

1. Le cadet ou la cadette est le deuxième enfant le plus âgé d'une famille. *Jérémie est le cadet de Kévin.* **2.** Le cadet est la personne la plus jeune par rapport à une ou plusieurs autres. *Brian est le cadet de l'équipe.* **3.** Un cadet est un sportif qui a entre 16 et 18 ans. *Il joue en cadet dans une équipe de football.*

Remarque : Les noms *cadet, cadette* peuvent aussi être des adjectifs : *Maud est ma sœur cadette.*

cadran *nom masculin (n. m.)*

Un cadran d'une montre, d'une horloge ou d'un réveil est la partie où se déplacent les aiguilles. *J'ai cassé le cadran de ma montre.*

cadre *nom masculin (n. m.)*

1. Un cadre est un objet dans lequel on place une photo ou qui entoure un tableau. *Il a acheté un cadre doré pour y mettre la photo de sa fille.* **2.** Le cadre est le paysage. *Il habite dans un cadre qui fait rêver.* **3.** Le cadre est ce qui délimite quelque chose. *Il faut rester dans le cadre de la loi.* **4.** Le cadre d'un vélo est la partie entre la selle et le guidon. *Le cadre de ce vélo de course est très léger.*

cafard *nom masculin (n. m.)*

Un cafard est un petit insecte long et aplati. ► Avoir le cafard : avoir le cafard, c'est être triste. *Il a le cafard parce que la rentrée approche !*

café *nom masculin (n. m.)*

1. Le café est une boisson chaude. *Papa met toujours un sucre dans son café.* **2.** Un café est un endroit où l'on sert des boissons. *Il est au café avec ses amis.*

Le synonyme est : bar.

cafetière *nom féminin (n. f.)*

Une cafetière est une machine pour faire du café. *Sa mère vient d'acheter une nouvelle cafetière.*

cage *nom féminin (n. f.)*

Une cage est un espace muni de barreaux ou de grillages où l'on enferme des animaux vivants. *Le lion tourne toute la journée dans sa cage.*

cagoule *nom féminin (n. f.)*

Une cagoule est un bonnet qui couvre la tête, les oreilles et le cou. *Enfile ta cagoule avant de sortir.*

cahier *nom masculin (n. m.)*
Un cahier est un ensemble de feuilles protégées par une couverture et dans lequel on écrit. *La maîtresse a déchiré la page de mon cahier.*

caillou *nom masculin (n. m.)*
Un caillou est une petite pierre. *Ne jette pas de cailloux, c'est dangereux.*

coin lecture

« Lorsque les enfants se virent seuls, ils se mirent à crier et à pleurer [...]. Le petit Poucet les laissait crier, sachant bien par où il reviendrait à la maison ; car en marchant il avait laissé tomber le long du chemin les petits cailloux blancs qu'il avait dans ses poches. »
Le Petit Poucet. Charles Perrault.

caisse *nom féminin (n. f.)*
1. Une caisse est une grande boîte. *Gaëlle range ses jouets dans une caisse.* **2.** Dans un magasin, la caisse est l'endroit où l'on paye. *Nous sommes passés à la caisse pour payer.* **3.** Une caisse est le tiroir où le commerçant met l'argent. *L'épicier ferme sa caisse à double tour.*

caissier, caissière
nom masculin, féminin (n. m., f.)
Un caissier, une caissière est une personne qui travaille à la caisse d'un magasin. *Ma cousine est caissière dans un supermarché.*

calcul *nom masculin (n. m.)*
Un calcul est une opération que l'on fait avec des chiffres. *Pauline est très forte en calcul.*

calculatrice *nom féminin (n. f.)*
Une calculatrice est une petite machine qui sert à calculer. *Cette opération est trop compliquée, prends ta calculatrice !*

calculer *verbe (v.)*
Calculer, c'est chercher un résultat en chiffres. *J'ai calculé le nombre de billes que nous avons, et j'en trouve 46 !*

caleçon *nom masculin (n. m.)*
1. Un caleçon est un sous-vêtement qui a la forme d'un short. *Mon cousin porte des caleçons.*
2. Un caleçon est un pantalon en coton qui colle aux jambes. *Vanessa porte un caleçon pour faire du sport.*

calendrier *nom masculin (n. m.)*
Un calendrier est un tableau qui indique les jours et les mois de l'année. *J'ai regardé le calendrier, Noël tombe un jeudi cette année !*

caler *verbe (v.)*
Caler, c'est mettre une cale sous un objet pour ne plus qu'il bouge. *Guillaume a calé la porte avec un morceau de bois.*

à califourchon *adverbe (adv.)*

Être à califourchon sur une chose ou un animal, c'est avoir une jambe de chaque côté. *Sonia monte à califourchon sur le dos de son cheval.*

câlin, câline

adjectif masculin, féminin (adj. m., f.)

Être câlin, c'est être tendre, affectueux. *Marie est très câline avec les animaux.*

câlin *nom masculin (n. m.)*

Un câlin est un geste affectueux. *Mon petit frère adore les câlins.*

calmar ou calamar

nom masculin (n. m.)

Un calamar est un animal marin qui ressemble à une pieuvre. *Le calamar a des tentacules et rejette une encre pour échapper au danger. Un calamar géant peut atteindre 20 mètres de long.*

calme *adjectif masculin, féminin (adj. m., f.)*

1. Un endroit calme est un endroit silencieux, sans bruit. *Joffrey habite dans une rue calme.*

Le synonyme est : paisible.

2. Être calme, c'est être sage. *Joris est calme, mais son frère est très turbulent !*

Les synonymes sont : tranquille, posé.

Les contraires sont : agité, nerveux.

calme *nom masculin (n. m.)*

1. Le calme, c'est lorsqu'il n'y a aucun bruit. *Mamie aime le calme et déteste le bruit.*

Les synonymes sont : silence, paix.

2. Le calme d'une personne est son humeur tranquille, jamais agressive. *Son calme m'impressionne, il ne s'énerve jamais.*

Les synonymes sont : tranquillité, sagesse, sang-froid.

calmer *verbe (v.)*

1. Calmer, c'est rendre plus calme. *Calme-toi et ne t'énerve plus !*

Le synonyme est : tranquilliser.

Le contraire est : exciter.

2. Calmer, c'est rendre moins fort. *Mange une pomme, ça calmera ta faim.*

Les synonymes sont : atténuer, soulager.

se calmer *verbe (v.)*

Se calmer, c'est devenir plus calme. *Calme-toi, ton problème n'est pas grave.*

Le synonyme est : se tranquilliser.

Le contraire est : s'exciter.

camarade
nom masculin ou féminin (n. m. ou f.)
Un camarade est un ami, un copain. *Mes camarades s'appellent Maelisse et Juliette.*

cambrioler *verbe (v.)*
Cambrioler, c'est voler après être entré de force dans un endroit. *Cette boutique vient d'être cambriolée.*

cambriolage
nom masculin (n. m.)
Un cambriolage est un vol. *La police est venue pour un cambriolage.*

cambrioleur, cambrioleuse
nom masculin, féminin (n. m., f.)
Un cambrioleur, une cambrioleuse est une personne qui commet un cambriolage. *Les cambrioleurs se sont échappés par la fenêtre.*

caméléon *nom masculin (n. m.)*
Un caméléon est une sorte de lézard qui peut changer de couleur.

à savoir

Un caméléon peut mesurer entre 5 et 30 centimètres. Il se nourrit d'insectes qu'il attrape avec sa longue langue.

caméra *nom féminin (n. f.)*
Une caméra est un appareil qui sert à filmer. *Il a fait le film du mariage avec sa caméra.*

Caméscope
nom masculin, marque déposée (n. m.)
Un Caméscope est une petite caméra vidéo portative. *Il prend toujours son Caméscope quand il part en voyage.*

camion *nom masculin (n. m.)*
Un camion est un véhicule qui transporte des marchandises. *Le camion livre les fruits au supermarché.*
Le synonyme est : poids lourd.

camionnette *nom féminin (n. f.)*
Une camionnette est un petit camion. *La camionnette du boulanger passe tous les matins à 10 heures.*

campagne *nom féminin (n. f.)*
La campagne est un lieu où l'on trouve des champs, des prés et des bois. *Ses parents ont une maison à la campagne.*

camper *verbe (v.)*
Camper, c'est faire du camping. *Nous avons campé à côté de la plage.*

camping *nom masculin (n. m.)*

1. Faire du camping, c'est dormir sous une tente, dans un camping-car ou une caravane. **2.** Le camping est le terrain où l'on campe. *Il passe ses vacances dans ce camping.*

canadien, canadienne

adjectif et nom masculin, féminin (adj. et n. m.)
Ce qui est canadien vient du pays qui s'appelle le Canada.
Joe est canadien. Il est né au Canada.

canal *nom masculin (n. m.)*

Un canal est un cours d'eau creusé par l'homme. *Nous avons navigué sur le canal.*

Remarque : Le pluriel de ce nom est : des canaux.

canapé *nom masculin (n. m.)*

1. Un canapé est un long fauteuil à dossier. *Mes parents aiment regarder la télévision dans le canapé.* **2.** Un canapé est un petit pain garni servi en apéritif. *Super ! Il y a des canapés au saumon !*

canard *nom masculin (n. m.)*

Un canard est un oiseau aux pattes palmées et au bec aplati. *Il y a des canards dans la mare.* ► Un froid de canard : un froid de canard est un froid terrible. *Je ne sors pas aujourd'hui, il fait un froid de canard.*

canari *nom masculin (n. m.)*

Un canari est un petit oiseau jaune. *Le canari de mamie chante toute la journée.*

cane *nom féminin (n. f.)*

La cane est la femelle du canard. *La cane a pondu des œufs.*

Remarque : Il ne faut pas confondre une *cane* avec une *canne : Mon grand-père marche avec une canne.*

canine *nom féminin (n. f.)*

Les canines sont les quatre dents pointues des hommes.

à savoir

Les canines servent à déchirer les aliments. Les animaux ont de longues canines appelées « crocs ».

caniveau *nom masculin (n. m.)*
Un caniveau est la partie d'une rue, le long du trottoir, où l'eau de pluie coule. *Le cantonnier balaie les caniveaux tous les jours.*

canne *nom féminin (n. f.)*
Une canne est un bâton qui sert d'appui pour marcher. *Ce vieux monsieur marche avec une canne.* ► Canne à pêche : une canne à pêche est une longue tige souple munie d'un fil qui sert à attraper des poissons. *Il a une canne à pêche à moulinet.* ► Canne à sucre : la canne à sucre est une grande tige cultivée pour son sucre.

à savoir
La canne à sucre mesure entre 2 et 5 mètres de haut. Sa tige renferme un jus sucré : le sucre de canne.

canoë *nom masculin (n. m.)*
Un canoë est une petite barque que l'on fait avancer avec une pagaie. *Il a fait du canoë sur la rivière.*

canot *nom masculin (n. m.)*
Un canot est un petit bateau muni de rames ou d'un moteur. *Il pêche en canot sur le lac.*

cantine *nom féminin (n. f.)*
Une cantine est le restaurant d'une école ou d'une entreprise. *Je mange à la cantine tous les midis.*

caoutchouc *nom masculin (n. m.)*
Le caoutchouc est une matière élastique qui ne craint pas l'eau. *Audrey met des bottes en caoutchouc quand il pleut.*

à savoir
Il existe deux sortes de caoutchouc : le caoutchouc naturel qui provient d'un arbre, et le caoutchouc artificiel fabriqué à partir du pétrole.

capable
adjectif masculin ou féminin (adj. m. ou f.)
Être capable de faire quelque chose, c'est pouvoir le faire. *Il est capable de grimper en haut de l'arbre.*
Le contraire est : incapable.

cape *nom féminin (n. f.)*
Une cape est un long tissu qui couvre les épaules et le dos. *Zorro porte une cape noire.*

capitaine *nom masculin (n. m.)*
1. Sur un bateau, le capitaine est la personne qui commande. *Le capitaine a mis le cap vers les îles.*
2. En sport, le capitaine est le joueur qui commande dans l'équipe. *Raphaël est le capitaine de son équipe de foot.*

capital, capitale, capitaux
adjectif masculin, féminin, pluriel (adj. m., f., pl.)
Une chose capitale est une chose très importante. *Il est capital d'apprendre à lire et écrire.*
Les synonymes sont : primordial, essentiel.
Les contraires sont : minime, accessoire.

Remarque : Au pluriel, ce mot s'écrit *capitaux* : *Les conseils de sécurité sont capitaux.*

capot *nom masculin (n. m.)*
Le capot d'une voiture est ce qui recouvre le moteur. *Le mécanicien a soulevé le capot pour regarder le moteur.*

caprice *nom masculin (n. m.)*
Faire des caprices, c'est se fâcher pour avoir quelque chose. *Arrête tes caprices, tu n'auras pas le jouet de ton frère !*

capter *verbe (v.)*
Capter, c'est recevoir les ondes pour faire marcher un appareil. *Le téléphone portable de maman capte mal.*

capturer *verbe (v.)*
Capturer une personne ou un animal, c'est l'attraper vivant. *Il a capturé un renard avec un piège.*

capuche *nom féminin (n. f.)*
La capuche est la partie d'un vêtement qui se rabat sur la tête. *Mets ta capuche, il pleut.*

capuchon *nom masculin (n. m.)*
1. Un capuchon est une capuche. *Couvre-toi et mets ton capuchon.*
2. Le capuchon d'un stylo est son bouchon. *J'ai perdu le capuchon de mon stylo-bille.*

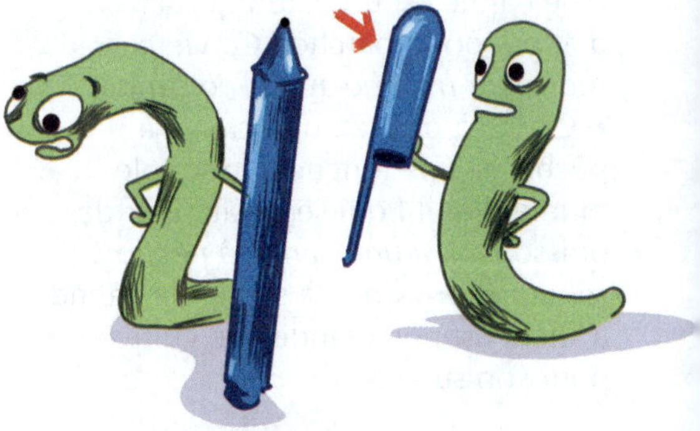

1. car *conjonction (conj.)*
Car signifie *parce que*. *Il pleure, car il est triste.*

2. car *nom masculin (n. m.)*
Un car est un long véhicule qui transporte des personnes. *Agathe a fait un voyage en car.*

carabine *nom féminin (n. f.)*
Une carabine est un fusil assez léger. *Lucas sait tirer à la carabine.*

caractère *nom masculin (n. m.)*
Le caractère d'une personne est sa manière d'être. *Bérangère a un bon caractère.* ► Avoir du caractère : avoir du caractère, c'est avoir une forte personnalité. *Mon frère a du caractère, il sait ce qu'il veut !*

caractéristique
adjectif masculin ou féminin (adj. m. ou f.)
Caractéristique signifie *typique* et *particulier* à quelqu'un ou quelque chose. *Son comportement est caractéristique des mauvais élèves.*

caractéristique *nom féminin (n. f.)*
Une caractéristique est ce qu'il y a de particulier à quelqu'un ou quelque chose. *La caractéristique de la France est, entre autres, sa bonne cuisine.*
Le synonyme est : particularité.

carafe *nom féminin (n. f.)*
Une carafe est un récipient en verre qui contient de l'eau ou du vin. *Va remplir la carafe d'eau, s'il te plaît !*

caramel *nom masculin (n. m.)*
1. Le caramel est du sucre que l'on fait fondre avec de l'eau sur le feu. *Elle a fait du caramel dans une casserole.* **2.** Un caramel est un bonbon. *J'adore les caramels, même s'ils collent aux dents !*

carapace *nom féminin (n. f.)*
Une carapace est une coquille très dure qui protège certains animaux. *La tortue rentre la tête dans sa carapace.*

caravane *nom féminin (n. f.)*
Une caravane est une petite maison sur roues que tire une voiture. *Ils passent leurs vacances dans une caravane.*

caresse *nom féminin (n. f.)*
Une caresse est un geste tendre de la main. *Mon chien adore les caresses.*

caresser *verbe (v.)*
Caresser, c'est faire une caresse. *Maman caresse la tête de mon petit frère pour l'endormir.*

carie *nom féminin (n. f.)*
Une carie est une maladie qui forme un trou dans la dent. *Garance va chez le dentiste à cause d'une carie.*

carnaval *nom masculin (n. m.)*
Un carnaval est une fête où les gens se déguisent et défilent dans la rue. *Pour le carnaval, je me déguise en Zorro !*

Remarque : Le pluriel de ce nom est : des carnavals.

carnet *nom masculin (n. m.)*
Un carnet est un petit cahier. *J'ai noté les devoirs à faire dans mon carnet.*

carnivore

adjectif masculin ou féminin (adj. m. ou f.)
Un animal carnivore est un animal qui se nourrit de viande. *Cette espèce d'animal est carnivore.*

Remarque : L'adjectif *carnivore* peut aussi être un nom : *Le lion est un grand carnivore.*

carotte *nom féminin (n. f.)*

Une carotte est un légume de couleur orange. *J'ai mangé des carottes coupées en rondelles.*

carpe *nom féminin (n. f.)*

Une carpe est un poisson lisse ou à écailles qui vit dans les lacs et les rivières. *Mon père a pêché une grosse carpe ce matin.* ► Être muet comme une carpe : être muet comme une carpe, c'est rester sans rien dire. *J'ai un secret, mais je resterai muet comme une carpe.*

carré *nom masculin (n. m.)*

Un carré est une forme géométrique à quatre côtés de même longueur et à quatre angles. *J'ai dessiné un carré avec ma règle.*

carreau *nom masculin (n. m.)*

1. Un carreau est la vitre d'une fenêtre. *Il a cassé un carreau avec sa balle.* **2.** Un carreau est une petite plaque qui recouvre un sol ou un mur. *Il y a des carreaux en faïence dans notre salle de bains.* **3.** Un carreau est un motif sur un vêtement. *Joris a une jolie chemise à carreaux.*

Remarque : Le pluriel de ce nom est : des carreaux.

carrefour *nom masculin (n. m.)*

Un carrefour est un endroit où se croisent plusieurs routes. *Ce carrefour est dangereux, il y a beaucoup de voitures qui passent.* Le synonyme est : croisement.

carrelage *nom masculin (n. m.)*

Le carrelage est l'ensemble des carreaux qui recouvrent un sol ou un mur. *Il y a du carrelage dans notre salle de bains.*

cartable *nom masculin (n. m.)*

Un cartable est un sac d'école. *J'ai eu un nouveau cartable pour la rentrée.*

carte *nom féminin (n. f.)*
1. Une carte est un petit carton qui fait partie d'un jeu. *Tu sais jouer aux cartes ?* **2.** Une carte est un dessin qui représente un pays, une région ou une ville. *Le conducteur a trouvé son chemin sur la carte.* **3.** Au restaurant, la carte est le carton où sont indiqués les plats et les boissons qui sont servis. *Le serveur nous a apporté la carte.* ► Carte d'identité : une carte d'identité est un document où sont inscrits le nom, le prénom, l'adresse, la date de naissance et la taille d'une personne. *Il est allé au commissariat parce qu'il a perdu sa carte d'identité.* ► Carte postale : une carte postale est une carte illustrée sur une face et dont l'autre face est réservée à l'écriture. *Il nous a envoyé une carte postale lorsqu'il était en vacances.*

carton *nom masculin (n. m.)*
1. Un carton est un papier assez épais et rigide. *Enzo a construit une maison en carton.* **2.** Un carton est une boîte. *Lisa a rangé ses jouets dans un carton.*

cartonné, cartonnée
adjectif masculin, féminin (adj. m., f.)
Une chose cartonnée est faite de carton. *La couverture de mon livre est cartonnée.*

cas *nom masculin (n. m.)*
Un cas est ce qui arrive ou ce qui peut arriver. *Cette maladie est un cas fréquent chez les enfants.* ► En cas de, au cas où : *en cas de, au cas où* signifie *si cela arrive. En cas de pluie, n'oubliez pas de prendre un parapluie. Au cas où il arriverait, tu devrais cuisiner quelque chose.* ► En tout cas : *en tout cas* signifie *de toute façon, quoi qu'il arrive. Il ne viendra pas, mais en tout cas il pensera à nous.*

cascade *nom féminin (n. f.)*
1. Une cascade est une chute d'eau. *Les chutes du Niagara sont de magnifiques cascades.*
2. Une cascade est une acrobatie dangereuse. *Il y a des cascades incroyables dans ce film.*

1. case *nom féminin (n. f.)*
Une case est une petite maison en terre ou en paille que l'on peut trouver en Afrique. *Il a construit une case pour sa famille.*

2. case *nom féminin (n. f.)*
1. Une case est un compartiment dans un meuble ou une boîte. *J'ai rangé tous les jetons du jeu dans leur case* **2.** Une case est un petit dessin en forme de carré. *Dans ce jeu, il faut cocher les cases pour trouver les réponses.*

casier *nom masculin (n. m.)*
Un casier est la partie d'un meuble où l'on peut ranger des affaires. *J'ai laissé mon sac de sport dans le casier du gymnase.*

A B C D E F G H I J K L M N O P Q R S T U V W X Y Z

casque *nom masculin (n. m.)*
1. Un casque est un chapeau très dur qui sert à protéger la tête. *Il s'est acheté un casque pour faire de la moto.* **2.** Un casque est un petit appareil que l'on met sur les oreilles pour écouter de la musique. *Il a changé le casque de son lecteur MP3.*

casquette *nom féminin (n. f.)*
Une casquette est un petit chapeau muni d'une visière. *Mets ta casquette si tu vas au soleil.*

casser *verbe (v.)*
1. Casser un objet, c'est le mettre en morceaux. *J'ai cassé un verre.*
Le synonyme est : briser.
2. Casser un appareil, c'est lui causer des dommages et l'empêcher de fonctionner. *Il a cassé la télévison, elle ne fonctionne plus.*
Le synonyme est : endommager.
▶ Casser les oreilles : casser les oreilles, c'est faire trop de bruit. *Cette musique est trop forte, elle me casse les oreilles.* ▶ Casser la croûte : casser la croûte, c'est manger rapidement un petit repas. *Nous avons juste le temps de casser la croûte avant de partir.*

casserole *nom féminin (n. f.)*
Une casserole est un récipient muni d'un manche dans lequel ou peut cuire des aliments ou faire bouillir un liquide. *Maman fait bouillir de l'eau dans la casserole.*

cassette *nom féminin (n. f.)*
Une cassette est un petit boîtier qui renferme une bande pour enregistrer des images et des sons. *Il a enregistré le film sur une cassette.*

cassis *nom masculin (n. m.)*
Le cassis est un petit fruit noir qui pousse sur un arbuste. *J'adore la glace au cassis.*

castor *nom masculin (n. m.)*
Un castor est un rongeur aux pattes palmées et à la queue plate.

catastrophe *nom féminin (n. f.)*
Une catastrophe est une chose très grave qui est arrivée. *C'est une catastrophe, il y a eu un tremblement de terre au Japon.*

catéchisme *nom masculin (n. m.)*
Le catéchisme est l'enseignement de la religion chrétienne. *Il va au catéchisme le mercredi après-midi.*

catholicisme *nom masculin (n. m.)*
Le catholicisme est la religion de l'Église catholique romaine. *Son ami s'est converti au catholicisme.*

cauchemar *nom masculin (n. m.)*
Un cauchemar est un mauvais rêve. *Gabriel a fait un cauchemar avec des monstres.*

cause *nom féminin (n. f.)*
La cause d'un événement est son origine. *Le soleil est la cause de mon mal de tête.*
Le synonyme est : motif.
► À cause de : *à cause de* signifie *par la faute de. Il est tombé à cause de son frère qui l'a poussé.*

causer *verbe (v.)*
Causer, c'est être la cause de quelque chose. *Le piège a causé la mort de l'animal.*

cave *nom féminin (n. f.)*
La cave est la partie de la maison qui se trouve au sous-sol. *Mes parents ont des bouteilles de vin dans la cave.*

caverne *nom féminin (n. f.)*
Une caverne est une grotte. *Ali Baba a découvert une caverne.*

CD *nom masculin (n. m.)*
Un CD est un disque sur lequel sont enregistrés des sons. *Inès écoute des CD de musique classique.*

Remarque : *CD* est l'abréviation de *Compact Disc.*

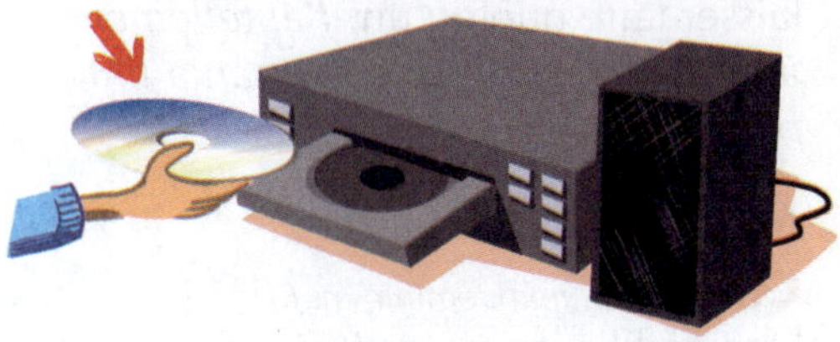

CD-ROM ou cédérom
nom masculin (n. m.)
Un CD-ROM est un disque utilisable sur un ordinateur. *Mon frère a gravé des musiques sur un cédérom.*

ce, cet, cette, ces
adjectifs démonstratifs (adj. dém.)
Ce, cet, cette, ces sont des déterminants qui désignent des personnes ou des choses. *Je parle de cet homme. J'ai vu ces jolis oiseaux.*

Remarque : 1. Il ne faut pas confondre *ce* avec le pronom *se : Alicia se lève très tôt.* 2. *Ce* se transforme en *cet* devant une voyelle ou un *h* muet : *Regarde cet homme étrange !*

ceci *nom masculin (n. m.)*
Ceci désigne la chose la plus proche. *Ceci est ta chambre.*

céder *verbe (v.)*
1. Céder une chose, c'est la laisser ou la donner à quelqu'un. *Elle lui a cédé toute sa fortune.* **2.** Céder, c'est se casser sous un poids. *La branche a cédé sous notre poids.* **3.** Céder, c'est laisser faire quelqu'un. *J'ai tellement insisté pour sortir que maman a fini par céder.*

cédille *nom féminin (n. f.)*
Une cédille est un petit signe placé sous le *c* lorsqu'il est suivi de *a, o, u. Ça va bien aujourd'hui ?*

Remarque : Le ç se prononce [se].

ceinture *nom féminin (n. f.)*
1. Une ceinture est une bande de tissu ou de cuir qu'on enfile autour de la taille pour empêcher son pantalon de tomber. *Je perds mon pantalon, j'ai oublié de mettre ma ceinture !* **2.** La ceinture est le milieu du corps, au niveau de la taille. *Sa petite sœur lui arrive à la ceinture.*
► Se serrer la ceinture : se serrer la ceinture, c'est ne pas trop dépenser. *Il faut qu'ils se serrent la ceinture, sinon ils n'auront plus d'argent.*

cela *pronom démonstratif (pron. dém.)*
Cela désigne la chose dont on parle. *Regarde son dessin, cela n'a rien à voir avec le mien ! Il ne peut pas venir, mais ce n'est pas cela le problème.* La forme contractée de *cela* est *ça* : *Regarde mon dessin, ça n'a rien à voir avec le tien !*

célèbre *adjectif masculin ou féminin (adj. m. ou f.)* Une personne célèbre est une personne très connue. *Ce chanteur est célèbre dans le monde entier.*

célébrer *verbe (v.)*
1. Célébrer un événement, c'est le fêter. *Nous avons célébré l'anniversaire de Noémie.* **2.** Célébrer la messe, c'est dire la messe. *Le prêtre a célébré la messe.*

céleri ou cèleri *nom masculin (n. m.)*
Le céleri est un légume dont on mange les feuilles, la tige et la racine. *Maman a préparé une purée de céleri.*

à savoir
Il existe deux sortes de céleri : le céleri-rave, dont on consomme la racine, et le céleri-branche, dont on consomme les tiges.

célibataire

adjectif masculin ou féminin (adj. m. ou f.)
Une personne célibataire est une personne qui n'est pas mariée. *Tata est célibataire.*

Remarque : L'adjectif *célibataire* peut aussi être un nom : *Il y a beaucoup de célibataires dans cette ville.*

celle, celles

pronom démonstratif (pron. dém.)
Voir *celui*.

cellule *nom féminin (n. f.)*

1. Une cellule est le plus petit élément qui constitue un être vivant. *Notre corps est composé de milliards de cellules.* **2.** Une cellule est une pièce où sont enfermés les prisonniers. *Le prisonnier a été changé de cellule.*

celui, celle, ceux, celles

pronom démonstratif (pron. dém.)
Celui, celle, ceux, celles désignent la chose dont on parle. *De tous les élèves de ma classe, Joffrey est celui que je préfère. La fille dont tu parles est celle qui habite dans ma rue.*

cendre *nom féminin (n. f.)*

La cendre est la poudre grise qui reste de quelque chose qui a brûlé. *Il y a de la cendre dans la cheminée.*
► Réduire en cendres : réduire en cendres, c'est détruire entièrement. *Le feu a réduit la maison en cendres.*

cendrier *nom masculin (n. m.)*

Un cendrier est un petit récipient dans lequel on met les cendres et les mégots de cigarettes.

cent *adjectif numéral (adj. numér.)*

Cent est dix fois le nombre dix. *J'habite à 100 kilomètres de chez ma cousine.*

centaine *nom féminin (n. f.)*

Une centaine est un groupe d'environ cent personnes ou choses semblables. *Il y a une centaine d'animaux dans ce zoo.*

centième *adjectif numéral (adj. numér.)*

Être centième, c'est être à la place du numéro 100 dans un classement. *Il est arrivé centième à la course.*

centimètre *nom masculin (n. m.)*

Cent centimètres = un mètre. *J'ai une règle plate de 30 centimètres.*

Remarque : *Centimètre* s'écrit aussi *cm* lorsque l'on veut abréger le mot.

A B C D E F G H I J K L M N O P Q R S T U V W X Y Z

central, centrale, centraux

adjectif masculin, féminin, pluriel (adj. m., f., pl.)

1. Une chose centrale est placée au centre de quelque chose. *Ce produit se trouve dans l'allée centrale du magasin.* **2.** Une chose centrale est une chose importante. *Parmi tous les problèmes évoqués, il y en a un qui est central pour moi.*

Remarque : Au pluriel, ce mot s'écrit *centraux* : *La maîtresse a évoqué les points centraux de la leçon.*

centre *nom masculin (n. m.)*

1. Le centre est ce qui est situé au milieu. *La table est au centre de la cuisine.* **2.** Le centre est un lieu où l'on fait des activités. *Les enfants vont au centre le mercredi.* ► Centre d'intérêt : le centre d'intérêt est ce qui passionne une personne. *Les puzzles sont son centre d'intérêt.*

cependant *adverbe (adv.)*

Cependant signifie *pourtant. Cette fille est plutôt gentille, cependant elle peut se montrer parfois très méchante.*

cerceau *nom masculin (n. m.)*

Un cerceau est un cercle léger en plastique ou en bois. *Jessica sait jongler avec plusieurs cerceaux.*

Remarque : Le pluriel de ce mot est : des cerceaux.

cercle *nom masculin (n. m.)*

Un cercle est une figure géométrique ronde. *J'ai dessiné un cercle avec mon compas.*

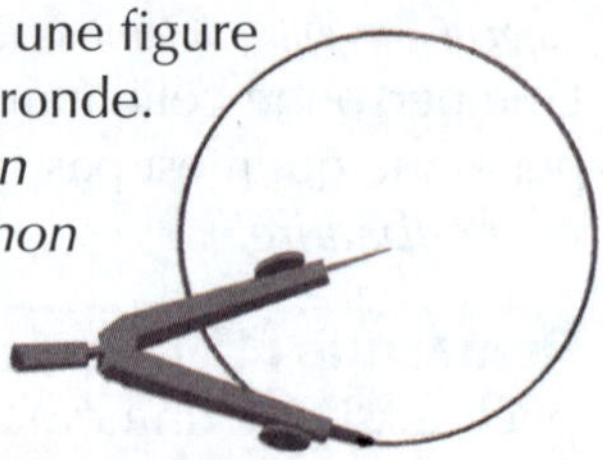

cercueil *nom masculin (n. m.)*

Un cercueil est une longue caisse dans laquelle on met une personne lorsqu'elle est morte, avant de l'enterrer. *Le cercueil de ce monsieur était couvert de fleurs.*

céréale *nom féminin (n. f.)*

Une céréale est une plante cultivée pour ses graines. *Le blé est une céréale qui donne de la farine.*

céréales *nom féminin pluriel (n. f. pl.)*

Des céréales sont des flocons de blé, de maïs, etc, que l'on mange avec du lait. *Antoine prend un bol de céréales tous les matins.*

cerf *nom masculin (n. m.)*

Un cerf est un grand animal qui vit dans la forêt.

à savoir

Le cerf a de grandes cornes appelées des « bois », qui tombent à l'automne et repoussent au printemps.

cerf-volant *nom masculin (n. m.)*
Un cerf-volant est un jouet en tissu ou en papier attaché à une ficelle et qu'on fait voler dans le vent. *Sarah joue au cerf-volant sur la plage.*

Remarque : Le pluriel de ce mot est : des cerfs-volants.

cerise *nom féminin (n. f.)*
Une cerise est un petit fruit rond avec un noyau. *Océane a mangé des cerises dans le jardin de son grand-père.*

certain, certaine
adjectif masculin, féminin (adj. m., f.)
1. Être certain, c'est être sûr, convaincu. *Je suis certain d'avoir raison.*
Le synonyme est : sûr.
2. Une chose certaine est une chose qui arrivera à coup sûr. *Tu arriveras à faire ton exercice jusqu'au bout, c'est certain.*
Le synonyme est : sûr.
Le contraire est : incertain.

certain, certaine
adjectif masculin, féminin (adj. m., f.)
1. *Certain, certaine* indique une chose non précise. *Il arrivera à une certaine heure.* **2.** *Certain, certaine* s'emploie devant un nom de personne inconnue. *Un certain M. Ricart est venu nous rendre visite.*

certains, certaines
pronom indéfini pluriel (pron. indéf. pl.)
Certains ou *certaines* désigne un certain nombre de personnes, quelques-uns. *Certaines personnes n'aiment pas les animaux.*

cerveau
nom masculin (n. m.)
Le cerveau est l'organe qui se trouve à l'intérieur du crâne.

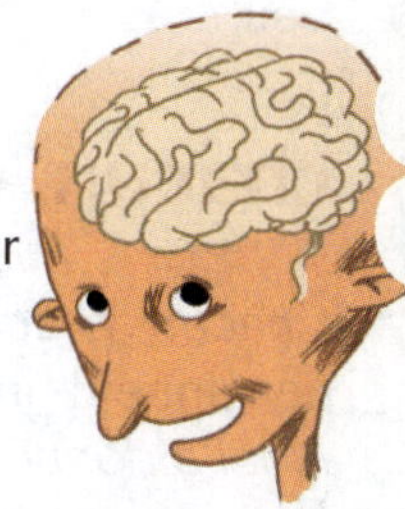

Remarque : Le pluriel de ce nom est : des cerveaux.

à savoir
Le cerveau pèse environ un kilo et est divisé en deux parties : les hémisphères cérébraux. Le cerveau permet de faire des mouvements, mais aussi de parler, de penser et de mémoriser des choses.

ces
Voir *ce*.

cesser *verbe (v.)*
Cesser, c'est arrêter. *Il a cessé de neiger.*

c'est-à-dire *adverbe (adv.)*
On emploie *c'est-à-dire* pour expliquer quelque chose, pour apporter une précision. *Il dit qu'il va partir très vite, c'est-à-dire demain.*

cet
Voir ce.

chacun, chacune *pronom indéfini masculin, féminin (pron. indéf. m., f.)*
Chacun, chacune représente chaque personne d'un ensemble. *Le père Noël a donné un cadeau a chacun des enfants.*

chagrin *nom masculin (n. m.)*
Avoir du chagrin, c'est être très triste. *J'ai du chagrin de voir mes cousins partir au Caire.*
Le synonyme est : peine.
Le contraire est : joie.

chahuter *verbe (v.)*
Chahuter, c'est s'agiter et faire du bruit. *Les enfants chahutent dans la cour.*

chaîne *nom féminin (n. f.)*
1. Une chaîne est une série d'anneaux accrochés ensemble. *Le chien est attaché à une chaîne. J'ai eu une chaîne en argent pour mon anniversaire.*
2. Une chaîne est un ensemble de montagnes. *Les alpinistes ont gravi plusieurs chaînes de montagnes.*
3. Une chaîne est un appareil pour écouter de la musique ou la radio. *Mon frère écoute du rock sur sa chaîne.*
4. Une chaîne de télévision comprend plusieurs programmes de télévision. *J'ai regardé la première chaîne hier soir.*

Remarque : Il ne faut pas confondre *chaîne* avec un *chêne : Le bûcheron a abattu un chêne dans la forêt.*

chair *nom féminin (n. f.)*
1. La chair est la partie du corps des hommes ou des animaux située entre la peau et les os. *La chair de ce poulet est tendre.* **2.** La chair est la partie tendre d'un fruit. *La chair de cette pêche est très sucrée.* ► Avoir la chair de poule : avoir la chair de poule, c'est avoir peur. *Les trois petits cochons ont la chair de poule quand ils voient le grand méchant loup.*
► En chair et en os : *en chair et en os* signifie *en vrai, en personne. J'ai vu mon chanteur préféré en chair et en os.*

chaise *nom féminin (n. f.)*
Une chaise est un siège avec un dossier. *Papa a acheté une table et six chaises.*

chalet *nom masculin (n. m.)*
Un chalet est une maison en bois dans la montagne. *Ils ont passé les vacances d'hiver dans un chalet.*

chaleur *nom féminin (n. f.)*
La chaleur est une température élevée. *Cet été, nous avons souffert de la chaleur.*
Le contraire est : froid.

se chamailler *verbe (v.)*
Se chamailler, c'est se disputer gentiment. *Je me chamaille souvent avec mon frère pour choisir le programme de télévision.*

chambre *nom féminin (n. f.)*
Une chambre est une pièce de la maison où l'on dort. *J'ai une mezzanine dans ma chambre.*

chameau *nom masculin (n. m.)*
Un chameau est un animal du désert qui a deux bosses sur le dos. *Les chameaux transportent des marchandises dans le désert.*

coin lecture

« Le premier qui vit un chameau s'enfuit à cet objet nouveau [...] ce qui nous paraissait terrible et singulier s'apprivoise avec notre vue. »
Le Chameau et les bâtons flottants.
Jean de La Fontaine.

chamelle *nom féminin (n. f.)*
La chamelle est la femelle du chameau.

champ *nom masculin (n. m.)*
Un champ est un terrain qu'on cultive. *Il y a un champ de blé derrière chez nous.*

champignon *nom masculin (n. m.)*
Un champignon est une plante sans feuilles ni fleurs qu'on ramasse dans les bois ou les prés. *Les girolles sont mes champignons préférés.*

à savoir

Le champignon est un végétal formé d'un pied et d'un chapeau. Il pousse dans les endroits humides. Certains champignons ne se mangent pas et sont même très dangereux pour la santé.

champion, championne
nom masculin, féminin (n. m., f.)
1. Un champion est une personne qui a gagné une compétition. *Les champions du monde de football ont été applaudis par la foule.*
2. Un champion ou une championne est une personne très douée dans un domaine. *Mohamed est un champion en calcul.*

championnat

nom masculin (n. m.)

Un championnat est une longue compétition sportive. *Son équipe a remporté le championnat de football en 2008.*

chance *nom féminin (n. f.)*

La chance est un heureux hasard. *Quelle chance ! Il fait beau aujourd'hui.*
Le contraire est : malchance.

coin lecture

« Jean continuait son chemin en songeant combien il avait de chance : trouvait-il une difficulté, elle était aussitôt aplanie. [...] il rencontra un garçon [...] ils se souhaitèrent le bonjour, et Jean commença à raconter ses chances. »
Jean le chanceux. Les frères Grimm.

changer *verbe (v.)*

1. Changer, c'est rendre différent. *Il a changé la décoration de sa chambre.*
Les synonymes sont : transformer, modifier.
2. Transformer, c'est devenir différent. *Alexandre a changé, il a grandi de 5 centimètres depuis l'an dernier.* **3.** Changer un bébé, c'est remplacer sa couche. *La baby-sitter a changé mon petit frère.*
4. En parlant d'argent, changer, c'est prendre une monnaie à la place d'une autre. *Elle a changé ses euros contre des dollars.*

se changer *verbe (v.)*

Se changer, c'est mettre d'autres vêtements. *Il s'est changé pour aller à la fête.*

chanson *nom féminin (n. f.)*

Une chanson est un texte qu'on chante. *L'institutrice nous a appris une nouvelle chanson.*
Le synonyme est : chant.

coin lecture

« ... Je m'en vais vous en dire une chanson si belle
qu'elle vous ravira : mon chant plaît à chacun. »
Le Milan et le Rossignol.
Jean de La Fontaine.

chanter *verbe (v.)*

1. Chanter, c'est produire une mélodie avec sa voix. *Camille chante dans une chorale.* **2.** En parlant d'un oiseau ou d'un insecte, chanter, c'est produire des sons. *Son canari chante du matin au soir. Les cigales chantent en été.*
Les synonymes sont : gazouiller, siffler.

Remarque : Les synomymes concernent seulement les oiseaux.

chanteur, chanteuse

nom masculin, féminin (n. m., f.)

Un chanteur, une chanteuse est une personne qui chante. *Le chanteur a chanté sa nouvelle chanson.*

chapeau *nom masculin (n. m.)*
1. Un chapeau est une coiffure de tissu ou de cuir, pouvant avoir des formes très variées que l'on met pour sortir. *Son chapeau est très à la mode.* **2.** Le chapeau d'un champignon est le dessus du champignon. *Ce champignon toxique a un chapeau rouge.* ► Sur les chapeaux de roues : dans le langage familier, *sur les chapeaux de roues* signifie *à toute vitesse*. *Les coureurs cyclistes sont partis sur les chapeaux de roues.* ►Tirer son chapeau à quelqu'un : dans le langage familier, tirer son chapeau à quelqu'un, c'est lui montrer son admiration. *Tu as fait un très joli dessin, je te tire mon chapeau !*

Remarque : Le pluriel de ce nom est : des chapeaux.

chapelle *nom féminin (n. f.)*
1. Une chapelle est une petite église. *Il va prier à la chapelle.* **2.** Une chapelle est une partie d'une église, en dehors de la partie centrale. *La chapelle de l'église a été repeinte l'an dernier.*

chapiteau *nom masculin (n. m.)*
Un chapiteau est une grande tente sous laquelle se déroule un spectacle. *Le chapiteau du cirque a été dressé ce matin.*

Remarque : Le pluriel de ce nom est : des chapiteaux.

chapitre *nom masculin (n. m.)*
Un chapitre est une partie d'un livre. *J'ai lu le premier chapitre de mon livre.*

chaque *adjectif indéfini singulier (adj. indéf. sing.)* *Chaque* désigne les personnes ou les choses d'un groupe une par une. *Chaque élève a été félicité par l'instituteur.*

Remarque : L'adjectif indéfini *chaque* est toujours suivi d'un nom au singulier.

charcuterie *nom féminin (n. f.)*
1. La charcuterie comprend les aliments faits avec de la viande de porc. *Il y a du saucisson et du jambon dans le plat de charcuterie préparé par mamie* **2.** La charcuterie est la boutique où l'on fabrique et l'on vend de la charcuterie. *Nous sommes passés à la charcuterie pour acheter du jambon blanc.*

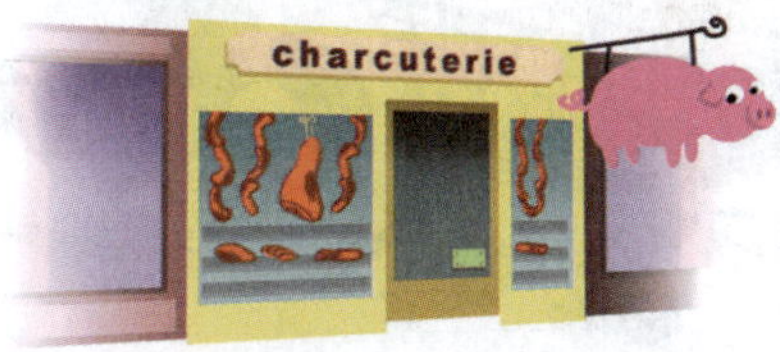

charge *nom féminin (n. f.)*
1. Une charge est un poids. *Cette charge est trop lourde, je ne peux pas la porter.* **2.** Une charge est un travail à faire. *Papa m'a donné la charge de nourrir le chien.*
Les synonymes sont : tâche, mission.
► Prendre en charge quelque chose : prendre en charge quelque chose, c'est s'en occuper complètement. *Rose a pris en charge le rangement de sa chambre.* ► Revenir à la charge : revenir à la charge, c'est insister. *Inutile de revenir à la charge, je ne te prêterai pas mon stylo !*

charger *verbe (v.)*
1. Charger des marchandises, c'est les mettre dans un véhicule ou sur un animal. *Le transporteur a chargé le camion avec des planches. Il a chargé le mulet avec des bouteilles d'eau.* **2.** Charger, c'est donner une mission. *Il m'a chargé de le prévenir quand nous arriverons à Paris.* **3.** Charger une arme, c'est mettre des munitions dedans. *Le chasseur a chargé son fusil.* **4.** Charger un appareil, c'est lui fournir de l'énergie. *Il a chargé son téléphone portable chez moi.*

chariot *nom masculin (n. m.)*
Un chariot est un petit véhicule qui sert à transporter des objets. *Il faut un euro pour prendre un chariot dans ce supermarché.*

charme *nom masculin (n. m.)*
Avoir du charme, c'est être agréable et attirer les gens. *Cet homme a beaucoup de charme.*
Les synonymes sont : attrait, séduction.
► Faire du charme à quelqu'un : faire du charme à quelqu'un, c'est essayer de le séduire. *Océane a fait du charme à Nathan.*

charmer *verbe (v.)*
Charmer une personne, c'est la séduire par son charme. *J'ai été charmé par cette fille.*
Le synonyme est : séduire.

chasse *nom féminin (n. f.)*
La chasse est l'action de chercher et poursuivre des animaux sauvages. *Ne te promène pas dans les bois dimanche, c'est l'ouverture de la chasse.* ► Chasse d'eau : la chasse d'eau est le mécanisme qui envoie l'eau dans la cuvette des toilettes. *N'oublie pas de tirer la chasse d'eau !*

chasser *verbe (v.)*
1. Chasser des animaux, c'est les poursuivre pour les attraper ou les tuer. *M. Génin chasse dans les bois derrière chez lui.* **2.** Chasser, c'est obliger à partir. *Le propriétaire l'a chassé parce qu'il ne payait pas son loyer.* **3.** *Ce produit chasse les mauvaises odeurs.*

chasseur *nom masculin (n. m.)*
Un chasseur est une personne qui chasse. *Le chasseur a tué deux perdrix et un faisan.*

coin lecture

« Un jour, le chasseur poursuivait un chevreuil. L'animal ayant débouché de la forêt dans la plaine, il le suivit, et d'un coup de feu retendit enfin par terre. »
L'Ondine de l'étang. Les frères Grimm.

A B C D E F G H I J K L M N O P Q R S T U V W X Y Z

chat *nom masculin (n. m.)*
Un chat est un petit animal domestique aux oreilles pointues et aux griffes qu'il rentre et sort comme il veut. *Notre chat chasse les souris.*
▶ Donner sa langue au chat : donner sa langue au chat, c'est ne plus chercher la réponse et demander la solution. *Je ne trouve pas, je donne ma langue au chat.*

Remarque : Il ne faut pas confondre *chat* avec un *chas* : *J'enfile le fil dans le chas de l'aiguille.*

châtaigne *nom féminin (n. f.)*
Une châtaigne est le fruit du châtaignier, recouvert d'une écorce marron. *Les châtaignes grillées sont délicieuses.*

châtain *adjectif masculin (adj. m.)*
Des cheveux châtains sont de couleur brun clair. *Hugo est châtain, Lorène est blonde.*

château *nom masculin (n. m.)*
Un château est une grande maison où habitent les rois. *Fiorella a visité le château de Versailles.*

Remarque : Le pluriel de ce nom est : des châteaux.

chaton *nom masculin (n. m.)*
Le chaton est le petit du chat. *La chatte a eu une portée de quatre chatons.*

chatouiller *verbe (v.)*
Chatouiller, c'est toucher légèrement les parties sensibles du corps pour faire rire. *Il aime me faire rire en me chatouillant sous les bras.*

chatte *nom féminin (n. f.)*
La chatte est la femelle du chat. *Notre chatte a eu des petits.*

chaud, chaude
adjectif masculin, féminin (adj. m., f.)
1. Quelque chose de chaud a une température élevée. *L'eau de cette piscine intérieure est chaude.*
Le contraire est : froid.
2. Une couverture, un vêtement chaud protègent du froid. *Mets des vêtements chauds, il neige dehors.*
▶ Avoir eu chaud : dans le langage familier, avoir eu chaud, c'est avoir évité un problème. *j'ai eu chaud, le maître n'a pas vu que je parlais pendant la classe.*

chauffage *nom masculin (n. m.)*
Le chauffage est l'installation qui permet de chauffer une maison. *Papa a allumé le chauffage pour la nuit.*

chauffer *verbe (v.)*
1. Chauffer, c'est rendre chaud. *Le soleil chauffe la mer.*
Le contraire est : refroidir.
2. Chauffer, c'est devenir chaud. *Le lait chauffe dans la casserole.*
Le contraire est : refroidir.

se chauffer *verbe (v.)*
Se chauffer, c'est se mettre près de quelque chose de chaud pour avoir de la chaleur. *Le chat aime se chauffer au soleil.*

chauffeur *nom masculin (n. m.)*
Un chauffeur est une personne qui conduit un véhicule. *Le chauffeur du bus roule avec prudence.*

chaussée *nom féminin (n. f.)*
La chaussée est la partie de la route où roulent les véhicules. *Le chauffeur fait attention, il a plu et la chaussée est glissante.*

chausser *verbe (v.)*
1. Chausser, c'est mettre à son pied. *Il a chaussé des bottes en caoutchouc pour aller à pêche.*
2. Chausser, c'est avoir telle ou telle pointure. *Papa chausse du 42.*

se chausser *verbe (v.)*
Se chausser, c'est mettre des chaussures. *Chausse-toi Adeline, nous allons sortir en ville.*

chaussette *nom féminin (n. f.)*
Une chaussette est un vêtement qui couvre le pied et monte parfois jusqu'au genou. *Je ne mets pas de chaussettes dans mes sandales.*

chausson *nom masculin (n. m.)*
Des chaussons sont des chaussures confortables que l'on met à la maison. *J'ai mis mon pyjama et mes chaussons.*

chaussure *nom féminin (n. f.)*
Une chaussure est ce que l'on met au pied pour le protéger et marcher sans se faire mal. *Gabriel a des chaussures en cuir.*

chauve *adjectif masculin ou féminin (adj. m. ou f.)*
Être chauve, c'est ne plus avoir de cheveux. *Son grand-père est chauve.*

chauve-souris *nom féminin (n. f.)*
Une chauve-souris est un petit animal qui a des ailes et dont le corps ressemble à celui d'une souris. *Chaque nuit, les chauves-souris sortent pour se nourrir.*

chef *nom masculin (n. m.)*
Un chef est une personne qui commande. *Mon père est le chef de son équipe au travail.*

chemin *nom masculin (n. m.)*

1. Un chemin est une petite route à la campagne. *Ce chemin traverse la forêt.*
Le synonyme est : sentier.
2. Le chemin est la distance à parcourir. *Le chemin jusqu'à Paris est long, plus de 200 kilomètres !*
Le synonyme est : trajet.
3. Le chemin est la direction que l'on doit prendre. *Pouvez-vous m'indiquer le chemin de la mairie, s'il vous plaît ?*
Les synonymes sont : itinéraire, route.
▶ Chemin de fer : le chemin de fer est le moyen de transport qui utilise la voie ferrée. *Il voyage par chemin de fer.*

cheminée *nom féminin (n. f.)*

1. Une cheminée est un endroit où l'on fait du feu dans une maison. *Tonton a remis du bois dans la cheminée.* **2.** La cheminée est la partie de la cheminée qui dépasse du toit. *On voit beaucoup de cheminées sur les toits de Paris.*

chemise *nom féminin (n. f.)*

Une chemise est un vêtement léger avec un col et qui ferme avec des boutons. *Il porte une chemise avec une cravate pour aller au bureau.*
▶ Chemise de nuit : une chemise de nuit est un vêtement pour dormir. *Lisa a une chemise de nuit à fleurs.*

chêne *nom masculin (n. m.)*

Un chêne est un arbre qui mesure entre 15 et 40 mètres.

Remarque : Il ne faut pas confondre *chêne* avec *une chaîne : Gaël porte une chaîne en or.*

à savoir

Le fruit du chêne est le gland. Cet arbre peut vivre très longtemps et son bois est utilisé pour faire des meubles.

chenille *nom féminin (n. f.)*

Une chenille est un petit animal qui a la forme d'un ver et qui est recouvert de petits poils. *La chenille est devenue un magnifique papillon.*

à savoir

La chenille est une larve de papillon. Son corps est allongé et divisé en anneaux. Elle mange les végétaux en grande quantité et peut causer beaucoup de dégâts dans les cultures.

1. cher, chère

adjectif masculin, féminin (adj. m., f.)

Une personne chère est une personne qu'on aime beaucoup. *Ma grand-mère est pour moi une personne très chère.*

Remarque : Il ne faut pas confondre *cher* avec la *chair : Ce poulet a la chair tendre.*

2. cher, chère

adjectif masculin, féminin (adj. m., f.)

Une chose chère est une chose qui coûte beaucoup d'argent. *La voiture de tonton est très chère.*

cher *adverbe (adv.)*

Cher signifie *qui a un prix élevé. Ce magasin vend cher.*

chercher *verbe (v.)*

1. Chercher, c'est essayer de trouver. *Tu n'aurais pas vu mon cartable, je le cherche partout !* **2.** Chercher, c'est essayer de faire quelque chose. *Adrien cherche à impressionner Coralie.* ► Aller chercher, venir chercher : aller chercher, venir chercher, c'est ramener quelqu'un, rapporter quelque chose. *Il est venu nous chercher à la gare. Va chercher ton cadeau chez mamie, elle ne peut pas se déplacer.*

chéri, chérie

adjectif masculin, féminin (adj. m., f.)

1. Une personne chérie est une personne que l'on adore. *Ma petite maman chérie !*

chéri, chérie

nom masculin, féminin (n. m., f.)

Chéri, chérie se dit à des personnes très chères. *Mange ton dessert, mon chéri ! Chérie, tu viens avec nous au cinéma ?*

cheval *nom masculin (n. m.)*

Un cheval est un animal avec une crinière et des sabots. *Le cheval de Zorro s'appelle Tornado.* ► Faire du cheval : faire du cheval, c'est monter sur le dos du cheval et le diriger avec les rênes. *Linda fait du cheval dans un club.* ► À cheval : être à cheval sur quelque chose, c'est être à califourchon dessus, une jambe de chaque côté. ► Fièvre de cheval : avoir une fièvre de cheval, c'est avoir une grosse fièvre. *Il n'est pas allé à l'école, il a une fièvre de cheval.*

Remarque : Le pluriel de ce mot est : des chevaux.

cheveu *nom masculin (n. m.)*

Un cheveu est un long poil qui pousse sur notre crâne. *Le coiffeur lui a coupé les cheveux très court.* ► Être tiré par les cheveux : être tiré par les cheveux, c'est ne pas être logique, évident. *Son explication est tirée par les cheveux.* ► Faire dresser les cheveux sur la tête : faire dresser les cheveux sur la tête, c'est faire peur. *Ce gros chien me fait dresser les cheveux sur la tête.*

coin lecture

« Le roi en colère lui dit : « Cela ne se passera pas ainsi. Celui qui prétend à ma fille doit me rapporter de l'enfer trois cheveux d'or de la tête du diable. Rapporte-les-moi, et ma fille t'appartiendra. » Les Trois Cheveux d'or du diable. Les frères Grimm.

cheville *nom féminin (n. f.)*

Une cheville est l'articulation qui relie la jambe au pied. *Il s'est cassé la cheville en tombant.*

chèvre *nom féminin (n. f.)*
Une chèvre est un animal qui a deux cornes recourbées et une barbichette. *La chèvre de mon grand-père donne du bon lait.*

chevreau *nom masculin (n. m.)*
Le chevreau est le petit de la chèvre. *Le chevreau fait de petits bonds pour s'amuser.*

Remarque : Le pluriel de ce mot est : des chevreaux.

chevreuil *nom masculin (n. m.)*
Un chevreuil est un animal sauvage des forêts qui ressemble à un petit cerf. *Le chevreuil s'est enfui pour échapper au chasseur.*

chewing-gum *nom masculin (n. m.)*
Un chewing-gum est une pâte parfumée qu'on mâche mais qu'on n'avale pas. *Charlotte fait des bulles avec son chewing-gum.*

chez *préposition (prép.)*
Chez désigne l'endroit où l'on se trouve, où l'on va. *Je suis chez moi. Je vais en vacances chez mes cousins, à Tunis.*

chic
adjectif masculin ou féminin (adj. m. ou f.)
1. Une personne chic est une personne élégante. *Il est très chic habillé en costume.* **2.** Une personne chic est une personne sympathique. *C'est chic de ta part de me rendre ce service !* **3.** Habiter les quartiers chics, c'est habiter les beaux quartiers d'une ville. *Il habite un quartier chic de Paris.*

chien *nom masculin (n. m.)*
Un chien est un animal domestique à poil long ou ras. *Notre chien est un caniche.* ► Être comme chien et chat : être comme chien et chat, c'est ne pas s'entendre. *Flavy et Magali sont comme chien et chat.*

coin lecture

« Le chien revint encore la nuit, amena la princesse sur son dos auprès du soldat qui l'aimait tant et qui aurait voulu être un prince pour l'épouser. » *Le Briquet*. Andersen.

chienne *nom féminin (n. f.)*
La chienne est la femelle du chien. *Sa chienne a eu une portée de cinq chiots.*

chiffon *nom masculin (n. m.)*
Un chiffon est un vieux morceau de tissu utilisé pour le ménage. *Elle a nettoyé le four avec un chiffon.*

chiffre *nom masculin (n. m.)*
1. Un chiffre est un signe avec lequel on écrit des nombres. *1, 2, 3, 4, etc. sont des chiffres.* **2.** Un chiffre est une somme. *Le coût des travaux atteint un chiffre raisonnable.*

chimpanzé *nom masculin (n. m.)*
Un chimpanzé est un singe intelligent qui s'apprivoise bien. *Les chimpanzés du cirque font un numéro étonnant !*

chiot *nom masculin (n. m.)*
Le chiot est le petit du chien et de la chienne. *Notre chienne a eu trois chiots.*

chips *nom féminin (n. f.)*
Des chips sont de fines tranches de pommes de terre séchées et salées. *J'ai apporté des chips pour le pique-nique.*

chirurgien, chirurgienne
nom masculin, féminin (n. m., f.)
Un chirurgien, une chirurgienne est un médecin qui opère. *Ce chirurgien m'a opéré de l'appendicite.*

choc *nom masculin (n. m.)*
1. Un choc est un coup violent entre deux personnes ou deux choses qui se cognent. *Le choc entre les deux voitures a provoqué un grave accident.* **2.** Un choc est une grande émotion causée par un événement brutal. *La mort de sa tante a été un choc pour lui.*

chocolat *nom masculin (n. m.)*
1. Le chocolat est un mélange de cacao et de sucre. *J'ai envie d'une glace au chocolat.* **2.** Le chocolat est une boisson au lait à base de cacao. *Je prends du chocolat au petit déjeuner.*

choisir *verbe (v.)*
Choisir, c'est prendre une chose en la préférant à une autre. *J'ai choisi la robe bleue, elle est plus jolie que la rouge et la verte.*

choix *nom masculin (n. m.)*
1. Le choix est ce qui a été choisi. *J'ai fait mon choix : je prends ce menu !* **2.** Le choix est la possibilité de choisir. *Tu as le choix : soit tu viens, soit tu restes !*

choquer *verbe (v.)*
Choquer une personne, c'est la blesser par une action ou des paroles qui ne sont pas correctes. *Il a choqué sa cousine en refusant de venir à son mariage.*

chorale *nom féminin (n. f.)*
Une chorale est composée de personnes qui chantent ensemble. *Maëva fait partie de la chorale du village.*

chose *nom féminin (n. f.)*
1. Une chose est un objet. *Il y a beaucoup de choses à vendre dans ce magasin.* **2.** Une chose est n'importe quel fait ou événement. *Il m'arrive une chose incroyable !*
► Autre chose : autre chose c'est quelque chose d'autre. *Je parle d'autre chose et pas de cette histoire.*

chou *nom masculin (n. m.)*
1. Un chou est une plante que l'on cultive pour en manger les feuilles. *Maman a cuisiné du chou pour ce midi.* **2.** Un chou est une petite pâtisserie ronde. *J'adore les choux à la crème.*

Remarque : Le pluriel de ce mot est : des choux.

coin lecture

« J'ai vu, dit-il, un chou plus grand qu'une maison.
– Et moi, dit l'autre, un pot plus grand qu'une église.
Le premier se moquant, l'autre reprit : Tout doux ; on le fit pour cuire vos choux. »
Le Dépositaire infidèle.
Jean de La Fontaine.

chouchou, chouchoute
nom masculin, féminin (n. m., f.)
Le chouchou est le préféré. *Anaïs est la chouchoute du professeur de danse.*

1. chouette *nom féminin (n. f.)*
Une chouette est un oiseau de nuit qui a un bec crochu. *Il y a une chouette qui dort la journée dans notre grenier.*

2. chouette
adjectif masculin, féminin (adj. m., f.)
Dans le langage familier, *chouette* signifie *agréable, bien. J'ai passé de chouettes vacances à la campagne.*
chouette ! *interjection (interj.)*
Chouette ! est un mot que l'on dit lorsqu'on est content. *Chouette ! Maman a fait de la mousse au chocolat.*

chou-fleur *nom masculin (n. m.)*
Un chou-fleur est un légume composé d'une grosse boule blanche avec des feuilles vertes autour. *Papy a des choux-fleurs dans son jardin.*

Remarque : Le pluriel de ce mot est : des choux-fleurs.

chronomètre
nom masculin (n. m.)
Un chronomètre est un appareil qui mesure le temps très précisément, un peu comme une montre. *D'après le chronomètre, il a parcouru la distance en trois minutes et vingt secondes.*

chuchoter *verbe (v.)*
Chuchoter, c'est parler tout doucement. *Mélanie chuchote à l'oreille d'Amandine pour ne pas que le maître entende.*
Les synonymes sont : murmurer, susurrer.

chut ! *interjection (interj.)*
Chut ! est un mot que l'on dit pour demander aux autres de se taire. *Chut ! Taisez-vous, je n'entends pas la télévision !*

chute *nom féminin (n. f.)*
1. Faire une chute, c'est tomber. *Il a fait une chute dans les escaliers de la tour Eiffel.* **2.** Une chute d'eau est une masse d'eau qui tombe d'une grande hauteur. *Les chutes du Niagara sont impressionnantes.*
Le synonyme est : cascade.

cible *nom féminin (n. f.)*
Une cible est un objet que l'on cherche à atteindre avec une balle ou une flèche. *Il a visé avec sa carabine et a atteint la cible.*

cicatrice *nom féminin (n. f.)*
Une cicatrice est une marque qui reste sur la peau après une opération ou une blessure. *Son opération de l'appendicite lui a laissé une petite cicatrice.*

cicatriser *verbe (v.)*
Cicatriser, c'est guérir en parlant d'une plaie ou de la peau. *Ma plaie cicatrise vite.*

ciel *nom masculin (n. m.)*
Le ciel est ce qu'il y a au-dessus de notre tête lorsqu'on se trouve dehors. *Super ! Il y a un beau ciel bleu aujourd'hui !*

cigale *nom féminin (n. f.)*
Une cigale est un insecte qui vit dans les régions chaudes. *Nous avons écouté le chant des cigales.*

coin lecture

« La cigale, ayant chanté
tout l'été,
se trouva fort dépourvue
quand la bise fut venue. »
La Cigale et la Fourmi. Jean de La Fontaine.

cigare *nom masculin (n. m.)*
Un cigare est un rouleau de feuilles de tabac que l'on fume. *Ce monsieur fume de gros cigares.*

cigarette *nom féminin (n. f.)*
Une cigarette est un petit rouleau rempli de tabac que l'on fume. *Papa a pris une bonne décision : il n'achète plus de cigarettes.*

cigogne *nom féminin (n. f.)*
Une cigogne est oiseau noir et blanc au long bec et aux longues pattes. *Nous avons photographié des cigognes en Alsace.*

cil *nom masculin (n. m.)*
Un cil est un petit poil qui pousse au bord de la paupière. *Juliette a de très longs cils.*

ciment *nom masculin (n. m.)*
Le ciment est une pâte grise qui devient très dure en séchant. *Le maçon a construit un mur avec des parpaings et du ciment.*

cimetière *nom masculin (n. m.)*
Un cimetière est un endroit où l'on enterre les morts. *Cette dame entretient les tombes du cimetière.*

coin lecture

« C'est de lui que me vient cette habitude d'aller régulièrement au cimetière. C'est une promenade gaie, à condition que vous y alliez la joie dans le cœur […]. »
Bonne humeur. Andersen.

cinéma *nom masculin (n. m.)*
1. Le cinéma, c'est l'art de réaliser des films. *J'aime beaucoup le cinéma français.* **2.** Le cinéma est une salle sombre où un film est projeté sur un grand écran. *Je vais au cinéma chaque mercredi.*

cinq *adjectif numéral (adj. numér.)*
Cinq, c'est quatre plus un. *J'ai cinq ans.*
cinq *nom masculin (n. m.)*
Cinq est le chiffre ou le nombre 5. *J'aime le cinq, c'est mon chiffre préféré.*

Remarque : Quand le nom *cinq* est au pluriel, il s'écrit de la même façon : *Les cinq enfants des voisins sont des garçons.*

cinquantaine
nom féminin (n. f.)
1. Une cinquantaine est un ensemble d'environ cinquante choses ou personnes. *Il y avait une cinquantaine de personnes au mariage de ma cousine.* **2.** Avoir la cinquantaine, c'est avoir environ 50 ans. *Son parrain a la cinquantaine.*

cinquante *adjectif numéral (adj. numér.)* Cinquante, c'est quarante-neuf plus un. *J'ai cinquante billes.*
cinquante *nom masculin (n. m.)*
Cinquante est le chiffre ou le nombre 50. *Il habite 50, rue des Pies.*

cinquantième
adjectif numéral (adj. numér.)
Cinquantième correspond à la place numéro 50 dans un classement. *Antoine est arrivé cinquantième à la course.*

cinquième
adjectif numéral (adj. numér.)

Cinquième correspond à la place numéro 5 dans un classement. *Jules est cinquième au classement des meilleurs élèves de l'école.*

cintre *nom masculin (n. m.)*

Un cintre est un objet en forme d'arc muni d'un crochet. *J'ai mis ma chemise sur un cintre pour ne pas la froisser.*

circonflexe
adjectif masculin ou féminin (adj. m. ou f.)

Un accent circonflexe est un accent en forme de V à l'envers que l'on met sur certaines voyelles. Côté, plutôt *s'écrivent avec un accent circonflexe.*

circonstance *nom féminin (n. f.)*

1. Les circonstances sont les conditions dans lesquelles se déroulent un événement. *Les circonstances de l'accident restent inconnues.* **2.** Une circonstance est une situation. *Vu les circonstances, il est préférable que tu partes.*

circulation *nom féminin (n. f.)*

La circulation est le mouvement des véhicules. *Il y a beaucoup de circulation sur cette avenue.*
► Circulation du sang : la circulation du sang est le mouvement du sang dans les veines.

circuler *verbe (v.)*

1. Circuler, c'est aller et venir. *Les voitures circulent beaucoup à cette heure-ci.* **2.** Circuler, c'est se déplacer en parlant d'un liquide ou d'un gaz. *Le sang circule dans les veines. Le gaz circule dans les canalisations.* ► Faire circuler : faire circuler, c'est se transmettre quelque chose. *Fais circuler le dessin de Pauline dans la classe, s'il te plaît.*

cire *nom féminin (n. f.)*

1. La cire est la matière molle et jaune produite par les abeilles, qui sert à fabriquer des bougies. **2.** La cire est le produit qui sert à nettoyer et à faire briller. *Mamie utilise de la cire pour entretenir ses meubles en bois et son parquet.*
Le synonyme est : encaustique.

cirque *nom masculin (n. m.)*

Un cirque est un grand chapiteau sous lequel il y a des spectacles avec des animaux, des clowns, des magiciens, des acrobates et des jongleurs. *Mon numéro préféré au cirque, c'est celui des clowns !*

ciseaux

nom masculin pluriel (n. m. pl.)

Une paire de ciseaux est un outil à deux lames qui se croisent et que l'on utilise pour couper du papier, par exemple. *Tu me prêtes tes ciseaux pour découper ma feuille ?*

citer *verbe (v.)*

1. Citer, c'est donner le nom d'une personne ou d'une chose. *Son nom a été cité à la télévision.*
2. Citer, c'est rapporter exactement ce qui a été dit ou écrit. *Il a cité les paroles d'une personne célèbre.*

citron *nom masculin (n. m.)*

Un citron est un fruit jaune ou vert de forme ovale et au goût acide. *Jeanne boit sa limonade avec une rondelle de citron.*

citronnier *nom masculin (n. m.)*

Un citronnier est un arbre cultivé dans les pays chauds, qui donne des citrons. *En Grèce, j'ai vu beaucoup de citronniers.*

citrouille *nom féminin (n. f.)*

Une citrouille est un gros fruit rond et orangé qui pousse par terre. *Tonton nous a acheté une grosse citrouille pour Halloween.*

coin lecture

« –Va dans le jardin et apporte-moi une citrouille.
Cendrillon alla aussitôt cueillir la plus belle qu'elle put trouver, et la porta à sa marraine, ne pouvant deviner comment cette citrouille pourrait la faire aller au bal. »
Cendrillon. Charles Perrault.

clair, claire

adjectif masculin, féminin (adj. m., f.)

1. Un endroit clair est un endroit lumineux. *Ma chambre est très claire.*
Le contraire est : sombre.
2. Clair est une couleur proche du blanc. *Salomé ne porte pas de vêtements clairs, c'est trop salissant.*
3. De l'eau claire est de l'eau pure. *L'eau de cette rivière est très claire, on y voit les poissons.*
Le synonyme est : transparent.
Le contraire est : trouble.
4. Une chose claire est facile à comprendre. *J'ai tout compris, ton explication est très claire !*
Le contraire est : confus.

clair *nom masculin (n. m.)*

► Clair de lune : le clair de lune est la lumière que produit la lune. *Ils se sont promenés au clair de lune.*

clair *adverbe (adv.)*

► Voir clair : voir clair, c'est voir correctement. *Candice n'a pas besoin de lunettes, elle voit clair.*
► Y voir clair : y voir clair, c'est comprendre. *J'aimerais y voir plus clair.* ► Il fait clair : *il fait clair* signifie qu'il fait jour. *Il fait déjà clair, dehors !*

clairière *nom féminin (n. f.)*
Dans un bois ou une forêt, une clairière est un endroit sans arbres et où il fait plus clair. *Le cerf et les biches sortent dans la clairière pour se nourrir.*

claque *nom féminin (n. f.)*
Une claque est une gifle. *Elle lui a donné une grosse claque.*
Le synonyme est : tape.

claquer *verbe (v.)*
1. Claquer, c'est faire entendre un bruit sec. *Mellys a claqué la porte en partant.* **2.** Claquer, c'est donner une claque. *Elle a claqué son fils qui a fait une bêtise.* ► Claquer des dents : claquer des dents, c'est trembler de peur ou de froid. *Louna claque des dents, il fait très froid dehors et elle ne s'est pas assez couverte.*

clarinette *nom féminin (n. f.)*
Une clarinette est un long instrument de musique muni d'un bec dans lequel on souffle.

classe *nom féminin (n. f.)*
1. Une classe est l'ensemble des élèves d'un même cours. *Nous sommes 24 élèves dans ma classe.*
2. Une classe est une salle où les élèves suivent les cours. *Louan ne laisse jamais ses affaires dans la classe.* ► Classe verte : une classe verte est un séjour à la mer, à la campagne ou à la montagne, que font les élèves. *Ilona s'amuse toujours beaucoup en classe verte.*

classer *verbe (v.)*
Classer, c'est ranger de façon organisée. *Il a classé ses soldats de plomb du plus grand au plus petit.*

clé ou clef *nom masculin (n. m.)*
1. Une clé est un petit objet en métal que l'on met dans une serrure pour qu'elle s'ouvre ou se ferme. *J'ai perdu les clés de la porte d'entrée. Je cache la clé de mon cadenas sous mon lit.* **2.** Une clé est un petit objet en métal qui sert à démarrer un véhicule. *Papa cherche toujours les clés de sa voiture.* **3.** Une clé est un outil utilisé pour serrer et desserrer des boulons. *Le mécanicien a beaucoup de clés dans son atelier.*
4. La clé est la solution. Mathis a trouvé la clé du problème. ► Prendre la clé des champs : prendre la clé des champs, c'est s'enfuir. *Le bandit a pris la clé des champs.*

clémentine *nom féminin (n. f.)*
Une clémentine est un fruit orange qui ressemble à une petite orange. *La clémentine est le fruit préféré de Clara.*

client, cliente
nom masculin, féminin (n. m., f.)
Un client est une personne qui paye pour acheter quelque chose. *M. et Mme Bernard sont de bons clients dans ce supermarché.*

cligner *verbe (v.)*
Cligner les yeux, c'est fermer à demi les yeux sous l'effet de la lumière ou du vent. *La lumière du soleil me fait cligner les yeux.*

clignoter *verbe (v.)*
Clignoter, c'est s'allumer et s'éteindre rapidement. *J'adore quand les guirlandes de Noël clignotent.*

clin d'œil *nom masculin (n. m.)*
Un clin d'œil est un mouvement rapide de la paupière que l'on fait à quelqu'un pour lui faire signe. *Brian m'a fait un clin d'œil pour me faire comprendre qu'il plaisantait !*
► En un clin d'œil : *en un clin d'œil* signifie *très rapidement. Le cerf a disparu dans la forêt en un clin d'œil.*

Remarque : Le pluriel de ce mot est : des clins d'œil.

clinique *nom féminin (n. f.)*
Une clinique est un établissement où l'on soigne les gens et où les femmes accouchent. *Ma petite sœur est née à la clinique.*

cloche *nom féminin (n. f.)*
Une cloche est un objet creux qui sonne quand on l'agite ou quand on le frappe. *La maîtresse a agité la cloche pour signaler la fin de la récréation.*

coin lecture
« Et, de toutes parts, ils se sentaient entourés des sons de la cloche divine ; c'étaient les bruits des vagues, des arbres, du vent ; c'était le mouvement qui animait cette nature simple et grandiose. »
La Cloche. Andersen.

à cloche-pied *adverbe (adv.)*
Avancer à cloche-pied signifie *avancer en sautant sur un pied. Mélina est entrée dans la classe à cloche-pied.*

1. clocher *nom masculin (n. m.)*
Le clocher est la tour de l'église qui renferme les cloches. *La vue est magnifique depuis le clocher.*

clôture *nom féminin (n. f.)*
Une clôture est une barrière qui entoure quelque chose. *La clôture fait le tour du pré.*

clou *nom masculin (n. m.)*

Un clou est une tige pointue qu'on enfonce avec un marteau. *Maximilien a planté des clous dans une planche.* ► Être maigre comme un clou : être maigre comme un clou, c'est être très maigre. *Sarah est maigre comme un clou.*

clown *nom masculin (n. m.)*

1. Un clown est un personnage maquillé qui fait des numéros drôles au cirque. *Les clowns ont fait rire tous les enfants.* **2.** Un clown est quelqu'un qui fait rire les autres. *Yannis est un vrai clown, il nous fait bien rire !* ► Faire le clown : faire le clown, c'est faire l'imbécile pour amuser les autres. *Ne fais pas le clown et sois un peu sérieux !*

club *nom masculin (n. m.)*

Un club est un groupe de personnes qui se réunissent pour pratiquer ensemble une activité. *Joris joue au foot dans un club.*

Le synonyme est : association.

cobra *nom masculin (n. m.)*

Un cobra est un serpent dangereux d'Afrique ou d'Asie qui peut mesurer 5 mètres de long.

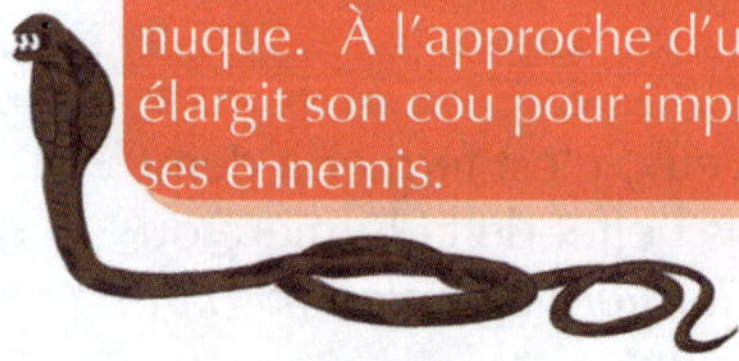

à savoir

Le cobra est un serpent venimeux qui est aussi appelé « serpent à lunettes » à cause des marques en forme de lunettes dessinées sur sa nuque. À l'approche d'un danger, il élargit son cou pour impressionner ses ennemis.

coccinelle *nom féminin (n. f.)*

Une coccinelle est un insecte rouge avec de petits points noirs sur le dos. *Papy dit que les coccinelles sont utiles parce qu'elles mangent les pucerons.*

cocher *verbe (v.)*

Cocher, c'est marquer avec un petit signe, une croix, par exemple. *J'ai coché les bonnes réponses.*

cochon *nom masculin (n. m.)*

Un cochon est un animal de ferme qui a la queue en tire-bouchon. *Le fermier a donné des légumes à ses cochons.*

cochon, cochonne

nom masculin, féminin (n. m., f.)

Un(e) cochon(ne) est une personne qui est sale. *Ce garçon est un vrai cochon.* ► Cochon d'Inde : un cochon d'Inde est un petit rongeur. *Maxence a un cochon d'Inde qui s'appelle Touffy.* ► Tête de cochon : une tête de cochon est une personne qui a un mauvais caractère. *Quelle tête de cochon ! Il n'est jamais content !* ► Tour de cochon : un tour de cochon est un mauvais tour. *Il m'a joué un tour de cochon en ne venant pas à mon anniversaire.*

cocotier *nom masculin (n. m.)*
Un cocotier est un arbre qui donne des noix de coco.

à savoir
Le cocotier mesure de 20 à 30 mètres de haut et peut vivre jusqu'à cent ans. Il a un tronc gris foncé marqué par des anneaux. Son fruit, la noix de coco, pèse entre 1 et 2 kilos : sa chair est blanche et elle contient un liquide appelé « jus de coco ».

cœur *nom masculin (n. m.)*
1. Le cœur est le muscle qui bat dans la poitrine et qui permet la circulation du sang. *Mon cœur bat vite quand je vois ce joli garçon !*
2. Le cœur est le centre de quelque chose. *Madeleine habite au cœur de la ville.* ► Avoir mal au cœur : avoir mal au cœur, c'est avoir envie de vomir. *Églantine a mal au cœur en voiture.* ► Par cœur : par cœur signifie *très bien, à fond. Mélina connaît sa poésie par cœur.* ► Faire mal au cœur : faire mal au cœur, c'est rendre triste. *Ce petit chien abandonné me fait mal au cœur.*

Remarque : Il ne faut pas confondre *cœur* avec le *chœur : J'adore écouter les chœurs de l'opéra.*

coffre *nom masculin (n. m.)*
1. Un coffre est une grande caisse dans laquelle on range des choses. *Jade range ses jouets dans un coffre.*
2. Le coffre d'une voiture est la partie arrière de la voiture où l'on peut mettre des choses. *Papa a mis les bagages dans le coffre.*

coffre-fort *nom masculin (n. m.)*
Un coffre-fort est une armoire métallique très solide dans laquelle on range des choses de valeur. *Elle range ses bijoux dans un coffre-fort.*

Remarque : Le pluriel de ce nom est : des coffres-forts.

cogner *verbe (v.)*
Cogner, c'est frapper. *Il cogne à la porte pour pouvoir entrer.*
Le synonyme est : taper.

se cogner *verbe (v.)*
Se cogner, c'est se heurter. *Aïe ! Je me suis cogné le pied contre la porte.*

coiffer *verbe (v.)*
Coiffer quelqu'un, c'est arranger ses cheveux. *Capucine coiffe sa poupée.*

se coiffer *verbe (v.)*
Se coiffer, c'est se peigner. *Je me coiffe tous les matins.*

coiffeur, coiffeuse

nom masculin, féminin (n. m., f.)

Un coiffeur, une coiffeuse est une personne dont le métier est de couper et coiffer les cheveux. *Le coiffeur m'a fait une nouvelle coupe de cheveux.*

coiffure *nom féminin (n. f.)*

Une coiffure est la façon dont les cheveux sont coupés ou coiffés. *Ta nouvelle coiffure te va très bien !*

coin *nom masculin (n. m.)*

1. Un coin est un angle formé par deux murs ou deux rues. *Pénélope habite au coin de la rue.* **2.** Un coin est un petit espace. *J'ai gardé ce souvenir dans un coin de ma tête.*

coincer *verbe (v.)*

Coincer, c'est bloquer le fonctionnement d'une chose. *Matéo a coincé sa fermeture Éclair dans son pull-over.*

col *nom masculin (n. m.)*

1. Le col est la partie d'un vêtement qui entoure le cou. *Tu as fait une tache sur le col de ta chemise.*
2. Un col est un passage entre deux montagnes. *Les cyclistes ont grimpé le col de la montagne.*

colère *nom féminin (n. f.)*

La colère est un sentiment que l'on ressent quand on est très mécontent. *J'ai fait une grosse bêtise, mes parents sont en colère.*
Les synonymes sont : fureur, rage.

coin lecture

« Il était une jeune fille paresseuse qui ne voulait pas filer. Sa mère avait beau se mettre en colère, elle n'en pouvait rien tirer. Un jour elle en perdit tellement patience qu'elle alla jusqu'à lui donner des coups, et la fille se mit à pleurer tout haut. »
Les Trois Fileuses. Les frères Grimm.

colis *nom masculin (n. m.)*

Un colis est un paquet. *Maman a reçu un colis.*

collant, collante

adjectif masculin, féminin (adj. m., f.)

1. Une chose collante est une chose qui colle. *Ce Scotch est très collant.*
2. Un vêtement collant est un vêtement qui colle au corps. *Faustine porte un jean très collant.*
Le synonyme est : moulant.

collant *nom masculin (n. m.)*

Un collant est un sous-vêtement fin et moulant. *Méline porte souvent une jupe avec un collant noir.*

colle *nom féminin (n. f.)*

La colle est une matière qui sert à fixer, coller des choses. *Tu peux me prêter ta colle pour coller mes papiers ?*

collection *nom féminin (n. f.)*

Une collection est un ensemble d'objets que l'on garde pour le plaisir. *Adam a une jolie collection de timbres.*

coller *verbe (v.)*

1. Coller, c'est fixer avec de la colle. *J'ai collé des images sur mon cahier.* Le contraire est : décoller.
2. Coller, c'est être collant. *Ce produit colle aux doigts.*

collier *nom masculin (n. m.)*

1. Un collier est un bijou porté autour du cou. *Johanna a un joli collier de perles.* **2.** Un collier est un bandeau de cuir, de tissu ou de métal que l'on met autour du cou d'un chien pour le promener. *Notre chien Max a un collier en cuir et une laisse en métal.*

colline *nom féminin (n. f.)*

Une colline est une petite montagne de forme arrondie. *Il y a des collines à la campagne.*
Le synonyme est : butte.

coin lecture

« La lune était déjà levée, quand ils arrivèrent à une colline sur laquelle ils virent une foule de petits hommes et de petites femmes qui dansaient en rond d'un air joyeux, en se tenant par la main. »
Les Présents des gnomes.
Les frères Grimm.

colombe *nom féminin (n. f.)*

Une colombe est un oiseau blanc qui resssemble à un pigeon. *Le magicien a fait apparaître une colombe de son chapeau.*

à savoir

La colombe est l'emblème de la paix.

colonne *nom féminin (n. f.)*

1. Une colonne est un grand poteau rond en pierre qui soutient un bâtiment. **2.** La colonne d'un journal est la partie verticale où est écrit le texte. *Cet article occupe trois colonnes dans la page de ce journal.* **3.** Une colonne est une longue file. *Le véhicule des mariés était suivi par une colonne de voitures.* ► Colonne vertébrale : la colonne vertébrale est la partie centrale du squelette.

coloriage *nom masculin (n. m.)*

Le coloriage est un dessin à colorier. *Alicia adore les albums de coloriage.*

colorier *verbe (v.)*

Colorier, c'est mettre de la couleur sur un dessin. *Wilfried a colorié son éléphant en gris.*

combat *nom masculin (n. m.)*
1. Un combat est une bataille entre des soldats. *Les combats ont été particulièrement violents.* **2.** En sport, un combat est une lutte. *Le combat entre ces deux boxeurs a été retransmis à la télévision.*

combattre *verbe (v.)*
1. Combattre, c'est se battre. *Les guerriers combattent leurs ennemis.*
2. Combattre, c'est lutter contre une chose. *Son père combat sa maladie avec beaucoup de courage.*

combien *adverbe (adv.)*
Combien sert à demander des renseignements sur le nombre, le prix ou le poids de quelque chose. *Combien coûte ce vélo ?*

comédien, comédienne
nom masculin, féminin (n. m., f.)
1. Un(e) comédien(ne) est une personne qui joue dans un film ou une pièce de théâtre. *Jade aimerait devenir comédienne.* **2.** Un(e) comédien(ne) est quelqu'un qui fait semblant. *C'est un comédien, en vérité, il n'a pas du tout mal à la tête !*

comestible
adjectif masculin ou féminin (adj. m. ou f.)
Une chose comestible est une chose que l'on peut manger. *Ce champignon-là est comestible, mais celui-ci ne l'est pas.*

comique
adjectif masculin ou féminin (adj. m. ou f.)
Une chose comique est une chose qui fait rire. *J'ai vu un film comique au cinéma.*

comique
nom masculin ou féminin (n. m. ou f.)
Un(e) comique est une personne dont le métier est de faire rire. *Ce comique remplit les salles avec son dernier spectacle.*

commander *verbe (v.)*
1. Commander, c'est donner des ordres. *Papa est le chef d'entreprise, c'est lui qui commande.*
Le synonyme est : ordonner.
2. Commander quelque chose, c'est demander à l'avance ce que l'on veut acheter. *J'ai commandé un pantalon sur ce catalogue.*
3. Au restaurant ou dans un bar, commander, c'est demander la carte pour choisir ce que l'on veut manger ou boire. *La carte, s'il vous plaît ! On aimerait commander !*

comme *conjonction (conj.)*
1. *Comme* signifie *de même que*. *Charles est sage comme un petit ange !* **2.** *Comme* signifie *puisque*. *Comme tu es malade, je reste avec toi.*

commencer *verbe (v.)*
1. *Commencer*, c'est faire en premier. *Commence par dessiner la tête du chien, ensuite tu feras les pattes.* **2.** Commencer, c'est débuter. *Le spectacle commence à 20 heures.*
Les contraires sont : finir, s'achever, se terminer.

comment *adverbe (adv.)*
Comment est utilisé pour poser des questions sur le moyen ou la manière. *Comment fais-tu cela ? Comment es-tu arrivé ici ?*

comment *interjection (interj.)*
Comment est un petit mot que l'on dit quand on est étonné. *Comment ! Tu ne viens pas à mon anniversaire ?*

commerçant, commerçante
nom masculin, féminin (n. m., f.)
Un(e) commerçant(e) est une personne qui vend des marchandises dans son magasin. *L'épicier du quartier est un gentil commerçant.*

commerçant, commerçante
adjectif masculin, féminin (adj. m., f.)
Une rue commerçante est une rue où il y a des commerces.

commerce *nom masculin (n. m.)*
Un commerce est un magasin où l'on achète des marchandises. *Il y a deux commerces dans ma rue : une boulangerie et une charcuterie.*
Les synonymes sont : boutique, magasin.

commettre *verbe (v.)*
Commettre, c'est faire quelque chose de mal. *Il est en prison pour avoir commis plusieurs infractions.*

commission *nom féminin (n. f.)*
Une commission est un message que l'on confie à quelqu'un pour qu'il le transmette à quelqu'un d'autre. *Tu peux faire une commission à Mélina de ma part, s'il te plaît ?*

commissions
nom féminin pluriel (n. f. pl.)
Faire les commissions, c'est faire les courses. *Maman fait ses commissions au supermarché.*

1. commode *nom féminin (n. f.)*
Une commode est un meuble à tiroirs. *Je range mes chaussettes dans ma commode.*

2. commode
adjectif masculin ou féminin (adj. m. ou f.)
1. *Commode* signifie *simple à l'emploi. La fermeture de cette bouteille est très commode.*
Le synonyme est : pratique.
2. *Commode* signifie *facile. C'est plus commode de prendre ce chemin plutôt que celui-là.*
Le contraire est : compliqué.
3. Une personne commode est une personne au caractère facile. *Ce monsieur n'a pas l'air commode !*

A B C D E F G H I J K L M N O P Q R S T U V W X Y Z

commun, commune

adjectif masculin, féminin (adj. m., f.)

1. Une chose commune est partagée par plusieurs personnes. *Flavio et son frère dorment dans une chambre commune.*

Le contraire est : individuel.

2. Une chose commune concerne tout le monde.

La pollution de la ville est un problème commun à tous les habitants.

Le synonyme est : général.

Le contraire est : personnel.

3. *Commun* signifie *courant. Cet oiseau est une espèce très commune dans la région.*

Les contraires sont : original, rare.

commun *nom masculin (n. m.)*

Le commun des mortels, c'est n'importe qui, c'est la grande majorité des gens. *Ce message peut être compris par le commun des mortels.*

communiquer *verbe (v.)*

Communiquer, c'est échanger des informations. *Ce commerçant de Marrakech communique en anglais avec ses clients américains.*

compagnon

nom masculin (n. m.)

1. Un compagnon vit avec une autre personne, une compagne. *Tata a un nouveau compagnon, il s'appelle Jérôme.* **2.** Un compagnon de route est une personne qui fait la route avec quelqu'un d'autre.

coin lecture

« En tout dernier s'avança le compagnon de voyage, son bâton à la main et son sac au dos. Johannès l'embrassa mille fois, lui demanda instamment de ne pas s'en aller […]. »

Le Compagnon de route. Andersen.

comparer *verbe (v.)*

Comparer, c'est chercher les points communs et les différences entre deux choses ou deux personnes. *On ne peut pas comparer Julien et Maxime, ce sont des jumeaux !*

complet, complète

adjectif masculin, féminin (adj. m., f.)

1. Une chose complète est une chose qui est entière. *J'ai la collection complète de ces bandes dessinées.*

Le contraire est : incomplet.

2. Un endroit est complet quand il n'y a plus de place libre. *Le parking est complet.*

Le synonyme est : plein.

compléter *verbe (v.)*

Compléter, c'est rendre complet. *J'ai complété mon puzzle avec les dernières pièces, il est complet maintenant !*

1. complexe

adjectif masculin ou féminin (adj. m. ou f.)
Une chose complexe est une chose difficile. *Ce problème est très complexe.*
Les contraires sont : simple, facile.

2. complexe *nom masculin (n. m.)*

Avoir un complexe, c'est se sentir moins bien que les autres à cause de quelque chose. *Sa petite taille est un vrai complexe pour lui.*

complice

nom masculin ou féminin (n. m. ou f.)
Un(e) complice est une personne qui aide une autre personne à faire quelque chose de mal. *Le voleur et son complice n'ont pas échappé à la police.*

complice

adjectif masculin ou féminin (adj. m. ou f.)
1. Être complice avec quelqu'un, c'est l'aider à faire une mauvaise action. *Ils sont complices dans ce vol.* **2.** Être complice avec quelqu'un, c'est bien s'entendre avec lui. *Maxime et Antoine sont très complices.*

compliment *nom masculin (n. m.)*

Faire des compliments à quelqu'un, c'est le féliciter pour ce qu'il a fait. *La maîtresse nous fait des compliments quand on travaille bien.* Le synonyme est : félicitations.
Le contraire est : reproche.

compliqué, compliquée

adjectif masculin, féminin (adj. m., f.)
Une chose compliquée est une chose difficile. *Ce calcul est compliqué, je ne sais pas le faire.*
Le synonyme est : complexe.
Les contraires sont : facile, simple.

comportement

nom masculin (n. m.)
Le comportement est la façon dont on agit. *Léonie a un bon comportement en classe, elle écoute bien l'instituteur et ne bavarde jamais.*

comporter *verbe (v.)*

Comporter, c'est contenir, renfermer. *Mon appartement comporte cinq pièces.*

composer *verbe (v.)*

1. Composer, c'est assembler des choses pour construire quelque chose. *Le fleuriste a composé un bouquet avec des roses.*
2. Composer, c'est écrire de la musique. *Il a composé une musique que j'adore.* **3.** Composer un numéro de téléphone, c'est faire un numéro. *Maman a composé le numéro du médecin parce que j'étais malade.*

se composer *verbe (v.)*

Se composer, c'est être formé de quelque chose. *Le menu se compose d'une entrée, d'un plat et d'un dessert.*

compréhensible

adjectif masculin ou féminin (adj. m. ou f.)

Une chose compréhensible est une chose que l'on peut comprendre. *Les explications de l'instituteur sont compréhensibles.*

Le contraire est : incompréhensible.

Remarque : Il ne faut pas confondre *compréhensible* avec *compréhensif : On peut tout lui dire, il est très compréhensif.*

compréhensif, compréhensive

adjectif masculin, féminin (adj. m., f.)

Une personne compréhensive est une personne qui comprend facilement les autres. *Justine est compréhensive, elle sait écouter les autres.*

Le contraire est : incompréhensif.

Remarque : Il ne faut pas confondre *compréhensif* avec *compréhensible : Ce que tu dis est clair, c'est compréhensible.*

1. comprendre *verbe (v.)*

1. Comprendre quelque chose, c'est connaître son sens. *Je comprends les mots que tu emploies.*

2. Comprendre, c'est être compréhensif. *Je comprends que tu sois déçu de ne pas avoir gagné le match.*

2. comprendre *verbe (v.)*

Comprendre, c'est être constitué de quelque chose. *Ce plat comprend de la viande et des légumes.*

compresse *nom féminin (n. f.)*

Une compresse est un morceau de tissu utilisé comme un pansement. *Il a mis une compresse sur sa coupure.*

compter *verbe (v.)*

1. Compter, c'est dire les nombres les uns derrière les autres. *Louna sait compter jusqu'à cent.* **2.** Compter, c'est trouver la quantité ou le nombre. *Je compte dix vaches et un taureau dans ce pré.* **3.** Compter, c'est inclure dans un compte. *Le repas n'était pas cher, mais le serveur a oublié de compter le dessert !* **4.** Compter, c'est avoir un projet. *Je compte sortir au parc ce matin.* **5.** Compter, c'est avoir de l'importance. *Mes parents comptent beaucoup pour moi.* **6.** Compter sur quelqu'un, c'est lui faire confiance. *Il compte sur moi pour faire ce travail.*

Remarque : Il ne faut pas confondre *compter* avec le verbe *conter : Il m'a conté une belle*

comptine *nom féminin (n. f.)*

Une comptine est une petite chanson pour les enfants. *J'ai appris des comptines en maternelle.*

concentrer *verbe (v.)*

Concentrer, c'est tout rassembler au même endroit. *Les spectateurs sont concentrés devant la scène pour voir le spectacle.*

se concentrer *verbe (v.)*

Se concentrer, c'est consacrer toute son attention à quelque chose. *Lola se concentre sur son exercice pour le faire correctement.*

concierge

om masculin ou féminin (n. m. ou f.)

Un(e) concierge est une personne chargée de surveiller et d' entretenir un immeuble.
La concierge nous apporte le courrier tous les matins.

conclusion *nom féminin (n. f.)*

Une conclusion est une partie qui termine quelque chose. *La chanteuse a chanté sa plus belle chanson en conclusion du concert.*

concombre *nom masculin (n. m.)*

Un concombre est un long légume de couleur verte. *Maman a coupé le concombre en rondelles.*

à savoir

Le concombre mesure entre 20 et 70 centimètres de long. Il se mange le plus souvent en salade.

concret, concrète

adjectif masculin, féminin (adj. m., f.)

1. Une chose concrète est une chose qu'on peut voir et toucher. *Une maison est quelque chose de concret.*
Le contraire est : abstrait.
2. Une chose concrète est une chose qu'on peut facilement imaginer et comprendre. *Il a donné des explications concrètes.*

condamner *verbe (v.)*

1. Condamner une personne, c'est la punir. *Il a été condamné à trois mois de prison.* **2.** Condamner une chose, c'est être contre cette chose. *Il condamne les mauvais traitements infligés aux animaux.*
3. Être condamné à faire quelque chose, c'est être obligé de le faire. *Avec ce mauvais temps, nous sommes condamnés à rester à la maison.*
Les synonymes sont : contraindre, forcer, obliger.
4. Condamner une porte ou une fenêtre, c'est la bloquer. *Passe par l'autre porte, celle-ci est condamnée.*

conducteur, conductrice

nom masculin, féminin (n. m., f.)

Un conducteur, une conductrice est une personne qui conduit un véhicule. *Papa est un conducteur très prudent.*

conduire *verbe (v.)*

1. Conduire, c'est emmener quelqu'un quelque part. *Mes parents me conduisent à l'école chaque matin.*
Le synonyme est : accompagner.
2. Conduire, c'est faire rouler un véhicule. *Il conduit toujours avec prudence.* **3.** Conduire, c'est mener. *Ce chemin conduit à une cabane dans la forêt.*

se conduire *verbe (v.)*
Se conduire, c'est se comporter. *Yannis se conduit toujours bien en classe.*

conduite *nom féminin (n. f.)*

1. La conduite est la manière de conduire un véhicule. *Maman a une conduite très prudente.* **2.** La conduite est la façon dont on se comporte. *Sa conduite en classe est un exemple pour tous les élèves.*
Le synonyme est : comportement.

cône *nom masculin (n. m.)*

Un cône est une forme géométrique ronde à la base et pointue en haut.

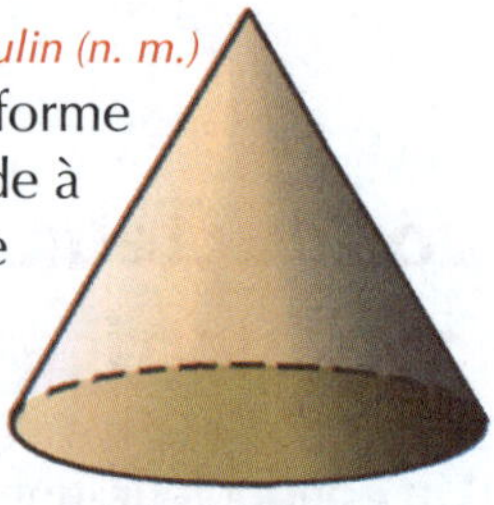

confetti *nom masculin (n. m.)*

Un confetti est un petit morceau de papier qu'on lance par poignées pendant une fête. *J'ai acheté des confettis pour le carnaval.*

confiance *nom féminin (n. f.)*

Avoir confiance en quelqu'un, c'est être sûr qu'il agira comme on le souhaite. *Je peux lui dire mon secret, il ne le répètera pas ; ça, je le sais, parce que j'ai confiance en lui.*

confidence *nom féminin (n. f.)*

Faire une confidence à quelqu'un, c'est lui avouer un secret qui nous concerne. *Je te fais une confidence : j'ai peur dans le noir !*

confier *verbe (v.)*

1. Confier, c'est dire en secret. *Florian lui a confié qu'il ne savait pas nager.* **2.** Confier, c'est laisser quelque chose à une personne sur laquelle on peut compter. *Nous avons confié les clés de la maison aux voisins avant de partir en vacances.*

se confier *verbe (v.)*
Se confier, c'est dire ses secrets à quelqu'un. *Capucine s'est confiée à Matéo.*

confirmer *verbe (v.)*

Confirmer, c'est dire qu'une chose est vraie. *Il nous a confirmé que Mélina allait déménager.*

confiserie *nom féminin (n. f.)*

1. Une confiserie est un bonbon. *Attention aux caries si tu manges trop de confiseries !* **2.** Une confiserie est une boutique où l'on vend des bonbons. *J'ai acheté des sucettes à la confiserie.*

confisquer *verbe (v.)*

Confisquer, c'est punir quelqu'un en lui prenant quelque chose pour un certain temps. *Maman m'a confisqué mon jeu vidéo.*

confiture *nom féminin (n. f.)*

La confiture est un mélange de sucre et de fruits cuits. *Je prends des tartines de confiture à la fraise pour mon petit déjeuner.*

conflit *nom masculin (n. m.)*

1. Un conflit est une mésentente, un désaccord entre deux personnes. *Le conflit entre Pénélope et Madeleine est réglé.* **2.** Un conflit est une guerre. *Le conflit entre ces deux pays a fait beaucoup de morts.*

confondre *verbe (v.)*

Confondre, c'est prendre une personne ou une chose pour une autre. *J'ai confondu les prénoms Claire et Clara.*

confortable

adjectif masculin, féminin (adj. m., f.)

Une chose confortable est une chose qui offre du confort. *Ce fauteuil est très confortable.*

congélateur *nom masculin (n. m.)*

Un congélateur est un appareil ménager qui congèle les aliments. *Mets les glaces au congélateur, sinon elles vont fondre.*

congeler *verbe (v.)*

Congeler des aliments, c'est les mettre au congélateur à une température de moins dix-huit degrés pour les conserver longtemps.

conjuguer *verbe (v.)*

Conjuguer un verbe, c'est lui donner ses différentes formes aux différents temps. *Je conjuque le verbe* manger *au présent : je mange, tu manges, il mange, nous mangeons, vous mangez, ils mangent.*

connaissance

nom féminin (n. f.)

1. La connaissance est le fait de connaître. *La connaissance de l'anglais peut être très utile.* **2.** Une connaissance est une personne que l'on connaît. *Papa a revu de vieilles connaissances lors de la fête du village.* ► Faire connaissance : faire connaissance, c'est rencontrer quelqu'un pour la première fois. *Tom et Noémie viennent juste de faire connaissance.*
► Perdre connaissance : perdre connaissance, c'est s'évanouir. *Il est resté trop longtemps au soleil et a perdu connaissance.*
► Prendre connaissance de : prendre connaissance de quelque chose, c'est se mettre au courant. *Nous avons pris connaissance de cette nouvelle hier.*

connaître *verbe (v.)*

1. Connaître, c'est savoir. *Je connais ma leçon par cœur.*
Le contraire est : ignorer.
2. Connaître une personne, c'est l'avoir déjà rencontrée. *Je connais un peu Sacha.* **3.** Connaître un endroit, c'est y être déjà allé. *Kévin connaît Paris.* ► S'y connaître en : s'y connaître en quelque chose, c'est être expert dans quelque chose. *Alix s'y connaît en bricolage.*

conscience *nom féminin (n. f.)*

La conscience d'un être humain est ce qui lui permet de différencier le bien du mal. ► Avoir bonne conscience : avoir bonne conscience, c'est penser qu'on a bien agi. *J'ai bonne conscience et je n'ai rien à me reprocher !*
► Avoir mauvaise conscience : avoir mauvaise conscience, c'est penser qu'on a mal agi. *J'ai mauvaise conscience de lui avoir dit des méchancetés.* ► Avoir conscience de : avoir conscience de quelque chose, c'est réaliser, se rendre compte de cette chose. *Mathilde a conscience qu'elle ne travaille pas toujours bien à l'école.* ► Avoir quelque chose sur la conscience : avoir quelque chose sur la conscience, c'est s'en vouloir pour ce qu'on a fait. *J'ai ma dispute avec Julien sur la conscience.*

conseil *nom masculin (n. m.)*

Un conseil est un avis que l'on donne à quelqu'un sur ce qu'il devrait faire. *Je te donne un bon conseil : ne joue pas avec des allumettes.*
Le synonyme est : recommandation.

conséquence

nom féminin (n. f.)

La conséquence est le résultat de quelque chose. *Tes bêtises ont eu de graves conséquences.*

conserve *nom féminin (n. f.)*

Une conserve est une boîte de métal ou un bocal qui contient des aliments.
Nous avons mangé des conserves de légumes.

conserver *verbe (v.)*
1. Conserver des aliments, c'est les garder longtemps en bon état. *Mamie conserve les haricots verts en bocaux.*
2. Conserver, c'est garder avec soin. *Maman conserve les photos de famille.*

se conserver *verbe (v.)*
Se conserver, c'est rester en bon état. *Ce fruit se conserve bien.*

consigne *nom féminin (n. f.)*
Une consigne est une indication à suivre. *La maîtresse nous a donné des consignes pour faire l'exercice.*
Le synonyme est : instruction.

consoler *verbe (v.)*
Consoler, c'est essayer de rendre moins triste. *Quand j'ai du chagrin, maman me console avec des câlins.*

consommateur, consommatrice
nom masculin, féminin (n. m., f.)
1. Un consommateur, une consommatrice est une personne qui achète les produits vendus dans les magasins. *Ce magasin de gadgets fait la joie des consommateurs* **2.** Un consommateur, une consommatrice est un(e) client(e) dans un bar. *Ce consommateur boit toujours la même chose.*

consommation *nom féminin (n. f.)* **1.** La consommation est la quantité consommée. *Il y a une grande consommation d'eau pendant l'été.* **2.** La consommation est la boisson que l'on prend dans un bar. *Tonton a payé nos consommations.*

consommer *verbe (v.)*
1. Consommer, c'est utiliser une certaine quantité de produit ou d'énergie. *Maman consomme beaucoup de produits ménagers pour faire briller la maison !*
Cette lampe consomme beaucoup d'électricité.
2. Consommer, c'est manger ou boire. *Notre chien consomme beaucoup de croquettes.*

consonne *nom masculin (n. m.)*
Les consonnes sont toutes les lettres de l'alphabet sauf *a, e, i, o, u, y,* qui sont des voyelles.

constant, constante
adjectif masculin, féminin (adj. m., f.)
1. Une chose constante est une chose qui ne s'arrête pas. *Sa douleur constante à la jambe le fait souffrir.*
Les synonymes sont : continuel, permanent.
2. Une chose constante est une chose qui ne change pas. *Le chauffeur roule à une vitesse constante.*

constater *verbe (v.)*
Constater, c'est remarquer, observer. *J'ai constaté qu'il arrive toujours en retard.*
Le synonyme est : se rendre compte.

constituer *verbe (v.)*
1. Constituer, c'est former un ensemble à partir de plusieurs choses. *Un canapé, un fauteuil et une table basse constituent l'ameublement du salon.*
2. Constituer, c'est former, organiser. *L'entraîneur a constitué son équipe avec les plus jeunes joueurs.*

construction *nom féminin (n. f.)*
1. La construction est l'action de construire. *La construction de cet immeuble prendra des mois.*
Le contraire est : destruction.
2. Une construction est un bâtiment, un immeuble. *Cette construction date de 1900.*

construire *verbe (v.)*
Construire, c'est fabriquer en assemblant différents éléments. *Il a construit une cabane avec des branches et des planches.*
Le contraire est : détruire.

consulter *verbe (v.)*
1. Consulter, c'est demander son avis à quelqu'un. *J'ai consulté ma sœur avant de prendre cette décision.*
2. Consulter un annuaire, c'est regarder dedans pour trouver un numéro de téléphone. *Elle a consulté l'annuaire avant de lui téléphoner.*
3. Consulter un médecin, c'est se faire examiner par lui. *Si tu as toujours mal, tu devrais consulter un médecin.*

contact *nom masculin (n. m.)*
1. Le contact est le fait de toucher. *J'adore le contact de la soie, c'est très doux.* **2.** Un contact est une relation entre les gens. *Il a eu un contact téléphonique avec ses anciens amis.*

contagieux, contagieuse
adjectif masculin, féminin (adj. m., f.)
Une maladie est contagieuse quand elle se transmet d'une personne à une autre. *Elle a la varicelle, c'est contagieux.*

contaminer *verbe (v.)*
Contaminer, c'est infecter par un microbe, un virus. *Il ne faut pas boire l'eau de cette source, elle est contaminée.*

conte *nom masculin (n. m.)*
Un conte est une histoire dans laquelle il se passe des choses merveilleuses. *Maman me lit un conte tous les soirs.*

contempler *verbe (v.)*
Contempler, c'est regarder avec attention et admiration. *J'aime contempler le ciel étoilé.*

contenir *verbe (v.)*

1. Contenir, c'est avoir en soi. *Ce fruit contient beaucoup de vitamines.* **2.** Contenir, c'est avoir une certaine capacité. *Ce bidon peut contenir cinq litres d'essence.*

se contenir *verbe (v.)*
Se contenir, c'est garder son calme. *Il s'est contenu et ne s'est pas mis en colère contre moi.*

content, contente

adjectif masculin, féminin (adj. m., f.)
Être content, c'est ressentir du plaisir. *Je suis content de te voir.*
Le contraire est : mécontent.

contenu *nom masculin (n. m.)*

Le contenu est ce qu'il y a à l'intérieur d'une chose. *Cette pochette est transparente, on voit son contenu.*

contester *verbe (v.)*

Contester, c'est refuser d'admettre quelque chose. *Je conteste toutes les excuses que tu me donnes en ce qui concerne tes mauvaises notes.*

conteur, conteuse

nom masculin, féminin (n. m., f.)
Un conteur, une conteuse est une personne qui conte des histoires.

> **Remarque :** Il ne faut pas confondre *conteur* avec *compteur* : *Le compteur de la voiture indique 90 km/h.*

continuer *verbe (v.)*

1. Continuer, c'est ne pas s'arrêter dans ce que l'on fait. *Continue de chanter, ne t'arrête surtout pas !* Les contraires sont : arrêter, cesser, terminer.
2. Continuer, c'est ne pas s'arrêter. *La fête continue, elle se termine demain.*

contour *nom masculin (n. m.)*

Le contour est ce qui fait le tour d'une chose. *Ne dépasse pas les contours du dessin en le coloriant.*

contourner *verbe (v.)*

Contourner quelque chose, c'est passer autour. *Pour entrer chez lui, il faut contourner la maison et passer par derrière.*

contraire

adjectif masculin ou féminin (adj. m. ou f.)
Deux choses sont contraires lorsqu'elles sont opposées. Grand *et* petit *sont deux mots contraires.*

contraire *nom masculin (n. m.)*
Le contraire est une chose qui est opposée à une autre. *Le contraire de* lourd *est* léger.

contrarier *verbe (v.)*
Contrarier une personne, c'est lui causer des soucis et la mécontenter. *Mathilde est contrariée par le mauvais temps qui lui gâche ses vacances.*
Les contraires sont : ravir, réjouir.

contravention *nom féminin (n. f.)*
Une contravention est une amende à payer. *Papa a eu une contravention parce qu'il était mal garé.*

contre *préposition (prép.)*
1. *Contre* indique le contact. *Ma joue est contre la tienne.* **2.** Être contre, c'est être opposé. *Pauline joue un match de tennis contre Gaëlle.* **3.** *Contre* indique l'échange. *Je t'échange dix billes contre ton stylo.*

contrebasse *nom féminin (n. f.)*
Une contrebasse est un instrument de musique qui ressemble à un gros violon que l'on pose sur le sol. *Il sait jouer de la contrebasse.*

à contrecœur *adverbe (adv.)*
À contrecœur signifie *sans en avoir envie. Il a mangé ses haricots verts à contrecœur.*
Le contraire est : volontiers.

contredire *verbe (v.)*
Contredire quelqu'un, c'est dire le contraire de ce qu'il raconte. *J'ai contredit Thomas parce qu'il racontait n'importe quoi sur Nicolas.*

se contredire *verbe (v.)*
Se contredire, c'est dire une chose et son contraire. *Tu n'es pas très clair, tu te contredis sans cesse.*

Remarque : Ce verbe se conjugue comme *dire*, sauf à la deuxième personne du pluriel : vous *dites*, mais vous *contredisez*.

contrôle *nom masculin (n. m.)*
1. Un contrôle est une vérification. *Le policier a arrêté la voiture pour un contrôle.* **2.** Un contrôle est un examen pour vérifier les connaissances des élèves. *Mon frère a eu une bonne note à son contrôle d'histoire.* **3.** Avoir le contrôle de quelque chose, c'est en avoir la maîtrise. *Le conducteur a le contrôle de son véhicule.*

contrôler *verbe (v.)*
Contrôler, c'est vérifier que tout est en ordre. *Le policier a contrôlé le permis du conducteur.*
Le synonyme est : vérifier.
se contrôler *verbe (v.)*
Se contrôler, c'est se maîtriser. *Jules ne se contrôle pas quand il est en colère.*

convaincre *verbe (v.)*
Convaincre, c'est réussir à faire dire ou faire faire quelque chose à quelqu'un. *Je l'ai convaincu de présenter des excuses à Maxime.*
Le synonyme est : persuader.

convenable
adjectif masculin ou féminin (adj. m. ou f.)
1. Une chose convenable est une chose correcte. *J'ai toujours une tenue convenable chez les gens.*
2. Quelque chose de convenable est quelque chose d'assez réussi. *Mon frère a eu une note convenable à son contrôle d'anglais.*
Les synonymes sont : acceptable, correct.

convenir *verbe (v.)*
1. Convenir, c'est être adapté. *Les activités du centre conviennent aux enfants de moins de dix ans.*
2. Convenir, c'est satisfaire quelqu'un. *Le programme de la journée me convient.*

conversation *nom féminin (n. f.)*
Une conversation est un échange de paroles entre des personnes. *Papa et maman ont eu une conversation avec la maîtresse.*
Les synonymes sont : discussion, entretien.

copain, copine
nom masculin, féminin (n. m., f.)
Dans le langage familier, un copain, une copine est un(e) ami(e). *J'ai beaucoup de copains à l'école.*

copie *nom féminin (n. f.)*
1. Une copie est une feuille de papier utilisée pour écrire ses leçons ou faire ses devoirs. *Maxime utilise des copies à grands carreaux.*
2. Une copie est un devoir rendu par un élève à son professeur. *Ma sœur a rendu sa copie en espérant avoir une bonne note.*

copier *verbe (v.)*
1. Copier, c'est reproduire exactement un dessin ou un texte. *J'ai copié les devoirs écrits au tableau dans mon carnet.* **2.** Copier, c'est tricher en regardant ce qu'un camarade a déjà écrit. *Adam a été puni pour avoir copié sur Justine.*

coq *nom masculin (n. m.)*

Un coq est un oiseau de basse-cour avec une crête sur la tête. *Le chant du coq me réveille le matin.*

coin lecture

« Sur la branche d'un arbre était en sentinelle un vieux coq […] : " Frère, dit un renard, adoucissant sa voix, nous ne sommes plus en querelle […] :
je viens te l'annoncer, descends, que je t'embrasse. " »
Le Coq et le Renard.
Jean de La Fontaine.

coque *nom féminin (n. f.)*

La coque d'un bateau est la partie du bateau qui se trouve dans l'eau.
► œuf à la coque : un œuf à la coque est un œuf cuit dans l'eau bouillante et mangé dans sa coquille.

coquelicot *nom masculin (n. m.)*

Un coquelicot est une fleur rouge vif qui pousse dans les champs en été. *J'ai fait un bouquet de coquelicots.*

coquillage *nom masculin (n. m.)*

1. Un coquillage est un petit animal marin. *L'huître est un coquillage qui se mange.* **2.** Un coquillage est la coquille vide de ce petit animal marin. *Elle a trouvé des coquillages sur la plage.*

coquille *nom féminin (n. f.)*

1. Une coquille est une protection qui entoure certains animaux. *L'escargot de Bourgogne a une jolie coquille marron.* **2.** La coquille d'un œuf est la protection qui l'entoure. *Le poussin a brisé la coquille de l'œuf pour sortir.* **3.** Une coquille est une protection qui entoure certains fruits. *La coquille de cette noix est très dure.*

coquin, coquine

adjectif masculin, féminin (adj. m., f.)

Une personne coquine aime faire de petites plaisanteries aux autres. *July est très coquine.*

Remarque : Les adjectifs *coquin, coquine* peuvent aussi être des noms : *Paul est un petit coquin.*

corail *nom masculin (n. m.)*

Le corail est la matière dure au fond de la mer qui est formée à partir de squelettes de petits animaux marins. *Ce magnifique corail a servi à faire un collier.*

corbeau *nom masculin (n. m.)*
Un corbeau est un oiseau tout noir qui vit souvent en bandes. *Les corbeaux croassent.*

coin lecture
« Maître corbeau, sur un arbre perché,
tenait en son bec un fromage... »
Le Corbeau et le Renard.
Jean de La Fontaine.

corbeille *nom féminin (n. f.)*
Une corbeille est un petit panier sans anse. *Cette corbeille de fruits me donne faim.*

corde *nom féminin (n. f.)*
1. Une corde est une grosse ficelle. *Tom sait grimper à la corde.* **2.** Une corde est l'un des petits fils d'un instrument de musique. *Maxime a cassé une corde de sa guitare.*

cordon *nom masculin (n. m.)*
Un cordon est une petite corde fine. *J'attache ma capuche avec un cordon.*

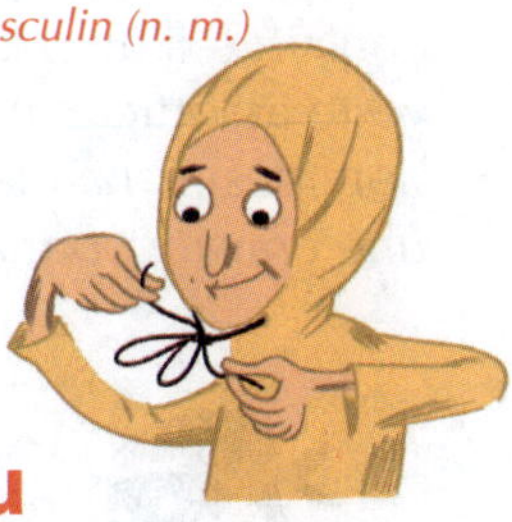

cordon-bleu *nom masculin (n. m.)*
Un cordon-bleu est une personne qui sait très bien cuisiner. *Papa est un vrai cordon-bleu !*

Remarque : Le pluriel de ce mot est : des cordons-bleus.

corne *nom féminin (n. f.)*
Les cornes sont les pointes très dures que certains animaux ont sur la tête. *Les cornes de ce taureau sont impressionnantes.*

coin lecture
« Un animal cornu blessa de quelques coups le lion, qui plein de courroux, pour ne plus tomber en la peine, bannit des lieux de son domaine toute bête portant des cornes à son front. »
Les Oreilles du lièvre. Jean de La Fontaine.

cornet *nom masculin (n. m.)*
1. Un cornet est un sachet qui a la forme d'un cône. *Il a mangé un cornet de frites à midi.* **2.** Un cornet est une gaufrette enroulée dans laquelle il y a une ou plusieurs boules de glace. *Un cornet avec deux boules à la fraise, s'il vous plaît !*

cornichon *nom masculin (n. m.)*
Un cornichon est une sorte de petit concombre conservé dans du vinaigre. *Il aime manger de la charcuterie avec des cornichons.*

corps *nom masculin (n. m.)*

1. Le corps est la partie matérielle d'un être humain ou d'un animal. *Ce sportif a un corps musclé.* **2.** Un corps est le corps d'une personne morte. *Son corps a été déposé dans un cercueil.*
Le synonyme est : cadavre.

correct, correcte
adjectif masculin, féminin (adj. m., f.)

1. Une chose correcte est une chose juste, exacte. *Ton addition est correcte, tu sais bien compter !*
Le contraire est : incorrect, inexact.
2. *Correct* signifie *convenable. Il a un comportement correct à l'école.*
3. Une chose correcte est une chose qui est tout juste satisfaisante. *Ta note est correcte, mais il faudrait avoir plus la prochaine fois !*
Le synonyme est : passable.

correction *nom féminin (n. f.)*

1. Une correction est une chose correcte qui remplace une chose qui comporte des erreurs. *L'instituteur a noté ses corrections dans la marge de la copie.* **2.** Une correction est une fessée. *Il a reçu une bonne correction.*

correspondre *verbe (v.)*

1. Quand deux choses correspondent, elles sont en accord. *Cette voiture correspond au véhicule que papa veut acheter.*
2. Correspondre, c'est s'écrire des lettres régulièrement. *Mon frère correspond avec un élève d'une école américaine.*

corriger *verbe (v.)*

1. Corriger, c'est remplacer les erreurs par ce qui est juste. *J'ai corrigé les fautes d'orthographe de Benoît.* **2.** Corriger, c'est donner une fessée. *Il a corrigé son chien qui s'était sauvé.*

costaud, costaude
adjectif masculin, féminin (adj. m., f.)

Dans le langage familier, *costaud* signifie *fort. Jérémy est très costaud, il arrive à soulever ma valise d'un seul bras.*

Remarque : L'adjectif féminin *costaude* est peu utilisé.

costume *nom masculin (n. m.)*

1. Un costume est un déguisement. *J'ai acheté un costume de Zorro pour le carnaval.* **2.** Un costume est constitué d'un pantalon et d'une veste assortie et est porté par les hommes. *Papa met un costume avec une cravate pour aller au bureau.*

côte *nom féminin (n. f.)*
1. Une côte est l'un des os longs et courbés qui protègent le torse. *Il s'est cassé une côte en tombant dans l'escalier.* **2.** Une côte est une route en pente. *J'arrive à monter cette côte à vélo.*
Le synonyme est : montée.
Le contraire est : descente.
3. La côte est le bord de la mer. *Mes grands-parents ont une maison sur la côte.* ► Être côte à côte : *être côte à côte* signifie *être à côté l'un de l'autre. Les cyclistes sont côte à côte dans la montée.*

côté *nom masculin (n. m.)*
1. Le côté est la partie située à droite ou à gauche de quelque chose. *Mets-toi sur le côté si tu veux voir le spectacle, au milieu on ne voit pas.* **2.** Le côté est la face d'un objet. *Un dé a six côtés.* **3.** Le côté est la direction. *Il faut prendre de quel côté : à droite ou à gauche ?* **4.** Le côté est la partie gauche ou droite d'un lieu. *La boulangerie se trouve de l'autre côté de la rue.* **5.** Un côté est un aspect chez une personne. *Enzo a de bons côtés : il est gentil et drôle.* **6.** Un côté est un camp. *Tu es de quel côté : le nôtre ou bien celui des autres ?*
► À côté de, aux côtés de : *à côté de, aux côtés de* signifie *tout près de. En classe, je suis à côté de Valentine.*
► Laisser de côté : *laisser de côté* signifie *ne plus s'occuper de quelque chose. Son puzzle ne sera jamais terminé, il l'a laissé de côté.*

coton *nom masculin (n. m.)*
Le coton hydrophile est une matière blanche et douce qui sert à absorber les liquides. *Tu peux me donner le coton pour que je désinfecte la plaie ?*

cou *nom masculin (n. m.)*
Le cou est la partie du corps entre la tête et les épaules. *Mets une écharpe autour du cou si tu as mal à la gorge.*

couche *nom féminin (n. f.)*
1. Une couche est une épaisseur sur une surface. *Il y a une épaisse couche de neige sur les toits.*
2. Une couche est une sorte de culotte faite d'une matière absorbante pour les bébés. *Maman a changé la couche de ma petite sœur.*

1. coucher *verbe (v.)*
1. Coucher, c'est mettre au lit. *Ma mère couche mon frère à 20 heures.*
2. Coucher, c'est passer la nuit. *Nous avons couché dans un bel hôtel.*
Le synonyme est : dormir.

se coucher *verbe (v.)*
1. Se coucher, c'est se mettre au lit. *Manon se couche après avoir dîné.*
2. En parlant du soleil, *se coucher* signifie *disparaître. Le soleil se couche tôt en hiver.*

2. coucher *nom masculin (n. m.)*
Le coucher de soleil est le moment où le soleil disparaît. *J'admire ce magnifique coucher de soleil.*

coucou *nom masculin (n. m.)*
1. Un coucou est un oiseau gris rayé de noir et qui pond ses œufs dans le nid d'un autre oiseau. *J'ai entendu le cri du coucou dans la forêt.*
2. Un coucou est une plante sauvage jaune qui pousse dans les prés au printemps.
coucou *interjection (interj.)*
Coucou ! est un mot que l'on dit pour saluer un ami. *Coucou ! C'est moi !*

coude *nom masculin (n. m.)*
Le coude est l'articulation du bras. *Protège tes coudes quand tu fais du roller !* ► Se serrer les coudes : se serrer les coudes, c'est s'aider les uns les autres. *Il faut se serrer les coudes entre frères et sœurs.*

coudre *verbe (v.)*
Coudre, c'est attacher avec du fil et une aiguille. *Mamie sait coudre à la main et à la machine.*

1. couette *nom féminin (n. f.)*
Une couette est une grande enveloppe de tissu garnie de plume ou de matière synthétique. *J'aime rester dans mon lit, au chaud sous la couette, quand il fait froid !*

2. couette *nom féminin (n. f.)*
Une couette est une touffe de cheveux attachés au-dessus des oreilles. *Maëva est très jolie avec ses couettes.*

couler *verbe (v.)*
1. En parlant d'un liquide, couler, c'est se répandre. *Il y a une fuite dans la salle de bains, l'eau coule partout.* **2.** Couler, c'est laisser un liquide se répandre. *Laisse couler l'eau tant qu'elle n'est pas fraîche.*
3. Couler, c'est disparaître au fond de l'eau. *Le paquebot a coulé au fond de l'océan.*
Le contraire est : flotter.

couleur *nom féminin (n. f.)*
1. Les couleurs sont tous les coloris sauf le noir, le blanc ou le gris. *Le vert est ma couleur préférée.*
2. Un homme (ou une femme) de couleur est un homme (ou une femme) qui n'est pas blanc de peau.

couloir *nom masculin (n. m.)*
Un couloir est un passage étroit dans une maison ou un appartement. *Il y a un long couloir entre ma chambre et le salon.*

coup *nom masculin (n. m.)*

1. Un coup est un geste violent destiné à faire mal. *Il lui a donné un coup de poing.* **2.** Un coup est un choc suite à une mauvaise nouvelle. *J'ai un coup au moral à cause de la mort de mon chat.* **3.** Un coup est le bruit que l'on entend lorsque quelqu'un tape sur quelque chose. *J'entends tonton donner des coups de marteau dans son atelier.* **4.** Un coup est un mouvement rapide. *J'ai jeté un coup d'œil dans la rue. Je lui ai donné un coup de main.* **5.** Un coup est quelque chose qui arrive de façon soudaine. *Manon a attrapé un coup de froid.* **6.** Un coup est un essai, une tentative. *J'ai réussi mon exercice du premier coup.* **7.** Un coup de feu est le bruit d'une arme à feu. *Le chasseur a tiré deux coups avec son fusil.*
8. Un coup est un acte, une action. *Il m'a fait le coup deux fois aujourd'hui !*
► Coup de téléphone, coup de fil : passer un coup de téléphone, un coup de fil, c'est téléphoner. *Elle lui a passé un coup de fil avec son portable.* ► Coup sur coup : *coup sur coup* signifie *l'un à la suite de l'autre. J'ai gagné trois fois, coup sur coup.*
► Tout à coup, tout d'un coup : *tout à coup, tout d'un coup* signifie de façon soudaine. *Il faisait beau et tout à coup le temps s'est couvert.* ► Coup de soleil : un coup de soleil est une brûlure causée par le soleil. *Mets une casquette, sinon tu vas attraper un coup de soleil.*

Remarque : Il ne faut pas confondre *coup* avec le *coût* : *Le coût de ce voyage est trop élevé, il ne peut pas se le payer.* Il ne faut pas non plus confondre *coup* avec le *cou* : *Mets une écharpe autour du cou si tu sors.*

coupable
adjectif masculin ou féminin (adj. m. ou f.)

Être coupable de quelque chose, c'est avoir fait une faute grave. *Il est coupable d'avoir volé de l'argent à cette dame.*

Remarque : L'adjectif *coupable* peut aussi être un nom : *Les coupables ont été jugés et emprisonnés.*

1. coupe *nom féminin (n. f.)*

Une coupe est un objet qui récompense le vainqueur. *La France a gagné la coupe du monde de football en 1998.*

2. coupe *nom féminin (n. f.)*

Une coupe de cheveux est la façon dont les cheveux sont coupés et coiffés. *J'aime beaucoup ta nouvelle coupe !*

couper *verbe (v.)*
1. Couper, c'est diviser en plusieurs parties avec un instrument tranchant. *Je sais couper ma viande tout seul !*
2. Couper, c'est retirer une partie. *Le coiffeur a coupé trois centimètres de cheveux à Charlène.*
Le synonyme est : raccourcir.
3. Couper, c'est être tranchant. *Attention ! Ce couteau coupe bien.*
4. Couper, c'est interrompre. *Le programme de télévision a été coupé par la publicité.* **5.** Couper, c'est se croiser. *Les routes se coupent à ce carrefour.*
se couper *verbe (v.)*
Se couper, c'est se faire une entaille. *Aïe ! Je me suis coupé avec le couteau.*

coupure *nom féminin (n. f.)*
1. Une coupure est une blessure faite avec un objet tranchant. *Sa coupure est profonde.*
Le synonyme est : entaille.
2. Une coupure est un arrêt momentané. *Il y a eu une coupure d'électricité ce matin.*

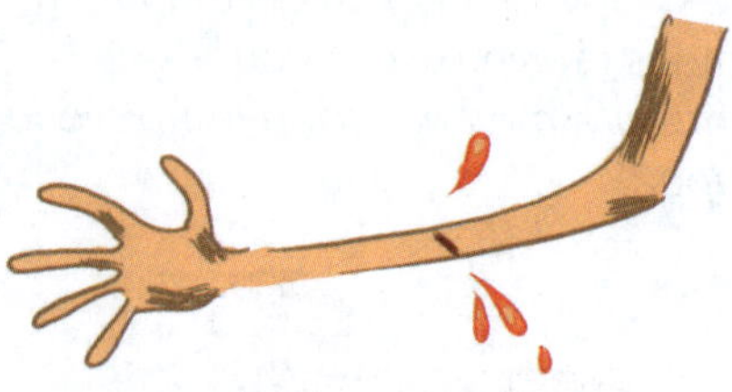

cour *nom féminin (n. f.)*
Une cour est un terrain délimité par des murs, devant un bâtiment. *Les élèves sortent dans la cour de l'école.*

courage *nom masculin (n. m.)*
1. Avoir du courage, c'est avoir la force d'affronter n'importe quel problème grave ou un danger. *Il a le courage d'affronter sa maladie sans se plaindre. Tarzan a le courage d'affronter un lion.* **2.** Avoir du courage, c'est avoir la volonté d'agir. *Je n'ai pas le courage d'aller faire du sport.*

courant, courante
adjectif masculin, féminin (adj. m., f.)
Une chose courante est une chose habituelle. *C'est courant de voir de la neige en hiver dans cette partie de la France !*
courant *nom masculin (n. m.)*
1. Le courant est le mouvement de l'eau qui se déplace. *La baignade est interdite, le courant est trop fort à cet endroit !* **2.** Le courant est le passage de l'électricité dans des fils. *Nous n'avons plus de lumière, le courant est coupé.*
► Être au courant : être au courant, c'est être informé. *Je suis au courant de son arrivée prochaine*
► Courant d'air : un courant d'air est un souffle d'air. *Ferme la porte, il y a des courants d'air.*

courbature *nom féminin (n. f.)*
Une courbature est une douleur musculaire. *J'ai eu des courbatures après la séance de sport.*

courgette *nom féminin (n. f.)*
Une courgette est un légume vert allongé et lisse.

courir *verbe (v.)*

Courir, c'est avancer plus ou moins vite en se servant de ses jambes. *C'est Cédric qui court le plus vite de l'école.*

coin lecture

« Rien ne sert de courir ; il faut partir à point :
le lièvre et la tortue en sont un témoignage. Gageons, dit celle-ci, que vous n'atteindrez point sitôt que moi ce but. – Sitôt ? Êtes-vous sage ? »
Le Lièvre et la Tortue.
Jean de La Fontaine.

couronne *nom féminin (n. f.)*

Une couronne est un objet de métal en forme de cercle que les rois et les reines mettent sur la tête. *Ce roi a une jolie couronne en or.*

courrier *nom masculin (n. m.)*

Le courrier est l'ensemble des lettres, des colis et des journaux que l'on envoie par la poste ou que l'on reçoit. *Il y a du courrier ce matin dans la boîte aux lettres.*

1. cours *nom masculin (n. m.)*

1. Un cours est une leçon à laquelle on assiste. *Élise prend des cours de dessin.* **2.** Un cours est chacun des niveaux de classe dans une école primaire. *Mon frère va au cours élémentaire et ma sœur au cours moyen.*

2. cours *nom masculin (n. m.)*

Un cours d'eau est un nom que l'on donne à un fleuve, une rivière ou un ruisseau. *La Seine est un cours d'eau.*

course *nom féminin (n. f.)*

1. Une course est une épreuve de vitesse. *J'adore les courses de chevaux et de voitures.* **2.** Une course est un achat. *Maman est partie faire une course en ville.*

coin lecture

« Bon Dieu ! Mon homme [...] Es-tu dans ton bon sens ou as-tu perdu la cervelle ? Comment prétends-tu lutter à la course avec le lièvre ? »
Le Lièvre et le Hérisson.
Jean de La Fontaine.

1. court, courte

adjectif masculin, féminin (adj. m., f.)

1. Être court, c'est avoir une petite longueur. *Jade porte des jupes courtes.*
Le contraire est : long.
2. Quelque chose de court est quelque chose qui dure peu de temps. *Ce dessin animé est très court.*
Le synonyme est : bref.
Le contraire est : long.

cousin, cousine

nom masculin, féminin (n. m., f.)

Le cousin, la cousine est l'enfant de l'oncle ou de la tante. *Je suis allé en vacances chez mes cousins cet été.*

coussin *nom masculin (n. m.)*

Un coussin est une enveloppe de tissu garnie de plume ou de duvet. *Notre chat aime dormir sur les coussins du canapé.*

couteau *nom masculin (n. m.)*

Un couteau est un objet constitué d'un petit manche et d'une lame. *Attention de ne pas te couper avec le couteau !*

Remarque : Le pluriel de ce mot est : des couteaux.

coûter *verbe (v.)*

1. Coûter, c'est avoir un prix. *Mon cartable coûte 20 euros.*
Le synonyme est : valoir.
2. Coûter, c'est entraîner des dépenses. *Partir en vacances coûte très cher.*

couture *nom féminin (n. f.)*

La couture est l'action de coudre. *Mamie m'a appris la couture.*

► Sous toutes les coutures : *sous toutes les coutures* signifie *très attentivement. J'ai examiné sa façon de jouer au tennis sous toutes les coutures.*

couver *verbe (v.)*

Pour un oiseau, couver, c'est garder ses œufs au chaud sous ses plumes. *La poule couve depuis une semaine.*

couvercle *nom masculin (n. m.)*

Un couvercle est un élément qui sert à couvrir une casserole ou à fermer une boîte. *Visse bien le couvercle de la boîte !*

1. couvert, couverte

adjectif masculin, féminin (adj. m., f.)

1. Une personne couverte est une personne qui est habillée chaudement. *Clara est toujours très couverte, elle craint le froid !* 2. Une piscine couverte est une piscine à l'intérieur d'un bâtiment. *L'hiver, nous nous baignons dans la piscine couverte de la ville.* 3. Un temps couvert est un temps nuageux. *Le temps est couvert, il va pleuvoir.*

2. couvert *nom masculin (n. m.)*
Une fourchette, un couteau et une cuillère sont des couverts. *Maman a de jolis couverts en argent.*
► Mettre le couvert : mettre le couvert, c'est mettre la table.

couverture *nom féminin (n. f.)*
1. Une couverture est un tissu épais qui tient chaud dans un lit. *J'ai une couverture en laine dans mon lit.*
2. La couverture d'un livre est ce qui recouvre l'ensemble des pages. *Le titre du livre est écrit en gros sur la couverture.*

couvrir *verbe (v.)*
1. Couvrir, c'est mettre un objet sur un autre pour le cacher ou le protéger. *Papa a couvert le tas de bois avec une toile en plastique.*
2. Couvrir, c'est mettre un couvercle pour fermer. *Couvre le pot de moutarde, s'il te plaît.*
3. Couvrir, c'est être étalé sur une surface. *Les marguerites couvrent le pré.*
Le synonyme est : recouvrir.
se couvrir *verbe (v.)*
1. Se couvrir, c'est s'habiller chaudement. *Couvre-toi bien, il fait très froid.* **2.** Se couvrir, c'est devenir nuageux. *Le ciel se couvre, il va y avoir de l'orage.*

crabe *nom masculin (n. m.)*
Un crabe est un animal marin qui a une carapace et deux grosses pinces. *Il y a des crabes sur la plage.*

cracher *verbe (v.)*
1. Cracher, c'est rejeter de la salive. *Ne crache pas dans la rue, c'est dégoûtant.* **2.** Cracher, c'est rejeter hors de la bouche. *Crache ton chewing-gum dans la poubelle !*

craie *nom féminin (n. f.)*
Une craie est un bâtonnet de couleur qui sert à écrire au tableau ou sur une ardoise. *La maîtresse utilise des craies blanches et rouges pour écrire au tableau.*

craindre *verbe (v.)*
1. Craindre quelqu'un ou quelque chose, c'est en avoir peur. *Jeanne craint les serpents.* **2.** Craindre quelque chose, c'est mal le supporter. *Léa craint la chaleur.*

crampe *nom féminin (n. f.)*
Une crampe est une contraction douloureuse d'un muscle. *Aïe ! J'ai une crampe au mollet.*

crâne *nom masculin (n. m.)*
Le crâne est l'ensemble des os de la tête qui protègent le cerveau.

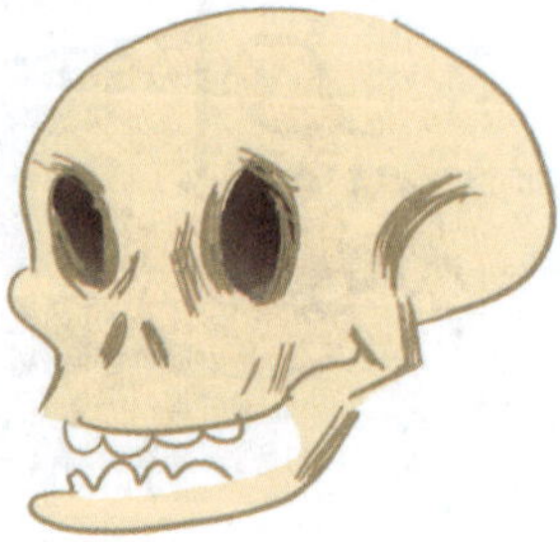

crapaud *nom masculin (n. m.)*
Un crapaud est une sorte de grosse grenouille avec une peau couverte de petites bosses. *Les crapauds sautent sur la route quand il pleut.*

crasse *nom féminin (n. f.)*
La crasse est une couche de saleté sur la peau. *Lave-toi les mains et frotte bien pour enlever toute cette crasse !*

cravate *nom féminin (n. f.)*
Une cravate est une bande de tissu que les hommes nouent sous leur col de chemise. *Papa met toujours un costume et une cravate pour se rendre chez ses clients.*

crayon *nom masculin (n. m.)*
Un crayon est un bâtonnet contenant une mine pour écrire ou dessiner. *Léo a une grande boîte de crayons de couleur.*

créer *verbe (v.)*
1. Créer, c'est faire exister. *Il a créé un nouveau club de foot dans le village.*
Le synonyme est : fonder.
2. Créer, c'est réaliser quelque chose de nouveau. *Le pâtissier a créé un nouveau dessert.*

crème *nom féminin (n. f.)*
1. La crème est la matière grasse du lait. *Elle achète sa crème fraîche à la ferme.* **2.** Une crème est un dessert. *J'adore la crème au caramel.* **3.** La crème est un produit utilisé pour la peau. *Mets de la crème pour te protéger du soleil.*

coin lecture

« " Maintenant, s'écria le petit tailleur, je prie Dieu qu'il me fasse la grâce de bénir cette bonne crème [...] " Il coupa une longue tartine pour étendre sa crème dessus. »
Le Valeureux Petit Tailleur.
Les frères Grimm.

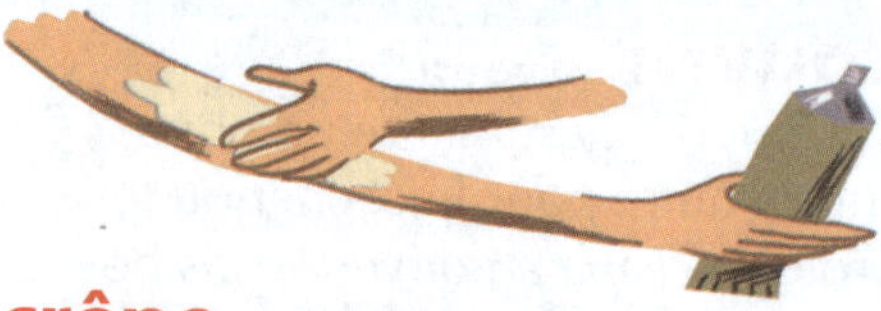

crêpe *nom féminin (n. f.)*
Une crêpe est une fine couche de pâte cuite à la poêle. *Elle mange les crêpes avec de la confiture de fraises.*

creuser *verbe (v.)*
Creuser, c'est faire un trou. *Mon chien a creusé un trou pour enterrer son os.* ► Se creuser la tête : se creuser la tête, c'est réfléchir beaucoup. *J'ai beau me creuser la tête, je ne trouve pas la solution.*

creux, creuse
adjectif masculin, féminin (adj. m., f.)
Une chose creuse est vide. *Le tronc de cet arbre est creux.*
creux *nom masculin (n. m.)*
Le creux est la partie creuse de quelque chose. *Le hibou a trouvé un refuge dans le creux d'un rocher.*
► Avoir un creux à l'estomac : avoir un creux à l'estomac, c'est avoir faim.

crever *verbe (v.)*
1. Crever, c'est se percer en éclatant. *J'ai crevé le pneu de mon vélo.*
2. Crever, c'est faire éclater. *Maëlisse a crevé son ballon.* ► Ça crève les yeux : *ça crève les yeux* signifie *c'est évident. Ça crève les yeux, il est amoureux de toi !*

crevette *nom féminin (n. f.)*
Une crevette est un petit animal marin à dix pattes, au corps allongé et muni de deux antennes. *Les pêcheurs ont rapporté des crevettes au port.*

cri *nom masculin (n. m.)*
Un cri est un son très fort émis par un homme ou un animal. *Le bébé pousse des cris. Le hibou a un cri perçant.*

crier *verbe (v.)*
1. Crier, c'est pousser un cri. *Elle a crié quand elle a vu le gros chien.*
2. Crier, c'est parler fort. *Ne crie pas comme ça, je t'entends !*

crime *nom masculin (n. m.)*
1. Un crime arrive lorsqu'une personne tue une autre personne. *Il est en prison pour avoir commis un crime.* 2. Un crime est une mauvaise action punie par la loi. *Cambrioler, c'est un crime.*

crin *nom masculin (n. m.)*
Le crin est le poil de la crinière ou de la queue du cheval.

crinière *nom féminin (n. f.)*
Une crinière est l'ensemble des poils autour de la tête de certains animaux. *Le lion a une jolie crinière.*

critiquer *verbe (v.)*
Critiquer quelqu'un, c'est lui faire des reproches, lui faire remarquer ses défauts. *Il critique la façon dont je m'habille.*

croasser *verbe (v.)*

Croasser, c'est pousser son cri en parlant du corbeau et de la corneille. *Les corbeaux croassent dans les peupliers.*

croc *nom masculin (n. m.)*

Les crocs sont les quatre longues dents pointues de certains animaux carnivores. *Le tigre a des crocs impressionnants.*

Remarque : Le *c* à la fin de *croc* ne se prononce pas.

croche-pied *nom masculin (n. m.)*

Un croche-pied est un mouvement du pied pour faire tomber une personne. *Il lui a fait un croche-pied et elle s'est fait très mal en tombant.*

Remarque : Le pluriel de ce mot est : des croche-pieds.

crochet *nom masculin (n. m.)*

1. Un crochet est une tige de métal recourbée que l'on utilise pour accrocher des choses. *Les clés de papa sont toujours sur le crochet du mur.* **2.** Un crochet est un détour sur une route. *Sabine a fait un crochet par le parc pour rentrer chez elle.* **3.** Un crochet est un coup de poing. *Ce boxeur a un bon crochet du droit.* **4.** Un crochet est chacune des petites dents pointues de certains serpents. *La vipère injecte son venin avec ses crochets.*

crocodile *nom masculin (n. m.)*

Un crocodile est un grand reptile carnivore.

à savoir

Le crocodile appartient à la même famille que l'alligator ou le caïman. Il a un long corps couvert d'écailles, une mâchoire puissante et des pattes robustes. Il mesure en moyenne 3 à 5 mètres. Le crocodile vit dans l'eau et sur terre. On le trouve en Afrique, en Asie, en Amérique et en Australie. Il se nourrit de poissons et d'autres animaux.

croire *verbe (v.)*

1. Croire, c'est penser que quelque chose est vrai. *Je crois ce que tu racontes.* **2.** Croire, c'est penser quelque chose sans en être sûr. *Je crois qu'il est parti vers midi.*
Le synonyme est : supposer.
3. Croire, c'est penser que quelqu'un ou quelque chose existe. *Cédric croit aux extraterrestres.*

se croire *verbe (v.)*

Se croire, c'est s'imaginer être. *Il se croit le plus fort.*

croisement *nom masculin (n. m.)*

Un croisement est un endroit où des routes se croisent. *Il y a un feu rouge au croisement.*
Le synonyme est : carrefour.

croiser *verbe (v.)*

1. Croiser, c'est rencontrer quelqu'un qui va dans le sens inverse. *J'ai croisé Ludivine dans le couloir.*
2. Quand une route ou une rue en croise une autre, elle la coupe. *Ma rue croise celle de Valentine.*

se croiser *verbe (v.)*

Se croiser, c'est se rencontrer en allant dans des sens inverses. *Les voitures se croisent sur l'autoroute.*

croisière *nom féminin (n. f.)*
Une croisière est un voyage sur un bateau. *Nos voisins ont fait une jolie croisière sur un yacht.*

1. croissant *nom masculin (n. m.)*
Un croissant est une pâtisserie recourbée en forme de croissant de lune. *Lauryne mange un croissant tous les matins.*

2. croissant, croissante
adjectif masculin, féminin (adj. m., f.)
Une chose croissante est une chose qui augmente. *La violence est croissante dans cette ville.*

croix *nom féminin (n. f.)*
Une croix est un signe formé de deux traits qui se croisent. *Dans cet exercice, il faut mettre une croix en face de la bonne réponse.*

croquant, croquante
adjectif masculin, féminin (adj. m., f.)
Une chose croquante croque sous la dent. *Cette pêche n'est pas mûre, elle est croquante.*

croquer *verbe (v.)*
Croquer, c'est mordre dans quelque chose en faisant un bruit sec. *Blanche-Neige a croqué dans une pomme empoisonnée.*

croquis *nom masculin (n. m.)*
Un croquis est un dessin fait rapidement. *Il a fait un croquis de sa maison pour expliquer où était sa chambre.*

croustillant, croustillante
adjectif masculin, féminin (adj. m., f.)
Une chose croustillante craque et s'émiette sous la dent. *Le pain grillé est très croustillant.*

1. croûte *nom féminin (n. f.)*
Une croûte est une couche sur certains aliments. *Mamie n'aime pas la croûte du fromage.* **2.** Une croûte est une plaque de sang séché sur la peau. *Ne gratte pas ta croûte, tu vas saigner.*

croûton *nom masculin (n. m.)*
Le croûton est le bout de la baguette de pain. *J'aime beaucoup manger le croûton.*

croyant, croyante
adjectif masculin, féminin (adj. m., f.)
Une personne croyante croit en Dieu. *Coralie est croyante, elle va à la messe le dimanche.*

cru, crue *adjectif masculin, féminin (adj. m., f.)*
Un aliment cru n'est pas cuit. *Mon chien mange de la viande crue.*
Le contraire est : cuit.

crudités *nom féminin pluriel (n. f. pl.)*
Des crudités sont des légumes que l'on sert et mange crus. *Il y a des carottes comme crudités à midi.*

cruel, cruelle
adjectif masculin, féminin (adj. m., f.)
Une personne cruelle aime faire souffrir les autres ou aime les voir souffrir. *C'est cruel d'attacher ce pauvre chien en plein soleil.*

crustacé *nom masculin (n. m.)*
Un crustacé est un animal généralement aquatique qui est recouvert d'une carapace.

à savoir
Le crustacé appartient à une famille d'environ 40 000 espèces. Il a une carapace, des pattes et des antennes. Le crabe, la langouste, le homard, la crevette sont des crustacés.

cube *nom masculin (n. m.)*
Un cube est un objet dont les six faces sont des carrés de même dimension. *Mon petit frère aime jouer avec ses cubes.*

cueillir *verbe (v.)*
Cueillir, c'est couper la tige d'une fleur ou d'un fruit avec ses mains. *Nous avons cueilli des cerises dans le jardin de mon grand-père.*

cuillère ou cuiller
nom féminin (n. f.)
Une cuillère est l'objet avec lequel on mange un yaourt ou une soupe. *Papy mange sa soupe avec une grande cuillère.*

cuir *nom masculin (n. m.)*
Le cuir est la peau de certains animaux utilisée pour fabriquer des vêtements, des chaussures, des ceintures ou des sacs. *Noah a de nouvelles chaussures en cuir.*

cuire *verbe (v.)*
Cuire un aliment, c'est faire en sorte qu'il soit bon à manger grâce à l'action de la chaleur. *Le gigot cuit dans le four.*

cuisine *nom féminin (n. f.)*
1. La cuisine est la pièce où l'on prépare à manger. *Elle a passé la matinée dans la cuisine à préparer le repas.* **2.** Faire la cuisine, c'est préparer à manger. *Papa apprend à faire la cuisine.*

cuisiner *verbe (v.)*
Cuisiner, c'est préparer quelque chose à manger. *Laura cuisine avec sa mère.*

cuisse *nom féminin (n. f.)*
La cuisse est la partie de la jambe entre la hanche et le genou. *Sa mère lui a donné une claque sur les cuisses.*

cuisson *nom féminin (n. f.)*
La cuisson d'un aliment est la façon dont il est cuit. *Quelle cuisson pour ton steak ?*

cuit, cuite
adjectif masculin, féminin (adj. m., f.)
Un aliment cuit a été passé au four, dans la casserole ou à la poêle avant d'être mangé. *J'aime la viande bien cuite.*

cul *nom masculin (n. m.)*
Dans le langage familier et grossier, le cul désigne les fesses.

Remarque : Le *l* de ce mot ne se prononce pas.

culotte *nom féminin (n. f.)*
Une culotte est un sous-vêtement qui cache les fesses et le bas du ventre. *Maman m'a acheté des culottes en coton.*

culpabiliser *verbe (v.)*
Culpabiliser, c'est se sentir coupable. *Aurélie culpabilise, elle croit que tout est de sa faute.*

cultivé, cultivée
adjectif masculin, féminin (adj. m., f.)
Être cultivé, c'est avoir de la culture. *Lorie est cultivée, elle sait beaucoup de choses.*

cultiver *verbe (v.)*
Cultiver des plantes, c'est les faire pousser. *L'agriculteur cultive du blé et du maïs.*

se cultiver *verbe (v.)*
Se cultiver, c'est s'instruire, apprendre des choses. *Il se cultive en lisant beaucoup de livres.*

culture *nom féminin (n. f.)*
1. La culture est l'action de faire pousser des plantes. *Ce jardinier est spécialisé dans la culture des roses.*
2. La culture est l'ensemble des connaissances d'une personne. *Mes parents ont beaucoup de culture.*

cumin *nom masculin (n. m.)*
Le cumin est une plante cultivée pour ses graines.

curé *nom masculin (n. m.)*
Un curé est un prêtre catholique. *Le curé du village prie pour les habitants.*

curieux, curieuse
adjectif masculin, féminin (adj. m., f.)
1. Une personne curieuse cherche à connaître de nouvelles choses. *Elle est curieuse, elle lit le journal tous les jours.* **2.** Une personne curieuse cherche à savoir ce qui ne la regarde pas. *Tu es trop curieuse, je ne te dirai pas pourquoi Antoine a déménagé.*
Le synonyme est : indiscret.
3. Une chose curieuse est une chose qui étonne. *C'est curieux de voir cet animal dans cette région.*
Les synonymes sont : bizarre, étonnant, étrange.

Remarque : Les adjectifs *curieux, curieuse* peuvent aussi être des noms : *Vanessa est une petite curieuse.*

curiosité *nom féminin (n. f.)*
1. La curiosité est l'envie de connaître des choses nouvelles. *Léa a de la curiosité pour les poissons exotiques.* **2.** La curiosité est un défaut qui pousse les gens à savoir ce qui ne les regarde pas. *La curiosité est un vilain défaut.*
Le synonyme est : indiscrétion.
3. Une curiosité est une chose qui surprend. *J'ai remarqué quelques curiosités dans cette boutique.*

curry *nom masculin (n. m.)*
Le curry est une poudre jaune utilisée pour cuisiner.

cutter *nom masculin (n. m.)*
Un cutter est un outil composé d'une lame qui coulisse dans un manche. *Il a coupé du carton avec son cutter.*

cuvette *nom féminin (n. f.)*
1. Une cuvette est un récipient large et peu profond. *La vaisselle est dans la cuvette, tu peux la faire !*
Le synonyme est : bassine.
2. La cuvette est la partie creuse des toilettes. *La cuvette des WC est propre.*

cycliste *nom masculin ou féminin (n. m. ou f.)*
Un cycliste est une personne qui fait du vélo. *Les cyclistes sont partis pour une promenade de 40 kilomètres.*

cygne *nom masculin (n. m.)*
Un cygne est un gros oiseau blanc ou noir au long cou et aux pattes palmées. *Il y a des cygnes sur ce lac.*

Remarque : Il ne faut pas confondre *cygne* avec un *signe* : *Il m'a fait un signe de la main.*

coin lecture

« Les grands cygnes blancs nageaient autour de lui et le caressaient de leur bec. Quelques enfants approchaient, jetant du pain et des graines. Le plus petit s'écria : – Oh ! Il y en a un nouveau. »
Le Vilain Petit Canard. Andersen.

cymbale *nom féminin (n. f.)*
Une cymbale est un instrument de musique composé de deux disques que l'on frappe l'un contre l'autre.

comme dinosaure !

d'accord *adverbe (adv.)*
D'accord est un mot que l'on dit lorsque l'on accepte ou que l'on veut bien faire ce que l'on nous propose. *Pauline est d'accord pour rester chez moi.*

dame *nom féminin (n. f.)*
Une dame est une femme. *Cette dame a un mari très gentil.*

danger *nom masculin (n. m.)*
Un danger menace la sécurité ou la vie de quelqu'un. *Ce chauffeur est un vrai danger.*
Le synonyme est : péril.

dans *préposition (prép.)*
1. *Dans* signifie *à l'intérieur de. J'ai laissé mon cahier dans mon cartable.* **2.** *Dans* indique un moment, une durée. *Les vacances commencent dans trois semaines.*

danser *verbe (v.)*
Danser, c'est bouger son corps sur une musique. *Gauthier danse bien le rock.*

danseur, danseuse
nom masculin, féminin (n. m., f.)
1. Un danseur, une danseuse est une personne dont le métier est de danser. *Les danseuses de l'Opéra dansent très bien.* **2.** Un danseur, une danseuse est une personne qui danse pour son plaisir. *Ma sœur est une bonne danseuse.*

coin lecture

« La petite demoiselle tenait les deux bras levés, car c'était une danseuse, et elle levait aussi une jambe en l'air, si haut, que notre soldat ne la voyait même pas. » *Le Stoïque Soldat de plomb.* Andersen.

dard *nom masculin (n. m.)*

Un dard est l'aiguille avec laquelle piquent certains insectes. *Le dard de l'abeille est resté planté dans ma peau.*

date *nom féminin (n. f.)*

La date est l'indication du jour, du mois, de l'année. *Ma date de naissance est le 16 mars 2002.*

Remarque : Il ne faut pas confondre *date* avec une *datte* : *J'adore manger des dattes.*

dater *verbe (v.)*

1. Dater, c'est indiquer la date. *Il a daté sa lettre en haut, à droite.*
2. Dater, c'est exister depuis un certain temps. *Sa dernière visite en France date de l'an dernier.*

datte *nom féminin (n. f.)*

Une datte est un petit fruit à noyau, allongé et très sucré. *J'aime beaucoup les dattes séchées.*

Remarque : Il ne faut pas confondre *datte* avec la *date* : *Quelle est ta date de naissance ?*

dauphin *nom masculin (n. m.)*

Un dauphin est un animal marin à la peau lisse et au bec assez long. *J'ai vu nager des dauphins à côté de notre bateau.*

à savoir

Le dauphin mesure entre 2 et 4 mètres et pèse de 70 à 400 kilos. Cet animal, qui peut nager très vite, vit en groupe et se nourrit de poissons mais aussi de calamars, de seiches et de crevettes. Ses poissons préférés sont les harengs et les sardines.

davantage *adverbe (adv.)*

1. *Davantage* signifie *plus. Tu es tout maigre, il faut manger davantage.*
2. *Davantage* signifie *plus longtemps. Tu es en retard, je ne peux pas patienter davantage.*

de *préposition (prép.)*

De est un mot employé pour donner des indications de lieu ou d'appartenance. *Je viens de Paris. Je parle de Gaëlle.*

Remarque : Devant *a, e, i, o, u, y* ou un *h* muet, par exemple, *de* se transforme en *d'* : *Je viens d'Italie. Je parle d'Adrien. Le nid d'hirondelle.*

dé *nom masculin (n. m.)*

Un dé est un petit cube dont chacune des faces est marquée par un nombre de points allant de 1 à 6. *Lance le dé, c'est à toi de jouer.*

A B C D E F G H I J K L M N O P Q R S T U V W X Y Z

déballer *verbe (v.)*
Déballer, c'est sortir de son emballage. *Déballe ton paquet, c'est un belle surprise !*

se débarbouiller *verbe (v.)*
Se débarbouiller, c'est se laver la figure avec un gant de toilette. *Débarbouille-toi, tu es tout sale !*

débarrasser *verbe (v.)*
Débarrasser, c'est enlever ce qui embarrasse. *Papa a débarrassé le garage pour faire de la place.*
► Débarrasser la table : débarrasser la table, c'est enlever ce qui reste sur la table à la fin du repas. *Tu peux m'aider à débarrasser la table, s'il te plaît ?*

déborder *verbe (v.)*
En parlant d'un liquide, déborder, c'est passer par-dessus bord. *Après l'orage, la rivière a débordé dans le pré. Le lait a bouilli et a débordé de la casserole.*

déboucher *verbe (v.)*
1. Déboucher une bouteille, c'est retirer le bouchon. *Papa a débouché une bouteille de vin.* **2.** Déboucher, c'est retirer ce qui bouche un trou ou un tuyau. *Le plombier a débouché l'évier.*
Le contraire est : boucher.

debout *adverbe (adv.)*
Être debout, c'est se tenir sur ses deux jambes. *Ne reste pas debout, prends une chaise !* ► Dormir debout : dormir debout, c'est être très fatigué. *Va au lit, Joffrey, tu dors debout !*

déboutonner *verbe (v.)*
Déboutonner, c'est ouvrir un vêtement en défaisant les boutons. *Déboutonne ta chemise, il fait chaud !*

débrancher *verbe (v.)*
Débrancher un appareil, c'est enlever la fiche de la prise de courant installée dans le mur. *Tu peux débrancher le fer, j'ai fini le repassage.*

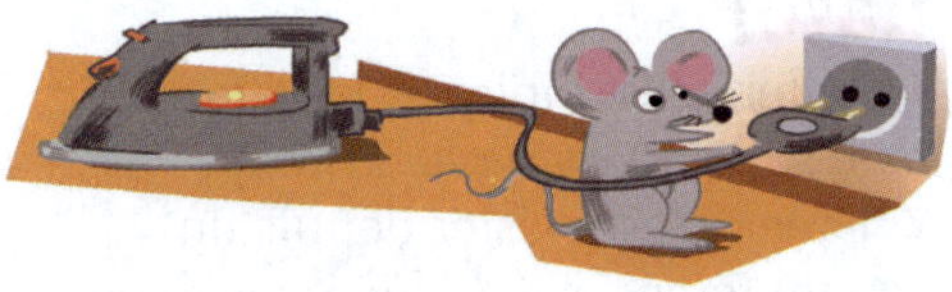

débrouiller *verbe (v.)*
Débrouiller, c'est rendre compréhensible. *Le policier a débrouillé cette histoire de vol.*
Le contraire est : embrouiller.

se débrouiller *verbe (v.)*
Se débrouiller, c'est toujours trouver un moyen d'agir, une solution. *Il se débrouille lorsqu'il a un problème avec son ordinateur.*

début *nom masculin (n. m.)*
Le début d'une chose est le moment où elle commence. *Le début du spectacle est à 21 heures.*
Le synonyme est : commencement.
Le contraire est : fin.

débuter *verbe (v.)*

1. Débuter, c'est commencer. *Ma sœur débute ses cours de danse la semaine prochaine. Le match de tennis débute à 15 heures.*
Les synonymes sont : commencer, démarrer.
Les contraires sont : s'achever, se terminer.

décalage *nom masculin (n. m.)*

En parlant de l'heure, le décalage, c'est ne pas avoir la même heure dans deux pays au même moment. *Il y a un décalage horaire d'une heure entre la France et le Maroc.*

décalquer *verbe (v.)*

Décalquer, c'est suivre les contours d'un dessin placé sous une feuille transparente. *Lola a décalqué Donald.*

décapotable

adjectif masculin ou féminin (adj. m. ou f.)
Une voiture décapotable a une capote que l'on peut replier ou enlever. *C'est super d'être dans la voiture décapotable de tonton quand il fait beau !*

Remarque : L'adjectif *décapotable* peut aussi être un nom : *Il a acheté une nouvelle décapotable.*

décéder *verbe (v.)*

Décéder, c'est mourir. *Ce vieux monsieur est décédé dans la nuit.*

décembre *nom masculin (n. m.)*

Décembre est le dernier mois de l'année. *J'adore le mois de décembre parce qu'il y a Noël !*

décès *nom masculin (n. m.)*

Le décès est la mort. *Le décès de cette dame nous a fait de la peine.*

décevoir *verbe (v.)*

Décevoir une personne, c'est ne pas agir comme elle le souhaitait. *Je suis déçu par ton comportement.*

déchaîner *verbe (v.)*

Déchaîner, c'est déclencher une réaction violente ou intense. *Le vent déchaîne la mer. Le but de Zidane a déchaîné les supporters.*
Le contraire est : calmer.

décharge *nom féminin (n. f.)*

Une décharge est un endroit où l'on dépose les ordures. *Cette décharge dégage une très mauvaise odeur.*

décharger *verbe (v.)*

Décharger un véhicule, c'est enlever la marchandise qu'il transporte. *Le routier a déchargé sa marchandise.*
Le contraire est : charger.

se déchausser *verbe (v.)*
Se déchausser, c'est enlever ses chaussures. *Tu peux te déchausser avant d'entrer dans ma chambre ?*

déchet *nom masculin (n. m.)*
Un déchet est un reste qu'on n'utilise pas. *Tu peux jeter les déchets à la poubelle.*

déchirer *verbe (v.)*
1. Déchirer, c'est mettre en morceaux. *J'ai déchiré sa lettre en deux.* **2.** Déchirer un vêtement, c'est faire un accroc. *J'ai déchiré mon pantalon en tombant.*

décider *verbe (v.)*
1. Décider, c'est prendre une décision. *J'ai décidé de me lever tôt demain.* **2.** Décider une personne, c'est la convaincre. *J'ai pu décider Valentine à venir avec moi.*

décision *nom féminin (n. f.)*
Une décision est la résolution que l'on prend de faire ou de ne pas faire quelque chose. *Mon parrain a pris la décision d'arrêter de fumer.*

déclencher *verbe (v.)*
1. Déclencher un mécanisme, c'est le faire marcher. *La bombe a été déclenchée par les terroristes.*
2. Déclencher une réaction, c'est la provoquer. *Le mauvais comportement de Maxime a déclenché la colère de la maîtresse.*

se déclencher *verbe (v.)*
Se déclencher, c'est se mettre en marche. *L'alarme de la bijouterie s'est déclenchée dans la nuit.*

déclic *nom masculin (n. m.)*
Un déclic est ce qui provoque quelque chose. *La victoire du mois dernier a été un déclic pour l'équipe, elle gagne tout maintenant !*

1. décoller *verbe (v.)*
En parlant d'un avion ou d'une fusée, décoller, c'est quitter le sol et s'envoler.
Les contraires sont : atterrir, se poser.

2. décoller *verbe (v.)*
Décoller, c'est enlever ce qui était collé. *Il a décollé les autocollants du réfrigérateur.*

se décoller *verbe (v.)*
Se décoller, c'est se détacher en parlant d'une chose qui était collée. *L'étiquette de mon cahier se décolle.*

décolleté *nom masculin (n. m.)*
Un décolleté est la partie d'un vêtement qui laisse voir le cou et le haut des épaules. *Ma tante a un joli décolleté.*

décongeler *verbe (v.)*
Décongeler un aliment, c'est le sortir du congélateur. *Mathilde a décongelé un gigot pour le repas de midi.*

déconseiller *verbe (v.)*
Déconseiller quelque chose, c'est conseiller de ne pas le faire. *Il m'a déconseillé de parler à cette fille.*

se décontracter *verbe (v.)*
Se décontracter, c'est se détendre, se relaxer. *J'aime me décontracter dans mon bain.*

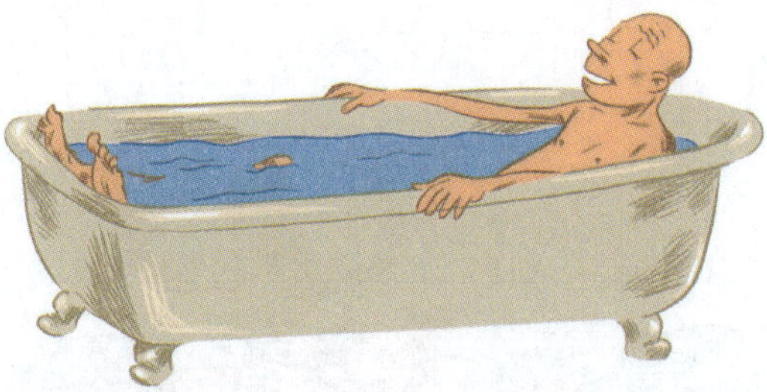

décor *nom masculin (n. m.)*
Un décor est l'ensemble des éléments d'une scène de théâtre qui montrent le lieu où se passe l'histoire.

décorateur, décoratrice
nom masculin, féminin (n. m., f.)
Un décorateur, une décoratrice est une personne dont le métier est de faire des décors pour le cinéma, le théâtre, ou bien de décorer des maisons. *Ce décorateur a beaucoup de talent.*

décoration *nom féminin (n. f.)*
La décoration d'un lieu est la façon dont il est décoré. *J'aime beaucoup la décoration de ta chambre.*

décorer *verbe (v.)*
Décorer, c'est rendre plus joli en ajoutant de beaux objets. *Nous avons décoré le sapin de Noël.*

découper *verbe (v.)*
Découper, c'est couper en suivant les contours de quelque chose. *J'ai découpé mon dessin pour le coller au mur.*

décourager *verbe (v.)*
Décourager, c'est démoraliser. *Je suis découragé par le mauvais temps qui dure.*

se décourager *verbe (v.)*
Se décourager, c'est perdre courage. *Ne te décourage pas trop facilement.*

découverte *nom féminin (n. f.)*
Une découverte est une chose que l'on découvre. *Les chercheurs ont fait une découverte importante.*
► À la découverte : *à la découverte* signifie *pour découvrir. Les pirates sont partis à la découverte du trésor.*

découvrir *verbe (v.)*
Découvrir, c'est trouver quelque chose qui était caché ou inconnu. *J'ai découvert la vérité dans cette histoire.*

se découvrir *verbe (v.)*
1. Se découvrir, c'est enlever un vêtement. *Ne te découvre pas trop, il y a des courants d'air.* **2.** En parlant du temps, se découvrir, c'est devenir plus dégagé. *Le ciel se découvre, les nuages sont partis.*

décrire *verbe (v.)*
Décrire, c'est détailler les aspects de quelqu'un ou de quelque chose. *Tu peux me décrire ton cousin ?*

décrocher *verbe (v.)*
1. Décrocher, c'est retirer quelque chose qui est accroché. *J'ai décroché le tableau du mur.* **2.** Décrocher le téléphone, c'est soulever la partie utilisée pour parler et écouter. *Le téléphone sonne, décroche !*

déçu, déçue
adjectif masculin, féminin (adj. m., f.)
Être déçu, c'est être un peu triste de ne pas pouvoir faire ou avoir ce qu'on espérait. *je suis déçu de ne pas pouvoir venir à ton anniversaire.*

dedans *adverbe (adv.)*
Dedans signifie *à l'intérieur. Regarde dans mon cartable, ton cahier est dedans.*
Le contraire est : dehors.

déesse *nom féminin (n. f.)*
Une déesse est une divinité féminine.

défaire *verbe (v.)*
1. Défaire une chose, c'est la détruire. *Kévin a défait mon château de cartes.* **2.** Défaire, c'est enlever. *J'ai défait le papier cadeau.*
3. Défaire ses bagages, c'est les enlever de la valise pour les ranger. *Aussitôt arrivés à l'hôtel, nous avons défait nos bagages.*

défaut *nom masculin (n. m.)*

1. Un défaut est ce qu'il y a de moins bien dans la personnalité de quelqu'un. *Il a un gros défaut, il est très jaloux.*
Le contraire est : qualité.
2. Un défaut est une partie qui n'est pas parfaite. *Ce pantalon a des défauts.*

défendre *verbe (v.)*

1. Défendre quelqu'un, c'est le protéger. *Il a défendu une vieille dame qui se faisait attaquer dans la rue.*
Le synonyme est : secourir.
Le contraire est : attaquer.
2. Défendre, c'est interdire quelque chose. *Mes parents m'ont défendu de parler aux inconnus.*
Les contraires sont : autoriser, permettre.

se défendre *verbe (v.)*

Se défendre, c'est se protéger contre une attaque en se battant. *Il s'est défendu contre ce méchant garçon.*

défense *nom féminin (n. f.)*

Une défense est une protection contre une attaque. *Les militaires sont chargés de la défense du pays.*
Le contraire est : attaque.
2. La défense est le fait d'interdire quelque chose à quelqu'un. *Il y a une pancarte « Défense de fumer » dans ce bureau.*
Le synonyme est : interdiction.
Les contraires sont : autorisation, permission.

défier *verbe (v.)*

Défier une personne, c'est la provoquer en lui lançant un défi. *Maxime a défié Cédric au tir à l'arc.*

défilé *nom masculin (n. m.)*

Un défilé est une ensemble de personnes, de véhicules qui passent en file. *Nous sommes allés au défilé du 14 Juillet.*

défiler *verbe (v.)*

Défiler, c'est passer en file. *Les militaires défilent dans la ville.*

définir *verbe (v.)*

1. Définir un mot, c'est donner son sens. *Regarde dans le dictionnaire comment ce mot est défini !*
2. Définir, c'est indiquer avec précision. *Tu peux définir les règles du jeu ?*

définitif, définitive

adjectif masculin, féminin (adj. m., f.)
Une chose définitive ne change plus. *Ma décision est définitive, je ne changerai pas d'avis.*

définition *nom féminin (n. f.)*

La définition d'un mot est l'explication de son sens. *Il y a de nouvelles définitions dans ce dictionnaire.*

défoncer *verbe (v.)*
Défoncer, c'est casser en enfonçant. *Il a défoncé la porte pour entrer.*

déformer *verbe (v.)*
Déformer, c'est changer la forme. *Ne mets pas ma casquette, tu vas la déformer.*

se déformer *verbe (v.)*
Se déformer, c'est changer de forme. *Cette bouteille en plastique s'est déformée au soleil.*

se défouler *verbe (v.)*
Se défouler, dans le langage familier, c'est se soulager, se libérer en dépensant son énergie en faisant quelque chose qui nous plaît. *Audrey se défoule dans la cour de récréation.*

dégât *nom masculin (n. m.)*
Un dégât est un dommage causé par un accident, une catastrophe. *Le vent a causé des dégâts dans les toitures des maisons.*

dégeler *verbe (v.)*
Dégeler, c'est être en train de fondre. *L'étang dégèle au printemps.*

dégonfler *verbe (v.)*
1. Dégonfler, c'est vider un objet de l'air ou du gaz qu'il contient. *Il a dégonflé mon ballon.*
Le contraire est : gonfler.
2. Dégonfler, c'est être moins enflé. *Sa bosse à la tête dégonfle.*
Les synonymes sont : gonfler, enfler.

se dégonfler *verbe (v.)*
Se dégonfler, c'est se vider de son air. *Les pneus de mon vélo se dégonflent.*

dégourdi, dégourdie
adjectif masculin, féminin (adj. m., f.)
Une personne dégourdie sait se débrouiller seule. *Alicia est très dégourdie pour son âge.*

dégourdir *verbe (v.)*
Dégourdir, c'est mettre en mouvement après une longue période sans bouger. *J'ai dégourdi mes jambes en marchant un peu.*

dégoût *nom masculin (n. m.)*
Le dégoût est ce que l'on ressent quand on déteste quelqu'un ou quelque chose. *J'ai du dégoût pour les personnes qui abandonnent leurs animaux.*
Le contraire est : attirance.

dégoûtant, dégoûtante
adjectif masculin, féminin (adj. m., f.)
1. Une personne ou une chose dégoûtante provoque du dégoût. *Sa façon de manger est dégoûtante.*
Le synonyme est : répugnant.
2. Être dégoûtant, c'est être très sale. *Lave-toi les mains, elles sont dégoûtantes.*

dégoûter *verbe (v.)*
Dégoûter, c'est inspirer du dégoût. *Son comportement me dégoûte.*

degré *nom masculin (n. m.)*
Un degré est une unité de mesure qui sert à indiquer la température. *Il fait doux aujourd'hui, le thermomètre indique 15 degrés.*

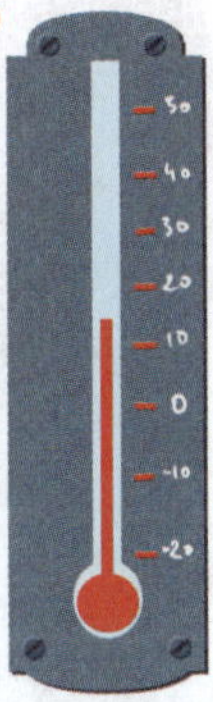

déguisement
nom masculin (n. m.)
Un déguisement est un habit que l'on porte pour se déguiser. *Il a acheté un déguisement de Zorro pour l'anniversaire de son frère.*

se déguiser *verbe (v.)*
Se déguiser, c'est porter un costume et un masque. *Quand Julia se déguise, personne ne peut la reconnaître.*

dégustation *nom féminin (n. f.)*
La dégustation est le fait de déguster des aliments ou des boissons. *Il y a une dégustation de fruits dans ce magasin.*

déguster *verbe (v.)*
Déguster, c'est apprécier le goût. *J'ai dégusté un très bon gâteau au chocolat.*
Le synonyme est : savourer.

se déhancher *verbe (v.)*
Se déhancher, c'est marcher ou danser en balançant les hanches. *Laure se déhanche dès qu'elle entend de la musique !*

dehors *adverbe (adv.)*
Dehors signifie *à l'extérieur*. *Kévin aime jouer dehors.*
Le contraire est : dedans.

déjà *adverbe (adv.)*
1. *Déjà* signifie *dès ce moment*. *Il savait déjà lire à 5 ans.* **2.** *Déjà* signifie *dans le passé*. *J'ai déjà vu ce garçon.*

déjeuner *verbe (v.)*
Déjeuner, c'est prendre le repas de midi. *Papa déjeune à la cantine de son travail.*

déjeuner *nom masculin (n. m.)*
Le déjeuner, c'est le repas de midi. *Maman a préparé des haricots verts pour le déjeuner.* ► Petit déjeuner : le petit déjeuner est le repas du matin. *Je prends un bol de céréales pour mon petit déjeuner.*

délabré, délabrée

adjectif masculin, féminin (adj. m., f.)
Une maison, un bâtiment délabré tombe en ruine. *Cette maison est délabrée, elle va être démolie.*

délacer *verbe (v.)*

Délacer, c'est défaire les lacets. *Je n'arrive pas à délacer mes chaussures, il y a un gros nœud.*
Le contraire est : lacer.

Remarque : Il ne faut pas confondre *délacer* avec *se délasser* : *Elle se délasse dans son canapé.*

délai *nom masculin (n. m.)*

Un délai est le temps qu'on donne à quelqu'un pour faire quelque chose. *Il a un délai de trois jours pour faire ce travail.*

délice *nom masculin (n. m.)*

1. Un délice est un grand plaisir. *C'est un délice de se promener sur la plage au coucher du soleil.* **2.** Un délice est quelque chose de délicieux. *Cette glace à la fraise est un délice.*
Le synonyme est : régal.

délicieux, délicieuse

adjectif masculin, féminin (adj. m., f.)
1. Une chose délicieuse est une chose très bonne. *La tarte aux pommes de sa mère est délicieuse.*
Le synonyme est : excellent.
2. Une personne délicieuse est une personne très agréable. *Ma grand-mère est une femme délicieuse.*

délire *nom masculin (n. m.)*

1. Un délire est une folie passagère. *Son délire est de se prendre pour une star de cinéma !* **2.** Un délire est un très grand enthousiasme. *Le public est en délire quand le chanteur arrive sur scène.*

délirer *verbe (v.)*

Délirer, c'est avoir un délire. *Il délire, il se prend pour une star !*

délivrer *verbe (v.)*

1. Délivrer, c'est rendre sa liberté à quelqu'un. *Le prisonnier a été délivré hier.*
Le synonyme est : libérer.
2. Délivrer une personne, c'est la soulager d'une chose pénible. *Il a été délivré des soupçons qui pesaient sur lui.*

demain *adverbe (adv.)*
Demain est le jour qui suit aujourd'hui. *Demain, c'est dimanche, il n'y a pas d'école.*

demande *nom féminin (n. f.)*
Une demande est une réclamation. *Sa demande est d'avoir un ordinateur pour Noël.*

demander *verbe (v.)*
1. Demander, c'est poser une question. *J'ai demandé à maman si je pouvais sortir.* **2.** Demander, c'est avoir un souhait. *Flavio a demandé un vélo pour son anniversaire.*
3. Demander, c'est être nécessaire. *Ce sport demande des heures d'entraînement.*
se demander *verbe (v.)*
1. Se demander, c'est se poser une question. *Je me demande quel âge a l'instituteur.* **2.** Se demander, c'est hésiter à faire quelque chose. *Elle se demande si elle doit venir ou pas.*

démangeaison *nom féminin (n. f.)* Une démangeaison est une sensation qui donne envie de se gratter. *C'est pénible, j'ai des démangeaisons.*

démaquiller *verbe (v.)*
Démaquiller, c'est retirer le maquillage. *Jennifer démaquille sa poupée.*
Le contraire est : maquiller.
se démaquiller *verbe (v.)*
Se démaquiller, c'est enlever son maquillage. *Elle se démaquille avant d'aller dormir.*
Le contraire est : se maquiller.

démarche *nom féminin (n. f.)*
La démarche de quelqu'un est sa façon de marcher. *Il a une démarche élégante.*

démarrer *verbe (v.)*
Démarrer, c'est mettre le moteur en marche. *Il a démarré sa voiture et il est parti à toute vitesse.*

démasquer *verbe (v.)*
Démasquer, c'est identifier une personne qui ne voulait pas être reconnue. *Johanna a démasqué le coupable.*

démêler *verbe (v.)*
Démêler, c'est séparer ce qui est emmêlé. *J'arrive a démêler mes cheveux avec ce peigne.*
Le contraire est : emmêler.

A B C D E F G H I J K L M N O P Q R S T U V W X Y Z

déménagement

nom masculin (n. m.)
Un déménagement est un changement de lieu d'habitation. *Depuis son déménagement à Paris, on ne le voit plus.*

déménager *verbe (v.)*

Déménager, c'est aller habiter ailleurs. *Il a déménagé à Rabat.*

déménageur *nom masculin (n. m.)*

Un déménageur est une personne dont le métier est de transporter les affaires des gens qui déménagent.

demeure *nom féminin (n. f.)*

Une demeure est une grande et belle maison. *Sa demeure se trouve au bord de la mer.*

demeurer *verbe (v.)*

1. Demeurer à un endroit, c'est y habiter. *Il demeure à l'étranger.*
2. Demeurer, c'est rester à la même place. *Valentine demeure ici sans bouger.*

demi, demie

adjectif masculin, féminin (adj. m., f.)
Demi désigne la moitié d'une chose. *Je l'ai attendu une demi-heure. Je l'ai attendu une heure et demie*

Remarque : Quand *demi* est placé avant le nom, il s'écrit de la même façon et est lié par un trait d'union : *Il a mangé une demi-baguette à lui tout seul.*

demi-tour *nom masculin (n. m.)*

Un demi-tour est la moitié d'un tour que l'on fait sur soi-même. *La danseuse fait un demi-tour sur la pointe des pieds.* ▶ Faire demi-tour : faire demi-tour, c'est reprendre le chemin par lequel on vient d'arriver. *Nous nous sommes trompés de route, il faut faire demi-tour.*

se démoder *verbe (v.)*

Se démoder, c'est ne plus être à la mode. *Ce vêtement se démode, je ne veux plus le mettre.*

demoiselle *nom féminin (n. f.)*

Une demoiselle est une jeune fille. *Cette demoiselle est charmante.*

démolir *verbe (v.)*

Démolir une chose, c'est la détruire. *Cette vieille maison a été complètement démolie.*
Le contraire est : construire.

démon *nom masculin (n. m.)*
1. Le démon est le diable. *Il est déguisé en démon avec une fourche.* **2.** Un démon est un enfant turbulent. *Sa mère n'en vient pas à bout, c'est un vrai démon !*

dénoncer *verbe (v.)*
Dénoncer, c'est donner le nom du coupable. *Il a dénoncé le voleur à la police.*

dénouer *verbe (v.)*
Dénouer, c'est défaire un nœud. *Je n'arrive pas à dénouer mes lacets.* Le contraire est : nouer.

dent *nom féminin (n. f.)*
1. Une dent est ce qui est planté dans notre gencive et qui permet de mastiquer et broyer les aliments. *Je me brosse les dents tous les jours, elles sont bien blanches !* **2.** Une dent est un des bouts pointus que possèdent certains instruments. *Il manque une dent à cette fourchette.* ► Avoir une dent contre quelqu'un : avoir une dent contre quelqu'un, c'est lui en vouloir. *J'ai une dent contre Valentin parce qu'il m'a insulté.* ► Ne rien avoir à se mettre sous la dent : ne rien avoir à se mettre sous la dent, c'est ne rien avoir à manger. *Ils sont affamés, ils n'ont rien à se mettre sous la dent.* ► Se casser les dents sur quelque chose : se casser les dents sur quelque chose, c'est échouer. *Je me suis cassé les dents sur cet exercice.*

à savoir
La bouche d'un adulte contient 32 dents. Un enfant de 6 ans en a 20. Les incisives coupent les aliments, les canines les déchirent, les prémolaires et les molaires servent à les broyer et à les écraser.

dentaire
adjectif masculin ou féminin (adj. m. ou f.)
Un examen dentaire est un contrôle du dentiste qui vérifie si nos dents sont saines. *Grâce à un examen dentaire, le dentiste a vu que Mélanie avait une carie.*

dentelle *nom féminin (n. f.)*
La dentelle est un tissu léger avec de petits trous qui forment de jolis dessins. *Mamie fait des napperons en dentelle.*

dentier *nom masculin (n. m.)*
Un dentier est un appareil constitué de fausses dents. *Ce ne sont pas ses vraies dents, il porte un dentier.*

dentifrice *nom masculin (n. m.)*
Le dentifrice est la pâte utilisée pour se brosser les dents. *Mon dentifrice a un goût de fraise.*

dentiste *nom masculin ou féminin (n. m. ou f.)*
Un(e) dentiste est une personne dont le métier est de soigner les dents. *Le dentiste a soigné ma carie.*

dépanner *verbe (v.)*
Dépanner, c'est réparer ce qui est en panne. *Mon oncle a pu dépanner notre télévision.*

départ *nom masculin (n. m.)*
1. Le départ est le moment où l'on doit partir. *Le départ du train est prévu à 15 heures.*
Le contraire est : arrivée.
2. Le départ est l'action de partir. *Il a dit au revoir avant son départ.* **3.** Le départ d'une course est le moment où commence la course. *Attention au départ... partez !*

coin lecture

« Là, nous nous attendrons ; le rivage est tout près, une barque est au bord ; les rameurs, le vent même.
Tout pour notre départ montre une hâte extrême […]. »
Les Filles de Minée.
Jean de La Fontaine.

départager *verbe (v.)*
Départager, c'est trouver le moyen de désigner le vainqueur. *L'arbitre n'a pas pu départager les boxeurs.*

département
nom masculin (n. m.)
Le département est la partie d'un territoire français. *Mon département est la Nièvre, et toi ?*

à savoir

La France compte 100 départements. Chaque département est dirigé par un préfet.

dépasser *verbe (v.)*

1. Dépasser, c'est passer devant. *La voiture nous a dépassés à toute vitesse.*
Le synonyme est : doubler.
2. Dépasser, c'est être plus grand ou plus haut. *Alexandre est grand, il me dépasse d'une tête.*

se dépasser *verbe (v.)*

Se dépasser, c'est faire plus que ce que l'on fait en temps normal. *L'équipe s'est dépassée pour remporter la victoire.*

se dépêcher *verbe (v.)*

Se dépêcher, c'est faire au plus vite. *Dépêche-toi, nous sommes en retard !*

dépendre *verbe (v.)*

1. Dépendre, c'est retirer ce qui est pendu. *Tu peux dépendre ma veste du porte-manteau ?*
Le synonyme est : décrocher.
2. Dépendre d'une personne, c'est être sous son autorité. *Je dépends de mes parents.*

dépenser *verbe (v.)*

Dépenser de l'argent, c'est le donner pour acheter quelque chose. *Je n'aime pas dépenser mon argent dans les bonbons.*

se dépenser *verbe (v.)*

Se dépenser, c'est faire des efforts physiques. *Louis se dépense en allant courir au parc.*

dépensier, dépensière

nom masculin, féminin (n. m., f.)
Un dépensier, une dépensière est une personne qui dépense beaucoup d'argent. *Ma tante est une grande dépensière.*
Le contraire est : avare.

déplacer *verbe (v.)*

Déplacer, c'est changer quelque chose de place. *Ma sœur a déplacé mes livres, je ne les retrouve plus.*
Le synonyme est : bouger.

se déplacer *verbe (v.)*

Se déplacer, c'est aller d'un lieu à un autre. *Déplace-toi si tu veux que je te prête mon stylo.*

déplaire *verbe (v.)*

Déplaire, c'est ne pas plaire. *Ce dessin est moche, il me déplaît.*

déplier *verbe (v.)*

Déplier, c'est ouvrir ce qui était plié. *Papa a déplié des chaises pour les invités.*
Le contraire est : plier.

déposer *verbe (v.)*
1. Déposer, c'est poser ce qu'on porte. *Pose ton sac dans le couloir.* **2.** Déposer une personne, c'est l'accompagner avec un véhicule à un endroit précis. *Maman me dépose tous les matins devant l'école.*

se déposer *verbe (v.)*
Se déposer, c'est tomber sur une surface. *La neige se dépose sur les toits des maisons.*

dépoussiérer *verbe (v.)*
Dépoussiérer, c'est enlever la poussière. *Mamie a dépoussiéré ses meubles.*

déprimer *verbe (v.)*
1. Déprimer, c'est rendre quelqu'un triste. *Son départ déprime toujours mes parents.* **2.** Être déprimé, c'est être triste et sans courage. *Je suis déprimé, je n'ai aucune envie et je reste sans rien faire.*

depuis *préposition (prép.)*
Depuis indique le point de départ dans le temps. *Enzo t'attend depuis deux heures.*

depuis *adverbe (adv.)*
Depuis signifie à partir de ce moment-là. *Joffrey est parti hier et nous n'avons plus de nouvelles de lui depuis.*

depuis que *conjonction (conj.)*
Depuis que signifie à partir du moment où. *Depuis que je te connais, j'ai appris beaucoup de choses.*

déraciner *verbe (v.)*
Déraciner, c'est arracher une plante avec ses racines. *Le vent violent a déraciné l'arbre.*

dérailler *verbe (v.)*
Dérailler, c'est sortir des rails. *Le train a déraillé.*

déranger *verbe (v.)*
1. Déranger une personne, c'est la gêner dans ce qu'elle fait. *Tu me déranges, je travaille.* **2.** Déranger un objet, c'est le déplacer. *Maman a dérangé mes jouets, je ne les retrouve plus.*

se déranger *verbe (v.)*
Se déranger, c'est se déplacer. *Notre voisin s'est dérangé pour venir réparer notre télévision.*

dérapage *nom masculin (n. m.)*
Faire un dérapage, c'est glisser sur le sol. *Il a fait un dérapage avec son vélo.*

déréglER *verbe (v.)*

Dérégler, c'est faire que quelque chose ne soit plus bien réglé. *Maud a déréglé les chaînes de la télévision.*

dernier, dernière

adjectif masculin, féminin (adj. m., f.)

1. Être placé dernier, c'est être après les autres. *Louis est arrivé dernier à la course.*

Le contraire est : premier.

2. Le mois dernier, l'année dernière est le mois, l'année avant celui, celle où nous sommes. *Je ne l'ai pas vu depuis le mois dernier. Joris a déménagé l'année dernière.*

Remarque : Les adjectifs *dernier, dernière* peuvent aussi être des noms : *Il arrive toujours le dernier à l'école.*

dérober *verbe (v.)*

Dérober, c'est voler. *Le voleur a dérobé tout l'argent de cette dame.*

derrière *adverbe (adv.)*

1. *Derrière* signifie *à l'arrière. Sur la photo, les petits sont devant et les grands derrière.*

Le contraire est : devant.

2. *Derrière* signifie *à la suite. David ne marche pas vite, il est derrière.*

Le synonyme est : après.

derrière *préposition (prép.)*

Derrière signifie *à l'arrière de. Léonie est cachée derrière la maison.*

derrière *nom masculin (n. m.)*

1. Le derrière est la partie placée à l'arrière. *Le derrière de la voiture a été cabossé.*

Le synonyme est : devant.

2. Dans le langage familier, le derrière représente les fesses. *Jeanne est tombée sur son derrière.*

des *article défini (art. déf.)*

Des est la forme plurielle de *un* et *une. Il y a des enfants dans le jardin.*

dès *préposition (prép.)*

Dès signifie *à partir de. Maxence part en vacances dès demain.*

dès que *conjonction (conj.)*

Dès que signifie *à partir du moment où. Dès que le jour se lèvera, nous partirons.*

désaccord *nom masculin (n. m.)*

Avoir un désaccord, c'est ne pas être d'accord. *Sarah a eu un désaccord avec Alicia.*
Le contraire est : accord.

désagréable

adjectif masculin ou féminin (adj. m. ou f.)

1. Une chose désagréable est une chose qui ne fait pas plaisir. *Il m'a dit des choses désagréables.*
Le synonyme est : déplaisant.
Le contraire est : agréable.
2. Un comportement désagréable est un mauvais comportement. *Salomé a eu un comportement désagréable avec Maximilien.*
Les contraires sont : agréable, sympathique.

désaltérer *verbe (v.)*

Désaltérer, c'est calmer la soif. *Cette boisson désaltère bien.*

se désaltérer *verbe (v.)*
Se désaltérer, c'est boire pour calmer sa soif. *Il fait chaud, il faut que je me désaltère.*

désapprouver *verbe (v.)*

Désapprouver, c'est ne pas être d'accord. *Il désapprouve la décision de ses parents.*
Le contraire est : approuver.

désastre *nom masculin (n. m.)*

Un désastre est une catastrophe. *Il y a eu un tremblement de terre, c'est un vrai désastre.*

descendance *nom féminin (n. f.)*

La descendance est l'ensemble des personnes d'une famille qui descendent du même ancêtre. *Le roi a eu une descendance.*

descendre *verbe (v.)*

1. Descendre, c'est aller vers le bas. *J'ai descendu les escaliers.*
Le contraire est : monter.
2. Descendre, c'est porter en bas. *Papa a descendu les chaises du grenier.* **3.** Descendre, c'est baisser de niveau. *La mer descend.*
Le contraire est : monter.
4. Descendre, c'est sortir d'un véhicule. *Nous descendons à la prochaine station de bus.*
Le contraire est : monter.
5. Descendre, c'est être en pente. *La route descend, je n'ai pas besoin de pédaler !*
Le contraire est : monter.

descente *nom féminin (n. f.)*
Une descente est une route, un chemin en pente. *Je prends souvent cette descente en vélo.* ▶ Descente de lit : une descente de lit est un tapis au pied du lit.

description *nom féminin (n. f.)*
Une description est l'ensemble des détails qui servent à décrire quelqu'un ou quelque chose. *July m'a fait la description de sa maison.*

désenfler *verbe (v.)*
Désenfler, c'est devenir moins enflé. *Sa cheville désenfle.*
Le contraire est : enfler.

désert, déserte
adjectif masculin, féminin (adj. m., f.)
Un endroit désert est un endroit où il n'y a personne. *Robinson Crusoé a vécu sur une île déserte.*
Le synonyme est : inhabité.

désespérer *verbe (v.)*
Désespérer, c'est perdre l'espoir. *Je ne désespère pas, Bérangère va arriver à l'heure.*
Le synonyme est : décourager.

désespoir *nom masculin (n. m.)*
Le désespoir est une grande tristesse éprouvée lorsqu'on a perdu l'espoir. *Mes parents ont regardé mes résultats scolaires avec désespoir.*

déshabiller *verbe (v.)*
Déshabiller, c'est enlever les vêtements de quelqu'un. *Maman a déshabillé ma sœur pour la mettre au lit.*

se déshabiller *verbe (v.)*
Se déshabiller, c'est enlever ses vêtements. *Va te déshabiller dans ta chambre !*
Le synonyme est : se dévêtir.

désherber *verbe (v.)*
Désherber, c'est enlever les mauvaises herbes. *Papa a désherbé l'allée du jardin.*

désigner *verbe (v.)*
1. Désigner quelqu'un, c'est le choisir pour faire quelque chose. *La maîtresse a désigné Clara pour effacer le tableau.* **2.** Désigner, c'est montrer avec précision. *Elle a désigné Gaëlle du doigt.* **3.** Désigner, c'est représenter quelque chose en parlant d'un mot. Bleu *désigne une couleur.*

désinfectant *nom masculin (n. m.)*

Un désinfectant est un produit qui désinfecte. *L'infirmière a mis du désinfectant sur ma coupure.*

désinfectant, désinfectante

adjectif masculin, féminin (adj. m., f.)

Une lotion désinfectante désinfecte.

désinfecter *verbe (v.)*

Désinfecter, c'est nettoyer en éliminant les microbes. *Maman a désinfecté ma plaie.*

désintéressé, désintéressée

adjectif masculin, féminin (adj. m., f.)

Être désintéressé, c'est ne pas agir par intérêt personnel en essayant d'obtenir quelque chose pour soi. *Il agit de manière très désintéressée.*

Le contraire est : intéressé.

se désintéresser *verbe (v.)*

Se désintéresser, c'est ne pas montrer d'intérêt. *Il se désintéresse de ce que je raconte.*

désir *nom masculin (n. m.)*

Le désir est une très grande envie. *Yannis a le désir de faire un grand voyage.*

désirer *verbe (v.)*

Désirer, c'est avoir envie de posséder ou de faire quelque chose. *Je désire ce nouvel ordinateur. Méline désire faire un beau voyage.*

désobéir *verbe (v.)*

Désobéir, c'est ne pas obéir. *Il ne faut pas désobéir à tes parents !*

désodorisant

nom masculin (n. m.)

Un désodorisant est un produit qui élimine les mauvaises odeurs. *Ma mère a acheté un désodorisant pour les toilettes.*

Remarque : Il ne faut pas confondre un *désodorisant* avec un *déodorant* : *Justine a acheté un déodorant efficace contre la transpiration.*

désoler *verbe (v.)*

1. Désoler, c'est rendre très triste. *Voir des enfants malheureux me désole.*

Le contraire est : réjouir.

2. Désoler, c'est contrarier. *Ton mauvais comportement me désole.*

désordonné, désordonnée

adjectif masculin, féminin (adj. m., f.)
Un endroit désordonné est un endroit qui n'est pas en ordre. *La chambre d'Adrien est désordonnée.*

désordre *nom masculin (n. m.)*

Le désordre est l'absence d'ordre. *Je n'aime pas le désordre, ma chambre est toujours bien rangée.*

désormais *adverbe (adv.)*

Désormais signifie à partir de maintenant. *Désormais, je n'irai pas au lit trop tard.*

desserrer *verbe (v.)*

Desserrer, c'est rendre moins serré. *J'ai trop mangé, il faut que je desserre ma ceinture !*
Le contraire est : serrer.
► Ne pas desserrer les dents : ne pas desserrer les dents, c'est ne pas dire un mot. *Il n'a pas desserré les dents depuis ce matin.*

dessert *nom masculin (n. m.)*

Un dessert est un plat sucré qu'on mange en fin de repas. *Il y a de la tarte aux pommes en dessert.*

dessin *nom masculin (n. m.)*

Un dessin est une image que l'on trace avec un crayon sur un papier. *Joris fait de beaux dessins.* ► Dessin animé : un dessin animé est un petit film fait avec des dessins. *J'aime regarder les dessins animés.*

dessinateur, dessinatrice

nom masculin, féminin (n. m., f.)
Un dessinateur, une dessinatrice est une personne dont le métier est de dessiner. *Ce dessinateur fait des dessins pour les bandes dessinées.*

dessiner *verbe (v.)*

Dessiner, c'est faire un dessin. *Léo dessine un éléphant sur son cahier.*

dessous *adverbe (adv.)*

Dessous signifie sous une chose. *Je n'ai pas vu ton pantalon sur le lit, mais regarde dessous.*
Le contraire est : dessus.
► Au-dessous de : *au-dessous de* signifie à un niveau plus bas. *Son appartement est au-dessous de celui de mes grands-parents.* ► Par-dessous : *par-dessous* signifie dessous. *Il faut passer par-dessous la barrière pour entrer.*

dessus *adverbe (adv.)*
Dessus signifie *sur une chose. Mes affaires ne sont jamais sous mon bureau, elles sont toujours dessus.*
Le contraire est : dessous.
▸ Là-dessus : *là-dessus* signifie *sur cette chose. Pose ton manteau là-dessus.* ▸ Au-dessus de : *au-dessus de* signifie *à un niveau plus haut. Il habite au-dessus de chez nous.*
▸ Par-dessus : par-dessus signifie *sur. La barrière est fermée, passe par-dessus.*

destin *nom masculin (n. m.)*
Le destin est l'ensemble des événements qui constituent notre vie et contre lequel on ne peut rien. *Le destin a voulu que je rencontre Candice.*

destinataire
nom masculin ou féminin (n. m. ou f.)
Un(e) destinataire est une personne à qui un envoi est destiné. *Mon père est le destinataire de ce colis.*
Le contraire est : expéditeur.

destination *nom féminin (n. f.)*
La destination est le lieu où l'on va. *Le Canada est sa prochaine destination pour les vacances.*

1. détacher *verbe (v.)*
1. Détacher, c'est libérer ce qui est attaché. *Tu peux détacher ton chien ici, il n'y a pas de voitures.*
Le contraire est : attacher.
2. Détacher, c'est défaire. *Je n'arrive pas à détacher ma ceinture.*

se détacher *verbe (v.)*
1. Se détacher, c'est ne plus se sentir proche d'une personne. *Paul s'est détaché de ses amis, il ne les voit plus.* **2.** Se détacher, c'est apparaître sur un fond. *Les montagnes se détachent à l'horizon.*
Le synonyme est : se dessiner.

2. détacher *verbe (v.)*
Détacher, c'est enlever les taches. *Ce produit détache bien les vêtements.*

détail *nom masculin (n. m.)*
Un détail est un élément d'un tout. *Passe les détails et ne raconte que ce qu'il y a d'important dans l'histoire.* ▸ Au détail : *au détail* signifie *par petites quantités, à l'unité. Il vend ses fruits au détail.*
▸ En détail : *en détail* signifie *avec précision. J'ai tout raconté en détail.*

détailler *verbe (v.)*
1. Détailler, c'est expliquer en donnant les détails. *Il a détaillé la façon dont était habillé Flavio.*
2. Détailler, c'est examiner en détail. *Tonton a détaillé la voiture avant de l'acheter.*

détecter *verbe (v.)*
Détecter, c'est remarquer la présence de quelque chose qui était caché. *Le dentiste a détecté un début de carie.*

détendre *verbe (v.)*
1. Détendre, c'est rendre moins tendu. *La chaîne de mon vélo est détendue.* **2.** Détendre, c'est rendre les muscles et les nerfs de son corps moins tendus. *Ce massage m'a détendu.*

se détendre *verbe (v.)*
1. Se détendre, c'est devenir moins tendu. *Après son premier lavage, mon pull s'est détendu.* **2.** Se détendre, c'est se reposer. *Papa se détend en regardant la télévision dans le canapé.*
Le synonyme est : se décontracter.

détenir *verbe (v.)*
1. Détenir, c'est posséder. *Personne ne détient la vérité dans cette histoire.* **2.** Détenir, c'est retenir prisonnier. *Il est détenu dans cette prison depuis deux ans.*

déterminant, déterminante
adjectif masculin, féminin (adj. m., f.)
Une chose déterminante est une chose essentielle, très importante. *Nous avons une idée déterminante pour la poursuite de nos projets.*

déterminant *nom masculin (n. m.)*
En grammaire, un déterminant est un petit mot placé devant un nom. Il s'accorde avec lui, mais ce n'est pas un adjectif qualificatif. *Le, la, les, un, une, des* sont des déterminants.

détermination *nom féminin (n. f.)* La détermination est la façon dont se comporte une personne décidée. *Il a joué avec détermination pour remporter la victoire.*

déterrer *verbe (v.)*
Déterrer, c'est sortir de la terre. *Le chien a déterré un os.*

détestable
adjectif masculin ou féminin (adj. m. ou f.)
Une personne, une chose détestable est très désagréable. *Son comportement est détestable.*

détester *verbe (v.)*
Détester, c'est ne pas aimer du tout. *Je déteste me lever tôt le matin.*
Le contraire est : adorer.

détour *nom masculin (n. m.)*
Faire un détour, c'est prendre un chemin plus long. *Tom a fait un petit détour pour rentrer chez lui.*

détourner *verbe (v.)*

1. Détourner, c'est faire changer de direction. *Les terroristes ont détourné un avion.* **2.** Détourner l'attention de quelqu'un, c'est le distraire de ce qu'il fait. *Hugo détourne l'attention d'Océane en lui faisant des grimaces.* ▶ Détourner la conversation : détourner la conversation, c'est changer de sujet. *Ne détourne pas la conversation et réponds à ma question !*

détruire *verbe (v.)*

1. Détruire, c'est démolir complètement. *La tempête a détruit ma cabane.*
Le synonyme est : démolir.
Le contraire est : construire.
2. Détruire, c'est faire disparaître. *Ce produit détruit les mauvaises herbes.*
Le synonyme est : éliminer.

deuil *nom masculin (n. m.)*

Être en deuil, c'est pleurer la mort de quelqu'un. *Cette vieille dame est en deuil, son mari est décédé.*

deux *adjectif numéral (adj. numér.)*

Deux est égal à un plus un.

deux *nom masculin (n. m.)*

Deux est le chiffre ou le nombre 2. Il *habite au deux de la rue Colbert à Lille.*

Remarque : Quand le nom *deux* est au pluriel, il s'écrit de la même façon : *Elles sont venues toutes les deux.*

deuxième

adjectif numéral (adj. numér.)

Être deuxième, c'est être à la place numéro deux dans un classement. *Clara est la deuxième meilleure élève de la classe.*
Le synonyme est : second.

Remarque : L'adjectif *deuxième* peut aussi être un nom : *Garance est la deuxième à avoir gagné cette course.*

devant *adverbe (adv.)*

Être devant, c'est être à l'avant. *Dans la voiture, ma mère est toujours devant, à côté de mon père.*

devant *préposition (prép.)*

1. *Devant* signifie en avant de. *Si tu te mets devant moi, je ne verrai rien.*
2. *Devant* signifie en présence de. *Il ne fait pas le malin devant la maîtresse !*

développer *verbe (v.)*
Développer ses muscles, c'est les faire grossir. *Il développe ses abdominaux en faisant des pompes.*

se développer *verbe (v.)*
Se développer, c'est devenir plus grand. *La ville se développe.*

devenir *verbe (v.)*
Devenir, c'est commencer à être quelqu'un ou quelque chose d'autre. *Mon frère devient un vrai champion de tennis.*

déverser *verbe (v.)*
Déverser, c'est verser une grande quantité. *Les ouvriers ont déversé du sable dans la cour.*

se dévêtir *verbe (v.)*
Se dévêtir, c'est se déshabiller. *Je ne veux pas me dévêtir devant toi !*

deviner *verbe (v.)*
Deviner, c'est découvrir une chose qu'on ne savait pas. *Thibaud a deviné la date d'anniversaire de Maxence.*

devinette *nom féminin (n. f.)*
Une devinette est une question amusante dont il faut deviner la réponse. *Je n'arrive jamais à trouver tes devinettes.*

dévisager *verbe (v.)*
Dévisager, c'est regarder quelqu'un très attentivement. *Il nous a dévisagés lorsque nous sommes entrés dans la salle.*

dévisser *verbe (v.)*
Dévisser, c'est défaire ce qui est vissé. *Papa a dévissé la poignée de la porte.*

1. devoir *verbe (v.)*
1. Devoir faire quelque chose, c'est être obligé de le faire. *Je dois me brosser les dents tous les jours.*
2. *Devoir* exprime une possibilité. *Il doit arriver aujourd'hui, mais ce n'est pas certain.*

2. devoir *nom masculin (n. m.)*
1. Un devoir est une chose qu'on doit faire. *c'est un devoir d'être poli avec les gens.* **2.** À l'école, un devoir est un exercice. *Ce professeur donne beaucoup de devoirs.*

dévorer *verbe (v.)*
Dévorer, c'est manger très vite. *Le lion a dévoré la gazelle.*

diable *nom masculin (n. m.)*
Le diable est un démon qui pousse les gens à mal agir. *Cet homme est le diable en personne !*

coin lecture

« …Incontinent le diable décampa, s'enfuit au fond des enfers, et conta tout le succès qu'avait eu son voyage… »
Belphégor. Jean de La Fontaine.

dialogue *nom masculin (n. m.)*
Un dialogue est une conversation entre deux personnes. *J'ai écouté le dialogue entre Marie et Benoît.*
Le synonyme est : discussion.

diamant *nom masculin (n. m.)*
Un diamant est une pierre précieuse. *Papa a offert un diamant a maman.*

dictée *nom féminin (n. f.)*
Une dictée est un texte lu par quelqu'un et que l'on doit écrire. *Benoît a fait beaucoup de fautes dans sa dictée.*

dicter *verbe (v.)*
Dicter quelque chose, c'est le lire à haute voix. *Le maître nous a dicté les devoirs à faire à la maison.*

dictionnaire
nom masculin (n. m.)
Un dictionnaire est un ouvrage dans lequel les mots sont définis. *J'ai regardé dans le dictionnaire pour connaître le sens de ce mot.*

Dieu *nom masculin (n. m.)*
Dans la religion, Dieu est le créateur du monde. *Il croit en Dieu.*

différent, différente
adjectif masculin, féminin (adj. m., f.)
Être différent, c'est ne pas être pareil. *Émilie est différente des autres filles.*

difficile
adjectif masculin ou féminin (adj. m. ou f.)
1. Une chose difficile est une chose qui n'est pas facile à faire. *Cet exercice est difficile.*
Les synonymes sont : compliqué, dur.
2. Une personne difficile est une personne qu'on ne peut pas satisfaire facilement. *Léo est difficile, il n'aime que les pâtes.*

difficulté *nom féminin (n. f.)*
Une difficulté est une chose difficile. *Ce problème de calcul présente de vraies difficultés.*
Le contraire est : facilité.

diligence *nom féminin (n. f.)*
Une diligence est une ancienne voiture tirée par des chevaux. *Les Indiens ont attaqué la diligence.*

dimanche *nom masculin (n. m.)*
Dimanche est le septième et dernier jour de la semaine. *Le dimanche, il n'y a pas d'école.*

coin lecture

« Les cloches appelaient à l'église, c'était dimanche, les gens allaient entendre le prêtre et Johannès y alla avec eux chanter un cantique et entendre la parole de Dieu. » *Le Compagnon de route.* Andersen.

dimension *nom féminin (n. f.)*
La dimension est la taille de quelque chose. *La dimension du terrain est suffisante pour y installer un camping.*

diminuer *verbe (v.)*
Diminuer, c'est rendre plus petit, moins important. *Papy a diminué sa quantité de médicaments.*

dinde *nom féminin (n. f.)*
La dinde est la femelle du dindon. *Nous avons mangé de la dinde à Noël.*

dindon *nom masculin (n. m.)*
Un dindon est un gros oiseau de ferme.

coin lecture

« Contre les assauts d'un renard un arbre avec des dindons servait de citadelle. » *Le Renard et les Poulets d'Inde.* Jean de La Fontaine.

dîner *verbe (v.)*
Dîner, c'est prendre le repas du soir. *Nous dînons tous les soirs à 20 heures.*

dînette *nom féminin (n. f.)*
Une dînette est une vaisselle miniature. *Sabrina joue à la dînette.*

dingue *adjectif masculin ou féminin (adj. m. ou f.)* Être dingue, c'est être fou. *Tu es dingue de sortir sous cette pluie !*

Remarque : L'adjectif *dingue* peut aussi être un nom : *C'est une histoire de dingues !*

dinosaure *nom masculin (n. m.)*
Un dinosaure est un animal préhistorique.

à savoir

Les dinosaures sont apparus il y a 200 millions d'années et ont disparu il y a environ 65 millions d'années, certainement à cause d'une météorite qui aurait frappé la Terre.

diplodocus *nom masculin (n. m.)*
Un diplodocus est un grand dinosaure.

dire *verbe (v.)*
1. Dire, c'est prononcer une parole. *Qu'est-ce que tu dis ?* **2.** Dire, c'est tenter quelqu'un. *Ça te dirait de venir au cinéma ?* ► On dirait : *on dirait* signifie *on croirait. Tu es tout pâle, on dirait que tu es malade.*

directeur, directrice
nom masculin, féminin (n. m., f.)
Un directeur, une directrice est une personne qui dirige une école, une entreprise. *Le directeur de l'école s'appelle monsieur Bonin.*

direction *nom masculin (n. m.)*
La direction est le sens dans lequel on va. *Il faut prendre quelle direction pour aller à Paris ?*

diriger *verbe (v.)*
Diriger, c'est être le ou la responsable. *Cette dame dirige l'école du village.*

discipliné, disciplinée
adjectif masculin, féminin (adj. m., f.)
Être discipliné, c'est être sage, obéissant. *Samuel est un garçon discipliné.*

discours *nom masculin (n. m.)*
Un discours est une chose que l'on dit devant les gens. *Il a fait un discours pour remercier les gens d'être venus à sa fête.*

discret, discrète
adjectif masculin, féminin (adj. m., f.)
Être discret, c'est ne pas se faire remarquer. *Il est très discret, on ne l'entend jamais.*

discussion *nom féminin (n. f.)*
Une discussion est un échange de paroles entre des personnes. *Ils ont eu une discussion sur quelque chose d'important.*

discuter *verbe (v.)*
Discuter, c'est échanger des paroles. *J'aime discuter avec Alice.*

disparaître *verbe (v.)*

1. Disparaître, c'est ne plus être visible. *Le magicien a fait disparaître un lapin.*
Le contraire est : apparaître.
2. Disparaître, c'est ne plus exister. *Les dinosaures ont disparu il y a longtemps.*

disparition *nom féminin (n. f.)*

1. La disparition est le fait de disparaître. *La disparition de mes affaires reste un grand mystère.*
2. La disparition est le fait de ne plus exister. *La disparition de sa grand-mère lui a fait beaucoup de peine.*

disperser *verbe (v.)*

Disperser, c'est répandre dans tous les endroits. *Le vent a dispersé les feuilles mortes.*

se disperser *verbe (v.)*
Se disperser, c'est ne pas être attentif. *Ne te disperse pas et concentre-toi sur ton travail !*

disponible

adjectif masculin ou féminin (adj. m. ou f.)
Être disponible, c'est avoir du temps libre. *Je suis disponible, je peux vous aider si vous voulez.*

disputer *verbe (v.)*

Disputer une personne, c'est lui dire qu'on n'est pas content d'elle. *Maman m'a disputé parce que je n'ai pas écouté.*
Les synonymes sont : gronder, réprimander.

se disputer *verbe (v.)*
Se disputer, c'est se dire des choses violentes et désagréables. *Ils se sont disputés à cause de moi.*

disque *nom masculin (n. m.)*

Un disque est un objet plat et rond sur lequel des sons sont enregistrés. *Il a tous les disques de ce chanteur.*

dissimuler *verbe (v.)*

Dissimuler une chose, c'est la cacher. *L'écureuil a dissimulé ses noisettes sous un tas de bois.*

distance *nom féminin (n. f.)*

La distance est la longueur qui sépare deux endroits. *Il y a une grande distance entre Paris et Marseille.*

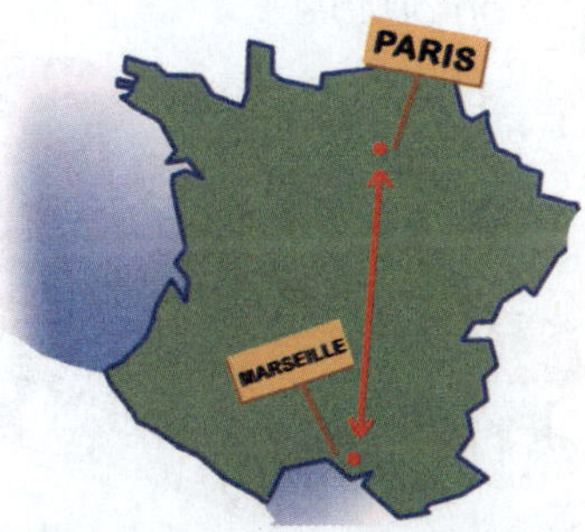

A B C D E F G H I J K L M N O P Q R S T U V W X Y Z

distinguer *verbe (v.)*
Distinguer, c'est faire la différence. *Je n'arrive pas à distinguer ces couleurs, elles sont presque identiques.*

distraire *verbe (v.)*
Distraire, c'est amuser. *Je distrais mon petit frère en lui faisant des grimaces.*
Le synonyme est : divertir.

se distraire *verbe (v.)*
Se distraire, c'est s'amuser. *Il se distrait en jouant aux cartes.*

distrait, distraite
adjectif masculin, féminin (adj. m., f.)
Être distrait, c'est ne pas être attentif. *Tu n'as rien écouté, tu étais trop distrait.*

distribuer *verbe (v.)*
Distribuer, c'est donner à plusieurs personnes. *Le facteur a distribué le courrier.*

divan *nom masculin (n. m.)*
Un divan est un canapé qui ressemble a un lit. *Ce divan est très confortable.*

divers, diverse
adjectif masculin, féminin (adj. m., f.)
Divers signifie *différent. Il existe diverses variétés de pommes.*

divertir *verbe (v.)*
Divertir, c'est amuser. *Le clown arrive a divertir les enfants.*
Le synonyme est : distraire.

se divertir *verbe (v.)*
Se divertir, c'est s'amuser. *Il se divertit en jouant avec son chien.*

diviser *verbe (v.)*
Diviser, c'est partager en plusieurs parties. *Il a divisé le gâteau en trois parts égales.*

division *nom féminin (n. f.)*
Une division est une opération. *Le résultat de la division 10 divisé par 2 est 5.*

dix *adjectif numéral (adj. numér.)*
Dix est égal à neuf plus un. *J'ai dix pièces de un euro.*

dixième *adjectif numéral (adj. numér.)*
Être dixième, c'est occuper la dixième place. *Notre équipe est dixième au classement.*

dizaine *nom féminin (n. f.)*
Une dizaine est un nombre total de dix. *Il a une dizaine de photos d'Adeline.*

djellaba *nom féminin (n. f.)*
Une djellaba est une robe longue, assez large. C'est un vêtement traditionnel des populations d'Afrique du Nord. *Il s'est acheté une djellaba.*

docteur *nom masculin (n. m.)*
Un docteur est une personne dont le métier est de soigner les gens. *Le docteur lui a fait une piqûre.*

document *nom masculin (n. m.)*
Un document est un texte qui donne des informations sur quelque chose. *Son nom et son adresse sont écrits dans ce document.*

dodu, dodue
adjectif masculin, féminin (adj. m., f.)
Être dodu, c'est être un peu gros. *Ce poulet est dodu.*

doigt *nom masculin (n. m.)*
Les doigts sont les parties de la main qu'on peut bouger. *Valentin s'aide de ses dix doigts pour compter.*

coin lecture

« Le second doigt goûtait des confitures et aussi de la moutarde ; il montrait le soleil et la lune, et c'était lui qui appuyait sur la plume lorsqu'on voulait écrire. »
L'Aiguille à repriser. Andersen.

domaine *nom masculin (n. m.)*
Un domaine est une grande propriété. *Il a acheté un domaine à la campagne.*

domestiquer
verbe (v.)
Domestiquer un animal, c'est l'apprivoiser. *Il a réussi à domestiquer un renard.*

domicile *nom masculin (n. m.)*
Le domicile est l'endroit où l'on habite. *Son domicile est en centre-ville.*

dominer *verbe (v.)*
En sport, dominer, c'est avoir le dessus sur son adversaire. *Notre équipe domine la tienne.*

domino *nom masculin (n. m.)*
Un domino est une pièce du jeu des dominos. *Ton jeu n'est pas complet, il te manque des dominos.*

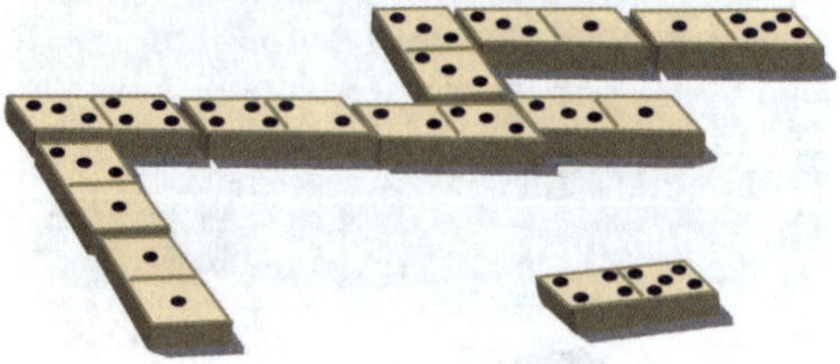

dompter *verbe (v.)*
Dompter un animal, c'est le dresser. *Il a dompté un lion.*

don *nom masculin (n. m.)*
Un don est une qualité naturelle. *Son intelligence est un don de la nature.*

donner *verbe (v.)*
Donner quelque chose, c'est l'offrir sans rien demander en retour. *Il m'a donné un stylo.*

dorénavant *adverbe (adv.)*
Dorénavant signifie *à l'avenir*. *Dorénavant, tu feras ce que je te dis !*

dorloter *verbe (v.)*
Dorloter, c'est être très tendre avec quelqu'un. *J'aime être dorloté par maman.*

dormir *verbe (v.)*
Dormir, c'est avoir les yeux fermés et être plongé dans le sommeil. *J'aime dormir tard le dimanche matin.*

dortoir *nom masculin (n. m.)*
Un dortoir est une pièce où dorment plusieurs personnes. *Lorsque je pars en colonie de vacances, je dors dans un dortoir.*

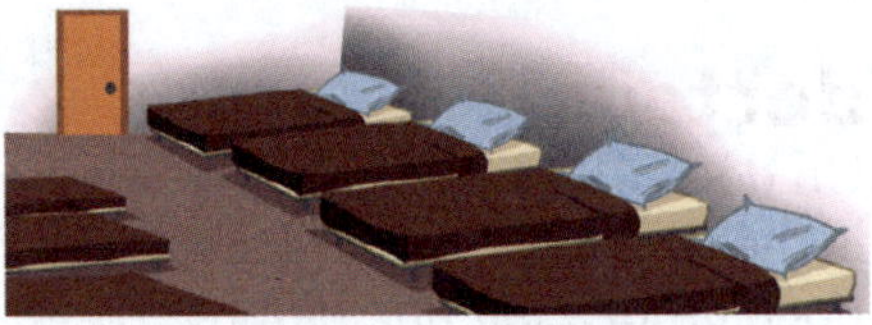

dos *nom masculin (n. m.)*
Le dos est la partie du corps entre les épaules et les fesses. *Tiens-toi droit, sinon tu auras mal au dos !*

dose *nom féminin (n. f.)*
Une dose est une quantité que l'on prend en une fois. *Il doit prendre deux doses de sirop par jour.*

dossard *nom masculin (n. m.)*
Un dossard est un morceau de tissu avec un numéro que portent les sportifs. *Ce sportif a le dossard numéro dix.*

double
adjectif masculin ou féminin (adj. m. ou f.)
Ce qui est double est répété deux fois. *J'ai fermé la porte à double tour.*

double *nom masculin (n. m.)*
Le double est une quantité égale à deux fois une autre. *Papa a gagné le double pour avoir fait ce travail.*

doubler *verbe (v.)*
1. Doubler, c'est être multiplié par deux. *Les prix ont doublé.*
2. Doubler un véhicule, c'est passer devant lui. *Maman a doublé un camion sur l'autoroute.*

doucement *adverbe (adv.)*
1. *Doucement* signifie *avec douceur. Joris caresse doucement son chat.*
2. *Doucement* signifie *lentement. Maman conduit toujours doucement.*

douceur *nom féminin (n. f.)*
1. La douceur d'un tissu est sa matière agréable et douce au toucher. *J'adore la douceur de ce pull-over.* **2.** La douceur d'une personne est son caractère aimable, gentil. *Nous aimons beaucoup la douceur de l'institutrice.*
Le synonyme est : gentillesse.

douche *nom féminin (n. f.)*
Une douche est un appareil qui projette l'eau en pluie pour arroser le corps et pour se laver. *Marie prend sa douche tous les matins.*

se doucher *verbe (v.)*
Se doucher, c'est prendre une douche.

doué, douée
adjectif masculin, féminin (adj. m., f.)
Être doué, c'est savoir faire une chose très bien. *Antoine est très doué en sport.*

douillet, douillette
adjectif masculin, féminin (adj. m., f.)
Être douillet, c'est ne pas supporter une petite douleur. *Julien est très douillet, il pleure quand il se pique avec une épine.*

douleur *nom féminin (n. f.)*
1. Une douleur est un mal que l'on ressent. *Je me suis cogné, j'ai une douleur au bras.* **2.** Une douleur est un gros chagrin. *La mort de notre chien a été une vraie douleur.*

douter *verbe (v.)*
Douter, c'est ne pas être certain. *Je doute que tu puisses battre Léo à ce jeu.*

se douter *verbe (v.)*
Se douter de quelque chose, c'est être presque sûr de quelque chose. *Je me doute qu'il n'ira pas à l'anniversaire de Margot.*

douteux, douteuse

adjectif masculin, féminin (adj. m., f.)
Une chose douteuse est une chose dont on se méfie. *Sa gentillesse est douteuse, d'habitude il est méchant.*

doux, douce

adjectif masculin, féminin (adj. m., f.)
1. Une chose douce est agréable au toucher. *Ma veste est douce.* **2.** Une personne douce est une personne aimable, gentille. *Anabelle est douce avec les animaux.*
Le contraire est : brutal.
3. Doux, en parlant du temps, c'est lorsqu'il fait ni trop chaud ni trop froid. *C'est agréable, il fait doux ce soir.* ► Eau douce : l'eau douce est de l'eau qui n'est pas salée.
La carpe est un poisson d'eau douce.

douzaine *nom féminin (n. f.)*

Une douzaine est un ensemble de douze. *Ma mère a acheté une douzaine d'œufs à la ferme.*

douze *adjectif numéral (adj. numér.)*

Douze est égal à onze plus un. *Mon frère a douze ans.*

douze *nom masculin (n. m.)*
Douze est le nombre douze. *J'habite au douze de la rue Bayard à Paris.*

douzième

adjectif numéral (adj. numér.)
Être à la douzième place, c'est occuper le rang numéro douze. *Il est arrivé douzième à la course.*

dragon *nom masculin (n. m.)*

Un dragon est un animal imaginaire qui crache du feu.

dramatiser *verbe (v.)*

Dramatiser, c'est rendre une chose plus grave qu'elle ne l'est. *Ne dramatise pas, ce n'est pas si grave !*

drap *nom masculin (n. m.)*

Un drap est un tissu léger que l'on met dans un lit. *Maman a changé les draps de mon lit.*

drapeau *nom masculin (n. m.)*

Un drapeau est un morceau de tissu aux couleurs d'un pays. *Le drapeau français est bleu, blanc, rouge.*

dresser *verbe (v.)*
Dresser un animal, c'est l'habituer à obéir. *Son chien est très bien dressé.*

1. droit *nom masculin (n. m.)*
Avoir le droit, c'est avoir l'autorisation. *Je n'ai pas le droit de regarder la télévision très tard.*
Le synonyme est : permission.
Le contraire est : interdiction.

2. droit, droite
adjectif masculin, féminin (adj. m., f.)
Le côté droit est le côté opposé au côté gauche. *Pour aller chez lui, il faut prendre la première à droite.*

3. droit, droite
adjectif masculin, féminin (adj. m., f.)
Une chose droite n'est pas courbée. *Cette route est droite, il n'y a pas de virages.*

droitier, droitière
adjectif masculin, féminin (adj. m., f.)
Être droitier, c'est se servir de la main droite pour écrire. *Florent est droitier, il ne sait pas écrire de la main gauche.*
Le contraire est : gaucher.

drôle
adjectif masculin ou féminin (adj. m. ou f.)
1. Être drôle, c'est faire rire. *Ce clown est très drôle.*
Le synonyme est : comique.
2. Être drôle, c'est être bizarre, étrange. *C'est drôle que tu ne sois pas d'accord avec lui.*
Le synonyme est : curieux.

dromadaire *nom masculin (n. m.)*
Un dromadaire est un animal qui ressemble à un chameau, mais qui a une seule bosse.

dru, drue
adjectif masculin, féminin (adj. m., f.)
Une barbe drue est une barbe épaisse. *Le père Noël a une barbe drue.*

duo *nom masculin (n. m.)*
Un duo est un morceau de musique pour deux voix ou deux instruments. *Ces chanteurs font un duo remarquable.*

dur, dure
adjectif masculin, féminin (adj. m., f.)
1. Une chose dure est une chose difficile. *Ce problème de calcul est très dur.*
Le contraire est : facile.
2. Une chose dure est une chose très difficile à casser ou à plier. *Ce bois est très dur.*
Les contraires sont : mou, tendre.

durable
adjectif masculin ou féminin (adj. m. ou f.)
Une chose durable dure longtemps. *Notre amitié est durable.*

durcir *verbe (v.)*
Durcir, c'est rendre dur. *Le gel a durci le sol.*

durée *nom féminin (n. f.)*
Le durée est le temps que dure quelque chose. *La durée de ce film est de deux heures.*

durer *verbe (v.)*
1. Durer, c'est avoir une certaine durée. *Ce match de tennis dure longtemps.* **2.** Durer, c'est ne pas s'user. *Mon cartable dure, je l'ai depuis deux ans.*

duvet *nom masculin (n. m.)*
Le duvet est l'ensemble des petites plumes légères d'un oiseau. *Ce poussin a un duvet jaune.*

dynamique
adjectif masculin ou féminin (adj. m. ou f.)
Être dynamique, c'est avoir beaucoup d'énergie. *Louis est un garçon dynamique.*

dynamite *nom féminin (n. f.)*
La dynamite est une matière qui explose. *Le voleur a utilisé de la dynamite pour ouvrir le coffre-fort.*

eau *nom féminin (n. f.)*
L'eau est un liquide transparent sans goût et sans odeur. *Sarah préfère boire de l'eau plutôt que du coca quand elle a très soif.* ► Mettre l'eau à la bouche : c'est donner envie de manger. *L'odeur des gâteaux me met l'eau à la bouche.* ► Tomber à l'eau : c'est lorsque quelque chose qui été prévu ne peut plus se réaliser. *Le terrain de foot est inondé, le match tombe à l'eau.*

Remarque : Le pluriel de ce mot est : *des eaux.*

à savoir

L'eau est essentielle pour la planète et pour les êtres vivants.
Quand il fait très froid, l'eau se transforme en glace et quand il fait très chaud, l'eau se transforme en vapeur.

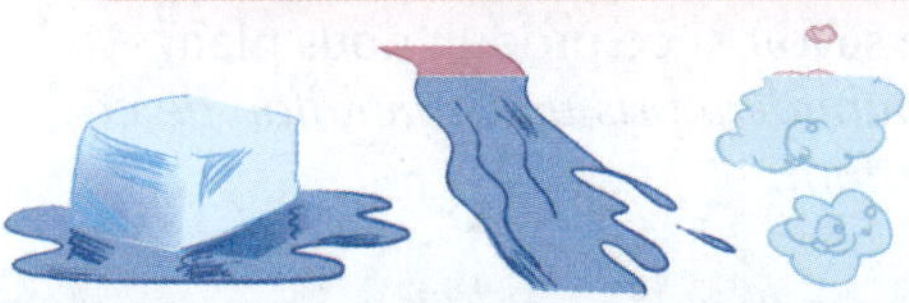

éblouir *verbe (v.)*
1. Éblouir, c'est envoyer une lumière trop forte et empêcher de bien voir. *Vincent s'amuse à éblouir sa sœur avec une lampe de poche.* **2.** Éblouir quelqu'un, c'est l'impressionner. *Inès a ébloui toutes ses copines en faisant le grand écart.*

éboueur *nom masculin (n. m.)*
Un éboueur est une personne qui ramasse les poubelles. *Les éboueurs passent dans notre rue le lundi et le jeudi.*

ébullition *nom féminin (n. f.)*

Un liquide en ébullition est un liquide qui bout. *Maman attend que l'eau soit à ébullition pour mettre les pâtes dedans.*

à savoir

Quand l'eau est en ébullition, il y a des bulles à sa surface, et l'eau s'évapore dans l'air, c'est-à-dire qu'elle se transforme en vapeur.

écaille *nom féminin (n. f.)*

Les écailles sont ces petites plaques dures qui se trouvent sur la peau des poissons. *Hugo aime bien gratter les écailles des sardines.*

écart *nom masculin (n. m.)*

Un écart est une différence entre deux choses ou deux chiffres. *Léo se prend pour Zidane, mais il y a un grand écart entre son niveau de jeu et celui de Zidane.*
► À l'écart : lorsqu'on se met à l'écart de quelqu'un ou de quelque chose, c'est qu'on s'en éloigne. *Fanny est timide, elle se met toujours à l'écart des autres enfants.* ► Faire le grand écart : lorsqu'on fait le grand écart, on écarte les jambes et on les pose complètement sur le sol sans plier les genoux. *Pamela sait faire le grand écart.*

écarter *verbe (v.)*

Écarter, c'est mettre de la distance entre des choses ou des personnes. *Isabelle a écarté le verre du bord de la table.*
Le synonyme est : éloigner.
Le contraire est : rapprocher.

échafaudage *nom masculin (n. m.)*

Un échafaudage est une plate-forme installée le long d'un mur. Les ouvriers montent dessus pour effectuer des travaux en hauteur. *Les ouvriers ont construit un échafaudage devant la maison pour refaire le toit.*

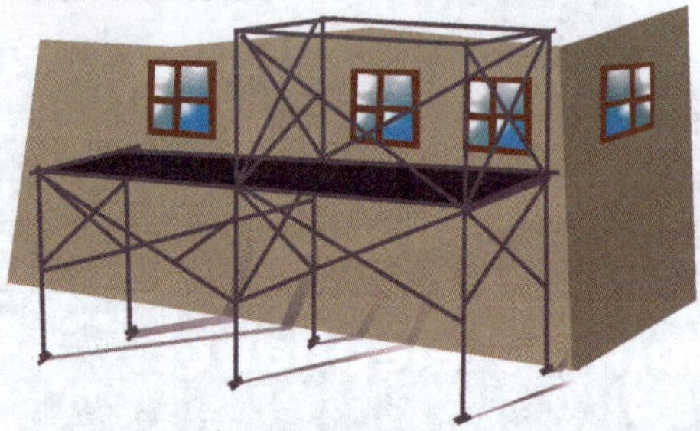

échalote *nom féminin (n. f.)*

Une échalote est une plante qui ressemble à un oignon. *Tao aime mettre de la vinaigrette à l'échalote dans sa salade.*

échanger *verbe (v.)*

Échanger, c'est donner quelque chose pour recevoir quelque chose d'autre. *Léo a échangé son album de Superman contre un ballon.*
Le synonyme est : troquer.

échantillon *nom masculin (n. m.)*

Un échantillon est une petite quantité d'un produit qui permet de savoir si ce produit nous plaît. *Mathilde a pris un échantillon de ce parfum.*

échapper *verbe (v.)*
Quand on échappe à quelque chose, on l'évite. *Lucy a échappé à la punition parce qu'elle s'est excusée.*

s'échapper *verbe (v.)*
S'échapper, c'est s'enfuir ou sortir d'un endroit où on est enfermé. *L'oiseau s'est échappé de sa cage.*

écharde *nom féminin (n. f.)*
Une écharde est une petite épine qui est entrée sous la peau. *Romain a une écharde sous le pied, car il a marché pieds nus sur le plancher.*

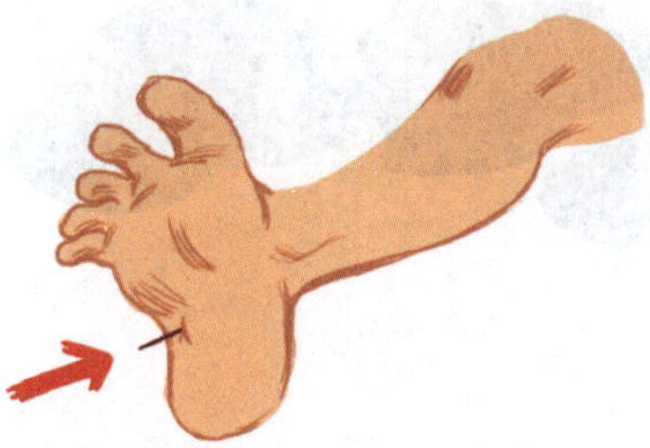

écharpe *nom féminin (n. f.)*
Une écharpe est une longue bande de tissu ou de tricot qui se met autour du cou en hiver pour se protéger du froid.
Maryam a choisi une écharpe rose et toute douce qui tient bien chaud.
Le synonyme est : cache-nez.

échasse *nom féminin (n. f.)*
Des échasses sont de longs bâtons avec un appui pour poser le pied dessus ; elles permettent de marcher en étant très haut par rapport au sol. *Au carnaval, son grand frère a marché avec des échasses ; il ressemblait à un géant.*

s'échauffer *verbe (v.)*
S'échauffer, c'est faire des mouvements pour rendre ses muscles plus souples avant de faire du sport. *Les enfants se sont bien échauffés avant de commencer le match de foot.*

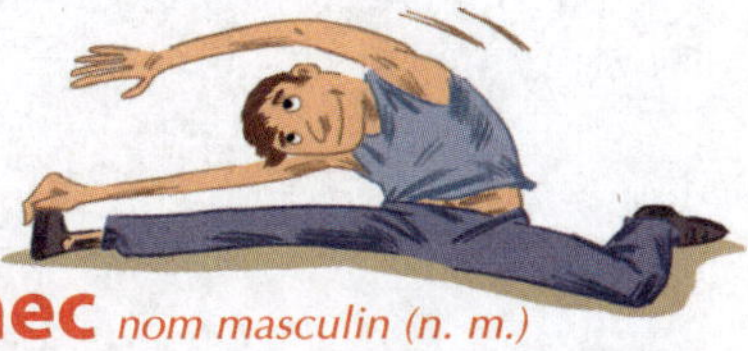

échec *nom masculin (n. m.)*
Un échec, c'est quand on n'a pas réussi quelque chose. *Ce match est un échec, mais on gagnera la prochaine fois !*
Le synonyme est : défaite.
Les contraires sont : réussite, succès.

les échecs *nom masculin pluriel (n. m. pl.)*
Les échecs sont un jeu qui se joue à deux sur un échiquier. Le but du jeu est de prendre le roi de son adversaire. *William joue aux échecs avec Nelly.*

échelle *nom féminin (n. f.)*
Une échelle est un objet formé de deux grandes barres verticales, reliées entre elles par de petites barres horizontales. On l'utilise pour monter ou descendre. *Papa a besoin de l'échelle pour peindre le plafond.*
► Faire la courte échelle à quelqu'un : quand on fait la courte échelle à une personne, on joint ses deux mains pour qu'elle s'appuie dessus avec son pied pour grimper. *Pierrick m'a fait la courte échelle pour monter dans l'arbre.*

écho *nom masculin (n. m.)*

Un écho est un son qui se répète. *À la montagne, Clarisse s'amusait à crier pour entendre l'écho.*

à savoir

Un écho se produit quand le son rencontre un mur ou une montagne sur son passage. Il revient vers nous comme un ballon qui rebondit. Si tu cries dans une chambre vide, tu peux entendre un écho, parce que ton cri va rebondir sur les murs et revenir vers toi !

échouer *verbe (v.)*

1. Échouer, c'est ne pas réussir quelque chose. *Son grand frère a échoué à son examen de conduite, il ne pourra pas conduire la voiture pendant les vacances.*

Le contraire est : réussir.

2. Un bateau qui échoue ne peut plus avancer, car il a touché le fond de l'eau. *Le bateau s'est trop approché de la côte et il a échoué sur la plage.*

Remarque : On peut aussi dire : Le bateau *s'est échoué* sur la plage.

éclabousser *verbe (v.)*

Éclabousser quelqu'un, c'est le mouiller ou le salir en projetant sur lui de l'eau ou de la boue. *Wendy m'a éclaboussé en sautant dans une flaque d'eau !*

éclair *nom masculin (n. m.)*

Un éclair est une lumière rapide qui apparaît en zigzag dans le ciel pendant un orage. *Véra aime bien regarder les éclairs, mais elle a peur du tonnerre.*

à savoir

Environ six secondes après un éclair, on entend le bruit du tonnerre. C'est parce que la lumière voyage six fois plus vite que le son !

éclaicir *verbe (v.)*

Éclaicir quelque chose, c'est le rendre plus clair. *Pour éclaircir le ciel bleu foncé de son dessin, Thomas ajoute du blanc dans sa peinture bleue.*

Le contraire est : assombrir.

s'éclaircir *verbe (v.)*

S'éclaircir, c'est devenir plus clair. *il n'y a plus aucun nuage, le ciel s'est éclairci.*

éclairer *verbe (v.)*

Éclairer, c'est mettre de la lumière quelque part. *En hiver, on doit éclairer la maison dès 17 heures, car il fait déjà noir dehors.*

Le synonyme est : illuminer.

Les contraires sont : assombrir, obscurcir.

1. éclat *nom masculin (n. m.)*

1. Un éclat est un petit morceau de quelque chose qui s'est cassé. *Élodie a dû casser une coupelle, des éclats de verre traînent encore sur le sol.*
2. Un éclat est un bruit très fort. *Anne entend des éclats de rire venant de la rue.*

2. éclat *nom masculin (n. m.)*

Un éclat est une lumière très forte. *En sortant de la maison, Céline a été éblouie par l'éclat du soleil.*

éclater *verbe (v.)*

1. Une chose qui éclate se brise ou explose brusquement. *Le chien a fait éclater le ballon avec ses crocs.*
Le synonyme est : exploser.
2. Quelque chose qui éclate fait tout à coup un très grand bruit. *L'orage a éclaté pendant la nuit.*

éclipse *nom féminin (n. f.)*

Une éclipse est la disparition de la Lune ou du Soleil pendant quelques minutes. *Manon a mis ses lunettes de protection pour regarder l'éclipse de soleil.*

à savoir

Quand la Lune cache le Soleil, on dit que c'est une éclipse de Soleil. On parle d'éclipse de Lune quand la lune passe dans le cône d'ombre de la Terre.

éclore *verbe (v.)*

Une fleur (ou un œuf) qui va éclore va s'ouvrir. *Quand cette fleur va éclore, on verra de quelle couleur elle est.*

écluse *nom féminin (n. f.)*

Une écluse est un bassin sur une rivière avec des portes de chaque côté. Entre les portes, l'écluse permet de faire monter ou descendre le niveau de l'eau pour que le bateau continue sa route. *Pendant notre balade en bateau, nous sommes passés par une écluse.*

écœurant, écœurante *adjectif masculin, féminin (adj. m., f.)*

Une chose écœurante est une chose qui n'est pas bonne, qui dégoûte. *L'odeur des égouts est écœurante.*

école *nom féminin (n. f.)*

Une école est un endroit où les enfants apprennent plein de choses comme lire, écrire et compter. *Noémie s'est déjà fait de nouvelles copines à l'école.*

à savoir

De 2 à 5 ans, les enfants vont à l'école maternelle. De 6 à 10 ans, ils vont à l'école primaire. Puis, de 11 à 14 ans, ils vont au collège. Et de 15 à 18 ans, ils vont au lycée. En France, l'école est gratuite et obligatoire jusqu'à 16 ans.

écolier, écolière
nom masculin, féminin (n. m., f.)

Un écolier, une écolière est un enfant qui va à l'école primaire. *Le samedi matin, c'est le jour de la bibliothèque pour les écoliers.*

écologie *nom féminin (n. f.)*

L'écologie est une science qui s'occupe du rapport entre les êtres vivants et la nature qui les entoure. *Au centre aéré, les animateurs expliquent l'importance de l'écologie aux enfants.*

économiser *verbe (v.)*

1.Économiser une chose, c'est ne pas la gaspiller. *Il faut économiser l'eau.***2.** Économiser, c'est mettre de l'argent de côté. *Julien économise pour s'acheter un vélo.*

écorce *nom féminin (n. f.)*

1. Une écorce est la partie de l'arbre qui entoure son tronc et ses branches. *Théo s'amuse à enlever l'écorce des branches.*
2. L'écorce est la peau épaisse de certains fruits. *L'écorce de l'orange a un goût très fort.*

écorchure *nom féminin (n. f.)*

Une écorchure est une petite déchirure de la peau. *Amel pleure parce qu'elle a une petite écorchure au doigt.*
Le synonyme est : égratignure.

s'écouler *verbe (v.)*

1. Quand l'eau s'écoule, elle coule en continu. *L'eau s'écoule le long du trottoir.* **2.** Le temps qui s'écoule est le temps qui passe. *Un an s'est écoulé et Loïs n'a toujours pas revu sa cousine Laure.*

écouter *verbe (v.)*

Écouter, c'est faire attention à ce que l'on entend. *Les enfants écoutent sagement l'histoire de leur grand-mère.*

écran *nom masculin (n. m.)*
L'écran est la partie d'un appareil qui permet de voir les images ou les textes. *L'écran de l'ordinateur est plein de traces de doigts.*

écraser *verbe (v.)*
1. Écraser quelque chose, c'est l'aplatir ou le déformer en appuyant fort dessus. *Gaby écrase ses pommes de terre avec sa fourchette pour faire de la purée.* **2.** Écraser quelqu'un ou un animal, c'est le tuer en lui roulant dessus. *Le chien de Lalie s'est fait écraser par une voiture.*

écrevisse *nom féminin (n. f.)*
Une écrevisse est un crustacé qui vit dans l'eau des rivières ou des lacs, et qui a deux pinces sur le devant. *Mina ne savait pas que les écrevisses marchaient en arrière.*

à savoir
Les écrevisses deviennent toutes rouges quand on les fait cuire. C'est pourquoi on dit « être rouge comme une écrevisse » lorsque quelqu'un devient tout rouge.

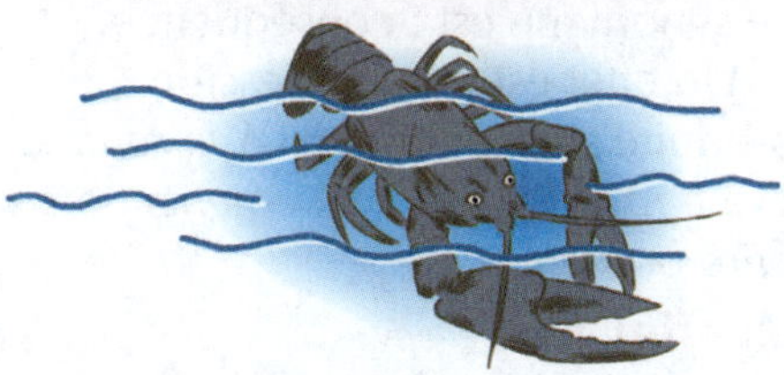

s'écrier *verbe (v.)*
S'écrier, c'est dire quelque chose d'une voix très forte. *Laisse-moi tranquille ! s'écria Lucie.*

écrire *verbe (v.)*
1. Une personne qui écrit trace des lettres ou des chiffres sur quelque chose. *Sandra écrit son nom sur son cahier.*
Le synonyme est : inscrire.
2. Écrire à quelqu'un, c'est lui envoyer une lettre. *Nathalie écrit souvent à son amie qui habite en Suisse.*

écrivain *nom masculin (n. m.)*
Un écrivain est une personne qui écrit les histoires contenues dans les livres. *Le père de Florian est écrivain.*
Le synonyme est : auteur.

écume *nom féminin (n. f.)*
L'écume est une mousse blanche qui se forme sur un liquide qui est agité ou chauffé. *La mer est agitée, l'écume des vagues se dépose sur le sable. Quentin ne veut pas qu'il y ait de l'écume dans sa soupe.*

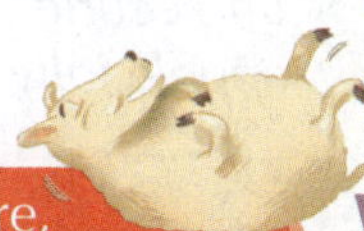

à savoir
Quand un cheval transpire, de l'écume se forme sous la selle.

écureuil *nom masculin (n. m.)*

Un écureuil est un petit animal au pelage roux qui a une grosse queue touffue. Il vit dans les arbres. *Brahim trouve que les écureuils courent trop vite.*

à savoir

L'écureuil mange surtout des noisettes et des glands.

coin lecture

Coq dit à poule : « Voici la saison des noix ; il faut aller sur la côte avant que l'écureuil les ait toutes récoltées. Bonne idée, répondit poule, partons ; nous allons bien nous divertir. » *Les Vagabonds.* Les frères Grimm.

écurie *nom féminin (n. f.)*

L'écurie est un bâtiment où l'on garde les chevaux. *Antoine a visité une écurie et il a caressé un cheval appelé Jolly.*

coin lecture

« Le cheval s'aperçut qu'il avait fait folie ; mais il n'était plus temps ; déjà son écurie était prête et toute bâtie. » *Le Cheval s'étant voulu venger du cerf.* Jean de La Fontaine.

éducation *nom féminin (n. f.)*

L'éducation des enfants est le fait de les former et de leur apprendre ce qui est bien ou mal. *Emma et Lisa ont eu une bonne éducation, elles ne font jamais de bêtises.*

éduquer *verbe (v.)*

Éduquer un enfant, c'est le former et développer ses qualités intellectuelles et physiques. *Leurs parents essaient de les éduquer du mieux qu'ils peuvent.*
Le synonyme est : élever.

effacer *verbe (v.)*

Effacer quelque chose, c'est le faire disparaître en le frottant ou en le supprimant. *C'est au tour d'Ali d'effacer le tableau !*

effectuer *verbe (v.)*

Effectuer, c'est faire quelque chose. *Renata a effectué une belle pirouette.*

effet *nom masculin (n. m.)*

1. L'effet est le résultat de quelque chose. *Le sport a des effets bénéfiques sur la santé.*
Le synonyme est : conséquence.
2. Un effet est une impression produite sur quelqu'un. *À la rentrée, Eva a mis de beaux vêtements pour faire bon effet.*

en effet *adverbe (adv.)*

En effet se dit pour confirmer ou pour expliquer quelque chose. *Laurine a fini ses devoirs. En effet, elle peut jouer dehors.*
Le synonyme est : effectivement.

efficace *adjectif masculin ou féminin (adj. m. ou f.)*

Une personne (ou une chose) efficace donne de bons résultats. *Abdeljabbar est un garçon efficace, son travail est bien fait. C'est un produit efficace, je ne vois plus d'insectes.*

s'effondrer *verbe (v.)*

S'effondrer, c'est tomber complètement. *Il a tellement neigé que le toit de la ferme s'est effondré.*

effort *nom masculin (n. m.)*

Un effort est ce qu'on essaie de faire pour réussir. *Lina a fait des efforts pour bien ranger sa chambre.*

effrayer *verbe (v.)*

Effrayer quelqu'un, c'est lui faire très peur. *L'orage effraie les enfants.*
Le synonyme est : terroriser.

effroyable

adjectif masculin ou féminin (adj. m. ou f.)

Quelque chose d'effroyable fait très peur. *Judith a poussé un cri effroyable en touchant une grosse toile d'araignée.*
Les synonymes sont : épouvantable, horrible.

égal, égale

adjectif masculin, féminin (adj. m., f.)

Des choses qui sont égales ont la même taille. *Le gâteau a été coupé en six parts égales.*
Les synonymes sont : identique, semblable.

► Ça m'est égal : *ça m'est égal* veut dire que ce n'est pas important pour moi. *Candice est partie, mais ça m'est égal, je préfère jouer avec Lola.*

Remarque : Le pluriel de *égal* est : égaux.

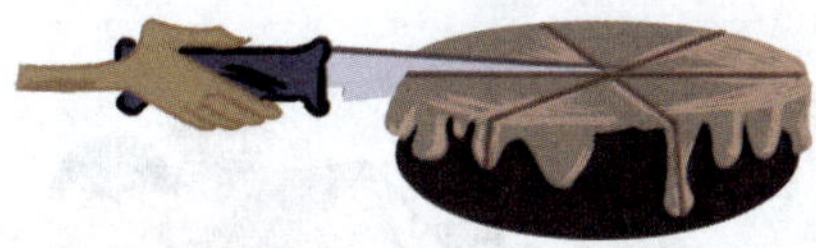

également *adverbe (adv.)*

Également veut dire *aussi*. *Marine a également pris un dessert.*

égaler *verbe (v.)*

Égaler, c'est avoir la même valeur ou la même quantité. *Un plus deux égale trois.*

égalité *nom féminin (n. f.)*

L'égalité est le fait d'être égal, d'être pareil. *Nouha et Coralie sont arrivées à égalité à la course.*

A B C D E F G H I J K L M N O P Q R S T U V W X Y Z

église *nom féminin (n. f.)*

Une église est un bâtiment où les croyants de religion catholique ou orthodoxe viennent pour prier. *Nathalie et ses parents vont à l'église tous les dimanches.*

coin lecture

« L'église était remplie de monde, toutes les places étaient prises, et, quand la vieille mère voulut se mettre à son banc habituel, elle le trouva tout plein. »
La Pauvre Vieille Mère.
Les frères Grimm.

égoïste

adjectif masculin ou féminin (adj. m. ou f.)

Une personne égoïste ne pense qu'à elle-même. *Adel est vraiment égoïste, il a tout pris sans penser aux autres !*
Le contraire est : généreux.

Remarque : L'adjectif *égoïste* peut aussi être un nom : *C'est une égoïste, elle garde tout pour elle.*

égout *nom masculin (n. m.)*

Les égouts sont de gros tuyaux sous le sol qui servent à évacuer les eaux sales. *Les égouts sentent très mauvais.*

1. élan *nom masculin (n. m.)*

Un élan est le mouvement qu'on prend avant de se lancer vers l'avant. *Claire a pris son élan pour sauter le plus loin possible.*

2. élan *nom masculin (n. m.)*

Un élan est un grand cerf qui a des bois larges et aplatis sur la tête. Il vit dans les pays froids. *Pendant ses vacances au Canada, Émilie a aperçu des élans.*

à savoir

Les bois de l'élan tombent l'hiver et repoussent au printemps, encore plus grands qu'avant.

s'élancer *verbe (v.)*

S'élancer, c'est se lancer vers l'avant. *Ninon s'élance dans les bras de sa maman.*

élargir *verbe (v.)*

Élargir quelque chose, c'est le rendre plus large. *Gaël a élargi le trou de son pantalon en mettant son doigt dedans.*

s'élargir *verbe (v.)*

S'élargir, c'est devenir plus large. *Son pull s'est élargi à force de tirer dessus.*

Le contraire est : rétrécir.

élastique

adjectif masculin ou féminin (adj. m. ou f.)

Une chose élastique est quelque chose qui se déforme et reprend sa forme du début. *Rachelle a un bandeau élastique autour de la tête.*

élastique *nom masculin (n. m.)*

Un élastique est une bande ronde en caoutchouc. *Le vendeur a enroulé le poster et l'a fait tenir avec un élastique.*

électricien, électricienne

nom masculin, féminin (n. m., f.)

Un électricien, une électricienne est une personne qui installe l'électricité ou répare les appareils électriques. *L'électricien est venu mettre deux prises électriques dans la cuisine.*

électrique

adjectif masculin ou féminin (adj. m. ou f.)

Une chose électrique est quelque chose qui fonctionne avec de l'électricité. *Simon joue avec son train électrique.*

électronique

adjectif masculin ou féminin (adj. m. ou f.)

Les appareils électroniques produisent des sons, des images ou des messages, ou encore font des calculs. *Laurent a eu un super jeu électronique pour son anniversaire. Les messages que Dina envoie par Internet sont des courriers électroniques.*

élégant, élégante

adjectif masculin, féminin (adj. m., f.)

Une personne élégante a une belle façon de marcher ou de s'habiller. *Tout le monde était très élégant le jour du mariage.*

Le synonyme est : chic.

élément *nom masculin (n. m.)*

Un élément est une partie de quelque chose. *Il manque un élément à ce jeu pour finir la construction.*

élémentaire

adjectif masculin ou féminin (adj. m. ou f.)

Quelque chose d'élémentaire est très simple à comprendre. *Les enfants apprennent les règles élémentaires de la propreté à l'école.* ► Cours élémentaire : à l'école primaire, le cours élémentaire est une classe qui se trouve entre le cours préparatoire et le cours moyen. *Le CE1 et le CE2 sont des cours élémentaires.*

A B C D E F G H I J K L M N O P Q R S T U V W X Y Z

éléphant *nom masculin (n. m.)*
L'éléphant est un grand animal herbivore qui a de grandes oreilles plates, une trompe avec deux défenses de chaque côté et une peau grise très épaisse. Il vit en Afrique et en Asie. *Au cirque, Luna a beaucoup aimé le spectacle avec les éléphants.*

à savoir

Le petit de l'éléphant est l'éléphanteau. Son cri est le barrissement. On dit que l'éléphant *barrit.*

coin lecture

« L'éléphant étant écouté, tout sage qu'il était, dit des choses pareilles : Il jugea qu'à son appétit Dame baleine était trop grosse. »
La Besace. Jean de La Fontaine.

élève *nom masculin ou féminin (n. m. ou f.)*
Un élève, une élève est un enfant qui va à l'école. *Jessica est une bonne élève, elle fait bien ses exercices.*

élevé, élevée
adjectif masculin, féminin (adj. m., f.)

Quelque chose d'élévé est haut. *Alice ne peut pas regarder par la fenêtre, elle est trop élevée.*

Le contraire est : bas.

► Bien élevé, mal élevé : une personne bien élevée est polie. Une personne mal élevée n'est pas polie. *Anthony est un garçon bien élevé, il dit toujours merci.*

élever *verbe (v.)*
1. Élever quelque chose, c'est le construire ou le pousser vers le haut. *L'ouvrier a élevé un mur devant la maison.* **2.** Élever des enfants, c'est prendre soin d'eux, leur donner de bonnes manières. *Elle élève bien ses enfants, ils sont tous sages et en bonne santé.* **3.** Élever des animaux, c'est les soigner, les nourrir et leur faire faire des petits. *Son père élève des poules dans son jardin.*

s'élever *verbe (v.)*
S'élever, c'est monter vers le haut. *Maxence fait exprès de lâcher son ballon pour le voir s'élever dans le ciel.*

éliminer *verbe (v.)*
Éliminer, c'est rejeter d'un ensemble ou d'un groupe. *Corentin a triché, alors il a été éliminé du jeu.*

elle, elles *pronom personnel (pron. pers.)*
Elle ou *elles* s'utilise pour la troisième personne du féminin. *Elle* ou *elles* peuvent être sujet du verbe. *Elle joue avec moi. Sont-elles méchantes ? Elle* ou *elles* peuvent être complément. *Je vais avec elle. Vincent pense à elle.*

Remarque : Ne pas confondre *elle* ou *elles* avec une *aile*.

éloigner *verbe (v.)*
Éloigner, c'est mettre plus loin. *Éloigne le verre du bord de la table !*

Le synonyme est : écarter.

Le contraire est : rapprocher.

s'éloigner *verbe (v.)*
S'éloigner, c'est partir plus loin. *Valène s'est éloignée du chien quand il a commencé à aboyer.*

émail *nom masculin (n. m.)*
1. L'émail est la partie dure et blanche qui recouvre les dents. *L'émail des dents se recouvre de tartre si on ne les brosse pas.*
2. L'émail est une matière blanche et dure qui recouvre et protège certains objets comme les lavabos, les baignoires ou le fond des casseroles. *L'évier de la cuisine est en émail.*

Remarque : Le pluriel de ce mot est : des émaux.

e-mail *nom masculin (n. m.)*
Un e-mail est un message que l'on envoie par Internet. *Ludivine envoie un e-mail à sa copine qui habite au Canada.*

emballage *nom masculin (n. m.)*
Un emballage est un papier, un carton ou du plastique qui sert à envelopper un objet. *Hamed se dépêche de déchirer l'emballage de son cadeau.*

emballer *verbe (v.)*
Emballer quelque chose, c'est l'envelopper dans du papier, du carton ou du plastique. *Annie emballe les cadeaux de Noël.*

embarquer *verbe (v.)*
Embarquer, c'est monter à bord d'un avion ou d'un bateau. *C'est la première fois que Chloé embarque sur un bateau.*

embarrasser *verbe (v.)*
Embarrasser quelqu'un, c'est le troubler, le rendre hésitant. *Ta question m'embarrasse, je ne sais pas quoi répondre.*

embaucher *verbe (v.)*
Embaucher quelqu'un, c'est l'engager pour un travail. *Le restaurant a embauché un nouveau cuisinier.*
Le contraire est : renvoyer.

embellir *verbe (v.)*
Embellir, c'est rendre plus beau. *Le rose t'embellit, tu devrais en porter plus souvent.*

embêter *verbe (v.)*
Embêter quelqu'un, c'est le contrarier, l'agacer. *Rémi embête toujours son petit frère.*
s'embêter *verbe (v.)*
S'embêter, c'est s'ennuyer. *Melissa s'embête quand elle est seule.*

s'emboîter *verbe (v.)*
S'emboîter, c'est rentrer l'un dans l'autre. *Le jeu de construction de Thomas s'emboîte facilement.*

embouteillage
nom masculin (n. m.)
Un embouteillage est un encombrement de la route qui empêche les voitures de rouler. *On est restés une heure dans les embouteillages.*
Les synonymes sont : bouchon, encombrement.

embrasser *verbe (v.)*
Embrasser, c'est faire un bisou. *Sylvain embrasse ses parents avant de partir.*

embrouillé, embrouillée
adjectif masculin, féminin (adj. m., f.)
Quelque chose d'embrouillé est compliqué, difficile à comprendre. *Son histoire est tellement embrouillée que je ne comprends plus rien.*
Le contraire est : clair.

s'embrouiller *verbe (v.)*
S'embrouiller, c'est tout mélanger dans sa tête. *Quand Théo veut parler trop vite, il s'embrouille et dit n'importe quoi.*

émerveiller *verbe (v.)*
Émerveiller, c'est faire ressentir de l'admiration et de la surprise. *Le feu d'artifice est tellement beau qu'il émerveille tout le monde.*
Les synonymes sont : éblouir, enchanter.

émigré, émigrée
nom masculin, féminin (n. m., f.)
Un émigré ou une émigrée est une personne qui a quitté son pays pour aller vivre dans un autre pays. *Les parents de Moussa sont des émigrés.*

émigrer *verbe (v.)*
Émigrer, c'est quitter son pays pour aller vivre dans un autre pays. *La famille de Laurie a émigré au Québec l'année dernière.*
Le synonyme est : s'expatrier.

émission *nom féminin (n. f.)*
Une émission est un programme qui passe à la télé ou à la radio. *J'ai regardé une émission intéressante sur les animaux de la jungle.*

emmêler *verbe (v.)*
Emmêler, c'est enchevêtrer des choses. *Hélène a emmêlé tous les fils, il faut tout défaire.*

emménager *verbe (v.)*
Emménager, c'est venir habiter dans un nouveau logement. *Johanna va emménager près de chez sa copine.*
Le contraire est : déménager.

emmener *verbe (v.)*

Emmener, c'est conduire quelqu'un d'un endroit à un autre endroit. *La maîtresse emmène les enfants à la bibliothèque.*

émotion *nom féminin (n. f.)*

L'émotion est un sentiment comme la joie, la tristesse, la peur ou la colère, qu'une personne ressent. *La chanson a provoqué chez elle une forte émotion.*

émouvant, émouvante

adjectif masculin, féminin (adj. m., f.)

Une chose émouvante donne envie de pleurer. *L'histoire de sa mamie était si émouvante que Léa a eu les larmes aux yeux.*

Les synonymes sont : attendrissant, poignant.

émouvoir *verbe (v.)*

Émouvoir, c'est bouleverser quelqu'un. *L'histoire que Michelle m'a racontée m'a beaucoup ému, c'était triste.*

empêcher *verbe (v.)*

1. Empêcher quelque chose, c'est le rendre impossible. *Le brouillard nous empêche de bien voir.*

2. Empêcher, c'est ne pas laisser faire. *Julia a empêché le chien de monter sur la table.* ►Ne pas pouvoir s'empêcher de faire quelque chose : c'est ne pas pouvoir se retenir. *Sam ne peut pas s'empêcher de rire quand il voit Killian.*

Remarque : Le deuxième *e* prend un accent circonflexe.

empiler *verbe (v.)*

Empiler, c'est mettre les choses les unes sur les autres, faire une pile. *Amélie plie ses vêtements et les empile pour les ranger.*

Le synonyme est : entasser.

emploi *nom masculin (n. m.)*

Un emploi est un travail qui permet de gagner de l'argent. *Mon oncle a trouvé un emploi de chauffeur.*

►Emploi du temps : c'est le programme de ce qu'on doit faire chaque jour. *Si tu veux savoir ce que tu vas faire demain, regarde ton emploi du temps.*

employé, employée

nom masculin, féminin (n. m., f.)

Un employé, une employée est une personne qui travaille dans un magasin ou un bureau. *Amandine est une employée de la cantine.*

employer *verbe (v.)*
Employer quelque chose, c'est l'utiliser. *Vincent a employé la bonne méthode pour faire son calcul.*

empoisonner *verbe (v.)*
Empoisonner, c'est rendre malade ou tuer en faisant avaler du poison ou un mauvais aliment. *La chèvre a mangé une plante qui l'a empoisonnée.*
Le synonyme est : intoxiquer.

emporter *verbe (v.)*
Emporter quelque chose, c'est le prendre avec soi quand on s'en va. *Joëlle a emporté un goûter pour le manger à l'école.*

empreinte *nom féminin (n. f.)*
Une empreinte est une trace laissée quelque part. *Le sable est couvert d'empreintes de pieds.*

emprisonner *verbe (v.)*
Emprisonner, c'est mettre quelqu'un dans une prison. *Les criminels sont emprisonnés.*

ému, émue
adjectif masculin, féminin (adj. m., f.)
Quelqu'un qui est ému est troublé, il ressent une émotion. *Nathalie est émue par l'histoire de « la petite fille aux allumettes ».*

1. en *préposition (prép.)*
1. *En* peut s'utiliser pour indiquer le lieu où l'on va. *Rachida part en Algérie.* **2.** *En* peut s'utiliser pour situer dans le temps. *Sibellia est née en septembre.* **3.** *En* peut s'utiliser pour indiquer la matière. *Maud a mis un pull en laine.* **4.** *En* peut s'utiliser pour indiquer le moyen. *Anna part en voiture.*

2. en *pronom personnel (pron. pers.)*
En sert à remplacer un autre mot. *Des souvenirs, il en a plein. Je cherche mon livre, j'en ai besoin.*

Remarque : Ne pas confondre *en* avec un *an*.

encadrer *verbe (v.)*
1. Encadrer quelque chose, c'est le mettre dans un cadre. *Audrey a encadré sa photo de classe pour la mettre dans sa chambre.* **2.** Encadrer un mot, un texte ou un dessin, c'est l'entourer d'un trait pour mieux le faire voir. *Julia a encadré les mots à retenir dans son cahier.*

en-cas *nom masculin (n. m.)*
Un en-cas est un goûter qu'on emporte au cas où l'on aurait faim. *Xavier a un en-cas dans son cartable.*

Remarque : Au pluriel, ce mot s'écrit de la même façon : des en-cas.

enceinte *adjectif féminin (adj. f.)*
Une femme enceinte est une femme qui a un bébé dans son ventre. *Marjorie va bientôt avoir une petite sœur, sa maman est enceinte.*

enchaîner *verbe (v.)*
Enchaîner quelqu'un ou un animal, c'est l'attacher avec des chaînes. *Il ne faut pas enchaîner les chiens, ça les rend méchants.*

Remarque : Le *i* prend un accent circonflexe.

enchanté, enchantée
adjectif masculin, féminin (adj. m., f.)
Quelque chose d'enchanté est quelque chose de magique. *Peter Pan vit sur une île enchantée.*
► Être enchanté : c'est être très content. *Je suis enchanté de vous connaître.*

enclos *nom masculin (n. m.)*
Un enclos est un terrain entouré par une clôture. *Les vaches restent dans l'enclos pendant la journée.*

encore *adverbe (adv.)*
1. *Encore* s'emploie pour dire *toujours. Patricia est encore là, tu peux aller la voir.* **2.** *Encore* s'emploie pour dire *de nouveau. Alex est encore arrivé en retard !* **3.** *Encore* s'emploie pour dire *davantage, plus. Élisa en veut encore.*

encourager *verbe (v.)*
Encourager quelqu'un, c'est l'inciter à faire quelque chose. *Le professeur encourage ses élèves à faire du sport.*

encre *nom féminin (n. f.)*
L'encre est un liquide coloré qui sert à écrire ou à dessiner. *Le feutre de Mathéo a coulé, il y a de l'encre rouge partout !*

encyclopédie *nom féminin (n. f.)*
Une encyclopédie est un livre qui rassemble tous les savoirs. *Dans son encyclopédie, Zaïm a lu toutes les pages sur l'astronomie.*

endive *nom féminin (n. f.)*
Une endive est une plante qui a de longues feuilles blanches et qui pousse dans le noir sous la terre. *Soraya aime manger les endives en salade, mais pas quand elles sont cuites.*

endormir *verbe (v.)*
Endormir quelqu'un, c'est le faire dormir ou lui donner envie de dormir. *Le film était si ennuyeux qu'il nous a endormis.*
Le contraire est : réveiller.

s'endormir *verbe (v.)*
S'endormir, c'est commencer à dormir. *Béatrice s'endort en écoutant une berceuse.*

1. endroit *nom masculin (n. m.)*
Un endroit est un lieu, une place. *À quel endroit es-tu allé ?*

2. endroit *nom masculin (n. m.)*
L'endroit est le bon côté d'une chose. *Ton pull est à l'envers, remets-le à l'endroit ! Les verres sont retournés sur la table, tu peux les remettre à l'endroit ?*
Le contraire est : envers.

endurance *nom féminin (n. f.)*
L'endurance est la résistance à la fatigue. *Vincent a beaucoup d'endurance, il court pendant deux heures sans s'arrêter.*

endurcir *verbe (v.)*
Endurcir, c'est rendre plus résistant. *La pratique régulière d'un sport l'a endurci.*

s'endurcir *verbe (v.)*
S'endurcir, c'est devenir moins fragile, moins sensible. *Julien s'endurcit en grandissant, il pleure moins.*

endurer *verbe (v.)*
Endurer, c'est supporter quelque chose qui est difficile. *Farah endure chaque jour les moqueries de ses camarades.*
Le synonyme est : subir.

énergétique
adjectif masculin ou féminin (adj. m. ou f.)
Un aliment énergétique est un aliment qui apporte de l'énergie, qui donne des forces. *Les pâtes sont un aliment énergétique.*

énergie *nom féminin (n. f.)*

1. L'énergie est la force qu'on a en soi. *Mélanie déborde d'énergie, elle n'arrête pas de courir dans tous les sens.*
Le contraire est : mollesse.
2. Les sources d'énergie sont des matières premières ou des phénomènes naturels utilisés pour produire de l'énergie pour l'éclairage, le chauffage, la cuisson des aliments. *Il faut faire des économies d'énergie en ne laissant pas la lumière allumée, en ne faisant pas couler l'eau pour rien.*

à savoir

Il existe des sources d'énergie naturelle qui ne s'épuisent jamais. Elles sont produites par le vent, le soleil, l'eau, la force des muscles. Il existe aussi des sources d'énergie qui s'épuisent. Ce sont les énergies qui viennent du sous-sol comme le pétrole, le gaz, le charbon.

énerver *verbe (v.)*

Énerver, c'est rendre quelqu'un nerveux, l'agacer. *Alice énerve sa petite sœur en répétant tout ce qu'elle dit.*
Le synonyme est : excéder.
Le contraire est : calmer.

s'énerver *verbe (v.)*

S'énerver, c'est perdre son calme. *Maryse s'énerve quand on la traite de bébé.*

enfance *nom féminin (n. f.)*

L'enfance est la période de la vie qui commence à la naissance et qui se termine à l'adolescence. *Fatou a vécu son enfance en Afrique, elle est arrivée en France à l'âge de 12 ans.*

enfant *nom masculin ou féminin (n. m. ou f.)*

1. Un enfant ou une enfant est un garçon ou une fille qui n'est pas encore arrivé à l'adolescence, qui commence à environ douze ans. *Les enfants de l'école primaire participent au spectacle.* **2.** Un enfant ou une enfant est le fils ou la fille de quelqu'un. *Inès est l'enfant des voisins.*

coin lecture

« Il était une fois deux sœurs, l'une riche et sans enfant, l'autre veuve avec cinq enfants, et si pauvre qu'elle manquait de pain pour elle et pour sa famille. » *Dieu nourrit les malheureux.* Les frères Grimm.

enfer *nom masculin (n. m.)*

Dans la religion catholique, l'enfer est l'endroit où vont, après la mort, ceux qui ont fait beaucoup de choses défendues au cours de leur vie.
Le diable vit en enfer.
Le contraire est : paradis.

enfermer *verbe (v.)*

Enfermer, c'est mettre dans un endroit d'où l'on ne peut pas sortir. *Élisabeth a enfermé une araignée dans un bocal.*

s'enfermer *verbe (v.)*

S'enfermer, c'est s'isoler dans un endroit fermé pour être seul. *Axel s'enferme dans sa chambre quand il est triste.*

enfiler *verbe (v.)*

Enfiler un vêtement, c'est le mettre. *Enfile un pantalon et un pull, et on y va !*

enfin *adverbe (adv.)*

1. *Enfin* s'utilise pour dire que quelque chose a fini par arriver. *Le temps est enfin ensoleillé ! Il était temps !* **2.** *Enfin* s'utilise pour indiquer la dernière chose d'une longue liste. *Pour faire des crêpes, il faut du lait, de la farine, des œufs, un peu de sel, de la levure, du beurre et, enfin, du sucre.*

enflammer *verbe (v.)*

Enflammer, c'est mettre en flammes. *N'enflamme pas les allumettes pour t'amuser, c'est dangereux !*
Les synonymes sont : allumer, embraser.

s'enflammer *verbe (v.)*

1. S'enflammer, c'est prendre feu. *La forêt s'est enflammée à cause de la sécheresse.* **2.** Une blessure qui s'enflamme devient rouge et fait mal. *Il n'a pas nettoyé la blessure de son bras et elle s'est enflammée.*
Le synonyme est : s'infecter.

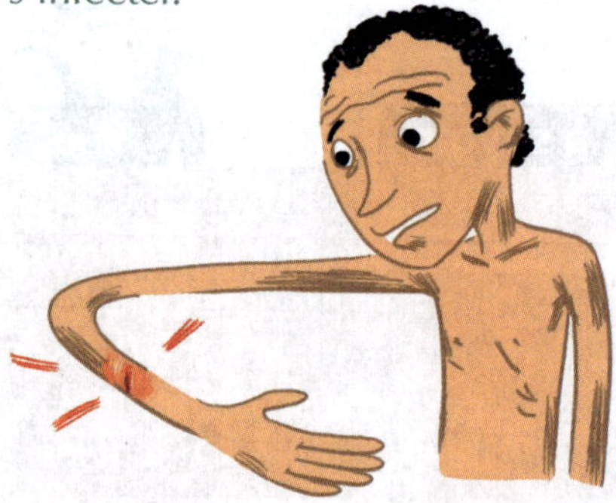

enfler *verbe (v.)*

Enfler, c'est gonfler. *Mon doigt a enflé à cause d'une piqûre de guêpe.*

enfoncer *verbe (v.)*

1. Enfoncer quelque chose, c'est le faire entrer à l'intérieur d'une autre chose. *Il a enfoncé un clou dans le mur pour accrocher un tableau.*
2. Enfoncer une porte, c'est lui donner un gros coup pour l'ouvrir. *Des voleurs ont enfoncé la porte du garage pour entrer.*
Le synonyme est : défoncer.

s'enfoncer *verbe (v.)*

S'enfoncer, c'est aller vers le fond. *Quand le sable est trop mou, nos pieds s'enfoncent.*

s'enfuir *verbe (v.)*

S'enfuir, c'est se sauver. *C'est un chat sauvage, il s'enfuit quand on l'approche.*
Le synonyme est : déguerpir.

engin *nom masculin (n. m.)*

Un engin est un instrument, un appareil ou une machine. *La police a retrouvé l'engin explosif dans le parc.*

engourdir *verbe (v.)*

Engourdir, c'est rendre tout mou, ne plus donner envie de bouger. *Cette grosse chaleur a engourdi les enfants, ils ne veulent plus rien faire.*

s'engourdir *verbe (v.)*

S'engourdir, c'est devenir insensible. *Sa jambe s'est engourdie, il ne la sent plus du tout.*

engrais *nom masculin (n. m.)*

L'engrais est un produit que l'on met dans la terre pour mieux faire pousser les plantes, les fruits. *L'engrais a fait pousser cette plante rapidement.*

énigme *nom féminin (n. f.)*

Une énigme est quelque chose de difficile à résoudre ou à comprendre. *Personne n'a réussi à résoudre l'énigme, on ne connaîtra pas la réponse.*
Le synonyme est : mystère.

enjamber *verbe (v.)*

Enjamber, c'est passer au-dessus de quelque chose en faisant un grand pas. *Adrien enjambe les flaques d'eau une par une.*

enjoué, enjouée

adjectif masculin, féminin (adj. m., f.)

Une personne enjouée est quelqu'un de gai, de bonne humeur. *Tania est une petite fille enjouée.*
Le contraire est : triste.

enlever *verbe (v.)*

1. Enlever, c'est retirer quelque chose de l'endroit où il est. *Enlève tes jouets de la table, nous allons manger.*
Le synonyme est : ôter.
2. Enlever, c'est effacer ou faire disparaître quelque chose. *Je n'arrive pas à enlever cette tache de gras.*
Le contraire est : laisser.
3. Enlever quelqu'un, c'est l'emmener de force et le retenir. *Un inconnu a essayé d'enlever Lisa, mais elle a pu s'échapper.*
Le synonyme est : kidnapper.

enneigé, enneigée

adjectif masculin, féminin (adj. m. ou f.)

Une chose qui est enneigée est couverte de neige. *Quentin regarde les toits enneigés par sa fenêtre.*

A B C D E F G H I J K L M N O P Q R S T U V W X Y Z

ennemi, ennemie

nom masculin, féminin (n. m., f.)

Un ennemi, une ennemie est une personne qui veut du mal à une autre personne. *Luthor est l'ennemi de Superman.*

Le contraire est : ami.

Remarque : Les noms *ennemi* et *ennemie* peuvent aussi être des adjectifs : *Le film raconte l'histoire de deux bandes ennemies.*

ennui *nom masculin (n. m.)*

Un ennui est un souci que l'on a à cause d'une situation difficile. *Fabienne a des ennuis avec certains camarades, ils se moquent d'elle.*

Le synonyme est : problème.

ennuyer *verbe (v.)*

1. Ennuyer quelqu'un, c'est ne pas l'intéresser, ne pas l'amuser. *Ce dessin animé m'ennuie, je veux en regarder un autre.*

Le synonyme est : lasser.

2. Ennuyer quelqu'un, c'est lui causer du souci. *Ça m'ennuie de laisser Théo partir à l'école tout seul, il est encore petit.*

Les synonymes sont : contrarier, tracasser.

► S'ennuyer de quelqu'un : c'est ressentir l'envie de le revoir, d'être près de lui. *Pendant les vacances, Julia s'ennuie de sa meilleure copine.*

ennuyeux, ennuyeuse

adjectif masculin, féminin (adj. m., f.)

Une chose ou une personne qui est ennuyeuse n'est pas intéressante. *L'histoire était si ennuyeuse que je me suis endormi !*

Le contraire est : amusant.

énoncé *nom masculin (n. m.)*

L'énoncé d'un exercice ou d'un problème est le texte du début qui formule les problèmes à résoudre ou les questions auxquelles on doit répondre. *Il faut bien lire l'énoncé pour comprendre l'exercice.*

énorme

adjectif masculin ou féminin (adj. m. ou f.)

Quelque chose ou quelqu'un qui est énorme est très grand en taille ou en importance. *La baleine est énorme. C'est une énorme victoire !*

Le contraire est : minuscule.

enquête *nom féminin (n. f.)*

Une enquête est la recherche d'indices pour pouvoir retrouver quelque chose ou découvrir la vérité. *La couronne du roi a disparu, l'inspecteur mène l'enquête pour la retrouver.*

Remarque : Le deuxième *e* prend un accent circonflexe.

enragé, enragée
adjectif masculin, féminin (adj. m., f.)
Un animal enragé est un animal qui a attrapé la rage. *Tomy a attrapé la rage en se faisant mordre par un chien enragé.*

enrager *verbe (v.)*
Enrager, c'est être très en colère. *Renaud enrage d'avoir encore raté son dessin animé préféré.* ► Faire enrager quelqu'un : c'est le mettre très en colère. *Aziz fait enrager son petit frère en répétant tout ce qu'il dit.*

enregistrer *verbe (v.)*
1. Enregistrer, c'est copier des sons ou des images sur un disque ou une bande magnétique. *Audrey enregistre ses photos de vacances sur son ordinateur.* **2.** Enregistrer des bagages, c'est les confier au service d'un aéroport qui va assurer leur transport. *Les gens font la queue pour faire enregistrer leurs bagages avant de monter dans l'avion.*

s'enrhumer *verbe (v.)*
S'enrhumer, c'est attraper un coup de froid et avoir le nez qui coule. *Estelle est sortie sans manteau dans le froid et elle s'est enrhumée.*

enroué, enrouée
adjectif masculin, féminin (adj. m., f.)
Être enroué, c'est avoir la voix qui change de ton, parler avec une voix rauque. *François a tellement crié que, le lendemain, il avait la voix enrouée.* Le synonyme est : rauque.

enrouler *verbe (v.)*
Enrouler quelque chose, c'est le rouler sur lui-même ou autour de quelque chose d'autre. *Karine enroule le fil autour de la bobine.* Le contraire est : dérouler.

s'enrouler *verbe (v.)*
S'enrouler, c'est s'envelopper dans quelque chose. *En sortant du bain, Alice s'enroule dans sa grande serviette pour avoir chaud.*

enseignant, enseignante
nom masculin, féminin (n. m., f.)
Un enseignant, une enseignante est une personne qui donne des cours et fait faire des exercices à des élèves. *Leur enseignant leur a donné des astuces pour mieux retenir les leçons.*

Remarque : Les noms *enseignant* et *enseignante* peuvent aussi être des adjectifs : *L'équipe enseignante s'est réunie samedi.*

enseigner *verbe (v.)*
Enseigner, c'est transmettre des savoirs à des personnes, leur faire apprendre des choses. *Madame Langlot enseigne le français à ses élèves.*

1. ensemble *adverbe (adv.)*
1. *Ensemble* veut dire *l'un avec l'autre* ou *les uns avec les autres*. *Mettez-vous ensemble pour la photo !*
Le contraire est : séparément.
2. *Ensemble* veut dire *en même temps*. *Ne parlez pas tous ensemble, on n'entend rien !*
Le synonyme est : à la fois.

2. ensemble
nom masculin (n. m.)
Un ensemble est la réunion de plusieurs éléments qui forment un tout. *L'ensemble des élèves ira en classe de neige.* ► Dans l'ensemble : *dans l'ensemble* veut dire *en règle générale*. *Dans l'ensemble, Sabrina est une bonne élève.*

ensoleillé, ensoleillée
(adjectif masculin, féminin (adj. m., f.)
Être ensoleillé, c'est recevoir la lumière du soleil. *Le matin, la salle est bien ensoleillée.*
Les synonymes sont : clair, lumineux.
Les contraires sont : obscur, sombre.

ensorceler *verbe (v.)*
Ensorceler, c'est jeter un sort à quelqu'un. *Dans* La Belle au bois dormant, *la vieille fée a ensorcelé la princesse.*
Le synonyme est : envoûter.

ensuite *adverbe (adv.)*
Ensuite veut dire *après, à la suite*. *Tu finis ton exercice et, ensuite, tu peux aller regarder les dessins animés.*
Le contraire est : d'abord.

entaille *nom féminin (n. f.)*
Une entaille est une coupure profonde. *Mélanie s'est fait une entaille à la main, elle saigne.*

entamer *verbe (v.)*
Entamer un aliment, c'est en couper le premier morceau. *Hugo a entamé son gâteau d'anniversaire sans attendre les autres !*

entasser *verbe (v.)*
Entasser des choses, c'est les mettre en tas, les unes sur les autres. *Manon a entassé ses vêtements dans son armoire, elle ne veut pas les plier.*

entendre *verbe (v.)*
Entendre des sons, c'est les percevoir avec ses oreilles. *J'entends du bruit dans le couloir, quelqu'un est entré. Moi, je n'entends rien.*

s'entendre *verbe (v.)*
S'entendre avec quelqu'un, c'est avoir de bonnes relations avec lui. *Alice et Amandine s'entendent bien, elles sont copines.*

entente *nom féminin (n. f.)*
Une entente est une bonne relation entre tout le monde. *Il y a une bonne entente dans cette classe, tous les élèves s'aiment bien.*

enterrement
nom masculin (n. m.)
L'enterrement d'une personne est la cérémonie au cours de laquelle elle est enterrée. *Toute la famille s'est réunie pour l'enterrement de ma grand-mère.*
Le synonyme est : obsèques.

coin lecture

« Dans les marronniers les oiseaux gazouillaient. Quiqui ! Quiqui ! Ils étaient gais quoique ayant assisté à l'enterrement parce qu'ils savaient bien que le mort était maintenant là-haut dans le ciel. »
Le Compagnon de route. Andersen.

enterrer *verbe (v.)*
1. Enterrer une personne ou un animal qui sont morts, c'est mettre leur corps dans la terre. *Samia a enterré son lapin, car elle l'aimait beaucoup.*
Le synonyme est : ensevelir.
2. Enterrer quelque chose, c'est le cacher dans la terre. *Le chien a enterré son os pour le manger plus tard.*
Le synonyme est : enfouir.
Le contraire est : déterrer.

s'entêter *verbe (v.)*
S'entêter, c'est vouloir absolument faire quelque chose. *Inès s'entête à refuser de donner la main.*

Remarque : Le deuxième *e* prend un accent circonflexe.

enthousiasme
nom masculin (n. m.)
L'enthousiasme est une grande joie, une grande admiration. *Les enfants ont applaudi le clown avec enthousiasme.*
Le synonyme est : ardeur.
Le contraire est : indifférence.

entier, entière

adjectif masculin, féminin (adj. m., f.)

Quelque chose qui est entier est complet, on ne lui a rien retiré. *Le plat de pâtes est encore entier, personne n'a faim ?* ► En entier : *en entier* veut dire *tout, totalement. Max a mangé son gâteau en entier, il n'a rien laissé.* ► Nombre entier : un nombre entier est un nombre qui ne contient pas de virgule. 4 *est un nombre entier, mais* 1,5 *n'est pas un nombre entier.*

entonnoir *nom masculin (n. m.)*

Un entonnoir est un ustensile en forme de cône qui sert à verser un liquide d'un récipient dans un autre, plus petit. *Pour verser l'huile du gros bidon dans une bouteille, j'ai besoin d'un entonnoir, sinon je vais en mettre à côté.*

entorse *nom féminin (n. f.)*

Une entorse est une blessure qu'on se fait en se tordant la cheville, le genou ou le poignet. *Willy s'est fait une entorse à la cheville en sautant, il ne peut plus marcher.*

entourage

nom masculin (n. m.)

L'entourage est l'ensemble des personnes que l'on voit souvent, les personnes avec qui l'on vit. *Quand Judith ne sait pas quoi faire, elle demande conseil à son entourage.*

entourer *verbe (v.)*

1. Entourer une chose, c'est mettre quelque chose tout autour. *Anne a entouré son dessin de gommettes roses en forme de cœur.* **2.** Entourer quelqu'un, c'est vivre avec lui ou le voir souvent. *Les gens qui l'entourent lui ont tous dit de faire attention.*

entraîner *verbe (v.)*

1. Entraîner, c'est emporter dans un autre endroit. *La barque n'était pas attachée, alors le vent l'a entraînée de l'autre côté du lac.* **2.** Entraîner, c'est provoquer quelque chose, en être responsable. *Son but, à la dernière minute du match, a entraîné la victoire.*

Le synonyme est : causer.

s'entraîner *verbe (v.)*

S'entraîner, c'est faire un sport assez souvent pour avoir un bon niveau. *Laure s'entraîne à la nage tous les jours.*

Remarque : Le *i* prend un accent circonflexe.

entre *préposition (prép.)*
1. *Entre* indique un intervalle de temps ou de distance entre deux choses. *Luca va arriver entre neuf heures et dix heures. Il habite quelque part entre Lille et Paris.*
2. *Entre* indique une comparaison entre deux choses ou deux personnes. *Si tu devais choisir entre Dora et Babouche, laquelle choisirais-tu ?*

entrée *nom féminin (n. f.)*
1. L'entrée d'une personne est son arrivée quelque part. *Lorsque la directrice fait son entrée, tous les élèves se lèvent.*
Le synonyme est : arrivée.
Le contraire est : sortie.
2. L'entrée de quelque chose est l'endroit par où l'on entre. *Sabine n'a pas trouvé l'entrée de mon immeuble.*
Le synonyme est : accès.
3. Une entrée est un plat qui se mange avant le plat principal. *En entrée, on a eu des carottes râpées à la cantine.*

entrepôt *nom masculin (n. m.)*
Un entrepôt est un bâtiment qui sert à ranger les marchandises des magasins. *Quand on a commandé un meuble dans un magasin, on doit aller le chercher à l'entrepôt.*

Remarque : Le *o* prend un accent circonflexe.

entreprise *nom féminin (n. f.)*
Une entreprise est un lieu où plusieurs personnes travaillent dans un domaine précis. *Son père travaille dans une entreprise de bâtiment et sa mère travaille dans une entreprise d'informatique.*
Le synonyme est : société.

entrer *verbe (v.)*
1. Entrer, c'est passer de l'extérieur vers l'intérieur. *Éloïse est entrée dans le salon.*
Le synonyme est : pénétrer.
Le contraire est : sortir.
2. Entrer, c'est être admis dans une classe ou faire partie d'un groupe. *Adèle entre en CE1 à la rentrée. Tristan est entré dans l'équipe de basket.*

1. entretien *nom masculin (n. m.)*
L'entretien de quelque chose est le fait de le garder en bon état. *L'entretien du jardin prend beaucoup de temps.*

2. entretien *nom masculin (n. m.)*
Un entretien est une conversation qu'on a avec quelqu'un sur un sujet précis. *Son entretien avec la directrice a duré une heure, ils ont parlé du règlement de l'école.*

énumérer *verbe (v.)*
Énumérer, c'est dire les choses les unes après les autres. *Isabelle a énuméré tous les noms des copines qu'elle voulait inviter à sa fête.*

envahir *verbe (v.)*
1. Envahir, c'est prendre toute la place. *Zoé a envahi ma chambre avec ses affaires.* **2.** Envahir, c'est entrer dans un pays ou une région de force et y rester. *Les Américains ont envahi l'Irak.*

enveloppe *nom féminin (n. f.)*
Une enveloppe est une pochette en papier dans laquelle on met une lettre. *Danny a mis un timbre sur l'enveloppe pour poster sa lettre.*

envelopper *verbe (v.)*
Envelopper quelque chose, c'est l'entourer complètement. *Jessica a enveloppé le cadeau pour sa maman avec un joli papier doré.*
Les synonymes sont : emballer, empaqueter.

s'envelopper *verbe (v.)*
S'envelopper, c'est s'enrouler dans quelque chose. *Le soir, Mina s'enveloppe dans un grand châle pour regarder la télé.*

1. envers *préposition (prép.)*
Envers veut dire *à l'égard de quelqu'un. Tu as été injuste envers Chloé, tu devrais t'excuser.*

2. envers *nom masculin (n. m.)*
L'envers de quelque chose est le côté qu'on ne voit pas. *L'envers de mon pull est tout doux, il tient bien chaud.*
Le contraire est : endroit.
► À l'envers : mettre quelque chose à l'envers, c'est le mettre du mauvais côté. *Elsa a mis son pull à l'envers. Il a posé le verre à l'envers, il faut le retourner.*

envie *nom féminin (n. f.)*
Une envie est quelque chose que l'on veut ou quelque chose dont on a besoin. *Tania a envie de jouer dehors. Elle a envie de dormir.*

envier *verbe (v.)*
Envier, c'est vouloir ce que les autres ont ou ce que les autres font. *Véra envie la petite fille qui mange une glace, car elle en voudrait une aussi.*

environ *adverbe (adv.)*
Environ veut dire *à peu près. Ça fait environ une heure que Pierre est parti.*
Le contraire est : exactement.

environnement
nom masculin (n. m.)
L'environnement est la nature qui nous entoure. *Il faut trier ses déchets pour protéger l'environnement.*

à savoir
Les fumées des voitures ou des usines ainsi que les déchets qui sont jetés dans la nature polluent notre environnement et mettent en danger la santé de notre planète.

environs *nom masculin pluriel*

(n. m. pl.) Les environs sont tous les lieux qui sont proches. *Je ne sais pas où se trouve exactement le parc, il est dans les environs.*

envisager *verbe (v.)*

Envisager, c'est avoir l'intention de vouloir faire quelque chose. *Pour les vacances, nous envisageons de partir en Afrique.*
Le synonyme est : projeter.

s'envoler *verbe (v.)*

1. S'envoler, c'est s'élever dans les airs. *Les oiseaux s'envolent quand Nathalie s'approche d'eux.*
2. S'envoler, c'est être emporté par le vent. *Mes feuilles se sont envolées à cause du courant d'air.*

envoyer *verbe (v.)*

1. Envoyer quelqu'un quelque part, c'est le faire partir. *J'ai envoyé Mathilde à la boulangerie.* **2.** Envoyer une lettre ou un colis à quelqu'un, c'est lui faire parvenir cet envoi par la poste. *Axelle écrit une lettre pour l'envoyer à sa copine en Angleterre.*
3. Envoyer quelque chose, c'est le lancer. *Frédéric a voulu envoyer le ballon à Guillaume, mais il a atterri sur le toit.*

épais, épaisse

adjectif masculin, féminin (adj. m., f.)
1. Quelque chose qui est épais est gros. *Clara veut une couverture plus épaisse, car la sienne est trop fine, elle a froid.*
Les contraires sont : fin, mince.
2. Quelque chose qui est épais est pâteux, ne coule pas facilement. *La pâte à crêpes est encore trop épaisse, il faut rajouter du lait.*

épaisseur *nom féminin (n. f.)*

L'épaisseur est la grosseur de quelque chose. *Camille a choisi le livre qui avait la plus grosse épaisseur pour avoir plus de pages à lire.*

épaissir *verbe (v.)*

Épaissir, c'est rendre plus épais, plus pâteux. *La sauce est trop liquide, il faut l'épaissir un peu.*

éparpiller *verbe (v.)*

Éparpiller quelque chose, c'est en mettre un peu partout. *Ingrid a éparpillé ses vêtements dans toute la chambre.*
Le contraire est : rassembler.

s'éparpiller *verbe (v.)*
S'éparpiller, c'est aller dans tous les sens, se disperser. *Dès qu'ils sortent des classes, les enfants s'éparpillent dans la cour de récréation.*

épater *verbe (v.)*
Épater quelqu'un, c'est l'étonner. *Isaac épate ses copains en faisant des pirouettes en arrière.*
Le synonyme est : époustoufler.

épaule *nom féminin (n. f.)*
L'épaule est la partie haute du bras qui s'attache au corps. *Noémie hausse les épaules quand elle n'est pas contente.* ► Avoir la tête sur les épaules : c'est être réaliste, savoir ce que l'on fait. *Lucie a la tête sur les épaules, elle ne ferait jamais de choses dangereuses.*

épée *nom féminin (n. f.)*
Une épée est une arme qui est faite d'une longue lame tranchante et d'une poignée. *Ismaïl a appris à se servir d'une épée à l'escrime.*

épeler *verbe (v.)*
Épeler un mot, c'est nommer l'une après l'autre les lettres qui le composent. *Inès a épelé les quatre lettres du mot* chat.

épi *nom masculin (n. m.)*
Un épi est le bout de la tige du blé, du maïs, de l'orge, qui porte les graines. *On a mangé des épis de maïs grillés.*

épice *nom féminin (n. f.)*
Une épice est une graine ou la poudre de graines qu'on met sur les aliments pour leur donner plus de goût. *Les épices que j'utilise le plus sont le gingembre, le paprika et le cumin.*

épinard *nom masculin (n. m.)*
L'épinard est une plante qui a des feuilles vertes et qui se mange cuite ou crue. *Les épinards donnent beaucoup de force parce qu'ils sont pleins de vitamines.*

épine *nom féminin (n. f.)*
Une épine est un piquant qui se trouve sur la tige de certaines plantes ou sur le corps de certains animaux. *Le hérisson a plein d'épines sur le dos. La rose a des épines, fais attention en la prenant !*

épingle *nom féminin (n. f.)*
Une épingle est une fine tige de métal dont l'un des bouts est pointu, tandis que l'autre est muni d'une tête en plastique. *Laura a accroché son dessin avec quatre épingles.* ► Épingle à cheveux : c'est un objet pointu qui sert à attacher les cheveux. *Amélie cherche son épingle à cheveux pour faire sa queue de cheval.* ► Épingle à linge : c'est une pince qui permet d'accrocher le linge pour le faire sécher. *Au centre aéré, Lalie a fabriqué un soleil avec des pinces à linge en bois.*

épisode *nom masculin (n. m.)*
Un épisode est chaque partie d'une histoire ou d'un film qui a plusieurs parties. *Théo a vu tous les épisodes de son feuilleton préféré à la télé.*

éplucher *verbe (v.)*
Éplucher un légume ou un fruit, c'est en enlever la peau. *Soraya n'arrive pas à éplucher son orange.*

éponge *nom féminin (n. f.)*
1. Une éponge est un objet fait d'une matière qui absorbe les liquides. *Je cherche l'éponge pour faire la vaisselle.* ▶ Passer l'éponge : c'est pardonner, oublier ce qu'il s'est passé. *Si tu t'excuses, je veux bien passer l'éponge.*

époque *nom féminin (n. f.)*
Une époque est une période qui a lieu à un moment précis dans le temps. *À l'époque où mon père avait mon âge, il y avait plein d'arbres dans la cour.*

épouser *verbe (v.)*
Épouser une personne, c'est se marier avec elle. *Mon père a épousé ma mère il y a dix ans.*

épouvantable
adjectif masculin ou féminin (adj. m. ou f.)
Quelque chose d'épouvantable provoque une très grande peur. *Ilias a poussé un cri épouvantable en voyant le serpent venir vers lui.*
Les synonymes sont : effroyable, horrible, terrifiant.

épouvantail
nom masculin (n. m.)
Un épouvantail est un faux bonhomme qu'on met dans un champ pour faire peur aux oiseaux. *Comme les oiseaux mangeaient toutes les graines du champ de blé, le fermier a fabriqué un épouvantail.*

Remarque : Le pluriel de ce mot est : des épouvantails.

époux, épouse
nom masculin, féminin (n. m., f.)
Un époux, une épouse est une personne mariée. *Martine est l'épouse de Daniel.*

coin lecture

« L'époux d'une jeune beauté partait pour l'autre monde. À ses côtés, sa femme lui criait : « Attends-moi, je te suis ; et mon âme, aussi bien que la tienne, est prête à s'envoler. »
La Jeune Veuve. Jean de La Fontaine.

épreuve *nom féminin (n. f.)*
Une épreuve est un événement difficile, un malheur qui nous arrive. *La mort de son chien a été une épreuve difficile pour Margot, car elle était très attachée à lui.*
Le synonyme est : souffrance.

épuiser *verbe (v.)*

Épuiser quelqu'un, c'est le fatiguer énormément. *La séance de sport l'a tellement épuisé qu'il s'est couché très tôt.*
Les synonymes sont : éreinter, exténuer.

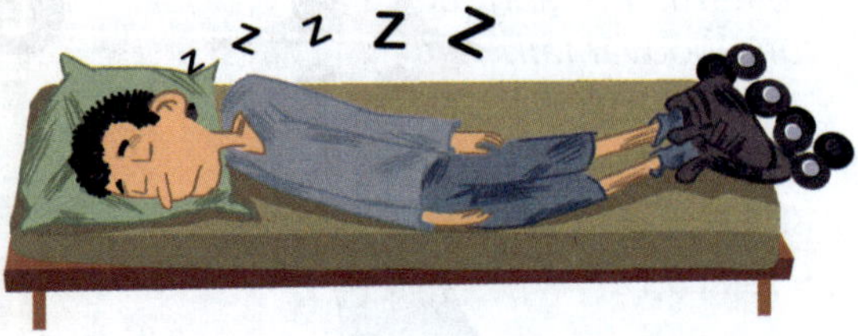

équilibre *nom masculin (n. m.)*

L'équilibre est une position dans laquelle on arrive à rester debout et droit, sans tomber. *Est-ce que tu arrives à tenir en équilibre sur le fil ?*
Le contraire est : déséquilibre.

équipage *nom masculin (n. m.)*

Un équipage est l'ensemble des personnes qui travaillent sur un bateau ou un avion. *Les membres de l'équipage de l'avion nous ont très bien accueillis.*

équipe *nom féminin (n. f.)*

Une équipe est un groupe de personnes qui travaillent ou jouent ensemble. *On est cinq joueurs dans l'équipe de basket.*

équipement

nom masculin (n. m.)

Un équipement est le matériel dont on a besoin pour faire une activité. *Il a oublié d'emporter son équipement de pêche pour aller pêcher !*

équiper *verbe (v.)*

Équiper, c'est mettre dans un endroit des choses qui rendent cet endroit plus confortable, qui l'améliorent. *Clotilde a équipé sa chambre d'une télévision et d'une chaîne hi-fi.*

équitable

adjectif masculin ou féminin (adj. m. ou f.)

Quelque chose d'équitable est juste. *Le partage n'est pas équitable, certains en ont plus que d'autres.*
Les contraires sont : inégal, injuste.

équitation *nom féminin (n. f.)*

L'équitation est un sport qui consiste à monter à cheval. *Ludivine fait de l'équitation.*

érafler *verbe (v.)*

Érafler, c'est égratigner la peau, griffer. *Les branches m'ont éraflé le bras.*
Le synonyme est : écorcher.

errer *verbe (v.)*

Errer, c'est marcher sans savoir où l'on va. *J'ai vu Mathieu errer dans le quartier hier.*

erreur *nom féminin (n. f.)*

Une erreur est une faute. *Le professeur a trouvé une erreur dans mon exercice et m'a demandé de le corriger.*

escabeau *nom masculin (n. m.)*

Un escabeau est une petite échelle pliante. *Il est monté sur un escabeau pour prendre la boîte qui se trouvait sur l'étagère du haut.*

Remarque : Le pluriel de ce mot est : des escabeaux.

escalade *nom masculin (n. m.)*

L'escalade d'une montagne ou d'un mur, c'est quand on grimpe tout en haut. *Mickaël va faire de l'escalade pendant les vacances.*

à savoir

On dit « escalade libre » lorsque le grimpeur utilise les prises naturelles du rocher pour grimper. On dit « escalade artificielle » lorsque le grimpeur utilise des cordes, des crampons ou des pics pour grimper.

escalader *verbe (v.)*

Escalader un mur, une barrière, un grillage, c'est passer par-dessus en grimpant. *Comme Fabrice avait oublié ses clés, il a escaladé la barrière pour passer de l'autre côté.*

escalier *nom masculin (n. m.)*

Un escalier est une suite de marches qui permettent de monter et de descendre. *Je suis monté jusqu'au troisième étage en prenant l'escalier.*

escargot *nom masculin (n. m.)*

Un escargot est un petit mollusque qui porte une coquille en spirale sur son dos et qui a quatre cornes qui lui permettent de voir. *Les escargots mangent des feuilles et rentrent dans leur coquille quand ils se sentent en danger.*

coin lecture

« Les vieux escargots blancs savaient qu'ils étaient les plus nobles de tous, la forêt existait à leur usage unique et le château était là afin qu'ils puissent être cuits et mis sur un plat d'argent. »
L'Heureuse Famille. Andersen

escrime *nom féminin (n. f.)*

L'escrime est un sport de combat qui se pratique avec une épée. *Hugo veut faire de l'escrime.*

escroc *nom masculin (n. m.)*

Un escroc est une personne malhonnête qui trompe les gens pour les voler. *Les escrocs finissent en prison.*

espace *nom masculin (n. m.)*

1. L'espace est le milieu, en dehors de l'atmosphère terrestre, dans lequel se trouvent toutes les étoiles, le Soleil, la Lune, la Terre et les autres planètes. *Les Américains ont envoyé une fusée dans l'espace.*
2. L'espace est la place occupée par les choses. *Ma chambre est grande, il y a beaucoup d'espace pour jouer.*

à savoir

C'est grâce à l'invention de la fusée qu'il est possible d'aller dans l'espace.

espèce *nom féminin (n. f.)*

1. Une espèce est une catégorie d'êtres vivants qui se ressemblent. Les différentes espèces ne se mélangent pas entre elles. *L'espèce humaine peut parler, à la différence de l'espèce animale ou de l'espèce végétale.* **2.** Une espèce est une sorte ou un genre de chose. *Je ne sais pas ce que c'est, c'est une espèce de voiture, mais on dirait un jouet.*

espèces *nom féminin pluriel (n. f. pl.)*

Des espèces sont de l'argent liquide, c'est-à-dire sous forme de pièces ou de billets. *L'épicier n'accepte plus les chèques ou les cartes bancaires, il faut payer en espèces.*

espérer *verbe (v.)*

Espérer, c'est souhaiter qu'une chose se réalise. *J'espère que la fête sera réussie.*

espionner *verbe (v.)*

Espionner, c'est surveiller en secret pour apprendre des choses secrètes. *Il m'a espionné en me suivant dehors pour savoir où j'allais, mais je l'ai repéré.*

espoir *nom masculin (n. m.)*

L'espoir est l'attente confiante d'une chose que l'on désire. *Je garde l'espoir de la revoir un jour.*
Le synonyme est : espérance.

esprit *nom masculin (n. m.)*

1. L'esprit est ce qui nous permet de penser, de réfléchir. *Une question me vient à l'esprit.* **2.** Un esprit est l'âme d'un mort qui revient hanter les vivants. *Il y a des esprits dans cette vieille maison.*
Le synonyme est : fantôme.

► Avoir l'esprit ailleurs : c'est penser à autre chose, être distrait. *Tu peux répéter ? J'avais l'esprit ailleurs.*

► Perdre l'esprit : c'est devenir fou. *Pourquoi hurles-tu pour rien, tu as perdu l'esprit ?*

Esquimau

nom masculin (n. m.) ; marque déposée

Un Esquimau est une glace enrobée de chocolat et qui se tient avec un bâtonnet. *Léo mange sagement son Esquimau sur un banc.*

Remarque : *Esquimau* a une majuscule, car c'est un nom de marque. Le pluriel de ce mot est : des Esquimaux.

essai *nom masculin (n. m.)*

1. Un essai est une tentative pour réussir quelque chose. *Au tir à la carabine, nous avons eu droit à trois essais chacun.* **2.** Un essai est l'utilisation de quelque chose pour la première fois. *J'aimerais bien faire un essai avant d'acheter ce vélo.*

essayer *verbe (v.)*

1. Essayer, c'est utiliser quelque chose de nouveau pour savoir si cela nous plaît. *Tu peux essayer mon vélo si tu veux !* **2.** Essayer, c'est faire des efforts pour y arriver. *Essaie d'être plus gentil avec Aurélie !*
Les synonymes sont : s'efforcer, tâcher, tenter.

essence *nom féminin (n. f.)*

L'essence est le carburant tiré du pétrole qu'on utilise pour faire marcher la voiture. *La voiture est tombée en panne d'essence ; il faut trouver une station pour faire le plein.*

essentiel, essentielle

adjectif masculin, féminin (adj. m., f.)

Quelque chose d'essentiel est ce qui est le plus important. *Il manque la partie essentielle du jeu, on ne peut rien faire.*
Les synonymes sont : indispensable, principal.

Remarque : Les adjectifs *essentiel* et *essentielle* peuvent aussi être des noms : *On a raté l'essentiel du match.*

s'essouffler *verbe (v.)*

S'essouffler, c'est perdre son souffle, respirer avec difficulté. *Bérénice s'essouffle dès qu'elle commence à courir.*

essuyer *verbe (v.)*

Essuyer, c'est sécher ou nettoyer en frottant. *Laura essuie la table après avoir enlevé les assiettes.*

s'essuyer *verbe (v.)*

S'essuyer, c'est se sécher. *Après ton bain, il faut bien t'essuyer avant de t'habiller.*

A B C D E F G H I J K L M N O P Q R S T U V W X Y Z

est *nom masculin (n. m.)*
L'est est un des quatre points cardinaux. Il est situé du côté où le soleil se lève. *Le vent vient de l'est.*
Le synonyme est : orient.

Remarque : Le nom *est* peut aussi être un adjectif : *Charlène habite dans le quartier est de la ville.*

coin lecture
« C'était le Vent d'Est, habillé en Chinois. « Ah ! Tu viens de ce côté-là, dit la mère ; je te croyais au jardin du Paradis. – Je n'y vais que demain, répondit le Vent d'Est. Demain, il y aura juste cent ans que je n'y suis allé. »
Le Jardin du Paradis. Andersen.

estomac *nom masculin (n. m.)*
L'estomac est l'endroit dans le ventre où va la nourriture que l'on mange. *Nicole a tellement mangé qu'elle a mal à l'estomac.*

Remarque : Le mot *estomac* se termine par un *c* qui ne se prononce pas.

estrade *nom féminin (n. f.)*
Une estrade est un plancher légèrement surélevé au-dessus du sol. *Amélie est montée sur l'estrade pour réciter sa leçon devant toute la classe.*

et *conjonction (conj.)*
Et est un mot qui sert à relier les mots entre eux. *J'ai un chat et un chien.*

étable *nom féminin (n. f.)*
Une étable est un bâtiment destiné à loger les vaches, les moutons, les chèvres. *Le soir, les vaches rentrent dans l'étable.*

coin lecture
« Un cerf, s'étant sauvé dans une étable à bœufs, fut d'abord averti par eux : qu'il cherchât un meilleur asile. »
L'Œil du maître. Jean de La Fontaine.

étage *nom masculin (n. m.)*
Un étage est un niveau dans un bâtiment, une maison. *Roxane habite au deuxième étage de l'immeuble.*

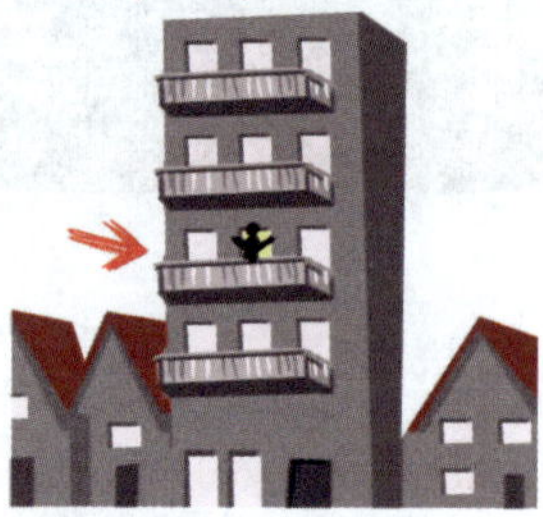

étagère *nom féminin (n. f.)*
Une étagère est une planche horizontale qui est fixée au mur ou sur un meuble. *Mariska a rangé ses livres sur son étagère.*

étaler *verbe (v.)*
1. Étaler, c'est mettre, étendre en couche fine. *Cindy étale du beurre sur son pain.*
Le synonyme est : tartiner.
2. Étaler, c'est mettre à plat. *Elle étale la nappe sur la table.*

s'étaler *verbe (v.)*
S'étaler, c'est se laisser tomber de tout son long. *En rentrant, Suzy s'est étalée sur son lit.*
Le synonyme est : s'allonger.

étanche *adjectif masculin ou féminin (adj. m. ou f.)* Être étanche, c'est ne pas laisser passer l'eau. *Maxime a une montre étanche, il peut nager avec.*

étang *nom masculin (n. m.)*
Un étang est une étendue d'eau peu profonde. *Élodie a vu une grenouille dans l'étang du parc.*

Remarque : Le mot *étang* se termine par un *g* qui ne se prononce pas.

étape *nom féminin (n. f.)*
1. Une étape est l'endroit où l'on s'arrête pour se reposer au cours d'un voyage. *Nous avons fait deux étapes avant d'arriver en Espagne.*
Le synonyme est : halte.
2. Une étape est une épreuve sportive. *Yves a participé à toutes les étapes du tournoi.*

état *nom masculin (n. m.)*
1. Un état est l'aspect extérieur de quelque chose, ce que l'on voit de quelque chose. *Ton vélo est en mauvais état.* **2.** L'état d'une personne est sa situation, sa manière d'être. *L'état de santé de Rémy ne s'est pas amélioré.*

etc. *adverbe (adv.)*
Etc. s'utilise pour dire *et ainsi de suite. À la ferme, on trouve des vaches, des cochons, des poules, des chèvres, etc.*

Remarque : *Etc.* est l'abréviation de *et cetera*.

été *nom masculin (n. m.)*
L'été est la saison la plus chaude de l'année, qui se trouve entre le printemps et l'automne. *Tous les étés, je vais à la plage.*

éteindre *verbe (v.)*
1. Éteindre, c'est faire cesser d'éclairer ou de fonctionner. *N'oublie pas d'éteindre la lumière et la radio en sortant !*
Le synonyme est : fermer.
Le contraire est : allumer.
2. Éteindre, c'est faire cesser de brûler. *Est-ce que tu as éteint la bougie ?*

A B C D E F G H I J K L M N O P Q R S T U V W X Y Z

étendre *verbe (v.)*
Étendre quelque chose, c'est le mettre bien à plat. *Nous étendons des serviettes sur le sable pour nous allonger au soleil.*

s'étendre *verbe (v.)*
1. S'étendre, c'est s'allonger. *Joël s'étend sur le canapé pour faire une sieste.*
2. S'étendre, c'est se répandre, devenir plus grand. *Le feu s'est étendu à toute la forêt et a tout ravagé sur son passage.*

éternuer *verbe (v.)*
Éternuer, c'est rejeter brutalement et brusquement de l'air par la bouche et par le nez. *Vincent n'arrête pas d'éternuer depuis qu'il a un rhume.*

étinceler *verbe (v.)*
Étinceler, c'est briller avec beaucoup d'éclat. *La barrette de Coralie étincelle dans ses cheveux.*
Le synonyme est : scintiller.

étincelle *nom féminin (n. f.)*
Une étincelle est un petit morceau de lumière qui se détache d'un feu. *Les feux d'artifice font plein d'étincelles dans le ciel.*

coin lecture

« Ils voulaient le voir flamber, et voir aussi, après la flamme, ces milliers d'étincelles rouges qui ont l'air de se sauver et s'éteignent si vite l'une après l'autre. Tout le paquet de papier fut jeté dans le feu. » *Le Chanvre*. Andersen.

étiquette *nom féminin (n. f.)*
Une étiquette est un morceau de papier qui se colle ou s'attache sur un objet. *Sandrine a oublié d'enlever l'étiquette du prix de son pantalon.*

étirer *verbe (v.)*
Étirer, c'est allonger quelque chose en tirant dessus. *À force de t'agripper à mon pull, tu l'as étiré !*

s'étirer *verbe (v.)*
S'étirer, c'est allonger ses bras et ses jambes en les mettant tout droits. *À son réveil, le chien s'étire en bâillant.*

étoile *nom féminin (n. f.)*
1. Une étoile est un astre dans l'espace qu'on voit briller la nuit. *Quand il fait bien noir, on voit plein d'étoiles dans le ciel.* **2.** Une étoile est une forme à plusieurs branches qui rappelle la forme des étoiles du ciel. *Tom a dessiné un carré, un rond et une étoile.* ► Dormir à la belle étoile : c'est dormir dehors. *Pendant les vacances, on a dormi à la belle étoile.* ► Étoile de mer : c'est un animal qui vit dans la mer et qui est en forme d'étoile. *Dans le dessin animé* Bob l'éponge, *l'étoile de mer s'appelle Patrick.* ► Étoile filante : c'est une étoile qui disparaît du ciel en tombant. *Nathalie a fait un vœu lorsqu'elle a vu l'étoile filante.*

à savoir

Le Soleil est une étoile. Comme il est beaucoup plus proche de la Terre que les autres étoiles, il paraît plus gros.

coin lecture

« À cet instant, ils virent une étoile filante suivie d'une longue et fine traînée. – Qu'est-ce que c'était ? s'écria la tête de hareng. N'était-ce pas une étoile ? » *Le Vieux Réverbère*. Andersen.

étonner *verbe (v.)*

Étonner quelqu'un, c'est le surprendre. *Son refus de pique-niquer avec sa copine m'a étonné.*
Le synonyme est : surprendre.

étouffer *verbe (v.)*

Étouffer, c'est avoir du mal à respirer. *Lorsque la tarte a brûlé, la fumée qui s'échappait du four a bien failli nous étouffer !*
Le synonyme est : suffoquer.

étourdi, étourdie

adjectif masculin, féminin (adj. m., f.)
Être étourdi, c'est ne pas faire attention, ne pas réfléchir avant de faire quelque chose. *Élodie oublie souvent sa trousse, elle est très étourdie.*
Le synonyme est : distrait.
Le contraire est : attentif.

Remarque : Les adjectifs *étourdi* et *étourdie* peuvent aussi être des noms : *Léo est un étourdi, il oublie toujours quelque chose.*

étrange *adjectif masculin ou féminin (adj. m. ou f.)*

Quelque chose d'étrange est bizarre, inhabituel. *Zahra a des manières étranges.*
Le synonyme est : curieux.
Le contraire est : ordinaire.

1. étranger, étrangère

adjectif masculin, féminin (adj. m., f.)
Quelqu'un ou quelque chose d'étranger vient d'un autre pays ou a un rapport avec un autre pays. *Mathieu parle trois langues étrangères : l'anglais, l'espagnol et l'italien.*

Remarque : Les adjectifs *étranger* et *étrangère* peuvent aussi être des noms : *Le nouveau de la classe est un étranger qui vient des États-Unis.*

2. étranger *nom masculin (n. m.)*

L'étranger est le pays autre que celui où l'on habite. *Son frère est parti travailler à l'étranger.*

être *verbe (v.)*

1. *Être* est un verbe qui sert à présenter quelque chose ou quelqu'un. *C'est les vacances ! Fabien est blond.* **2.** *Être* indique que quelque chose appartient à quelqu'un. *Ce livre est à Sam.*
3. *Être* sert à indiquer le lieu ou le temps. *Ma maison de vacances est à Nice. Il est huit heures.*

être *nom masculin (n. m.)*

Un être est ce qui est vivant. *Les animaux et les humains sont des êtres vivants.*

Remarque : Ne pas confondre *être* avec un *hêtre*, qui est un arbre.

étroit, étroite
adjectif masculin, féminin (adj. m., f.)
Quelque chose d'étroit n'est pas large. *Le couloir est trop étroit, on ne peut passer qu'à une personne à la fois.*
Le contraire est : large.
► À l'étroit : être à l'étroit, c'est être dans un trop petit espace. *Cette chambre est trop petite pour nous deux, on y est à l'étroit.*

étude *nom féminin (n. f.)*
1. L'étude est le travail que l'on fait pour apprendre, pour comprendre quelque chose. *Virginie a commencé l'étude du piano à quatre ans.* **2.** L'étude est le temps que l'on passe à l'école après la classe. *Arielle reste à l'étude tous les soirs pour faire ses devoirs.*

études *nom féminin pluriel (n. f. pl.)*
Les études sont les cours qu'une personne suit après le lycée. *Mon frère fait des études de médecine pour devenir médecin.*

étudiant, étudiante
nom masculin, féminin (n. m., f.)
Un étudiant, une étudiante est une personne qui fait des études après le lycée. *Caroline est étudiante en anglais, elle veut être professeur d'anglais.*

étudier *verbe (v.)*
Étudier, c'est travailler pour apprendre, connaître. *Antoine étudie l'histoire à l'université.*

étui *nom masculin (n. m.)*
Un étui est une boîte qui sert à ranger quelque chose. *Quand Kévin n'a pas besoin de ses lunettes, il les met dans leur étui.*

euro *nom masculin (n. m.)*
L'euro est la monnaie de l'Europe. *Chloé a dépensé deux euros à la boulangerie.*

à savoir
Le symbole de l'euro est : €

eux *pronom personnel (pron. pers.)*
Eux est le pluriel de *lui* et il s'emploie pour parler d'un groupe de personnes. *Romain et Alexandre vont à la plage, je pars avec eux. Eux, ils sont en vacances.*

s'évader *verbe (v.)*
S'évader, c'est s'échapper d'un endroit où l'on est enfermé. *Un prisonnier s'est évadé de la prison.*
Les synonymes sont : s'enfuir, se sauver.

s'évanouir *verbe (v.)*
S'évanouir, c'est perdre connaissance après un choc ou un coup et ne plus s'en souvenir. *Clarisse s'est évanouie après s'être cogné la tête.*

événement *nom masculin (n. m.)*
Un événement est quelque chose qui se produit et qui a de l'importance. *Avec sa caméra, Max a filmé cet événement heureux pour en garder la trace.*

éventail *nom masculin (n. m.)*
Un éventail est un objet que l'on déplie et que l'on agite devant le visage pour faire de l'air. *Quand il fait trop chaud, l'éventail est très utile.*

Remarque : Le pluriel de ce mot est : des éventails.

évidence *nom féminin (n. f.)*
Une évidence est quelque chose qui ne fait aucun doute, qui est certain. *Hugo a plein de chocolat autour de la bouche, c'est lui qui a mangé ton gâteau, c'est une évidence !*

► En évidence : quelque chose qui est en évidence est bien visible. *Ton cartable était posé en évidence à côté de la porte, tu aurais dû le voir.*

► Se rendre à l'évidence : c'est accepter ce qui est évident, certain. *Il faut se rendre à l'évidence, avec autant de points d'écart, tu as perdu.*

évier *nom masculin (n. m.)*
Un évier est un bassin dans une cuisine dans lequel l'eau coule grâce à un robinet. *L'évier est rempli de vaisselle.*

éviter *verbe (v.)*
1. Éviter, c'est essayer de ne pas faire quelque chose. *Noémie évite de manger trop de sucreries.*
2. Éviter quelqu'un, c'est tout faire pour ne pas le voir. *Sandra évite de croiser Adèle depuis qu'elles se sont disputées.*

exact, exacte
adjectif masculin, féminin (adj. m., f.)
Quelque chose qui est exact est vrai, juste. *C'est exact, j'ai tout raconté à Mathis.*
Les contraires sont : faux, inexact.

exagérer *verbe (v.)*
1. Exagérer, c'est donner trop d'importance à quelque chose. *Kévin exagère en disant que son père est fort comme Superman.*
Le synonyme est : amplifier.
2. Exagérer, c'est dépasser les limites, en faire trop ou en dire trop. *Tu exagères, tu n'avais pas le droit de tout prendre pour toi tout seul.*

A B C D E F G H I J K L M N O P Q R S T U V W X Y Z

examen *nom masculin (n. m.)*
Un examen est un ensemble d'exercices qui sont notés et qui servent à contrôler le niveau de connaissances d'une personne. *Coralie a eu une bonne note à son examen, elle peut passer en deuxième année.*

examiner *verbe (v.)*
1. Examiner, c'est observer, bien regarder dans les détails. *La police examine la voiture pour trouver des indices.*
Le synonyme est : inspecter.
2. Quand le médecin examine une personne, il regarde si elle est en bonne ou en mauvaise santé.
Le médecin va examiner Amel pour savoir pourquoi elle a mal au ventre.
Le synonyme est : ausculter.

excellent, excellente
adjectif masculin, féminin (adj. m., f.)
Quelque chose d'excellent est très bon. *Laura est une excellente élève.*
Le synonyme est : remarquable.

exception *nom féminin (n. f.)*
Une exception est une chose qui échappe à la règle, qui est à part. *Dans la série de sept mots, il faut trouver l'exception.* ► À l'exception de : *à l'exception de* veut dire : sauf, à part. *Tout le monde est venu à la piscine à l'exception de Sarah, qui était malade.*

excès *nom masculin (n. m.)*
Un excès est ce qui est en trop, ce qui dépasse les limites autorisées. *C'est mauvais de manger avec excès, après tu auras mal au ventre. La police l'a arrêté pour excès de vitesse.*

excitant, excitante
adjectif masculin, féminin (adj. m., f.)
1. Quelque chose qui est excitant provoque un énervement. *Les taureaux foncent sur le rouge parce que la couleur rouge est excitante pour eux.* **2.** Quelque chose qui est excitant est très intéressant, passionnant. *Érika trouve son travail très excitant, elle adore ce qu'elle fait.*

exclure *verbe (v.)*
Exclure, c'est rejeter d'un groupe, ne plus accepter. *Thibault a été exclu du club de football pour mauvaise conduite.*
Le synonyme est : renvoyer.

excursion *nom féminin (n. f.)*
Une excursion est une promenade dans le but de visiter un endroit. *Dimanche, nous allons faire une excursion dans la montagne.*

excuser *verbe (v.)*
Excuser quelqu'un, c'est ne pas lui en vouloir pour ce qu'il a fait, lui pardonner. *Je t'excuse pour aujourd'hui, mais ne recommence plus !*

s'excuser *verbe (v.)*
S'excuser, c'est regretter ce que l'on a fait de mal. *Cédric s'est excusé d'avoir menti.*

exemplaire
adjectif masculin ou féminin (adj. m. ou f.)
Quelque chose qui est exemplaire doit être pris comme modèle, comme exemple. *Léa est une élève exemplaire, j'aimerais que tous les élèves soient comme elle.*

exemplaire *nom masculin (n. m.)*
Un exemplaire est un objet qui est reproduit d'après un modèle. *Il ne reste plus qu'un seul exemplaire de ce manga à la librairie, dépêche-toi de l'acheter.*

exemple *nom masculin (n. m.)*
1. Un exemple est ce qui sert à préciser, à illustrer quelque chose qui n'est pas clair. *Donne-moi un exemple d'animal carnivore. — Le lion.* **2.** Un exemple est un modèle que l'on doit suivre. *Théo travaille bien à l'école, c'est un bon exemple pour son petit frère.* ► Par exemple : *par exemple* s'utilise pour expliquer quelque chose, pour être plus précis. *Cite quatre animaux de la ferme, par exemple, la vache.*

exercer *verbe (v.)*
Exercer quelque chose, c'est le pratiquer dans la vie quotidienne. *Laurence veut exercer un métier auprès des animaux.*

s'exercer *verbe (v.)*
S'exercer, c'est s'entraîner pour avoir un bon niveau. *Bruno s'exerce à la flûte pour être bon.*

exercice *nom masculin (n. m.)*
1. Un exercice est un travail, un devoir qui est donné à un élève. *Amandine fait son exercice de calcul toute seule.* **2.** Faire de l'exercice, c'est faire des mouvements avec son corps pour faire travailler ses muscles. *Audrey fait des exercices d'étirement avant de commencer à danser.*

exigeant, exigeante
adjectif masculin, féminin (adj. m., f.)
Quelqu'un qui est exigeant est difficile à satisfaire, car il attend beaucoup des autres. *Elle est très exigeante avec ses enfants, elle n'est jamais contente de leur travail.*

exiger *verbe (v.)*
Exiger, c'est vouloir, demander quelque chose avec autorité. *J'exige le silence dans la classe !*
Les synonymes sont : ordonner, réclamer.

exister *verbe (v.)*
Exister, c'est être réel. *Les dinosaures n'existent plus. Quentin croit que le père Noël existe.*

exotique
adjectif masculin ou féminin (adj. m. ou f.)
Quelque chose d'exotique est très différent de ce que l'on trouve habituellement et vient de pays lointains. *La mangue est un fruit exotique, elle ne pousse pas en France.*

expédition *nom féminin (n. f.)*
Une expédition est un voyage qui permet de découvrir, d'explorer de nouvelles choses. *Guillaume a étudié le mode de vie des grands singes pendant son expédition en Afrique.*

expérience *nom féminin (n. f.)*
1. Une expérience est un essai scientifique que l'on fait afin d'en savoir plus sur un phénomène grâce aux résultats obtenus. *Les chercheurs font des expériences sur des souris pour trouver un nouveau vaccin.*
2. L'expérience, c'est ce que l'on sait faire ou ce que l'on connaît depuis longtemps. *Tu devrais suivre les conseils de tes parents, car ils ont de l'expérience dans la vie.*

explication *nom féminin (n. f.)*
Une explication est ce que l'on dit pour expliquer, pour faire mieux comprendre quelque chose. *Après une bonne explication, l'exercice de calcul est devenu très facile à faire.*
Les synonymes sont : commentaire, éclaircissement.

expliquer *verbe (v.)*
Expliquer, c'est faire comprendre quelque chose en faisant des commentaires. *Depuis que je lui ai expliqué comment se servir d'une guitare, Karine en joue tous les jours.*

exploit *nom masculin (n. m.)*
Un exploit est un acte extraordinaire qu'une personne fait. *Monique a fait un exploit en marchant sur un fil sans tomber.*
Le synonyme est : prouesse.

explorer *verbe (v.)*
Explorer, c'est visiter un endroit pour mieux le connaître et pour l'étudier. *Les enfants sont allés explorer la grotte qu'ils viennent de découvrir.*

exploser *verbe (v.)*
Exploser, c'est éclater avec violence en faisant beaucoup de bruit. *Une bombe a explosé dans la ville et a détruit une voiture.*

exposition *nom féminin (n. f.)*

Une exposition est la présentation de quelque chose à un public. *Aurélie veut aller voir l'exposition sur l'Afrique.*

exprès *adverbe (adv.)*

Exprès se dit lorsque l'on fait quelque chose en le voulant. *Corentin a fait exprès d'être malade pour ne pas aller à l'école.*
Le synonyme est : volontairement.

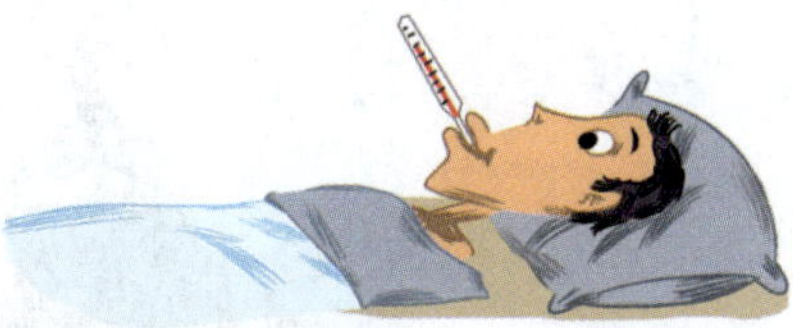

expression *nom féminin (n. f.)*

1. L'expression est le sentiment ou l'émotion que l'on montre. *Je vois une expression de tristesse dans tes yeux.* **2.** Une expression est un groupe de mots employés ensemble pour dire quelque chose de particulier. Se faire pigeonner *est une expression qui veut dire* se faire avoir par quelqu'un.

exprimer *verbe (v.)*

Exprimer, c'est dire ce que l'on pense par des paroles ou des gestes. *Les enfants ont exprimé leur colère en boudant.*
Les synonymes sont : manifester, montrer.
Le contraire est : cacher.

s'exprimer *verbe (v.)*

S'exprimer, c'est dire quelque chose en parlant ou en faisant des gestes. *Hugo a trois ans et il s'exprime déjà très bien.*
Le synonyme est : parler.

extérieur, extérieure

adjectif masculin, féminin (adj. m., f.)

Quelque chose d'extérieur se trouve au dehors. *À Noël, on met une couronne sur le côté extérieur de la porte d'entrée.*
Le contraire est : intérieur.

extérieur *nom masculin (n. m.)*

1. L'extérieur est ce qui se trouve dehors. *Ne cherche pas dans la maison, ton ballon est à l'extérieur.* **2.** L'extérieur est le côté visible de quelque chose. *L'extérieur de ma veste est en velours.*
Les contraires sont : dedans, intérieur.

extincteur *nom masculin (n. m.)*

Un extincteur est un appareil qui sert à éteindre le feu. *L'extincteur se trouve dans le couloir.*

à savoir

L'extincteur projette un produit qui ressemble à de la mousse sur le feu. Comme le feu a besoin de l'air pour brûler, il s'éteint, car le produit le recouvre.

extrait *nom masculin (n. m.)*

Un extrait est un petit passage tiré d'un livre ou d'un film. *Je n'ai pas vu le film* Harry Potter, *mais j'ai vu un extrait.*
Le synonyme est : morceau.

A B C D E F G H I J K L M N O P Q R S T U V W X Y Z

extraordinaire

adjectif masculin ou féminin (adj. m. ou f.)

Quelque chose ou quelqu'un d'extraordinaire étonne par son côté étrange et différent. *Nous avons passé des vacances extraordinaires au Mexique.*

Les synonymes sont : formidable, remarquable.

Les contraires sont : banal, commun.

extraterrestre

nom masculin ou féminin (n. m. ou f.)

Un extraterrestre, une extraterrestre est un habitant d'une autre planète que la Terre. *Superman est un extraterrestre, il vient de la planète Cryton.*

Remarque : Le nom *extraterrestre* peut aussi être un adjectif : *c'est une créature extraterrestre.*

extrême

adjectif masculin ou féminin (adj. m. ou f.)

1. Quelque chose d'extrême est très fort, très intense. *J'ai ressenti une peur extrême en voyant le loup courir vers moi.* **2.** Quelque chose qui est extrême se trouve à l'endroit le plus éloigné. *Oscar est allé sur la pointe extrême du rocher.*

Remarque : Le deuxième *e* prend un accent circonflexe.

fable *nom féminin (n. f.)*
Une fable est une petite histoire qui donne à réfléchir avec sa morale, à la fin. *Alex a lu* Le Corbeau et le Renard, *c'est une fable.*

fabriquer *verbe (v.)*
Fabriquer quelque chose, c'est le réaliser avec un ou plusieurs éléments. *Rudy a fabriqué une marionnette avec un pot de yaourt, du tissu et du fil.*
Les synonymes sont : confectionner, construire.

façade *nom féminin (n. f.)*
La façade est le devant d'un bâtiment, d'une maison. *Notre maison est celle qui a une façade rouge.*

face *nom féminin (n. f.)*
1. La face d'une personne est son visage. *Elle ne sort pas de chez elle, car elle a été blessée à la face.*
Le synonyme est : figure.
2. La face de quelque chose est un de ses côtés. *Sabrina a fait un dessin différent sur chaque face du cube.*
3. La face d'une pièce de monnaie est le côté où l'on voit un visage, l'autre est le côté pile. *Dolores joue à pile ou face avec Céline.* ► De face : c'est le côté où l'on peut voir le visage. *Prends bien la photo de face, pas de profil !* ► En face de : être en face de quelque chose ou de quelqu'un, c'est être devant. *J'habite en face du parc.* ► Faire face à : faire face à quelque chose, c'est l'affronter. *Tu dois faire face aux problèmes au lieu de les fuir.*

se fâcher *verbe (v.)*

1. Se fâcher, c'est se mettre en colère. *Ma mère se fâche quand on dit des gros mots.* **2.** Se fâcher avec quelqu'un, c'est ne plus lui parler. *Je me suis fâchée avec Mélanie.*
Le synonyme est : se brouiller.
Le contraire est : se réconcilier.

Remarque : Le *a* prend un accent circonflexe.

facile

adjectif masculin ou féminin (adj. m. ou f.)
Quelque chose de facile est très simple à faire. *L'exercice était trop facile, je l'ai déjà fini.*
Les contraires sont : compliqué, difficile, dur.

façon *nom féminin (n. f.)*

La façon, c'est la manière de faire quelque chose. *Mélanie a une façon bizarre de rigoler !*
► De toute façon : *de toute façon* veut dire *quoi qu'il arrive. Je veux venir avec toi, de toute façon je n'ai rien à faire ici.* ► De façon à : *de façon à* veut dire *de manière à. Range tes affaires de façon à pouvoir retrouver ce que tu cherches.*

Remarque : *Façon* s'écrit avec un *c* cédille.

facteur, factrice

nom masculin, féminin (n. m., f.)
Un facteur, une factrice est une personne qui distribue le courrier tous les jours. *Le facteur passe en fin de matinée.*

faible

adjectif masculin ou féminin (adj. m. ou f.)
1. Être faible, c'est manquer de force physique. *Quand je suis malade, je me sens tout faible.*
Le synonyme est : fragile.
Le contraire est : robuste.
2. Être faible dans une matière, c'est ne pas savoir grand-chose. *Maxence ne peut pas t'aider à corriger ta dictée, il est faible en orthographe.*
Le contraire est : fort.
► Avoir un faible pour quelqu'un : c'est être amoureux de quelqu'un. *Benjamin a un faible pour Julie.*

faim *nom féminin (n. f.)*

La faim est ce que l'on ressent quand on a besoin ou envie de manger. *C'est bientôt l'heure du repas, je commence à avoir faim.*

fainéant, fainéante

nom masculin, féminin (n. m., f.)
Un fainéant, une fainéante est une personne qui ne veut pas faire d'efforts. *Jeanne ne range jamais sa chambre, c'est une fainéante.*
Le synonyme est : paresseux.

Remarque : On peut aussi écrire *faignant, faignante,* mais c'est plus rare.

faire *verbe (v.)*

1. Faire une chose, c'est la construire, la fabriquer. *J'ai fait une tour avec mon jeu de construction.* **2.** Faire quelque chose, c'est pratiquer une activité. *Damien fait du foot et Lisa fait du vélo.* **3.** Faire s'utilise pour décrire un résultat. *Il fait chaud.* ► S'en faire : c'est se faire du souci, s'inquiéter. *Ne t'en fais pas, je reviendrai.*

falaise *nom féminin (n. f.)*

Une falaise est une grande paroi rocheuse qui se trouve le long de la mer. *On a regardé la mer du haut de la falaise.*

falloir *verbe (v.)*

Falloir, c'est être obligatoire ou nécessaire. *Il faut rester sage.*
Il me faut une gomme pour l'école.

Remarque : Ce verbe ne s'emploie qu'à la troisième personne du singulier : il faut, il faudra.

famille *nom féminin (n. f.)*

1. La famille est l'ensemble des personnes liées entre elles par le mariage, la naissance ou l'adoption. Ce sont donc les parents, les enfants, les grands-parents, les cousins, les oncles et les tantes. **2.** Une famille est un ensemble de plantes, d'animaux ou de choses qui ont des ressemblances. *Le gorille et le chimpanzé appartiennent à la famille des grands singes. Les mots* facile *et* facilité *appartiennent à la même famille.*

famine *nom féminin (n. f.)*

La famine est le manque de nourriture. *Dans les pays pauvres, les enfants souffrent de la famine.*

coin lecture

« Elle alla crier famine chez la fourmi sa voisine, la priant de lui prêter quelque grain pour subsister jusqu'à la saison nouvelle. » *La Cigale et la Fourmi.* Jean de La Fontaine.

fan *nom masculin (n. m.)*

Un fan est un grand admirateur. *Samuel est un grand fan de mangas.*

faner *verbe (v.)*

Faner, c'est perdre sa fraîcheur, son éclat, et se dessécher.
Les fleurs sont fanées.

fantaisie *nom féminin (n. f.)*

La fantaisie est le côté original de quelque chose qui sort de l'ordinaire. *Charlotte met de la fantaisie dans ses dessins, elle invente plein de choses.*

fantastique
adjectif masculin ou féminin (adj. m. ou f.)

1. Quelque chose de fantastique n'appartient pas à la réalité. *Les fées ou les ogres sont des personnages fantastiques.* Le synonyme est : imaginaire.

2. Quelque chose de fantastique est formidable. *C'est fantastique de voyager ensemble !*
Le synonyme est : extraordinaire.

fantôme *nom masculin (n. m.)*
Un fantôme est un être invisible qui est mort et qui hante un endroit. *Est-ce que tu crois à l'existence des fantômes ?*
Le synonyme est : revenant.

Remarque : Le *o* prend un accent circonflexe.

faon *nom masculin (n. m.)*
Le faon est le petit du cerf et de la biche. *Dans le dessin animé, Bambi est un faon.*

farce *nom féminin (n. f.)*
Une farce est une petite plaisanterie qu'on fait à quelqu'un. *Isabelle s'amuse à faire des farces à ses copines.*

farine *nom féminin (n. f.)*
La farine, ce sont des grains de blé, de maïs ou d'autres céréales qui sont réduits en poudre. *Le pain se fait avec de la farine, de l'eau, du sel et de la levure.*

fasciner *verbe (v.)*
Fasciner quelqu'un, c'est l'attirer très fort, être irrésistible. *Le conte de fées a fasciné Cassandra. Maud est fascinée par la beauté du paysage.*
Le synonyme est : captiver.

fatigue *nom féminin (n. f.)*
La fatigue est ce que l'on ressent quand on a fait un gros effort ou quand on a envie de dormir. *Il est très tard, les enfants commencent à ressentir de la fatigue.*

fatiguer *verbe (v.)*
Fatiguer quelqu'un, c'est le vider de ses forces, l'épuiser. *Cette longue balade m'a fatigué.*
Le synonyme est : exténuer.
Le contraire est : reposer.

faute *nom féminin (n. f.)*

1. Une faute est une erreur. *La maîtresse corrige les fautes d'orthographe.* **2.** Une faute est la responsabilité que l'on a dans ce que l'on fait. *C'est de la faute de Julien si je suis tout sale.* ► Faute de : *Faute de* veut dire *par manque de. Je n'ai pas fini mon exercice faute de temps.*

fauteuil *nom masculin (n. m.)*

Un fauteuil est un siège avec des bras de chaque côté et qui sert à s'asseoir confortablement. *Bien installée sur son fauteuil, Lucie regarde la télé.*

fauve *nom masculin (n. m.)*

Un fauve est un animal sauvage comme le lion, le tigre. *On a été voir les fauves dans leur cage au zoo.*

faux, fausse

adjectif masculin, féminin (adj. m., f.)

1. Quelque chose de faux est contraire à la vérité. *Ne le crois pas, il raconte des choses fausses.*

Le contraire est : vrai.

2. Quelque chose de faux n'est pas correct, comporte des erreurs. *Ton calcul est faux, recommence.*

Le synonyme est : inexact.

Les contraires sont : exact, juste.

3. Un objet qui est faux semble vrai, mais ne l'est pas : c'est la copie d'un autre objet. *Ce sont de fausses pierres précieuses, ne vous faites pas escroquer !*

Le contraire est : authentique.

faux *adverbe (adv.)*

Faux veut dire *d'une manière fausse*, qui n'est pas juste. *Carmen chante faux, elle nous casse les oreilles.*

favorable

adjectif masculin ou féminin (adj. m. ou f.)

Être favorable, c'est être d'accord pour quelque chose. *La maîtresse est favorable à son entrée en cours préparatoire.*

Le contraire est : opposé.

favori, favorite

adjectif masculin, féminin (adj. m., f.)

Quelque chose, quelqu'un qui est favori est le plus aimé, le préféré. *C'est mon jeu favori.*

Le synonyme est : préféré.

fax *nom masculin (n. m.)*

1. Un fax est un appareil qui permet de recevoir une feuille écrite grâce à la ligne téléphonique. *Rapporte-moi la feuille qui est sortie du fax !* **2.** Un fax est un courrier que l'on reçoit par l'appareil du même nom. *J'ai reçu ton fax.*

Remarque : Le pluriel de *fax* est : des fax.

fée *nom féminin (n. f.)*
Dans les histoires, une fée est une femme gentille qui a des pouvoirs magiques. *Dans* Peter Pan*, la fée s'appelle Clochette et elle est toute petite.*

féliciter *verbe (v.)*
Féliciter quelqu'un, c'est lui faire des compliments, être heureux de ce qui lui arrive. *Je te félicite pour tes bonnes notes.*

félin *nom masculin (n. m.)*
Un félin est un mammifère carnivore de la famille du chat. *Les félins du zoo faisaient la sieste quand nous sommes arrivés.*

à savoir

Il existe plus de quarante espèces de félins. Les plus connus sont le lion, la panthère, le tigre, le jaguar, le léopard et le puma.

femelle *nom féminin (n. f.)*
La femelle est l'animal de sexe féminin qui fait les petits. *La chienne est la femelle du chien.*

Remarque : Le nom *femelle* peut aussi être un adjectif : *On joue à trouver le nom de l'animal femelle.*

féminin, féminine
adjectif masculin, féminin (adj. m., f.)

1. Quelque chose de féminin concerne la femme, la fille. *Une robe est un vêtement féminin.*

2. Un nom féminin est un nom qui s'emploie avec les déterminants *une* ou *la*. *Une table est un nom féminin.*

Remarque : L'adjectif *féminin* peut aussi être un nom : le féminin de *beau* est *belle*.

femme *nom féminin (n. f.)*
Une femme est une personne adulte de sexe féminin. *Clara s'est levée de son siège pour laisser la place à une femme enceinte.*

fenêtre *nom féminin (n. f.)*
Une fenêtre est une vitre qui se trouve sur un mur et qui peut s'ouvrir pour laisser passer l'air et la lumière de l'extérieur. *Ferme la fenêtre, il fait trop froid !*

fente *nom féminin (n. f.)*
Une fente est une ouverture longue et fine. *Le facteur met le courrier dans la fente de la boîte aux lettres.*

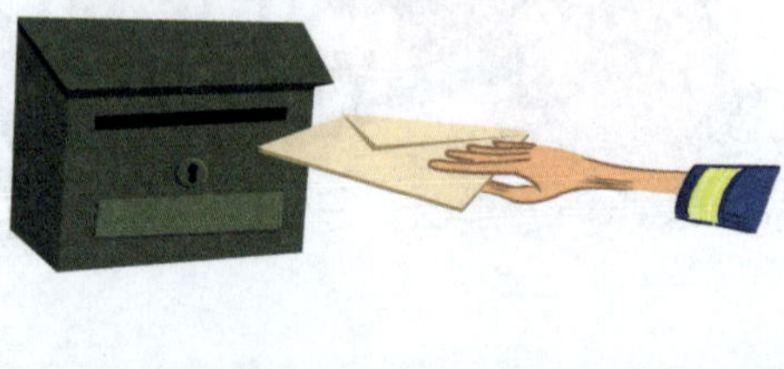

fer *nom masculin (n. m.)*
Le fer est un métal gris qui est résistant. *Les pieds de la table et des chaises sont en fer.* ► Fer à cheval : un fer à cheval est un objet en fer en forme de U qui se met sous les sabots du cheval. *Il paraît que le fer à cheval porte bonheur.* ► Fer à repasser : un fer à repasser est un appareil électrique qui sert à repasser du linge froissé. *J'ai besoin du fer à repasser, ma chemise est toute chiffonnée.*

férié, fériée
adjectif masculin, féminin (adj. m., f.)
Un jour qui est férié est un jour où les personnes ne travaillent pas, où les enfants ne vont pas à l'école. *Le 1er janvier est un jour férié, c'est le nouvel an.*

1. ferme *nom féminin (n. f.)*
Une ferme est un bâtiment agricole où se trouvent les vaches, les chèvres, les moutons, les cochons, etc. *Les enfants sont partis voir les animaux de la ferme.*

2. ferme
adjectif masculin ou féminin (adj. m. ou f.)
1. Quelque chose qui est ferme est dur. *Alice préfère dormir sur un matelas bien ferme.*
Le contraire est : mou.
2. Quelqu'un qui parle sur un ton ferme sait ce qu'il veut, il est catégorique et ne changera pas d'avis. *Il a dit non d'une voix ferme.*
Le synonyme est : déterminé.

fermer *verbe (v.)*
1. Fermer, c'est empêcher l'ouverture ou le passage de quelque chose. *Béatrice ferme le robinet pour ne pas laisser couler l'eau pour rien.*
Le contraire est : ouvrir.
2. Fermer, c'est rapprocher les deux parties de quelque chose. *Ferme ton cahier si tu as fini ton exercice.*
3. Fermer, c'est ne pas être ouvert aux clients, au public. *La bibliothèque ferme à 18 heures.*
Le contraire est : ouvrir.

fermeture *nom féminin (n. f.)*
1. Une fermeture est un système qui permet de fermer quelque chose. *La fermeture de mon manteau est coincée.* **2.** La fermeture d'un endroit est le fait de ne plus pouvoir y entrer. *Dépêche-toi de faire tes courses, c'est bientôt l'heure de la fermeture.*
Le contraire est : ouverture.

A B C D E F G H I J K L M N O P Q R S T U V W X Y Z

fermier, fermière

nom masculin, féminin (n. m., f.)

Un fermier, une fermière est une personne qui travaille à la ferme. *Le fermier nourrit les vaches.*

fesse *nom féminin (n. f.)*

Les fesses, ce sont les deux grosses bosses charnues que l'on a sur le derrière et sur lesquelles on s'assoit. *Charlotte est tombée sur les fesses.*

festival *nom masculin (n. m.)*

Un festival est une série de spectacles, de concerts ou de films qui sont présentés au public. *C'est la période du festival de Cannes.*

Remarque : Le pluriel de ce mot est : des festivals.

fête *nom féminin (n. f.)*

1. La fête est un rassemblement de personnes qui s'amusent tous ensemble à l'occasion d'un jour spécial. *Élie veut faire une fête pour son anniversaire, il a invité ses copains.* **2.** Une fête est un jour qui est célébré parce qu'il symbolise un événement important. *Le 14 Juillet est un jour de fête.*

Remarque : Le premier *e* prend un accent circonflexe.

fêter *verbe (v.)*

Fêter, c'est faire la fête, s'amuser. *Élisa a fêté son anniversaire avec toutes ses copines.*

Remarque : Le premier *e* prend un accent circonflexe.

feu *nom masculin (n. m.)*

Le feu se manifeste par les flammes qui sortent d'un objet qui brûle. *Les pompiers ont pu éteindre le feu.* ► Arme à feu : c'est un pistolet ou un fusil qu'on charge avec de vraies balles. *Le policier a une arme à feu.* ► Faire feu : c'est tirer avec un pistolet ou un fusil. *Le chasseur a fait feu sur le sanglier.* ► Feu d'artifice : c'est un spectacle avec des tirs de fusées lumineuses et colorées dans le ciel. *Le feu d'artifice était magnifique à voir.*

Remarque : Le pluriel de ce mot est : des feux.

feuille *nom féminin (n. f.)*

1. Une feuille est la partie d'une plante ou d'un arbre qui pousse sur la tige ou sur la branche. *En automne, les arbres perdent leurs feuilles.* **2.** Une feuille est un morceau de papier sur lequel on écrit ou on dessine. *Mina veut une feuille pour faire un dessin.*

feutre *nom masculin (n. m.)*

Un feutre est un stylo dont la pointe est en feutre ou en Nylon, et qui est utilisé pour colorier. *Louise a colorié le soleil avec un feutre jaune.*

février *nom masculin (n. m.)*

Le mois de février est le deuxième mois de l'année. *Catherine est née en février.*

à savoir

Le mois de février comprend 28 ou 29 jours selon les années.

ficelle *nom féminin (n. f.)*

Une ficelle est une petite corde très fine. *Ma boîte est cassée. J'ai mis une ficelle pour pouvoir la fermer.*

fidèle

adjectif masculin ou féminin (adj. m. ou f.)

Être fidèle, c'est être toujours présent pour une personne et garder le même attachement envers elle. *Mes parents sont fidèles, ils ne se sépareront jamais. C'est un chien fidèle.*

coin lecture

« Il était une fois un vieux roi qui tomba malade. Sentant qu'il allait mourir, il fit appeler le fidèle Jean : c'était son plus cher serviteur, et on le nommait ainsi parce que toute sa vie il avait été fidèle à son maître. »
Le Fidèle Jean. Les frères Grimm.

fier, fière

adjectif masculin, féminin (adj. m., f.)

Être fier de quelqu'un, c'est être content de lui. *Les parents de Hugo sont fiers de lui parce qu'il travaille bien à l'école.*

figue *nom féminin (n. f.)*

Une figue est un fruit de couleur verte ou violette qui pousse sur le figuier. *Je préfère les figues fraîches aux figues sèches.*

figure *nom féminin (n. f.)*

1. La figure est le visage d'une personne. *Thomas a la figure toute sale.* Le synonyme est : face.
2. Une figure est un dessin qui représente une forme comme le carré, le triangle, le rectangle ou le rond. *Le losange est une figure qui a quatre côtés égaux.*

A B C D E F G H I J K L M N O P Q R S T U V W X Y Z

fil *nom masculin (n. m.)*
Un fil est un brin de tissu ou de métal. *Maman a recousu mon pantalon déchiré avec du fil noir.* ► Coup de fil : un coup de fil est un appel téléphonique. *J'ai reçu un coup de fil de ma cousine.* ► De fil en aiguille : de fil en aiguille veut dire *peu à peu. De fil en aiguille, j'ai commencé à comprendre.*

file *nom féminin (n. f.)*
Une file est une longue rangée de personnes placées l'une derrière l'autre. *Au parc d'attractions j'ai attendu une heure dans la file d'attente pour monter dans le train.*
Le synonyme est : queue.
► En file indienne : c'est être placé l'un derrière l'autre. *On est entrés dans la classe en file indienne.*

filet *nom masculin (n. m.)*
Un filet est un objet fait d'un ensemble de fils formant des mailles et qui peut servir à pêcher. *Johanny a attrapé plein de poissons avec son filet.*

fille *nom féminin (n. f.)*
Une fille est un enfant de sexe féminin. *Les filles et les garçons s'amusent ensemble.*

coin lecture
« Certaine fille, un peu trop fière, prétendait trouver un mari jeune, bien fait et beau, d'agréable manière, point froid et point jaloux : notez ces deux points-ci. »
La Fille. Jean de La Fontaine.

filleul, filleule
nom masculin, féminin (n. m., f.)
Un filleul, une filleule est une personne qui a été baptisée à l'église et dont on est le parrain ou la marraine. *Camille est ma filleule.*

film *nom masculin (n. m.)*
Un film est une histoire interprétée par des acteurs et qu'on regarde sur un écran, au cinéma, ou à la télévision. *Nous sommes allés voir le film* Harry Potter *au cinéma.*

filmer *verbe (v.)*
Filmer, c'est enregistrer des images et des sons avec une caméra. *Mes parents m'ont filmé quand j'ai soufflé mes bougies.*

fils *nom masculin (n. m.)*
Un fils est un enfant de sexe masculin. *Ils ont deux fils et deux filles.*

filtre *nom masculin (n. m.)*
Un filtre est un objet qui peut être en papier ou en tissu et qui sert à retenir les choses solides et à ne laisser passer que le liquide. *Dans une cafetière, on met le café moulu dans le filtre.*

1. fin *nom féminin (n. f.)*
La fin d'une chose, c'est le moment où elle se termine. *Laurène n'a pas pu voir la fin du film.*
Le contraire est : début.
► Prendre fin, toucher à sa fin : c'est se terminer. *L'aventure touche à sa fin, chacun rentre chez soi.*

2. fin, fine *adjectif masculin, féminin (adj. m., f.)*
Quelque chose de fin n'est pas épais, n'est pas gros. *Le biscuit est recouvert d'une fine couche de chocolat.*
Le synonyme est : mince.
Le contraire est : épais.

final, finale
adjectif masculin, féminin (adj. m., f.)
Quelque chose de final indique qu'il n'y a pas de suite, que c'est la fin. *Tu ne sortiras pas, point final !*
J'attends le résultat final pour savoir si je suis admis.

Remarque : Le pluriel de *final* est : finaux.

finale *nom féminin (n. f.)*
La finale est la dernière épreuve, le dernier match d'une compétition. *Le Brésil a gagné la finale au football.*

finir *verbe (v.)*
1. Finir, c'est terminer quelque chose, le faire en entier. *Axelle a fini son exercice.* **2.** Finir, c'est se terminer, arriver à la fin. *Le dessin animé finit dans cinq minutes.*
Les contraires sont : commencer, débuter.

fissure *nom féminin (n. f.)*
Une fissure est une petite fente sur un objet, sur une surface. *Le carrelage est plein de fissures, il faut le changer.*

fixe *adjectif masculin ou féminin (adj. m. ou f.)*
1. Une chose qui est fixe ne peut pas bouger ou être déplacée. *Assieds-toi sur la chaise fixe, comme cela tu ne pourras pas te balancer.*
Le synonyme est : immobile.
2. Une chose qui est fixe est régulière, ne change jamais. *À l'école, les horaires sont fixes.*
Le synonyme est : régulier.

fixer *verbe (v.)*
1. Fixer quelque chose, c'est l'attacher solidement. *Papa a fixé une étagère sur le mur de la cuisine.* **2.** Fixer quelqu'un, c'est le regarder sans le quitter des yeux. *Samia n'aime pas quand on la fixe.*

flacon *nom masculin (n. m.)*
Un flacon est une petite bouteille souvent en verre. *Je lui ai offert un flacon de parfum.*

A B C D E F G H I J K L M N O P Q R S T U V W X Y Z

flair *nom masculin (n. m.)*
Le flair est l'odorat des animaux. *Mon chien de chasse a un bon flair, il suit les animaux à la trace.*

flamme *nom féminin (n. f.)*
Une flamme est la lumière qui se dégage de quelque chose qui brûle. *On s'éclaire à la flamme d'une bougie.*

flanc *nom masculin (n. m.)*
Le flanc est le côté du corps des humains ou des animaux. *Je te présente mon flanc gauche !*

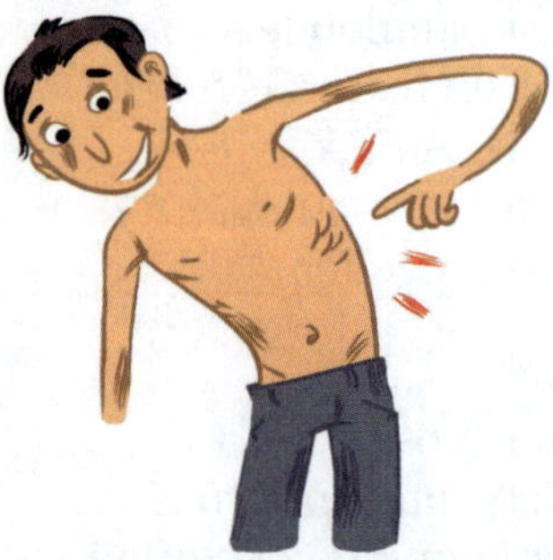

Remarque : Le *c* de *flanc* ne se prononce pas. Ne pas confondre le *flanc* avec le *flan*, qui est une pâtisserie.

flaque *nom féminin (n. f.)*
Une flaque est une petite étendue d'eau sur le sol. *Quand il pleut, Max s'amuse à sauter dans les flaques d'eau.*

flash *nom masculin (n. m.)*
Un flash est une lumière très vive produite par les appareils photo qui permet de prendre une photo quand il fait sombre. *Je n'ai pas vu le flash sortir, reprends la photo.*

Remarque : Le pluriel de ce mot est : des *flashs* ou des *flashes*.

flatter *verbe (v.)*
Flatter quelqu'un, c'est lui faire trop de compliments pour lui plaire. *Quand Hugo me flatte, c'est qu'il veut quelque chose.*

flèche *nom féminin (n. f.)*
1. Une flèche est une tige avec une pointe de fer au bout. *Avec mon arc, j'ai tiré la flèche en plein dans le centre.* **2.** Une flèche est un dessin qui indique le sens où il faut aller ou regarder. *Pour trouver les toilettes, il suffit de suivre la flèche.* ▶ Monter en flèche : c'est augmenter très vite. *Les ventes montent en flèche.*

fléchette *nom féminin (n. f.)*
Une fléchette est une petite flèche que l'on lance à la main contre une cible. *Tom et Lucy jouent aux fléchettes.*

fleur *nom féminin (n. f.)*
La fleur est la partie colorée et parfois parfumée d'une plante. *Mes fleurs préférées sont les tulipes, les marguerites et les coquelicots.*

coin lecture

« Ida coucha les fleurs dans le lit de poupée, tira la petite couverture sur elles jusqu'en haut et leur dit de rester bien sagement tranquilles. »
Les Fleurs de la petite Ida. Andersen.

fleuriste *nom masculin ou féminin (n. m. ou f.)*

Un fleuriste, une fleuriste est une personne qui vend des fleurs. *J'ai acheté un bouquet de roses chez le fleuriste pour la fête des mères.*

fleuve *nom masculin (n. m.)*

Le fleuve est un cours d'eau qui se jette dans la mer. *Le fleuve qui traverse Paris est la Seine.*

flocon *nom masculin (n. m.)*

1. Un flocon est une petite boule de neige qui tombe des nuages. *Les toits sont recouverts de flocons de neige.* **2.** Un flocon est une petite lamelle séchée de céréales. *Le matin, Gaël mange des flocons d'avoine avec du lait.*

flotter *verbe (v.)*

Flotter, c'est rester à la surface de l'eau, ne pas couler. *Les jouets en caoutchouc flottent dans la baignoire.* ► Flotter dans ses vêtements : c'est ne pas être serré dedans parce qu'ils sont trop grands. *Marie est toute maigre, elle flotte dans ses vêtements.*

flou, floue

adjectif masculin, féminin (adj. m., f.)

Quelque chose de flou n'est pas net, ne se voit pas très bien. *Comme tu as bougé, la photo est floue.*
Le synonyme est : brouillé.

flûte *nom féminin (n. f.)*

Une flûte est un instrument de musique qui a des trous sur tout le long. *Inès joue de la flûte.*

Remarque : Le *u* prend un accent circonflexe.

foin *nom masculin (n. m.)*

Le foin est de l'herbe séchée et fauchée qui sert de nourriture au bétail. *L'hiver, les vaches mangent du foin.*

foire *nom féminin (n. f.)*

La foire est une fête foraine, un parc d'attractions. *Les enfants vont s'amuser à la foire dimanche.*

fois *nom féminin (n. f.)*

1. *Fois* indique la répétition de quelque chose. *J'ai été à la plage trois fois cette semaine.* **2.** *Fois* indique la multiplication de deux chiffres. *Deux fois deux font quatre.* ► À la fois : *à la fois* veut dire en même temps. *Ne parlez pas tous à la fois.* ► Il était une fois : certaines histoires commencent par « Il était une fois » pour dire *il y a très longtemps. Il était une fois un roi et une reine qui vivaient dans un château...*

folle *adjectif féminin (adj. f.)*

Une fille qui est folle, c'est une fille qui est dingue, qui a perdu la raison.

foncé, foncée

adjectif masculin, féminin (adj. m., f.)

Quelque chose de foncé est de couleur sombre. *Roméo porte un pull vert foncé.*
Le contraire est : clair.

fonctionner *verbe (v.)*

Fonctionner, c'est être en état de marche. *Depuis que tu l'as réparé, le grille-pain fonctionne bien.*

fond *nom masculin (n. m.)*

1. Le fond est la partie la plus profonde de quelque chose. *Je vois une bille au fond de la bouteille.* **2.** Le fond est l'endroit le plus reculé, le plus en arrière. *Assieds-toi bien au fond de ta chaise.* ► À fond : *à fond* veut dire *complètement. Tu n'as pas tourné le robinet à fond, l'eau coule encore.* ► Au fond : *au fond* veut dire *finalement, en fin de compte. Même si Léo m'embête toujours, je l'aime bien, au fond.*

Remarque : Ne pas confondre un *fond* avec le verbe *faire* conjugué : *ils font.*

fondre *verbe (v.)*

1. Fondre, c'est devenir liquide. *Les glaçons ont fondu sur la table, il y a plein d'eau !* **2.** Fondre, c'est disparaître dans un liquide. *Le sucre fond dans le lait chaud.*

fontaine *nom féminin (n. f.)*

Une fontaine est une construction avec un bassin où coule de l'eau. *Ludovic a jeté une pièce dans la fontaine du parc.*

football *nom masculin (n. m.)*

Le football est un sport composé de deux équipes de onze joueurs qui doivent marquer des buts dans la cage de l'adversaire. *Alex joue au football depuis l'âge de sept ans.*

à savoir

Le football se déroule en deux mi-temps de 45 minutes chacune. Le jeu est contrôlé par un arbitre central et deux arbitres de touche. Le football est un des sports les plus populaires du monde.

footballeur, footballeuse

nom masculin, féminin (n. m., f.)
Un footballeur, une footballeuse est un sportif qui joue au football. *Zinedine Zidane est un footballeur remarquable.*

force *nom féminin (n. f.)*

1. La force est la puissance qu'on a dans les muscles. *Nathan a de la force, il a porté la grosse caisse tout seul.* Le contraire est : faiblesse.
2. La force est le niveau intellectuel d'une personne. *Alice et moi, nous sommes de la même force au jeu d'échecs.* ► À force de : c'est répéter, faire et refaire beaucoup quelque chose. *À force d'essayer, tu vas y arriver !* ► Forces de l'ordre : c'est l'expression qui désigne la police. *Les forces de l'ordre ont libéré les otages.*

forcer *verbe (v.)*

1. Forcer, c'est obliger quelqu'un à faire quelque chose. *Julien m'a forcé à écrire sur le mur.* **2.** Forcer, c'est ouvrir en utilisant la force. *Comme il a oublié ses clés à l'intérieur, il a dû forcer la serrure.*

forêt *nom féminin (n. f.)*

La forêt est un endroit qui est couvert d'arbres. *Nous avons fait une promenade dans la forêt.*

Remarque : Le *e* prend un accent circonflexe.

formation *nom féminin (n. f.)*

Une formation est une période d'apprentissage. *Ma sœur fait une formation en langue des signes pour apprendre à communiquer avec les personnes sourdes ou muettes.*

forme *nom féminin (n. f.)*

1. La forme est l'aspect de quelque chose. *Le livre a une forme carrée.*
2. La forme d'une phrase est la façon dont elle est construite. *On utilise la forme interrogative pour poser une question.* ► Être en forme : c'est être en bonne santé, se sentir bien. *Muriel est en pleine forme ce matin.*

former *verbe (v.)*

1. Former quelque chose, c'est le créer. *L'entraîneur a formé deux équipes de cinq joueurs.*
Le synonyme est : constituer.
2. Former, c'est avoir ou donner une certaine apparence. *Le serpent forme un S avec son corps.* **3.** Former quelqu'un, c'est lui apprendre des choses. *L'école sert à former les élèves.*
Les synonymes sont : instruire, éduquer.

formidable

adjectif masculin ou féminin (adj. m. ou f.)
Quelque chose de formidable est remarquable, extraordinaire. *Nous avons passé des vacances formidables !*
Les synonymes sont : fabuleux, fantastique.

fort, forte

adjectif masculin, féminin (adj. m., f.)
1. Être fort, c'est avoir beaucoup de force. *Amel est plus forte que les garçons.*
Le synonyme est : robuste.
Le contraire est : faible.
2. Être fort dans une discipline, c'est connaître beaucoup de choses, mieux réussir que les autres. *François est fort en calcul.*
Les synonymes sont : bon, doué.
Le contraire est : faible.
3. Quelque chose de fort a beaucoup d'intensité. *Le son est trop fort.*

fort *adverbe (adv.)*
Fort veut dire que c'est trop intense, trop élevé. *Tu parles fort, baisse la voix !*
Le contraire est : doucement.

fortune *nom féminin (n. f.)*

La fortune est une grande richesse, c'est aussi tout l'argent et les choses qu'une personne possède. *Son père a une grande fortune, il est millionnaire.*

fou, folle

adjectif masculin, féminin (adj. m., f.)
1. Être fou, c'est avoir perdu la raison, dire ou faire n'importe quoi. *Tu es fou, tu ne peux pas dessiner sur les murs !*
Le synonyme est : dingue.
2. Être fou ou folle de quelque chose, c'est l'adorer. *Noémie est folle de tennis. Laurent est fou de musique.* ▶ Fou rire : avoir un fou rire, c'est ne plus pouvoir s'arrêter de rire. *Alice a eu un fou rire en classe.*

Remarque : Les adjectifs *fou* et *folle* peuvent aussi être des noms : *Lisa est une folle.*

foudre *nom féminin (n. f.)*

La foudre est une décharge électrique très forte qui apparaît dans le ciel quand il y a de l'orage. *La foudre est tombée sur un arbre.*

fouet *nom masculin (n. m.)*
1. Un fouet est un manche sur lequel sont fixées une ou plusieurs cordes en cuir et qui sert à donner des coups. *Au cirque, le dompteur claque son fouet pour faire obéir le lion.* **2.** Un fouet est un ustensile de cuisine qui sert à battre des aliments. *Elle mélange les œufs au fouet pour faire une omelette.* ► De plein fouet : c'est toucher ou cogner de face et violemment. *Maxime a reçu le ballon de plein fouet, il a le nez cassé.*

fouiller *verbe (v.)*
Fouiller, c'est bien chercher dans tous les coins. *J'ai fouillé toute la maison et je n'ai pas retrouvé les clés.*

foulard *nom masculin (n. m.)*
Un foulard est un morceau de tissu léger qu'on porte autour du cou ou sur la tête. *Ilda porte un joli foulard en soie assorti à ses vêtements.*

foule *nom féminin (n. f.)*
Une foule est un grand nombre de personnes qui se trouvent au même endroit. *On ne peut plus avancer à cause de la foule.* ► Une foule de : *une foule de* veut dire *un grand nombre de. J'ai une foule de choses à faire, je n'aurai pas le temps de te voir.*

four *nom masculin (n. m.)*
Un four est un appareil ménager muni d'une porte et qui sert à faire cuire ou à réchauffer des aliments. *Le gâteau est encore dans le four, il est bientôt cuit.*

fourchette *nom féminin (n. f.)*
Une fourchette est un ustensile qui a un manche et des dents pointues et qui sert à manger. *Ne mange pas avec tes mains, mange avec ta fourchette !*

fourmi *nom féminin (n. f.)*
Une fourmi est un petit insecte noir ou rouge qui vit de manière très organisée en groupe. *Les fourmis sortent quand il fait beau afin de ramasser leur nourriture pour l'hiver.* ► Avoir des fourmis : c'est avoir des picotements dans une partie du corps. *J'ai des fourmis dans les jambes, c'est très désagréable !*

à savoir
Les fourmis vivent dans une fourmilière. On y trouve les femelles, ou reines, dont le seul travail est de pondre, les mâles et les ouvrières, qui font tout le travail (construction de la fourmilière, recherche de la nourriture).

coin lecture

« La fourmi n'est pas prêteuse [...]
Que faisiez-vous au temps chaud ?
Dit-elle à cette emprunteuse. Nuit
et jour à tout venant je chantais [...]
– Vous chantiez ? J'en suis fort aise.
Eh bien : dansez maintenant. »
La Cigale et la Fourmi.
Jean de La Fontaine.

fournir *verbe (v.)*

1. Fournir, c'est donner ce qui est nécessaire. *L'école fournit les cahiers et les crayons, ce n'est pas la peine de les acheter.*
Le synonyme est : procurer.
2. Fournir quelque chose, c'est faire, accomplir quelque chose. *Léo fournit beaucoup d'efforts pour bien travailler en classe.*

fourrure *nom féminin (n. f.)*

La fourrure est la peau de certains animaux garnie de ses poils, dont on fait des vêtements. *En hiver, elle met un manteau de fourrure pour avoir bien chaud.*

fracture *nom féminin (n. f.)*

Une fracture est une blessure qu'on se fait en se cassant un os. *Théo s'est fait une fracture à la jambe en tombant de l'échelle.*

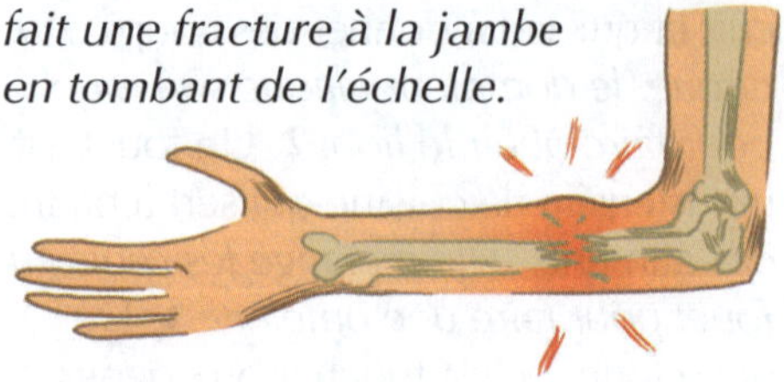

fragile *adjectif masculin ou féminin (adj. m. ou f.)*

1. Quelque chose qui est fragile se casse facilement. *Ne joue pas avec le vase, il est fragile !*
Les contraires sont : résistant, solide.
2. Une personne qui est fragile peut tomber facilement malade. *Véronique est une fille fragile, elle doit bien se couvrir.*
Les synonymes sont : chétif, délicat.
Les contraires sont : résistant, robuste.

fraîcheur *nom féminin (n. f.)*

1. La fraîcheur est de l'air froid ou une température froide. *Quand il fait trop chaud, un peu de fraîcheur fait du bien.*
Le contraire est : chaleur.
2. La fraîcheur d'un aliment est la qualité d'un aliment qui est frais. *Les légumes perdent leur fraîcheur quand ils restent trop longtemps à l'air libre après la cueillette.*

Remarque : Le *i* prend un accent circonflexe.

1. frais, fraîche

adjectif masculin, féminin (adj. m., f.)

1. Quelque chose qui est frais est un peu froid. *L'air est frais ce matin.*
Les contraires sont : chaud, doux.
2. Un aliment qui est frais a été produit, pêché ou cueilli il y a peu de temps. *Le poisson est bien frais, je l'ai pêché tout à l'heure.*
Les contraires sont : gâté, flétri.

Remarque : Le *i* de *fraîche* prend un accent circonflexe.

2. frais *adverbe (adv.)*
Frais veut dire *qui est légèrement froid. Il fait frais dans la maison.*

fraise *nom féminin (n. f.)*
Une fraise est un petit fruit rouge qui a comme des petites graines à sa surface. *Je préfère les yaourts aux fraises.*

fraisier *nom masculin (n. m.)*
Le fraisier est une plante avec des feuilles vertes et des fleurs blanches qui donne des fraises. *Les petites fleurs blanches du fraisier se transforment en fraises.*

framboise *nom féminin (n. f.)*
La framboise est le petit fruit rouge du framboisier. *J'ai mangé une tarte aux framboises.*

franc, franche
adjectif masculin, féminin (adj. m., f.)
Une personne qui est franche est sincère, elle parle sans mentir et sans rien cacher. *Nicolas est un garçon franc, tu peux le croire.*
Le synonyme est : honnête.
Les contraires sont : hypocrite, menteur.

Remarque : Le *c* de l'adjectif *franc* ne se prononce pas.

français, française *adjectif et nom masculin, féminin (adj. et n. m., f.)*
Ce qui est français vient du pays qui s'appelle la France. *Leïla est française. Elle est née en France.*

franchir *verbe (v.)*
1. Franchir, c'est passer par-dessus un obstacle. *Gaëtan a réussi à franchir le grand mur.* **2.** Franchir, c'est dépasser une limite. *Le premier coureur qui franchit la ligne d'arrivée a gagné.*

frapper *verbe (v.)*
1. Frapper, c'est donner un ou plusieurs coups. *Quelqu'un frappe à la porte. Ne frappe pas ta petite sœur !*
Le synonyme est : taper.
2. Frapper, c'est beaucoup impressionner quelqu'un. *La première fois que je l'ai vu, son sourire m'a frappé.*
Le synonyme est : étonner.

frein *nom masculin (n. m.)*
Le frein est le mécanisme des voitures ou des vélos qui permet de s'arrêter ou de ralentir. *Appuie à fond sur le frein pour t'arrêter !* ► Mettre un frein à quelque chose : c'est ralentir ou stopper quelque chose. *Comme il n'était pas sage, ses parents ont mis un frein à ses sorties avec ses copains.*

freiner *verbe (v.)*

Freiner, c'est ralentir ou arrêter une voiture ou un vélo en appuyant sur le frein. *Tu vas trop vite, freine un peu !*
Le contraire est : accélérer.

frelon *nom masculin (n. m.)*

Un frelon est une grosse guêpe. *Zoé s'est fait piquer par un frelon, elle a très mal.*

coin lecture

« Quelques rayons de miel sans maître se trouvèrent : Des frelons les réclamèrent. Des abeilles s'opposant, devant certaine guêpe on traduisit la cause. »
Les Frelons et les Mouches à miel.
Jean de La Fontaine.

fréquent, fréquente

adjectif masculin, féminin (adj. m., f.)

Quelque chose qui est fréquent arrive très souvent. *Les embouteillages sont fréquents.*
Les synonymes sont : courant, régulier.
Les contraires sont : exceptionnel, rare.

fréquenter *verbe (v.)*

1. Fréquenter un endroit, c'est y aller souvent. *Thomas a l'habitude de fréquenter le parc près de l'école.*
2. Fréquenter une personne, c'est la voir souvent. *Mona ne fréquente que les enfants des voisins.*

frère *nom masculin (n. m.)*

Un frère est un garçon qui a les mêmes parents qu'une autre personne. *Maxime et Rudy sont des frères, et ils ont une sœur qui s'appelle Manon.*

frileux, frileuse

adjectif masculin, féminin (adj. m., f.)

Quelqu'un qui est frileux a facilement froid. *Charlène est très frileuse, elle porte toujours une grosse écharpe autour du cou.*

frise *nom féminin (n. f.)*

Une frise est une longue bande en papier qui comporte des dessins qui se répètent. *On a décoré les murs de ma chambre avec une frise.*

frisé, frisée

adjectif masculin, féminin (adj. m., f.)

Des cheveux frisés sont des cheveux qui bouclent, qui font des vagues.
Anaïs a les cheveux tout frisés.
Le contraire est : raide.

frisson *nom masculin (n. m.)*

Un frisson est un petit tremblement avec une sensation de froid. *J'ai des frissons, je crois que j'ai attrapé froid.*
► Donner des frissons : c'est faire trembler de peur. *Cet endroit me donne des frissons, je veux partir !*

frissonner *verbe (v.)*

Frissonner, c'est avoir des frissons, trembler. *Angèle frissonne tellement elle a froid.*
Les synonymes sont : grelotter, trembler.

1. froid, froide

adjectif masculin, féminin (adj. m., f.)

1. Quelque chose de froid a une température basse, n'est pas chaud. *La salle est froide, elle n'est pas chauffée.*
Le contraire est : chaud.

2. Une personne froide se montre distante, pas accueillante. *La première fois que j'ai vu Marie, je l'ai trouvée très froide, elle n'a même pas dit bonjour.*
Le contraire est : chaleureux.

2. froid *nom masculin (n. m.)*

Le froid est la température très fraîche qu'il fait. *Je ne supporte pas le froid, je préfère être en été.*
Le contraire est : chaud.
► Être en froid avec quelqu'un : c'est être fâché contre lui. *Je suis en froid avec Léonie depuis qu'elle m'a menti.* ► Jeter un froid : c'est provoquer une gêne, un blocage dans une discussion. *En faisant cette remarque, Mélanie a jeté un froid et plus personne n'a parlé.*

froissé, froissée

adjectif masculin, féminin (adj. m., f.)

Quelque chose qui est froissé est tout chiffonné, plein de plis. *Le professeur est venu à l'école avec une chemise froissée.*

frôler *verbe (v.)*

Frôler, c'est passer à côté en touchant légèrement. *Maud a frôlé une voiture en faisant du vélo.*

Remarque : Le *o* prend un accent circonflexe.

fromage *nom masculin (n. m.)*

Le fromage est un aliment qui est fait à base de lait de vache, de chèvre ou de brebis. *Il existe beaucoup de variétés de fromage en France.*

front *nom masculin (n. m.)*

Le front est la partie du visage qui est tout en haut, au-dessus des yeux. *Salomé s'est fait une bosse sur le front en tombant.*

frontière *nom féminin (n. f.)*

La frontière est la limite qui sépare deux pays. *Nous avons passé nos vacances près de la frontière espagnole.*

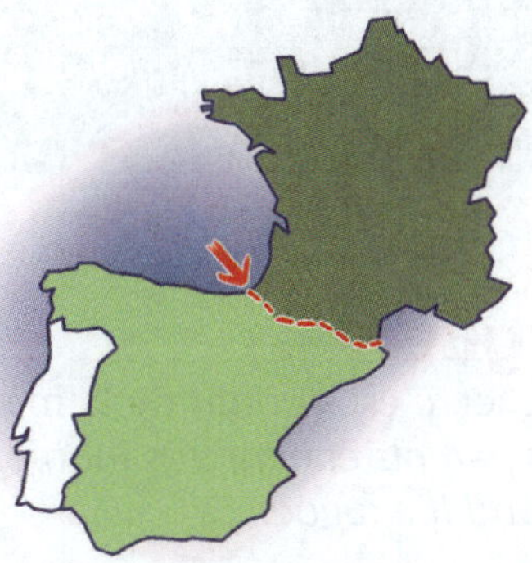

A B C D E F G H I J K L M N O P Q R S T U V W X Y Z

frotter *verbe (v.)*
Frotter, c'est appuyer une chose contre une autre, et cela plusieurs fois. *Le sol de la cuisine est très sale, il faut bien frotter pour enlever les taches.*

fruit *nom masculin (n. m.)*
Un fruit est une chose sucrée qui pousse sur une plante ou sur un arbre et qui se mange. *La banane, l'orange et la pomme sont des fruits qui poussent dans les arbres.* ► Fruit de mer : les fruits de mer sont des coquillages ou des crustacés pêchés dans la mer et qui se mangent. *Les crevettes, les huîtres, les crabes sont des fruits de mer.*

à savoir

Le fruit provient de la fleur qui pousse sur les plantes ou sur les arbres. D'abord, c'est la fleur qui pousse, puis la fleur se fane, et le fruit grossit.

coin lecture

« Vous voyez mon logis ; si vous me vouliez faire tant d'honneur que d'y prendre un champêtre repas, j'ai des fruits, j'ai du lait : ce n'est peut-être pas de nos seigneurs les ours le manger ordinaire ; Mais j'offre ce que j'ai. » *L'Ours et l'Amateur des jardins.* Jean de La Fontaine.

fuguer *verbe (v.)*
Fuguer, c'est s'enfuir de la maison. *Ses parents étaient très inquiets quand il a fugué.*

fuir *verbe (v.)*
1. Fuir, c'est partir à toute vitesse pour échapper à quelque chose. *Le chat fuit les enfants, il n'aime pas jouer avec eux.*
Les synonymes sont : s'enfuir, se sauver.
2. Fuir, c'est laisser échapper un liquide ou un gaz. *Le robinet fuit, il faut vite le réparer.*

fuite *nom féminin (n. f.)*
1. Une fuite est le fait de se sauver. *Le voleur a pris la fuite dès qu'il m'a vu.* **2.** Une fuite est l'écoulement d'un liquide ou d'un gaz qui ne devrait pas couler normalement. *Une fuite d'eau a inondé le sol de la salle de bains.*

fumée *nom féminin (n. f.)*
Une fumée est un nuage qui se dégage de quelque chose qui brûle. *Il ne faut pas respirer la fumée, car elle est toxique.*

fumer *verbe (v.)*

1. Fumer, c'est dégager de la fumée. *Il y a l'huile qui fume, tu l'as fait trop chauffer, c'est mauvais.* **2.** Fumer une cigarette, c'est aspirer la fumée dans ses poumons et la rejeter. *Il est interdit de fumer dans l'école.*

furieux, furieuse

adjectif masculin, féminin (adj. m., f.)

Être furieux, c'est être très en colère. *Hélène est furieuse contre Romain.*

fusée *nom féminin (n. f.)*

1. Une fusée est un engin qui sert à aller dans l'espace. *Les astronautes montent dans la fusée pour aller sur la Lune.* **2.** Une fusée est un tube qui contient de la poudre qu'on fait exploser dans le ciel pour faire un feu d'artifice.

fusil *nom masculin (n. m.)*

Un fusil est une arme à feu avec un long canon et une crosse pour le tenir. *Il est parti à la chasse avec son fusil.*

Remarque : Le *l* de *fusil* ne se prononce pas.

1. futur, future

adjectif masculin, féminin (adj. m., f.)

Ce qui est *futur* n'est pas encore arrivé ou n'existe pas encore. *Le futur stade de football va pouvoir accueillir encore plus de monde.*

2. futur *nom masculin (n. m.)*

1. Le futur est ce qui n'est pas encore arrivé. *Personne ne connaît son futur.*
Le synonyme est : avenir.
Le contraire est : passé.
2. Le futur est le temps des verbes dont l'action se déroule plus tard. *Au futur, « il joue avec ses amis » devient « il jouera avec ses amis ».*

comme gorille !

gâcher *verbe (v.)*
Gâcher, c'est perdre quelque chose à cause d'un mauvais comportement. *Il faut éviter de gâcher l'eau parce que la planète va manquer d'eau potable.*
Le synonyme est : gaspiller.

Remarque : Le *a* prend un accent circonflexe.

gadget *nom masculin (n. m.)*
Un gadget est un objet nouveau qui est amusant et utile. *Les espions se servent d'un nouveau gadget : une bague qui envoie un rayon laser pour découper les vitres.*

gage *nom masculin (n. m.)*
Un gage est une épreuve qu'on impose à quelqu'un quand il a perdu à un jeu. *Celui qui perd la partie a un gage : il doit faire le tour de la cour cinq fois.*

gagner *verbe (v.)*
1. Gagner, c'est obtenir de l'argent en travaillant ou en ayant gagné à un jeu. *Le directeur gagne beaucoup d'argent. Il a gagné au Loto.* **2.** Gagner, c'est remporter une victoire, une partie de jeu. *C'est l'équipe de Cédric qui a gagné au basket.*
Le synonyme est : vaincre.
Le contraire est : perdre.
3. Gagner, c'est économiser quelque chose. *J'ai gagné du temps en prenant le raccourci.*

gai, gaie
adjectif masculin, féminin (adj. m., f.)
1. Être gai, c'est être joyeux, de bonne humeur. *Laurène est très gaie, on la voit toujours souriante.*
Les synonymes sont : joyeux, rieur, souriant. Le contraire est : triste.
2. Quelque chose qui est gai met de bonne humeur. *Les couleurs de ta chambre sont très gaies.*
Les contraires sont : terne, triste.

gain *nom masculin (n. m.)*
1. Un gain est de l'argent qu'on a gagné. *La vente de nos affaires nous a rapporté de gros gains.* **2.** Un gain de temps ou un gain de place est du temps ou de la place qu'on a en plus. *C'est un gain de temps de partir en voiture plutôt qu'à pied.*
Le contraire est : perte.

galaxie *nom féminin (n. f.)*
La galaxie est un groupe d'étoiles gigantesque. *Il existe plein de galaxies dans l'Univers.*

à savoir
Une galaxie est composée de milliers d'étoiles de toutes les tailles. La galaxie dans laquelle nous vivons comprend le Soleil, la Terre et d'autres planètes. Elle a une forme en spirale et s'appelle « la Galaxie » ou « la Voie lactée ».

galet *nom masculin (n. m.)*
Un galet est un caillou arrondi que l'on trouve au bord de la mer ou des rivières. *De l'autre côté, il n'y a pas de sable, c'est une plage de galets.*

galipette *nom féminin (n. f.)*
Une galipette est une roulade. *Charlotte sait faire les galipettes.*

gamin, gamine
nom masculin, féminin (n. m., f.)
Un gamin ou une gamine est un enfant. *Les gamins du quartier s'amusent dans le parc.*
Le synonyme est : gosse.

gang *nom masculin (n. m.)*
Un gang est une bande de voyous qui font des choses malhonnêtes. *Le gang de voleurs a dévalisé la banque.*

A B C D E F G H I J K L M N O P Q R S T U V W X Y Z

gant *nom masculin (n. m.)*
1. Un gant est un vêtement qui recouvre la main et chaque doigt pour tenir chaud. *L'hiver, je mets des gants et un bonnet.* **2.** Un gant est un accessoire dans lequel on glisse la main pour la protéger. *On met un gant de boxe pour boxer, un gant de vaisselle pour faire la vaisselle sans s'abîmer les mains.*
► Gant de toilette : c'est une poche en tissu éponge dans laquelle on met la main pour se laver. *Mets du savon sur le gant de toilette.* ► Aller comme un gant : c'est aller parfaitement bien. *Ce pull te va comme un gant !*

garage *nom masculin (n. m.)*
1. Un garage est un endroit couvert et fermé où on met la voiture à l'abri. *On peut mettre deux voitures dans notre garage.* **2.** Un garage est un atelier qui sert à réparer les voitures qui sont abîmées. *La voiture est en panne, il faut l'emmener au garage.*

garantir *verbe (v.)*
Garantir une chose, c'est assurer sa qualité pendant un certain temps et s'engager à la réparer si elle ne fonctionne plus. *Le fabricant garantit son matériel pendant deux ans. La télévision est garantie, on va pouvoir la faire réparer gratuitement.*

garçon *nom masculin (n. m.)*
Un garçon est un enfant de sexe masculin. *Thomas est un garçon.*

garde *nom féminin (n. f.)*
La garde est la surveillance d'une personne. *Vincent est grand, il a la garde de son petit frère quand ses parents ne sont pas là.* ► Monter la garde : c'est surveiller un endroit. *Quand on sort, le chien monte la garde dans la maison.* ► Mettre en garde : c'est avertir quelqu'un d'un danger. *Ses parents l'ont mis en garde : il ne faut pas suivre les étrangers dans la rue.* ► Prendre garde : c'est faire attention : *Prends garde dans la gare, il y a des voleurs !*

garder *verbe (v.)*
1. Garder quelque chose, c'est le conserver ou ne pas s'en séparer. *Je préfère garder les clés de la maison.* **2.** Garder quelqu'un, c'est le surveiller et le protéger. *Alice garde sa petite sœur le matin.* ► Garder un secret : c'est ne le dire à personne. *Est-ce que tu sais garder un secret ?*
► Garder le silence : c'est se taire, ne rien dire. *Promets-moi de garder le silence si Alex te pose des questions !*

gardien, gardienne
nom masculin, féminin (n. m., f.)
Un gardien, une gardienne est une personne qui doit surveiller un endroit ou une personne. *Le gardien de l'immeuble est toujours là.*
► Gardien de but : c'est une personne qui empêche la balle d'entrer dans la cage des buts au football ou au hockey. *Le gardien de but a bloqué le ballon au sol.*

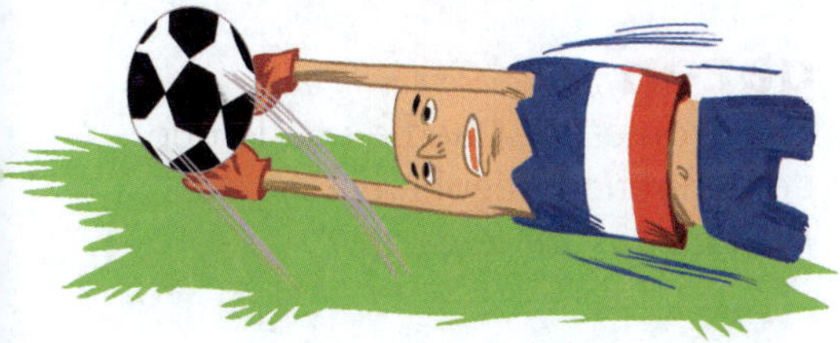

gare *nom féminin (n. f.)*
La gare est le bâtiment où arrivent et d'où partent les trains. *Anne est allée chercher Maxime à la gare.*

garer *verbe (v.)*
Garer une voiture ou un vélo, c'est le ranger dans un garage ou sur une place de stationnement. *Il a garé la voiture sur le parking du supermarché.*

gaspiller *verbe (v.)*
Gaspiller, c'est dépenser n'importe comment ou utiliser des choses sans en avoir besoin. *Il gaspille tout son argent en achetant des vêtements qu'il ne met jamais. Ferme le robinet quand tu n'utilises pas l'eau, tu la gaspilles pour rien !*
Le synonyme est : gâcher.
Le contraire est : économiser.

gâteau *nom masculin (n. m.)*
Un gâteau est une pâtisserie faite avec du sucre, de la farine, des œufs, du beurre. *Mélissa a eu un gâteau au chocolat pour son anniversaire.*

Remarque : Le *a* prend un accent circonflexe. Le pluriel de ce mot est : des gâteaux.

gâter *verbe (v.)*
Gâter quelqu'un, c'est lui donner tout ce qu'il veut. *Ils n'ont qu'un seul enfant, alors ils le gâtent beaucoup.*

Remarque : Le *a* prend un accent circonflexe.

gauche
adjectif masculin ou féminin (adj. m. ou f.)
Le côté gauche se trouve du côté du cœur. *Lisa écrit de la main gauche.*
Le contraire est : droit.

gauche *nom féminin (n. f.)*
La gauche est le côté où se trouve le cœur. *Les toilettes sont sur la gauche. Tourne à gauche pour trouver la sortie.*
Le contraire est : droite.

gaucher, gauchère

adjectif masculin, féminin (adj. m., f.)

Quelqu'un de gaucher se sert le mieux de sa main gauche. *Rebecca est gauchère, elle écrit de la main gauche.*

Le contraire est : droitier.

Remarque : Les adjectifs *gaucher* et *gauchère* peuvent aussi être des noms : *Alice est une gauchère.*

gaufre *nom féminin (n. f.)*

Une gaufre est une pâtisserie qui est cuite entre deux plaques rectangulaires qui forment de petits trous carrés dessus. *Mathieu mange une gaufre au chocolat.*

gaz *nom masculin (n. m.)*

Le gaz est une matière qui n'est ni solide ni liquide, et qui est utilisée pour le chauffage ou comme carburant. *On utilise le gaz pour faire cuire les aliments. Les radiateurs de la maison fonctionnent au gaz.*

Remarque : Le pluriel de ce mot est : des gaz.

gazelle *nom féminin (n. f.)*

La gazelle est une petie antilope qui vit en Afrique ou en Asie et qui a de longues pattes fines, un pelage beige et des cornes. *La gazelle court très vite.*

gazon *nom masculin (n. m.)*

Le gazon est de l'herbe courte que l'on entretient régulièrement. *Ne marche pas sur le gazon !*

géant, géante

nom masculin, féminin (n. m., f.)

Un géant, une géante est une personne de très grande taille. *Dans le conte du* Petit Poucet*, l'ogre est un géant qui mange les enfants.*

Le contraire est : nain.

géant, géante

adjectif masculin, féminin (adj. m., f.)

Quelque chose de géant est plus grand que la normale. *L'écran du cinéma est géant.*

Les synonymes sont : colossal, gigantesque.

gel *nom masculin (n. m.)*

Le gel est la glace qui se forme lorsque l'eau durcit quand il fait très froid. *La pluie s'est transformée en gel pendant la nuit.*

geler *verbe (v.)*

1. Geler, c'est se glacer, se durcir par le froid. *L'eau de la pluie a gelé pendant la nuit, le sol est glissant.*
Le contraire est : dégeler.
2. Geler, c'est faire très froid. *Il gèle dans la cave.*

gémir *verbe (v.)*

Gémir, c'est pousser des petits cris plaintifs quand on a mal. *Cassandra gémit souvent pour rien.*

gencive *nom féminin (n. f.)*

La gencive est la chair sur laquelle se fixent les dents.
Quentin a mal à la gencive.

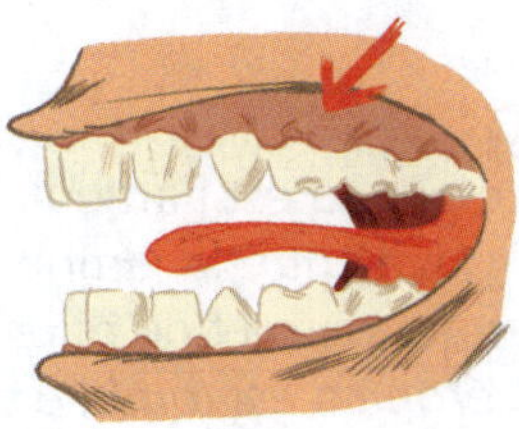

gendarme *nom masculin (n. m.)*

Un gendarme est un militaire qui fait respecter la loi et veille à la sécurité des personnes. *Les gendarmes ont arrêté les voleurs.*

gendarmerie *nom féminin (n. f.)*

La gendarmerie est l'endroit où travaillent et habitent les gendarmes. *Il a été à la gendarmerie pour se plaindre.*

gêne *nom féminin (n. f.)*

Une gêne est un malaise qu'on ressent, qui nous empêche d'être bien. *Zoé ressent de la gêne quand elle est chez des gens qu'elle ne connaît pas.*
Le synonyme est : embarras.

Remarque : Le *e* prend un accent circonflexe.

gêner *verbe (v.)*

1. Gêner, c'est empêcher que quelque chose se déroule normalement. *La voiture mal garée a gêné toutes les autres voitures qui voulaient passer.*
Le synonyme est : déranger.
2. Gêner quelqu'un, c'est le mettre mal à l'aise. *Ta question me gêne, je ne veux pas répondre.*
Les synonymes sont : embarrasser, incommoder.

Remarque : Le *e* prend un accent circonflexe.

général, générale

adjectif masculin, féminin (adj. m., f.)

Quelque chose de général concerne la plus grande partie d'un groupe ou d'un ensemble. *L'ambiance générale était assez bonne à la fête.*
► En général : *en général* veut dire *habituellement, c'est ce qu'on fait le plus souvent. En général, je me couche tôt.*

Remarque : Le pluriel de *général* est : généraux.

A B C D E F G H I J K L M N O P Q R S T U V W X Y Z

générosité *nom féminin (n. f.)*

La générosité est la qualité d'une personne qui donne facilement, sans compter. *C'est un homme bon, plein de générosité.*
Le contraire est : égoïsme.

coin lecture

« À partir de ce jour, Aladin et sa mère ne manquèrent plus de rien. Quels que fussent leurs désirs, le génie les exauçait sur le champ. »
Aladin et la lampe merveilleuse.
Les Mille et Une Nuits.

génial, géniale

adjectif masculin, féminin (adj. m., f.)

Quelque chose de génial est super, formidable. *Nous avons passé des vacances géniales.*
Le synonyme est : extraordinaire.

Remarque : Le pluriel de *génial* est : géniaux.

génie *nom masculin (n. m.)*

1. Le génie est une grande capacité à pouvoir inventer, créer des choses. *Tom a du génie, il est très fort pour créer de nouvelles mélodies à la guitare.* **2.** Un génie est une personne qui est très intelligente, qui invente de nouvelles choses. *Albert Einstein était un génie.* **3.** Dans les contes, un génie est un être qui a des pouvoirs magiques. *Le génie sort de la lampe magique quand on la frotte, et il réalise les vœux.*

genou *nom masculin (n. m.)*

Le genou est l'articulation qui se trouve entre la jambe et la cuisse et qui permet de plier la jambe. *Véronica est tombée sur les genoux.*
► À genoux : être à genoux, c'est avoir les genoux par terre. *Angélique se met à genoux pour regarder sous le lit.*

Remarque : Le pluriel de ce mot est : des genoux.

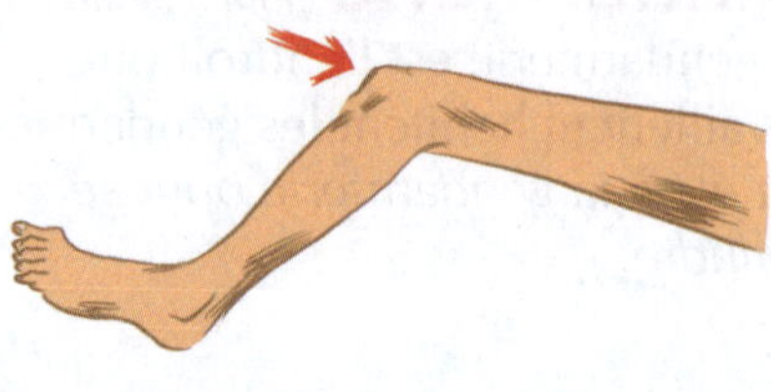

genre *nom masculin (n. m.)*
1. Un genre est un ensemble de choses ou de personnes qui se ressemblent. *Quel genre de coiffure vas-tu choisir ?*
Les synonymes sont : sorte, type.
2. le genre en grammaire est le masculin ou le féminin d'un mot. Table *est un mot du genre féminin et* jardin *est un mot du genre masculin.*

gens *nom masculin ou féminin pluriel (n. m. ou f. pl.)*
Les gens sont les personnes. *Il y a trop de gens à la foire, on ne peut même pas avancer.*

gentil, gentille
adjectif masculin, féminin (adj. m., f.)

1. Quelqu'un qui est gentil est aimable, bon et serviable.
Les parents de Quentin sont très gentils, ils nous ont bien accueillis chez eux.
Le contraire est : méchant.
2. Un enfant qui est gentil est un enfant sage et obéissant, qui ne fait pas de bêtises. *Il faut être gentil à l'école.*
Le contraire est : vilain.

Remarque : Le *l* de *gentil* ne se prononce pas.

gercer *verbe (v.)*
Gercer, c'est s'abîmer, être plein de crevasses à cause du froid. *Amandine met du baume sur ses lèvres, car elles sont gercées.*

germe *nom masculin (n. m.)*
Un germe est la première pousse d'une graine qui se transforme en plante avec de l'eau et de la lumière. *Alice a mis un haricot dans du coton mouillé, et il a donné un germe.*

geste *nom masculin (n. m.)*
Un geste est un mouvement du corps que l'on fait volontairement ou involontairement. *J'ai dû faire un geste trop brusque, j'ai le cou bloqué.*

gibier *nom masculin (n. m.)*
Le gibier est un animal que l'on chasse. *Le sanglier, le cerf et le chevreuil sont de gros gibiers. La perdrix, le faisan et le lièvre sont de petits gibiers.*

gifle *nom féminin (n. f.)*
Une gifle est un coup que l'on donne avec la main à plat sur la figure de quelqu'un. *Sa mère lui a donné une gifle.*
Le synonyme est : claque.

gigantesque

adjectif masculin ou féminin (adj. m. ou f.)

Quelque chose de gigantesque a une très grande taille. *Le tyranosaure est gigantesque.*

Les synonymes sont : énorme, géant.

gilet *nom masculin (n. m.)*

Un gilet est un vêtement qui est ouvert sur le devant et qui se ferme par des boutons. *Quand il fait un peu froid, je mets mon gilet.*

► Gilet de sauvetage : c'est une veste sans manches qu'on met en cas d'accident et qui permet de flotter si on tombe dans l'eau. *Sur le bateau, tout le monde a un gilet de sauvetage au cas où le bateau ferait naufrage.*

girafe *nom féminin (n. f.)*

Une girafe est un animal herbivore qui a un très long cou et un pelage jaune avec des taches marron. *Les girafes se promènent en liberté dans la savane.*

à savoir

La girafe vit en Afrique.
Elle mesure environ 6 mètres, et son cou peut mesurer jusqu'à 3 mètres de hauteur. Sa grande taille lui permet de manger les feuilles qui sont tout en haut des arbres. La girafe peut vivre entre vingt et trente ans.

givre *nom masculin (n. m.)*

Le givre est une fine couche de glace blanche qui se forme sur une surface. *Il fait tellement froid que l'herbe est couverte de givre.*

1. glace *nom féminin (n. f.)*

1. La glace est de l'eau qui a durci en gelant. *Les flaques d'eau se sont transformées en glace tellement il a fait froid.* **2.** La glace est une crème glacée qui peut avoir différents goûts. *Léa mange deux boules de glace, l'une au chocolat et l'autre à la fraise.*

2. glace *nom féminin (n. f.)*

La glace est une plaque de verre qui peut refléter les images. *Samia se coiffe devant la glace.*

Le synonyme est : miroir.

glacé, glacée
adjectif masculin, féminin (adj. m., f.)
Quelque chose de glacé est très froid. *Tu as les pieds glacés, va mettre des chaussettes !* ► Crème glacée : c'est de la glace. *Je voudrais une crème glacée à la vanille.* ► Papier glacé : c'est du papier brillant et lisse. *Il me faut du papier glacé pour imprimer les photos.* ► Marrons glacés : ce sont des marrons cuits et recouverts de sucre. *Il m'a offert des marrons glacés à Noël.*

glacier *nom masculin (n. m.)*
Un glacier est une grande masse de glace formée par la neige qui recouvre une montagne. *Nous sommes allés voir le glacier du mont Blanc.*

glaçon *nom masculin (n. m.)*
Un glaçon est un cube de glace qui se forme lorsqu'on met de l'eau dans le congélateur. *Antoine aimerait mettre des glaçons dans son jus de fruit pour le refroidir.*

Remarque : Le *c* de *glaçon* prend une cédille.

glisser *verbe (v.)*
1. Glisser, c'est se déplacer sur une surface lisse ou en pente en se laissant aller. *Nicole glisse sur le toboggan.*
2. Glisser, c'est tomber après avoir perdu l'équilibre. *En marchant, il a glissé sur une peau de banane.*
3. Glisser quelque chose dans un endroit, c'est le faire passer dans un endroit étroit. *J'ai glissé la carte dans la fente de la boîte aux lettres.*

se glisser *verbe (v.)*
Se glisser dans un endroit, c'est s'y mettre rapidement. *Noémie s'est glissée sous la couette.*
Le synonyme est : se faufiler.

globe *nom masculin (n. m.)*
Un globe est un objet qui a la forme d'une boule. *J'ai un nouveau puzzle en forme de globe.* ► Globe terrestre : c'est la planète Terre qui est représentée sur une boule. *Mathis cherche l'Afrique sur son globe terrestre.*

gluant, gluante
adjectif masculin, féminin (adj. m., f.)
Quelque chose de gluant est tout collant, tout pâteux. *La peau de ce poisson est toute gluante. L'escargot laisse une trace gluante derrière lui.*

gobelet *nom masculin (n. m.)*
Un gobelet est un verre en plastique ou en carton qui n'a ni pied ni anse pour le tenir. *Après avoir bu, Loïc s'est amusé à casser les gobelets en plastique en les écrasant.*

goinfre *nom masculin ou féminin (n. m. ou f.)* Un goinfre, une goinfre est une personne qui mange beaucoup, rapidement et de façon sale. *Zacharie est un vrai goinfre, il a mis de la nourriture partout !*
Les synonymes sont : glouton, vorace.

golf *nom masculin (n. m.)*
Le golf est un sport de plein air qui consiste à frapper une petite balle blanche avec une canne pour la faire entrer dans de petits trous. *Samy a appris à jouer au golf avec ses parents.*

à savoir
Au golf, la canne avec laquelle on frappe la balle s'appelle le « club ». Le but du jeu est de faire entrer la balle en un minimum de coups dans les 18 trous qui se trouvent le long d'un parcours.

gomme *nom féminin (n. f.)*
Une gomme est un objet en plastique ou en caoutchouc qui sert à effacer les traits du crayon. *Si je me trompe de lettre, je l'efface avec la gomme et je recommence.*

gonfler *verbe (v.)*
1. Gonfler quelque chose, c'est le remplir d'air ou de gaz. *On a fini de gonfler tous les ballons.*
Le contraire est : dégonfler.
2. Gonfler, c'est augmenter de volume, grossir. *Après la piqûre de l'abeille, son bras a bien gonflé.*
Le synonyme est : enfler.

gorille *nom masculin (n. m.)*
Un gorille est un grand singe qui vit dans les forêts d'Afrique. *Le gorille est le plus grand et le plus fort de tous les singes.*

gosse *nom masculin (n. m.)*
Un gosse est un enfant. *Les gosses jouent dans le parc.*
Les synonymes sont : gamin, môme.

gouache *nom féminin (n. f.)*

La gouache est de la peinture à l'eau plutôt épaisse. *Aujourd'hui, nous avons peint à la gouache.*

goudron *nom masculin (n. m.)*

Le goudron est une pâte noire et gluante qui sert à recouvrir les routes et les trottoirs. *Les ouvriers ont refait le trottoir avec du goudron, il ne faut pas marcher dessus tant que ce n'est pas sec.* Le synonyme est : bitume.

gourmand, gourmande

adjectif masculin, féminin (adj. m., f.)

Quelqu'un de gourmand aime manger de bonnes choses et mange beaucoup. *Ingrid est très gourmande, mais elle n'aime pas faire la cuisine.*

Remarque : Les adjectifs *gourmand* et *gourmande* peuvent aussi être des noms : *Tu es un petit gourmand !*

gourmandise

nom féminin (n. f.)

La gourmandise est le défaut d'une personne qui aime manger de bons plats et qui en mange trop. *Fabienne a repris de la tarte par gourmandise.*

gousse *nom féminin (n. f.)*

La gousse est l'enveloppe allongée qui renferme des graines. *La gousse des haricots verts se mange. Il faut enlever les petits pois de leur gousse.*

goût *nom masculin (n. m.)*

1. Le goût est l'un des cinq sens que nous possédons et par lequel on reconnaît la saveur sucrée ou salée, acide ou amère d'un aliment. *La langue nous permet de savoir quel goût ont les plats.* **2.** Le goût est la saveur de quelque chose que l'on mange. *Ces bonbons ont un goût d'orange.* **3.** Une personne qui a du goût est quelqu'un qui s'intéresse à ce qui est beau. *Linda a du goût, elle choisit bien ses vêtements.*

Remarque : Le *u* prend un accent circonflexe.

à savoir

Les principales saveurs que la langue perçoit sont le salé, le sucré, l'acide et l'amer. L'être humain possède en tout cinq sens : le goût, mais aussi l'odorat, pour sentir, l'ouïe pour entendre, la vue pour voir, et le toucher.

1. goûter *verbe (v.)*

1. Goûter un aliment, c'est le manger pour la première fois pour savoir quel goût il a. *J'ai goûté les épinards et j'ai beaucoup aimé.*
2. Goûter, c'est prendre un petit repas dans l'après-midi. *Les enfants goûtent après l'école.*

Remarque : Le *u* prend un accent circonflexe.

2. goûter *nom masculin (n. m.)*

Le goûter est un petit repas qu'on prend au milieu de l'après-midi. *Au goûter, j'ai pris un chocolat chaud avec deux biscuits et une banane.*

Remarque : Le *u* prend un accent circonflexe.

goutte *nom féminin (n. f.)*

Une goutte est une très petite quantité de liquide de forme ronde. *J'ai reçu une goutte de pluie, il commence à pleuvoir.* ► Se ressembler comme deux gouttes d'eau : c'est être identique. *Les sœurs jumelles se ressemblent comme deux gouttes d'eau.*

gouttière *nom féminin (n. f.)*

La gouttière est un rebord qui est fixé le long des toits pour récupérer les eaux de pluie. *La gouttière est bouchée à cause des feuilles mortes.*

gouverner *verbe (v.)*

Gouverner, c'est diriger un pays, avoir un pouvoir politique. *Un nouvel homme a été nommé pour gouverner le pays.*

grâce à *préposition (prép.)*

Grâce à veut dire *avec l'aide de quelqu'un. Grâce à Mathéo, j'ai réussi à finir le grand puzzle.*

Remarque : Le *a* prend un accent circonflexe.

gradin *nom masculin (n. m.)*

Les gradins sont les bancs disposés en étage dans les stades ou dans les grandes salles de spectacle. *Au match de football, les filles sont venues s'asseoir sur les gradins pour encourager les garçons.*

graffiti *nom masculin (n. m.)*

Un graffiti est une inscription, un dessin tracé sur un mur. *Il est interdit de faire des graffitis sur les murs de la ville.*

Remarque : Le pluriel de ce mot est : des *graffiti* ou des *graffitis.*

grain *nom masculin (n. m.)*
1. Un grain est un fruit ou une graine de céréale qui est de petite taille. *Doris aime les grains de maïs. Elle lave les grains de riz. Il est en train de moudre les grains de café.*
2. Un grain est un tout petit morceau de quelque chose. *Il y a des grains de sable partout. J'ai un grain de poussière dans l'œil.* ► Grain de beauté: c'est une petite tache brune qu'on a sur la peau. *Lise a un grain de beauté sur la joue.* ► Mettre son grain de sel : c'est se mêler des affaires des autres. *Ludo veut toujours mettre son grain de sel dans mes affaires.* ► Avoir un grain : c'est être un peu fou. *Je crois que Sylvie a un grain, elle parle toute seule.*

graine *nom féminin (n. f.)*
La graine est la partie d'une plante qui donne une nouvelle plante quand on la plante dans la terre. *Noémie a planté sa graine de petit pois et les feuilles ont commencé à pousser.*

graisse *nom féminin (n. f.)*
1. La graisse est une matière produite sous la peau, qui permet de faire des réserves d'énergie et de protéger du froid. *Les ours polaires ont beaucoup de réserves de graisse pour passer l'hiver.* **2.** La graisse est le beurre ou l'huile que l'on utilise pour faire cuire les aliments. *Judith n'aime pas les aliments qui cuisent dans la graisse.*

grand, grande
adjectif masculin, féminin (adj. m., f.)
1. Une personne qui est grande est de haute taille. *Les joueurs de basket sont très grands.*
Le contraire est : petit.
2. Un endroit qui est grand est un endroit qui est vaste, où il y a beaucoup de place. *La maison a un grand jardin.* **3.** Une personne qui est plus grande qu'une autre est plus âgée. *Anne est plus grande que son frère, c'est sa grande sœur.*
4. Quelque chose ou quelqu'un qui est grand est important ou célèbre. *Noël est un grand jour pour toute la famille. Céline Dion est une grande chanteuse.*

grand, grande
nom masculin, féminin (n. m., f.)
Un grand ou *une grande* est un enfant qui est plus âgé qu'un autre. *Mon grand a eu de la fièvre cette nuit.*

grandeur *nom féminin (n. f.)*
La grandeur est la taille de quelque chose. *Quelle est la grandeur de ta chambre ?* ► Grandeur nature : c'est la taille réelle de quelque chose. *Il a sculpté une statue grandeur nature.*
► Folie des grandeurs : c'est avoir des envies qui dépassent ses possibilités. *Kania a la folie des grandeurs, elle ne veut voyager qu'en première classe lorsqu'elle prend le train !*

grandir *verbe (v.)*
Grandir, c'est devenir plus grand. *Les enfants ont grandi vite, ce sont déjà de grands garçons !*

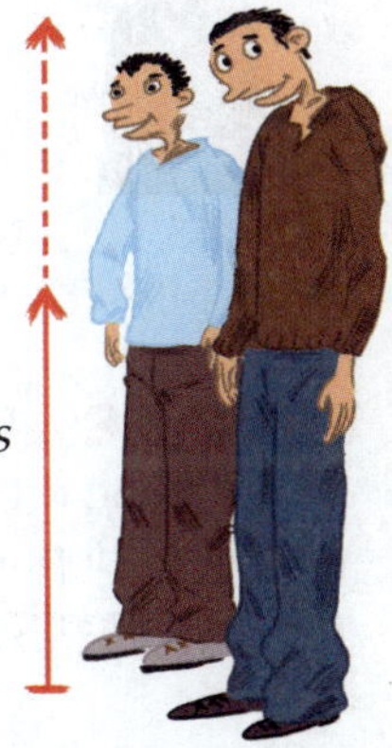

grand-mère *nom féminin (n. f.)*

La grand-mère de quelqu'un est la mère de son père ou de sa mère. *Ma grand-mère paternelle vient nous voir.* Le synonyme est : mamie.

Remarque : Le pluriel de ce mot est : des grands-mères.

grand-père *nom masculin (n. m.)*

Le grand-père de quelqu'un est le père de son père ou de sa mère. *Mon grand-père nous raconte plein d'histoires.* Le synonyme est : papy.

Remarque : Le pluriel de ce mot est : des grands-pères.

grappe *nom féminin (n. f.)*

Une grappe est un ensemble serré de fruits qui poussent sur une tige. *J'ai pris une grappe de raisins.*

gras, grasse

adjectif masculin, féminin (adj. m., f.)

1. Un produit qui est gras est un produit qui est composé de graisse. Les sardines sont des poissons gras. *Le beurre est une matière grasse.* **2.** Une personne ou un animal qui est gras a beaucoup de graisse, il est gros. *Les poules sont bien grasses, elles sont bien nourries.* **3.** Quelque chose qui est gras est recouvert ou sali de graisse. *La table est grasse, il faut la nettoyer.* ► Faire la grasse matinée : c'est se lever très tard. *Le dimanche, Maurice fait la grasse matinée.* ► Caractère gras : c'est une écriture dans un caractère d'imprimerie qui est plus épais que les autres. *Les mots importants sont écrits en caractères gras.*

gratuit, gratuite

adjectif masculin, féminin (adj. m., f.)

Quelque chose de gratuit s'obtient sans payer. *L'entrée du parc est gratuite, venez tous !* Le contraire est : payant.

grave

adjectif masculin ou féminin (adj. m. ou f.)

1. Quelque chose de grave a des conséquences importantes. *C'est grave de mentir, ne recommence plus !* **2.** Un son qui est grave produit un son bas, qui n'est pas perçant. *Papa a la voix grave.* ► Accent grave : c'est l'accent sur les lettres qui est penché du haut vers le bas. Mère *a un accent grave, mais* mélodie *a un accent aigu.*

gravier *nom masculin (n. m.)*

Le gravier est un ensemble de très petits cailloux. *L'allée qui mène à notre maison est en graviers.*

grenadine *nom féminin (n. f.)*
La grenadine est un sirop rouge qui est fait avec du jus de grenade. *Aline veut boire de la grenadine avec de la limonade.*

grenier *nom masculin (n. m.)*
Le grenier est une pièce de la maison qui se trouve tout en haut, sous le toit. *On a mis les vieux jouets dans le grenier.*

coin lecture

« Damoiselle Belette, au corps long et flouet, entra dans un grenier par un trou fort étroit : Elle sortait de maladie. Là, vivant à discrétion, la galante fit chère lie, mangea, rongea : Dieu sait la vie, et le lard qui périt en cette occasion ! »
La Belette entrée dans un grenier.
Jean de La Fontaine.

grenouille *nom féminin (n. f.)*
Une grenouille est un petit animal à la peau lisse, verte ou rousse, qui a de longues pattes arrière. *On mange des cuisses de grenouille ce soir.*

à savoir

La grenouille pond ses œufs dans l'eau. Puis les œufs deviennent des têtards. Le cri de la grenouille est le coassement. La grenouille coasse.

grève *nom féminin (n. f.)*
La grève est l'arrêt de travail d'un groupe de personnes qui veulent plus d'avantages dans leur métier. *Les infirmiers se sont mis en grève.*

gribouiller *verbe (v.)*
Gribouiller, c'est écrire ou faire un dessin qui ne veut rien dire, qui est illisible. *Marissa gribouille des choses sur une feuille en attendant l'heure du repas.*

griffe *nom féminin (n. f.)*
La griffe est l'ongle pointu et crochu de certains animaux. *Le chat sort ses griffes quand il est en colère.*

grignoter *verbe (v.)*
1. Grignoter, c'est manger en rongeant. *La souris grignote le fromage.* **2.** Grignoter, c'est manger de petites choses en plusieurs fois. *C'est mauvais de grignoter entre les repas, cela fait grossir.*

gril *nom masculin (n. m.)*
Un gril est une plaque métallique qui sert à faire griller des aliments. *Les tranches de viande sont en train de griller sur le gril.*

A B C D E F G H I J K L M N O P Q R S T U V W X Y Z

grillage *nom masculin (n. m.)*
Un grillage est un ensemble de fils de fer qui se croisent pour former une clôture et pour empêcher de passer. *On a mis un grillage pour séparer notre jardin de celui des voisins.*

grille *nom féminin (n. f.)*
1. Une grille est une clôture qui est faite de barreaux en fer et qui sert à faire une séparation ou à fermer. *N'oublie pas de fermer la grille, sinon le chien va se sauver.* **2.** Une grille est un petit tableau quadrillé qu'il faut remplir pour faire un jeu. *Théo a réussi à remplir toute la grille du sudoku. Maman fait une grille de mots croisés.*

griller *verbe (v.)*
Griller, c'est faire cuire un aliment sur un gril. *Je fais griller des sardines pour le déjeuner.* ▶ Griller un feu : c'est ne pas s'arrêter à un feu rouge sur la route. *La police a arrêté le conducteur de la voiture qui a grillé le feu rouge.*

grimace *nom féminin (n. f.)*
Une grimace est ce que l'on fait avec son visage quand on le déforme pour faire peur ou pour faire rire. *C'est impoli de faire des grimaces aux gens.*

grimper *verbe (v.)*
Grimper, c'est monter sur quelque chose en se tenant très fort. *Tao adore grimper aux arbres.*
Le synonyme est : escalader.

grincer *verbe (v.)*
Grincer, c'est faire un bruit aigu qui gêne parce qu'il est désagréable à entendre. *La porte grince dès qu'on l'ouvre.*

grippe *nom féminin (n. f.)*
La grippe est la maladie que l'on a quand on a de la fièvre, des maux de tête, et que l'on se sent très faible.

gris, grise
adjectif masculin, féminin (adj. m., f.)
Quelque chose qui est gris est d'une couleur qui est un mélange de noir et de blanc. *L'âne est gris.* ▶ Faire grise mine : c'est ne pas être content. *Maria va faire grise mine quand elle saura que je ne lui ai pas acheté son vélo.*

Remarque : L'adjectif *gris* peut aussi être un nom : *Le gris du ciel me rend triste.*

grogner *verbe (v.)*

1. Grogner, c'est pousser son cri pour un ours, un cochon. *Les cochons grognent en se roulant dans la boue.* **2.** Grogner, c'est faire savoir qu'on n'est pas content en disant des choses dans son coin. *Thomas grogne parce qu'il ne veut pas manger les épinards.*

gronder *verbe (v.)*

1. Gronder, c'est faire un gros bruit qui dure. *Le tonnerre a grondé toute la nuit.* **2.** Gronder, c'est disputer quelqu'un. *La maîtresse a grondé Mina parce qu'elle a poussé Lucie.*
Le synonyme est : réprimander.

gros, grosse

adjectif masculin, féminin (adj. m., f.)

1. Quelque chose qui est gros a un grand volume ou une grande épaisseur et prend beaucoup de place. *La grosse valise ne rentre pas dans le coffre de la voiture.*
2. Quelque chose qui est gros est quelque chose qui a une importance, qu'on ne peut pas prendre à la légère. *Je pense que c'est une grosse erreur de lui cacher la vérité.* ► Avoir le cœur gros : c'est avoir du chagrin. *Sandra a eu le cœur gros en quittant sa mère la première fois qu'elle est entrée à l'école.* ► Faire les gros yeux : c'est regarder quelqu'un d'un air mécontent en ouvrant grand les yeux. *Quand maman ne veut pas que je prenne quelque chose, elle fait les gros yeux.*

Remarque : Les adjectifs *gros* et *grosse* peuvent aussi être des noms : *Les gros sont vite essoufflés quand ils courent.*

groseille *nom féminin (n. f.)*

Une groseille est un fruit acide qui a la forme de petites boules rouges ou blanches, qui pousse en grappe. *Inès mange une tartine à la gelée de groseille.*

grossesse *nom féminin (n. f.)*

La grossesse est la période pendant laquelle un bébé grandit dans le ventre de sa mère. *Maman est au huitième mois de sa grossesse.*

grossièreté *nom féminin (n. f.)*

Une grossièreté est un mot qui n'est pas poli, qui ne se dit pas. *Les enfants sages et bien élevés ne disent pas de grossièretés.*

grossir *verbe (v.)*

Grossir, c'est devenir plus gros, prendre du poids. *Linda a grossi pendant les vacances.*
Le contraire est : maigrir.

A B C D E F G H I J K L M N O P Q R S T U V W X Y Z

grotte *nom féminin (n. f.)*
Une grotte est un endroit qui est creusé à l'intérieur de la pierre et qui sert d'abri.
L'ours dort dans la grotte.
Le synonyme est : caverne.

coin lecture

« Il lui parut qu'il y avait non pas de longues années mais des siècles que cette grotte servait de retraite à des générations de voleurs. »
Ali Baba et les quarante voleurs.
Les Mille et Une Nuits.

groupe *nom masculin (n. m.)*
Un groupe est un ensemble de personnes ou de choses réunies dans un même endroit. *Un groupe d'enfants joue dans le parc.*

grouper *verbe (v.)*
Grouper, c'est tout mettre ensemble.
J'ai groupé toutes les photos de la fête pour les ranger dans l'album.
Le synonyme est : réunir.

grue *nom féminin (n. f.)*
Une grue est un engin métallique très haut qui sert à porter les choses très lourdes dans les chantiers de construction. *La grue soulève les gros blocs de béton.*

guépard *nom masculin (n. m.)*
Le guépard est un animal carnivore au pelage jaune foncé taché de noir qui vit en Afrique et en Asie. *Le guépard est l'animal le plus rapide.*

guêpe *nom féminin (n. f.)*
Une guêpe est un insecte volant rayé jaune et noir dont la femelle a un dard venimeux. *Claire s'est fait piquer par une guêpe, elle souffre.*
► Taille de guêpe : c'est une taille très fine. *Julie a une taille de guêpe, la robe lui va très bien.*

Remarque : Le premier *e* prend un accent circonflexe.

guérir *verbe (v.)*
1. Guérir, c'est aller mieux après une maladie. *Lola a enfin pu guérir de sa longue maladie.*
Le synonyme est : se rétablir.
2. Guérir quelqu'un, c'est le débarrasser de sa maladie. *Le médicament m'a guéri.*

guerre *nom féminin (n. f.)*
La guerre est une lutte entre des pays ou des groupes de personnes, qui se fait avec des armes. *Les deux pays ne peuvent pas s'entendre, ils sont en guerre.*

guetter *verbe (v.)*
Guetter, c'est attendre avec impatience en surveillant. *Camille guette à la fenêtre l'arrivée de son amie.*

gueule *nom féminin (n. f.)*
La gueule est la bouche de certains animaux. *Le chien a attrapé l'oiseau avec sa gueule.* ► Se jeter dans la gueule du loup : c'est tomber dans un piège, un danger. *Rémi ne m'a pas écouté et il s'est jeté dans la gueule du loup.*

guichet *nom masculin (n. m.)*
Le guichet est le comptoir derrière lequel se tiennent les personnes qui vendent des choses à un public. *Lise a fait la queue au guichet pour acheter les places de cinéma.*

guider *verbe (v.)*
Guider, c'est montrer le chemin à quelqu'un ou l'accompagner pour ne pas qu'il se perde. *Les touristes étaient perdus, je les ai guidés vers leur hôtel.*

guidon *nom masculin (n. m.)*
Le guidon est une barre avec des poignées qui se trouve devant un vélo ou une moto et qu'on tient pour le diriger. *Maxime arrive à faire du vélo sans tenir le guidon !*

A B C D E F G H I J K L M N O P Q R S T U V W X Y Z

habile
adjectif masculin ou féminin (adj. m. ou f.)
Quelqu'un qui est habile se sert bien de ses mains, il fait bien les choses. *Ibrahim est un garçon habile, il a bien construit sa maquette d'avion.*
Le synonyme est : adroit.
Les contraires sont : maladroit, malhabile.

coin lecture

« Aucun habit neuf de l'empereur n'avait connu un tel succès. " Mais il n'a pas d'habit du tout ! ", cria un petit enfant dans la foule. »
Les Habits neufs de l'empereur.
Andersen.

habiller *verbe (v.)*
Habiller quelqu'un, c'est lui mettre des vêtements. *Maman habille le bébé.*
Le synonyme est : vêtir.
Le contraire est : déshabiller.

s'habiller *verbe (v.)*
S'habiller, c'est mettre ses vêtements sur soi. *Quand Vincent s'habille tout seul, il met son pull à l'envers.*

habit *nom masculin (n. m.)*
Un habit est un vêtement. *Clara laisse traîner ses habits par terre dans sa chambre.*

habiter *verbe (v.)*
Habiter quelque part, c'est y vivre. *J'habite dans une grande ville.*
Les synonymes sont : demeurer, loger.

habitude *nom féminin (n. f.)*
Une habitude est quelque chose que l'on fait presque tous les jours. *C'est une habitude pour certains enfants de regarder la télévision en rentrant de l'école.*
► D'habitude : *d'habitude* veut dire en temps normal. *D'habitude, je ne suis jamais en retard, c'est la première fois !*

hache *nom féminin (n. f.)*
Une hache est un outil qui est formé d'une lame tranchante fixée au bout d'un manche et qui sert à couper. *Le bûcheron coupe le tronc d'arbre à la hache.*

haie *nom féminin (n. f.)*
Une haie est une rangée d'arbustes qui sert à séparer deux terrains. *Le jardinier vient tailler la haie régulièrement.*

haine *nom féminin (n. f.)*
La haine est le sentiment qu'on ressent envers quelqu'un qu'on déteste. *Maxence ressent de la haine pour Damien après le mauvais coup qu'il lui a fait.*
Le contraire est : amour.

haleine *nom féminin (n. f.)*
L'haleine est l'air qu'on rejette par la bouche en respirant. *Thibaut a mauvaise haleine, il ne se brosse jamais les dents.* ► Hors d'haleine : c'est être essoufflé. *À la fin du parcours, les enfants sont arrivés hors d'haleine.* ► Travail de longue haleine : c'est un travail très long qui demande beaucoup d'efforts. *Le tissage d'un tapis à la main est un travail de longue haleine.*

hall *nom masculin (n. m.)*
Le hall est l'entrée d'une maison ou d'un bâtiment. *Nous avons attendu dans le hall de l'immeuble.*

Remarque : Le mot *hall* finit par deux *l*.

haltère *nom masculin (n. m.)*
Un haltère est un instrument de musculation fait de deux disques lourds reliés par une barre qu'on soulève pour faire travailler ses muscles. *Nicolas s'entraîne avec des haltères pour avoir des bras musclés.*

hamac *nom masculin (n. m.)*
Un hamac est un morceau de tissu ou un filet qui est suspendu par ses deux extrémités et sur lequel on s'allonge pour se reposer. *On a accroché le hamac entre deux arbres du jardin.*

hamburger *nom masculin (n. m.)*
Un hamburger est un sandwich avec du steak haché, de la salade ou d'autres aliments entre deux tranches de pain rond. *Au snack, je prends toujours un hamburger au fromage avec des frites.*

hameçon *nom masculin (n. m.)*
Un hameçon est un petit crochet qui est fixé au bout de la ligne d'une canne à pêche, sur lequel on met un appât. *Antoine a mis un vers de terre sur l'hameçon pour attraper des poissons.*
► Mordre à l'hameçon : c'est se faire avoir. *Samy a mordu à l'hameçon, il a cru ce que je lui ai raconté.*

Remarque : Le *c* de hameçon prend une cédille.

hamster *nom masculin (n. m.)*
Un hamster est un petit animal rongeur au pelage roux et blanc, qui vit en Europe et en Asie. *Tania a un hamster qu'elle a appelé Hamtaro.*

hanche *nom féminin (n. f.)*
La hanche est la partie du corps qui se trouve entre la taille et la cuisse de chaque côté. *Mamie s'est cassé la hanche en tombant.*

handicapé, handicapée
adjectif masculin, féminin (adj. m., f.)
Quelqu'un qui est handicapé ne peut plus se servir d'une partie de son corps. *Mathéo est un garçon handicapé de naissance, il est né avec un seul bras.*

haricot *nom masculin (n. m.)*
Le haricot est une plante que l'on peut manger sous forme de haricot vert quand il est entier, ou de haricot blanc ou de flageolet quand on ne mange que les graines qui sont à l'intérieur de la gousse. *Les haricots verts sont des légumes, c'est bon pour la santé.*

hasard *nom masculin (n. m.)*
Le hasard est ce qui arrive sans qu'on s'y attende, sans qu'on le sache. *C'est un hasard si nous nous sommes rencontrés.* ► À tout hasard : c'est au cas où. *Tu ne saurais pas où est mon stylo, à tout hasard !*
► Au hasard : c'est sans choisir. *Prends un numéro au hasard dans le panier.*
► Par hasard : c'est sans le vouloir. *J'ai rencontré Lucy par hasard.*

hâte *nom féminin (n. f.)*

Une hâte est un empressement à faire quelque chose.
Émilien a fait son exercice à la hâte et a filé dehors.

► Avoir hâte : c'est être pressé, être impatient. *J'ai hâte de voir Nathalie pour qu'elle me raconte ses vacances !*

► En toute hâte : *en toute hâte* veut dire *rapidement, en se pressant.*
Il est sorti en toute hâte pour ne pas rater son bus.

Remarque : Le *a* prend un accent circonflexe.

hausser *verbe (v.)*

Hausser, c'est augmenter.
Le boulanger a haussé ses prix.
Papa hausse la voix quand il se met en colère.

► Hausser les épaules : c'est lever les épaules pour montrer qu'on s'en moque. *Julia hausse les épaules, elle ne veut pas répondre.*

haut, haute

adjectif masculin, féminin (adj. m., f.)

Quelque chose qui est haut est élevé, de grande taille. *Le mur est très haut, on ne peut pas passer par-dessus.*

haut *nom masculin (n. m.)*

Un haut est la partie de quelque chose qui se trouve au-dessus.
J'ai mis un haut blanc avec mon pantalon noir. Le haut de l'armoire est plein de poussière.
Le contraire est : bas.

haut *adverbe (adv.)*

Haut veut dire *être à un point élevé.*
Les oiseaux volent haut dans le ciel. Le cerf-volant est parti très haut.

hauteur *nom féminin (n. f.)*

La hauteur est la taille de quelque chose dans le sens vertical. *La hauteur du mur est de deux mètres.*

► Être à la hauteur : c'est être capable de faire quelque chose.
Je suis sûr que tu seras à la hauteur, je te fais confiance.

Remarque : Ne pas confondre une hauteur avec un auteur : *L'auteur de mon livre est Victor Hugo.*

haut-parleur

nom masculin (n. m.)

Un haut-parleur est un appareil qui permet de faire entendre la voix plus fort. *J'ai branché des haut-parleurs sur ma radio pour mieux écouter la musique.*

Remarque : Le pluriel de ce mot est : des haut-parleurs.

hebdomadaire
adjectif masculin ou féminin (adj. m. ou f.)
Quelque chose qui est hebdomadaire arrive une fois par semaine. *C'est un journal hebdomadaire. Nous faisons une balade hebdomadaire en famille.*

Remarque : Quand l'adjectif *hebdomadaire* est un nom, il signifie *le magazine* : *Je lis cet hebdomadaire régulièrement.*

héberger *verbe (v.)*
Héberger quelqu'un, c'est l'accueillir dans sa maison pendant un certain temps. *Nous avons hébergé mon cousin pendant un an.*
Le synonyme est : loger.

hélice *nom féminin (n. f.)*
Une hélice est un objet fait de deux à cinq lames métalliques qui tournent autour d'un axe à toute vitesse pour faire avancer ou pour faire voler un appareil. *Les bateaux à moteur ont une hélice qui les fait avancer vite. Les avions ou les hélicoptères ont des hélices qui leur permettent de voler.*

hélicoptère *nom masculin (n. m.)*
Un hélicoptère est un appareil qui possède une grande hélice sur le dessus, grâce à laquelle il décolle et atterrit verticalement. *L'hélicoptère a permis de secourir les gens qui étaient tombés à la mer.*

herbe *nom féminin (n. f.)*
L'herbe est une plante fine à tige verte. *Moïse aime s'allonger sur l'herbe du jardin.*
Les synonymes sont : gazon, pelouse.

coin lecture

« Un vieillard sur son âne aperçut en passant un pré plein d'herbe et fleurissant. »
Le Vieillard et l'Âne.
Jean de La Fontaine.

herbivore
adjectif masculin ou féminin (adj. m. ou f.)
Un animal qui est herbivore ne mange que des plantes ou des fruits. *L'éléphant est un animal herbivore.*

Remarque : L'adjectif *herbivore* peut aussi être un nom : *Les herbivores mangent les feuilles des arbres.*

hérisson *nom masculin (n. m.)*
Un hérisson est un petit animal qui a le dos recouvert d'épines. *Le hérisson se met en boule quand il se sent en danger.*

à savoir

La femelle du hérisson est la hérissonne.

héritage *nom masculin (n. m.)*
Un héritage est de l'argent ou des choses qu'une personne transmet après sa mort. *La ferme est un héritage de ses grands-parents. Margot a eu un héritage de sa tante, c'est pourquoi elle a beaucoup d'argent.*

hériter *verbe (v.)*
Hériter, c'est recevoir un héritage d'une personne qui est morte. *Les enfants hériteront de leurs parents.*

héros, héroïne
nom masculin, féminin (n. m., f.)
1. Un héros, une héroïne est une personne qui accomplit des exploits grâce à son grand courage. *Spiderman est un héros parce qu'il vient en aide aux gens.* **2.** Un héros ou une héroïne d'un film ou d'une histoire est le personnage principal. *L'héroïne de l'histoire meurt à la fin.*

Remarque : Le *i* de *héroïne* a un tréma. Attention ! *Héros* se termine toujours par un *s* !

Remarque : On dit *le héros* et *l'héroïne.*

hésiter *verbe (v.)*
Hésiter, c'est ne pas être certain et ne pas se décider tout de suite. *J'hésite entre le pull rouge et le pull rose.*

heure *nom féminin (n. f.)*
1. L'heure est la mesure du temps qui correspond à 60 minutes. *Vincent a couru pendant une heure. Une journée comprend 24 heures.* **2.** L'heure est un moment dans la journée. *Noura commence l'école à neuf heures.*
► De bonne heure : *de bonne heure* veut dire *tôt. Demain, je me lève de bonne heure.* ► Tout à l'heure : c'est un moment proche du moment où l'on parle, qui peut être avant ou après. *J'ai vu Amel tout à l'heure. Je te le dirai tout à l'heure.*

heureux, heureuse
adjectif masculin, féminin (adj. m., f.)
Quelqu'un qui est heureux est content, il ressent de la joie et de la bonne humeur. *Les enfants sont heureux quand ils déballent leurs cadeaux de Noël.*
Les synonymes sont : ravi, satisfait.
Les contraires sont : malheureux, triste.

heurter *verbe (v.)*
Heurter, c'est cogner très fort contre quelqu'un ou quelque chose.
La voiture a heurté un arbre.
Le synonyme est : percuter.

A B C D E F G H I J K L M N O P Q R S T U V W X Y Z

hibernation *nom féminin (n. f.)*

L'hibernation est l'état de sommeil de certains animaux, qui dure tout l'hiver. *L'ours commence son hibernation avant l'hiver, et il se réveille au printemps.*

à savoir

Pendant l'hibernation, la température du corps des animaux baisse beaucoup, et leur corps vit au ralenti en puisant l'énergie accumulée pendant l'été. L'ours, la marmotte, la tortue, la chauve-souris, le loir, l'écureuil sont des animaux qui vivent en hibernation pendant l'hiver.

hibou *nom masculin (n. m.)*

Le hibou est un oiseau rapace qui vit la nuit et qui a une tête ronde avec de grands yeux ronds et des plumes sur sa tête, qui font un pic de chaque côté. *Quand le hibou pousse son cri, il hulule.*

Remarque : Le pluriel de ce mot est : des hiboux.

hier *adverbe (adv.)*

Hier est le jour qui est avant aujourd'hui et qui est passé. *J'ai déjà regardé le film hier, je n'ai pas besoin de le revoir.* ▶ Ne pas dater d'hier : c'est être très ancien. *La télévision ne date pas d'hier, je ne suis pas surprise qu'elle soit tombée en panne.*

hippocampe *nom masculin (n. m.)*

Un hippocampe est un petit poisson à la queue recourbée dont la tête ressemble à un cheval et qui nage à la verticale. *Le plongeur a vu des hippocampes.*

hippopotame *nom masculin (n. m.)*

Un hippopotame est un gros animal herbivore avec une peau grise et épaisse et une grosse tête, et qui vit dans les fleuves d'Afrique. *Les hippopotames aiment se baigner.*

hirondelle *nom féminin (n. f.)*

Une hirondelle est un petit oiseau migrateur noir et blanc dont la queue se divise en deux. *Dès le printemps, on entend les hirondelles gazouiller.*

histoire *nom féminin (n. f.)*

1. L'histoire est le récit des choses importantes qui se sont produites dans le passé. *Candice regarde un documentaire sur l'histoire des grandes guerres dans le monde.* **2.** Une histoire est le récit d'événements vrais ou imaginaires. *Maman me lit l'histoire du* Petit Chaperon rouge. *J'ai une histoire drôle à te raconter !*

coin lecture

« Vous pouvez en inventer un immédiatement. Maman dit que tout ce que vous regardez, vous pouvez en faire un conte et que de tout ce que vous touchez peut sortir une histoire. »
La Fée du sureau.
Andersen.

hiver *nom masculin (n. m.)*
L'hiver est la saison de l'année où il fait froid et où il tombe de la neige. *En hiver, je mets mon bonnet, mes gants et mon écharpe.*

à savoir
Les quatre saisons sont le printemps, l'été, l'automne et l'hiver. L'hiver dure du 21 décembre au 20 mars.

hocher *verbe (v.)*
Hocher la tête, c'est la balancer de haut en bas pour dire oui et de gauche à droite pour dire non. *Camille hoche la tête quand elle fait sa timide.*
Le synonyme est : remuer.

hockey *nom masculin (n. m.)*
Le hockey est un sport d'équipe qui se joue sur gazon ou sur glace et qui consiste à mettre la balle ou le palet dans la cage de l'adversaire avec une crosse. *Khaled joue au hockey sur gazon.*

Remarque : Ne pas confondre le *hockey* avec le *hoquet* : *J'ai le hoquet.*

hold-up *nom masculin (n. m.)*
Un hold-up est un vol à main armée qui se déroule dans une banque, une bijouterie ou un magasin. *Il y a eu deux hold-up dans le supermarché en un mois.*

Remarque : Au pluriel, ce mot s'écrit de la même façon : des hold-up.

homard *nom masculin (n. m.)*
Le homard est un crustacé de forme allongée qui a deux grosses pinces. *Nous avons mangé du homard au restaurant.*

à savoir
Le homard a une chair délicieuse, et il devient tout rouge quand on le fait cuire.

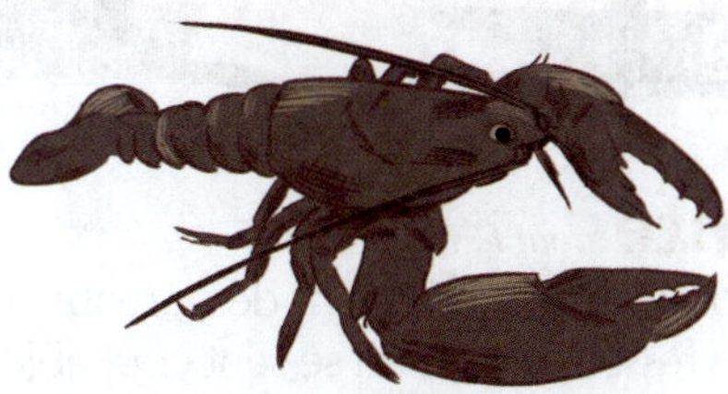

homme *nom masculin (n. m.)*
1. L'homme, c'est l'être humain en général. *L'homme est différent de l'animal.* **2.** Un homme est une personne adulte de sexe masculin. *Papa est un homme fort.*

honnête

adjectif masculin ou féminin (adj. m. ou f.)

Quelqu'un qui est honnête ne ment pas et ne cherche pas à voler ou à tromper les autres. *Meddy est honnête, je lui fais confiance.*

Le synonyme est : sincère.

Le contraire est : malhonnête.

Remarque : Le premier *e* prend un accent circonflexe.

honneur *nom masculin (n. m.)*

L'honneur est un sentiment de fierté, d'estime de soi-même. *Thomas ne se laisse pas traiter de lâche, il défend son honneur.* ► Garçon ou demoiselle d'honneur : c'est la personne qui accompagne les mariés le jour du mariage. *Mylène a choisi sa sœur comme demoiselle d'honneur.* ► En l'honneur de : c'est faire quelque chose spécialement pour quelqu'un ou pour une occasion spéciale. *Nous avons fait une fête surprise en l'honneur de sa victoire.*

honte *nom féminin (n. f.)*

La honte est un sentiment désagréable qu'on ressent quand on se sent coupable ou humilié. *J'ai honte d'avoir menti. J'ai eu la honte quand ma jupe s'est soulevée.*

hôpital *nom masculin (n. m.)*

L'hôpital est un établissement où les malades et les blessés sont soignés ou opérés. *Hugo est allé à l'hôpital quand il s'est cassé la jambe.*

Remarque : Le *o* prend un accent circonflexe.

Remarque : Le pluriel de ce mot est : des hôpitaux.

hoquet *nom masculin (n. m.)*

Le hoquet est une suite de petites secousses de la poitrine qui s'accompagnent d'un bruit. *Annie a le hoquet parce qu'elle a mangé trop vite et sans s'arrêter.*

Remarque : Ne pas confondre le *hoquet* avec le *hockey,* qui est un sport.

horaire *nom masculin (n. m.)*

1. Un horaire est un tableau qui indique les heures de départ et d'arrivée des trains ou des bus. *Il faut l'horaire du bus pour savoir à quelle heure le bus va arriver.* **2.** Les horaires d'un endroit sont les heures d'ouverture et de fermeture au public. *Est-ce que tu connais les horaires de la bibliothèque ?*

horizon *nom masculin (n. m.)*

L'horizon est la ligne qu'on voit en regardant au loin là où le ciel et la terre semblent se toucher. *À l'horizon, on voit le soleil se coucher.*

horizontal, horizontale

adjectif masculin, féminin (adj. m., f.)

Quelque chose qui est horizontal va dans le même sens que la ligne d'horizon. *Sur un cahier, on écrit sur des lignes horizontales.*

Le contraire est : vertical.

Remarque : Le pluriel de *horizontal* est : horizontaux.

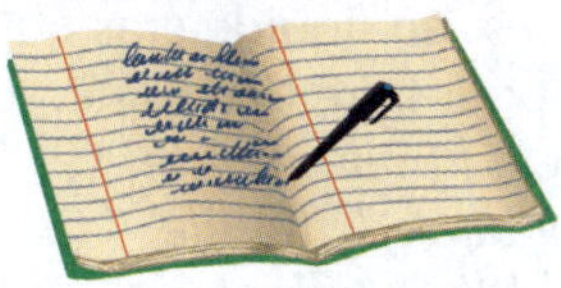

horloge *nom féminin (n. f.)*

Une horloge est un appareil de grande taille qui indique l'heure qu'il est. *L'horloge de l'école est souvent en panne, les aiguilles ne tournent plus.*

horreur *nom féminin (n. f.)*

L'horreur est une grande peur ou un dégoût que l'on ressent pour quelque chose. *Les chats ont horreur de l'eau. Claire a horreur de la cigarette.*

horrible

adjectif masculin ou féminin (adj. m. ou f.)

1. Quelque chose qui est horrible provoque la peur ou le dégoût. *L'accident a été horrible.*

Les synonymes sont : abominable, effrayant, terrifiant.

2. Quelque chose ou quelqu'un qui est horrible est très laid. *La chauve-souris était horrible à voir.*

Les synonymes sont : affreux, monstrueux.

hors (de) *préposition (prép.)*

Hors de veut dire *en dehors de*, *à l'extérieur de*. *Notre ferme se trouve hors de la ville. Le chien doit rester hors de la maison.*

► Hors de danger : être hors de danger, c'est ne plus être en danger. *Ne pleure plus, tu es hors de danger maintenant.* ► Hors d'usage : être hors d'usage, c'est ne plus pouvoir servir. *La télévision est hors d'usage, il faut en racheter une.* ► Hors de prix : être hors de prix, c'est être beaucoup trop cher. *Au marché, les légumes sont hors de prix en ce moment.*

Remarque : Ne pas confondre *hors* avec *l'or* : *Pamela a un collier en or.* Ni avec *or* : *J'ai dû aller à la piscine, or je préfère la plage.*

hôtel *nom masculin (n. m.)*

L'hôtel est un établissement composé de plusieurs chambres meublées qu'on peut louer pour une ou plusieurs nuits. *Pendant les vacances, nous avons dormi dans un superbe hôtel qui avait même une piscine.*

Remarque : Le *o* prend un accent circonflexe.

hôtesse *nom féminin (n. f.)*

Une hôtesse est une femme qui accueille ou informe les visiteurs dans un lieu public. *Nous avons demandé à l'hôtesse où se trouvait la salle des expositions.* ▶ Hôtesse de l'air : c'est une femme qui s'occupe du confort et de la sécurité des passagers dans un avion. *L'hôtesse de l'air m'a demandé ce que je voulais boire.*

Remarque : Le *o* prend un accent circonflexe.

hotte *nom féminin (n. f.)*

1. Une hotte est un grand panier en osier qui se porte sur le dos avec des bretelles. *Le père Noël a rempli sa hotte de jouets.*
2. Une hotte est un appareil électrique qui se met au-dessus d'une plaque de cuisson et qui aspire la fumée et les odeurs. *Allume la hotte, sinon la maison va sentir le poisson grillé !*

houx *nom masculin (n. m.)*

Le houx est un arbuste à feuilles épineuses et brillantes avec de petites boules rouges, dont l'écorce sert à fabriquer de la glu.
À Noël, les amis nous offrent des branches de houx.

hublot *nom masculin (n. m.)*

Le hublot est une fenêtre étanche et ronde qu'on trouve dans les bateaux et dans les avions. *Dans l'avion, Nicolas a vu le paysage à travers le hublot.*

huile *nom féminin (n. f.)*

L'huile est un liquide gras qu'on utilise pour faire la cuisine. *Je cuisine à l'huile d'olive. Les frites cuisent dans de l'huile d'arachide bouillante.*

à savoir

L'huile ne se mélange pas à l'eau. L'huile que l'on utilise en cuisine provient des végétaux (tournesol, colza, olive, soja, noix...), mais il en existe d'autres sortes. Par exemple, l'huile qui provient du pétrole sert à graisser les moteurs ou les machines.

huître *nom féminin (n. f.)*

Une huître est un mollusque à double coquille qui vit dans la mer et que l'on peut manger. *Tu mets un peu de citron sur l'huître et tu l'avales, c'est délicieux !*

Remarque : Le *i* prend un accent circonflexe.

à savoir

Les huîtres vivent fixées sur des rochers dans la mer. Certaines huîtres produisent des perles sous leur coquille.

humain, humaine

adjectif masculin, féminin (adj. m., f.)

1. Un être humain est une personne vivante. *Il existe 6 milliards d'êtres humains sur terre.* **2.** Quelque chose qui est humain concerne l'homme ou la femme. *On a étudié le corps humain à l'école.*

Remarque : L'adjectif *humain* peut aussi être un nom : *Nous sommes des humains.*

humeur *nom féminin (n. f.)*

L'humeur est l'état d'esprit dans lequel se trouve une personne. *Manon est d'humeur joviale ce matin. Hamid est de mauvaise humeur.*

humide

adjectif masculin ou féminin (adj. m. ou f.)

1. Quelque chose qui est humide est un peu mouillé. *Je ne peux pas mettre ce pull, il est encore humide.* Le contraire est : sec.
2. Un temps qui est humide est un temps qui est pluvieux. *Il fait humide ce matin, il a plu toute la nuit.*

humilier *verbe (v.)*

Humilier quelqu'un, c'est le rabaisser en lui faisant honte ou en le vexant. *Juliette m'a humilié devant mes copains en me donnant une claque.*

humour *nom masculin (n. m.)*

L'humour est la capacité à pouvoir rire et faire des blagues sur des choses qui nous sont arrivées dans la réalité. *Benjamin a beaucoup d'humour, il fait rire toute la classe.*

hurler *verbe (v.)*

Hurler, c'est crier très fort. *La voisine hurle après ses enfants !*

hutte *nom féminin (n. f.)*

Une hutte est une petite cabane contruite avec du bois, de la terre et des branches. *Les enfants ont fabriqué une petite hutte dans un coin du jardin.*

hyène *nom féminin (n. f.)*

Une hyène est un animal carnivore d'Afrique ou d'Asie, aux pattes arrière plus courtes que les pattes avant, et qui se nourrit d'animaux morts. *Quand la hyène pousse son cri, on dit qu'elle ricane.*

Remarque : On peut dire *la hyène* ou *l'hyène.*

hygiène *nom féminin (n. f.)*

L'hygiène est l'ensemble des soins qui nous permettent de rester propres et en bonne santé. *L'hygiène de la bouche est très importante pour que les dents restent blanches et qu'elles ne soient pas cariées. Il faut se laver tous les jours pour avoir une bonne hygiène.*

hypocrite

adjectif masculin ou féminin (adj. m. ou f.)

Quelqu'un qui est hypocrite cache ce qu'il pense vraiment. *Ce n'est pas la peine de me faire un sourire hypocrite, je sais que tu ne m'aimes pas.*

Le synonyme est : faux.

Les contraires sont : franc, sincère.

iceberg *nom masculin (n. m.)*

Un iceberg est un gros bloc de glace qui flotte dans l'eau des mers polaires. *Les icebergs peuvent être dangereux pour les bateaux s'ils les heurtent.*

à savoir

La partie de l'iceberg qui est hors de l'eau est toute petite par rapport à la partie qui est sous l'eau.

ici *adverbe (adv.)*

Ici veut dire *à l'endroit où l'on est. Viens ici, je vais arranger ta chemise.* Le contraire est : là-bas. ► Par ici : c'est dans les alentours, pas loin. *Regarde par ici, tu vas peut-être le retrouver !* ► D'ici là : c'est de maintenant à la date dont on parle. *La rentrée est dans une semaine, d'ici là on est encore en vacances.* ► D'ici peu : c'est bientôt. *D'ici peu, nous allons déménager.*

idéal, idéale

adjectif masculin, féminin (adj. m., f.)

Quelque chose qui est idéal est aussi parfait que ce que l'on pouvait imaginer. *C'est un temps idéal pour aller à la plage.*

idéal *nom masculin (n. m.)*

1. L'idéal est ce qui est le mieux. *L'idéal serait de partir tout de suite pour ne pas arriver en retard.*
2. Un idéal est un but qu'on essaie d'atteindre dans la vie. *Maxime a beaucoup d'idéaux, mais il ne peut pas tout réaliser.*

Remarque : Le pluriel de *idéal* est : *idéals* ou *idéaux*.

idée *nom féminin (n. f.)*

Une idée est quelque chose de nouveau qui nous vient à l'esprit. *J'ai une idée, si on allait au cinéma !*
► Se faire des idées : c'est imaginer des choses qui ne vont pas se produire. *Ce n'est pas la peine de te faire des idées, je ne viendrai pas avec toi !* ► Se changer les idées : c'est faire autre chose pour se distraire. *Tu travailles trop, tu devrais sortir pour te changer les idées un peu !*

identique

adjectif masculin ou féminin (adj. m. ou f.)

Une chose identique est exactement semblable à une autre chose. *Les deux images sont identiques, je ne vois aucune différence.*
Le synonyme est : pareil.
Le contraire est : différent.

identité *nom féminin (n. f.)*

L'identité d'une personne est l'ensemble des renseignements qui la caractérisent comme le nom, le prénom, la date de naissance, l'aspect physique . *Thomas a eu sa carte d'identité.*

idiot, idiote

adjectif masculin, féminin (adj. m., f.)

Quelqu'un ou quelque chose qui est idiot est stupide. *Ce garçon est complètement idiot. Anne raconte des histoires idiotes qui font rire ses copines.*
Le synonyme est : bête.
Le contraire est : intelligent.

Remarque : Les adjectifs *idiot* et *idiote* peuvent aussi être des noms : *Ne fais pas l'idiote !*

igloo *nom masculin (n. m.)*

L'igloo est l'abri des Esquimaux, les habitants des régions polaires. Il est de forme arrondi et fabriqué avec des blocs de glace. *Quand les Esquimaux partent chasser, ils habitent dans des igloos.*

Remarque : *Igloo* s'écrit avec deux *o*.

ignorer *verbe (v.)*

1. Ignorer quelque chose, c'est ne pas le savoir. *J'ignore pourquoi il m'a demandé de venir.*
Le contraire est : connaître.
2. Ignorer quelqu'un, c'est faire semblant de ne pas le voir. *Depuis que Valentine ne me parle plus, elle m'ignore dans la cour de récréation.*

il, ils *pronom personnel (pron. pers.)*

Il et *ils* désignent la troisième personne du masculin singulier et du masculin pluriel, et sont employés comme sujets du verbe. *Damien ne vient pas, il est malade. Quand les enfants jouent, ils sont contents.*

Remarque : Ne pas confondre *il* ou *ils* avec une *île*.

île *nom féminin (n. f.)*

Une île est une terre entourée d'eau. *La Corse est une île située en bas de la France.*

Remarque : Ne pas confondre une *île* avec les pronoms personnels *il* ou *ils*. Le *i* prend un accent circonflexe.

coin lecture

« Un jour que nous étions près d'une île, à ce qu'il nous paraissait, il mit pied à terre avec plusieurs passagers dans cette île prétendue, qui n'était autre chose qu'une baleine d'une grosseur énorme, qui s'était endormie à fleur d'eau. »
Sinbad le Marin.
Les Mille et Une Nuits.

illisible
adjectif masculin ou féminin (adj. m. ou f.)

Quelque chose qui est illisible est impossible à lire. *Le médecin a une écriture illisible, je n'arrive pas à lire ce qu'il a écrit sur son ordonnance.*
Le contraire est : lisible.

illuminer *verbe (v.)*

Illuminer un endroit, c'est l'éclairer d'une lumière forte. *Les décorations de Noël illuminent la rue.*

illusion *nom féminin (n. f.)*

1. L'illusion est une impression fausse, quelque chose que l'on croit voir alors que ce n'est pas la réalité. *J'ai cru voir ma mère tout à l'heure, mais elle n'est pas là, ce devait être une illusion.* **2.** L'illusion est une croyance qui nous fait plasir, mais c'est une idée fausse que l'on se fait. *Il se fait des illusions en croyant encore au Père Noël.*

illustration *nom féminin (n. f.)*

Une illustration est une image, un dessin, une photo qui se trouve dans un texte. *Dans le livre, il y a plein d'illustrations d'animaux.*

illustrer *verbe (v.)*

Illustrer, c'est mettre des images dans un texte. *J'ai choisi un livre qui est illustré avec de vraies photos.*

image *nom féminin (n. f.)*

1. Une image est un dessin ou une photo qui représente quelque chose ou quelqu'un. *Nathalie regarde les images de son livre.*
Le synonyme est : illustration.
2. L'image est ce que l'on voit sur un écran de télévision ou d'ordinateur. *L'image est floue, on voit très mal.*

imaginaire
adjectif masculin ou féminin (adj. m. ou f.)

Quelque chose ou quelqu'un qui est imaginaire n'existe pas dans la réalité. *Les fées et les ogres sont des êtres imaginaires.*

imagination
nom féminin (n. f.)

L'imagination est la capacité de créer des choses dans sa tête, de les inventer. *Selim a beaucoup d'imagination, il invente plein de nouveaux jeux.*

A B C D E F G H I J K L M N O P Q R S T U V W X Y Z

imbécile *nom masculin ou féminin (n. m. ou f.)*
Un imbécile, une imbécile est une personne qui est idiote, pas intelligente. *Antoine n'est qu'un imbécile !*
Le synonyme est : sot.

imiter *verbe (v.)*
Imiter, c'est copier quelque chose ou quelqu'un, faire exactement pareil. *Rudy imite trop bien le singe.*
Le synonyme est : mimer.

immense
adjectif masculin ou féminin (adj. m. ou f.)
Quelque chose qui est immense est très grand. *La mer est immense.*
Les synonymes sont : gigantesque, vaste.
Le contraire est : minuscule.

immeuble *nom masculin (n. m.)*
Un immeuble est un grand bâtiment qui est composé de plusieurs étages. *Inès habite dans un immeuble de cinq étages.*

immigré, immigrée
adjectif masculin, féminin (adj. m., f.)
Quelqu'un qui est immigré a quitté son pays pour venir s'installer dans un autre pays. *La population immigrée est plus importante dans la capitale.*

Remarque : Les adjectifs *immigré* et *immigrée* peuvent aussi être des noms : *Nos voisins sont des immigrés, ils viennent du Japon.*

immigrer *verbe (v.)*
Immigrer, c'est arriver dans un pays étranger pour y vivre et y travailler. *Beaucoup d'Africains ont immigré en France à cause du manque de travail dans leur pays.*

immobile
adjectif masculin ou féminin (adj. m. ou f.)
Quelqu'un qui est immobile ne bouge pas du tout. *Essaie de rester immobile pendant que je fais ton pansement !*

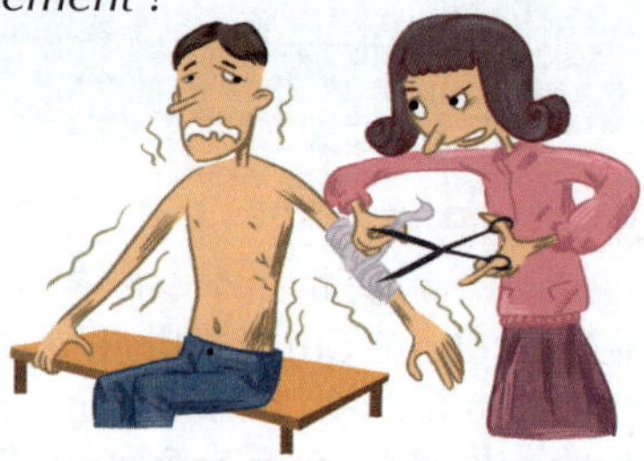

immortel, immortelle
adjectif masculin, féminin (adj. m., f.)
Quelqu'un qui est immortel ne meurt jamais. *Les vampires sont immortels.*

impair, impaire
adjectif masculin, féminin (adj. m., f.)
Un numéro impair est un numéro qui ne se divise pas en deux nombres entiers. *1, 3, 5, 7, 9, 11, et ainsi de suite, sont des nombres impairs.*
Le contraire est : pair.

impasse *nom féminin (n. f.)*
Une impasse est une petite rue qui est fermée à l'autre bout. *Il faut faire demi-tour, c'est une impasse.*
Le synonyme est : cul-de-sac.

A B C D E F G H I J K L M N O P Q R S T U V W X Y Z

s'impatienter *verbe (v.)*

S'impatienter, c'est ne plus supporter d'attendre. *Il ne faut pas trop traîner pour les servir, sinon les enfants s'impatientent.*

Le contraire est : patienter.

imperméable

adjectif masculin ou féminin (adj. m. ou f.)

Quelque chose qui est imperméable ne laisse pas passer l'eau. *Ce cartable est imperméable, tes affaires ne seront pas trempées s'il pleut.*

Le synonyme est : étanche.

Le contraire est : perméable.

impoli, impolie

adjectif masculin, féminin (adj. m., f.)

Quelqu'un qui est impoli est grossier, n'est pas poli. *c'est impoli de tirer la langue !*

Les synonymes sont : grossier, incorrect.

Les contraires sont : courtois, poli.

important, importante

adjectif masculin, féminin (adj. m., f.)

1. Quelque chose qui est important a une grande valeur ou un grand intérêt. *C'est important d'aller à l'école pour apprendre à lire et à écrire.*

Le synonyme est : essentiel.

Le contraire est : insignifiant.

2. Quelque chose qui est important est considérable, en grand nombre. *Il y a un nombre important d'invités à la fête, il faut plus de boissons.*

important *nom masculin (n. m.)*

L'important est ce qui compte le plus. *L'important n'est pas de gagner, mais de participer !*

impossible

adjectif masculin ou féminin (adj. m. ou f.)

Quelque chose qui est impossible ne peut pas se faire. *C'est impossible de réparer ton jouet, il est vraiment cassé.*

Les contraires sont : faisable, possible.

impôt *nom masculin (n. m.)*

Un impôt est de l'argent que les habitants d'un pays doivent verser à l'État. *On paye les impôts à la fin de l'année.*

Remarque : Le o prend un accent circonflexe

à savoir

Quand tu achètes un paquet de bonbons, tu payes des impôts. En effet, toutes les choses que l'on achète sont taxées. L'impôt est compris dans le prix de vente.

impression *nom féminin (n. f.)*
Une impression est l'effet produit sur quelqu'un. *À la rentrée, les enfants sont bien habillés pour faire bonne impression.* ► Avoir l'impression : c'est croire, imaginer quelque chose. *J'ai l'impression d'être suivi dans la rue.*

impressionner *verbe (v.)*
Impressionner quelqu'un, c'est faire de l'effet ou étonner beaucoup. *Le spectacle des acrobaties nous a beaucoup impressionnés. Mon chien m'impressionne de jour en jour, il est très intelligent.*

imprimante *nom féminin (n. f.)*
Une imprimante est un appareil relié à un ordinateur, qui reproduit sur du papier les textes ou les images qui sont sur l'écran. *J'imprime mes photos chez moi avec mon imprimante.*

imprimer *verbe (v.)*
Imprimer du texte ou des images, c'est les reproduire sur du papier avec de l'encre. *Les livres sont imprimés en de nombreux exemplaires.*

imprimerie *nom féminin (n. f.)*
Une imprimerie est un établissement où l'on imprime des livres, des jounaux, des magazines. *Il travaille dans une imprimerie à Oran.*

imprudence *nom féminin (n. f.)*
Une imprudence est quelque chose que l'on fait sans faire attention et qui est risqué. *C'est faire preuve d'imprudence que de traverser la route sans regarder.*
Le contraire est : prudence.

inattendu, inattendue
adjectif masculin, féminin (adj. m., f.)
Quelque chose qui est inattendu arrive sans que l'on s'y attende. *Mon oncle a fait une petite visite inattendue hier soir.*

incapable
adjectif masculin ou féminin (adj. m. ou f.)
Quelqu'un qui est incapable de faire quelque chose ne peut vraiment pas le faire. *Zoé est incapable de voler, ce n'est pas elle la coupable.*
Le contraire est : capable.

incendie *nom masculin (n. m.)*
Un incendie est un grand feu qui brûle tout. *Les pompiers essaient d'éteindre l'incendie de la maison, mais il y a déjà beaucoup de dégâts.*

incertain, incertaine
adjectif masculin, féminin (adj. m., f.)
Quelque chose qui est incertain n'est pas sûr, peut changer. *Sa venue est incertaine, il doit m'appeler pour confirmer.*
Le synonyme est : douteux.
Le contraire est : certain.

incident *nom masculin (n. m.)*

Un incident est une chose imprévue et désagréable qui se passe. *À la fête, la musique s'est arrêtée d'un coup à cause d'un incident technique qui a été vite maîtrisé.*

incliner *verbe (v.)*

Incliner, c'est pencher légèrement. *Léa a incliné la tête sur la photo.*

s'incliner *verbe (v.)*

S'incliner, c'est se pencher en avant pour remercier. *Les comédiens s'inclinent à la fin de la pièce de théâtre, puis s'en vont.*

incomplet, incomplète

adjectif masculin, féminin (adj. m., f.)

Quelque chose qui est incomplet n'est pas complet, il en manque une partie. *Le puzzle est incomplet, il manque une pièce.*

Le contraire est : complet.

inconfortable

adjectif masculin ou féminin (adj. m. ou f.)

Quelque chose qui est inconfortable manque de confort, on ne s'y sent pas bien. *Le canapé est inconfortable, assieds-toi plutôt sur le fauteuil.*

Le contraire est : confortable.

inconnu, inconnue

adjectif masculin, féminin (adj. m., f.)

Quelque chose (ou quelqu'un) d'inconnu est quelque chose (ou quelqu'un) que l'on ne connaît pas. *C'est une ville inconnue, mais je vais m'y faire de nouveaux amis.*

Le contraire est : connu.

Remarque : Les adjectifs *inconnu* et *inconnue* peuvent aussi être des noms : *Il ne faut jamais parler à un inconnu dans la rue !*

inconvénient

nom masculin (n. m.)

Un inconvénient est ce qui est désavantageux dans quelque chose, c'est le point négatif. *Le pique-nique va être génial, mais il y a un inconvénient, il va peut-être pleuvoir.*

Le synonyme est : défaut.

Le contraire est : avantage.

incorrect, incorrecte

adjectif masculin, féminin (adj. m., f.)

1. Quelque chose qui est incorrect contient des erreurs. *Ton calcul est incorrect, refais-le.*
Le synonyme est : erroné.
Les contraires sont : correct, juste.
2. Quelqu'un qui est incorrect n'est pas poli, il se comporte grossièrement. *C'est incorrect de mettre ses doigts dans son nez.*
Les synonymes sont : grossier, impoli.
Les contraires sont : courtois, poli.

incroyable

adjectif masculin ou féminin (adj. m. ou f.)

Quelque chose qui est incroyable est difficile à croire. *C'est incroyable comme les enfants ont grandi vite !*
Le synonyme est : invraisemblable.

indépendance

nom féminin (n. f.)

L'indépendance est la situation d'une personne qui ne dépend de personne, qui peut se débrouiller seule. *Quentin aura son indépendance quand il habitera dans son propre appartement.*

1. index *nom masculin (n. m.)*

L'index est le deuxième doigt en partant du pouce. *Les enfants lèvent l'index pour poser une question à la maîtresse.*

2. index *nom masculin (n. m.)*

L'index est une liste de mots cités dans un livre. Les mots sont classés par ordre alphabétique, et l'index se trouve à la fin du livre. *Cherche le nom de ton gâteau dans l'index et tu sauras à quelle page se trouve la recette.*

indication *nom féminin (n. f.)*

Une indication est ce qui renseigne sur quelque chose. *J'ai suivi les indications sur les panneaux et j'ai trouvé la ville facilement.*
Le synonyme est : renseignement.

indice *nom masculin (n. m.)*

Un indice est un signe qui met sur la trace de quelque chose. *La police cherche des indices pour arrêter le coupable.*

indifférence *nom féminin (n. f.)*

L'indifférence est le fait d'être insensible à quelque chose, de ne rien ressentir. *Son indifférence ne me donne pas envie de lui faire un cadeau.*

indigestion *nom féminin (n. f.)*

Une indigestion est un mal de ventre dû au fait d'avoir trop mangé. *Après tout ce qu'il a avalé, Maxime a eu une indigestion.*

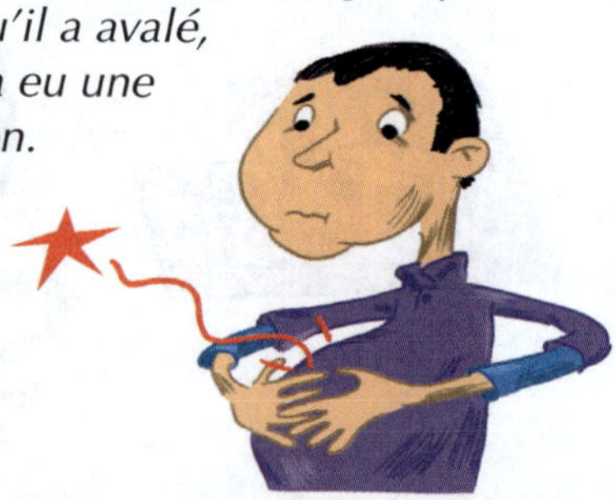

indiquer *verbe (v.)*
Indiquer quelque chose, c'est le montrer ou le dire de façon précise. *J'ai demandé à un passant de m'indiquer la route. Il doit m'indiquer l'heure du rendez-vous.*

indiscret, indiscrète
adjectif masculin, féminin (adj. m., f.)
1. Quelqu'un qui est indiscret répète quelque chose qu'il ne devrait pas dire. *Julien est vraiment indiscret, je te conseille de ne pas lui raconter tes secrets.*
Le synonyme est : bavard.
Le contraire est : discret.

indiscrétion
nom féminin (n. f.)
L'indiscrétion est l'attitude d'une personne qui se montre curieuse, qui est indiscrète. *On s'est fait repérer à cause de son indiscrétion.*
Le synonyme est : curiosité.

indispensable
adjectif masculin ou féminin (adj. m. ou f.)
Quelque chose qui est indispensable est essentiel, on ne peut pas s'en passer. *Demain, il est indispensable d'avoir son maillot de bain, sinon vous ne pourrez pas aller à la piscine.*
Le synonyme est : nécessaire.
Le contraire est : inutile.

individu *nom masculin (n. m.)*
Un individu est une personne. *Ce groupe est composé d'une dizaine d'individus.*

individuel, individuelle
adjectif masculin, féminin (adj. m., f.)
Quelque chose qui est individuel est fait pour une seule personne, ou bien est séparé dans l'espace. *Dans les vestiaires, Léa préfère les douches individuelles. Chez Hugo, les toilettes sont individuelles, mais chez moi, elles sont dans la salle de bains.*
Le synonyme est : particulier.
Le contraire est : commun.

industrie *nom féminin (n. f.)*
Une industrie est un ensemble d'entreprises qui fabriquent des produits. *Une industrie textile fabrique des vêtements. Une industrie automobile fabrique des voitures.*

inexact, inexacte
adjectif masculin, féminin (adj. m., f.)
Quelque chose qui est inexact est faux, comporte des erreurs. *Ce que tu dis est inexact. Ta réponse est inexacte.*
Le synonyme est : erroné.
Les contraires sont : exact, vrai.

inexcusable
adjectif masculin ou féminin (adj. m. ou f.)
Quelque chose qui est inexcusable ne peut pas être excusé. *Ta conduite est inexcusable, tu seras puni.*
Le synonyme est : impardonnable.
Le contraire est : pardonnable.

A B C D E F G H I J K L M N O P Q R S T U V W X Y Z

infantile

adjectif masculin ou féminin (adj. m. ou f.)
Quelque chose qui est infantile se rapporte aux enfants ou fait penser à un enfant. *Son père a eu un comportement infantile pendant toute la soirée.*
Le synonyme est : puéril.

infection *nom féminin (n. f.)*

Une infection est l'envahissement du corps par des microbes. *Pour éviter l'infection, il faut bien nettoyer et désinfecter ta blessure.*

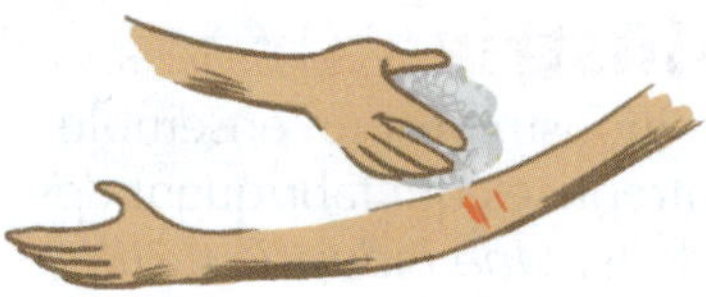

inférieur, inférieure

adjectif masculin, féminin (adj. m., f.)
1. Quelque chose qui est inférieur se trouve plus bas, en-dessous d'une autre chose. *Mon livre se trouve dans le tiroir inférieur.*
Le synonyme est : supérieur.
2. Quelque chose qui est inférieur est plus petit qu'une autre chose. *Trois est inférieur à cinq.*

infini, infinie

adjectif masculin, féminin (adj. m., f.)
Quelque chose qui est infini est sans limites. *L'espace est infini. Il y a un nombre infini de solutions.*

infirme

adjectif masculin ou féminin (adj. m. ou f.)
Quelqu'un qui est infirme ne peut pas se servir d'une partie de son corps normalement. *Après l'accident de voiture, Lisa est devenue infirme, elle ne peut plus marcher.*
Le synonyme est : handicapé.

Remarque : L'adjectif *infirme* peut aussi être un nom : *C'est gentil de rendre service à un infirme dans la rue.*

infirmerie *nom féminin (n. f.)*

L'infirmerie est un local où l'on peut venir se faire soigner quand on est malade ou blessé. *Quand je me suis foulé la cheville, j'ai été à l'infirmerie de l'école.*

infirmier, infirmière

nom masculin, féminin (n. m., f.)
Un infirmier, une infirmière est une personne qui donne des soins aux malades et aux blessés. *L'infirmier vient tous les jours à la maison pour faire mon pansement.*

influence *nom féminin (n. f.)*

L'influence est le pouvoir exercé sur une personne. *Le grand frère de Léo a une grande influence sur lui, il copie tout ce qu'il fait.*
Le synonyme est : effet.

informaticien, informaticienne

nom masculin, féminin (n. m., f.)

Un informaticien, une informaticienne est une personne qui est spécialiste dans l'informatique. *Son père est informaticien, il sait réparer les ordinateurs.*

information *nom féminin (n. f.)*

Une information est un renseignement. *Je cherche des informations sur mon chanteur préféré sur Internet.*

informations *nom féminin pluriel (n. f. pl.)*

Les informations sont les nouvelles sur ce qu'il se passe dans le monde. *J'écoute les informations à la télévision.*

Remarque : *Les infos* est l'abréviation de *les informations*.

informatique

nom féminin (n. f.)

L'informatique est une technique qui permet de stocker des informations dans le disque d'un ordinateur. *Depuis que Younes a découvert l'informatique, il veut un ordinateur.*

informer *verbe (v.)*

Informer, c'est faire savoir quelque chose à une personne, le mettre au courant. *La directrice nous a informés que l'école serait fermée la semaine prochaine.*

ingénieur

nom masculin ou féminin (n. m. ou f.)

Un ingénieur ou une ingénieur est une personne qui élabore et dirige des travaux, des plans ou des recherches dans un domaine professionnel. *Il est ingénieur en bâtiment.*

ingrédient *nom masculin (n. m.)*

Un ingrédient est un produit qui fait partie d'un mélange ou d'une recette. *J'ai tous les ingrédients, sauf les œufs, pour faire le gâteau.*

initial, initiale

adjectif masculin, féminin (adj. m., f.)

Quelque chose d'initial se trouve au début, au départ de quelque chose. *La décision initiale était de faire une randonnée, puis nous avons décidé de faire un pique-nique.*

Le contraire est : final.

initiale *nom féminin (n. f.)*

Une initiale est la première lettre d'un mot. *Les initiales de Paul Martin sont P. M.*

Remarque : Le pluriel de l'adjectif *initial* est : initiaux.

initiative *nom féminin (n. f.)*

Une initiative est une chose que l'on décide de faire ou que l'on propose avant les autres. *Margot a pris l'initiative de préparer la tombola.*

injure *nom féminin (n. f.)*

Une injure est un mot grossier. *C'est vilain de dire des injures !*

Le synonyme est : insulte.

A B C D E F G H I J K L M N O P Q R S T U V W X Y Z

injustice *nom féminin (n. f.)*

Une injustice est un acte qui n'est pas juste. *C'est toujours Léo qui a le droit de prendre le vélo, c'est une injustice !*

innocent, innocente

adjectif masculin, féminin (adj. m., f.)

1. Quelqu'un qui est innocent n'est pas coupable. *Sandra est innocente, c'est Mélanie qui a cassé le vase.*
2. Quelqu'un qui est innocent ne connaît pas le mal, il est pur. *Ce petit être est vraiment innocent.*

Remarque : Les adjectifs *innocent* et *innocente* peuvent aussi être des noms : *Ne fais pas l'innocent, je sais que c'est toi qui as enfermé le chien.*

inoffensif, inoffensive

adjectif masculin, féminin (adj. m., f.)

Une personne, un animal qui est inoffensif ne peut pas faire de mal. *C'est un chien inoffensif, n'aie pas peur de le caresser.*

inondation *nom féminin (n. f.)*

Une inondation est le fait d'être recouvert d'une grande quantité d'eau. *Le tuyau a fui, il y a une inondation dans la salle de bains.*

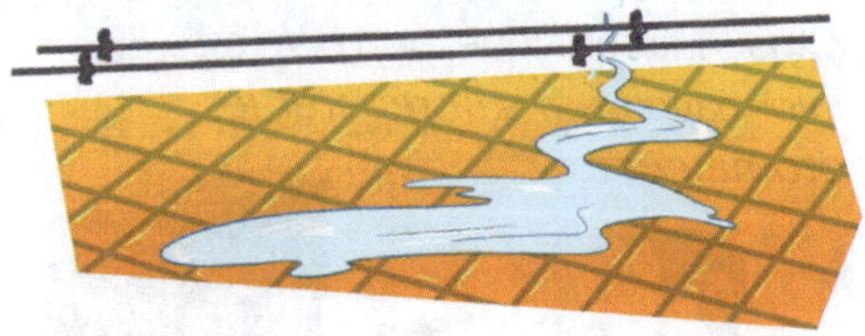

inquiet, inquiète

adjectif masculin, féminin (adj. m., f.)

Quelqu'un qui est inquiet se fait du souci. *Maman est inquiète parce que Damien n'est pas rentré.*
Le synonyme est : anxieux.
Le contraire est : tranquille.

insatisfait, insatisfaite

adjectif masculin, féminin (adj. m., f.)

Quelqu'un qui est insatisfait n'est pas satisfait, il n'est pas content de quelque chose. *Lucien est toujours insatisfait, il se plaint régulièrement.*
Le synonyme est : mécontent.
Le contraire est : content.

inscription *nom féminin (n. f.)*

1. L'inscription est le fait d'inscrire quelqu'un sur une liste. *Il faut demander à la directrice de l'école pour les inscriptions.* **2.** Une inscription est un mot ou un texte écrit sur quelque chose. *Il y a une inscription sur la pierre, je n'arrive pas à lire ce qui est écrit.*

inscrire *verbe (v.)*

1. Inscrire quelqu'un, c'est mettre son nom sur une liste. *J'ai inscrit Léa à l'école.* **2.** Inscrire, c'est écrire un mot ou un texte sur une surface. *Thomas a inscrit ses initiales sur le tronc de l'arbre.*

insecte *nom masculin (n. m.)*
Un insecte est une petite bête à six pattes, qui a parfois des ailes. *La fourmi et la mouche sont des insectes.*

inséparable
adjectif masculin ou féminin (adj. m. ou f.)
Être inséparable, c'est être toujours ensemble. *Julie et Charlotte sont inséparables, quand on voit l'une, on voit l'autre.*

insister *verbe (v.)*
Insister, c'est continuer à demander. *Arrête d'insister, tu n'as pas le droit de sortir, un point c'est tout !*

insolence *nom féminin (n. f.)*
L'insolence est le manque de respect ; c'est le comportement d'une personne qui n'est pas polie. *Mathieu répond avec insolence, il est très grossier.*
Le synonyme est : impolitesse.

inspecteur, inspectrice
nom masculin, féminin (n. m., f.)
Un inspecteur, une inspectrice est une personne qui est chargée de contrôler ceux qui travaillent. *L'inspecteur de l'Éducation est venu s'asseoir au fond de la classe pour écouter la maîtresse.*

instant *nom masculin (n. m.)*
Un instant est un moment très court. *Pendant un instant, j'ai cru voir maman, mais ce n'était pas elle.*
► À l'instant : c'est il y a très peu de temps, juste avant. *Tu peux encore le rattraper, il est sorti à l'instant.*
► À chaque instant : c'est sans arrêt. *Je pense à lui à chaque instant.*
► Pour l'instant : c'est pour le moment, maintenant. *Pour l'instant, je suis occupé, repasse plus tard.*

instinct *nom masculin (n. m.)*
L'instinct est ce que les personnes ou les animaux font naturellement, sans l'avoir appris. *Mon chien sait chasser par instinct.* ► D'instinct : c'est de manière naturelle, sans réfléchir. *D'instinct, on met les mains devant soi quand on tombe par terre.*

instituteur, institutrice
nom masculin, féminin (n. m., f.)
Un instituteur, une institutrice est une personne qui enseigne dans une école maternelle ou primaire. *Mon institutrice s'appelle Véronique.*
Le synonyme est : maître, professeur des écoles.

instruction *nom féminin (n. f.)*

L'instruction est le fait d'enseigner, d'apprendre des choses à des élèves. *Les professeurs des écoles se chargent de l'instruction des enfants.*

instructions *nom féminin pluriel (n. f. pl.)*
Les instructions sont les ordres ou les explications que l'on donne à une personne. *Suivez bien les instructions que vous donne le guide du musée, et ne touchez à rien !*
Le synonyme est : indications.

instrument *nom masculin (n. m.)*

Un instrument est un objet qui est utilisé pour une chose précise. *La règle est un instrument de mesure. Le scalpel est un instrument de chirurgie dont le chirurgien se sert pour opérer.*
► Instrument de musique : c'est un objet qui produit un son et qui est utilisé pour faire de la musique. *La guitare, la trompette, la flûte et le piano sont des instruments de musique.*

insuffisant, insuffisante

adjectif masculin, féminin (adj. m., f.)
Quelque chose qui est insuffisant ne suffit pas, il n'y en a pas assez. *Ces deux bouteilles de jus de fruits sont insuffisantes, les enfants sont trop nombreux.*
Le contraire est : suffisant.

insulte *nom féminin (n. f.)*

Une insulte est un mot grossier que l'on dit. *Il est interdit de dire des insultes aux professeurs, sinon c'est la punition.*
Le synonyme est : injure.

insupportable

adjectif masculin ou féminin (adj. m. ou f.)
Être insupportable, c'est être très difficile à supporter. *En Grèce, la chaleur était insupportable. Les enfants ont été insupportables tout l'après-midi.*
Le contraire est : supportable.

intelligence *nom féminin (n. f.)*

L'intelligence est la capacité à comprendre et à apprendre les choses. *L'intelligence de Valentine est plus vive que celle des autres enfants.*
Le contraire est : bêtise.

intelligent, intelligente

adjectif masculin, féminin (adj. m., f.)

Quelqu'un qui est intelligent comprend et apprend facilement, et il s'adapte aussi facilement aux situations. *Augustin est très intelligent, c'est un très bon élève.*

Les contraires sont : bête, stupide.

intention *nom féminin (n. f.)*

Une intention est ce que l'on envisage de faire. *Hortense a l'intention de faire de la danse à la rentrée.*

Les synonymes sont : objectif, projet.

interdire *verbe (v.)*

Interdire, c'est ne pas autoriser à faire une chose. *Mes parents m'ont interdit de parler à des inconnus.*

Les contraires sont : autoriser, permettre.

intéresser *verbe (v.)*

Intéresser quelqu'un, c'est lui donner envie de connaître, c'est attirer son attention. *Les histoires du soir intéressent beaucoup les enfants. Le nom des étoiles m'intéresse, je veux les connaître.*

Le contraire est : ennuyer.

s'intéresser *verbe (v.)*

S'intéresser à une chose (ou à quelqu'un), c'est vouloir la connaître, avoir de l'intérêt pour elle ou pour lui. *Rosa s'intéresse à la musique.*

intérêt *nom masculin (n. m.)*

L'intérêt est l'attention que l'on porte à quelque chose ou à quelqu'un qui nous attire. *Sarah a beaucoup d'intérêt pour la peinture.*

Le synonyme est : curiosité.

Les contraires sont : désintérêt, indifférence.

Remarque : Le deuxième *e* prend un accent circonflexe.

intérieur, intérieure

adjectif masculin, féminin (adj. m., f.)

Quelque chose qui est intérieur se trouve dedans. *J'ai une poche intérieure dans ma veste.*

Le contraire est : extérieur.

intérieur *nom masculin (n. m.)*

L'intérieur est le dedans de quelque chose. *L'intérieur de la voiture a besoin d'être nettoyé. On sera plus au chaud à l'intérieur de la maison, rentrons !*

Le contraire est : extérieur.

internat *nom masculin (n. m.)*
L'internat est un établissement scolaire où l'on reste aussi pour dormir. *Clarisse va à l'internat, car son école est très loin de chez elle.*

international, internationale
adjectif masculin, féminin (adj. m., f.)
Être international, c'est avoir un rapport avec plusieurs nations, plusieurs pays. *Le football est un sport international, les équipes de différents pays jouent entre elles.*

Remarque : Le pluriel de *international* est : internationaux.

Internet *nom masculin (n. m.)*
L'Internet est un réseau informatique qui permet de communiquer à travers le monde entier en utilisant les ordinateurs. *Sur Internet, on peut parler avec ses amis, envoyer des messages ou des photos, ou bien rechercher les informations dont on a besoin.*

Interphone *nom masculin (n. m.)*
Un Interphone est un boîtier qui se trouve à la porte des immeubles et qui permet de parler par téléphone depuis l'entrée aux occupants des logements. *Elsa appuie sur le bouton de l'Interphone pour que sa mère lui ouvre la porte d'entrée.*

Remarque : Interphone a une majuscule, car c'est un nom de marque.

interroger *verbe (v.)*
Interroger quelqu'un, c'est lui poser des questions. *La maîtresse a interrogé Émilie sur sa leçon.*
Le synonyme est : questionner.

interrompre *verbe (v.)*
1. Interrompre, c'est arrêter quelque chose pour l'empêcher de continuer. *Le professeur de sport a interrompu la course d'un coup de sifflet.*
2. Interrompre quelqu'un, c'est lui couper la parole. *La maîtresse ne veut pas être interrompue par des bavardages.*

s'interrompre *verbe (v.)*
S'interrompre, c'est s'arrêter. *La pluie s'est interrompue pendant deux heures.*

interrupteur
nom masculin (n. m.)
Un interrupteur est un appareil inséré dans le mur qui sert à allumer ou à éteindre la lumière. *L'interrupteur se trouve près de la porte.*

intervenir *verbe (v.)*
Intervenir, c'est prendre part à une action. *Les secours sont intervenus rapidement et ont pu sauver les blessés.*

interview *nom féminin (n. f.)*
Une interview est un entretien avec une personne à qui on pose des questions. *Le journaliste fait une interview avec un chanteur célèbre.*

intestin *nom masculin (n. m.)*
L'intestin est une partie de l'appareil digestif qui a la forme d'un très long tuyau enroulé et qui se trouve dans le ventre. *C'est dans l'intestin que passent les aliments que l'on a mangés, avant qu'ils ne sortent du corps sous forme d'excréments.*

intoxication *nom féminin (n. f.)*
Une intoxication est un empoisonnement. *Soraya a eu une intoxication alimentaire, elle a dû manger un aliment périmé.*
Le synonyme est : empoisonnement.

introduire *verbe (v.)*
Introduire quelque chose, c'est le faire entrer dans quelque chose d'autre. *Lucas introduit sa cassette vidéo dans le magnétoscope.*
s'introduire *verbe (v.)*
S'introduire dans un endroit, c'est y entrer. *Manu s'est introduit dans ma chambre en cachette.*

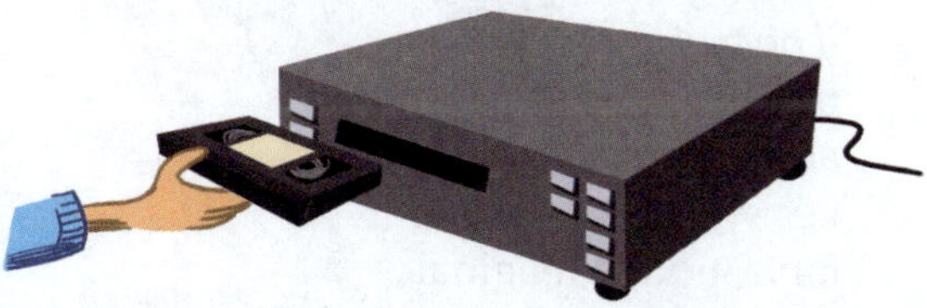

intrus, intruse
nom masculin, féminin (n. m., f.)
Un intrus, une intruse est une personne qui ne devrait pas être là ou qui est là sans avoir été invitée. *Il y a des intrus dans la fête, je ne les ai pas invités.*

inutile
adjectif masculin ou féminin (adj. m. ou f.)
Quelque chose qui est inutile ne sert à rien. *Maman a mis tous les objets inutiles aux encombrants.*
Le synonyme est : superflu.
Le contraire est : utile.

invasion *nom féminin (n. f.)*
Une invasion est un envahissement de personnes ou d'animaux qui viennent en très grand nombre. *L'été dernier, nous avons eu une invasion de coccinelles.*

inventer *verbe (v.)*
1. Inventer quelque chose, c'est fabriquer le premier une chose nouvelle. *C'est Graham Bell qui a inventé le téléphone.* **2.** Inventer une histoire, c'est l'imaginer. *Maman me raconte des histoires qu'elle invente.*

invention *nom féminin (n. f.)*
1. Une invention est quelque chose que l'on a inventé. *La télévision est une invention très utile.* **2.** Une invention est une histoire que l'on a imaginée. *Ne l'écoute pas, tout ce qu'il raconte, ce sont des inventions.*
Le synonyme est : mensonge.

A B C D E F G H I J K L M N O P Q R S T U V W X Y Z

inverse

adjectif masculin ou féminin (adj. m. ou f.)

Quelque chose qui est inverse se trouve de l'autre côté, dans l'autre sens. *Tu vas dans le sens inverse, la sortie est de l'autre côté du couloir.*

Le synonyme est : opposé.

inverse *nom masculin (n. m.)*

L'inverse, c'est le contraire. *Corinne a fait l'inverse de ce qu'elle m'a promis.*

invincible

adjectif masculin ou féminin (adj. m. ou f.)

Quelqu'un qui est invincible est impossible à vaincre. *Bruce Lee est invincible, c'est le plus fort.*

Le synonyme est : imbattable.

invisible

adjectif masculin ou féminin (adj. m. ou f.)

Être invisible, c'est ne pas pouvoir être vu. *Peter a le pouvoir de se rendre invisible.*

Le contraire est : visible.

inviter *verbe (v.)*

Inviter quelqu'un, c'est lui demander de venir quelque part. *Rebecca a invité sa copine à manger chez elle.*

involontaire

adjectif masculin ou féminin (adj. m. ou f.)

Quelque chose qui est involontaire se fait sans qu'on le veuille. *C'était un geste involontaire, je ne voulais pas lever le bras.*

Le contraire est : volontaire.

ironie *nom féminin (n. f.)*

L'ironie est une moquerie qui consiste à dire le contraire de ce que l'on pense. *Quand Léa se réveille les cheveux en désordre, Léo dit avec ironie qu'elle a une jolie coiffure.*

irréel, irréelle

adjectif masculin, féminin (adj. m., f.)

Quelque chose qui est irréel n'existe pas. *Les dragons sont des êtres irréels, il ne faut pas en avoir peur.*

Les synonymes sont : fantastique, imaginaire.

irrégulier, irrégulière
adjectif masculin, féminin (adj. m., f.)
1. Quelque chose qui est irrégulier a une forme ou un rythme qui n'est pas régulier, qui varie. *Le travail de Quentin est irrégulier, parfois il travaille, parfois il ne fait rien.*
2. Dans la grammaire, un mot qui est irrégulier est un mot qui ne suit pas la règle générale. *Tous les verbes qui se terminent par -er sont des verbes du premier groupe, sauf* aller *qui est un verbe irrégulier, car il appartient au troisième groupe.*

irréparable
adjectif masculin ou féminin (adj. m. ou f.)
Quelque chose qui est irréparable ne peut pas être réparé. *La chaîne de mon bracelet s'est cassée, elle est irréparable.*
Le contraire est : réparable.

irriter *verbe (v.)*
1. Irriter quelqu'un, c'est le mettre en colère. *Le bruit des travaux commence à m'irriter.*
Le synonyme est : énerver.
2. Irriter la peau, c'est causer une petite inflammation. *Le froid m'a irrité les mains.*

islam *nom masculin (n. m.)*
L'islam est la religion musulmane. *Sofia s'est convertie à l'islam.*

isolé, isolée
adjectif masculin, féminin (adj. m., f.)
Être isolé, c'est être à l'écart, être séparé des autres. *Il habite dans une maison isolée en dehors du village.*

itinéraire *nom masculin (n. m.)*
Un itinéraire est un parcours à suivre pour aller quelque part. *Nous nous sommes promenés dans les dunes en suivant l'itinéraire indiqué.*
Le synonyme est : trajet.

ivoire *nom masculin (n. m.)*
L'ivoire est une matière blanche et dure dont sont faites les défenses de l'éléphant et la partie des dents située sous l'émail.
Les braconniers tuent les éléphants pour voler leur ivoire.

ivre
adjectif masculin ou féminin (adj. m. ou f.)
Quelqu'un qui est ivre a bu trop d'alcool et marche ou parle bizarrement. *Le clochard est ivre, il n'arrive plus à se tenir debout.*
Le synonyme est : soûl.

A B C D E F G H I J K L M N O P Q R S T U V W X Y Z

comme jaguar !

jaguar *nom masculin (n. m.)*
Le jaguar est un animal carnivore d'Amérique du Sud, qui a un pelage clair tacheté de noir. *Le jaguar est un félin qui ressemble à la panthère.*

jalousie *nom féminin (n. f.)*
La jalousie est un sentiment qui nous anime lorsque nous avons envie d'avoir ce que les autres possèdent. *Elle éprouve un sentiment de jalousie à ton égard, car tu réussis mieux qu'elle.*

jamais *adverbe (adv.)*
Jamais veut dire *à aucun moment. Sidonie a été adoptée, elle n'a jamais connu ses vrais parents.*
Le contraire est : déjà.
► Si jamais : *si jamais* veut dire *au cas où. Si jamais tu le vois, tu m'appelles.* ► À tout jamais : *à tout jamais* veut dire *pour toujours. Il est parti à tout jamais, on ne le reverra plus.*

jambe *nom féminin (n. f.)*
La jambe est la partie du corps qui se trouve entre la hanche et le pied. *Le bébé a réussi à se tenir sur ses jambes.* ► À toutes jambes : c'est partir le plus vite possible. *Après avoir fait une bêtise, il court à toutes jambes.* ► Prendre ses jambes à son cou : c'est s'enfuir très vite. *Léo a pris ses jambes à son cou en voyant son père très énervé.*

jambon *nom masculin (n. m.)*
Le jambon est la cuisse ou l'épaule du porc qui est préparée pour être conservée, puis mangée. *Ingrid mange un sandwich au jambon.*

janvier *nom masculin (n. m.)*

Janvier est le premier mois de l'année, et il compte 31 jours. *Le 1er janvier est le jour du nouvel an.*

jardin *nom masculin (n. m.)*

Un jardin est un terrain où l'on fait pousser de l'herbe, des arbres, des fleurs. *Les tomates du jardin sont devenues bien rouges.*

coin lecture

« Là aussi fleurit le jardin du Paradis, et, si cet homme devient bon et pieux, il y entrera ; mais si ses pensées sont mauvaises [...], il tombera dans cette caisse plus bas que n'est tombé le Paradis. »
Le Jardin du Paradis.
Andersen.

jardiner *verbe (v.)*

Jardiner, c'est faire du jardinage, s'occuper d'un jardin. *Il jardine tous les jours, aujourd'hui, il taille les rosiers.*

jardinier, jardinière

nom masculin, féminin (n. m., f.)

Le jardinier, la jardinière est une personne dont le métier est de s'occuper et d'entretenir des jardins. *Son père est jardinier, il travaille pour la mairie de la ville.*

jaune

adjectif masculin ou féminin (adj. m. ou f.)

Quelque chose qui est de couleur jaune a la même couleur que le soleil, le citron ou l'or. *Zara veut peindre sa chambre en jaune.*

jaune *nom masculin (n. m.)*

1. Le jaune est la couleur jaune. *Céline aime s'habiller en jaune.*
2. Le jaune est la partie jaune qui se trouve dans l'œuf. *Dans un œuf dur, le jaune est une boule qui se trouve dans le blanc.*

Javel *nom féminin (n. f.)*

La Javel est un liquide nettoyant qui est utilisé pour désinfecter ou pour blanchir. *Elle nettoie le sol de la cuisine avec de la Javel.*

Remarque : On dit aussi : eau de Javel.

je *pronom personnel (pron. pers.)*

Je désigne la première personne du singulier, c'est la personne qui parle. *Je suis en retard.*

Remarque : Devant une voyelle ou un h, *je* devient *j'* : *J'ai froid. J'habite loin.*

jean *nom masculin (n. m.)*

Le jean est un tissu de coton épais et résistant, souvent de couleur bleue. *Marina a mis son pantalon et sa veste en jean.*

1. jet *nom masculin (n. m.)*

1. Un jet est quelque chose qui est jeté loin et avec force. *Julien a reçu des jets de pierres qui venaient du balcon du deuxième étage.* **2.** Un jet est du liquide ou du gaz qui s'échappe avec force. *Depuis que Léo a son pistolet à eau, il envoie des jets d'eau à tout le monde.*

A B C D E F G H I J K L M N O P Q R S T U V W X Y Z

2. jet *nom masculin (n. m.)*

Un jet est un avion à réaction. *Cet homme est très riche, il a un jet pour lui tout seul.*

Remarque : Le *t* de *jet* se prononce.

jeter *verbe (v.)*

1. Jeter quelque chose, c'est le lancer fort. *Amélie a jeté un caillou sur Hugo et elle a été punie.* **2.** Jeter quelque chose, c'est s'en débarrasser ou le mettre à la poubelle. *Anissa jette son pot de yaourt à la poubelle.*

se jeter *verbe (v.)*

Se jeter, c'est sauter ou s'élancer sur quelque chose ou sur quelqu'un. *Mon chien s'est jeté sur moi tellement il était content de me voir.* ► Jeter un coup d'œil : c'est regarder rapidement. *Donne-moi ton dessin, je vais y jeter un coup d'œil.* ► Jeter l'éponge : c'est abandonner, renoncer à faire quelque chose. *C'est trop dur, je jette l'éponge.*

jeudi *nom masculin (n. m.)*

Le jeudi est le quatrième jour de la semaine, il se trouve entre mercredi et vendredi. *Mon anniversaire tombe un jeudi.*

à jeun *adverbe (adv.)*

Être à jeun, c'est ne rien avoir mangé depuis le réveil. *La prise de sang doit se faire lorsque l'on est à jeun.*

jeune

adjectif masculin ou féminin (adj. m. ou f.)

Être jeune, c'est ne pas être très âgé. *Les enfants sont jeunes, ils aiment s'amuser.*

Les contraires sont : âgé, vieux.

jeune *nom masculin ou féminin (n. m. ou f.)*

Un jeune, une jeune est un adolescent ou une personne qui n'est pas âgée. *Il y a des jeunes qui jouent au football dans le parc.*

Le contraire est : vieux.

jeûner *verbe (v.)*

Jeûner, c'est ne pas manger ni boire pendant un certain temps. *Les musulmans jeûnent du lever au coucher du soleil pendant le mois de ramadan.*

Remarque : Le *u* prend un accent circonflexe.

jeunesse *nom féminin (n. f.)*

La jeunesse est la période de la vie où on est jeune. *Papy nous raconte des histoires de sa jeunesse.*

jogging *nom masculin (n. m.)*

1. Le jogging est une course à pied que l'on fait de temps en temps pour rester en forme. *Tous les dimanches, Clara fait son jogging.* **2.** Le jogging est un vêtement souple que l'on met pour faire du sport. *Les jeudis, il faut se mettre en jogging pour le sport.*

joie *nom féminin (n. f.)*

La joie est le sentiment que l'on ressent quand on est heureux, content. *Cannelle a ressenti de la joie en voyant tous ses cadeaux d'anniversaire.*
Le synonyme est : bonheur.
Le contraire est : peine.

joindre *verbe (v.)*

1. Joindre, c'est rapprocher deux choses pour qu'elles se touchent. *Anaïs joint les deux bouts de la corde pour former un cercle.* **2.** Joindre quelqu'un, c'est le contacter par téléphone pour pouvoir lui parler. *Je n'arrive pas à joindre Mélanie pour lui dire que je ne viendrai pas.*

joli, jolie

adjectif masculin, féminin (adj. m., f.)

Être joli, c'est être agréable à regarder ou à entendre. *Annabelle est une fille très jolie. Elle a une jolie voix.*
Le synonyme est : beau.
Le contraire est : laid.

jongler *verbe (v.)*

Jongler, c'est lancer en l'air des objets et les rattraper plusieurs fois de suite sans les faire tomber. *Nicolas arrive à jongler avec trois balles en même temps.*

joue *nom féminin (n. f.)*

La joue est la partie de chaque côté du visage qui se trouve entre le nez et l'oreille. *Tiffanie fait un bisou sur la joue de ses parents avant de se coucher.*

jouer *verbe (v.)*

1. Jouer, c'est s'amuser, faire un jeu. *Les enfants jouent à se courir après.* **2.** Jouer, c'est faire un sport. *Bastien joue au football.* **3.** Jouer, c'est se servir d'un instrument de musique. *Constance joue du piano.* **4.** Jouer, c'est interpréter un rôle au cinéma ou au théâtre. *Cet acteur a joué dans plein de films.* **5.** Jouer, c'est risquer de l'argent dans les jeux de loterie. *Il a perdu tout son argent en jouant au casino.* ► Jouer avec le feu : c'est prendre des risques. *Tu joues avec le feu en ne mettant pas de crème solaire à la plage.* ► Jouer la comédie : c'est faire semblant. *Arrête de jouer la comédie, je sais que tu n'as pas mal.*

Remarque : Ne pas confondre le verbe *jouer* avec un *jouet*.

jouet *nom masculin (n. m.)*

Un jouet est un objet avec lequel on peut jouer, s'amuser. *Sa chambre est remplie de jouets.*

Remarque : Ne pas confondre *un jouet* avec le verbe *jouer.*

coin lecture

« Alors les jouets se mirent à jouer à la visite, à la guerre, au bal. Les soldats de plomb s'entrechoquaient [...] dans la boîte, ils voulaient être de la fête, mais n'arrivaient pas à soulever le couvercle. »
Le Stoïque Soldat de plomb.
Andersen.

jour *nom masculin (n. m.)*

1. Le jour est une durée de 24 heures de minuit à minuit. *Le mercredi est mon jour préféré. il y a sept jours dans une semaine.* **2.** Le jour est le moment qui va du lever au coucher du soleil, quand le ciel est éclairé.
Le synonyme est : journée.
Le contraire est : nuit.
► Être à jour : c'est ne pas être en retard dans un travail. *Hugo peut se promener aujourd'hui, il est à jour dans son travail.* ► De nos jours : c'est à notre époque, dans le temps présent. *De nos jours, presque tout le monde a un téléphone portable.*

journaliste
nom masculin ou féminin (n. m. ou f.)

Un journaliste ou une journaliste est une personne qui écrit des informations dans un journal ou les donne à la télévision ou à la radio. *Le journaliste a annoncé aux informations qu'il y avait eu une grosse tempête.*

journée *nom féminin (n. f.)*

Une journée est le moment qui se trouve entre le lever et le coucher du soleil, quand le ciel est clair. *Les enfants ont passé la journée à l'école.* Le synonyme est : jour.

joyeux, joyeuse
adjectif masculin, féminin (adj. m., f.)

Quelqu'un qui est joyeux ressent et exprime de la joie. *Laurent est joyeux : aujourd'hui, c'est son anniversaire.*
Le synonyme est : gai.
Le contraire est : triste.

judaïsme
nom masculin (n. m.)

Le judaïsme est la religion juive. *Il veut se convertir au judaïsme.*

judo *nom masculin (n. m.)*

Le judo est un sport de combat qui vient du Japon et dont le but est de faire perdre l'équilibre à son adversaire et de l'immobiliser.

Le judo est un art martial non violent. Les combats se déroulent sur des tapis et durent de 2 à 5 minutes. Les judokas luttent corps à corps, les pieds et les mains nus, et ne se frappent jamais. Ils portent un pantalon blanc et une veste blanche nouée par une ceinture dont la couleur indique le niveau du judoka. La ceinture noire est le plus haut niveau.

juge *nom masculin ou féminin (n. m. ou f.)*
Un juge, une juge est une personne qui applique les lois pour rendre justice. *Le juge a décidé qu'il était coupable et qu'il irait en prison. La juge des enfants a donné la garde de Léo à sa mère.*

juger *verbe (v.)*
1. Juger, c'est décider si une personne est coupable ou non, et quelle punition elle aura. *Au tribunal, le juge a pris sa décision ; il l'a jugé coupable et lui a donné trois mois de prison.* **2.** Juger quelqu'un, c'est avoir un avis sur lui. *Cécile l'a jugé sans le connaître en pensant qu'il était méchant, mais elle s'est trompée sur lui.*

juillet *nom masculin (n. m.)*
Le mois de juillet est le septième mois de l'année, il se trouve entre juin et août et compte 31 jours. *Les vacances commencent en juillet.*

juin *nom masculin (n. m.)*
Le mois de juin est le sixième mois de l'année, il se trouve entre mai et juillet et compte 30 jours. *L'été commence le 21 juin.*

jumeau, jumelle
nom masculin, féminin (n. m., f.)
Des jumeaux ou des jumelles sont deux enfants qui sont dans le ventre de leur mère en même temps et qui naissent le même jour. *Sa mère attend des jumeaux, ce sera un garçon et une fille. Claire et Lucy sont de vraies jumelles, je les confonds toujours.*

Remarque : Le pluriel de *jumeau* est : des jumeaux.

jumelles *nom féminin (n. f.)*
Les jumelles sont des sortes de lunettes qui permettent de voir ce qui est très loin comme si c'était tout près. *Élodie regarde avec ses jumelles.*

jument *nom féminin (n. f.)*
La jument est la femelle du cheval. *La jument attend un poulain, il est encore dans son ventre.*

jungle *nom féminin (n. f.)*
La jungle est une forêt des régions humides et chaudes, composée de grands arbres, de lianes, de broussailles, où vivent des animaux sauvages. *Les tigres vivent dans la jungle.*

jupe *nom féminin (n. f.)*
Une jupe est un vêtement féminin qui se porte autour de la taille et couvre une partie des jambes. *Patricia a mis une jupe qui lui arrive aux genoux.*

1. jurer *verbe (v.)*

Jurer, c'est promettre quelque chose. *Valérie a juré qu'elle ne recommencerait plus.*

2. jurer *verbe (v.)*

Jurer, c'est dire des grossièretés. *Ce n'est pas bien de jurer, c'est grossier.*

jus *nom masculin (n. m.)*

Le jus est le liquide qui sort des fruits quand on les presse. *Le matin, je bois un verre de jus d'orange.*

jusque *préposition (prép.)*

Jusque indique le moment ou l'endroit où l'on s'arrête. *Il a travaillé jusque tard dans la nuit. Je suis monté jusqu'en haut de l'arbre.*

jusqu'à ce que *conjonction (conj.)*

Jusqu'à ce que veut dire *jusqu'au moment où. Lilian a travaillé jusqu'à ce qu'il ait terminé ses devoirs, ensuite il est allé s'amuser.*

1. juste

djectif masculin ou féminin (adj. m. ou f.)

1. Quelque chose qui est juste ne contient pas d'erreurs. *Ton calcul est juste.*

Les synonymes sont : correct, exact.

2. Quelqu'un qui est juste ne commet pas d'injustice. *Ils essaient d'être justes avec leurs enfants.*

Le contraire est : injuste.

3. Quelque chose qui est juste ne suffit pas ou est trop petit. *Le gâteau est trop juste pour tout le monde, il en faut un deuxième. Ces baskets sont trop justes, il faut prendre la pointure au-dessus.*

2. juste *adverbe (adv.)*

1. *Juste* veut dire *seulement. Je veux juste un bonbon.* **2.** *Juste* veut dire *exactement. La boulangerie se trouve juste là.* **3.** *Juste* veut dire *comme il faut. Leslie chante juste.*

Le contraire est : faux.

justice *nom féminin (n. f.)*

La justice est le respect des droits de chaque personne, le respect des lois. *Il n'y a pas de justice dans son pays.*

comme koala !

kabyle *adjectif et nom propre (adj. et n. p.)*

Les Kabyles sont une population de montagnards d'origine berbère vivant en Algérie. *Son grand-père est un Kabyle.*

kangourou *nom masculin (n. m.)*

Un kangourou est un animal qui se déplace en faisant des bonds.

à savoir

On trouve surtout les kangourous en Australie. La femelle a une poche ventrale dans laquelle elle transporte son bébé.

karaté *nom masculin (n. m.)*

Le karaté est un sport de combat d'origine japonaise où l'on utilise les poings et les pieds. *Grégoire fait du karaté dans un club.*

képi *nom masculin (n. m.)*

Le képi est une casquette rigide. *Le gendarme porte un képi.*

kermesse *nom féminin (n. f.)*

Une kermesse est une fête de charité en plein air qui permet de récolter. *Nous sommes allés à la kermesse du village.*

kidnapper *verbe (v.)*

Kidnapper quelqu'un, c'est l'enlever. *Un enfant a été kidnappé, mais il a été retrouvé.*

kidnappeur, kidnappeuse

nom masculin, féminin (n. m., f.)

Un kidnappeur, une kidnappeuse est quelqu'un qui enlève une personne pour obtenir une grosse somme d'argent. *Le kidnappeur a été arrêté par la police.*

kilogramme

nom masculin (n. m.)

Le kilogramme est une unité de mesure utilisée pour peser. *Un kilogramme, c'est mille grammes.*

Remarque : On écrit aussi : kilo ou kg.

kilomètre *nom masculin (n. m.)*

Le kilomètre est une unité de mesure utilisée pour les distances. *J'habite à deux kilomètres de chez toi.*

Remarque : On écrit aussi : km.

kimono *nom masculin (n. m.)*

Un kimono est une tunique japonaise croisée devant et fermée par une ceinture. C'est aussi la tenue portée par les judokas *Maman m'a acheté un kimono pour mes cours de judo.*

kinésithérapeute

nom masculin ou féminin (n. m. ou f.)

Un, une kinésithérapeute est une personne dont le métier est de soigner les douleurs musculaires. *Le massage du kinésithérapeute m'a fait beaucoup de bien.*

kiwi *nom masculin (n. m.)*

Un kiwi est un fruit à la chair verte et à la peau marron. *J'adore les kiwis, ils renferment beaucoup de vitamines !*

klaxon *nom masculin (n. m.)*

Le klaxon d'un véhicule est le signal bruyant qui sert à avertir les autres automobilistes. *Le klaxon de sa voiture s'entend de loin.*

koala *nom masculin (n. m.)*

Le koala est un petit animal d'Australie qui vit dans les arbres.

la *article défini féminin (art. déf. f.)*
La est le déterminant des noms féminins : la fille.

là *adverbe (adv.)*
1. *Là* veut dire *à cet endroit. Tu peux poser le livre là.* **2.** *Là* veut dire *en ce moment. Là, je suis occupé, reviens me voir plus tard.* ► Être là : c'est être présent. *Hugo n'est pas là.*

Remarque : Ne pas confondre *là* avec l'article *la* ou avec l'adjectif *las*. *Là* s'écrit avec un accent grave.

là-bas *adverbe (adv.)*
Là-bas veut dire *à un endroit qui est plus loin. Sa maison est là-bas, tout au bout de la rue.*

laboratoire *nom masculin (n. m.)*
Un laboratoire est un endroit où il y a le matériel nécessaire pour faire des expériences ou des recherches, pour faire des analyses médicales ou pour faire des développements de photos. *Les scientifiques travaillent au laboratoire de recherche pour trouver de nouveaux vaccins.*

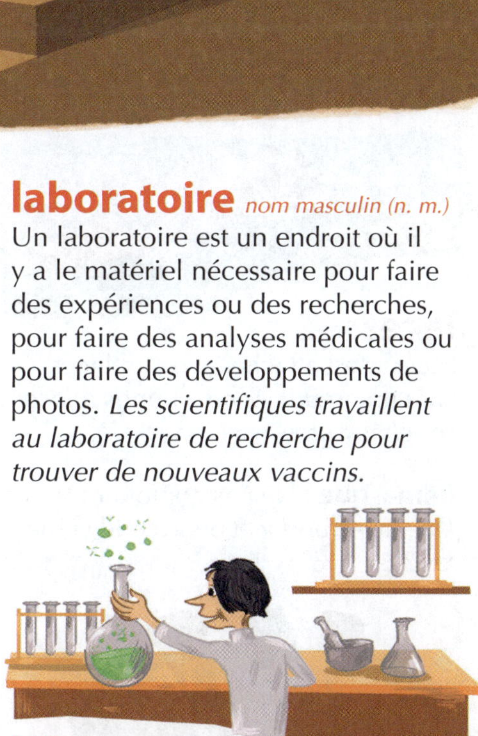

labourer *verbe (v.)*
Labourer, c'est retourner la terre pour semer des graines. *L'agriculteur laboure son champ avec son tracteur.*

labyrinthe *nom masculin (n. m.)*

Un labyrinthe est un ensemble compliqué de chemins qui s'entrecroisent et d'où l'on a du mal à trouver la sortie. *Dans le jeu du labyrinthe, tu dois trouver le chemin qui mène au château.*

lac *nom masculin (n. m.)*

Un lac est une grande étendue d'eau. *Nous avons fait du Pédalo sur le lac.*

lacer *verbe (v.)*

Lacer, c'est attacher avec un lacet, faire un nœud. *Anne a appris à lacer ses chaussures.*

Remarque : Ne pas confondre *lacer* avec un *lacet* ou avec le verbe *lasser.*

lacet *nom masculin (n. m.)*

Un lacet est un cordon que l'on passe dans les trous des chaussures pour les attacher. *Noémie veut nouer ses lacets tout seule.*

Remarque : Ne pas confondre un *lacet* avec les verbes *lacer* ou *lasser.*

lâche

adjectif masculin ou féminin (adj. m. ou f.)

Quelqu'un qui est lâche manque de courage, il a peur et recule devant le danger. *Maxence est trop lâche, il ne se battra pas.*

Le contraire est : courageux.

Remarque : L'adjectif *lâche* peut aussi être un nom : *C'est un lâche.* Le *a* prend un accent circonflexe.

lâcher *verbe (v.)*

Lâcher quelque chose ou quelqu'un, c'est ne plus le tenir. *Sofia a lâché la corde à sauter. Antoine m'a lâché la main.*

Remarque : Le *a* prend un accent circonflexe.

laid, laide

adjectif masculin, féminin (adj. m., f.)

Quelqu'un ou quelque chose qui est laid est affreux, très désagréable à regarder. *Je trouve que cette statuette est très laide.*

Les synonymes sont : affreux, hideux, horrible.

Le contraire est : joli.

coin lecture

« Il était une fois une reine qui accoucha d'un fils, si laid et si mal fait, qu'on douta longtemps s'il avait forme humaine. »
Riquet à la houppe. Charles Perrault.

laie *nom féminin (n. f.)*
La laie est la femelle du sanglier. *La laie s'occupe des petits marcassins.*

Remarque : Ne pas confondre la *laie* avec du *lait.*

laine *nom féminin (n. f.)*
La laine est la toison du mouton qui est utilisée pour faire des vêtements qui tiennent chaud. *Mon pull est en laine.*

laisse *nom féminin (n. f.)*
Une laisse est une lanière ou une chaîne que l'on attache au collier des chiens pour les retenir. *Margot promène son chien en laisse.*

laisser *verbe (v.)*
1. Laisser, c'est ne pas emmener avec soi, ne pas prendre. *J'ai laissé mon cartable à la maison. Roxane a laissé la tomate dans son assiette, elle n'aime pas.* **2.** Laisser, c'est quitter. *Je te laisse, je dois partir.* **3.** Laisser quelqu'un faire quelque chose, c'est lui permettre de le faire. *Ma grande sœur me laisse entrer dans sa chambre.*
Le synonyme est : autoriser.
Le contraire est : empêcher.

lait *nom masculin (n. m.)*
Le lait est un liquide blanc très nourrissant qui est produit par les mamelles des animaux femelles et par les seins d'une mère pour nourrir son bébé. *Julien boit un verre de lait chaque matin, c'est excellent pour la santé.*

Remarque : Ne pas confondre le *lait* avec la *laie.*

coin lecture
« Perrette, sur sa tête ayant un pot de lait bien posé sur un coussinet, prétendait arriver sans encombre à la ville. » *La Laitière et le pot au lait.* Jean de La Fontaine.

laitue *nom féminin (n. f.)*
Une laitue est une salade verte. *Nous avons mangé des feuilles de laitue avec des tomates en entrée.*

lame *nom féminin (n. f.)*
Une lame est la partie coupante d'un couteau ou d'un outil. *Il faut aiguiser la lame de ce couteau, il ne coupe plus.*

lampadaire *nom masculin (n. m.)*
Un lampadaire est une lampe fixée en haut d'un long poteau et qui sert à éclairer la rue. *Les lampadaires s'allument dès qu'il commence à faire nuit.*

lampe *nom féminin (n. f.)*
Une lampe est un appareil qui sert à éclairer quand il fait sombre. *Maud allume sa lampe pour lire son livre.*

lampion *nom masculin (n. m.)*

Le lampion est une lanterne en papier. *Le soir, nous éclairons le jardin avec des lampions colorés.*

lancer *verbe (v.)*

Lancer, c'est envoyer quelque chose au loin avec de l'élan. *Lance-moi la balle.*

se lancer *verbe (v.)*

Se lancer, c'est se jeter en avant. *Les parachutistes se lancent dans le vide.* ► Se lancer dans quelque chose : c'est s'engager à le faire en le voulant. *Laure s'est lancée dans le cinéma pour devenir actrice.*

Remarque : Ne pas confondre *lancer* avec une *lancée*.

landau *nom masculin (n. m.)*

Un landau est une poussette qui se ferme avec une capote et qui permet de transporter un bébé couché. *Maman met le bébé encore endormi dans son landau.*

Remarque : Le pluriel de ce mot est : des landaus.

langage *nom masculin (n. m.)*

1. Le langage est la capacité des êtres humains à pouvoir communiquer entre eux par la parole. *Véronique bégaye, elle a un trouble du langage.*
2. Le langage est un ensemble de signes ou de gestes qui permettent d'exprimer ce que l'on pense. *Les sourds et les muets utilisent le langage des signes pour communiquer.*

1. langue *nom féminin (n. f.)*

La langue est l'organe de forme allongée qui est dans la bouche et qui sert à manger, à parler. *Anissa s'est mordu la langue.* ► Avoir la langue bien pendue : c'est parler beaucoup trop . *Tu as la langue bien pendue, tais-toi un peu !*
► Donner sa langue au chat : c'est ne pas trouver la réponse ou ne pas réussir et abandonner. *Je ne sais pas ce que c'est, je donne ma langue au chat.* ► Savoir tenir sa langue : c'est savoir garder un secret. *Tu peux tout me dire, je sais tenir ma langue.*
► Mauvaise langue : c'est une personne qui dit du mal des autres. *Ne l'écoute pas, c'est une mauvaise langue.*

2. langue *nom féminin (n. f.)*

La langue est un ensemble de mots et de règles que l'on utilise pour parler, écrire, lire. *Ludo parle deux langues parfaitement : le français et l'anglais.*

lapin, lapine

nom masculin, féminin (n. m., f.)

Un lapin, une lapine est un petit animal herbivore qui a deux longues oreilles et une petite queue en boule. *Bugs Bunny est un lapin très farceur.*

à savoir
Le petit du lapin est le lapereau. Au pluriel, on dit des *lapereaux*.

laquelle *pronom (pron.)*
Laquelle est la forme au féminin du pronom *lequel.*

large
adjectif masculin ou féminin (adj. m. ou f.)
Quelque chose qui est large est grand ou très ample. *Le fauteuil est bien large, on peut même s'y asseoir à deux. Ce pantalon est trop large, il tombe.*

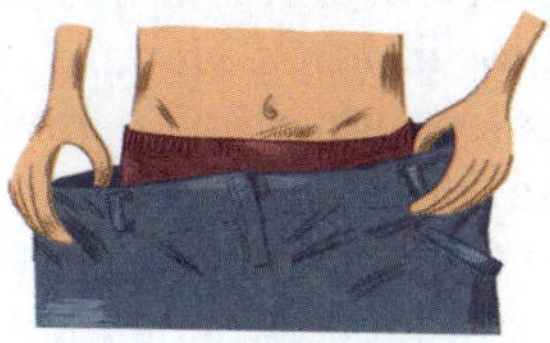

largeur *nom féminin (n. f.)*
La largeur de quelque chose est sa taille dans le sens perpendiculaire à la longueur. *J'ai mesuré la largeur de cette bibliothèque, tu peux y mettre deux rangées de livres.*

larme *nom féminin (n. f.)*
Une larme est un liquide salé qui coule des yeux quand on pleure. *Denise a les larmes aux yeux, elle va pleurer.*

larve *nom féminin (n. f.)*
La larve est la forme qu'ont certains insectes ou animaux avant de devenir adultes. *La chenille est la larve des papillons. Le têtard est la larve des grenouilles.*

laser *nom masculin (n. m.)*
Un laser est un appareil qui produit un rayon de lumière concentré. *Au supermarché, la caissière utilise un laser pour lire le prix des produits.*

Remarque : Le *r* de *laser* se prononce.

lasser *verbe (v.)*
Lasser quelqu'un, c'est le fatiguer ou l'ennuyer. *Tu me lasses avec tes histoires !* ► Se lasser de quelque chose : c'est en avoir assez, ne plus en avoir envie. *Isabelle s'est lassée de la danse, elle ne veut plus en faire.*

lavabo *nom masculin (n. m.)*
Un lavabo est une cuvette avec un robinet et un trou pour évacuer l'eau qui coule vers les égouts. *Quentin se lave les mains et le visage dans le lavabo.*

lavande *nom féminin (n. f.)*
La lavande est une plante à fleurs violettes très parfumées. *Mon savon sent bon la lavande.*

laver *verbe (v.)*
Laver, c'est nettoyer quelque chose avec de l'eau et du savon. *Grégory lave son ballon tout plein de boue.*

se laver *verbe (v.)*
Se laver, c'est se nettoyer le corps avec du savon. *Audrey se lave tous les matins.*

le, la, les *article défini masculin, féminin, pluriel (art. déf. m., f., pl.)*

Le, *la* ou *les* est un déterminant qui se place devant les noms. *Le vélo qui est là est à Marielle. La voiture est en panne. Les enfants s'amusent.*

Remarque : *Le* et *la* deviennent *l'* devant une voyelle ou un *h* muet : *l'étable, l'homme.*

Remarque : *à* + *le* devient *au* : *Je vais au marché.* *à* + *les* devient *aux* : *Je l'ai donné aux enfants.*

Remarque : *de* + *le* devient *du* : *C'est le fils du boulanger* ; *de* + *les* devient *des* : *Il parle des vacances.*

lécher *verbe (v.)*

Lécher, c'est passer sa langue sur quelque chose. *Le chien lèche sa patte. Emma lèche sa glace.*

leçon *nom féminin (n. f.)*

1. Une leçon est ce qu'un professeur donne à apprendre à ses élèves. *Linda a bien appris sa leçon de grammaire.* **2.** Une leçon est l'expérience qu'on tire des choses qui nous arrivent. *Cette chute m'a servi de leçon, je ne recommencerai plus.*

Remarque : Le *c* de *leçon* prend une cédille.

lecteur *nom masculin (n. m.)*

Un lecteur est un appareil qui sert à écouter de la musique ou à regarder des images, des films. *J'ai un nouveau lecteur de DVD. Joanne a un lecteur CD sur son ordinateur.*

légende *nom féminin (n. f.)*

1. Une légende est une histoire qui existe depuis très longtemps et qui se raconte encore. *D'après la légende, un gros monstre vit dans ce lac.*
2. La légende d'une carte, d'un dessin ou d'une photo est le petit texte qui l'accompagne et qui sert à l'expliquer. *Sur chaque photo de mon album, j'ai mis une légende pour la décrire.*

léger, légère

adjectif masculin, féminin (adj. m., f.)

1. Être léger, c'est ne pas peser beaucoup. *Le carton est léger, tu peux le porter tout seul.*
Le contraire est : lourd.
2. Quelque chose qui est léger n'est pas très important ou pas très grave. *Il y a une légère différence de taille entre les deux chaussures. Zinédine n'a qu'une légère bosse sur la tête, rien de grave.* **3.** Un aliment qui est léger n'est pas copieux ou il est en petite quantité. *C'est un gâteau léger, on peut en manger plusieurs. Le soir, je préfère prendre un repas léger.*
► À la légère : c'est sans réfléchir. *Ne fais pas ton exercice à la légère, c'est important que tu comprennes.*
► Avoir le sommeil léger : c'est se réveiller au moindre bruit. *J'ai le sommeil léger, je t'entendrai rentrer.*

légume *nom masculin (n. m.)*
Un légume est une plante potagère dont on mange les fruits, les feuilles, les racines ou les tiges. *Le chou, les épinards sont des légumes verts dont on mange les feuilles. Les légumes contiennent des vitamines et sont bons pour la santé.*

lendemain *nom masculin (n. m.)*
Le lendemain est le jour qui suit celui dont on parle. *Le lendemain de mon anniversaire, je suis parti en vacances.*

lent, lente
adjectif masculin, féminin (adj. m., f.)
Quelqu'un ou quelque chose qui est lent met beaucoup de temps à faire quelque chose. *Élise est lente à faire ses devoirs, moi j'ai fini depuis longtemps.*
Le contraire est : rapide.

lentille *nom féminin (n. f.)*
La lentille est un légume sec qui a la forme d'une petite graine ronde et aplatie. *Laetitia a mangé des lentilles à la viande.*

léopard *nom masculin (n. m.)*
Le léopard est une panthère d'Afrique qui est jaune avec des taches noires.
Le léopard est carnivore.

coin lecture
« Le singe avec le léopard gagnaient de l'argent à la foire. Ils affichaient chacun à part. »
Le Singe et le Léopard.
Jean de La Fontaine.

lequel, laquelle
pronom relatif (pron. rel.)
Lequel ou *laquelle* représente la personne ou la chose dont on vient de parler. *Le crayon avec lequel tu écris est à moi. La fille avec laquelle tu parlais est ma cousine.*

lequel, laquelle
pronom interrogatif (pron. int.)
Lequel ou *laquelle* sert à exprimer un choix. *Laquelle de ces chansons te plaît le plus ?*

Remarque : Le pluriel de *lequel* est : lesquels. Le pluriel de *laquelle* est : lesquelles. À ou *de* + *lequel* devient *auquel* et *duquel* : *Le club auquel j'appartenais a fermé.*

Remarque : *À* ou *de* + *lesquels* devient *auxquels* et *desquels* : Les pays desquels je reviens sont très différents d'ici. *À* ou *de* + *lesquelles* devient *auxquelles* et *desquelles.*

lessive *nom féminin (n. f.)*

1. La lessive est le produit utilisé pour laver le linge. *Pour faire un lavage, je prends une dose de lessive en poudre.* **2.** Faire la lessive, c'est laver le linge. *J'ai fait deux lessives tellement il y avait de linge sale.*

lettre *nom féminin (n. f.)*

1. Une lettre est un signe de l'alphabet qui permet d'écrire des mots. *L'alphabet compte 26 lettres. Dans le prénom* Lisa, *il y a quatre lettres.* **2.** Une lettre est un texte que l'on écrit pour l'envoyer à quelqu'un. *Mathilde a reçu une lettre de son amie.*

Le synonyme est : courrier.

1. leur *pronom personnel (pron. pers.)*

Leur se place devant un verbe et représente un nom de la troisième personne du pluriel. *Ce sont mes amis, je leur ai tout dit.*

Remarque : Le pronom personnel *leur* ne prend jamais de *s*. Le singulier de *leur* est *lui* : *C'est mon ami, je lui ai tout dit.*

2. leur, leurs *adjectif possessif (adj. poss.)*

Leur veut dire *qui est à eux ou à elles* ; *leurs* veut dire *qui est à eux ou qui est à elles. C'est leur chat. Ils ont oublié leurs valises.*

3. leur *pronom possessif (pron. poss.)*

Le leur ou *la leur* veut dire *qui est à eux ou à elles* ; *les leurs* veut dire *qui sont à eux ou à elles. Ne prends pas ce ballon, c'est le leur. Les voisins ne se servent pas de leur voiture, alors j'ai demandé la leur. Je sais faire les gâteaux, mais je préfère les leurs.*

lever *verbe (v.)*

Lever, c'est diriger quelque chose vers le haut. *Lève les bras. Il faut lever le miroir un peu, car je ne vois pas ma tête.*

se lever *verbe (v.)*

Se lever, c'est se mettre debout. *Les élèves se lèvent quand le directeur entre dans la classe.*

coin lecture

« L'âne d'un jardinier se plaignait au destin de ce qu'on le faisait lever devant l'aurore. " Les coqs, lui disait-il, ont beau chanter matin ; Je suis plus matineux encore... " »
L'Âne et ses Maîtres.
Jean de La Fontaine.

lèvre *nom féminin (n. f.)*

Les lèvres sont les parties épaisses et roses qui se trouvent autour de la bouche. *Alice met du baume sur ses lèvres pour les protéger du froid.*
► Manger du bout des lèvres : c'est manger sans avoir faim ou avec dégoût. *Quentin mange ses épinards du bout des lèvres.*

liaison *nom féminin (n. f.)*

1. Quand on fait la liaison entre deux mots, on prononce la dernière lettre du premier mot et la première lettre du deuxième mot ensemble. *On doit faire la liaison dans* les enfants, *on prononce* zenfants.
2. Une liaison est un rapport entre deux choses ou deux personnes. *La police cherche à faire la liaison entre les deux affaires.*
Le synonyme est : lien.

liane *nom féminin (n. f.)*

Une liane est une plante qui pousse en s'accrochant aux arbres et qui est formée d'une longue tige ressemblant à une corde. *Les singes s'accrochent aux lianes pour aller d'arbre en arbre.*

libellule *nom féminin (n. f.)*

Une libellule est un insecte qui a quatre fines ailes transparentes et qui vit près des rivières. *Camille a confondu la libellule avec un papillon.*

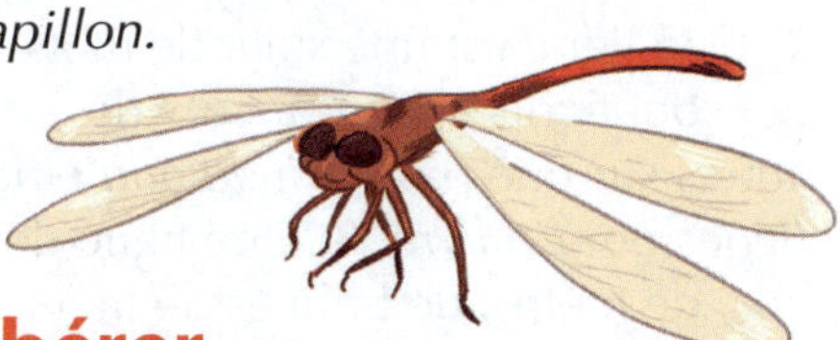

libérer *verbe (v.)*

Libérer, c'est mettre en liberté. *J'ai libéré l'oiseau de sa cage et il s'est envolé.*

liberté *nom féminin (n. f.)*

1. La liberté est le droit de faire et de dire ce que l'on veut tout en respectant les autres. *Dans certains pays, les gens n'ont pas de liberté, ils ne peuvent pas faire tout ce qu'ils veulent.* **2.** La liberté est le fait de ne pas être enfermé. *Dans la forêt, les animaux vivent en liberté.*

libraire *nom masculin ou féminin (n. m. ou f.)*

Un libraire, une libraire est une personne qui travaille dans une librairie et qui vend des livres. *Le libraire m'a conseillé de lire ce livre.*

librairie *nom féminin (n. f.)*

La librairie est un magasin où l'on vend des livres. *Je dois aller à la librairie pour m'acheter un livre.*

libre

adjectif masculin ou féminin (adj. m. ou f.)

1. Être libre, c'est ne pas être enfermé. *Chloé laisse sortir son perroquet de sa cage, elle préfère qu'il soit libre.*
2. Être libre, c'est faire, dire ou penser ce que l'on veut. *Tu es libre de partir, je ne t'en empêche pas.* **3.** Être libre, c'est ne pas être occupé, n'avoir rien à faire. *Je suis libre toute la soirée, si tu veux, on peut se voir.* ▶ Entrée libre : c'est une entrée gratuite. *J'ai deux entrées libres pour le cirque, tu viens avec moi ?* ▶ Temps libre : c'est du temps que l'on a pour faire ce que l'on veut. *Après l'école, les enfants ont du temps libre, ils en profitent pour s'amuser un peu.*

licorne *nom féminin (n. f.)*
Une licorne est un cheval blanc légendaire avec une corne sur le front. *Dans les légendes, la licorne représente la pureté.*

lien *nom masculin (n. m.)*
1. Un lien est une corde ou un fil qui sert à attacher. *Le vétérinaire a mis des liens sur les pattes de la vache pour qu'elle arrête de bouger pendant les soins.* **2.** Un lien est une relation entre deux choses ou deux personnes. *Quel est le lien entre ces deux histoires ? Zoé a un lien de parenté avec Lucy, elles sont cousines.*

lierre *nom masculin (n. m.)*
Le lierre est une plante avec des feuilles vertes, qui grimpe le long des murs. *Le mur de la maison est couvert de lierre.*

lieu *nom masculin (n. m.)*
Un lieu est un endroit précis où il se passe une action, où se situe quelque chose. *Le lieu de l'accident a été interdit au public. Léo a oublié le lieu du rendez-vous.* ▶ Tenir lieu de : c'est servir de, remplacer quelque chose d'autre. *Ce canapé peut tenir lieu de lit.* ▶ Au lieu de : c'est à la place de quelque chose d'autre. *Au lieu de partir faire du ski, nous avons été à la plage.* ▶ Avoir lieu : c'est se passer, se dérouler. *La fête aura lieu demain matin.*

Remarque : Le pluriel de ce mot est : des lieux.

lièvre *nom masculin (n. m.)*
Le lièvre est un animal herbivore qui vit en liberté et qui ressemble à un gros lapin. *Le lièvre court très vite, il est impossible de l'attraper.*

à savoir
Le lièvre ne creuse pas de terrier pour dormir comme le lapin, il se couche sur le sol. La femelle du lièvre est la hase et son petit est le levraut. Le cri du lièvre est le vagissement, il vagit.

ligne *nom féminin (n. f.)*
1. Une ligne est un trait fin et long. *Les élèves écrivent sur les lignes du cahier. Léa a tracé une ligne droite.* **2.** Une ligne est une suite de mots qui sont écrits les uns à côté des autres sur une page. *Hugo a lu cinq lignes de son livre.* **3.** Une ligne de bus, de métro, de train est le trajet qu'il fait tous les jours. *Le train a du retard à cause d'un accident sur la ligne.* **4.** Une ligne électrique ou une ligne téléphonique est un fil ou un câble qui sert à transporter de l'électricité pour utiliser les appareils, pour éclairer ou pour téléphoner. *La ligne a été coupée, je n'ai pas pu lui parler.*

lilas *nom masculin (n. m.)*
Le lilas est un arbuste qui forme des grappes de fleurs blanches ou violettes qui sont très parfumées. *Le lilas pousse au printemps, et il sent très bon.*

Remarque : *Lilas* s'écrit toujours avec un *s* à la fin.

limace *nom féminin (n. f.)*
Une limace est un petit animal tout mou qui ressemble à un escargot sans coquille. *Les limaces laissent une trace brillante derrière elles.*

lime *nom féminin (n. f.)*
Une lime est un outil en métal qui sert à user les objets en bois ou en métal en les frottant pour les rendre moins épais. *La porte frotte contre le sol, il faudrait une lime pour résoudre le problème.* ► Lime à ongles : c'est un objet qui sert à raccourcir les ongles et à les rendre arrondis. *Luna arrondit ses ongles avec sa lime à ongles.*

limite *nom féminin (n. f.)*
Une limite est ce qui marque la fin de quelque chose, ce qu'il ne faut pas dépasser. *Ici, nous sommes à la limite du parc. Le trait blanc marque la limite du terrain de football.*

limonade *nom féminin (n. f.)*
Une limonade est une boisson gazeuse sucrée qui a un petit goût de citron. *Anita a pris une limonade avec du sirop de grenadine.*

linge *nom masculin (n. m.)*
Le linge est un ensemble de pièces de tissu comme un vêtement, un drap, une serviette. *Maman lave tout le linge sale.*

lion, lionne
nom masculin, féminin (n. m., f.)
Un lion, une lionne est un animal sauvage carnivore qui vit en Afrique. *Le lion a une grosse crinière sur la tête, mais pas la lionne.*

à savoir
Le lion est un félin, il appartient à la famille des chats. Dans la nature, c'est la lionne qui chasse pour manger. Le lion mange environ 5 kilos de viande crue par jour. Son cri est le rugissement, le lion rugit. Le petit du lion est le lionceau.

A B C D E F G H I J K L M N O P Q R S T U V W X Y Z

liquide
adjectif masculin ou féminin (adj. m. ou f.)
Quelque chose qui est liquide peut couler. *L'eau que l'on boit est liquide.*
Le contraire est : solide.

liquide *nom masculin (n. m.)*
Un liquide est une boisson ou un aliment qui s'écoule. *Valérie a très mal à la gorge, elle ne peut avaler que du liquide comme la soupe ou le lait.*

lire *verbe (v.)*
1. Lire, c'est reconnaître les lettres, les mots qui sont écrits et comprendre ce qu'ils veulent dire. *Les élèves apprennent à lire au CP.* **2.** Lire, c'est dire à voix haute ce qui est écrit. *Sa mère lui lit une histoire tous les soirs.*

lisse
adjectif masculin ou féminin (adj. m. ou f.)
Quelque chose qui est lisse est uni, sans rien qui dépasse. *Le fond de la baignoire est lisse.*
Le contraire est : rugueux.

liste *nom féminin (n. f.)*
Une liste est une suite de mots écrits les uns en dessous des autres. *La liste des élèves de la classe est affichée sur la porte. Axel a fait une liste des jouets qu'il aimerait avoir pour Noël.*

lit *nom masculin (n. m.)*
Un lit est un meuble composé d'un matelas posé sur un sommier, sur lequel on dort. *Il est tard, il faut aller au lit !*

litre *nom masculin (n. m.)*
Un litre est une unité de mesure pour les liquides. *La bouteille de lait fait un litre.*

Remarque : L'abréviation de *litre* est : L.

livre *nom masculin (n. m.)*
Un livre est un ensemble de feuilles écrites ou imagées qui sont reliées et protégées par une couverture sur laquelle est écrit le titre. *Théo a un livre sur les animaux de la ferme.*

coin lecture

« Il y avait une fois un fils de roi qui possédait une quantité innombrable de beaux livres. Il pouvait y lire et admirer, grâce à de superbes images, tout ce qui s'était passé dans le monde. »
Le Jardin du Paradis.
Andersen.

livret *nom masculin (n. m.)*
Un livret est un petit cahier sur lequel sont écrits des renseignements sur des personnes. *Chaque élève a un livret scolaire dans lequel les professeurs écrivent toutes les notes et les remarques sur l'élève. Sur le livret de famille, il y a les noms et les dates de naissance de toute la famille.*

local *nom masculin (n. m.)*
Un local est une pièce dans un bâtiment qui sert à une chose précise. *Tu peux mettre ton vélo dans le local à vélos près de l'entrée. Le local à poubelles sent mauvais.*

locataire
nom masculin ou féminin (n. m. ou f.)
Un locataire, une locataire est une personne qui habite dans un logement en échange d'une somme d'argent payée au propriétaire. *Les locataires n'ont pas payé le loyer ce mois-ci.*

locomotive *nom féminin (n. f.)*
Une locomotive est un véhicule qui sert à tirer les wagons sur des rails. *La locomotive fait « tchou, tchou ! » avant de partir.*

loger *verbe (v.)*
1. Loger quelque part, c'est y habiter. *Pendant les vacances, nous avons logé chez des amis.* **2.** Loger, c'est accueillir quelqu'un chez soi. *Pendant un an, nous avons logé ma cousine d'Espagne.*

logique *nom féminin (n. f.)*
Quelque chose qui est logique est simple à comprendre. *Si tu es malade, tu ne peux pas venir, c'est logique.*
Le synonyme est : cohérent.
Le contraire est : absurde.

loi *nom féminin (n. f.)*
Une loi est un ensemble de règles qui fixent les droits et les devoirs de chaque personne dans un pays. *Tout le monde doit respecter la loi dans le pays. La loi interdit de voler ou de tuer.*

loin *adverbe (adv.)*
1. *Loin* veut dire *à une grande distance. Natacha habite loin d'ici, il faut y aller en voiture.* **2.** *Loin* veut dire *éloigné dans le temps. Mon anniversaire est encore loin, c'est dans six mois.* ► De loin : *de loin* veut dire *de beaucoup. Zidane est de loin le meilleur joueur de football.*

long, longue
adjectif masculin, féminin (adj. m., f.)
1. Quelque chose qui est long dure longtemps. *Le film est trop long.*
Le contraire est : court.
2. Quelqu'un qui est long met beaucoup de temps. *Tu es longue à t'habiller, on va être en retard.*
3. Quelque chose qui est long est grand et allongé. *Léo cherche un long bâton pour s'en servir comme d'une épée.*
Le contraire est : court.

long *nom masculin (n. m.)*
De tout son long veut dire *de toute sa longueur. Il s'est jeté sur le canapé de tout son long.* ► De long : *de long* veut dire *en longueur.* Le basketteur mesure deux mètres de long. ► En long et en large : c'est sans oublier un seul détail. *Luciana nous a raconté ses vacances en long et en large.* ► Le long de : *le long de* veut dire *sur le côté de quelque chose : On habite la rue qui se trouve le long du parc.*

longtemps *adverbe (adv.)*
Longtemps veut dire *pendant un long moment. J'ai attendu trop longtemps, je veux manger maintenant.*

longueur *nom féminin (n. f.)*
La longueur de quelque chose est son côté le plus long. *Tu peux augmenter la longueur de cette échelle pour monter plus haut.*
Le contraire est : largeur.

A B C D E F G H I J K L M N O P Q R S T U V W X Y Z

lorsque *conjonction (conj.)*
Lorsque veut dire *au moment où.* *Lorsque je suis arrivé, je n'ai vu personne.*
Le synonyme est : quand.

losange *nom masculin (n. m.)*
Un losange est une figure à quatre côtés égaux dont les angles ne sont pas obligatoirement droits. *Élodie a voulu faire un carré mais elle a fait un losange.*

louche *nom féminin (n. f.)*
Une louche est une grande cuillère avec un long manche qui sert à servir de la soupe. *Noémie voudrait deux louches de soupes.*

loucher *verbe (v.)*
Loucher, c'est avoir les yeux qui ne regardent pas dans la même direction. *Quentin louchait un peu quand il était plus petit.*
► Loucher sur : Loucher sur quelque chose, c'est le regarder avec envie, le vouloir. *Dina louche sur mon dessert.*

louer *verbe (v.)*
1. Louer un logement, c'est habiter dans un logement en échange d'une somme d'argent. *Nous avons loué un chalet dans la montagne pour les vacances.* **2.** Louer un garage, un local ou un objet, c'est s'en servir en échange d'une somme d'argent. *Papa a loué un garage pour y mettre sa grande remorque. En vacances, on a loué une voiture pour visiter la région.*

loup *nom masculin (n. m.)*
Le loup est un animal sauvage au museau pointu. *Le loup ressemble au chien.* ► Avoir une faim de loup : c'est avoir très faim. *Thomas a mangé deux assiettes de pâtes, il avait une faim de loup.*

Remarque : Ce mot se termine par un p qui ne se prononce pas.

à savoir
Les loups vivent toujours en bande. La femelle est la louve et leurs petits sont les louveteaux. Les louveteaux ont entre 0 et 6 mois, ensuite ils deviennent de jeunes loups. Le cri du loup est le hurlement.

loupe *nom féminin (n. f.)*
Une loupe est un objet qui fait voir les choses en plus gros. *Grand-mère ne voit pas bien, alors elle regarde avec une loupe quand elle veut lire.*

lourd, lourde
adjectif masculin, féminin (adj. m., f.)

1. Quelque chose ou quelqu'un qui est lourd est difficile à porter. *Mon sac à dos est trop lourd, j'ai mal aux épaules. C'est impossible de bouger la caisse, elle est trop lourde.*
Le contraire est : léger.
2. Un repas lourd est un repas qui est difficile à digérer, qui donne mal au ventre. *Le repas de Noël était trop lourd, je ne pouvais même plus marcher.*
Le contraire est : léger.

loyer *nom masculin (n. m.)*
Un loyer est une somme d'argent que l'on doit payer au propriétaire de notre logement pour habiter dedans. *On paye le loyer tous les mois.*

lucarne *nom féminin (n. f.)*
Une lucarne est une petite fenêtre qui se trouve sur le toit d'une maison. *Alexandre observe les étoiles par la lucarne du grenier.*

luciole *nom féminin (n. f.)*
Une luciole est un petit insecte volant qui a un corps lumineux. *Le soir, on voit bien les lucioles, car elles brillent dans la nuit.*

lueur *nom féminin (n. f.)*
Une lueur est une petite lumière. *Seule la lueur de la lune éclaire la campagne.*

luge *nom féminin (n. f.)*
Une luge est un petit traîneau que l'on utilise pour glisser sur les pentes enneigées. *Les enfants adorent glisser avec leur luge du haut de la colline.*

lui *pronom personnel (pron. pers.)*
Lui indique la troisième personne du singulier, il remplace un nom. *Myriam est malade, je lui ai dit de rester couchée.*

lumière *nom féminin (n. f.)*
1. La lumière est la clarté du soleil ou du jour. *Ouvre les rideaux pour que la lumière entre dans la chambre.*
Le contraire est : obscurité.
2. La lumière est l'éclairage produit par une lampe. *Tu peux allumer la lumière, il commence à faire sombre.*

A B C D E F G H I J K L M N O P Q R S T U V W X Y Z

lumineux, lumineuse
adjectif masculin, féminin (adj. m., f.)

1. Quelque chose qui est lumineux dégage de la lumière, brille. *Claire a un bracelet lumineux, on le voit briller dans le noir.* **2.** Un endroit lumineux est un endroit qui reçoit beaucoup de lumière. *Les pièces de la maison sont bien lumineuses grâce aux grandes fenêtres.*
Le synonyme est : clair.
Le contraire est : sombre.

lundi *nom masculin (n. m.)*
Le lundi est le premier jour de la semaine, il est entre dimanche et mardi. *Le lundi, Inès va à la danse.*

lune *nom féminin (n. f.)*
La Lune est un astre qui tourne autour de la Terre. *Il y a beaucoup de distance de la Terre à la Lune.*
► Être dans la lune : c'est ne pas écouter ce qui est dit, penser à autre chose. *Caroline était dans la lune, elle ne suivait pas la lecture.*

Remarque : Les noms de planètes, d'astres ou d'étoiles prennent une majuscule. Donc, quand on parle de la Lune en tant qu'astre, il faut l'écrire avec une majuscule.

lunettes *nom féminin pluriel (n. f. pl.)*
Les lunettes sont des verres qu'on met devant ses yeux pour corriger sa vue quand on ne voit pas très bien. *Karim ne voit pas bien de loin, alors il doit porter des lunettes.*

lutte *nom féminin (n. f.)*
1. Une lutte est un combat entre deux adversaires. *La lutte a été violente.*
Le synonyme est : bagarre.
2. La lutte contre une chose mauvaise est tout ce que l'on fait pour la vaincre, pour faire disparaître le mal. *Nous avons gagné la lutte contre la maladie. Le pays a commencé la lutte contre la pollution.*

lycée *nom masculin (n. m.)*
Un lycée est un établissement scolaire qui comprend les classes de seconde, de première et de terminale. *Après le collège, les élèves vont au lycée.*

ma *adjectif possessif (adj. poss.)*
Ma est le féminin de *mon* : *Ma chambre.*

mâcher *verbe (v.)*
Mâcher, c'est écraser un aliment avec ses dents. *Il faut bien mâcher avant d'avaler. Djamila mâche un chewing-gum.* ► Ne pas mâcher ses mots : c'est dire franchement ce que l'on pense sans avoir peur de le dire. *Mariana ne mâche pas ses mots quand elle est en colère.*

Remarque : Le *a* prend un accent circonflexe.

machine *nom féminin (n. f.)*
Une machine est un appareil qui fait une chose précise. *La machine à laver sert à laver le linge. La tondeuse à gazon est une machine qui sert à couper l'herbe.*

mâchoire *nom féminin (n. f.)*
La mâchoire est chacune des parties du visage situées en haut et en bas de la bouche, et sur lesquelles sont fixées les dents. *Quand on ouvre la bouche, la mâchoire inférieure descend.*

Remarque : Le *a* prend un accent circonflexe.

maçon *nom masculin (n. m.)*
Un maçon est une personne qui construit ou répare des maisons, des murs et des sols. *Le maçon a refait le mur derrière la maison.*

Remarque : Le *c* de maçon prend une cédille.

madame *nom féminin (n. f.)*

Madame est le nom donné aux femmes qui sont mariées. *Madame Martin est absente.*

Remarque : Le pluriel de ce mot est : mesdames. La forme abrégée de madame est : Mme

mademoiselle

nom féminin (n. f.)

Mademoiselle est le nom que l'on donne aux filles qui ne sont pas encore mariées quand on leur parle. *Bonjour, mademoiselle !*

Remarque : Le pluriel de ce mot est : mesdemoiselles. La forme abrégée de mademoiselle est : Mlle. La forme abrégée de mesdemoiselles est : Mlles.

magasin *nom masculin (n. m.)*

Un magasin est un local où l'on vend des marchandises comme des aliments, des vêtements, des meubles. *Nous irons au magasin de jouets pour choisir ton cadeau.*

Le synonyme est : boutique.

magazine *nom masculin (n. m.)*

Un magazine est un journal, le plus souvent illustré, qui sort toutes les semaines ou tous les mois. *Lina est abonnée à un magazine sur l'espace.*

Le synonyme est : revue.

magicien, magicienne

nom masculin, féminin (n. m., f.)

Un magicien, une magicienne est une personne qui sait faire des tours de magie. *Le magicien a sorti un lapin de son chapeau. Merlin l'Enchanteur est un magicien.*

magie *nom féminin (n. f.)*

La magie, ce sont ces actions qui paraissent inexplicables qu'arrivent à faire certaines personnes. *La sorcière se sert de la magie pour jeter un mauvais sort à la princesse.*

magique

adjectif masculin ou féminin (adj. m. ou f.)

Quelque chose qui est magique possède des pouvoirs extraordinaires. *D'un coup de baguette magique, la fée transforme le vilain garçon en crapaud.*

magnétophone

nom masculin (n. m.)

Un magnétophone est un appareil qui peut enregistrer ou lire les sons. *Anne a mis la cassette dans le magnétophone pour l'écouter.*

magnétoscope
nom masculin (n. m.)
Un magnétoscope est un appareil qui sert à enregistrer des films, des vidéos ou à les regarder sur un écran de télévision. *Mets la cassette du film dans le magnétoscope, on va le regarder ensemble.*

magnifique
adjectif masculin ou féminin (adj. m. ou f.)
Quelque chose qui est magnifique est d'une grande beauté. *Le paysage à la montagne est magnifique.*
Les synonymes sont : splendide, superbe.
Les contraires sont : affreux, horrible.

mai *nom masculin (n. m.)*
Le mois de mai est le cinquième mois de l'année, il est situé entre avril et juin. *Le 1er mai est un jour férié, et tout le monde s'offre du muguet.*

coin lecture

« Elles m'apprirent pourquoi l'odeur était si forte dans la forêt, pourquoi plantes et fleurs étaient si aromatiques. Nous étions au mois de mai, en plein printemps. »
La Soupe à la brochette.
Andersen.

maigre
adjectif masculin ou féminin (adj. m. ou f.)
1. Une personne ou un animal qui est maigre n'a pas de graisse. *Nina est trop maigre, on voit ses côtes qui ressortent.*
Le synonyme est : mince.
Les contraires sont : corpulent, gros.
2. Un aliment qui est maigre contient peu ou pas du tout de matières grasses. *Le poulet est une viande maigre.*
Le contraire est : gras.

maigrir *verbe (v.)*
Maigrir, c'est perdre du poids, de la graisse. *Ma mère se trouve trop grosse, elle veut maigrir un peu.*
Le synonyme est : mincir.
Le contraire est : grossir.

maille *nom féminin (n. f.)*
Une maille est chacune des boucles de fil qui forment un tricot ou un filet. *Grand-mère me tricote un pull en laine en serrant bien les mailles.*

maillon *nom masculin (n. m.)*
Un maillon est un des anneaux d'une chaîne. *Un maillon de ma chaîne a dû s'ouvrir, et je l'ai perdue.*

maillot *nom masculin (n. m.)*
1. Un maillot est un vêtement léger qui couvre le haut du corps. *Mon équipe de football a un maillot jaune.* **2.** Un maillot de bain est un vêtement que l'on met pour se baigner à la piscine ou à la mer. *Kader a mis son maillot de bain pour aller à la piscine.*

main *nom féminin (n. f.)*

La main est la partie du corps qui se trouve au bout du bras et qui comporte cinq doigts. *Tiens la boîte avec tes deux mains.* ▶ En mettre sa main au feu : c'est être sûr de ce que l'on dit. *Le sac était sur la table, j'en mettrais ma main au feu.*
▶ Donner un coup de main : c'est aider quelqu'un. *Yaël m'a donné un coup de main pour finir le travail.* ▶ En mains propres : c'est donner directement quelque chose à quelqu'un. *Je préfère le lui donner en mains propres pour être sûr qu'il l'aura.* ▶ Gagner haut la main : c'est gagner facilement, sans difficulté. *Notre équipe a gagné haut la main, nous étions les plus forts.*

maintenant *adverbe (adv.)*

Maintenant veut dire *tout de suite, à partir de ce moment. Fais-le maintenant, pas après ! Maintenant, je veux me reposer.*

mais *conjonction (conj.)*

Mais indique une opposition, une différence. *Je mange, mais je n'ai pas faim.*
Les synonymes sont : cependant, pourtant.

maïs *nom masculin (n. m.)*

Le maïs est une plante formée d'une longue tige et de grandes feuilles, qui donne des épis de maïs. *Suzy grignote un épis de maïs grillé. Les grains de maïs sont jaunes.*

Remarque : Le *i* prend un tréma.

maison *nom féminin (n. f.)*

Une maison est un bâtiment dans lequel on habite. *Camille vit dans une grande maison. Après l'école, les enfants rentrent à la maison.*

coin lecture

« Et il raconta l'histoire de la vieille maison, et du vieux monsieur, auquel il avait envoyé, pour lui tenir compagnie, son soldat de plomb. La jeune dame fut touchée jusqu'aux larmes de ce récit. »
La Vieille Maison.
Andersen.

maître, maîtresse

nom masculin, féminin (n. m., f.)

Un maître ou une maîtresse est une personne qui enseigne dans une école. *La maîtresse apprend à lire aux élèves du CP.*
Le synonyme est : instituteur, professeur des écoles.

Remarque : Le *i* prend un accent circonflexe.

maîtriser *verbe (v.)*

Maîtriser quelque chose, c'est savoir très bien s'en servir. *Dylan maîtrise bien l'anglais, il le parle parfaitement.*

se maîtriser *verbe (v.)*

Se maîtriser, c'est savoir se contrôler. *Je n'ai pas pu me maîtriser et je me suis mis en colère.*

Remarque : Le i prend un accent circonflexe.

majesté

nom féminin (n. f.)

Majesté est le nom que l'on donne aux rois ou aux reines. *Sa Majesté le roi s'assied sur le trône.*

majeur, majeure

adjectif masculin, féminin (adj. m., f.)

1. Quelque chose de majeur, c'est ce qui est important. *Son problème majeur est sa fainéantise, il ne veut jamais rien faire.*
Les synonymes sont : essentiel, principal.
2. Une personne majeure est une personne qui a plus de 18 ans. *Les personnes majeures peuvent voter.*
Le contraire est : mineur.

majeur *nom masculin (n. m.)*

Le majeur est le troisième doigt de la main. *Le majeur est le doigt le plus long.*

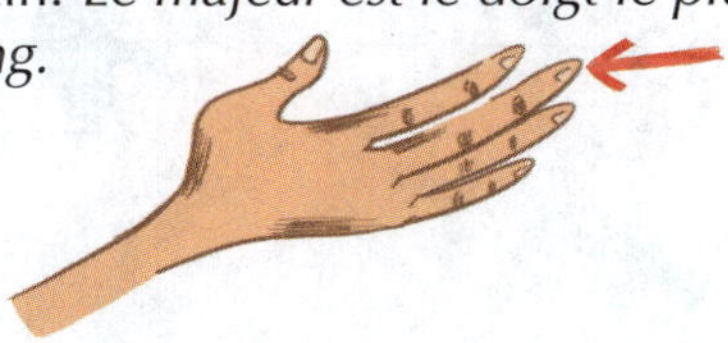

majorité *nom féminin (n. f.)*

La majorité est le plus grand nombre. *La majorité des garçons que je connais aime le football.*
Le contraire est : minorité.

majuscule *nom féminin (n. f.)*

Une majuscule est une lettre plus grande que les autres. *La première lettre du nom s'écrit avec une majuscule. Une phrase commence toujours par une majuscule.*
Le contraire est : minuscule.

1. mal *adverbe (adv.)*

Mal veut dire que ce n'est pas correct ou que ce n'est pas bien fait. *Lucien a mal compris ce que j'ai voulu dire. Ce dessin est mal fait.*
Le contraire est : bien.
► Pas mal de : c'est beaucoup de. *Il y a pas mal de monde dans ce parc.*

2. mal *nom masculin (n. m.)*

1. Le mal est la souffrance qu'on ressent. *Angèle a un mal de gorge.*
2. Le mal est ce qui n'est pas bien. *À ton âge, on sait distinguer le bien et le mal.*
Le contraire est : bien.
► Avoir du mal à faire quelque chose : c'est éprouver des difficultés à faire quelque chose. *J'ai du mal à faire cet exercice, je ne le comprends pas.*

Remarque : Le pluriel de ce mot est : des maux. Remarque : Ne pas confondre le *mal* avec une *malle* ou un *mâle*.

malade

adjectif masculin ou féminin (adj. m. ou f.)

Quelqu'un qui est malade a une maladie, est en mauvaise santé. *Maxime est malade, il a attrapé un gros rhume. Audrey tombe facilement malade.*

Remarque : L'adjectif *malade* peut aussi être un nom : *Le docteur soigne les malades.*

maladie *nom féminin (n. f.)*

Une maladie est ce qui rend une personne malade. *La rougeole, la grippe sont des maladies.* ► En faire une maladie : c'est être très contrarié par quelque chose. *Je lui ai pris un bout de son gâteau et il en a fait une maladie.*

maladroit, maladroite

adjectif masculin, féminin (adj. m., f.)

Quelqu'un qui est maladroit n'est pas précis dans ses gestes et fait tout de travers. *Zack est si maladroit qu'il ne tient pas un verre sans le renverser.*

Les contraires sont : adroit, habile.

Remarque : Les adjectifs *maladroit* et *maladroite* peuvent aussi être des noms : *Samia est une vraie maladroite !*

mâle *nom masculin (n. m.)*

Un mâle est un animal de sexe masculin. *Mon chien Tomy est un mâle.*

Le contraire est : femelle.

Remarque : Le nom *mâle* peut aussi être un adjectif : *Je préfère les animaux mâles, car ils ne font pas de petits.*

Remarque : Ce mot prend un accent circonflexe. Ne pas confondre *mâle* avec une *malle* ou le *mal.*

maléfique

adjectif masculin ou féminin (adj. m. ou f.)

Quelque chose ou quelqu'un qui est maléfique fait du mal en utilisant la magie. *Cette épée est magique, elle possède des pouvoirs maléfiques. Les sorcières sont maléfiques.*

malentendant, malentendante

adjectif masculin, féminin (adj. m., f.)

Quelqu'un qui est malentendant entend très mal. *Mamie est devenue malentendante, elle met un appareil dans son oreille pour mieux entendre.*

Remarque : Les adjectifs malentendant et malentendante peuvent aussi être des noms : Il y a des textes en bas de l'écran de la télévision pour que les malentendants puissent les lire et comprendre ce qui se dit.

malentendu

nom masculin (n. m.)

Un malentendu se produit quand des personnes se comprennent mal et qu'elles comprennent autre chose que ce qui est dit. *C'est un malentendu, je n'ai pas dit que Natacha était capricieuse.*

Le synonyme est : méprise.

malgré *préposition (prép.)*

Malgré veut dire *sans tenir compte de quelque chose.*

Malgré la pluie, nous avons pique-niqué.

Le synonyme est : en dépit de.

malheur *nom masculin (n. m.)*

Un malheur est une chose triste qui arrive à quelqu'un. *La disparition de Maddie est un grand malheur pour ses parents.*

Le contraire est : bonheur.

▶ Porter malheur : c'est apporter la malchance. *On dit qu'un chat noir porte malheur.*

malheureux, malheureuse

adjectif masculin, féminin (adj. m., f.)

Quelqu'un qui est malheureux est très triste. *Anita est malheureuse depuis qu'elle a perdu son chien.*

Le contraire est : heureux.

malhonnête

adjectif masculin ou féminin (adj. m. ou f.)

Quelqu'un qui est malhonnête triche ou vole les autres. *C'est malhonnête de garder l'argent que le boulanger a donné en trop, il faut le lui rendre.*

Le contraire est : honnête.

Remarque : Le premier *e* prend un accent circonflexe

malin, maligne

adjectif masculin, féminin (adj. m., f.)

Quelqu'un qui est malin est rusé et sait se débrouiller tout seul ou trouver des astuces. *Walid est très malin, il saura que tu caches quelque chose. Camille est maligne, elle trouvera le chemin grâce aux indices.*

Les synonymes sont : astucieux, dégourdi, futé.

malle *nom féminin (n. f.)*

Une malle est comme une grande valise qui sert à transporter ses affaires quand on part en voyage. *Maman met les jouets qui ne servent plus dans la vieille malle.*

coin lecture

« Quelle drôle de malle ! Si on appuyait sur la serrure, elle pouvait voler. C'est ce qu'elle fit, et pfut ! Elle s'envola avec lui à travers la cheminée, très haut, au-dessus des nuages, de plus en plus loin. »

La Malle volante.
Andersen.

Remarque : Ne pas confondre une *malle* avec *mal* et *mâle*.

malpoli, malpolie

adjectif masculin, féminin (adj. m., f.)

Quelqu'un qui est malpoli manque de politesse et de bonnes manières. *C'est malpoli de tirer la langue.*

Le synonyme est : impoli.

Le contraire est : poli.

malsain, malsaine

adjectif masculin, féminin (adj. m., f.)

Quelque chose qui est malsain est mauvais et dangereux pour la santé. *Une alimentation trop grasse est malsaine.*

Le contraire est : sain.

maltraiter *verbe (v.)*

Maltraiter quelqu'un, c'est être brutal avec lui, lui faire du mal. *Samy maltraite son chat, il lui tire la queue et les oreilles.*

Les synonymes sont : malmener, brutaliser.

malvoyant, malvoyante

adjectif masculin, féminin (adj. m., f.)

Quelqu'un qui est malvoyant voit très mal. *Thomas est malvoyant, sa vue est très mauvaise.*

Remarque : Les adjectifs *malvoyant* et *malvoyante* peuvent aussi être des noms : *J'ai aidé une malvoyante à traverser la rue.*

maman *nom féminin (n. f.)*

Maman est le nom que l'on donne à sa mère. *Maman, tu peux m'aider ?*

mamelle *nom féminin (n. f.)*

La mamelle est la partie du corps des animaux femelles qui sert à produire du lait quand ils ont des petits. *Les chiots tètent les mamelles de leur mère dès qu'ils ont faim.*

mamie *nom féminin (n. f.)*

Mamie est le nom affectueux que l'on donne à sa grand-mère. *Mamie m'emmène au parc.*

Remarque : On peut aussi écrire *mamy.*

mammifère *nom masculin (n. m.)*

Un mammifère est un animal qui possède un squelette et un cerveau développés, et qui a des poumons pour respirer. *Le lion, l'éléphant, le chien et la baleine sont des mammifères.*

mammouth *nom masculin (n. m.)*

Un mammouth est un grand éléphant avec de longs poils qui vivait il y a très longtemps. *Dans le film* l'Âge de glace, *le mammouth s'appelle Manny.*

à savoir

Le mammouth avait de très grandes défenses recourbées vers le haut. C'était un animal herbivore.

1. manche *nom féminin (n. f.)*
La manche est la partie d'un vêtement qui recouvre le bras. *Les manches de mon pull sont trop longues.*

2. manche *nom masculin (n. m.)*
Le manche est la partie d'un objet qui sert à le tenir. *Tiens le couteau par le manche pour ne pas te couper !*

manchot *nom masculin (n. m.)*
Le manchot est un oiseau au plumage noir et blanc des régions antarctiques et qui a des pattes palmées.

à savoir

Le manchot a des ailes trop courtes pour voler, mais il sait très bien nager et plonger. Le manchot se nourrit de poissons et de crustacés.

mandarine *nom féminin (n. f.)*
Une mandarine est un fruit qui ressemble à une petite orange. *La mandarine est un agrume, elle est remplie de vitamines.*

manège *nom masculin (n. m.)*
Un manège est une attraction qui est composée d'un plateau tournant sur lequel il y a des véhicules ou des animaux pour que les enfants montent dessus. *Kenny a fait un tour de manège sur un avion qui monte et qui descend.*

manette *nom féminin (n. f.)*
Une manette est une petite poignée ou un levier qui sert à faire fonctionner un appareil. *J'ai deux manettes sur ma console de jeux. Léo guide sa voiture télécommandée grâce à une manette.*

manger *verbe (v.)*
Manger, c'est avaler des aliments après les avoir mâchés pour se nourrir. *Il faut manger pour bien grandir. On devrait manger cinq fruits et légumes par jour pour rester en bonne santé.*

mangue *nom féminin (n. f.)*
Une mangue est un fruit ovale. Elle est jaune, juteuse et sucrée, et contient un gros noyau. *La mangue est produite par le manguier dans les pays chauds.*

manie *nom féminin (n. f.)*
Une manie est une habitude un peu bizarre qui devient souvent agaçante. *Siham a la manie de tripoter ses cheveux.*

manière *nom féminin (n. f.)*
Une manière est une façon spéciale de faire quelque chose. *Sa manière de ranger ne me plaît pas du tout, c'est pire qu'avant. Il a une drôle de manière de marcher.*

Le synonyme est : façon.

► De toute manière : cela veut dire *quoi qu'il arrive. De toute manière, tu es obligé de faire ce que je dis.*

manifestation

nom féminin (n. f.)

Une manifestation est un défilé organisé par des personnes qui ne sont pas d'accord avec quelque chose. *La manifestation contre la nouvelle loi a été très bruyante.*

mannequin *nom masculin (n. m.)*

1. Un mannequin est un objet qui a la forme d'une personne et qui est utilisé dans les magasins pour présenter les vêtements. *J'aime bien la robe qui est sur le mannequin.*
2. Un mannequin est une personne dont le métier est de présenter les vêtements que fabriquent les couturiers. *Les mannequins défilent pour présenter la nouvelle collection de vêtements.*

manque *nom masculin (n. m.)*

Un manque est une absence de quelque chose. *Tirer la langue est un manque de politesse.*

manquer *verbe (v.)*

1. Manquer, c'est ne pas être là. *Il manque un feutre dans ma boîte. Il manque deux élèves ce matin.*
2. Manquer de quelque chose, c'est ne pas en avoir assez. *Lucy manque de force.* *3.* Manquer, c'est rater quelque chose. *Karim a manqué la balle.* *4.* Manquer à quelqu'un, c'est lorsqu'une personne ressent l'envie de revoir une autre personne qui n'est pas là. *Maman me manque depuis qu'elle est partie, je voudrais qu'elle revienne.* ▶ Ne pas manquer de : c'est ne pas oublier de faire quelque chose. *Je ne manquerai pas de t'envoyer une carte postale.*

manteau *nom masculin (n. m.)*

Un manteau est un habit que l'on met en hiver par-dessus ses vêtements pour se protéger du froid. *N'oublie pas de mettre ton manteau, il fait froid dehors.*

Remarque : Le pluriel de ce mot est : des manteaux.

1. manuel, manuelle

adjectif masculin, féminin (adj. m., f.)

Quelque chose qui est manuel se fait avec les mains. *Les enfants font des activités manuelles à l'école en utilisant de la peinture.*

2. manuel *nom masculin (n. m.)*

Un manuel est un livre d'école. *La maîtresse a distribué les manuels de français aux élèves.*

maquillage *nom masculin (n. m.)*

Le maquillage est un produit que l'on met sur son visage pour le rendre plus beau ou pour se déguiser. *Question maquillage, maman n'utilise que du rouge à lèvres et du mascara.*
On a fait un maquillage de clown à Aurélie.

marbre *nom masculin (n. m.)*

Le marbre est une pierre très dure qui est pleine de rayures colorées et qui se polit facilement. *Le sol de la salle de bains est en marbre.*

marcassin *nom masculin (n. m.)*

Le marcassin est le petit du sanglier et de la laie. *Jusqu'à l'âge de deux ans, le petit du sanglier est un marcassin.*

marchand, marchande

nom masculin, féminin (n. m., f.)

Un marchand ou une marchande est une personne qui vend des marchandises. *Le marchand de légumes s'installe au marché tous les dimanches. J'ai acheté un cornet au chocolat chez le marchand de glaces.*

coin lecture

« Un marchand avait fait de bonnes affaires à la foire ; toutes ses marchandises étaient vendues, et sa bourse remplie d'or et d'argent. »
Faute d'un clou.
Les frères Grimm.

marchandise *nom féminin (n. f.)*

Une marchandise est quelque chose qui s'achète et qui se vend. *Toutes ces marchandises dans la devanture de cette boutique me font envie.*

marche *nom féminin (n. f.)*

1. La marche est le fait de marcher. *Nous avons fait une longue marche dans la montagne.*
Le synonyme est : promenade.
2. Une marche est la partie plate d'un escalier sur laquelle on pose le pied pour monter ou descendre. *Léa monte les marches deux par deux.*
3. La marche est le fonctionnement d'un appareil, d'une machine. *La télévision est en marche toute la journée. Mets l'aspirateur en marche !*
► Marche à suivre : c'est tout ce que l'on doit faire dans une situation précise. *Les pompiers sont venus à l'école pour nous expliquer la marche à suivre en cas d'incendie.*

marché *nom masculin (n. m.)*

Le marché est le lieu où les marchands vendent leurs marchandises certains jours de la semaine. *Le marché a lieu le mecredi et le samedi.*

Remarque : Ne pas confondre le *marché* avec le verbe *marcher*.

A B C D E F G H I J K L M N O P Q R S T U V W X Y Z

marcher *verbe (v.)*
1. Marcher, c'est avancer en mettant un pied devant l'autre. *Lisa a marché jusqu'à la piscine.* **2.** Marcher, c'est être en état de marche. *Le téléphone ne marche plus, je ne peux pas appeler.*
Le synonyme est : fonctionner.

Remarque : Ne pas confondre *marcher* avec le *marché*.

mardi *nom masculin (n. m.)*
Le mardi est le deuxième jour de la semaine, il se trouve entre lundi et mercredi. *Le mardi, Quentin a son cours de solfège.*

mare *nom féminin (n. f.)*
Une mare est une petite étendue d'eau. *Au parc, il y a une mare avec des canards et des cygnes.*

Remarque : Ne pas confondre une *mare* avec l'adverbe *marre* : *J'en ai marre.*

marécage *nom masculin (n. m.)*
Un marécage est un endroit toujours recouvert d'eau peu profonde où poussent de nombreuses plantes. *Les grenouilles vivent dans les marécages.*
Le synonyme est : marais.

marée *nom féminin (n. f.)*
Une marée est le mouvement de la mer qui monte et qui descend. *Quand la mer monte, c'est la marée haute et quand elle descend, c'est la marée basse. À la marée basse, la mer est très éloignée.* ▶ Marée noire : ce sont des flaques de pétrole qui se déposent sur les plages quand un bateau transportant du pétrole a eu un accident. *À cause de la marée noire, beaucoup d'oiseaux et de poissons sont morts.*

marelle *nom féminin (n. f.)*
Une marelle est un jeu où il faut lancer un caillou sur des cases dessinées sur le sol, puis sauter sur un pied dans toutes les cases, sauf celle où se trouve le caillou. *Les filles jouent à la marelle pendant la récréation.*

marge *nom féminin (n. f.)*
Une marge est un espace vide qui se trouve à côté d'un texte. *Il ne faut pas écrire dans la marge du cahier pour que le professeur ait de la place pour noter les erreurs.* ▶ Vivre en marge de la société : c'est vivre à l'écart des autres personnes. *Les clochards vivent en marge de la société.*

marguerite *nom féminin (n. f.)*
Une marguerite est une fleur qui est jaune au milieu et qui a des pétales blancs et allongés. *J'ai offert un bouquet de marguerites à maman pour la fête des mères.*

mariage *nom masculin (n. m.)*
Le mariage est l'union d'un homme et d'une femme qui promettent de rester ensemble jusqu'à la mort. *Ils ont fait une fête pour leur mariage.*

1. marin, marine
adjectif masculin, féminin (adj. m., f.)
Une chose, un animal marin fait penser à la mer ou vit dans la mer. *Il a un décor marin dans sa salle de bains. Le phoque est un animal marin.* ► Avoir le pied marin : c'est bien se sentir sur un bateau. *Hugo a le pied marin, il adore les balades en mer.*

2. marin *nom masculin (n. m.)*
Un marin est un homme dont le métier est de naviguer sur la mer. *Les marins partent en mer pendant plusieurs mois.*

marine
adjectif masculin ou féminin (adj. m. ou f.)
La couleur marine est une couleur bleu foncé. *Léa a mis un jean bleu marine.*

Remarque : Au pluriel, ce mot s'écrit de la même façon : des pulls marine.

marionnette *nom féminin (n. f.)*
Une marionnette est un petit personnage que l'on fait bouger avec les mains pour faire un spectacle. *Le spectacle de marionnettes était très amusant.*

coin lecture

« La boîte des marionnettes était là, renversée, et toutes les marionnettes en étaient tombées et gisaient au sol, les unes sur les autres. » *Le Montreur de marionnettes.* Andersen.

marmite *nom féminin (n. f.)*
Une marmite est un récipient avec deux poignées et un couvercle, qui sert à cuire les aliments. *Le poulet est dans la marmite, je vais servir.*

marmotte *nom féminin (n. f.)*
Une marmotte est un petit animal rongeur qui vit dans les montagnes.

à savoir

Les marmottes vivent en famille dans des terriers. Dès l'automne, elles bouchent l'entrée de leur terrier pour dormir tout l'hiver jusqu'au printemps. La marmotte est très vigilante et elle prévient les autres d'un danger en sifflant.

marocain, marocaine
adjectif et nom masculin, féminin (adj. et n. m., f.)
Ce qui est marocain vient du pays qui s'appelle le Maroc. *Rachid est marocain. Il est né au Maroc.*

A B C D E F G H I J K L M N O P Q R S T U V W X Y Z

marque *nom féminin (n. f.)*

1. Une marque est ce qui permet de reconnaître quelque chose. *J'ai fait une marque sur mes feutres pour ne pas les confondre avec les tiens.*
2. Une marque est une trace laissée par quelque chose. *Inès a la marque du coussin sur sa joue.*
3. La marque d'un objet est le nom de celui qui le fabrique. *Luca veut des baskets Adidas, c'est sa marque préférée.*
4. Une marque est un signe qui prouve quelque chose. *Il m'a serré sans ses bras, c'est une marque d'affection. Elle aide toujours les autres, c'est une marque de gentillesse.*

marquer *verbe (v.)*

1. Marquer quelque chose, c'est faire une marque, laisser une trace. *Les animaux marquent leur territoire en faisant pipi. Maryse marque ses affaires en faisant des croix.*
2. Marquer, c'est écrire quelque chose. *Driss a marqué son nom sur ses cahiers.*
Les synonymes sont : inscrire, noter.
3. Marquer quelqu'un, c'est lui faire une forte impression. *L'accident de voiture l'a beaucoup marqué.*
4. Marquer un but ou un panier, au football ou au basket-ball, c'est mettre la balle dedans et obtenir un point. *Nicolas a marqué deux buts pendant le match.*

marrant, marrante

adjectif masculin, féminin (adj. m., f.)
Quelqu'un ou quelque chose qui est marrant est amusant et nous fait rire. *Rudy fait des grimaces trop marrantes.*
Le synonyme est : drôle.

marron *nom masculin (n. m.)*

Le marron est le fruit du marronnier. *On a mangé des marrons grillés.*

marron

adjectif masculin ou féminin (adj. m. ou f.)
La couleur marron est une couleur brun-rouge. *Il a mis ses chaussures marron.*

Remarque : Au pluriel, l'adjectif *marron* s'écrit de la même façon : des feuilles marron.

mars *nom masculin (n. m.)*

Le mois de mars est le troisième mois de l'année, il se situe entre février et avril. *Nihad est née en mars.*

marteau *nom masculin (n. m.)*

Un marteau est un outil qui est formé d'un bloc dur en métal fixé sur un manche. *Papa enfonce le clou en tapant avec un marteau.*

mascotte *nom féminin (n. f.)*

Une mascotte est un objet, un animal ou une personne qui est choisi pour servir de porte-bonheur. *La mascotte de l'équipe de France est le coq.*

masculin, masculine

adjectif masculin, féminin (adj. m., f.)

1. Quelque chose qui est masculin a un rapport avec l'homme. *Laura a une façon très masculine de marcher.* *2.* Un nom masculin est un nom qui s'emploie avec les déterminants *un* ou *le*. Un adjectif masculin est un adjectif utilisé avec un nom masculin. Chien *est un nom masculin, on dit* le chien. *Dans « un beau chien »,* beau *est un adjectf masculin.*

Le contraire est : féminin.

masque *nom masculin (n. m.)*

1. Un masque est un objet que l'on met sur son visage pour se déguiser. *Brahim veut un masque de Spiderman.* *2.* Un masque est un objet que l'on met sur son visage pour se protéger ou pour respirer. *Les pompiers ont mis un masque pour ne pas respirer la fumée.*

masquer *verbe (v.)*

Masquer quelque chose, c'est le cacher et empêcher de le voir. *L'immeuble d'en face masque la montagne.*

Le synonyme est : dissimuler.

massage *nom masculin (n. m.)*

Un massage est le fait de frotter une partie du corps d'une personne avec les mains pour lui faire du bien et la détendre. *Maman veut que je lui fasse un massage du dos.*

masse *nom féminin (n. f.)*

Une masse est une grande quantité de quelque chose. *Il a dû beaucoup neiger, car il y a une grosse masse de neige sur le toit. Alice a une masse de devoirs à faire.*

1. massif, massive

adjectif masculin, féminin (adj. m., f.)

1. Quelque chose de massif est fait entièrement de la même matière, sans être mélangé à autre chose. *La table est en bois massif. Son alliance est en or massif.* *2.* Quelque chose ou quelqu'un de massif est épais ou volumineux. *Le toit tient grâce à des poutres massives. Les joueurs de rugby ont un corps massif.*

2. massif *nom masculin (n. m.)*

Un massif est un ensemble de montagnes. *Notre guide nous a fait découvrir le Massif central.*

mat, mate
adjectif masculin, féminin (adj. m., f.)

1. Quelque chose qui est mat est terne, ne brille pas. *J'ai choisi du papier mat pour mes photos.*
Le contraire est : brillant.
2. Une peau mate est une peau foncée. *Karim a la peau mate.*
Le contraire est : clair.

match *nom masculin (n. m.)*
Un match est une épreuve sportive qui se fait entre deux équipes ou deux adversaires. *Vincent va participer au match de foot de son école. Monica et Amélie se préparent pour le match de tennis.*

Remarque : Le pluriel de ce mot est : des matchs ou des matches.

matelas *nom masculin (n. m.)*
Un matelas est un grand coussin en forme de rectangle sur lequel on dort. *Théo s'amuse à sauter sur le matelas de son lit.*

Remarque : *Matelas* se termine par un *s* qui ne se prononce pas.

matelot *nom masculin (n. m.)*
Un matelot est une personne qui fait partie de l'équipage d'un bateau, pour faire les manœuvres. *Laurent veut être matelot pour naviguer sur les flots.*
Le synonyme est : marin.

matériau *nom masculin (n. m.)*
Un matériau est une matière qui est utilisée pour construire ou fabriquer des choses. *Le béton est un matériau très solide qui sert à faire les murs et les sols.*

Remarque : Le pluriel de ce mot est : des matériaux.

matériel *nom masculin (n. m.)*
Un matériel est un ensemble d'objets qu'on utilise pour une activité précise. *J'ai prêté mon matériel de jardinage au voisin.*

maternelle *nom féminin (n. f.)*
La maternelle est l'école pour les enfants de 2 à 5 ans. *Anissa entrera à la maternelle à la rentrée.*

maternité *nom féminin (n. f.)*
La maternité est l'hôpital ou la clinique où les femmes enceintes mettent leur bébé au monde. *Maman est encore à la maternité. Ma petite sœur est née hier.*

mathématiques
nom féminin pluriel (n. f. pl.)

Les mathématiques sont la science des nombres, des figures géométriques. *Il faut savoir compter et calculer pour faire des mathématiques.*

matière *nom féminin (n. f.)*

La matière est la substance dont est faite une chose et qui peut être solide, liquide ou gazeuse. *Le bois est une matière solide. L'eau est une matière liquide. L'air est une matière invisible.*

matin *nom masculin (n. m.)*

Le matin est le début de la journée, il commence au lever du soleil et se termine à midi. *Charlotte se lève tôt le matin.*
Le synonyme est : matinée.

matinée *nom féminin (n. f.)*

La matinée est le moment de la journée qui va du lever du soleil à midi. *Nous avons travaillé toute la matinée.*

maturité *nom féminin (n. f.)*

1. La maturité d'une personne est la période de sa vie où elle devient adulte et responsable. *Il n'a que 14 ans, mais il fait déjà preuve d'une grande maturité.* **2.** La maturité d'un fruit est son état quand il est devenu mûr et qu'il peut être mangé. *Le raisin arrive à maturité en septembre.*

mauvais, mauvaise

nom masculin, féminin (n. m., f.)

1. Quelque chose qui est mauvais n'est pas bon, est désagréable. *Je suis dans une mauvaise position. La sauce était mauvaise. J'ai appris la mauvaise nouvelle.*
Le contraire est : bon.
2. Quelque chose qui est mauvais ne convient pas, n'est pas correct. *Tu as fait le mauvais choix. Il a dû faire un mauvais numéro.*
3. Quelqu'un qui est mauvais est désagréable et méchant. *Mathieu devient mauvais quand il n'a pas ce qu'il veut.*
Le contraire est : gentil.
4. Quelque chose qui est mauvais n'est pas de bonne qualité. *C'était un mauvais film, je n'ai pas aimé.*
Les contraires sont : bon, excellent.
5. Quelque chose qui est mauvais fait du mal, n'est pas bon pour quelqu'un. *Le sucre est mauvais pour les dents, il provoque des caries. La cigarette est mauvaise pour la santé.*
Le contraire est : bon.

mauvais *adverbe (adv.)*

1. Sentir mauvais, c'est ne pas sentir bon. *Tes chaussettes sentent trop mauvais.*
2. *Il fait mauvais* veut dire que le temps n'est pas beau. *Il fait mauvais aujourd'hui, mets ton manteau !*

mauve

adjectif masculin ou féminin (adj. m. ou f.)

La couleur mauve est la couleur violet clair. *Amandine a mis son pull mauve.*

A B C D E F G H I J K L M N O P Q R S T U V W X Y Z

maximum *nom masculin (n. m.)*
Le maximum est la plus grande quantité ou le plus haut niveau qui peut être atteint. *L'entraîneur veut que l'on marque un maximum de buts.*

me *pronom personnel (pron. pers.)*
Me représente la première personne du singulier. *Je me lave.*

Remarque : *Me* devient *m'* quand il est devant une voyelle ou un *h* muet : *J'arrive, je m'habille, je me hâte.*

mécanicien, mécanicienne
nom masculin, féminin (n. m., f.)
Un mécanicien, une mécanicienne est une personne qui répare les machines ou les voitures. *Le mécanicien doit changer le moteur de la voiture.*

mécanisme *nom masculin (n. m.)*
Le mécanisme est l'ensemble des pièces qui font fonctionner un objet, un appareil ou une machine. *Le mécanisme de ma montre doit être cassé, elle ne marche plus.*

méchant, méchante
adjectif masculin, féminin (adj. m., f.)
Quelqu'un qui est méchant est mauvais avec les autres ou fait du mal. *Clarisse est méchante, elle m'a donné un coup de pied.*
Le contraire est : gentil.

mèche *nom féminin (n. f.)*
1. Une mèche est une touffe de cheveux. *Léa s'est mal coiffée, elle a une mèche qui dépasse.* ***2.*** La mèche d'une bougie est le cordon qui sert à l'allumer. *La bougie a entièrement fondu, il ne reste plus que la mèche.* ► Être de mèche avec quelqu'un : c'est être son complice. *Les deux enfants étaient de mèche pour faire la blague.* ► Vendre la mèche : c'est dire quelque chose qui était un secret. *Je sais tout, ton frère a vendu la mèche.*

mécontent, mécontente
adjectif masculin, féminin (adj. m., f.)
Être mécontent, c'est ne pas être content de quelque chose. *La maîtresse est mécontente quand ses élèves ne veulent pas faire d'efforts.*
Les contraires sont : content, satisfait.

médaille *nom féminin (n. f.)*

Une médaille est une pièce de métal que l'on donne en récompense à celui qui gagne la compétition dans un sport. *Celui qui arrive premier gagne la médaille d'or.*

médecin *nom masculin (n. m.)*

Un médecin est une personne qui soigne les malades. *Cassandra a beaucoup de fièvre, je vais appeler le médecin.*

Le synonyme est : docteur.

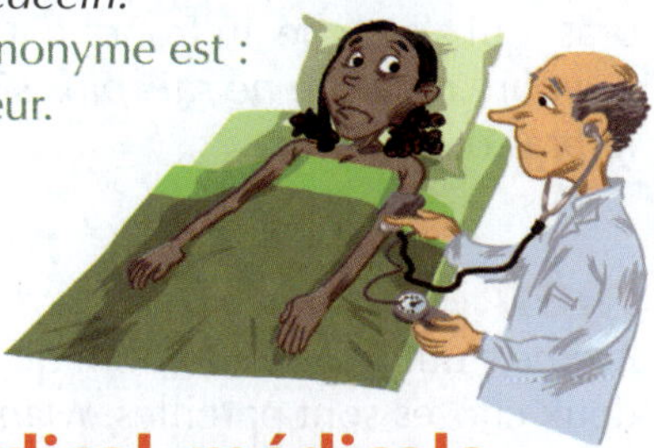

médical, médicale

adjectif masculin, féminin (adj. m., f.)

Quelque chose qui est médical concerne les médecins, les maladies. *Ana va au cabinet médical pour voir son médecin. Les enfants doivent passer leur visite médicale.*

Remarque : Le pluriel de *médical* est : médicaux.

médicament

nom masculin (n. m.)

Un médicament est un produit que l'on prend pour guérir quand on est malade. *Il ne faut prendre que les médicaments que le médecin nous a prescrits, et ne pas en prendre plus.*

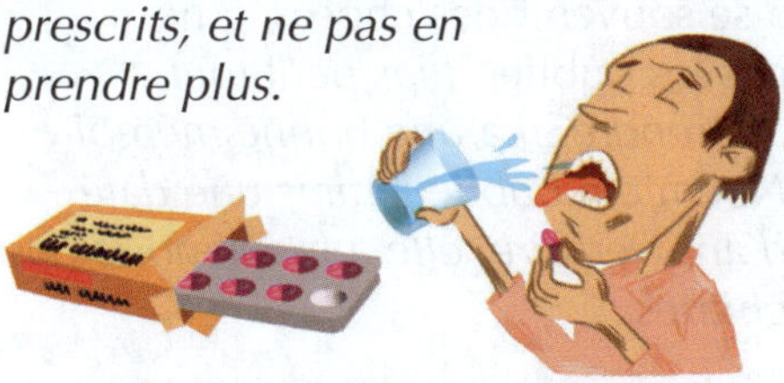

méduse *nom féminin (n. f.)*

Une méduse est un animal mou et transparent qui vit dans la mer et qui se déplace avec ses tentacules. *Nicolas s'est fait piquer par une méduse.*

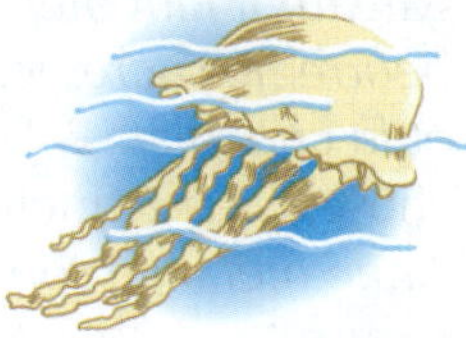

se méfier *verbe (v.)*

Se méfier, c'est ne pas avoir confiance en quelqu'un. *Je me méfie des voleurs.*

mégot *nom masculin (n. m.)*

Le mégot est le bout de cigarette ou de cigare qui reste quand quelqu'un a fini de fumer. *Il écrase son mégot dans le cendrier.*

meilleur, meilleure

adjectif masculin, féminin (adj. m., f.)

1. Quand on compare deux choses, *meilleur* veut dire qu'une chose est supérieure à l'autre en qualité. *Ma glace est meilleure que la tienne.*

Le contraire est : pire.

2. Quelque chose ou quelqu'un qui est meilleur est supérieur à tous les autres. *Yoan est le meilleur joueur de son équipe.*

mélancolique

adjectif masculin ou féminin (adj. m. ou f.)

Quelqu'un qui est mélancolique est très triste. *Maud est mélancolique depuis que ses parents se sont séparés.*

Les contraires sont : enjoué, gai.

A B C D E F G H I J K L **M** N O P Q R S T U V W X Y Z

mélanger *verbe (v.)*

1. Mélanger, c'est mettre ensemble différentes choses. *Pour faire le gâteau, il faut bien mélanger le beurre, le sucre, les œufs, la farine et le chocolat.* ***2.*** Mélanger quelque chose, c'est le mettre en désordre. *Anne mélange son puzzle pour le refaire.*

mêler *verbe (v.)*

Mêler, c'est mélanger des choses différentes ensemble. *Caroline a mêlé le linge propre et le linge sale, je vais devoir trier.*

Le contraire est : séparer.

se mêler *verbe (v.)*

Se mêler de quelque chose, c'est s'occuper des affaires des autres. *Ne te mêle pas de mes problèmes, je vais les résoudre tout seul !*

Remarque : Le premier *e* prend un accent circonflexe.

mélodie *nom féminin (n. f.)*

La mélodie est l'air d'une chanson, la musique que l'on entend. *Claire crée de jolies mélodies avec son piano.*

mélodieux, mélodieuse

adjectif masculin, féminin (adj. m., f.)

Un son mélodieux est un son qui est agréable à écouter. *Maman a une voix très mélodieuse.*

melon *nom masculin (n. m.)*

Un melon est un gros fruit rond ou ovale qui a une chair très sucrée de couleur orange ou jaune. *Le melon rond a une peau verte et une chair orange.*

membre *nom masculin (n. m.)*

1. Un membre est une personne qui fait partie d'un club. *Je suis membre de l'équipe de judo.*

Le synonyme est : adhérent.

2. Un membre est une partie du corps, comme les jambes ou les bras, qui s'attache au tronc. *Il a un membre cassé, je ne sais plus si c'est le bras ou la jambe.*

même *adjectif indéfini (adj. ind.)*

Même s'utilise avant le nom quand deux choses sont pareilles. *Manon et Julie ont le même manteau. Ils ont le même âge.*

Les synonymes sont : identique, semblable.

Le contraire est : différent.

même *pronom (pron.)*

Le même, la même ou *les mêmes* veut dire que des choses sont identiques. *J'aime bien ce vélo, Hugo a le même.*

Remarque : Le premier e prend un accent circonflexe.

mémoire *nom féminin (n. f.)*

La mémoire est une capacité à se souvenir des choses, à ne pas les oublier. *Ilias peut tout apprendre, il a une bonne mémoire. Noémie n'oublie jamais une date d'anniversaire, elle a la mémoire des chiffres.*

menacer *verbe (v.)*
Menacer quelqu'un, c'est chercher à lui faire peur. *Il a menacé de me frapper si je ne lui donnais pas ce qu'il voulait.*

ménage *nom masculin (n. m.)*
Le ménage est le nettoyage et le rangement de la maison. *Maman fait le ménage tous les jours.* ► Femme de ménage ou homme de ménage : c'est une personne qui travaille quelque part en faisant le ménage. *La femme de ménage a tout nettoyé, tout est propre et bien rangé !*

mendiant, mendiante
nom masculin, féminin (n. m., f.)
Un mendiant, une mendiante est une personne pauvre qui demande de l'argent dans la rue. *La mendiante était assise par terre avec son enfant et tendait la main aux passants.*

mener *verbe (v.)*
1. Mener, c'est aller quelque part. *Je cherche le chemin qui mène au parc.* **2.** Mener, c'est être en train de gagner dans un sport. *L'équipe de Damien mène deux buts à zéro.*

menottes *nom féminin pluriel (n. f. pl.)*
Les menottes sont des bracelets en métal reliés par une chaîne et qui servent à attacher ensemble les mains de quelqu'un. *Le policier a arrêté le voleur et lui a mis les menottes.*

mensonge *nom masculin (n. m.)*
Un mensonge est une chose fausse qu'une personne a dite. *Il raconte des mensonges, ce n'est pas moi qui ai cassé le vase.*

mensuel, mensuelle
adjectif masculin, féminin (adj. m., f.)
Quelque chose de mensuel se passe tous les mois ou apparaît tous les mois. *C'est une émission mensuelle. Anissa reçoit un magazine mensuel.*

menthe *nom féminin (n. f.)*
La menthe est une plante verte très parfumée qui donne son goût à certains aliments . *Samia boit du thé à la menthe. Clara mâche un chewing-gum à la menthe. Maman a mis quelques feuilles de menthe dans la salade.*

mentir *verbe (v.)*
Mentir, c'est ne pas dire la vérité. *Julien a menti, je ne l'ai pas poussé !*

menton *nom masculin (n. m.)*
Le menton est la partie du visage qui forme une pointe en dessous de la bouche. *Papa a de la barbe sur le menton.*

menu *nom masculin (n. m.)*
Un menu est une liste de tous les plats qui sont servis dans un restaurant. *Le serveur nous a donné le menu pour que l'on choisisse ce que l'on veut manger.*

menuisier *nom masculin (n. m.)*
Un menuisier est une personne dont le métier est de travailler le bois et de fabriquer des meubles, des portes, des fenêtres. *Le menuisier va changer toutes les fenêtres de la maison.*

mer *nom féminin (n. f.)*
La mer est une grande étendue d'eau salée. La mer recouvre une grande partie de notre planète. *Sofia habite près de la mer.*

Remarque : Ne pas confondre la mer avec le maire ou avec la mère.

coin lecture

« Pour moi, j'étais encore sur l'île, ou plutôt sur la baleine, lorsqu'elle se plongea dans la mer. »
Sinbad Le Marin
Les Milles et Une Nuits

merci ! *interjection (interj.)*
Merci est un mot de politesse qu'on utilise quand on veut remercier quelqu'un. *Quand on te donne quelque chose, tu dois répondre merci. Ce garçon est impoli, il ne dit même pas merci !*

mercredi *nom masculin (n. m.)*
Mercredi est le troisième jour de la semaine, il est entre mardi et jeudi. *Le mercredi, les enfants ne vont pas à l'école.*

mère *nom féminin (n. f.)*
1. Une mère est une femme qui a des enfants. *C'est sa mère qui l'emmène à l'école.*
Le synonyme est : maman.
2. Une mère est un animal femelle qui a des petits. *Les chiots cherchent leur mère dès qu'ils se réveillent.*

Remarque : Ne pas confondre la *mère* avec le *maire* ou avec la *mer*.

mériter *verbe (v.)*
Mériter une récompense ou une punition, c'est faire quelque chose qui nous donne le droit de l'avoir. *Candice travaille très bien à l'école, elle mérite d'avoir ce jouet. Hugo a été très vilain, il a mérité sa fessée.*

merle *nom masculin (n. m.)*
Un merle est un oiseau qui a des plumes noires et un bec orange pour le mâle, et qui est marron pour la femelle. *Les merles ont fait leur nid dans les arbres du parc.*

merveille *nom féminin (n. f.)*
Une merveille est une chose très belle. *Ce palais est une merveille.*
► À merveille : *à merveille* veut dire *parfaitement bien. Léa dessine à merveille.*

merveilleux, merveilleuse
adjectif masculin, féminin (adj. m., f.)
Être merveilleux, c'est être admirable, extraordinaire. *Thomas est un garçon merveilleux, tout le monde l'adore.*

mes *adjectif possessif (adj. poss.)*
Mes est le pluriel de *mon* ou de *ma* : *Mes crayons.*

message *nom masculin (n. m.)*
Un message est un petit texte ou des paroles qu'on transmet à quelqu'un pour lui dire quelque chose. *Myriam m'a envoyé un message par Internet pour me dire de venir. Clara a laissé un message sur le répondeur, elle arrivera en retard.*

mesure *nom féminin (n. f.)*
La mesure de quelque chose est sa dimension. *J'ai pris les mesures de mon cahier avec ma règle.* ► Être en mesure de : c'est être capable de. *Tu es en mesure de ranger ta chambre tout seul, je ne le ferai pas pour toi.*

mesurer *verbe (v.)*
1. Mesurer quelque chose, c'est prendre ses mesures, sa dimension. *Théo s'amuse à mesurer ses crayons avec sa règle.* **2.** Mesurer, c'est avoir telle ou telle taille. *Le basketteur mesure plus de deux mètres.*

se mesurer *verbe (v.)*
Se mesurer à quelqu'un, c'est se battre contre quelqu'un. *Tu ne peux pas te mesurer à Léo, il est plus fort que toi.*

métal *nom masculin (n. m.)*
Le métal est une matière solide et lisse que l'on trouve sous la terre. *Le fer, l'aluminium, l'or sont des métaux.*

Remarque : Le pluriel de ce mot est : des métaux.

météo *nom féminin (n. f.)*
La météo est l'étude du climat, du temps qu'il fait dans le ciel. *D'après la météo, il va faire du soleil aujourd'hui.*

Remarque : *Météo* est l'abréviation de *météorologie.*

méthode *nom féminin (n. f.)*
Une méthode est une façon de faire quelque chose. *La maîtresse a une bonne méthode pour nous faire écouter en classe.*
Le synonyme est : moyen.

métier *nom masculin (n. m.)*
Un métier est un travail que l'on fait et pour lequel on est payé. *Le métier de pompier comporte des risques.*

A B C D E F G H I J K L M N O P Q R S T U V W X Y Z

métis, métisse

adjectif masculin, féminin (adj. m., f.)
Être métis, c'est avoir des parents qui ont une couleur de peau différente. *Jade est métisse, elle a un père noir et une mère asiatique.*

Remarque : Les adjectifs *métis* et *métisse* peuvent aussi être des noms : *C'est une métisse.*

mètre *nom masculin (n. m.)*

1. Un mètre est une unité de mesure. *Il veut construire un mur de deux mètres de haut pour séparer son jardin du jardin d'à côté.* **2.** Un mètre est un objet qui sert à prendre les mesures de quelque chose. *Papa mesure la longueur de la pièce avec un mètre.*

métro *nom masculin (n. m.)*

Le métro est un train qui est souvent souterrain et qui sert à transporter les personnes dans les grandes villes. *Je n'ai pas envie de marcher, je vais prendre le métro.*

mettre *verbe (v.)*

1. Mettre quelque chose, c'est le poser quelque part. *J'ai mis tes vêtements sur ton lit.* **2.** Mettre un vêtement, c'est l'enfiler sur soi. *Mets ton manteau et tes chaussures, on s'en va !*
Le synonyme est : revêtir.
3. Mettre du temps, c'est prendre un certain temps. *Elle a mis deux heures pour arriver.* **4.** Mettre, c'est allumer un appareil pour le faire fonctionner. *Mets la télévision !*

se mettre *verbe (v.)*

Se mettre à faire quelque chose, c'est commencer à le faire. *Anna s'est mise à travailler tout de suite en rentrant.*

meuble *nom masculin (n. m.)*

Un meuble est un objet qui aménage une maison et dont on se sert dans la vie de tous les jours. *Le lit, l'armoire, les fauteuils, la table sont des meubles.*

meute *nom féminin (n. f.)*

Une meute est une troupe de chiens de chasse. *Les chasseurs sont arrivés avec leur meute.*

miauler *verbe (v.)*

Miauler, c'est pousser son cri pour le chat. *Le chat miaule à la fenêtre pour rentrer.*

micro *nom masculin (n. m.)*
Un micro est un appareil qui permet de rendre les sons plus forts. *Sur le podium, l'animateur parle dans un micro pour que tout le monde l'entende.*

microbe *nom masculin (n. m.)*
Un microbe est une minuscule bête qu'on ne voit pas avec les yeux et qui peut donner des maladies. *Ne mets pas tes doigts dans ta bouche, tu vas attraper des microbes.*
Le synonyme est : bactérie.

micro-ondes
nom masculin (n. m.)
Un micro-ondes est un four qui permet de réchauffer, de cuire ou de décongeler rapidement les aliments. *Théo fait chauffer son lait dans le micro-ondes.*

Remarque : Au pluriel, ce mot s'écrit de la même façon : des micro-ondes.

microscope *nom masculin (n. m.)*
Un microscope est un instrument qui permet de voir des choses qui sont invisibles à l'œil nu. *Le chercheur étudie la bactérie en la regardant au microscope.*

midi *nom masculin (n. m.)*
Le midi est le milieu de la journée, il sépare le matin de l'après-midi. *À midi, il est l'heure de manger.*

mie *nom féminin (n. f.)*
La mie est la partie molle du pain qui se trouve à l'intérieur de la croûte. *Gaël ne mange que la mie.*

miel *nom masculin (n. m.)*
Le miel est un produit sucré qui est fabriqué par les abeilles à partir des fleurs. *Maud aime les tartines au miel.*

mien, mienne *pronom possessif masculin, féminin (pron. poss. m., f.)*
Le mien ou *la mienne* désigne ce qui appartient à la personne qui parle. *Ne prends pas ce verre, c'est le mien.*

Remarque : Le pluriel est : les miens, les miennes.

miette *nom féminin (n. f.)*
Une miette est un tout petit morceau de quelque chose. *Quand Hugo mange, il met des miettes de pain partout.*

mieux *adverbe (adv.)*
Mieux s'utilise pour dire qu'une chose est meilleure qu'une autre. *Anaïs dessine mieux que Nicole.*

mignon, mignonne
adjectif masculin, féminin (adj. m., f.)
Être mignon, c'est être joli, adorable. *Charlotte est toute mignonne avec cette robe. Son petit lapin est trop mignon.*
Le contraire est : laid.

A B C D E F G H I J K L M N O P Q R S T U V W X Y Z

migrateur, migratrice *adjectif masculin, féminin (adj. m., f.)*
Un animal migrateur est un animal qui voyage vers un autre pays quand la saison change. *En hiver, les oiseaux migrateurs s'envolent vers les pays chauds.*

milieu *nom masculin (n. m.)*
1. Le milieu est l'endroit qui se trouve au centre de quelque chose. *Olivier a marqué un but du milieu du terrain. Tom a dessiné une maison au milieu de la feuille.* ***2.*** Le milieu est le moment qui se trouve entre le début et la fin de quelque chose. *Luca n'a vu que la moitié du film, il est arrivé au milieu de la séance.*

militaire *nom masculin ou féminin (n. m. ou f.)*
Un militaire, une militaire est une personne qui fait partie de l'armée. *Ce militaire est un simple soldat.*

mille *nom masculin (n. m.)*
Mille est un nombre égal à dix fois cent. *En chiffres, mille s'écrit 1000.*

Remarque : *Mille* s'écrit toujours au singulier : deux mille pages.

milliard *nom masculin (n. m.)*
Un milliard est un nombre qui s'écrit avec neuf zéros. Il correspond à mille millions. *Il existe des milliards d'étoiles dans l'espace.*

millier *nom masculin (n. m.)*
Un millier veut dire environ mille. *Il doit y avoir au moins un millier de fourmis dans le jardin.*

million *nom masculin (n. m.)*
Un million est un nombre qui s'écrit avec six zéros, et qui correspond à mille fois mille. *Il a gagné un million d'euros au Loto.*

mimer *verbe (v.)*
Mimer, c'est imiter quelqu'un ou quelque chose. *Mathieu mime très bien le singe.*
Le synonyme est : singer.

mince *adjectif masculin ou féminin (adj. m. ou f.)* Quelqu'un qui est mince a un corps fin. *Les danseuses sont très minces.* Le synonyme est : svelte.
Le contraire est : gros.

mincir *verbe (v.)*
Mincir, c'est devenir plus mince, plus fin. *Sonia a beaucoup minci depuis qu'elle fait du sport.*
Le contraire est : grossir.

1. mine *nom féminin (n. f.)*
La mine d'une personne est l'humeur ou l'état dans lequel elle est. *Tu as l'air d'avoir bonne mine. Caroline a une mine fatiguée aujourd'hui.*

2. mine *nom féminin (n. f.)*
La mine d'un crayon est la pointe qui écrit. *Ta mine est cassée, il faut la tailler.*

3. mine *nom féminin (n. f.)*
Une mine est un endroit dans le sol où on creuse des tunnels pour extraire des métaux, des matières minérales comme le charbon, le soufre. *En France, toutes les mines de charbon sont maintenant fermées.*

mineur, mineure
adjectif masculin, féminin (adj. m., f.)
1. Quelqu'un qui est mineur n'est pas encore adulte. *Les enfants sont mineurs jusqu'à leurs 18 ans.*
2. Quelque chose qui est mineur n'est pas très important. *C'est un problème mineur, ce n'est pas grave.*

miniature
adjectif masculin ou féminin (adj. m. ou f.)
Quelque chose de miniature est très petit. *Tom collectionne les voitures miniatures.*

minijupe *nom féminin (n. f.)*
Une minijupe est une jupe très courte qui arrive à la moitié des cuisses. *Anita a mis ses bottes avec sa minijupe.*

minimum *nom masculin (n. m.)*
Le minimum est la plus petite quantité. *J'ai pris le minimum d'affaires pour ne pas avoir une valise trop lourde.*
Le contraire est: maximum.
► Au minimum : *au minimum* veut dire *au moins. Je vais partir au minimum pour un mois.*

ministre *nom masculin (n. m.)*
Un ministre est une personne qui travaille au gouvernement d'un pays pour diriger un domaine particulier. *Le ministre de l'Éducation a décidé de créer des emplois dans les écoles.*

minoritaire
adjectif masculin ou féminin (adj. m. ou f.)
Être minoritaire, c'est appartenir au plus petit groupe. *Les filles sont minoritaires dans la classe, il y a beaucoup plus de garçons.*
Le contraire est: majoritaire.

minuit *nom masculin (n. m.)*
Minuit est le moment qui se trouve au milieu de la nuit, et c'est la fin d'une journée de 24 heures. *Il est minuit quand les deux aiguilles d'une montre sont sur le 12.*

minuscule
adjectif masculin ou féminin (adj. m. ou f.)
Quelque chose de minuscule est très petit. *L'avion vole tellement haut qu'il apparaît minuscule dans le ciel.*
Les contraires sont : énorme, gigantesque.
minuscule *nom féminin (n. f.)*
Une minuscule est une petite lettre. *Pour écrire ton nom, tu mets la première lettre en majuscule et les autres en minuscules.*
Les contraires sont : capitale, majuscule.

miracle *nom masculin (n. m.)*
Un miracle est une chose incroyable et inexplicable. *C'est un miracle que personne n'ait été blessé dans l'accident.*

mirage *nom masculin (n. m.)*
Un mirage est quelque chose que l'on croit voir mais qui n'existe pas. *On voit souvent des mirages dans le désert.*
Le synonyme est : illusion.

miroir *nom masculin (n. m.)*
Un miroir est une glace dans laquelle on peut se voir. *Nadia se coiffe devant son miroir.*

misère *nom féminin (n. f.)*
La misère est une très grande pauvreté. *Pendant son voyage en Inde, il a vu des gens qui vivaient dans la misère.*
Le contraire est : richesse.

coin lecture

« Avec tout cet or, as-tu rendu heureux ceux qui t'entouraient ! As-tu songé à la misère des pauvres ! »
La Tombe.
Les frères Grimm.

mission *nom féminin (n. f.)*
Une mission est ce que quelqu'un est chargé de faire. *La maîtresse de Hugo lui a donné la mission d'arroser les plantes de la classe.*

mite *nom féminin (n. f.)*
Une mite est un papillon non coloré dont les chenilles mangent les tissus en laine dans les armoires. *Inès a retrouvé son pull avec des trous, il doit y avoir des mites dans son armoire.*

mixer *verbe (v.)*
Mixer des aliments, c'est les broyer pour les mettre en purée. *J'ai mixé les tomates et les pommes de terre pour faire une soupe.*

mixte
adjectif masculin ou féminin (adj. m. ou f.)
Quelque chose de mixte comprend des personnes ou des choses différentes. *Clara va dans une école mixte, où étudient des filles comme des garçons.*

mobile
adjectif masculin ou féminin (adj. m. ou f.)
Quelque chose de mobile peut être bougé ou déplacé. *Je prends toujours mon téléphone mobile sur moi.*
Le contraire est : fixe.

mobilier *nom masculin (n. m.)*
Le mobilier est l'ensemble des meubles d'une maison. *Elle veut un nouveau mobilier pour sa nouvelle maison.*

Mobylette *nom féminin (n. f.)*

Une Mobylette est un véhicule à deux roues avec un moteur. *Mon grand frère veut une Mobylette.*

Remarque : *Mobylette* a une majuscule, car c'est un nom de marque.

moche

adjectif masculin ou féminin (adj. m. ou f.)

Quelqu'un ou quelque chose qui est moche n'est pas beau. *Je trouve qu'il est moche. Ton dessin est moche.*
Le synonyme est : laid.

1. mode

nom féminin (n. f.)

La mode est une façon de s'habiller qui correspond à ce que l'on aime à un moment de l'année. *Les tongs sont à la mode cet été.*

2. mode *nom masculin (n. m.)*

Un mode est la manière de faire ou d'être de quelque chose. *Il faut lire le mode d'emploi pour construire ton jeu. Les voisins ont un mode de vie différent du nôtre.*

modèle *nom masculin (n. m.)*

Un modèle est une personne ou un objet qu'on copie. *Son grand frère est un modèle pour lui, il veut lui ressembler. Il faut suivre le modèle pour réussir la construction de ton bateau.*

modeler *verbe (v.)*

Modeler quelque chose, c'est donner une forme à une matière molle. *J'ai modelé des boules avec la pâte à pain.*

moderne

adjectif masculin ou féminin (adj. m. ou f.)

Quelque chose qui est moderne fait partie de notre époque et pas du passé. *Maman ne veut pas reprendre les vieux meubles de grand-mère, elle préfère avoir un mobilier moderne.*
Le contraire est : démodé.

modeste

adjectif masculin ou féminin (adj. m. ou f.)

Quelqu'un qui est modeste ne se vante pas et reste simple. *Alex est trop modeste, il ne veut pas qu'on dise que son dessin est superbe.*
Les contraires sont : orgueilleux, prétentieux.

modifier *verbe (v.)*

Modifier, c'est changer quelque chose. *J'ai légèrement modifié la recette du gâteau, et il est encore meilleur.*

moelle *nom féminin (n. f.)*

La moelle est la matière molle et grasse qui se trouve à l'intérieur de l'os. *Samy aime bien sucer les os a moelle.*

moelleux, moelleuse

adjectif masculin, féminin (adj. m., f.)

Quelque chose de moelleux est mou et doux. *Mon coussin est bien moelleux.*

moi *pronom personnel (pron. pers.)*
Moi représente la première personne du singulier, la personne qui parle. *Moi, je sais. C'est moi le meilleur joueur de l'équipe ! Viens avec moi.*

moineau *nom masculin (n. m.)*
Un moineau est un petit oiseau marron vivant dans les villes et dans les campagnes. *Le matin, je me réveille avec le chant des moineaux.*

Remarque : Le pluriel de ce mot est : des moineaux.

coin lecture

« " Le moineau du voisin viendra manger le nôtre ? Non, de par tous les chats ! " Entrant lors au combat, il croque l'étranger. " Vraiment, dit maître chat, les moineaux ont un goût exquis et délicat ! " »
Le Chat et les Deux Moineaux.
Jean de La Fontaine.

1. moins *adverbe (adv.)*
Moins veut dire *en plus petite quantité. J'ai eu moins de chocolat que Guillaume.*
Le contraire est : plus.
► Au moins : *au moins* veut dire *au minimum. J'en veux au moins deux.*

2. moins *préposition (prép.)*
Moins se met devant un nombre que l'on soustrait à un autre nombre. *Deux moins un fait un. Il est neuf heures moins dix.*

mois *nom masculin (n. m.)*
Le mois est une partie de l'année qui compte 30 ou 31 jours. *Il y a douze mois dans l'année. Zoé est née au mois de septembre.*

moisi, moisie
adjectif masculin, féminin (adj. m., f.)
Quelque chose qui est moisi est couvert de moisissures. *La crème est restée trop longtemps dans le frigo, elle est moisie.*

moisissure *nom féminin (n. f.)*
La moisissure est un champignon qui se développe sur un aliment qui pourrit ou sur une surface humide. *Il y a de la moisissure sur cette tomate. À cause de l'humidité, le mur esr couvert de moisissures.*

moissonner *verbe (v.)*
Moissonner, c'est récolter les céréales. *Le fermier moissonne son champ de blé.*

moite *adjectif masculin ou féminin (adj. m. ou f.)*
Quelque chose qui est moite est un peu humide à cause de la sueur. *Théo a enlevé ses chaussures. Il avait les pieds moites, car il avait trop chaud.*

moitié *nom féminin (n. f.)*
La moitié est une des deux parties d'une chose. *Je partage le gâteau en deux, et chacun en aura une moitié.*

molaire *nom féminin (n. f.)*
Une molaire est une grosse dent du fond. *On écrase les aliments grâce aux molaires.*

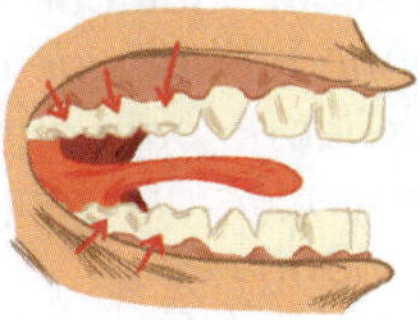

molle *adjectif féminin (adj. f.)*
Molle est le féminin de *mou* : *Ma couette est bien molle.*

mollet *nom masculin (n. m.)*
Le mollet est la partie arrondie derrière la jambe, entre la cheville et le genou. *Les coureurs ont des mollets bien musclés.*

mollir *verbe (v.)*
Mollir, c'est devenir tout mou. *Le beurre a molli à cause de la chaleur.*

mollusque *nom masculin (n. m.)*
Un mollusque est un animal qui vit dans l'eau et qui a un corps tout mou protégé par une coquille. *Les coquillages et les moules sont des mollusques.*

môme *nom masculin (n. m.)*
Un môme est un enfant. *Le parc est toujours rempli de mômes.*
Les synonymes sont : gamin, gosse.

Remarque : Le *o* prend un accent circonflexe.

moment *nom masculin (n. m.)*
Un moment est un temps qui est court, qui ne dure pas. *Je reviens dans un moment.*
Le synonyme est : instant.
► À tout moment : c'est n'importe quand. *Il peut revenir à tout moment, il faut attendre ici.*

momie *nom féminin (n. f.)*
Une momie est le corps d'une personne morte, qui est conservé en bon état grâce à des substances particulières. *Les Égyptiens entouraient les momies de bandelettes de tissu.*

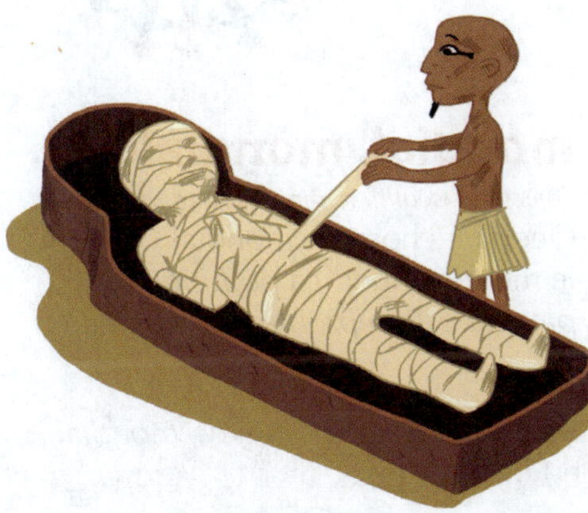

mon, ma *adjectif possessif masculin, féminin (adj. poss. m., f.)*

Mon ou *ma* veut dire *qui est à moi. C'est mon livre. Ma classe est au fond de la cour.*

Remarque : Devant un mot qui commence par une voyelle ou par un *h* muet, *ma* devient *mon* : *Mon amie s'appelle Sara. C'est mon habit préféré.* Le pluriel de *mon* ou de *ma* est *mes.*

monde *nom masculin (n. m.)*

1. Le monde est la planète Terre. *Il a fait le tour du monde en bateau.*
2. Le monde est l'ensemble des habitants de la planète. *Il aime voyager pour voir du monde.*
3. Le monde est un grand nombre de personnes. *Il y avait trop de monde au cirque.* ► Mettre un enfant au monde : c'est le faire naître. *Maman a mis au monde un petit garçon.* ► Venir au monde : c'est naître. *Thomas est venu au monde le 5 octobre.*

mondial, mondiale *adjectif masculin, féminin (adj. m., f.)*

Quelque chose de mondial concerne le monde entier. *La pollution de la planète est un problème mondial.*

Remarque : Le pluriel de *mondial* est : mondiaux.

moniteur, monitrice *nom masculin, féminin (n. m., f.)*

Un moniteur, une monitrice est une personne qui organise des activités de groupe ou qui enseigne un sport. *Ethan a appris le ski très vite parce qu'il avait un bon moniteur.*

monnaie *nom féminin (n. f.)*

1. La monnaie est l'ensemble des pièces et des billets qui servent à acheter quelque chose. *L'euro est la monnaie des pays de l'europe.*
2. La monnaie est le reste de l'argent que le vendeur nous rend quand on achète quelque chose. *Selma a donné un billet de cinq euros pour acheter un pain d'un euro, donc le boulanger lui a rendu quatre euros de monnaie.*

monologue *nom masculin (n. m.)*

Le monologue est le discours d'une personne qui se parle à elle-même à voix haute. *Cédric ne laisse jamais parler les autres, il préfère ses monologues.*
Le contraire est : dialogue.

monoparental, monoparentale *adjectif masculin, féminin (adj. m., f.)*

Une famille monoparentale est une famille où il n'y a plus qu'un seul des deux parents pour élever les enfants. *Hélène vit dans une famille monoparentale, ses parents ont divorcé.*

Remarque : Le pluriel de *monoparental* est : monoparentaux.

monsieur *nom masculin (n. m.)*
Monsieur est le nom que l'on donne aux hommes en parlant d'eux ou en s'adressant à eux. *Monsieur Martin est absent. Bonjour, monsieur !*

Remarque : Le pluriel de ce mot est : messieurs. Le *r* ne se prononce pas.

monstre *nom masculin (n. m.)*
Un monstre est une créature qui fait peur. *Matéo aime bien regarder les dessins animés de monstres.*

montagne *nom féminin (n. f.)*
Une montagne est un très haut rocher qui a un sommet arrondi ou en pointe. *Livia adore faire des randonnées en montagne.*

montant *nom masculin (n. m.)*
Le montant est le total d'un compte. *Le montant des achats pour les fournitures d'école est très élevé.*
Le synonyme est : somme.

montée *nom féminin (n. f.)*
1. Une montée est un déplacement vers le haut. *Les alpinistes ont terminé la montée, ils sont arrivés au sommet de la montagne.* **2.** Une montée est une pente qui monte sur une route. *C'est difficile de faire du vélo sur une montée.*

monter *verbe (v.)*
1. Monter, c'est aller du bas vers le haut. *Les enfants s'amusent à monter et descendre les escaliers.*
Le contraire est : descendre.
2. Monter quelque chose, c'est l'apporter en haut. *Si tu descends dans la cuisine, peux-tu me monter un verre d'eau ?* **3.** Monter dans un véhicule, c'est s'installer dedans. *Monte dans la voiture, nous allons partir.* **4.** Monter, c'est augmenter. *Le prix du pain a encore monté.*
Les contraires sont : baisser, diminuer.

montgolfière *nom féminin (n. f.)*
Une montgolfière est un gros ballon accroché à un grand panier dans lequel les personnes montent, et qui vole dans les airs. *Manon a déjà fait un tour en montgolfière.*

montre *nom féminin (n. f.)*
Une montre est un petit appareil qui indique l'heure qu'il est et qui s'accroche au poignet. *Nathan a eu une montre pour son anniversaire.*

montrer *verbe (v.)*
Montrer, c'est faire voir. *Laurine montre des photos à ses copines. Montre-moi comment tu fais !*

monument *nom masculin (n. m.)*
Un monument est une construction qui est ancienne et très belle et qu'on peut visiter. *La tour Eiffel est un monument très célèbre.*

se moquer *verbe (v.)*
1. Se moquer de quelqu'un, c'est rire de quelqu'un. *Léo se moque toujours de moi.* ***2.*** Se moquer de quelque chose, c'est ne pas s'y intéresser. *Je me moque de tes histoires !*

moquerie *nom féminin (n. f.)*
Une moquerie est une plaisanterie qui sert à rire de quelqu'un. *Fatou ne veut plus aller à l'école à cause des moqueries des autres enfants.*
Le synonyme est : raillerie.

moquette *nom féminin (n. f.)*
Une moquette est un tapis fixé sur le sol, qui recouvre toute la surface d'une pièce. *Je préfère mettre de la moquette dans les chambres et du carrelage dans le salon.*

moral *nom masculin (n. m.)*
Le moral est la bonne humeur d'une personne. *Anne essaie de garder le moral, malgré la mauvaise nouvelle qu'elle vient de recevoir. Audrey n'a pas le moral.*

Remarque : Ne pas confondre le *moral* avec la *morale*.

morale *nom féminin (n. f.)*
1. La morale est l'ensemble des règles qu'il faut suivre pour faire ce qui est bien. *C'est contraire à la morale de mentir.* ***2.*** La morale d'une histoire est la leçon qu'il faut tirer de l'histoire. *La morale de cette histoire, c'est qu'il ne faut faire confiance à personne.*

Remarque : Ne pas confondre la *morale* avec le *moral*.

morceau *nom masculin (n. m.)*
Un morceau est une partie de quelque chose. *Élisa m'a donné un morceau de son sandwich. J'ai trouvé un morceau de verre cassé par terre.*

Remarque : Le pluriel de ce mot est : des morceaux.

mordre *verbe (v.)*
Mordre, c'est serrer quelque chose avec les dents. *Son chien m'a mordu la jambe.*

morse *nom masculin (n. m.)*
Un morse est un grand animal qui possède des défenses en ivoire et qui vit dans les mers des pôles Nord et Sud.

à savoir
Le morse est très sociable et vit en troupeau sur des icebergs ou des îles. Ses défenses lui permettent de se défendre et lui servent de point d'appui pour monter sur la glace. Il se nourrit de poissons et de mollusques. La femelle porte son petit dans son ventre pendant quinze mois.

morsure *nom féminin (n. f.)*
Une morsure est une blessure faite en mordant. *J'ai encore les traces de sa morsure sur mon bras.*

1. mort *nom féminin (n. f.)*
La mort est la fin de la vie. *Lucy a pleuré à la mort de son grand-père.*

Le synonyme est : décès.

coin lecture

« Un malheureux appelait tous les jours la mort à son secours. " Ô Mort, lui disait-il, que tu me sembles belle ! Viens vite, viens finir ma fortune cruelle ! " »
La Mort et le Malheureux.
Jean de La Fontaine.

2. mort, morte
nom masculin, féminin (n. m., f.)
Un mort ou une morte est une personne qui n'est plus vivante. *Les morts sont enterrés dans les cimetières.*

3. mort, morte
adjectif masculin, féminin (adj. m., f.)
Une personne ou un animal qui est mort ne vit plus. *J'ai trouvé une souris morte dans ma chaussure !*

Le contraire est : vivant.

► Être mort de fatigue, être mort de peur : c'est être très fatigué ou avoir très peur. *Amina est morte de fatigue, car elle n'a pas dormi de la nuit. Théo était mort de peur quand il a entendu les hurlement des loups.*

mortel, mortelle
adjectif masculin, féminin (adj. m., f.)
1. Être mortel, c'est être obligé de mourir un jour. *Tous les hommes sont mortels.*

Le contraire est : immortel.

2. Quelque chose qui est mortel provoque la mort. *Les champignons avec des taches rouges sont mortels, ne les mange surtout pas !*

morve *nom féminin (n. f.)*
La morve est le liquide gluant qui coule par le nez quand on a un rhume. *Alex ne veut pas se moucher et essuie sa morve avec sa manche.*

mosaïque *nom féminin (n. f.)*
Une mosaïque est un assemblage de petits morceaux de céramique ou de verre de toutes les couleurs qui forment un dessin.
Le mur de sa salle de bains est en mosaïque et représente un dessin de la plage.

Remarque : Le *i* prend un tréma.

mosquée *nom féminin (n. f.)*
Une mosquée est un bâtiment où les croyants de religion musulmane viennent pour prier. *La mosquée de Casablanca est un lieu de pèlerinage.*

mot *nom masculin (n. m.)*
1. Un mot est une suite de lettres qui désignent un être ou une chose, ou prennent un sens dans une phrase. *En mettant les mots ensemble, on forme des phrases :* Le chien aboie *est une phrase de trois mots.* ***2.*** Un mot est un petit message que l'on écrit ou que l'on dit à quelqu'un. *J'ai un mot à te dire. La maîtresse a laissé un mot sur sa porte pour dire qu'elle sera absente.* ► Avoir son mot à dire : c'est avoir le droit de dire ce que l'on pense. *Alicia a son mot à dire pour le choix du gâteau, car c'est pour son anniversaire.*

moteur *nom masculin (n. m.)*
Un moteur est une machine qui fait fonctionner un appareil en utilisant de l'électricité ou du carburant. *Le moteur de la voiture a besoin d'essence pour démarrer.*

1. motif *nom masculin (n. m.)*
Le motif est la raison qui pousse à faire quelque chose. *Je ne connais pas le motif de leur dispute.*
Le synonyme est : cause.

2. motif *nom masculin (n. m.)*
Un motif est un dessin qui est répété plusieurs fois. *Maxime a choisi le motif du papier peint de sa chambre, il aime la frise avec les voitures.*

motiver *verbe (v.)*
Motiver, c'est donner des raisons à quelqu'un pour le pousser à agir. *L'entraîneur motive son équipe en lui promettant une belle récompense.*
Le synonyme est : encourager.

moto *nom féminin (n. f.)*
Une moto est un véhicule à deux roues avec un moteur puissant qui lui permet de rouler vite. *Mathieu m'a fait monter sur sa moto.*

Remarque : *Moto* est l'abréviation de *motocyclette.*

à savoir
En moto, il ne faut pas oublier de mettre son casque !

mou, molle
adjectif masculin, féminin (adj. m., f.)
1. Quelque chose qui est mou n'est pas dur. *Mon oreiller est bien mou, il est très agréable. Méa préfère les bonbons mous.* ***2.*** Quelqu'un qui est mou est sans énergie et ne veut rien faire. *Camille est toute molle au réveil.*
Les contraires sont : dynamique, énergique.

Remarque : Ne pas confondre *mou* avec une *moue.*

mouche *nom masculin (n. m.)*
Une mouche est un insecte volant noir qui a six pattes, deux ailes, deux antennes et une petite trompe pour aspirer les aliments. *Les mouches bourdonnent autour des poubelles.*

se moucher *verbe (v.)*
Se moucher, c'est souffler fort par le nez pour le vider. *Alice est très enrhumée, elle veut un mouchoir pour se moucher.*

moucheron *nom masculin (n. m.)*
Un moucheron est une petite mouche. *Les moucherons tournent autour de la poubelle.*

coin lecture

« " Va-t-en, chétif insecte, excrément de la terre ! " C'est en ces mots que le lion parlait un jour au moucheron. L'autre lui déclara la guerre. » *Le Lion est le Moucheron.* Jean de La Fontaine.

mouchoir *nom masculin (n. m.)*
Un mouchoir est un carré de papier ou de tissu qui sert à se moucher. *Quand j'ai un rhume, je prends toujours un paquet de mouchoirs sur moi.*

moue *nom féminin (n. f.)*
Une moue est une grimace que l'on fait en avançant ses lèvres quand on n'est pas content. *Valentine fait la moue quand on ne lui donne pas ce qu'elle veut.*

Remarque : Ne pas confondre une *moue* avec l'adjectif *mou.*

mouette *nom féminin (n. f.)*
Une mouette est un oiseau blanc et gris clair avec des pattes palmées, qui vit sur les côtes. *Les mouettes se nourrissent de poissons. Il y a beaucoup de mouettes sur la plage.*

moufle *nom féminin (n. f.)*
Une moufle est un gant dans lequel les doigts ne sont pas séparés, sauf le pouce. *Les moufles protègent les mains du froid.*

mouiller *verbe (v.)*
Mouiller, c'est mettre de l'eau sur quelque chose, recouvrir d'eau. *Il mouille l'éponge pour nettoyer la table. La pluie m'a mouillé les cheveux.*

1. moule *nom féminin (n. f.)*
Une moule est un coquillage noir de forme allongée qui vit fixé sur des rochers. *On a mangé des moules avec des frites.*

2. moule *nom masculin (n. m.)*
Un moule est un récipient qui a une forme spéciale, dans lequel on verse une pâte pour qu'elle prenne sa forme. *J'ai fait un gâteau dans un moule en forme d'étoile.*

moulin *nom masculin (n. m.)*
1. Un moulin est un bâtiment équipé d'une machine qui sert à transformer les grains de céréales en farine. *Le moulin à vent se met en marche grâce à la force du vent.*
2. Un moulin est un petit appareil qui sert à mettre des graines en poudre. *On met les grains de café dans le moulin à café pour les transformer en poudre.*

mourir *verbe (v.)*
Mourir, c'est arrêter de vivre. *Nous devons tous mourir un jour. Mon chien est mort, nous l'avons enterré.*
Le synonyme est : décéder.
Le contraire est : naître.
▶ Mourir de : c'est ressentir un sentiment ou une sensation très fortement. *Je suis mort de peur, je meurs de faim, je meurs de froid.*

mousse *nom féminin (n. f.)*
1. La mousse est un tas de petites bulles serrées. *Le shampooing fait de la mousse.*
2. La mousse est une crème légère et sucrée faite avec des blancs d'œufs battus. *Britany mange une mousse au chocolat.*

moustache *nom féminin (n. f.)*
Une moustache est un ensemble de poils qui poussent au-dessus de la lèvre d'un homme. *Le père de Léo a une grosse moustache.*

moustique *nom masculin (n. m.)*
Un moustique est un insecte volant qui a un corps fin et qui pique la peau pour sucer le sang. *Tiffanie a un bouton de moustique sur la joue.*

à savoir
C'est la femelle du moustique qui pique pour se nourrir du sang. Le mâle se nourrit du nectar des fleurs.

moutarde *nom féminin (n. f.)*
La moutarde est une sauce épaisse et piquante qui est faite à partir des graines d'une plante qui s'appelle aussi « moutarde ». *Il trempe ses frites dans la moutarde.*

mouton *nom masculin (n. m.)*

Un mouton est un animal de la ferme qui a une fourrure épaisse et bouclée avec laquelle on fait de la laine. *Les moutons sont élevés pour leur viande, leur laine et pour le lait des femelles.*

à savoir

La femelle du mouton est la brebis, son petit est l'agneau. Le mouton bêle quand il pousse son cri.

coin lecture

« L'oiseau de Jupiter enlevant un mouton, un corbeau, témoin de l'affaire, et plus faible de reins, mais non pas moins glouton, en voulut sur l'heure autant faire. »
Le Corbeau voulant imiter l'aigle.
Jean de La Fontaine.

mouvement *nom masculin (n. m.)*

1. Un mouvement est un déplacement d'un endroit à un autre. *Isabelle suit des yeux le mouvement du ballon.* ***2.*** Un mouvement est un geste que l'on fait en bougeant son corps. *Avant de faire du sport, il faut toujours faire des mouvements pour échauffer ses muscles.*

mouvementé, mouvementée

adjectif masculin, féminin (adj. m., f.)

Ce qui est mouvementé est très agité, il se passe des choses imprévues. *La mer est mouvementée à cause de la tempête. La journée a été très mouvementée, nous sommes fatigués.*

1. moyen, moyenne

adjectif masculin, féminin (adj. m., f.)

1. Ce qui est moyen n'est ni trop grand ni trop petit. *Elle a une taille moyenne pour son âge.* ***2.*** Quelque chose qui est moyen n'est ni bon ni mauvais. *Le travail de Constance est moyen, elle peut mieux faire.*

2. moyen *nom masculin (n. m.)*

Un moyen est une manière de faire pour arriver à quelque chose. *J'ai trouvé un moyen pour récupérer le ballon qui est coincé dans l'arbre.* ► Au moyen de : c'est en s'aidant de quelque chose. *Il a réussi à grimper au moyen d'une corde.* ► Moyen de transport : c'est un véhicule qui permet d'aller vers un autre endroit. *La voiture, le bus, le bateau, le train et l'avion sont des moyens de transport.*

moyenne *nom féminin (n. f.)*

À l'école, une moyenne est une note qui fait la moitié de la note maximale. *Pour un exercice noté sur 10, la moyenne est de 5. Une note en dessous de la moyenne est une mauvaise note.*

muet, muette

adjectif masculin, féminin (adj. m., f.)

Quelqu'un qui est muet ne peut pas parler. *Laura est muette depuis la naissance, elle a appris à parler avec ses mains.* ► H muet : Un *H* muet est un *h* qui n'empêche pas de faire la liaison entre deux mots. *Dans* Les hommes, *on a un* h *muet, car on fait la liaison. Dans* Un hasard, *le* h *n'est pas muet, donc on ne peut pas faire la liaison.*

Remarque : Les adjectifs *muet* et *muette* peuvent aussi être des noms : *C'est une muette, elle ne parle pas.*

muguet *nom masculin (n. m.)*

Le muguet est une plante à petites fleurs blanches parfumées en forme de clochettes. *Le 1er mai, tout le monde s'offre du muguet.*

mule *nom féminin (n. f.)*

Une mule est un animal qui est la femelle du mulet et qui est né du croisement entre la jument et l'âne. *La mule porte un gros chargement.*
► Être têtu comme une mule : c'est être très têtu, ne pas changer d'avis. *Alicia est têtue comme une mule, elle ne viendra pas.*

mulet *nom masculin (n. m.)*

Un mulet est un animal mâle qui est né du croisement entre la jument et l'âne. *Il y avait un mulet dans la ferme que nous avons visitée.*

multicolore

adjectif masculin ou féminin (adj. m. ou f.)

Quelque chose qui est multicolore a plusieurs couleurs. *Sandra a une écharpe multicolore.*
Le contraire est : uni.

multiple

adjectif masculin ou féminin (adj. m. ou f.)

Multiple veut dire *beaucoup, nombreux. Il existe de multiples espèces de singes.*

multiplication

nom féminin (n. f.)

Une multiplication est une opération qui consiste à multiplier un nombre par un autre nombre en utilisant le signe « x ». *5 x 2 est une multiplication. Le résultat est égal à 10. Yanis a eu tout bon à sa multiplication.*

multiplier *verbe (v.)*

Multiplier, c'est faire une multiplication. *Si je multiplie 2 par 4, j'ajoute 4 fois le nombre 2 : 2 + 2 + 2 + 2.*
Le contraire est : diviser.

multiprise *nom féminin (n. f.)*

Une multiprise est une prise de courant qui permet de brancher plusieurs appareils électriques en même temps. *La télévision et le lecteur DVD sont branchés sur une multiprise.*

municipalité

nom féminin (n. f.)

La municipalité est l'ensemble des personnes qui dirigent la ville. *La municipalité a organisé un feu d'artifice.*

munitions *nom féminin pluriel (n. f. pl.)*

Les munitions sont les balles, les cartouches, les bombes qui servent à charger des armes à feu. *Le chasseur a épuisé toutes ses munitions, il ne peut plus tirer.*

mur *nom masculin (n. m.)*
Un mur est une construction verticale qui sert à séparer des terrains ou les pièces d'une maison. *Les deux jardins sont séparés par un mur de deux mètres.*

Remarque : Ne pas confondre un *mur* avec l'adjectif *mûr* ou avec une *mûre.*

mûr, mûre
adjectif masculin, féminin (adj. m., f.)
Un fruit ou un légume qui est mûr est prêt à être mangé. *Les bananes sont bien mûres, il faut les finir avant qu'elle ne pourrissent.*

Remarque : Ne pas confondre *mûr* avec un *mur* ou avec une *mûre*. Le *u* prend un accent circonflexe.

mûre *nom féminin (n. f.)*
Une mûre est un petit fruit de couleur noire qui ressemble à la framboise. *On a cueilli des mûres le long du chemin.*

Remarque : Ne pas confondre une *mûre* avec l'adjectif *mûr* ou avec un *mur*. Le *u* prend un accent circonflexe.

murer *verbe (v.)*
Murer, c'est fermer avec un mur. *La mairie a fait murer les fenêtres de la maison abandonnée.*

muret *nom masculin (n. m.)*
Un muret est un mur pas très haut. *Les deux jardins sont séparés par un muret.*

mûrir *verbe (v.)*
Mûrir, c'est devenir mûr, prêt à être cueilli. *Les tomates vertes mûrissent au soleil et deviennent bien rouges.*

Remarque : Le *u* prend un accent circonflexe.

murmurer *verbe (v.)*
Murmurer, c'est dire quelque chose à voix basse. *Lisa a murmuré son secret à mon oreille.*
Le synonyme est : chuchoter.

muscle *nom masculin (n. m.)*
Le muscle est l'organe du corps qui permet de faire des mouvements, de bouger. *Samy est très costaud, il fait beaucoup travailler ses muscles*

musclé, musclée
adjectif masculin, féminin (adj. m., f.)
Une personne qui est musclée a des muscles bien visibles et très puissants. *Les footballeurs ont des jambes très musclées.*

musculation *nom féminin (n. f.)*
La musculation est un sport qui permet de développer les muscles du corps en les faisant travailler. *Zack a des bras très musclés parce qu'il fait de la musculation.*

museau *nom masculin (n. m.)*

Le museau est la partie avant de la tête des animaux où se trouvent la bouche et le nez. *Le chien a mis son museau dans le pot de confiture pour en lécher le fond.*

Remarque : Le pluriel de ce mot est : des museaux.

coin lecture

« Il se réjouissait à l'odeur de la viande mise en menus morceaux, et qu'il croyait friande. On servit, pour l'embarrasser, en un vase à long col et d'étroite embouchure. Le bec de la cigogne y pouvait bien passer, mais le museau du sire était d'autre mesure. »
Le Renard et la Cigogne.
Jean de La Fontaine.

musée *nom masculin (n. m.)*

Le musée est un établissement public où sont exposées des choses qui ont de la valeur. *Nous avons visité le musée du Louvre à Paris, les peintures étaient magnifiques.*

muselière *nom féminin (n. f.)*

Une muselière est un objet qui se met sur le museau d'un animal pour qu'il ne morde pas.
Les chiens dangereux doivent porter une muselière lorsqu'on les sort.

musicien, musicienne

nom masculin, féminin (n. m., f.)

Un musicien ou une musicienne est une personne qui joue ou qui compose de la musique. *Un groupe de musiciens va venir faire un concert sur la place. Un guitariste est un musicien qui joue de la guitare.*

coin lecture

« Viens avec nous à Brême ; tu t'entends fort bien à la musique nocturne, tu te feras comme nous musicien de la ville. »
Les Musiciens de la ville de Brême.
Les frères Grimm.

musique *nom féminin (n. f.)*

Une musique est un ensemble de sons qui font une jolie mélodie. *Judith écoute de la musique pour se détendre.*

musulman, musulmane

nom masculin, féminin (n. m., f.)

Un musulman ou une musulmane est une personne qui a pour Dieu Allah et qui a l'islam comme religion. *Les musulmans jeûnent pendant le mois de ramadan. Les musulmans font la prière dans une mosquée.*

myrtille *nom féminin (n. f.)*

Une myrtille est un petit fruit rond d'une couleur entre le bleu et le noir, qui pousse sur un arbuste appelé « myrtille ». *J'ai cueilli des myrtilles en montagne, il y en avait partout.*

mystère *nom masculin (n. m.)*

Un mystère est une chose qui reste inexplicable, que l'on ne saura jamais. *La disparition des dinosaures est un mystère, personne ne sait comment ils ont disparu.*

mythomane

nom masculin ou féminin (n. m. ou f.)

Un mythomane ou une mythomane est une personne qui ne peut pas s'empêcher de mentir. *Ne crois pas tout ce qu'elle raconte, c'est une mythomane.*

nacre *nom féminin (n. f.)*

La nacre est une matière dure, brillante et blanche qui recouvre l'intérieur de la coquille des huîtres et d'autres mollusques. *Certains bijoux sont faits de nacre.*

nageoire *nom féminin (n. f.)*

La nageoire est un organe souvent court et plat qui permet aux poissons et aux mammifères marins de se déplacer dans l'eau. *Les requins ont plusieurs nageoires.*

Remarque : Dans ce mot, le *g* est suivi de *e*.

nager *verbe (v.)*

Nager, c'est se déplacer dans l'eau en s'aidant de ses bras et de ses jambes. *Clara ne sait pas nager.*

naïf, naïve

adjectif masculin, féminin (adj. m., f.)

Une personne naïve est une personne qui croit facilement ce que quelqu'un lui dit. *Charlotte est très naïve, elle ne se rend pas compte que Richard lui ment.*

Le synonyme est : crédule.

Remarque : Ce mot *a* un tréma sur le *i*.

nain, naine

nom masculin, féminin (n. m., f.)

Un nain, une naine est une personne de très petite taille. *Connais-tu l'histoire de Blanche-Neige et les sept nains ?*

Le contraire est : géant.

naître *verbe (v.)*
Naître, c'est venir au monde. *Aurélie et Antonin sont nés le même jour.*
Le contraire est : mourir.

nappe *nom féminin (n. f.)*
Une nappe est un grand morceau de tissu que l'on met sur une table pour la protéger. *Les nappes et les serviettes font partie du linge de maison.*

narine *nom féminin (n. f.)*
Les narines sont les deux ouvertures du nez. *Les narines nous permettent de sentir et de respirer.*

natation *nom féminin (n. f.)*
La natation est le sport qui consiste à nager. *Samba prend des cours de natation.*

nationalité *nom féminin (n. f.)*
La nationalité est le fait d'appartenir à une nation, à un pays. *Nouha a la nationalité libanaise parce qu'elle est née au Liban.*

natte *nom féminin (n. f.)*
Une natte est une coiffure faite en entrelaçant trois mèches de cheveux. *Emma fait des nattes à Chloé.*
Le synonyme est : tresse.

nature *nom féminin (n. f.)*
La nature est l'ensemble des êtres et des choses qui existent sur Terre et qui n'ont pas été fabriqués par l'homme. *Les animaux et les plantes font partie de la nature.*

naufrage *nom masculin (n. m.)*
Un bateau qui fait naufrage est un bateau qui coule. *Un navire a fait naufrage dans la mer du Nord.*

navette *nom féminin (n. f.)*
Une navette est un véhicule qui fait des allers et retours fréquents et courts entre deux endroits. *En été, il y a une navette qui nous amène directement à la plage.* ► Une navette spatiale est un véhicule qui va dans l'espace et qui revient ensuite sur la Terre. *Il y a un astronaute dans la navette spatiale.*

naviguer *verbe (v.)*
Naviguer, c'est voyager en bateau. *Nous avons navigué jusqu'à l'île de Ré.*

navire *nom masculin (n. m.)*
Un navire est un grand bateau utilisé pour naviguer en pleine mer. *Le navire est arrivé au port.*

ne *adverbe (adv.)*
Ne est un mot utilisé devant un verbe et qui sert à former une phrase négative. *Marie ne mange pas.*

Remarque : *Ne* s'accompagne de *pas, plus, rien, jamais, personne* et *aucun*. Devant une voyelle ou un *h*, *ne* devient *n'* : *Je n'ai plus sommeil.*

nécessaire
adjectif masculin ou féminin (adj. m. ou f.)
Une chose nécessaire est une chose indispensable. *Il est nécessaire d'aller à l'école.*

négatif, négative
adjectif masculin, féminin (adj. m., f.)
Une phrase négative est une phrase qui sert à marquer le refus. Pauline ne veut pas manger *est une phrase négative.*

neige *nom féminin (n. f.)*
La neige est de l'eau gelée qui tombe du ciel sous la forme de flocons blancs, très légers. *Les enfants font un bonhomme de neige.*

coin lecture

« [...] Un jour d'hiver, comme la neige tourbillonnait au-dehors, il apporta une grande loupe, étala sa veste bleue et laissa la neige tomber dessus [...]. »
La Reine des neiges.
Andersen.

nerf *nom masculin (n. m.)*
Les nerfs sont des filaments qui relient toutes les parties du corps au cerveau et à la mœlle épinière, et qui permettent d'éprouver des sensations, de percevoir des choses et de bouger.

Remarque : Ce mot se termine par un *f* que l'on ne prononce pas.

nerveux, nerveuse
adjectif masculin, féminin (adj. m., f.)
1. Ce qui est nerveux concerne les nerfs. *Les nerfs et la mœlle épinière constituent le système nerveux.*
2. Une personne nerveuse est une personne angoissée ou excitée. *Zohra est devenue très nerveuse après l'accident.*
Le contraire est : calme.

net, nette
adjectif masculin, féminin (adj. m., f.)
Une chose nette est une chose propre. *Le sol de ma chambre est net parce que ma mère l'a nettoyé.*
Le synonyme est : impeccable.
Le contraire est : sale.

nettoyer *verbe (v.)*
Nettoyer, c'est rendre propre. *L'hôpital doit être nettoyé tous les jours.*

neuf, neuve
adjectif masculin, féminin (adj. m., f.)
Une chose neuve est une chose qui n'a jamais été utilisée. *Mes chaussures sont toutes neuves.*
Le contraire est : vieux.

neveu *nom masculin (n. m.)*
Le neveu est le fils du frère ou de la sœur d'une personne. *Mon frère a deux fils : ils sont mes neveux.*

Remarque : Le pluriel de *neveu* est : des neveux.

nez *nom masculin (n. m.)*
Le nez est la partie du visage, entre le front et la bouche, qui permet de sentir les odeurs et de respirer. *Leïla a le nez qui coule, elle a un rhume.*

ni *conjonction (conj.)*
Ni est un mot qui sert à introduire un élément négatif dans une phrase. *Juliette n'a ni faim ni soif.*

niche *nom féminin (n. f.)*
Une niche est une petite maison qui sert de refuge à un chien. *Le chien dort dans sa niche.*

nid *nom masculin (n. m.)*
Un nid est un refuge construit par les oiseaux pour y pondre leurs œufs, les couver et élever les oisillons. *Les oiseaux font leur nid dans les arbres.*

nièce *nom féminin (n. f.)*
La nièce est la fille du frère ou de la sœur d'une personne. *Mon frère a deux filles : elles sont mes nièces.*

niveau *nom masculin (n. m.)*
1. Le niveau est la hauteur d'une chose. *Avec les fortes pluies, le niveau de la Seine a augmenté.* **2.** Le niveau d'une personne est son degré de connaissances. *Ces élèves ont un très bon niveau en français.*

Remarque : Le pluriel de *niveau* est : des niveaux.

noce *nom féminin (n. f.)*
Une noce est une fête qui a lieu à la suite d'un mariage. *Ils ont invité toute la famille à la noce.*

Noël *nom masculin (n. m.)*
Noël est une fête chrétienne qui a lieu le 25 décembre. *Les enfants reçoivent des cadeaux à Noël.*
► Un arbre de Noël : c'est un sapin orné de guirlandes et de boules à l'occasion de Noël.

nœud *nom masculin (n. m.)*
Un nœud est une boucle faite en croisant et en tirant un ou plusieurs fils, cordes ou lacets. *Les lacets de mes chaussures ont des nœuds.*

1. noir, noire
adjectif masculin, féminin (adj. m., f.)
La couleur noire est la couleur la plus sombre. *Les corbeaux sont noirs.*

2. noir *nom masculin (n. m.)*
Le noir est la couleur noire. *Cette jeune veuve s'habille en noir.*

noisette *nom féminin (n. f.)*
Une noisette est un petit fruit marron clair qui se trouve dans une coquille dure. *Simon adore le chocolat aux noisettes.*

à savoir
La noisette est le fruit du noisetier.

noix *nom féminin (n. f.)*
La noix est le fruit du noyer, elle se trouve dans une coquille dure. *Les noix sont riches en vitamines.*

Remarque : Ce mot se termine par un x. Au pluriel, ce mot ne change pas. On écrit : des noix.

nom *nom masculin (n. m.)*
Un nom est un mot qui désigne un être, une chose ou une idée. *Quel est le nom de ton chien ?*

Remarque : Ne pas confondre *nom* avec *non.*

nombre *nom masculin (n. m.)*
1. Un nombre est ce qui permet de compter. *123 est un nombre de 3 chiffres.* **2.** Un nombre est une quantité de personnes ou de choses. *Il y a un grand nombre de personnes sur la plage.*

nombreux, nombreuse
adjectif masculin, féminin (adj. m., f.)
De nombreuses choses, de nombreuses personnes sont un grand nombre de choses ou un grand nombre de personnes. *Il y a de nombreux canards sur ce lac.*

nombril *nom masculin (n. m.)*
Le nombril est une petite cicatrice arrondie qui est au milieu du ventre.

à savoir
Le nombril se situe à l'endroit où le cordon qui reliait le bébé à sa mère a été coupé lors de sa naissance.

nommer *verbe (v.)*
1. Nommer, c'est donner un nom à un être ou à une chose. *Ils ont nommé leur bébé Philippe.*
Le synonyme est : appeler.
2. Nommer, c'est donner le nom d'un être ou d'une chose. *Peux-tu nommer trois villes de France ?*
Le synonyme est : citer.

se nommer *verbe (v.)*
Se nommer, c'est avoir pour nom. *Notre maîtresse se nomme Valérie Martin.*
Le synonyme est : s'appeler.

non *adverbe (adv.)*
Non est un mot utilisé pour refuser ou pour nier quelque chose. *Quand ma mère dit non, c'est non.*
Le contraire est : oui.

Remarque : Ne pas confondre *non* avec *nom.*

normal, normale

adjectif masculin, féminin (adj. m., f.)
Ce qui est normal est habituel, fréquent ou naturel. *Mariam a raté son examen. C'est normal, elle n'a pas révisé.*
Les contraires sont : anormal, exceptionnel.

Remarque : Le pluriel de *normal* est : normaux. Le pluriel de *normale* est : normales.

note *nom féminin (n. f.)*

1. Une note est une appréciation donnée par un professeur sur le travail d'un élève. *Julien est fier parce qu'il a eu de bonnes notes.* **2.** Une note est un petit texte que l'on écrit pour se souvenir de quelque chose. *Ma mémoire n'est pas très bonne, je préfère prendre des notes.*

notre *adjectif masculin ou féminin (adj. m. ou f.)*

Notre est un mot qui indique que quelque chose est à nous. *Notre voiture est en face de la boulangerie.*

Remarque : Le pluriel de *notre* est *nos.*

nouer *verbe (v.)*

Nouer, c'est faire un nœud à quelque chose pour l'attacher.
Mon père noue sa cravate.

nourrice *nom féminin (n. f.)*

Une nourrice est une femme qui garde de jeunes enfants chez elle contre une somme d'argent. On dit plutôt « assistante maternelle ».

nourrir *verbe (v.)*

Nourrir, c'est donner à manger à une personne ou à un animal. *July nourrit son chat.* ► Se nourrir : c'est consommer des aliments. *Les écureuils se nourrissent de noisettes.*

nourrisson *nom masculin (n. m.)*

Un nourrisson est un enfant de plus de 29 jours et de moins de 2 ans. *Les nourrissons boivent du lait.*

nourriture *nom féminin (n. f.)*

La nourriture est l'ensemble des aliments consommés par les êtres vivants. *La nourriture est indispensable à la vie de l'homme et des animaux.*

nous *pronom (pron.)*

Nous désigne la première personne du pluriel. *Nous sommes à l'école.*

nouveau, nouvelle
adjectif masculin, féminin (adj. m., f.)
1. Une chose nouvelle est une chose qui existe depuis peu de temps. *Léo a un nouveau jeu vidéo.*
Le synonyme est : récent.
Les contraires sont : ancien, vieux.
2. Une personne nouvelle est une personne qui vient d'arriver dans un endroit. *La nouvelle nounou est très aimable.* ► De nouveau : cela veut dire *encore une fois. Marine a de nouveau perdu sa trousse.*

Remarque : Devant une voyelle ou un *h* muet, *nouveau* devient *nouvel* : Le nouvel an. Le pluriel de *nouveau* est : nouveaux. Le pluriel de *nouvelle* est : nouvelles.

novembre *nom masculin (n. m.)*
Novembre est le onzième mois de l'année. *Le mois de novembre a 30 jours.*

noyau *nom masculin (n. m.)*
Le noyau est la partie dure qui est à l'intérieur de certains fruits et qui contient la graine. *Les nectarines et les pêches ont un noyau.*

Remarque : Le pluriel de *noyau* est : des noyaux.

se noyer *verbe (v.)*
Se noyer, c'est mourir sous l'eau par manque d'air. *Walid s'est noyé dans la mer.*

nu, nue
adjectif masculin, féminin (adj. m., f.)
Une personne nue est une personne qui ne porte aucun vêtement. *Alice s'est mise nue avant d'entrer dans la baignoire.*
Le contraire est : habillé.
► Une personne nu-pieds ou une personne pieds nus est une personne qui ne porte pas de chaussures. *Koffi marche pieds nus chez lui.*

nuage *nom masculin (n. m.)*
Un nuage est un amas de gouttelettes d'eau qui sont en suspension dans le ciel. *Il y a des nuages gris et blancs.*

coin lecture

« [...] Eh bien ! dit le
bramin au nuage volant,
Es-tu né pour ma fille ?
- Hélas ! non ; car le vent
Me chasse à son plaisir de contrée en contrée :
Je n'entreprendrai point les droits de Borée [...]. »
La Souris métamorphosée en fille.
Jean de La Fontaine.

nuit *nom féminin (n. f.)*
La nuit est le temps compris entre le coucher et le lever du soleil.
Le contraire est : jour.
► Faire nuit : c'est faire noir.
En été, il fait nuit très tard.

nul, nulle
adjectif masculin, féminin (adj. m., f.)
1. Une personne nulle est une personne qui n'est pas très douée ou qui n'a pas de talent pour quelque chose. *Rayan est nul en mathématiques.*
Les contraires sont : bon, fort.
2. Une chose nulle est une chose qui est très mauvaise. *Ce jeu vidéo est nul.* ► Un match nul : c'est un match où il n'y a ni gagnant ni perdant. C'est un match où les deux équipes ont fait le même score. *Les deux équipes de rugby ont fait match nul.*

numéro *nom masculin (n. m.)*
1. Un numéro est un nombre qui permet d'identifier une personne ou une chose. *Jérémy habite au numéro 27 de la rue Poussin.*
2. Un numéro est un exemplaire d'un journal, d'une revue. *Hugo n'a pas encore lu le dernier numéro du magazine.* **3.** Un numéro est une partie d'un spectacle de cirque, de variétés. *Le clown vient de faire son numéro.*

nuque *nom féminin (n. f.)*
La nuque est la partie arrière du cou.
Candice a été frappée sur la nuque.

oasis *nom féminin (n. f.)*
Une oasis est un endroit dans le désert où il y a une source d'eau qui permet à la végétation de pousser. *La caravane va faire boire ses bêtes dans la prochaine oasis.*

Remarque : Ce mot se termine par un *s* que l'on prononce.

obéir *verbe (v.)*
Obéir, c'est suivre les ordres d'une personne. *Ces enfants n'obéissent pas à leurs parents.*
Le contraire est : désobéir.

obèse
adjectif masculin ou féminin (adj. m. ou f.)
Une personne obèse est très grosse. *Il faut faire du sport pour ne pas être obèse.*
Les contraires sont :
maigre, mince, svelte.

objet *nom masculin (n. m.)*
Un objet est une chose créée par l'homme. *Un porte-serviettes ou un miroir sont des objets que l'on trouve dans une salle de bains.*

obligation *nom féminin (n. f.)*
Une obligation est une chose que l'on doit absolument faire. *C'est une obligation de faire vacciner son chien contre la rage.*

obliger *verbe (v.)*
Obliger, c'est exiger de quelqu'un de faire quelque chose. *Mes parents m'obligent à me coucher tôt.*
Le synonyme est : forcer.

obscur, obscure
adjectif masculin, féminin (adj. m., f.)
Un lieu obscur est un lieu sombre, où il fait noir. *Anne n'aime pas descendre au parking, il est trop obscur.*
Les contraires sont : clair, lumineux.

obscurité *nom féminin (n. f.)*
L'obscurité est l'absence de lumière. *Camélia ne veut pas dormir toute seule parce qu'elle a peur de l'obscurité.*

observer *verbe (v.)*
Observer, c'est regarder attentivement une chose ou un être pour l'étudier. *Théo observe les oiseaux en train de faire leur nid.*

obstacle *nom masculin (n. m.)*
1. Un obstacle est un objet qui ne permet pas de passer, d'avancer. *Hugo a dû contourner tous les obstacles avec son vélo.* **2.** Un obstacle est une difficulté. *Raphaël a rencontré de nombreux obstacles avant de pouvoir acheter sa maison.*

obtenir *verbe (v.)*
Obtenir, c'est réussir à avoir ce que l'on veut. *Maxime a obtenu une bonne note à l'école.*

occasion *nom féminin (n. f.)*
1. Une occasion est une circonstance qui arrive au bon moment et qui permet de faire quelque chose. *Il fait beau. C'est une bonne occasion pour aller à la plage.* **2.** Un objet d'occasion est un objet déjà utilisé que l'on vend ou que l'on achète. *Dans cette librairie, nous pouvons acheter des livres d'occasion.*

occupation *nom féminin (n. f.)*
Une occupation est une activité qui occupe notre temps. *Jouer au tennis, c'est l'occupation préférée de Coralie.*

occupé, occupée
adjectif masculin, féminin (adj. m., f.)
1. Une personne occupée est une personne qui n'est pas disponible. *Ali est occupé, il fait ses devoirs.*
2. Ce qui est occupé n'est pas disponible. *Les toilettes sont occupées. Nous devons attendre qu'elles se libèrent.*
Le contraire est : libre.

occuper *verbe (v.)*
1. Occuper, c'est habiter un endroit. *Mes parents occupent un appartement de trois pièces.*
2. Occuper, c'est prendre de la place ou du temps. *Le placard occupe trop de place dans la cuisine. Faire mes devoirs m'occupera toute la soirée.*

s'occuper *verbe (v.)*
S'occuper de quelqu'un, c'est en prendre soin. *La nounou s'occupe des enfants.*

océan *nom masculin (n. m.)*
L'océan est une vaste étendue d'eau salée qui occupe une grande partie de la Terre. *Pour aller de la France aux États-Unis, nous devons traverser l'océan Atlantique.*

octobre *nom masculin (n. m.)*
Octobre est le dixième mois de l'année. *Le mois d'octobre a 31 jours.*

oculiste
nom masculin, féminin (n. m., f.)
Un oculiste, une oculiste est un médecin qui s'occupe des maladies ou des problèmes des yeux. *Rayan doit aller chez l'oculiste parce qu'il a très mal à l'œil gauche.*
Le synonyme est : ophtalmologiste.

odeur *nom féminin (n. f.)*
Une odeur est ce que l'on sent. *Le nez nous permet de sentir les odeurs.*

odorat *nom masculin (n. m.)*
L'odorat est le sens qui permet de sentir les odeurs. *Hugo a le nez bouché. Il ne sent pas mon parfum, il a perdu l'odorat.*

œil *nom masculin (n. m.)*
L'œil est l'organe de la vision. *Marine voit mieux de l'œil gauche que de l'œil droit.*

Remarque : le pluriel de *œil* est : des yeux : *Valentine a les yeux marron.*

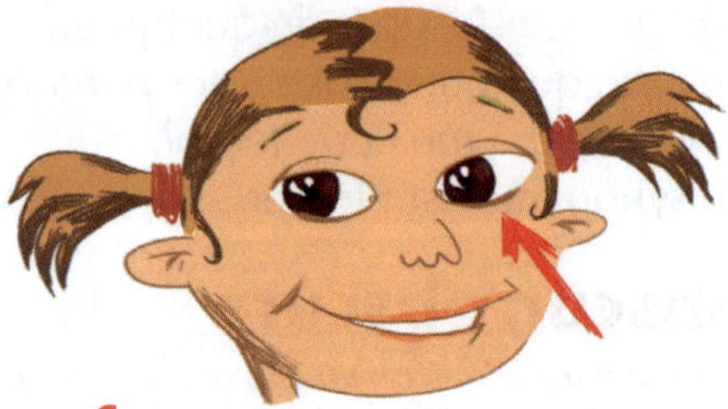

œuf *nom masculin (n. m.)*
1. Un œuf est ce que les femelles des oiseaux pondent et qui donne naissance à un oisillon. *L'homme mange des œufs de poule et de caille.* **2.** Un œuf est ce que les poissons, les insectes et certains reptiles pondent et qui donne naissance à des petits. *Une tortue peut pondre plusieurs œufs à chaque fois.*

Remarque : Le pluriel de *œuf* est : des œufs. Ce mot se termine par un *f* que l'on prononce.

œuvre *nom féminin (n. f.)*
Une œuvre est le travail réalisé par un artiste ou par un écrivain. *Ces tableaux sont l'œuvre d'un peintre français.*

offrir *verbe (v.)*

Offrir, c'est faire un cadeau à une personne. *Mon père a offert des fleurs à ma mère pour son anniversaire.*

ogre, ogresse

nom masculin, féminin (n. m., f.)

Un ogre, une ogresse est un géant, une géante qui mange les enfants.

à savoir

Les ogres existent seulement dans les contes de fées.

coin lecture

« [...] Qui est là ?
demanda la voix d'une dame.
- Nous sommes sept petits garçons perdus. Pouvez-vous nous abriter pour la nuit ?
- Mes pauvres enfants, vous êtes dans la maison de l'ogre ! Il va vous dévorer si vous restez ici [...]. »
Le Petit Poucet.
Charles Perrault.

oie *nom féminin (n. f.)*

Une oie est un gros oiseau à long cou, domestique ou sauvage, aux pattes palmées et au plumage blanc ou gris. *Dans la cour de la ferme, on voit des oies, des canards et des poules.*

à savoir

Le mâle de l'oie s'appelle le jars. Le petit de l'oie s'appelle l'oison.

oignon *nom masculin (n. m.)*

Un oignon est une plante à l'odeur forte et au goût piquant employée en cuisine. *Papa nous a fait une tarte à l'oignon.*

oiseau *nom masculin (n. m.)*

Un oiseau est un animal couvert de plumes qui a deux pattes, deux ailes, un bec, et qui pond des œufs. *Le colibri, le moineau et le corbeau sont des oiseaux.*

Remarque : Le pluriel du mot *oiseau* est : des oiseaux.

coin lecture

« [...] Des deux côtés fleurissaient des guirlandes de roses et de lis, [...] dans les branches étaient perchés des oiseaux de mille couleurs auxquels il ne manquait que de chanter [...]. »
Le Fuseau, la Navette et l'Aiguille.
Les frères Grimm.

okapi *nom masculin (n. m.)*
Un okapi est un mammifère de la famille de la girafe, au pelage brun rayé de blanc, qui se nourrit de feuillages et de fruits. *L'okapi vit en Afrique.*

à savoir
Le mâle de l'okapi porte deux très courtes cornes recouvertes de peau. La langue de l'okapi est longue de 35 centimètres !

olive *nom féminin (n. f.)*
Une olive est un petit fruit à noyau, de couleur noire ou verte, dont on extrait de l'huile. *L'olive est le fruit de l'olivier.*

ombre *nom féminin (n. f.)*
1. L'ombre est l'obscurité produite par quelque chose qui empêche les rayons du soleil de passer. *Je cherche de l'ombre, le soleil tape très fort.*
2. L'ombre d'une personne, d'une chose, est sa silhouette noire projetée sur le sol ou sur un mur. *Fatou joue avec l'ombre de ses mains en faisant des figures.*

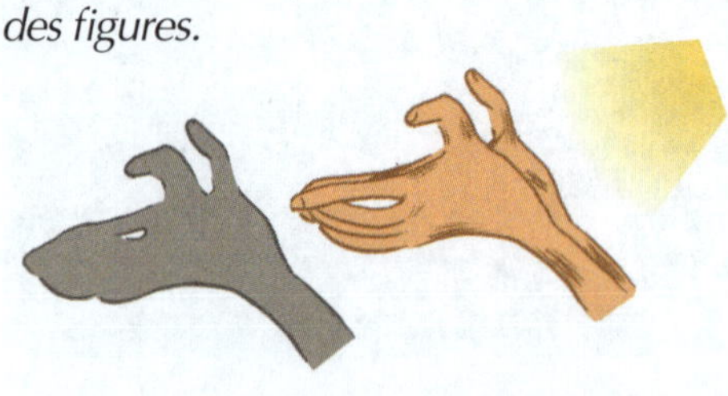

omelette *nom féminin (n. f.)*
Une omelette est un plat fait avec des œufs battus et cuits dans une poêle. *Ma mère a fait une omelette aux oignons.*

omnivore
adjectif masculin ou féminin (adj. m. ou f.)
Être omnivore, c'est manger de tout, se nourrir aussi bien de plantes que de viande. *Les animaux peuvent être omnivores, herbivores ou carnivores.*

omoplate *nom féminin (n. f.)*
L'omoplate est un os plat, large et en forme de triangle, de l'épaule.

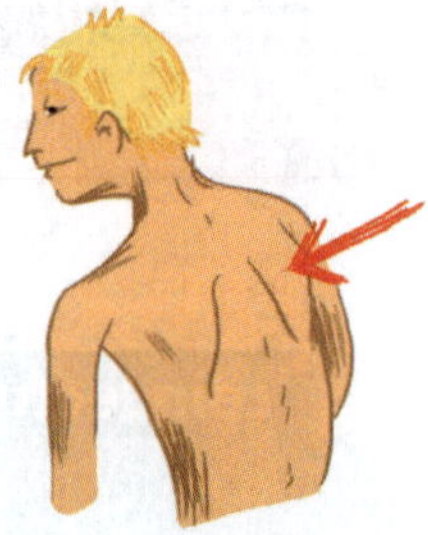

on *pronom (pron.)*
1. *On* est un mot qui désigne une personne ou des personnes de façon imprécise. *On t'appelle !* **2.** *On* peut être employé à la place de *nous*. *On y va !*

oncle *nom masculin (n. m.)*
L'oncle est le frère de l'un des parents. *Mon père a deux frères. Ce sont mes oncles.*

ongle *nom masculin (n. m.)*
L'ongle est la partie dure qui recouvre le bout des doigts et des orteils. *Coralie est très nerveuse, elle se ronge les ongles.*

opéra *nom masculin (n. m.)*
1. Un opéra est une pièce de théâtre chantée est mise en musique. **2.** L'Opéra est l'endroit où les opéras sont joués. *Les places à l'Opéra sont très chères.*

opération *nom féminin (n. f.)*
1. Une opération a lieu lorsque les médecins ouvrent le corps pour le soigner. *Le chirurgien vient de finir une opération du cœur avec succès.*
2. Une opération est une technique qui permet de faire des calculs avec les nombres. *Le professeur de mathématiques a laissé quelques opérations à faire : trois additions et une multiplication.*

opérer *verbe (v.)*
Opérer, c'est ouvrir le corps d'une personne ou d'un animal pour le soigner. *Le chirurgien opère Bintou d'une fracture à la jambe.*

ophtalmologiste
nom masculin ou féminin (n. m. ou f.)
Un ophtalmologiste, une ophtalmologiste est un médecin qui s'occupe des maladies ou des problèmes des yeux. *Rayan doit aller chez l'ophtalmologiste parce qu'il a très mal aux yeux.*
Le synonyme est : oculiste.

opinion *nom féminin (n. f.)*
Une opinion est ce que l'on pense de quelqu'un ou de quelque chose. *Quelle est ton opinion sur ce programme de télévision ?*
Le synonyme est : avis.

opposé, opposée
adjectif masculin, féminin (adj. m., f.)
Ce qui est opposé est de l'autre côté. *Arthur et Aziz ont pris des directions opposées.*

s'opposer *verbe (v.)*
S'opposer, c'est lutter contre quelque chose. *Ils s'opposent au retour de Guillaume.*

opticien, opticienne
nom masculin, féminin (n. m., f.)
Un opticien, une opticienne est une personne qui vend et qui fabrique des lunettes. *Je vais chez l'opticien pour choisir une nouvelle monture de lunettes.*

optimiste
adjectif masculin ou féminin (adj. m. ou f.)
Une personne optimiste est une personne qui voit toujours le bon côté des choses. *Hassan est optimiste ; pour lui, tout va bien.*

1. or *conjonction (conj.)*
Or veut dire *cependant. Alexandra est vraiment fatiguée, or elle doit continuer à travailler.*

2. or *nom masculin (n. m.)*
L'or est un métal précieux jaune et brillant. *Thomas a offert à Candice un collier en or.*

orage *nom masculin (n. m.)*
Un orage est une perturbation atmosphérique qui se manifeste par une forte pluie avec des éclairs et du tonnerre. *Après une très forte chaleur, il peut y avoir des orages.*

orange *nom féminin (n. f.)*
Une orange est un fruit rond, juteux, dont la couleur est entre le jaune et l'orange, qui pousse sur l'oranger. *Les oranges peuvent être sucrées ou acidulées.*

orange
adjectif masculin ou féminin (adj. m. ou f.)
La couleur orange est une couleur entre le rouge et le jaune. *Julien porte une chemise orange.*

Remarque : Ce mot s'écrit de la même façon au pluriel : *Koffi a des chaussettes orange.*

orang-outan *nom masculin (n. m.)*
Un orang-outan est un grand singe roux qui vit en Asie. *L'orang-outan passe son temps dans les arbres.*

Remarque : Le pluriel de *orang-outan* est : des orangs-outans.

orchestre *nom masculin (n. m.)*
Un orchestre est un groupe de musiciens qui jouent de la musique avec des instruments divers. *Il y avait un pianiste, des violonistes et des violoncellistes dans cet orchestre.*

orchidée *nom féminin (n. f.)*
Une orchidée est une plante dont les fleurs à trois pétales ont des formes et des couleurs variées.
Les orchidées poussent dans les pays chauds.

ordinaire
adjectif masculin ou féminin (adj. m. ou f.)
Ce qui est ordinaire est courant, habituel, normal. *Nous faisons tous les jours la même chose, notre existence est ordinaire.*

ordinateur *nom masculin (n. m.)*
Un ordinateur est une machine électronique composée d'un clavier et d'un écran, qui permet de garder et de traiter un grand nombre d'informations. *Mathilde tape une lettre sur son ordinateur.*

à savoir
Avec l'ordinateur, on peut écrire des textes, dessiner, jouer, regarder des films ou faire des recherches sur Internet.

ordonnance *nom féminin (n. f.)*
Une ordonnance est un papier sur lequel le médecin a noté les médicaments que l'on doit prendre. *Zoé donne l'ordonnance au pharmacien.*

ordonner *verbe (v.)*
1. Ordonner, c'est ranger des choses selon un ordre précis. *Pauline aime que les choses soient bien ordonnées.* **2.** Ordonner, c'est donner un ordre. *Ma mère nous ordonne de ne pas regarder la télévision.*

ordre *nom masculin (n. m.)*
1. L'ordre est la façon de classer les choses. *Dans le dictionnaire, les mots sont* classés *par ordre alphabétique.* **2.** L'ordre est le fait de mettre les affaires à leur place. *Dans notre maison, tout est en ordre.* **3.** Un ordre est un commandement *Natacha est rebelle, elle n'aime recevoir d'ordres de personne.*

ordures *nom féminin pluriel (n. f. pl.)*
Les ordures, c'est tout ce que l'on jette à la poubelle. *Il faut vider la poubelle. Elle est pleine d'ordures.*

oreille *nom féminin (n. f.)*
L'oreille est l'organe qui permet d'entendre. *Nous avons deux oreilles.*

oreiller *nom masculin (n. m.)*
Un oreiller est un coussin que l'on met sur le lit pour poser la tête. *Maman a changé la taie d'oreiller.*

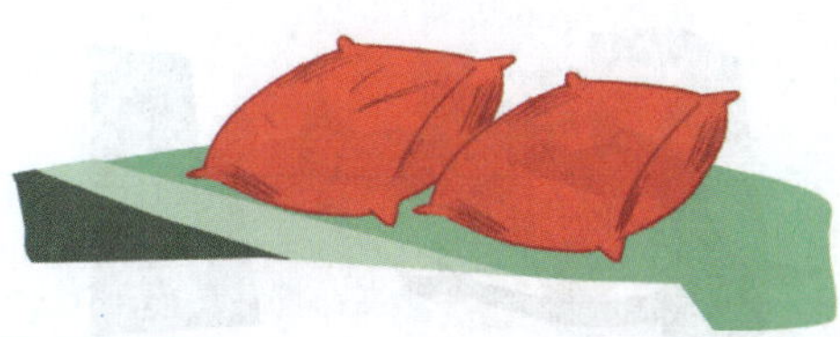

oreillons *nom féminin pluriel (n. f. pl.)*
Les oreillons sont une maladie contagieuse qui fait gonfler la partie du cou située sous les oreilles. *Martin a attrapé les oreillons à l'école.*

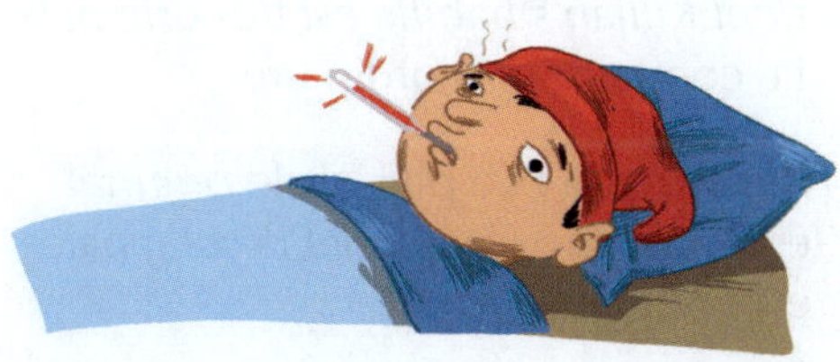

organe
nom masculin (n. m.)
Un organe est une partie du corps qui a une fonction précise. *Les poumons et le cœur sont des organes.*

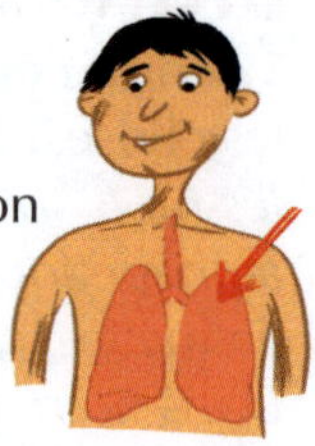

organiser *verbe (v.)*
Organiser, c'est préparer quelque chose dans les moindres détails. *Quentin organise une compétition sportive.*

organisme *nom masculin (n. m.)*
L'organisme est le corps humain. *Certains virus attaquent l'organisme.*

orgueil *nom masculin (n. m.)*
L'orgueil est le sentiment d'une personne qui a une très haute opinion d'elle-même. *L'orgueil est un vilain défaut.*

s'orienter *verbe (v.)*
S'orienter, c'est se repérer dans l'espace. *On peut facilement s'orienter dans cette ville avec une carte.*

original, originale
adjectif masculin, féminin (adj. m., f.)
Une personne, une chose originale est une personne ou une chose qui ne ressemble pas à d'autres. *La façon dont Killian s'habille est très originale.*
Le contraire est : ordinaire.

Remarque : Le pluriel de *original* est : originaux. Le pluriel de *originale* est : originales.

origine *nom féminin (n. f.)*
1. L'origine est l'endroit d'où provient une personne ou une chose. *Moussa a des origines africaines.*
2. L'origine d'une chose est son début, son commencement. *C'est très intéressant de savoir quelle a été l'origine de la Terre.*

orphelin, orpheline
adjectif masculin, féminin (adj. m., f.)
Un enfant orphelin est un enfant qui a perdu l'un des ses parents, ou les deux. *Les parents de Camille sont décédés, elle est orpheline.*

orteil *nom masculin (n. m.)*
Les orteils sont les doigts de pied. *Suong coupe les ongles de ses orteils.*

orthographe
nom féminin (n. f.)
L'orthographe est la manière correcte d'écrire un mot. *Samba a fait quelques fautes d'orthographe dans sa dictée.*

ortie *nom féminin (n. f.)*
Une ortie est une plante couverte de poils fins, à feuilles dentelées, qui pique et produit des irritations quand on la touche. *Anthony a des piqûres d'ortie sur les bras.*

os *nom masculin (n. m.)*
Les os sont les parties dures qui forment le squelette humain et de certains animaux. *Le squelette de l'homme comporte 214 os.*

oser *verbe (v.)*
Oser, c'est avoir le courage de dire ou de faire quelque chose. *Léo a osé exprimer sa colère.*

osier *nom masculin (n. m.)*
Un osier est un petit saule à longues branches. *Avec les rameaux de l'osier, on fabrique des paniers, des corbeilles ou des fauteuils.*

otage *nom masculin (n. m.)*
Un otage est une personne tenue prisonnière pour obtenir quelque chose en échange. *Les ravisseurs des otages réclament une rançon.*

otarie *nom féminin (n. f.)*
Une otarie est un mammifère assez proche du phoque qui vit dans les mers froides. *Le corps des otaries est plus allongé que celui des phoques.*

ôter *verbe (v.)*
1. Ôter, c'est enlever quelque chose. *Rémi ôte son manteau parce qu'il a chaud.* **2.** Ôter, c'est soustraire. *Si l'on ôte deux de dix, il reste huit.*

ou *conjonction (conj.)*
Ou est un mot qui sert à indiquer un choix. *Veux-tu boire du café ou du chocolat ?*

1. où *pronom relatif (pron. rel.)*
Où est un mot qui désigne un endroit. *Le parc où Rémi joue d'habitude est fermé aujourd'hui.*

2. où *adverbe (adv.)*
Où est un mot qui sert à savoir dans quel endroit se trouve quelque chose ou quelqu'un. *Où est la boulangerie ?*

oubli *nom masculin (n. m.)*
Un oubli est le fait de ne pas se souvenir de quelque chose ou de quelqu'un. *Lisa a laissé ses clés sur la table. C'est évidemment un oubli.*

oui *adverbe (adv.)*
Oui est un mot utilisé pour affirmer quelque chose ou exprimer son accord. *Oui, je crois avoir grandi de quelques centimètres.*
Le contraire est : non.

ouïe *nom féminin (n. f.)*
L'ouïe est le sens qui permet d'entendre. *Amina a chuchoté à mon oreille et grand-mère a entendu. Elle a l'ouïe fine.*

ouragan *nom masculin (n. m.)*
Un ouragan est une tempête très violente. *Un ouragan a dévasté la ville.*

ourlet *nom masculin (n. m.)*
Un ourlet est le bord d'un vêtement que l'on replie vers l'intérieur et que l'on coud. *Maman fait un ourlet à mon pantalon parce qu'il est trop long.*

ours, ourse
nom masculin, féminin (n. m., f.)
Un ours, une ourse est un mammifère à grosses griffes et à fourrure épaisse qui se nourrit de viande, de poisson et de miel. *L'ours est affamé, il grogne.*

Remarque : Ce mot se termine par un *s* que l'on prononce.

coin lecture

« [...] Un jour l'ours et le loup se promenaient dans le bois. L'ours entendit le chant d'un oiseau. " Frère loup, demanda-t-il, quel est ce beau chanteur ? "[...] »
L'Ours et le Roitelet.
Les frères Grimm.

oursin *nom masculin (n. m.)*
Un oursin est un petit animal à carapace ronde et piquante qui vit dans les fonds marins. *La chair de l'oursin est comestible et très appréciée.*

ourson *nom masculin (n. m.)*
L'ourson est le petit de l'ours.

outil *nom masculin (n. m.)*
Un outil est un objet utilisé pour effectuer un travail manuel. *Nicolas apporte le marteau et d'autres outils pour réparer le placard..*

ouvert, ouverte
adjectif masculin, féminin (adj. m., f.)
1. Ce qui est ouvert permet d'entrer. *La porte est ouverte.* **2.** Une personne ouverte parle facilement aux autres. *Clara n'est pas très ouverte, elle est très timide.*

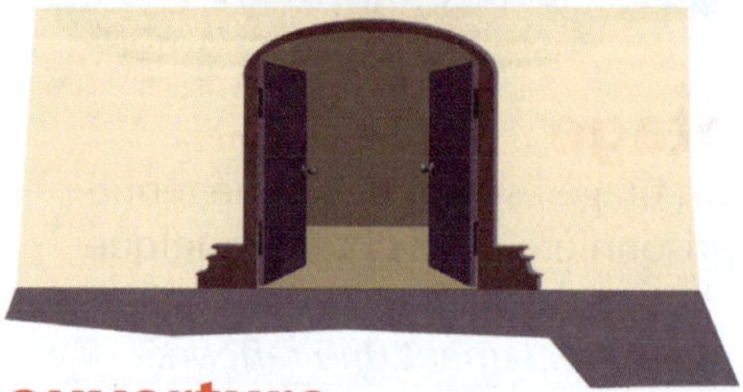

ouverture *nom féminin (n. f.)*
1. L'ouverture est l'action d'ouvrir. *L'ouverture du magasin est à 10 heures.* **2.** Une ouverture est un espace à travers lequel on peut passer. *Les voleurs sont entrés dans la maison par l'ouverture située au-dessus de la porte.*

ouvrage *nom masculin (n. m.)*
Un ouvrage est un livre. *Les ouvrages de cuisine se trouvent sur la premère étagère.*

ouvrier, ouvrière
nom masculin, féminin (n. m., f.)
Un ouvrier, une ouvrière est une personne qui travaille de ses mains et reçoit un salaire. *Des ouvriers font des travaux dans la maison.*

ouvrir *verbe (v.)*
1. Ouvrir, c'est faciliter l'accès. *Marion ouvre la fenêtre pour aérer la maison.* **2.** Ouvrir, c'est enlever ce qui empêche d'avoir accès à quelque chose. *Nicolas a ouvert le sachet de bonbons.* **3.** Ouvrir, c'est permettre l'accès au public. *La boulangerie ouvre à sept heures.*

ovale
adjectif masculin ou féminin (adj. m. ou f.)
Ce qui est ovale a une forme ronde et légèrement allongée. *Le ballon de rugby est ovale.*

oxygène *nom masculin (n. m.)*
L'oxygène est un gaz sans odeur présent dans l'air et qui permet de respirer.

ozone *nom masculin (n. m.)*
L'ozone est un gaz qui protège la Terre des rayons du soleil. *La pollution agresse la couche d'ozone.*

page *nom féminin (n. f.)*
Une page est chacun de deux côtés d'une feuille de papier. *Nous devons répondre au questionnaire de la page 25.*

paillasson *nom masculin (n. m.)*
Un paillasson est un tapis épais mis devant une porte d'entrée pour s'essuyer les pieds.

paille *nom féminin (n. f.)*
1. Une paille est un petit tuyau en plastique qui permet d'aspirer une boisson. *Anne boit son jus d'abricot avec une paille.* **2.** La paille est l'ensemble des tiges des céréales qui ont été séparées du grain. *Il y a souvent de la paille étalée sur le sol des étables.*

pain *nom masculin (n. m.)*
Le pain est un aliment cuit au four, fait avec de la farine, de l'eau, du sel et du levain. *Chloé a acheté deux petits pains à la boulangerie.*

1. pair, paire
adjectif masculin, féminin (adj. m., f.)
Un nombre pair est un nombre divisible par 2. *Les nombres 22, 44, 66 ou 88 sont des nombres pairs.*
Le contraire est : impair.

2. paire *nom féminin (n. f.)*
Une paire comprend deux choses identiques qui vont toujours ensemble. *Loan vient de s'acheter une paire de chaussures.*

paisible
adjectif masculin ou féminin (adj. m. ou f.)
Ce qui est paisible est tranquille, calme. *Camille habite un quartier paisible.*

paix *nom féminin (n. f.)*
La paix est le fait de ne pas être en guerre ou en conflit. *La colombe qui porte un rameau d'olivier dans le bec représente la paix.*

Remarque : Ce mot se termine par un *x*.

1. palais *nom masculin (n. m.)*
Un palais est un château luxueux.

2. palais *nom masculin (n. m.)*
Le palais est la partie supérieure à l'intérieur de la bouche.

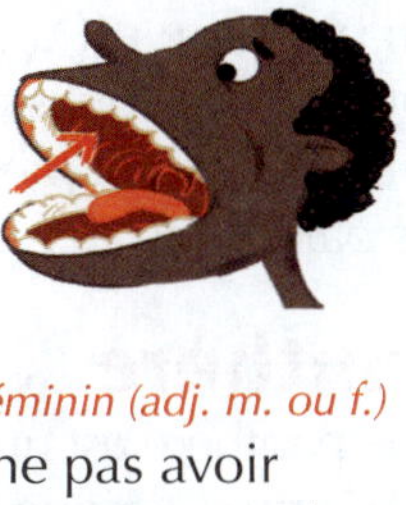

pâle
adjectif masculin ou féminin (adj. m. ou f.)
1. Être pâle, c'est ne pas avoir beaucoup de couleurs. *Avant de s'évanouir, Manon était toute pâle.* **2.** Une couleur pâle est une couleur claire. *Candice porte une robe rose pâle.*

Remarque : Ce mot s'écrit avec un accent circonflexe sur le *a*.

palette *nom féminin (n. f.)*
Une palette est une plaque de bois sur laquelle les peintres étalent et mélangent leurs couleurs.

palier *nom masculin (n. m.)*
Le palier est la partie plane entre deux escaliers. *Géraldine est essouflée. Au quatrième étage, elle fait une pause sur le palier.*

palme *nom féminin (n. f.)*
1. Une palme est une feuille de palmier. **2.** Une palme est une sorte de chaussure en plastique, en forme de nageoire, servant à nager plus vite. *Anne met ses palmes pour faire de la plongée sous-marine.*

palmier *nom masculin (n. m.)*
Un palmier est un arbre des régions chaudes qui possède de très grandes feuilles en éventail à son sommet. *La noix de coco pousse sur certains palmiers.*

pamplemousse
nom masculin (n. m.)
Un pamplemousse est un gros fruit de couleur jaune ou rose au goût acide. *Les citrons, les oranges et les pamplemousses sont des agrumes.*

pancarte *nom féminin (n. f.)*
Une pancarte est un panneau sur lequel on peut lire quelque chose. *À l'entrée de l'hôtel, il y avait une pancarte affichant : « Complet ».*

panda *nom masculin (n. m.)*
Un panda est un mammifère noir et blanc, ressemblant à un ours, qui se nourrit de pousses de bambous, de racines, de petits rongeurs ou d'oiseaux. *Le panda vit dans les montagnes de la Chine.*

à savoir
Il existe deux espèces de panda : le grand panda et le petit panda.

panier *nom masculin (n. m.)*
Un panier est un récipient à une ou deux anses servant à transporter des choses. *Cyrille a un panier en osier.*

panique *nom féminin (n. f.)*
La panique est une grande peur que l'on ne peut pas contrôler. *C'était la panique dans le quartier à cause de l'incendie.*
Le synonyme est : affolement.

panne *nom féminin (n. f.)*
Une panne est l'arrêt d'une machine ou d'un mécanisme qui ne fonctionne plus. *Mon ordinateur est en panne. Il y a eu une panne d'électricité ce matin.*

panneau *nom masculin (n. m.)*
Un panneau est une plaque sur laquelle quelque chose est écrit ou affiché. *Loan connaît tous les panneaux routiers.*

Remarque : Le pluriel de *panneau* est : des panneaux.

panorama *nom masculin (n. m.)*
Un panorama est un vaste paysage que l'on voit depuis un endroit élevé. *Géraldine contemple le panorama de la vallée depuis son balcon.*
Le synonyme est : vue.

pansement
nom masculin (n. m.)
Un pansement est un morceau de tissu adhésif que l'on met sur une plaie pour favoriser sa guérison. *L'infirmière a des pansements dans sa boîte à pharmacie.*

pantalon *nom masculin (n. m.)*
Un pantalon est un vêtement qui couvre les jambes et qui va de la taille jusqu'aux pieds. *Zoé préfère les pantalons aux jupes.*

panthère *nom féminin (n. f.)*
Une panthère est un grand félin d'Asie ou d'Afrique, au pelage noir ou jaune tacheté de noir, qui se nourrit de viande. *On entend le rugissement d'une panthère dans la savane.*

Remarque : Ce mot s'écrit avec *th*.

pantin *nom masculin (n. m.)*
Un pantin est une marionnette dont on fait bouger les parties du corps avec des fils.

pantoufle *nom féminin (n. f.)*
Une pantoufle est une chaussure souple et légère que l'on utilise chez soi.
Le synonyme est : chausson.

coin lecture
« […] Le prince la suivit, mais il ne put l'attraper ; elle laissa tomber une de ses pantoufles de verre, que le prince ramassa bien soigneusement […]. »
Cendrillon. Charles Perrault.

paon *nom masculin (n. m.)*
Un paon est un grand oiseau à longue queue et au plumage bleu-vert. *Lorsque le paon pousse des cris, on dit qu'il braille.*

à savoir
Lorsque le paon fait la roue, il dresse les plumes de sa queue en éventail. La femelle du paon est la paonne.

papa *nom masculin (n. m.)*
Papa est le nom affectueux que l'on donne à son père. *Papa est très compréhensif.*

pape *nom masculin (n. m.)*
Le pape est le chef de l'Église catholique. *Le pape vit au Vatican.*

papi ou papy *nom masculin (n. m.)*
Papi est le nom que l'on donne à son grand-père.
Papi dort beaucoup.

papier *nom masculin (n. m.)*
Le papier est une matière faite de produits végétaux, réduits en pâte et séchés, et qui sert à la fabrication des feuilles d'un livre, d'un cahier ou de simples pages. *Alice a arraché quelques feuilles de papier de son cahier.*

papillon *nom masculin (n. m.)*
Un papillon est un insecte qui possède quatre ailes très colorées et qui se nourrit du nectar des fleurs. *La chenille s'est métamorphosée en papillon.*
► Un nœud papillon : c'est un nœud en forme de papillon que l'on passe sous le col de sa chemise, à la place d'une cravate. *Sébastien portait un nœud papillon pour le mariage de son frère.*

paquebot *nom masculin (n. m.)*
Un paquebot est un grand navire transportant des passagers. *Aurélie a fait une croisière en paquebot sur la Méditerranée.*

pâquerette *nom féminin (n. f.)*
Une pâquerette est une petite fleur blanche qui pousse dans les prés au printemps et qui ressemble à une marguerite. *Maman a cueilli des pâquerettes et les a mises dans un vase.*

Remarque : Ce mot s'écrit avec un accent circonflexe.

A B C D E F G H I J K L M N O P Q R S T U V W X Y Z

paquet *nom masculin (n. m.)*
1. Un paquet est un produit contenu dans un emballage et destiné à la vente. *Amina a acheté un paquet de chips.* **2.** Un paquet est un objet protégé par un emballage.
Leïla a envoyé un paquet par la poste.
Le synonyme est : colis.

par *préposition (prép.)*
1. *Par* est un mot qui indique le lieu. *Anne passe par la rue des Rosiers tous les matins.* **2.** *Par* est un mot qui indique l'auteur d'une action. *Le voleur a été attrapé par la police.*

parachute *nom masculin (n. m.)*
Un parachute est un objet composé d'une toile qui se déploie afin de ralentir la chute des personnes qui sautent d'un avion en vol.

paradis *nom masculin (n. m.)*
D'après les chrétiens, le paradis est un lieu de bonheur réservé aux personnes ayant bien agi pendant leur vie. *Laura croit au paradis et à l'enfer.*

coin lecture

« Il mourut une fois un pauvre bon paysan qui vint à la porte du paradis. En même temps mourait un riche, riche seigneur qui monta aussi au ciel. Saint Pierre arriva avec ses clefs, ouvrit la porte et fit entrer le seigneur […]. » *Le Paysan dans le ciel.*
Les frères Grimm.

paragraphe *nom masculin (n. m.)*
Un paragraphe est un morceau de texte qui commence et se termine par un passage à la ligne. *Cet article comporte six paragraphes.*

paraître *verbe (v.)*
Paraître, c'est sembler, avoir l'air. *Fatou paraît contente aujourd'hui.*
▶ Il paraît que : cela signifie *on dit que. Il paraît que tu as perdu ton cartable.*

parapluie *nom masculin (n. m.)*
Un parapluie est un objet composé d'un manche et d'un tissu imperméable qui protège de la pluie. *Bintou a toujours un parapluie dans son sac.*

coin lecture

« […] il tient un parapluie sous chaque bras, l'un décoré d'images et celui-là il l'ouvre au-dessus des enfants sages qui rêvent alors toute la nuit des histoires ravissantes, et sur l'autre parapluie il n'y a rien. […] »
Une semaine du petit elfe Ferme-l'Oeil.
Andersen.

parasol *nom masculin (n. m.)*
Un parasol est un objet composé d'un manche et d'un grand tissu qui protège du soleil. *Lisa ouvre son parasol, car le soleil commence à taper fort.*

parc *nom masculin (n. m.)*
Un parc est un espace naturel aménagé ou sauvage destiné aux loisirs ou à la préservation de la faune et de la flore. *Grand-mère aime se promener dans le parc l'après-midi.*

parce que *conjonction (conj.)*
Parce que est un mot qui exprime la cause ou la raison de quelque chose. *Il est triste parce que sa mère est partie.*

parcourir *verbe (v.)*
Parcourir, c'est effectuer un trajet. *Marie et Jean ont parcouru de nombreux kilomètres en voiture.*

parcours *nom masculin (n. m.)*
Un parcours est un trajet. *Simon doit effectuer ce parcours en moins d'une heure.*

par-dessous *préposition (prép.)*
Par-dessous signifie : en dessous de. *Le chat est passé par-dessous la clôture.*

par-dessus *préposition (prép.)*
Par-dessus signifie : au dessus de. *Les oiseaux migrateurs volent par-dessus le bois.*

pardon *nom masculin (n. m.)*
Pardon est un mot utilisé pour s'excuser ou pour demander quelque chose. *Pardon, madame, savez-vous où se trouve la station de métro ? Pardon, je suis désolé !*

pardonner *verbe (v.)*
Pardonner, c'est accepter les excuses de quelqu'un et ne pas lui en vouloir. *Sébastien ne pardonne pas facilement, il est rancunier.*
Le synonyme est : excuser.

pareil, pareille
adjectif masculin, féminin (adj. m., f.)
Ce qui est pareil est identique. *Nos pulls sont pareils.*
Le synonyme est : semblable.
Le contraire est : différent.

parenthèse *nom féminin (n. f.)* Une parenthèse est un signe de ponctuation utilisé pour isoler un mot ou une phrase lorsque l'on veut donner un complément d'informations. *N'oublie pas de fermer ta parenthèse.*

parents *nom masculin pluriel (n. m. pl.)*
Les parents sont le père et la mère. *Les parents de Loan sont très compréhensifs.*

paresse *nom féminin (n. f.)*
La paresse est l'attitude d'une personne qui ne veut rien faire. *La paresse est un vilain défaut.*

A B C D E F G H I J K L M N O P Q R S T U V W X Y Z

parfait, parfaite

adjectif masculin, féminin (adj. m., f.)
Ce qui est parfait n'a pas de défauts. *Cet appartement est parfait pour moi.*
Les synonymes sont : impeccable, irréprochable.

parfois *adverbe (adv.)*

Parfois veut dire : de temps en temps. *Meddy fait parfois du roller.*
Le synonyme est : quelquefois.

parfum *nom masculin (n. m.)*

1. Un parfum est une odeur souvent agréable. *Coralie aime sentir le parfum des fleurs.* **2.** Un parfum est un liquide que l'on met sur le corps pour sentir bon. *Maman a acheté un parfum à la parfumerie.* **3.** Un parfum est l'arôme d'un aliment. *Quel parfum de glace préfères-tu ?*

pari *nom masculin (n. m.)*

Un pari est un défi verbal conclu entre personnes ayant des opinions différentes et qui s'engagent à donner quelque chose à celui qui aura raison. *Clara a perdu son pari. Elle doit donner cinq euros à Héloïse.*

parking *nom masculin (n. m.)*

Un parking est un lieu où l'on peut garer son véhicule. *Il y a un parking au sous-sol du centre commercial.*

parler *verbe (v.)*

Parler, c'est dire quelque chose. *Ne parle pas la bouche pleine !*

parmi *préposition (prép.)*

Parmi veut dire : au milieu de. *Il y avait un chien parmi les brebis.*

parole *nom féminin (n. f.)*

1. La parole est la capacité de l'être humain de parler. *La parole est un moyen de communication.* **2.** Les paroles représentent le texte d'une chanson. *Zohra a appris par cœur les paroles de sa chanson préférée.*

parquet *nom masculin (n. m.)*

Le parquet est un sol couvert de lattes de bois. *Maman a acheté de la cire pour faire briller le parquet.*

parrain *nom masculin (n. m.)*

Le parrain est la personne qui présente un enfant au baptême. Il aura la responsabilité de l'enfant en cas de problème familial.

part *nom féminin (n. f.)*
Une part est la partie d'une chose. *Marine a mangé deux parts de gâteau.*
Les synonymes sont : morceau, tranche.
► À part : cela signifie *sauf*. *À part Laura, tous les élèves ont réussi aux examens.* ► De la part de quelqu'un : cela veut dire *en son nom*. *Armelle apporte un bouquet de fleurs de la part de sa grand-mère.*

partager *verbe (v.)*
Partager, c'est diviser en plusieurs parts.

partenaire
nom masculin, féminin (n. m., f.)
Dans un jeu ou un sport, un partenaire, une partenaire sont des personnes qui font partie de la même équipe. *Lola était ma partenaire au tennis.*

participer *verbe (v.)*
Participer, c'est prendre part à quelque chose. *Laura a participé à la fête d'anniversaire de Candice.*

particulier, particulière
adjectif masculin, féminin (adj. m. f.)
Ce qui est particulier se distingue des autres, est singulier. *Audrey a un regard particulier sur les événements du monde.*

partie *nom féminin (n. f.)*
1. Une partie est un morceau de quelque chose. *Hassan n'a pas traduit la dernière partie du texte.*
2. Une partie est la durée d'un jeu. *Cyrille et Walid ont joué une partie de dominos.*

partir *verbe (v.)*
Partir, c'est quitter un lieu, s'en aller. *Clément part du travail à 18 heures.*

à partir de *préposition (prép.)*
À partir de signifie : depuis un moment ou un endroit précis. *Vous pouvez téléphoner à partir de 11 heures.*

partout *adverbe (adv.)*
Partout veut dire : dans tous les lieux. *Cet artiste est connu partout dans le monde.*
Le contraire est : nulle part.

1. pas *nom masculin (n. m.)*
Un pas est le fait de mettre un pied devant l'autre pour se déplacer. *Marion marche d'un pas rapide.*

2. pas *adverbe (adv.)*

Pas est un mot qui indique une négation. *Pauline n'a pas encore mangé.*

passage *nom masculin (n. m.)*

1. Un passage est un endroit par où l'on peut passer. *Baptiste prend le passage le plus court pour se rendre au parc.* **2.** Un passage est une partie d'un écrit, d'une chanson ou d'un film. *Simon a lu un passage de Blanche-Neige et les sept nains.*
Le synonyme est : extrait.

passager, passagère

nom masculin, féminin (n. m., f.)

Un passager, une passagère est une personne qui prend un moyen de transport. *Les passagers doivent rester assis pendant l'atterrissage de l'avion.*

passant, passante

nom masculin, féminin (n. m., f.)

Un passant, une passante est une personne qui marche dans la rue. *Il y a beaucoup de passants au centre-ville.*
Le synonyme est : piéton.

1. passé, passée

adjectif masculin, féminin (adj. m., f.)

Le temps passé est le temps qui s'est déjà écoulé.

2. passé *nom masculin (n. m.)*

1. Le passé est ce qui a déjà eu lieu. *Alice n'aime pas parler de son passé.*
Les contraires sont : avenir, futur.
2. Le passé est le temps d'un verbe qui exprime une action ou un fait qui s'est déjà produit. *La maîtresse nous apprend à conjuguer les verbes au passé composé.*

passeport *nom masculin (n. m.)*

Un passeport est une pièce d'identité qui permet de voyager à l'étranger. *Pour aller en Australie, il te faut absolument un passeport.*

passer *verbe (v.)*

1. Passer, c'est aller d'un lieu à l'autre. *Ce bus passe par le centre-ville.*
2. Passer, c'est rester peu de temps dans un lieu. *Armelle est passée par la librairie.* **3.** Passer, c'est traverser un lieu. *Mariam passe par cette rue tous les jours.* **4.** Passer, c'est subir les épreuves d'un examen. **5.** Passer, c'est donner quelque chose à quelqu'un. *Passe-moi la télécommande !*

se passer *verbe (v.)*

1. Se passer, c'est se dérouler. *Mes vacances se sont passées dans le calme.* **2.** Se passer de quelque chose, c'est s'en priver. *Audrey ne peut pas se passer de sa poupée.*

passerelle *nom féminin (n. f.)*
1. Une passerelle est un petit pont pour les piétons. *Il y a quelques passerelles au-dessus de la rivière.*
2. Une passerelle est un escalier mobile utilisé pour monter ou descendre d'un avion ou d'un bateau.

passionner *verbe (v.)*
Passionner, c'est intéresser profondément. *Cette histoire me passionne.*

pâte *nom féminin (n. f.)*
La pâte est un aliment pétri, composé de farine, d'eau, de beurre, d'œufs et d'autres ingrédients. *Le boulanger étale la pâte avec un rouleau.*
pâtes *nom féminin pluriel (n. f. pl.)*
Les pâtes sont des morceaux d'une pâte fabriquée avec de la semoule de blé, qui ont des formes variées. *Les spaghettis et les nouilles sont des pâtes.*

Remarque : Ce mot s'écrit avec un accent circonflexe sur le *a*. Ne pas confondre *pâte* avec une *patte*.

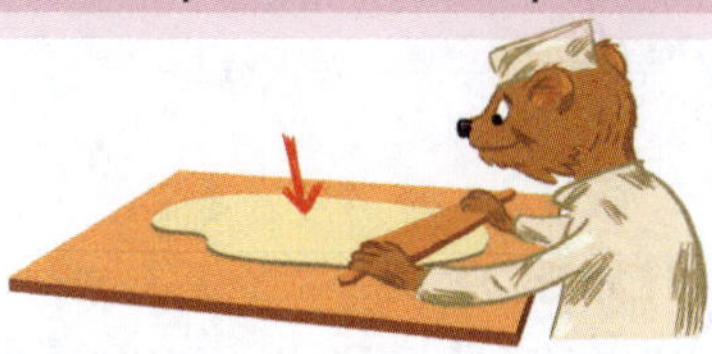

pâté *nom masculin (n. m.)*
Le pâté est un aliment cuit au four, composé de viande, de volaille ou même de poisson hachés. *Bruno adore le pâté de foie de canard.*
► Un pâté de sable : c'est un amas de sable mouillé et tassé dans un seau.

Remarque : Ce mot s'écrit avec un accent circonflexe sur le a. Ne confonds pas *pâté* avec *pâtée*.

pâtée *nom féminin (n. f.)*
Une pâtée est un mélange d'aliments hachés, qui est destiné aux animaux.

Remarque : Ce mot s'écrit avec un accent circonflexe sur le *a*. Ne pas confondre *pâtée* avec *pâté*.

paternel, paternelle
adjectif masculin, féminin (adj. m., f.)
Ce qui est paternel est relatif au père. *Mon grand-père paternel vit avec nous.*

patience *nom féminin (n. f.)*
La patience est le fait de se montrer calme dans des situations très diverses, d'attendre calmement sans s'énerver. *Il faut avoir de la patience dans un embouteillage.*
Le contraire est : impatience.

patienter *verbe (v.)*
Patienter, c'est attendre. *David a patienté quelques minutes dans la salle d'attente.*

patin *nom masculin (n. m.)*
1. Un patin à glace est une chaussure munie d'une lamelle d'acier, destinée à glisser sur la glace. *Clément fait du patin à glace à la patinoire.* **2.** Un patin à roulettes est une chaussure munie de roulettes, qui sert à se déplacer.

patinage *nom masculin (n. m.)*
Le patinage est un sport qui consiste à patiner. *Eva adore regarder les compétitions de patinage artistique à la télévision.*

patiner *verbe (v.)*
Patiner, c'est se déplacer avec des patins.

patinoire *nom féminin (n. f.)*
Une patinoire est une piste où l'on fait du patin à glace.

pâtisserie *nom féminin (n. f.)*
1. Une pâtisserie est un gâteau sucré, garni parfois d'aliments variés. *Les éclairs au chocolat et les tartelettes sont des pâtisseries.* **2.** Une pâtisserie est un magasin où l'on vend toutes sortes de gâteaux. *Le pâtissier travaille pour une pâtisserie.*

Remarque : Ce mot s'écrit avec un accent circonflexe sur le *a*.

pâtissier, pâtissière
nom masculin, féminin (n. m., f.)
Un pâtissier, une pâtissière est une personne qui prépare des pâtisseries et qui les vend.

Remarque : Ce mot s'écrit avec un accent circonflexe sur le *a*.

patron, patronne
nom masculin, féminin (n. m., f.)
Un patron, une patronne est un chef d'entreprise ou un chef dans une entreprise.

patte *nom féminin (n. f.)*
Les pattes sont les membres d'un animal. *Le chien, le chat et le cheval ont quatre pattes.*

coin lecture

« [...] La grenouille à cela trouve un très bon remède :
Le rat fut à son pied par la patte attaché ;
Un brin de jonc en fit l'affaire.
Dans le marais entrés, notre bonne commère s'efforce de tirer son hôte au fond de l'eau [...]. »
La Grenouille et le Rat.
Jean de La Fontaine.

paume *nom féminin (n. f.)*
La paume est la partie intérieure de la main. *Il y a une fourmi qui se déplace sur la paume de sa main.*

paupière *nom féminin (n. f.)*
La paupière est la peau bordée de cils qui protège l'œil. *Anne a tellement pleuré que ses paupières sont gonflées.*

pause *nom féminin (n. f.)*
Une pause est un moment de repos dans le travail ou dans la réalisation d'une activité. *Le professeur a donné cinq minutes de pause avant de continuer le cours.*

pauvre *adjectif masculin ou féminin (adj. m. ou f.)* **1.** Une personne pauvre est une personne qui n'a pas d'argent. *Ce vagabond est vraiment pauvre.*
Le synonyme est : démuni.
Le contraire est : riche.
2. Ce qui est pauvre inspire de la pitié. *Cette pauvre fille est orpheline.*
Le synonyme est : malheureux.

coin lecture

« Il était une fois une petite fille dont le père et la mère étaient morts. Elle était si pauvre qu'elle n'avait ni chambre ni lit pour se coucher ; elle ne possédait que les vêtements qu'elle avait sur le corps [...]. »
Les Ducats tombés du ciel.
Les frères Grimm.

payer *verbe (v.)*
Payer, c'est donner de l'argent en échange de quelque chose. *Maman a payé cette robe très cher.*
Le synonyme est : régler.

pays *nom masculin (n. m.)*
Un pays est un territoire représenté par un gouvernement et délimité par des frontières. *La France et l'Allemagne sont des pays européens.*

paysage *nom masculin (n. m.)*
Un paysage est un lieu que l'on peut voir dans son ensemble. *Léa contemple le paysage de son balcon.*

paysan, paysanne *nom masculin, féminin (n. m., f.)*
Un paysan, une paysanne est une personne vivant à la campagne, cultivant la terre et élevant des animaux. *Ce paysan trait les vaches le matin.*
Le synonyme est : agriculteur.

péage *nom masculin (n. m.)*
Un péage est un endroit où les conducteurs payent pour avoir accès à une autoroute. *Marine a payé 18 euros au péage.*

peau *nom féminin (n. f.)*
1. La peau est ce qui recouvre le corps des êtres. *La peau de ma petite sœur est toute rouge parce qu'elle est malade.* **2.** La peau est l'enveloppe des fruits et des légumes. *Léo enlève la peau de l'orange.*

Remarque : Le pluriel de *peau* est : des peaux.

coin lecture

« De la peau du lion
l'âne s'étant vêtu,
Était craint partout à la ronde ;
Et bien qu'animal sans vertu,
Il faisait trembler tout le monde [...]. »
L'Âne vêtu de la peau du lion.
Jean de La Fontaine.

pêche *nom féminin (n. f.)*
Une pêche est un fruit qui pousse sur le pêcher et qui a une peau veloutée, une chair juteuse et un gros noyau. *Julie a acheté des pêches blanches et des pêches jaunes au marché.*

Remarque : Ce mot a un accent circonflexe sur le *e*.

pêcher *verbe (v.)*
Pêcher, c'est attraper des poissons ou d'autres animaux vivant dans l'eau. *Hugo a pêché quelques truites dans la rivière.*

pédale *nom féminin (n. f.)*
Une pédale est une pièce sur laquelle on appuie avec le pied pour faire fonctionner un véhicule. *Les Pédalos, les vélos et les voitures ont des pédales.*

pédiatre *nom masculin ou féminin (n. m. ou f.)*
Un pédiatre, une pédiatre est un médecin qui soigne les enfants. *Ma mère a pris rendez-vous chez le pédiatre, car ma petite sœur est malade.*

peigne *nom masculin (n. m.)*
Un peigne est un objet muni de dents utilisé pour démêler et coiffer les cheveux.

peindre *verbe (v.)*
1. Peindre, c'est recouvrir un mur ou une surface de peinture. *Les maçons peignent le salon de notre appartement.* **2.** Peindre, c'est réaliser un tableau avec de la peinture. *Cet homme a peint une nature morte.*

1. peine *nom féminin (n. f.)*
Une peine est une punition donnée à une personne qui n'a pas respecté la loi. *Ce voleur a été condamné à six mois de prison ferme.*

2. peine *nom féminin (n. f.)*
1. La peine est de la tristesse, un chagrin. *Marion a de la peine parce que son chat est malade.* **2.** La peine est une difficulté. *Hugo a de la peine à se réveiller tôt le matin.*

3. à peine *adverbe (adv.)*
À peine veut dire : presque pas. *Alexandra a à peine compris la leçon.*

peintre *nom masculin (n. m.)*
1. Un peintre est une personne dont le métier consiste à recouvrir les murs des maisons de peinture. *Les peintres refont la chambre des enfants.* **2.** Un peintre est un artiste qui fait de la peinture. *Picasso est un peintre très connu.*

peinture *nom féminin (n. f.)*
La peinture est une matière colorante utilisée pour peindre. *Jean a acheté un pot de peinture.*

pelage *nom masculin (n. m.)*
Le pelage est l'ensemble des poils ou la fourrure d'un animal. *Le zèbre a un pelage rayé noir et blanc.*

peler *verbe (v.)*
1. Peler, c'est enlever la peau d'un légume ou d'un fruit. *Marie pèle les concombres pour préparer une salade.* **2.** Peler, c'est perdre de petits morceaux de peau. *Anne a attrapé un coup de soleil pendant ses vacances et maintenant, elle a la peau qui pèle.*

pélican *nom masculin (n. m.)*
Un pélican est un grand oiseau à pattes palmées, au plumage gris ou blanc et à long bec muni d'une poche. *Nous avons vu quelques pélicans à côté de la rivière.*

à savoir
La poche de leur bec permet aux pélicans de stocker les poissons attrapés pour nourrir leurs petits.

pellicule *nom féminin (n. f.)*
1. Une pellicule est un rouleau d'une matière spéciale, utilisé pour la photographie ou le cinéma. *Géraldine a acheté une pellicule 24 poses.* **2.** La pellicule est un tout petit morceau de peau sèche qui se détache du cuir chevelu. *Pierre a acheté un shampooing contre les pellicules.*

pelouse *nom féminin (n. f.)*
Une pelouse est un terrain couvert de gazon. *Il est interdit de marcher sur cette pelouse.*

peluche *nom féminin (n. f.)*
Une peluche est un jouet en fausse fourrure qui représente un animal. *Lola a une peluche dans son lit.*

se pencher *verbe (v.)*
Se pencher, c'est s'incliner. *Ne te penche pas par la fenêtre. C'est dangereux !*

pendant *préposition (prép.)*
Pendant indique la durée. *Nous avons attendu le bus pendant un quart d'heure.*

pendre *verbe (v.)*
1. Pendre quelque chose, c'est l'accrocher quelque part. *Simon pend sa veste à la patère.* **2.** Pendre quelqu'un, c'est le tuer en le suspendant par le cou avec une corde. *Dans ce film, le condamné a été pendu.*

pendule *nom féminin (n. f.)*
Une pendule est une petite horloge. *La pendule sonne toutes les heures.*

pénétrer *verbe (v.)*
Pénétrer, c'est entrer quelque part. *Un chat a pénétré dans le garage.*
Le synonyme est : s'introduire.

A B C D E F G H I J K L M N O P Q R S T U V W X Y Z

pensée *nom féminin (n. f.)*
Une pensée est un avis, une opinion.
Le synonyme est : point de vue.

penser *verbe (v.)*
1. Penser, c'est réfléchir profondément. *Ce qui distingue les hommes des animaux, c'est que les hommes pensent.*
Le synonyme est : raisonner.
2. Penser, c'est avoir un avis. *Léo pense qu'il réussira à son examen.*
3. Penser, c'est se rappeler quelque chose, quelqu'un. *Géraldine pense constamment à sa famille.*

pente *nom féminin (n. f.)*
Une pente est un terrain incliné. *Les skieurs dévalent les pentes enneigées des montagnes.*

pépin *nom masculin (n. m.)*
Un pépin est un petite graine qui se trouve à l'intérieur de certains fruits. *Les pommes, les clémentines ou les raisins ont des pépins.*

percer *verbe (v.)*
1. Percer, c'est trouer. Marie s'est fait percer *les oreilles pour pouvoir mettre des boucles d'oreilles.*
2. Quand une dent perce, elle pousse. *Les premières dents du bébé ont percé.*

percevoir *verbe (v.)*
Percevoir, c'est saisir par les organes des sens, éprouver une sensation. *J'ai perçu une odeur de poulet rôti.*

se percher *verbe (v.)*
Quand un oiseau se perche, il se pose à un endroit en hauteur. *Les corbeaux se perchent sur les branches des arbres.*

percussion *nom féminin (n. f.)*
Un instrument à percussion est un instrument de musique sur lequel on frappe avec les mains ou des baguettes. *Le tambour, le tam-tam ou la batterie sont des instruments à percussion.*

perdre *verbe (v.)*
1. Perdre, c'est ne plus avoir quelque chose ou quelqu'un. *Marie a perdu son téléphone portable.* **2.** Perdre, c'est être vaincu. *L'équipe française a perdu le match.*

se perdre *verbe (v.)*
Se perdre, c'est s'égarer. *Camélia s'est perdue dans la forêt.*

perdrix *nom féminin (n. f.)*
Une perdrix est un oiseau au plumage gris ou roux vivant dans les campagnes. *Lorsque la perdrix pousse des cris, on dit qu'elle cacabe.*

Remarque : Le pluriel de *perdrix* est : des perdrix.

père *nom masculin (n. m.)*
Le père est un homme ayant un ou plusieurs enfants. *Moussa est devenu père à l'âge de 27 ans.*

perfection *nom féminin (n. f.)*
La perfection est le fait de ne pas avoir de défauts. *Le pianiste répète constamment pour atteindre la perfection.* ► À la perfection : cela signifie *de manière parfaite. Paul a fait ses devoirs à la perfection.*

périmé, périmée
adjectif masculin, féminin (adj. m., f.)
1. Ce qui est périmé n'est plus valable. *Ton titre de transport est périmé.*
2. Ce qui est périmé ne peut plus être consommé. *Les yaourts sont périmés. Il aurait fallu les manger avant.*

période *nom féminin (n. f.)*
Une période est une durée limitée, un temps défini. *Pendant la période de Noël, les magasins ouvrent le dimanche.*

perle *nom féminin (n. f.)*
1. Une perle est une petite bille en nacre qui se trouve parfois dans les huîtres. *Certains bijoux sont faits de perles.* **2.** Une perle est une petite bille percée d'un trou que l'on peut enfiler. *Chloé a fabriqué un bracelet de perles.*

se permettre *verbe (v.)*
1. Se permettre, c'est avoir les moyens nécessaires pour faire quelque chose. *Alexandre ne peut pas se permettre de partir en vacances parce qu'il n'a pas de travail.*
2. Se permettre, c'est oser. *Paul s'est permis d'interpeller un passant pour lui demander un renseignement.*

permission *nom féminin (n. f.)*
Une permission est une autorisation. *Papa m'a donné la permission de regarder la télévision.*
Le contraire est : interdiction.

perroquet *nom masculin (n. m.)*
Un perroquet est un grand oiseau au plumage coloré, au bec recourbé et capable d'imiter les sons qu'il entend, comme la voix humaine. *Nous avons vu des perroquets et des perruches dans le zoo.*

perruche *nom féminin (n. f.)*
Une perruche est un petit oiseau au plumage coloré, au bec crochu et qui ressemble à un perroquet. *Lisa n'aime pas voir des perruches en cage.*

Remarque : Ce mot s'écrit avec deux r.

perruque *nom féminin (n. f.)*
Une perruque est une fausse chevelure. *Cassandra a mis une perruque pour le carnaval.*

persil *nom masculin (n. m.)*
Le persil est une plante dont les feuilles sont utilisées en cuisine pour rehausser le goût des aliments. *Le persil et la ciboulette sont des plantes aromatiques.*

personnage
nom masculin (n. m.)
Un personnage est un être inventé par un auteur, un réalisateur ou un dessinateur. *Les Schtroumpfs sont des personnages très célèbres de bandes dessinées.*

1. personne *nom féminin (n. f.)*
Une personne est un être humain. *Dans cet appartement habitent plusieurs personnes.*

2. personne *pronom indéfini (pron. ind.)* *Personne* veut dire : aucun être humain. *Personne n'a téléphoné aujourd'hui.*

personnel, personnelle
adjectif masculin, féminin (adj. m., f.)
Ce qui est personnel appartient à une personne. *Jean a rangé ses affaires personnelles dans son sac.*
► Un pronom personnel : c'est un mot remplaçant un nom.

Remarque : *Je, tu, il, elle, nous, vous, ils, elles, on, lui* sont des pronoms personnels.

persuader *verbe (v.)*
Persuader, c'est convaincre. *Alice m'a persuadé de l'accompagner faire ses courses.*

perte *nom féminin (n. f.)*
1. La perte est le fait de ne plus posséder quelque chose. *La perte de ses clés l'a empêché de rentrer chez lui.* **2.** La perte d'un être est le décès de celui-ci. *La perte de son père l'a beaucoup chagriné.*

peser *verbe (v.)*
Peser, c'est calculer le poids d'une chose ou d'un être. *Le marchand de légumes a pesé les tomates.*
se peser *verbe (v.)*
Se peser, c'est mesurer son propre poids. *Je me suis pesé ce matin.*

pessimiste
adjectif masculin ou féminin (adj. m. ou f.)
Une personne pessimiste est une personne qui ne voit que le mauvais côté des choses. *Marion pense qu'elle ratera ses examens, elle est très pessimiste.*
Le synonyme est : défaitiste.
Le contraire est : optimiste.

pet *nom masculin (n. m.)*
Un pet est un gaz de l'intestin qui sort par l'anus. *Alice est partie aux toilettes faire un pet.*

pétale *nom masculin (n. m.)*
Les pétales sont les parties colorées d'une fleur, qui composent sa corolle. *Lorsque les fleurs se fanent, elles perdent leurs pétales.*

petit, petite
adjectif masculin, féminin (adj. m., f.)
1. Être petit, c'est ne pas avoir une taille élevée. *Marie est petite pour son âge.*
Le contraire est : grand.
2. Un être petit est un être jeune. *Marion est trop petite pour aller toute seule à l'école.*
Le contraire est : âgé.

petit, petite
nom masculin, féminin (n. m., f.)
Un petit, une petite sont de très jeunes êtres. *Les petits des moineaux pépient dans leur nid.*

petite-fille *nom féminin (n. f.)*
La petite-fille est la fille d'un fils ou d'une fille. *Mes grands-parents ont trois petites-filles.*

Remarque : Le pluriel de *petite-fille* est : des petites-filles.

petit-fils *nom masculin (n. m.)*
Le petit-fils est le fils d'un fils ou d'une fille.

Remarque : Le pluriel de *petit-fils* est : des petits-fils.

petits-enfants
nom masculin pluriel (n. m. pl.)
Les petits-enfants sont les enfants du fils ou de la fille.

Remarque : Ce mot ne s'emploie qu'au pluriel.

pétrole *nom masculin (n. m.)*
Le pétrole est un liquide épais, huileux et noir trouvé dans le sol et utilisé pour fabriquer de l'essence. *Le pétrole pollue l'eau.*

peu *adverbe (adv.)*
Peu veut dire : pas beaucoup. *Il y a peu de personnes dans la salle.*
► À peu près : c'est *environ*. *Simon a à peu près 10 ans.* ► Peu à peu : cela signifie *petit à petit, progressivement. Léa grandit peu à peu.*

peuple *nom masculin (n. m.)*
Un peuple est un ensemble de personnes vivant en communauté dans un pays. *Le peuple français célèbre sa fête nationale le 14 Juillet.*

peur *nom féminin (n. f.)*
La peur est l'émotion ressentie lorsque l'on est face à un danger. *N'ayez pas peur ! Ce chien n'est pas méchant !*
Les synonymes sont : crainte, frayeur.

phare *nom masculin (n. m.)*
1. Les phares sont les lumières à l'avant d'une voiture permettant d'éclairer la route pendant la nuit. *Les phares de la voiture se sont cassés lorsqu'elle a percuté un mur.* **2.** Un phare est une tour très haute située sur la côte ou sur une petite île, munie d'une lumière qui guide les navires quand il fait nuit. *Il y a un phare près du port.*

à savoir
La lumière très vive des phares peut porter à des dizaines de kilomètres de la côte.

pharmacie *nom féminin (n. f.)*
1. Une pharmacie est un commerce où l'on vend des médicaments. *Le pharmacien travaille à la pharmacie.* **2.** Une pharmacie est un ensemble de médicaments rangés dans une petite armoire ou une trousse. *As-tu des pansements dans ta pharmacie ?*

phase *nom féminin (n. f.)*
Une phase est une certaine durée, une étape, une période. *La machine à laver est dans la phase du rinçage.*

phénomène *nom masculin (n. m.)*
Un phénomène est un fait extraordinaire pouvant être observé. *Les tremblements de terre, les éclipses ou les marées sont des phénomènes naturels.*

phoque *nom masculin (n. m.)*
Un phoque est un mammifère qui a le corps allongé et les membres courts et palmés. Il vit principalement dans les mers froides et se nourrit de poissons. *Les orques mangent des phoques.*

photo *nom féminin (n. f.)*
Une photo est une image que l'on prend avec un appareil photo. *Simon a pris une photo du coucher de soleil.*

Remarque : Ce mot est l'abréviation de *photographie.*

photographier *verbe (v.)*
Photographier, c'est prendre des photos. *Alexandre aime photographier les oiseaux.*

phrase *nom féminin (n. f.)*
Une phrase est un ensemble de mots servant à exprimer une idée. *À l'écrit, les phrases commencent par une majuscule et se terminent par un point.*

physique
adjectif masculin ou féminin (adj. m. ou f.)
Ce qui est physique est relatif au corps humain. *Grand-mère ne peut pas faire beaucoup d'efforts physiques. Je suis en bonne santé physique.*

physique *nom masculin (n. m.)*
Le physique est l'aspect extérieur d'une personne. *Pierre entretient son physique, il va fréquemment au gymnase.*

Remarque : Ce mot s'écrit avec un *y*.

piano *nom masculin (n. m.)*
Un piano est un instrument de musique composé d'un clavier avec plusieurs touches noires et blanches. *Julie prend des cours de piano.*

pic *nom masculin (n. m.)*
Un pic est une montagne au sommet très pointu.

Remarque : Ne pas confondre *pic* avec *pique*.

à pic *adverbe (adv.)*
À pic veut dire : en allant vers le bas. *Les skieurs descendent la pente à pic.*

picorer *verbe (v.)*
Quand un oiseau picore, il se nourrit en piquant les aliments du bout du bec. *Les pigeons picorent des miettes dans le parc.*

pie *nom féminin (n. f.)*
Une pie est un oiseau au plumage noir et blanc et à longue queue. *Lorsque la pie pousse des cris, on dit qu'elle jacasse.*

1. pièce *nom féminin (n. f.)*
Une pièce est la partie d'une habitation. *L'appartement de ma tante comporte trois pièces.*

2. pièce *nom féminin (n. f.)*
Une pièce est un morceau de métal arrondi et aplati servant de monnaie pour payer quelque chose. *Marie a quelques pièces dans sa poche.*

3. pièce *nom féminin (n. f.)*
Une pièce est chacune des parties d'un ensemble. *Le puzzle de Pierre compte 300 pièces.* ► Une pièce de théâtre : c'est une œuvre écrite que l'on joue sur scène. *Molière a écrit plusieurs pièces de théâtre.*

pied *nom masculin (n. m.)*

Le pied est la partie du corps humain située au bout de la jambe et permettant de se tenir debout et de se déplacer. *Les doigts des pieds sont les orteils.* ► À pied : c'est en marchant. *Alice va à l'école à pied.*

piège *nom masculin (n. m.)*

1. Un piège est un dispositif permettant la capture ou l'élimination d'un animal. *La souricière est un piège à souris.* **2.** Un piège est une difficulté que l'on ne peut pas repérer facilement. *Le problème de mathématiques comportait plusieurs pièges.*

pierre *nom féminin (n. f.)*

1. La pierre est une matière minérale. *Ces escaliers sont en pierre.* **2.** Une pierre est un morceau de rocher. *Alice s'amuse à lancer des pierres dans le lac.*

Le synonyme est : caillou.

► Une pierre précieuse : c'est une pierre rare de grande valeur qui est utilisée dans la fabrication de bijoux. *Le diamant, l'émeraude, le rubis et le saphir sont des pierres précieuses.*

piéton, piétonne

nom masculin, féminin (n. m., f.)

Un piéton, une piétonne est une personne qui marche dans la rue. *Les piétons doivent faire attention aux voitures.*

Le synonyme est : passant.

pigeon *nom masculin (n. m.)*

Un pigeon est un oiseau au plumage blanc, gris ou brun et aux ailes courtes. *Lorsque le pigeon pousse des cris, on dit qu'il roucoule.*

► Un pigeon voyageur : c'est un pigeon dressé pour transporter des messages attachés à l'une de ses pattes. *Les éleveurs de pigeons voyageurs s'appellent des « colombophiles ».*

1. pile *nom féminin (n. f.)*

Une pile est un tas de choses de même nature, placées les unes sur les autres. *Géraldine a une pile de livres sur son bureau.*

2. pile *nom féminin (n. f.)*

Une pile est un objet qui fournit l'électricité nécessaire au fonctionnement d'un appareil. *Paul doit racheter une pile pour sa montre.*

à savoir

Les piles sont très nuisibles pour l'environnement. Ne les jette pas dans la nature.

3. pile *nom féminin (n. f.)*

Le côté pile est le côté d'une pièce de monnaie où est inscrite sa valeur.

Le contraire est : face.

► Jouer à pile ou face : c'est jeter une pièce en l'air pour décider de quelque chose. Selon que la pièce tombera d'un côté ou de l'autre, il y aura un gagnant ou un perdant. *Marie et Marine jouent à pile ou face pour savoir qui fera la vaisselle.*

4. pile *adverbe (adv.)*
Pile veut dire : très exactement. *Papa doit arriver au bureau à 8 heures pile.*

piloter *verbe (v.)*
Piloter, c'est conduire un avion, un bateau, une voiture ou une moto de course. *Nicolas sait piloter des avions.*

piment *nom masculin (n. m.)*
Un piment est un fruit des régions chaudes pouvant avoir un goût piquant et utilisé pour épicer certains aliments. *Il y a des piments rouges et verts.*

pin *nom masculin (n. m.)*
Un pin est un arbre résineux dont les feuilles sont des aiguilles et dont le fruit est la pomme de pin.

Remarque : Ne pas confondre *pin* avec *pain*.

pince *nom féminin (n. f.)*
Une pince est un petit objet composé de deux parties servant à serrer ou à saisir des choses. *Maman a acheté des pinces à linge au supermarché.*

pinceau *nom masculin (n. m.)*
Un pinceau est un instrument muni d'un manche terminé par un ensemble de poils serrés, qui sert à peindre, à vernir ou à étaler de la colle. *Moussa peint l'étagère à l'aide d'un pinceau.*

Remarque : Le pluriel de *pinceau* est : des pinceaux.

pincer *verbe (v.)*
Pincer, c'est serrer avec force une petite partie du corps. *Marie m'a pincé le bras. J'ai pincé mes doigts dans la porte.*

pingouin *nom masculin (n. m.)*
Un pingouin est un oiseau des mers arctiques noir et blanc, à pattes palmées, qui se nourrit de poissons. *Les pingouins vivent en colonies sur les rochers.*

à savoir
Le pingouin se déplace plus facilement sous l'eau que sur terre, et ne vole pas.

ping-pong *nom masculin (n. m.)*

Le ping-pong est un sport que l'on joue à deux ou à quatre sur une table munie d'un filet au centre. Les joueurs doivent se renvoyer une balle avec une petite raquette. *Il y a deux tables de ping-pong dans la salle de sport.*

Remarque : Ce mot ne s'emploie pas au pluriel.

pioche *nom féminin (n. f.)*

Une pioche est un outil composé d'un manche terminé par un fer recourbé servant à creuser le sol.

pion *nom masculin (n. m.)*

Un pion est une pièce d'un jeu. *Alice a perdu quelques pions de son jeu d'échecs.*

pipe *nom féminin (n. f.)*

Une pipe est un objet composé d'un petit tuyau – qui permet de fumer – et d'une partie évasée dans laquelle on met le tabac.

piquant, piquante

adjectif masculin, féminin (adj. m., f.)

1. Ce qui est piquant a des épines. *Les tiges des roses sont piquantes.* **2.** Un aliment piquant produit une sensation de piqûre sur la langue. *Les piments rouges sont piquants.*

pique-nique

nom masculin (n. m.)

Un pique-nique est un repas pris dans la nature.

Remarque : Le pluriel de *pique-nique* est : des pique-niques : *En été, les gens font souvent des pique-niques.*

piquer *verbe (v.)*

1. Piquer, c'est faire une piqûre. *L'infirmière m'a piqué avec une seringue.* **2.** Quand un insecte pique, il enfonce son dard, son aiguillon. *Une abeille m'a piqué dans le parc.* **3.** Piquer, c'est provoquer une sensation de piqûre sur la langue ou dans les yeux. *Ce plat indien pique la langue. Marine a les yeux qui piquent à cause du pollen.*

se piquer *verbe (v.)*

Se piquer, c'est se percer légèrement la peau. *Je me suis piqué avec une épine.*

piqûre *nom féminin (n. f.)*

1. Une piqûre est l'injection d'un médicament avec une seringue. *Le médecin m'a fait une piqûre dans le bras.* **2.** Une piqûre est une petite blessure occasionnée par un animal ou un objet. *Les piqûres de certains insectes peuvent être dangereuses.*

Remarque : Ce mot s'écrit avec un accent circonflexe sur le *u*.

pirate *nom masculin (n. m.)*

Autrefois, un pirate était un bandit qui pillait les bateaux.

pire
adjectif masculin ou féminin (adj. m. ou f.)
Pire est un mot qui veut dire *plus mauvais. Je croyais que cela allait s'arranger, mais la situation est bien pire qu'avant.*
Le contraire est : meilleur.

pirouette *nom féminin (n. f.)*
Une pirouette est un tour que l'on fait sur soi-même. *Les patineurs font des pirouettes sur la piste.*

pis *nom masculin (n. m.)*
Un pis est la mamelle d'une vache, d'une brebis, d'une chèvre ou d'une jument.

Remarque : Ce mot s'écrit avec un *s* que l'on ne prononce pas.

piscine *nom féminin (n. f.)*
Une piscine est un bassin où l'on peut nager. *Les enfants apprennent à nager dans la piscine.*

piste *nom féminin (n. f.)*
Une piste est un terrain aménagé dans un but précis. *L'avion atterrit sur la piste. Nous allons skier sur les pistes demain.*

pistolet *nom masculin (n. m.)*
Un pistolet est une arme à feu que l'on tient d'une seule main. *Les bandits ont tiré plusieurs coups de pistolet.*

pitié *nom féminin (n. f.)*
La pitié est le sentiment de compassion éprouvé devant le malheur des autres. *Léa a eu pitié de ce mendiant et lui a donné deux euros.*

pizza *nom féminin (n. f.)*
Une pizza est une tarte salée pouvant être garnie avec des aliments variés. *La pizza est une spécialité de la cuisine italienne. Léo adore la pizza jambon-mozzarelle.*

placard *nom masculin (n. m.)*
Un placard est un meuble où l'on peut ranger des objets. *Maman a rangé la vaisselle dans le placard de la cuisine.*

place *nom féminin (n. f.)*
1. Une place est un lieu découvert autour duquel il y a des bâtiments et des rues. *Il y a un obélisque et deux fontaines sur la place de la Concorde.* **2.** Une place est un espace qui est disponible. *Toutes les places du parking sont occupées.* **3.** Une place est un lieu qu'une personne ou une chose occupe. *Laisse tes affaires à leur place !* **4.** Une place est un endroit où l'on peut s'asseoir. *Valentin a réservé deux places de cinéma.*

placer *verbe (v.)*
Placer, c'est mettre un être ou une chose dans un endroit particulier. *Killian a placé le vase sur la table.*

plafond *nom masculin (n. m.)*
Le plafond est la surface supérieure d'une pièce. *Un lustre pend au plafond du salon.*
Le contraire est : plancher.

plage *nom féminin (n. f.)*
La plage est une étendue de sable ou de galets au bord de la mer. *En été, les gens bronzent sur la plage.*

plaie *nom féminin (n. f.)*
Une plaie est une blessure dans la chair. *L'infirmière a tout de suite désinfecté ma plaie.*

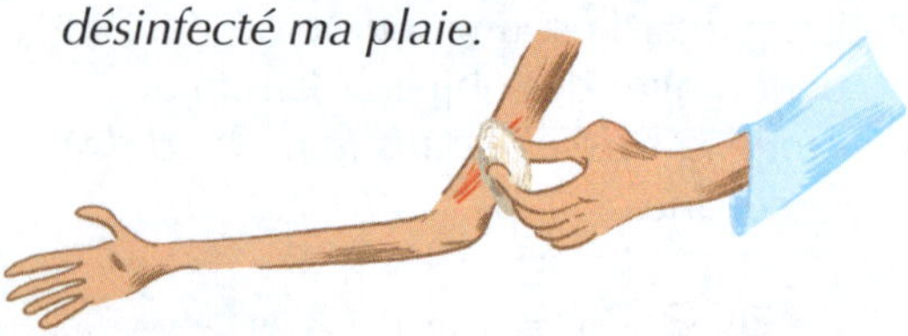

plaindre *verbe (v.)*
Plaindre, c'est ressentir de la peine pour un être. *Coralie plaint les victimes de la guerre dans le monde.*
se plaindre *verbe (v.)*
Se plaindre, c'est exprimer son mécontentement, sa mauvaise humeur ou sa souffrance. *Jessie n'est jamais contente, elle se plaint tout le temps !*

plaine *nom féminin (n. f.)*
Une plaine est un vaste espace plat. *Les vaches broutent l'herbe dans la plaine.*

plaire *verbe (v.)*
Plaire, c'est être agréable à quelqu'un, le séduire. *Ce pull me plaît énormément.* ► S'il vous plaît, s'il te plaît : ce sont des expressions que l'on utilise pour demander quelque chose avec courtoisie. *Ferme la porte, s'il te plaît.*

plaisanter *verbe (v.)*
Plaisanter, c'est dire ou faire des choses drôles pour amuser les autres. *Simon plaisante beaucoup en classe !*

plaisir *nom masculin (n. m.)*
Le plaisir est un sentiment de joie, de contentement. *C'est un vrai plaisir d'avoir de tes nouvelles.*

plan *nom masculin (n. m.)*
Un plan est un dessin détaillé représentant un endroit. *Il y a un plan de la ville près de la station de métro.*

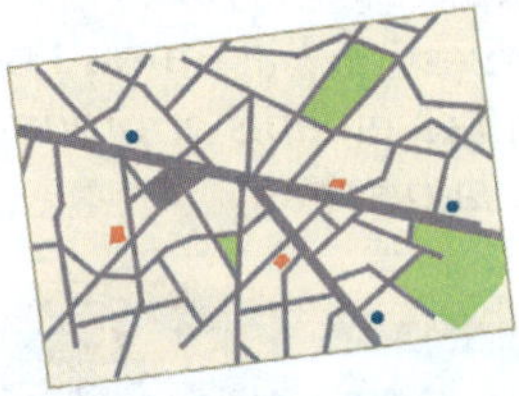

planche *nom féminin (n. f.)*
Une planche est un morceau de bois allongé et étroit. *Hamidou coupe la planche avec une scie.* ► Une planche à roulettes : c'est une planche munie de quatre roues servant à se déplacer. *Arthur se déplace plus vite avec sa planche à roulettes.* ► Une planche à voile : c'est une planche munie d'une voile et d'un mât servant à glisser sur l'eau. *Jérémy fait de la planche à voile sur la mer.*

plancher *nom masculin (n. m.)*
Le plancher est le sol d'une pièce, constitué parfois de planches. *Charline a renversé un seau de peinture sur le plancher.*
Le synonyme est : parquet.

planer *verbe (v.)*
1. Quand un oiseau plane, il vole sans battre des ailes. *Les mouettes planent au-dessus de la mer.*
2. Quand un avion plane, il se laisse porter par le vent sans se servir de son moteur. *L'aéronef plane au-dessus de la colline.*

planète *nom féminin (n. f.)*
Une planète est un astre tournant autour du Soleil. *Le système solaire se compose de neuf planètes.*

plante *nom féminin (n. f.)*
Une plante est un végétal dont les racines sont fixées au sol. *Reda a oublié d'arroser les plantes.*

à savoir
Il existe environ 400 000 espèces de plantes sur la planète. Elles sont essentielles à la vie sur la Terre.

planter *verbe (v.)*
1. Planter, c'est mettre en terre une plante pour qu'elle pousse. *Clémence plante des géraniums dans son jardin.* **2.** Planter quelque chose, c'est l'enfoncer quelque part. *Renata a planté un clou avec un marteau.*

plaque *nom féminin (n. f.)*
1. Une plaque est une pièce d'une matière rigide, plate et peu épaisse. *Les voitures ont des plaques d'immatriculation.* **2.** Une plaque est une tache rougeâtre formée sur la peau. *Julie doit aller chez le médecin parce qu'elle a des plaques sur ses bras.*

plastique *nom masculin (n. m.)*
Le plastique est une matière tirée du pétrole servant à fabriquer de nombreux objets. *Mes poupées sont en plastique.*

1. plat, plate
adjectif masculin, féminin (adj. m., f.)
1. Ce qui est plat ne possède pas de creux ni de bosses. *Le terrain de football est plat.* **2.** Ce qui est plat n'est pas profond. *Maman sert la salade dans des assiettes plates.*
Le contraire est : creux.
3. Ce qui est plat n'est pas très épais. *Les règles sont plates. La plie est un poisson plat.*

2. plat *nom masculin (n. m.)*
1. Un plat est une grande assiette où l'on met les aliments pour les faire cuire ou les servir. *Clara a mis le rôti de bœuf sur le plat.* **2.** Un plat est un aliment. *Le plat préféré de Pauline, c'est le riz au poulet.*

plateau *nom masculin (n. m.)*
Un plateau est un objet aplati et rigide utilisé pour poser ou transporter les aliments ou la vaisselle. *Emma apporte les tasses sur un plateau.*

Remarque : Le pluriel de *plateau* est : des plateaux : *À la cantine, les élèvent apportent leur déjeuner jusqu'à leur table sur des plateaux.*

plâtre *nom masculin (n. m.)*
Le plâtre est une poudre blanche mélangée avec de l'eau pour obtenir une pâte qui durcit en séchant. *Ahmed rebouche le trou dans le mur avec du plâtre.*

Remarque : Ce mot s'écrit avec un accent circonflexe sur le *a*.

1. plein, pleine
adjectif masculin, féminin (adj. m., f.)
1. Ce qui est plein est rempli. *Ma trousse est pleine.*
Le contraire est : vide.
2. Ce qui est plein contient quelque chose en grande quantité. *Ton cahier est plein de ratures.* ► En plein, en pleine : cela veut dire *au milieu de*. *Cyrille s'est mise à pleurer en pleine salle de classe.*

2. plein *adverbe (adv.)*
Plein veut dire : beaucoup. *Chloé a reçu plein de cadeaux pour son anniversaire.*

pleurer *verbe (v.)*
Pleurer, c'est verser des larmes. *Lola pleure parce que son chat est malade.*
Le contraire est : rire.

pleuvoir *verbe (v.)*
Pleuvoir, c'est lorsque l'eau de pluie tombe du ciel. *Il a beaucoup plu au mois d'août.*

pli *nom masculin (n. m.)*
Un pli est une marque laissée sur une chose qui a été froissée ou pliée. *Les feuilles de mon classeur ont des plis.*

plier *verbe (v.)*
Plier, c'est rassembler un objet sur lui-même. *Solène plie la couverture.*
Le contraire est : déplier.

plombier *nom masculin (n. m.)*
Un plombier est une personne dont le métier consiste à installer et à entretenir les canalisations d'eau et de gaz. *Camille a appelé le plombier parce que les canalisations de sa maison étaient bouchées.*

plonger *verbe (v.)*
1. Plonger, c'est se lancer dans l'eau, la tête et les bras en avant.
2. Plonger, c'est introduire dans un liquide. *Rachid plonge ses pieds dans la pataugeoire.*

pluie *nom féminin (n. f.)*
La pluie est l'ensemble des gouttes d'eau qui tombent du ciel. *Les fortes pluies ont provoqué des inondations.*

plumage *nom masculin (n. m.)*
Le plumage est l'ensemble des plumes d'un oiseau.
Les perroquets et les perruches ont un plumage très coloré.

plume *nom féminin (n. f.)*
1. Les plumes sont les tiges garnies de duvet qui recouvrent le corps des oiseaux. *Les plumes du corbeau sont noires.* **2.** Une plume est la partie pointue et en métal d'un stylo à encre.

à savoir
Les oiseaux sont les seuls animaux qui portent des plumes.

pluriel *nom masculin (n. m.)*
Le pluriel d'un mot est la forme prise par ce mot pour indiquer qu'il désigne plusieurs objets ou plusieurs êtres. *Le pluriel du mot* bijou *est* bijoux.
Le contraire est : singulier.

plus *adverbe (adv.)*
1. *Plus* indique une quantité ou un degré plus élevé. *Sébastien a fait plus de fautes dans sa dictée que Nicolas.*

plus *nom masculin (n. m.)*
Le plus (+) est le signe que l'on utilise pour faire des additions.

plusieurs *adjectif pluriel (adj. pl.)*
Plusieurs signifie : plus d'un. *Il y a plusieurs personnes dans le restaurant.*

pneu *nom masculin (n. m.)*
Un pneu est une enveloppe en caoutchouc montée autour d'une roue. *Les pneus de mon vélo sont usés.*

poche *nom féminin (n. f.)*
Une poche est la partie d'un vêtement servant à mettre des objets. *Alexis a cinq euros dans la poche de sa chemise.*

poêle *nom féminin (n. f.)*
Une poêle est un récipient arrondi, aplati et peu profond, muni d'un manche et utilisé pour frire des aliments. *Héloïse a mis les escalopes de veau dans la poêle.*

Remarque : Ce mot s'écrit avec un accent circonflexe sur le *e*.

poème *nom masculin (n. m.)*
Un poème est un texte poétique écrit en vers ou en prose. *Géraldine récite un poème devant sa classe.*

poésie *nom féminin (n. f.)*
La poésie est l'art d'exprimer des impressions ou des sentiments en trouvant des mots aux sons harmonieux et en leur donnant un certain rythme. *Amina a offert à Armelle un livre de poésie.*

poids *nom masculin (n. m.)*
1. Le poids est ce qu'un être ou un objet pèse. *Quel est ton poids ?*
2. Un poids est une boule en métal lancée par un athlète durant une épreuve sportive appelée « le lancer de poids ».

poignée *nom féminin (n. f.)*
1. Une poignée est ce qui peut être contenu dans une main fermée. *Bruno a une poignée de confettis.*
2. La poignée est la partie d'un objet saisie avec la main. *Lucas porte sa valise par la poignée.*

poignet *nom masculin (n. m.)*
Le poignet est la partie du corps située entre l'avant-bras et la main. *Marie porte une chaîne à son poignet.*

poil *nom masculin (n. m.)*
Les poils sont les petits éléments allongés et fins qui poussent sur le corps de l'homme et de certains animaux. *C'est un chat à poil ras.*

poing *nom masculin (n. m.)*
Un poing est une main fermée. *Richard m'a donné un coup de poing au visage.*

point *nom masculin (n. m.)*
1. Un point est un très petit rond que l'on met sur certaines lettres ou que l'on emploie comme signe de ponctuation. *N'oublie pas de mettre un point sur le* i. *Tu dois finir ta phrase par un point.* **2.** Un point est un endroit. *Quel était le point de départ de la course ?* **3.** Un point est une unité que l'on utilise pour compter dans un jeu ou pour noter un devoir. *Coralie a eu deux points à son devoir d'anglais.*

pointe *nom féminin (n. f.)*
1. La pointe est le bout d'un objet pointu. *La pointe de mon compas s'est abîmée.* **2.** La pointe des pieds est leur extrémité. *Renata a mal à la pointe des pieds, elle a trop marché.*
► Les heures de pointe : ce sont les heures de grande activité. *Le trafic est difficile aux heures de pointe.*
► Marcher sur la pointe des pieds : c'est marcher sur le bout des pieds sans faire de bruit. *Léo marche sur la pointe des pieds pour ne pas réveiller son petit frère.*

pointu, pointue
adjectif masculin, féminin (adj. m., f.)
Ce qui est pointu finit en pointe. *Je viens de tailler mon crayon. Maintenant, il est pointu.*

pointure *nom féminin (n. f.)*
La pointure est la taille des chaussures. *Quelle est ta pointure ?*

poire *nom féminin (n. f.)*
La poire est un fruit jaune ou vert à pépins, de forme ovale, qui pousse sur un poirier.

poireau *nom masculin (n. m.)*
Un poireau est un légume allongé aux feuilles vertes et au pied blanc.

Remarque : Le pluriel de *poireau* est : des poireaux : *Grand-mère a préparé une soupe de poireaux.*

pois *nom masculin (n. m.)*
1. Un pois est une plante dont les graines sont les petits pois. **2.** Un pois est un petit rond. *Juliette porte une jupe à pois.*

poison *nom masculin (n. m.)*
Le poison est un produit toxique qui nuit gravement à la santé et à l'environnement.

poisson *nom masculin (n. m.)*
Un poisson est un animal au corps recouvert d'écailles, possédant des nageoires et vivant dans l'eau. *Il y a des poissons rouges dans le lac.*

coin lecture

« Petit poisson deviendra grand Pourvu que Dieu lui prête vie ; Mais le lâcher en attendant, Je tiens pour moi que c'est folie : Car de le rattraper il n'est pas trop certain […]. »
Le Petit Poisson et le Pêcheur.
Jean de La Fontaine.

poissonnerie *nom féminin (n. f.)*
Une poissonnerie est un magasin où l'on vend du poisson et des fruits de mer. *Sarah a acheté des huîtres et des crevettes à la poissonnerie.*

poitrine *nom féminin (n. f.)*

1. La poitrine est la partie du corps qui se trouve entre les épaules et le ventre et qui contient les poumons et le cœur.
Le synonyme est : torse.
2. La poitrine d'une femme, ce sont ses seins.

poivre *nom masculin (n. m.)*

Le poivre est un grain au goût piquant qui provient du fruit du poivrier et qui sert à assaisonner certains aliments. *Laura a assaisonné la sauce avec du poivre.*

poivron *nom masculin (n. m.)*

Un poivron est un légume rouge, vert ou jaune, consommé cru ou cuit. *La ratatouille contient des poivrons.*

pôle *nom masculin (n. m.)*

Les pôles sont les régions très froides situées aux extrémités nord et sud de la Terre. *Les Esquimaux construisent des igloos au pôle Nord.*

Remarque : Ce mot s'écrit avec un accent circonflexe sur le o.

poli, polie

adjectif masculin, féminin (adj. m., f.)

Une personne polie est une personne courtoise.
Le synonyme est : bien élevé.
Les contraires sont : mal élevé, impoli, malpoli.

police *nom féminin (n. f.)*

La police est un groupe de personnes qui veillent à la sécurité et au respect des lois. *Les patrouilles de police surveillent la ville.*

policier, policière

nom masculin, féminin (n. m., f.)

Un policier, une policière est une personne dont le métier consiste à faire respecter les lois et à assurer l'ordre public.

pollen *nom masculin (n. m.)*

Le pollen est une poussière formée de petits grains et fabriqué par les fleurs. *Certains insectes se nourrissent du pollen des fleurs.*

à savoir

Le pollen permet aux plantes de se reproduire. Il peut être transporté par le vent ou les insectes d'une fleur à une autre.

pollution *nom féminin (n. f.)*

La pollution est la dégradation de la nature causée par des produits polluants. *Le réchauffement de la planète est provoqué par la pollution.*

pommade *nom féminin (n. f.)*
Une pommade est une crème que l'on applique sur la peau pour la soigner ou pour soulager une douleur. *Juliette a mis une pommade sur son bleu.*

pomme *nom féminin (n. f.)*
Une pomme est un fruit arrondi, de couleur rouge, jaune ou verte, qui a des pépins et qui pousse sur un pommier. *Loan prépare une tarte aux pommes.*

pomme de terre
nom féminin (n. f.)
Une pomme de terre est un tubercule comestible poussant sous terre. *Nous avons besoin de pommes de terre pour préparer une raclette.*

Remarque : Le pluriel de *pomme de terre* est : des pommes de terre.

pompe *nom féminin (n. f.)*
Une pompe est un appareil qui sert à gonfler certains objets. *Sabri gonfle les pneus de son vélo à l'aide d'une pompe.*

pompier *nom masculin (n. m.)*
Un pompier est une personne dont le métier consiste à combattre le feu et à aider les victimes d'une catastrophe naturelle ou d'un accident. *Alexis a appelé les pompiers parce qu'il y avait un incendie dans son immeuble.*

ponctuation *nom féminin (n. f.)*
Un signe de ponctuation est un signe permettant de séparer les différents éléments d'un texte. *La virgule, le point, la parenthèse, le point d'exclamation ou le point-virgule sont des signes de ponctuation.*

pondre *verbe (v.)*
Lorsque certains animaux pondent, ils produisent un ou plusieurs œufs. *Les oiseaux et les tortues pondent des œufs.*

poney *nom masculin (n. m.)*
Un poney est un petit cheval. *Nous avons fait du poney dans le parc.*

Remarque : Ce mot s'écrit avec un *y*.

pont *nom masculin (n. m.)*
Un pont est une construction servant à franchir un cours d'eau, une route ou une voie ferrée. *Il y a plusieurs ponts qui enjambent le fleuve.*

populaire
adjectif masculin ou féminin (adj. m. ou f.)
Ce qui est populaire est connu et apprécié de nombreuses personnes. *Cette vedette est très populaire.*

population *nom féminin (n. f.)*
La population est l'ensemble des personnes qui habitent dans un pays, une région ou une ville.

porc *nom masculin (n. m.)*
Un porc est un mammifère de couleur rose ou grise, qui mange de tout. *Lorsque le porc pousse des cris, on dit qu'il grogne.*

à savoir
La femelle du porc s'appelle la « truie », et le petit s'appelle le « porcelet ».

port *nom masculin (n. m.)*
Un port est un endroit aménagé pour abriter des bateaux.

portable *nom masculin (n. m.)*
Un portable est un téléphone ou un ordinateur qui peut être facilement transporté. *La plupart des gens ont un téléphone portable.*

porte *nom féminin (n. f.)*
Une porte est un panneau de bois, de métal ou de verre que l'on peut ouvrir ou fermer et par où l'on peut entrer ou sortir. *La porte de sa chambre est fermée à clé.*

portefeuille *nom masculin (n. m.)*
Un portefeuille est un objet en plastique ou en cuir permettant de ranger de l'argent et des papiers d'identité. *Walid a deux cartes bancaires dans son portefeuille.*

Remarque : Ce mot s'écrit en un seul mot.

portemanteau *nom masculin (n. m.)*
Un portemanteau est un objet servant à accrocher des vêtements. *Dans ma chambre, il y a un portemanteau fixé au mur.*

Remarque : Ce mot s'écrit en un seul mot. Le pluriel de *portemanteau* est : des portemanteaux.

porte-monnaie *nom masculin (n. m.)*
Un porte-monnaie est un objet servant à ranger ses pièces de monnaie.

Remarque : Ce mot s'écrit de la même façon au pluriel : des porte-monnaie.

porter *verbe (v.)*
1. Porter, c'est supporter un poids. *Renata n'arrive pas à porter sa valise toute seule.* **2.** Porter, c'est être habillé d'une certaine façon ou avoir sur soi quelque chose. *Marine porte un manteau rouge. Jean porte des lunettes.*

se porter *verbe (v.)*
Se porter, c'est être dans un bon ou un mauvais état de santé. *Sébastien se porte bien après son opération de l'appendicite.*

portière *nom féminin (n. f.)*

Une portière est une porte d'un véhicule. *La clé s'est coincée dans la portière de la voiture.*

portrait *nom masculin (n. m.)*

Un portrait est un dessin, une peinture ou une photo représentant une personne. *Il y a de nombreux artistes dessinant des portraits à Montmartre.*

poser *verbe (v.)*

1. Poser, c'est placer quelque chose quelque part. *Camélia pose les clés de sa voiture sur la table.*
Le synonyme est : placer.
2. Poser, c'est installer, mettre. *Théo a posé le papier peint dans la chambre du bébé.*

se poser *verbe (v.)*
1. Se poser, c'est atterrir. *L'avion s'est posé sur la piste.* Le contraire est : décoller. **2.** Se poser, c'est arrêter de voler et se mettre quelque part. *L'aigle s'est posé sur le rocher.*
Le contraire est : s'envoler.

position *nom féminin (n. f.)*

1. La position est la façon dont on se tient. *Le médecin lui a conseillé de rester en position assise pendant plus longtemps.*
Le synonyme est : posture.
2. La position est le rang ou la place occupée par quelqu'un lors d'une compétition. *Valentin occupe la dernière position du classement.*

posséder *verbe (v.)*

Posséder, c'est être le propriétaire de quelque chose. *Jean possède une grande fortune.*

possible

adjectif masculin ou féminin (adj. m. ou f.)
Ce qui est possible peut arriver. *Il est possible de partir le week-end prochain.*
Le contraire est : impossible.

1. poste *nom féminin (n. f.)*

La poste est le service chargé de ramasser et de distribuer le courrier. *Anne achète quelques timbres à la poste.*

2. poste *nom masculin (n. m.)*

1. Un poste est un appareil permettant de regarder ou d'écouter une émission. *N'oublie pas d'éteindre le poste de radio avant de sortir !* **2.** Un poste est un emploi. *Pierre a été pistonné pour ce poste.*

1. poster *verbe (v.)*
Poster, c'est envoyer du courrier par la poste. *Cassandra doit poster ce colis.*

2. poster *nom masculin (n. m.)*
Un poster est une affiche qui sert à décorer. *Marie a décoré sa chambre avec des posters d'animaux.*

pot *nom masculin (n. m.)*
Un pot est un récipient pouvant contenir des choses diverses. *Lisa a renversé un pot de peinture sur le parquet.*

poteau *nom masculin (n. m.)*
Un poteau est un support en bois, en métal ou en béton planté dans le sol. Le synonyme est : pylône.

Remarque : Le pluriel de *poteau* est : des poteaux.

pou *nom masculin (n. m.)*
Un pou est un minuscule insecte parasite qui vit dans les cheveux. *Chloé met du shampooing contre les poux parce qu'elle en a attrapé à l'école.*

Remarque : Le pluriel de pou est : des poux.

poubelle *nom féminin (n. f.)*
La poubelle est un récipient où l'on met les ordures ménagères et les choses dont on ne se sert plus. *N'oublie pas de sortir la poubelle ce soir !*

pouce *nom masculin (n. m.)*
Le pouce est le doigt le plus gros et le plus court de la main. Le bébé suce son pouce.

coin lecture

« […] C'était vraiment une tulipe […], mais au milieu d'elle […] était une toute petite fille, mignonne et gentille, qui n'était pas plus haute qu'un pouce […]. »
La petite Poucette.
Andersen.

poudre *nom féminin (n. f.)*
1. La poudre est une matière réduite en grains très fins. *Marine étale du sucre en poudre sur sa crêpe.* **2.** La poudre est un produit de beauté que l'on met sur le visage pour cacher les imperfections de la peau. *Alice met de la poudre pour avoir le teint mat.*

poulailler *nom masculin (n. m.)*
Un poulailler est un endroit clos qui sert de maison aux poules. *Les poules pondent leurs œufs dans le poulailler.*

poulain *nom masculin (n. m.)*
Un poulain est un jeune cheval ayant moins de trois ans.

poule *nom féminin (n. f.)*
Une poule est un oiseau de basse-cour que l'on élève pour ses œufs et sa chair. *Quand la poule pousse des cris, on dit qu'elle glousse.*

à savoir
Le mâle de la poule s'appelle le coq, et le petit s'appelle le poussin.

poulet *nom masculin (n. m.)*
Un poulet est le petit de la poule. *Les enfants adorent le poulet rôti.*

coin lecture
« Un jour, un homme était assis devant sa porte avec sa femme ; ils avaient devant eux un poulet rôti dont ils s'apprêtaient à se régaler. […] »
Le Fils ingrat.
Les frères Grimm.

poumon *nom masculin (n. m.)*
Les poumons sont des organes qui se trouvent dans le thorax et qui permettent de respirer.

poupée *nom féminin (n. f.)*
Une poupée est un jouet qui représente une personne. *Julie joue à la poupée avec sa sœur.*

pour *préposition (prép.)*
1. *Pour* exprime un but. *J'économise de l'argent pour partir en vacances.* **2.** *Pour* indique une raison. *Lucas a été sanctionné pour avoir crié en classe.* **3.** *Pour* indique l'endroit où l'on va. *Je pars pour Paris.* **4.** *Pour* indique un moment précis, une durée. *Je dois préparer la réunion, c'est pour demain.*

pourquoi *adverbe (adv.)*
Pourquoi veut dire : pour quelle raison. *Pourquoi pleure-t-il ?*

pourrir *verbe (v.)*
Pourrir, c'est s'abîmer, se gâter. *On a oublié de ranger la nourriture au réfrigérateur. Elle est en train de pourrir.*

poursuivre *verbe (v.)*
Poursuivre, c'est se hâter pour rattraper un être ou une chose. *Le lion poursuit le zèbre.*

pourtant *adverbe (adv.)*
Pourtant veut dire : cependant. *Sarah a beaucoup étudié, pourtant elle a raté son examen.*

pousse *nom féminin (n. f.)*
La pousse est une très jeune plante qui commence à grandir. *Les arbres du parc sont couverts de pousses.*

1. pousser *verbe (v.)*
Pousser, c'est grandir, se développer. *Ses cheveux poussent très vite.*

2. pousser *verbe (v.)*
1. Pousser, c'est exercer une pression sur quelqu'un ou quelque chose. *Marine pousse les gens pour sortir du bus.* **2.** Pousser, c'est faire entendre. *Quand le poussin pousse des cris, on dit qu'il piaille.*

poussette *nom féminin (n. f.)*
Une poussette est une petite voiture d'enfant que l'on pousse devant soi.

poussière *nom féminin (n. f.)*
La poussière est l'ensemble des particules de saleté qui se trouvent dans l'air et qui se déposent sur les objets. *Marine retire la poussière des meubles avec un plumeau.*

poussin *nom masculin (n. m.)*
Le poussin est le petit du coq et de la poule, lorsqu'il vient de sortir de l'œuf. *Les poussins piaillent dans le poulailler.*

pouvoir *verbe (v.)*
1. Pouvoir, c'est être capable de, avoir la possibilité de. *Peux-tu m'aider ?* **2.** Pouvoir, c'est avoir l'autorisation de faire quelque chose. *On ne peut pas conduire sans permis.*

pouvoir *nom masculin (n. m.)*
Le pouvoir est le fait d'avoir le droit, le moyen, la possibilité de faire quelque chose.

prairie *nom féminin (n. f.)*
Une prairie est un terrain qui est couvert d'herbe. *Il se promène dans la prairie.*

précieux, précieuse
adjectif masculin, féminin (adj. m., f.)
Ce qui est précieux possède une grande valeur. *Les saphirs et les rubis sont des pierres précieuses.*

précis, précise
adjectif masculin, féminin (adj. m., f.)
1. Ce qui est précis est exact. *As-tu l'heure précise ?* **2.** Ce qui est précis est clair, détaillé. *Le réceptionniste de l'hôtel m'a donné des informations précises sur les prix des chambres.*

prédateur, prédatrice
nom masculin, féminin (n. m., f.)
Un prédateur, une prédatrice est un animal qui en chasse d'autres pour se nourrir. *Les lions et les panthères sont des prédateurs.*

préférer *verbe (v.)*

Préférer, c'est aimer une chose ou un être plus qu'un autre. *Fatou préfère les escalopes de dinde aux escalopes de veau.*

premier, première

adjectif masculin, féminin (adj. m., f.)

Ce qui est premier est au tout début. *Marion a été première de sa classe.*
Le contraire est : dernier.

prendre *verbe (v.)*

1. Prendre, c'est saisir. *Prends tes clés avant de sortir !* **2.** Prendre, c'est capturer. *Alexandre a pris un poisson dans la rivière.* **3.** Prendre, c'est s'approprier quelque chose. *Sébastien a pris mes caramels !*
4. Prendre, c'est manger ou boire quelque chose. *Alice prend un petit-suisse en dessert.* **5.** Prendre, c'est se déplacer en utilisant un moyen de transport. *Léa prend l'avion pour se rendre en Espagne.*

prénom *nom masculin (n. m.)*

Un prénom est un mot qui désigne une personne. On le met avant le nom de famille. *Son prénom est Hai, il vient du Vietnam.*

préparer *verbe (v.)*

Préparer, c'est faire le nécessaire pour qu'une chose soit prête. *Marie prépare un gâteau au chocolat.*

près *adverbe (adv.)*

Près veut dire : à une courte distance. *Chloé habite près de la boulangerie.*
Le contraire est : loin.

> **Remarque :** Ne pas confondre *près* avec *prêt.*

présent, présente

adjectif masculin, féminin (adj. m., f.)

Être présent, c'est être là. *David a été présent à la réunion.*

présent *nom masculin (n. m.)*

Le présent est le moment qui se déroule maintenant.
Le contraire sont : avenir, futur, passé.

présenter *verbe (v.)*

1. Présenter, c'est faire connaître une personne à une autre. *Amina a présenté son frère à Solène.*
2. Présenter, c'est annoncer ou animer un spectacle ou une émission. *Sébastien présente une émission à la radio.* **3.** Présenter, c'est montrer. *Marion présente son titre de transport au contrôleur.*

président, présidente

nom masculin, féminin (n. m., f.)

Le président de la République est le chef de l'État. *Le président de la République a fait un discours télévisé.*

presque *adverbe (adv.)*

Presque veut dire : à peu près. *Il est presque huit heures.*

pressé, pressée
adjectif masculin, féminin (adj. m., f.)
Une personne pressée est une personne qui fait vite les choses parce qu'elle manque de temps. *Thomas est pressé, il court pour arriver à l'heure au rendez-vous.*

presser *verbe (v.)*
Presser, c'est extraire le jus d'un fruit en appuyant dessus. *Yao presse un pamplemousse pour son petit déjeuner.*

se presser *verbe (v.)*
Se presser, c'est se dépêcher. *Hugo se presse pour arriver à son bureau.*

prêt, prête
adjectif masculin, féminin (adj. m., f.)
1. Ce qui est prêt a déjà été préparé. *Le repas est prêt.* **2.** Une personne est prête lorsqu'elle a fini de se préparer. *Je suis prête, on y va !*

Remarque : Ce mot s'écrit avec un accent circonflexe sur le *e*.

prêter *verbe (v.)*
Prêter une chose, c'est la donner provisoirement à quelqu'un à condition qu'il la lui rende. *Solène m'a prêté cinq euros.*

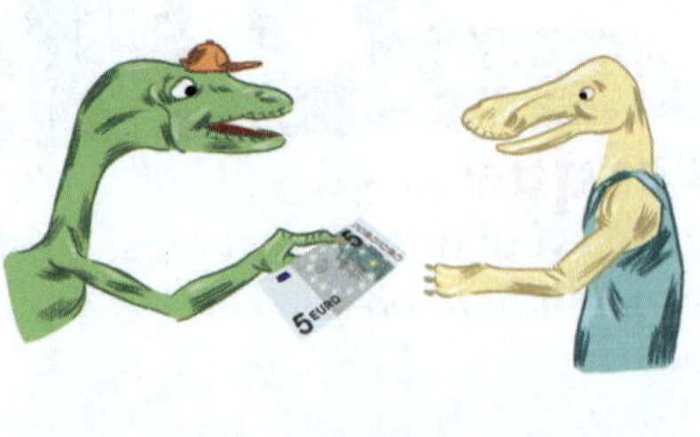

preuve *nom féminin (n. f.)*
Une preuve est ce qui permet de montrer qu'une chose est vraie ou correcte. *Les policiers ont libéré le suspect parce qu'ils n'avaient pas assez de preuves.*

prévenir *verbe (v.)*
Prévenir, c'est dire à l'avance. *Préviens-moi avant de partir !*
Le synonyme est : avertir.

prier *verbe (v.)*
Prier, c'est demander en insistant. *Je t'en prie, maman, laisse-moi regarder la télévision !*

prince *nom masculin (n. m.)*
Un prince est le fils d'un roi.

coin lecture

« Il était une fois un prince qui voulait épouser une princesse, mais une vraie princesse. Il fit le tour de la terre pour en trouver une mais il y avait toujours quelque chose qui clochait ; des princesses, il n'en manquait pas, mais étaient-elles de vraies princesses ? […] »
La Princesse au petit pois.
Andersen.

princesse *nom féminin (n. f.)*
Une princesse est la fille d'un roi ou la femme d'un prince.

principal, principale
adjectif masculin, féminin (adj. m., f.)
Ce qui est principal est le plus important. *La maîtresse nous a demandé de retenir les idées principales de ce texte.*

Remarque : Le pluriel de *principal* est : principaux. Le pluriel de *principale* est : principales.

printemps *nom masculin (n. m.)*
Le printemps est la saison qui se trouve entre l'hiver et l'été. *Les plantes sont couvertes de pousses, c'est le printemps.*

prise *nom féminin (n. f.)*
Une prise de courant est un dispositif qui permet de brancher les appareils électriques.

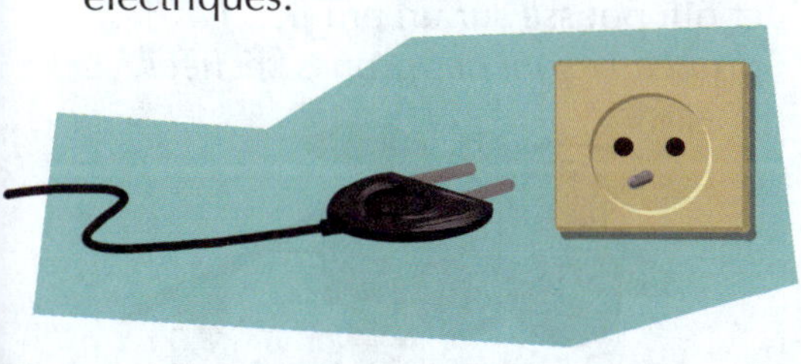

prison *nom féminin (n. f.)*
Une prison est un établissement où sont enfermées les personnes ayant commis un délit. *Cet homme a été condamné à six mois de prison.*

prix *nom masculin (n. m.)*
1. Le prix d'une chose est sa valeur en argent. *Les prix baissent pendant la période des soldes.* **2.** Un prix est une récompense accordée à quelqu'un. *Cyrille a reçu le prix de meilleur interprète.*

Remarque : Le pluriel de *prix* est : des prix.

problème *nom masculin (n. m.)*
1. Un problème est un exercice de mathématiques. *Aucun élève n'a pu résoudre le problème de calcul.*
2. Un problème est un ennui, un souci. *Ma tante a des problèmes d'argent.*

proche
adjectif masculin ou féminin (adj. m. ou f.)
1. Ce qui est proche est tout près. *L'école est proche du parc.* **2.** Ce qui est proche aura lieu bientôt. *La fin de l'année scolaire est proche !*

produire *verbe (v.)*
Produire, c'est fabriquer. *Les fleurs produisent du pollen.*
se produire *verbe (v.)*
Se produire, c'est avoir lieu. *Un incendie s'est produit dans le quartier.*

produit *nom masculin (n. m.)*
Un produit est une chose fabriquée par l'homme ou créée par la nature. *Maman cherche un produit pour nettoyer les vitres.*

professeur *nom masculin (n. m.)*

Un professeur est une personne dont le métier consiste à enseigner aux élèves. *Le professeur de français est très aimable.*

profiter *verbe (v.)*

Profiter, c'est tirer avantage de quelque chose. *Émilie profite de son week-end pour faire ses courses et rendre visite à ses parents.*

profond, profonde

adjectif masculin, féminin (adj. m., f.)

Ce qui est profond est à une distance importante de la surface. *La mer est profonde.*

proie *nom féminin (n. f.)*

Une proie est un animal attrapé par un autre pour être mangé. *Les écureuils et les souris sont les proies des hiboux.* ► Un oiseau de proie : c'est un oiseau à bec crochu et à serres, qui se nourrit d'animaux vivants. *Les orfraies et les aigles sont des oiseaux de proie.*

promenade *nom féminin (n. f.)*

Une promenade est un tour que l'on fait. *Nous avons fait une promenade au bord du lac.*

promettre *verbe (v.)*

Promettre, c'est s'engager à faire quelque chose. *Maman nous a promis d'aller au parc.*

propre

adjectif masculin ou féminin (adj. m. ou f.)

Ce qui est propre est net, impeccable. *Mes mains sont propres, je viens de les laver.*
Le contraire est : sale.

propriétaire

nom masculin ou féminin (n. m. ou f.)

Un propriétaire, une propriétaire est une personne qui possède quelque chose. *Qui est le propriétaire de cette voiture ?*

protéger *verbe (v.)*

1. Protéger, c'est défendre. *La lionne protège ses lionceaux.* **2.** Protéger, c'est mettre à l'abri. *Le parasol protège contre les coups de soleil.*

prune *nom féminin (n. f.)*

Une prune est un fruit arrondi, jaune, vert ou violet, qui a un noyau et qui pousse sur un prunier. *Les pruneaux sont des prunes séchées.*

puce *nom féminin (n. f.)*
Une puce est un petit insecte parasite de l'homme et de certains animaux, qui pique pour sucer le sang et qui se déplace en sautant. *Le chat a des puces.*

puer *verbe (v.)*
Puer, c'est dégager une mauvaise odeur. *Les poubelles puent le poisson !*

puis *adverbe (adv.)*
Puis veut dire : après, ensuite. *Je termine mon devoir, puis je regarde la télévision.*

puits *nom masculin (n. m.)*
Un puits est un trou de grande profondeur creusé dans le sol pour extraire de l'eau ou du pétrole..

coin lecture

« Capitaine Renard
allait de compagnie
Avec son ami bouc des plus haut encornés : […]
La soif les obligea de descendre en un puits.
Là, chacun d'eux se désaltère. […] »
Le Renard et le Bouc.
Jean de La Fontaine.

pull-over *nom masculin (n. m.)*
Un pull-over est un vêtement en laine enfilé par la tête. *Mariam met son pull-over parce qu'elle a froid.*

Remarque : Le pluriel de *pull-over* est : des pull-overs. Tu peux aussi dire un *pull.*

pur, pure
adjectif masculin, féminin (adj. m., f.)
Ce qui est pur est propre. *L'eau de cette source est pure.*

pyjama *nom masculin (n. m.)*
Un pyjama est un vêtement que l'on met pour dormir.

Remarque : Ce mot s'écrit avec un *y.*

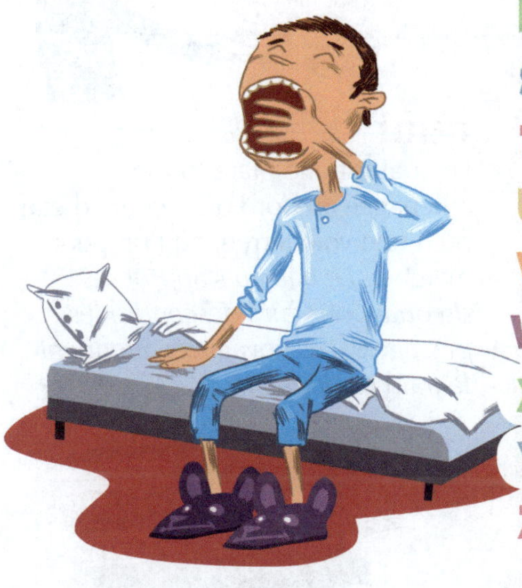

quadrillage *nom masculin (n. m.)*

Un quadrillage est un ensemble de traits verticaux et horizontaux qui se croisent en formant des carrés. *Selma a dessiné un quadrillage de neuf cases.*

quai *nom masculin (n. m.)*

Le quai est une plate-forme aménagée au bord d'un cours d'eau ou d'une voie ferrée, où l'on peut marcher. *Le bateau s'approche du quai pour faire descendre les passagers. Les voyageurs attendent le train sur le quai.*

qualité *nom féminin (n. f.)*

1. La qualité d'une chose est ce qui fait qu'elle est bonne ou mauvaise. *J'achète des vêtements de bonne qualité pour les mettre plus longtemps.* **2.** La qualité d'une personne est le bon côté de sa personnalité. *La gentillesse et la générosité sont des qualités, mais la méchanceté est un défaut.*

Le contraire est : défaut.

quand *conjonction (conj.)*

Quand veut dire *au moment où*. Ce mot renseigne sur le moment où se passe quelque chose. *Je faisais mes devoirs quand il est rentré.*

Le synonyme est : lorsque.

quantité *nom féminin (n. f.)*

1. Une quantité représente quelque chose que l'on peut mesurer ou compter. *Tu veux quelle quantité de bonbons ?* **2.** Une quantité de quelque chose est un grand nombre de cette chose. *Il y a une quantité de livres à la bibliothèque, tu as le choix.*

quart *nom masculin (n. m.)*
Le quart est la partie d'une chose qui est divisée en quatre morceaux égaux. *Loïs a mangé le quart du gâteau.* ▶ Un quart, et quart : c'est quinze minutes de plus que l'heure pile. *Le dessin animé commence à sept heures et quart (7 h15).*
▶ Moins le quart : c'est quinze minutes de moins que l'heure pile. *Elle m'attend depuis midi moins le quart (11 h 45).*

1. quartier *nom masculin (n. m.)*
Un quartier est un morceau de quelque chose divisé en lamelles, en tranches. *Qui veut un quartier d'orange ?*

2. quartier *nom masculin (n. m.)*
Un quartier est la partie d'une ville. *Farah habite dans un quartier mal fréquenté. On habite dans le même quartier.*

que *pronom (pron.)*
Que sert à remplacer un nom dansune phrase. *Le jouet que je veux n'y est pas. C'est Johanna que j'ai vue. Que veux-tu comme dessert ?*

québécois, québécoise
adjectif et nom masculin, féminin (adj. et n. m., f.)
Ce qui est québécois vient de la province du Canada qui s'appelle le Québec. *Philippe est québécois. Il est né au Québec.*

quel, quelle *adjectif interrogatif et exclamatif (adj. inter. et exclam.)*
Quel ou *quelle* s'emploie dans les phrases interrogatives ou exclamatives. *Quel est ton dessin animé préféré ? Quelle heure est-il ?*

quelque *adjectif (adj.)*
Quelque sert à indiquer un petit nombre de choses ou de personnes. *Il me reste quelques bonbons. J'ai vu quelques enfants qui jouaient dans le parc.*

quelque chose *pronom (pron.)*
On dit *quelque chose* pour parler d'une chose qu'on ne connaît pas et qui n'est pas déterminée. *En marchant dans l'eau, j'ai senti quelque chose qui m'a fait mal.*

quelquefois *adverbe (adv.)*
Quelquefois veut dire *de temps en temps*. *J'allais tous les jours à la mer et j'ai été quelquefois à la piscine.*

quelques-uns, quelques-unes *pronom masculin, féminin pluriel (pron. m., f. pl.)*
Quelques-uns ou *quelques-unes* indique un petit nombre de choses ou de personnes. *Alice aime les cerises, elle en a pris quelques-unes pour son goûter.*

A B C D E F G H I J K L M N O P Q R S T U V W X Y Z

quelqu'un

pronom masculin (pron. m.)

On dit *quelqu'un* pour parler d'une personne dont on ne connaît pas le nom. *Lisa était avec quelqu'un, je ne sais pas qui c'est.*

question *nom féminin (n. f.)*

Une question est une demande faite à quelqu'un pour avoir une réponse. *Quand la maîtresse pose une question à un élève, il doit répondre.* ► Il est question de : cela signifie *on parle de* : *Dans cette histoire, il est question d'un enfant qui rêve de nombreuses aventures.*

queue *nom féminin (n. f.)*

1. La queue des animaux est la partie allongée qui se trouve sur leur derrière. *Mon chien bouge la queue quand il est content.* **2.** La queue d'un fruit est sa tige. *Manon prend sa pomme en la tenant par la queue.* ► Faire la queue : c'est se mettre dans une file d'attente et attendre son tour. *Il y a trop de monde, il faut faire la queue pour monter dans ce manège.* ► À la queue leu leu : c'est l'un derrière l'autre. *Les enfants se sont mis à la queue leu leu.*

qui *pronom (pron.)*

Qui est un mot qui sert à désigner une personne ou une chose dans une phrase. *Zacharie est le garçon qui est assis sur le banc. Donne-moi le livre qui est sur la table.*

quille *nom féminin (n. f.)*

Une quille est un morceau de bois ou de plastique de la forme d'une bouteille, que l'on renverse avec une boule quand on joue au jeu de quilles. *Wendy a renversé toutes les quilles d'un seul coup.*

quitter *verbe (v.)*

1. Quitter un endroit, c'est partir, aller ailleurs. *Mathis a quitté l'école avant les autres parce qu'il avait un rendez-vous chez le médecin.* **2.** Quitter une personne, c'est se séparer d'elle. *Sa femme l'a quitté, il vit seul.*

quoi *pronom (pron.)*

Quoi est un mot qui remplace une chose dans une phrase. *Avec quoi est fabriqué le papier ?*

quotidien, quotidienne

adjectif masculin, féminin (adj. m., f.)

Quelque chose qui est quotidien se passe tous les jours ou est produit tous les jours. *Il fait sa balade quotidienne. Papa lit son journal*

raccompagner *verbe (v.)*

Raccompagner, c'est reconduire une personne qui s'en va jusqu'à un endroit donné. *Armelle raccompagne Pierre jusqu'à la station de métro.*

raccourci *nom masculin (n. m.)*

Un raccourci est un chemin plus court. *Charlotte m'a montré un raccourci pour aller au parc.*

raccourcir *verbe (v.)*

1. Raccourcir, c'est rendre plus court. *Solène raccourcit les manches de son manteau d'un centimètre.* **2.** Raccourcir, c'est devenir plus court. *Emma n'aime pas quand les jours commencent à raccourcir.*

raccrocher *verbe (v.)*

Raccrocher le téléphone, c'est reposer le téléphone une fois la conversation terminée. *Viens à table, raccroche le téléphone !*
Le contraire est : décrocher.

race *nom féminin (n. f.)*

1. Une race est un groupe d'individus partageant la même origine et aux traits similaires au niveau du visage et du corps. *Les races noire, blanche et jaune sont des races humaines. Les personnes de race asiatique ont souvent les cheveux noirs et lisses et les yeux bridés.* **2.** Une race d'animaux est un ensemble d'animaux qui ont les mêmes caractéristiques. *Le chien de Pierre est de la race des dalmatiens. Le chat de Léo est de la race des siamois.*

racheter *verbe (v.)*
Racheter, c'est acheter une nouvelle fois. *Anne doit racheter du thé, il n'y en a plus.*

racine *nom féminin (n. f.)*
La racine est la partie d'un végétal qui est dans la terre et qui lui permet de se fixer au sol et de se nourrir. *Le navet est une racine.*

racisme *nom masculin (n. m.)*
Le racisme est le fait de croire que des personnes appartenant à une certaine race sont supérieures aux personnes d'un autre race. *Marie fait partie d'une association qui lutte contre le racisme.*

raciste
adjectif masculin ou féminin (adj. m. ou f.)
Une personne raciste pense que certaines races sont supérieures à d'autres.

racket *nom masculin (n. m.)*
Le racket est le fait de s'approprier ce qui appartient à quelqu'un d'autre par la force ou la menace. *Camille a été victime d'un racket à la sortie de l'école.*

racketter *verbe (v.)*
Racketter, c'est s'emparer des affaires ou de l'argent de quelqu'un par la force ou la menace. *Ce garçon a racketté deux enfants de l'école.*

racketteur, racketteuse
nom masculin, féminin (n. m., f.)
Un racketteur, une racketteuse est une personne qui prend ce qui ne lui appartient pas par la force ou la menace. *La bande de racketteurs a été attrapée par la police.*

raclée *nom féminin (n. f.)*
Donner une raclée, dans le langage familier, c'est donner des coups. *Pierre a donné une raclée au voleur.*

raconter *verbe (v.)*
Raconter, c'est expliquer ou décrire ce qui est arrivé. *Grand-mère nous raconte des histoires de temps en temps.*

radar *nom masculin (n. m.)*
Un radar est un appareil permettant de donner la position d'un objet qui est loin ou que l'on ne voit pas. *Sur les autoroutes, il y a des radars qui contrôlent la vitesse des voitures. Les sous-marins se repèrent sous la mer grâce à des radars.*

radeau *nom masculin (n. m.)*
Un radeau est un assemblage de pièces de bois permettant de se déplacer sur l'eau. *Ils ont construit un radeau pour traverser la rivière.*

Remarque : Le pluriel de *radeau* est : des radeaux.

radiateur *nom masculin (n. m.)*
Un radiateur est un appareil qui permet de chauffer une habitation. *Camille a allumé le radiateur parce qu'il faisait très froid dans sa chambre.*

radieux, radieuse
adjectif masculin, féminin (adj. m., f.)
1. Ce qui est radieux brille fort. *La météo a annoncé un soleil radieux dans tout le pays.* **2.** Ce qui est radieux exprime de la joie. *Kouamé a un air radieux aujourd'hui.*

radin, radine
adjectif masculin, féminin (adj. m., f.)
Une personne radine est une personne qui ne partage pas ou ne dépense pas son argent.
Le contraire est : généreux.

radio *nom féminin (n. f.)*
1. Une radio est un appareil électrique qui permet d'écouter de la musique et des émissions. *Grand-père écoute les informations à la radio.* **2.** Une radio est une photographie de l'intérieur du corps. *Bruno voit une partie de son squelette sur la radio.*

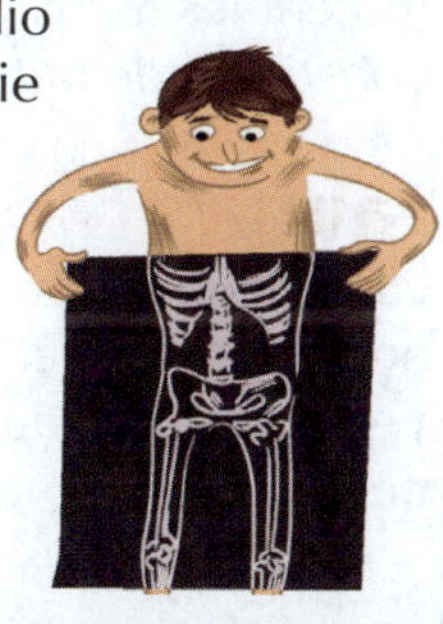

radioréveil *nom masculin (n. m.)*
Un radioréveil est un appareil composé d'une radio et d'un réveil. *Le radioréveil est programmé tous les jours à 7 h 30.*

radis *nom masculin (n. m.)*
Un radis est une petite racine arrondie, à chair blanche et à peau rose ou rouge, à saveur piquante, et qui est consommée comme légume. *Il y a des radis et des carottes dans la salade.*

rafale *nom féminin (n. f.)*
Une rafale est un coup de vent violent et brusque. *Il y a eu des rafales de vent sur l'île.*

raffiné, raffinée
adjectif masculin, féminin (adj. m., f.)
Une personne raffinée est une personne élégante et pleine de délicatesse.

se rafraîchir *verbe (v.)*
1. Se rafraîchir, c'est devenir plus frais. *En octobre, le temps se rafraîchit.* **2.** Se rafraîchir, c'est boire une boisson fraîche pour se désaltérer quand il fait très chaud. *Après le match, Pierre a bu une orangeade pour se rafraîchir.*

Remarque : Le premier *i* prend un accent circonflexe.

rafraîchissant, rafraîchissante

adjectif masculin, féminin (adj. m., f.)

Ce qui est rafraîchissant permet de calmer la sensation de soif ou de chaleur. *L'hôtesse de l'air nous a donné des serviettes rafraîchissantes pendant le vol.*

Remarque : Le premier i prend un accent circonflexe.

rage *nom féminin (n. f.)*

1. La rage est une vive colère. *Paul est fou de rage parce que sa mère ne lui a pas acheté le jouet dont il rêvait.* **2.** La rage est une maladie mortelle transmise à l'homme par certains animaux lorsqu'ils le mordent. *Les chiens et les renards peuvent transmettre la rage.* ▶ Une rage de dents : c'est une très forte douleur causée par un mal de dents. *Pierre doit aller chez le dentiste, car il a une rage de dents.*

coin lecture

« L'aigle étant de retour et voyant ce ménage, Remplit le ciel de cris, et, pour comble de rage, Ne sait sur qui venger le tort qu'elle a souffert. »
L'Aigle et l'Escarbot.
Jean de La Fontaine.

raide

adjectif masculin ou féminin (adj. m. ou f.)

1. Ce qui est raide est rigide et difficile à plier. Grand-père a du mal à marcher. Il dit qu'il a la jambe raide. **2.** Ce qui est raide est très incliné. *Nous devons changer de chemin, car celui-ci est trop raide.* ▶ Des cheveux raides : ce sont des cheveux très plats et très lisses. *Hier, Léa avait les cheveux raides. Aujourd'hui, elle a décidé de les faire boucler.*

raie *nom féminin (n. f.)*

Une raie est un poisson plat, gris ou jaune, à peau rugueuse et sans écailles, qui se nourrit de petits crustacés. *Les raies se cachent sur les fonds sableux de la mer.*

à savoir

La raie peut mesurer entre trente centimètres et six mètres de longueur. La bouche de la raie se situe sur son ventre et ses yeux sont sur son dos. La raie possède des épines recourbées sur son dos et sur sa queue.

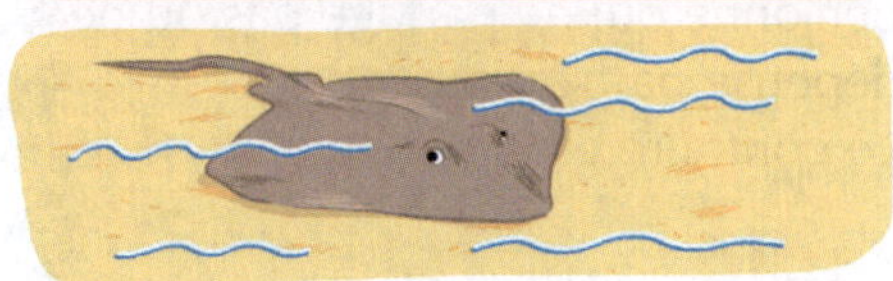

rail *nom masculin (n. m.)*

Les rails sont les deux barres parallèles en acier sur lesquelles roulent les trains. *La voie ferrée est constituée de rails.*

rainure *nom féminin (n. f.)*

Une rainure est une longue ouverture étroite. *Marie regardait vers l'extérieur à travers les rainures de la persienne.*

raisin *nom masculin (n. m.)*
Le raisin est le fruit de la vigne, constitué de grains qui poussent en grappes. *Les vendangeurs récoltent des raisins pour faire du vin. Il existe du raisin noir et du raisin blanc.*

coin lecture
« Certain renard gascon, d'autres disent normand, Mourant presque de faim, vit au haut d'une treille Des raisins mûrs apparemment, Et couverts d'une peau vermeille […]. »
Le Renard et les raisins.
Jean de La Fontaine.

raison *nom féminin (n. f.)*
1. La raison est ce qui permet à l'homme de connaître, de comprendre et d'agir comme il faut. **2.** La raison est le motif ou la cause qui pousse à agir. *Quelle est la raison de ta tristesse ?* ▶ Avoir raison : c'est ne pas se tromper. *Marie a raison de rester à la maison, car il pleut.* ▶ Perdre la raison, c'est devenir fou. *Cet homme est interné dans un hôpital parce qu'il a perdu la raison.* ▶ En raison de : cela signifie *à cause de. En raison de fortes pluies, il y a eu un grand nombre d'inondations.*

raisonner *verbe (v.)*
Raisonner, c'est se servir de sa raison. *Raisonne avant d'agir !*

rajeunir *verbe (v.)*
1. Rajeunir, c'est faire paraître plus jeune. *Léa, ta nouvelle coupe de cheveux te rajeunit !* **2.** Rajeunir, c'est paraître plus jeune. *Maman croit que, grâce à sa crème de beauté, elle va rajeunir de quelques années !*

rajouter *verbe (v.)*
Rajouter, c'est ajouter une nouvelle fois. *Léo rajoute du fromage râpé sur ses pâtes.*

ralentir *verbe (v.)*
Ralentir, c'est aller moins vite. *Les voitures ralentissent à cause de l'embouteillage.*

rallonge *nom féminin (n. f.)*
Une rallonge est un câble électrique permettant de relier un appareil à une prise de courant très éloignée. *Jean a acheté une rallonge pour brancher le téléviseur.*

rallonger *verbe (v.)*
1. Rallonger, c'est rendre plus long. *Julie rallonge son pantalon parce qu'il est très court.* **2.** Rallonger, c'est devenir plus long. *Les jours rallongent en été.*

ramadan *nom masculin (n. m.)*
Le ramadan est le mois pendant lequel les musulmans ne boivent ni ne mangent entre le lever et le coucher du soleil.

ramasser *verbe (v.)*
1. Ramasser, c'est prendre ce qui est par terre. *Nicolas ramasse sa gomme.* **2.** Ramasser, c'est réunir des choses dispersées. *Anne a ramassé toutes ses poupées.*

rame *nom féminin (n. f.)*
Une rame est une longue barre de bois, aplatie au bout, qui sert à faire avancer une barque.

rameau *nom masculin (n. m.)*
Un rameau est une petite branche d'arbre. *Kelly ramasse des rameaux dans le jardin.*

ramener *verbe (v.)*
Ramener, c'est faire revenir quelqu'un avec soi à l'endroit où il était avant. *Maxime nous a ramenés à la maison.*

ramer *verbe (v.)*
Ramer, c'est faire avancer une barque en se servant des rames.

ramoneur *nom masculin (n. m.)*
Un ramoneur est une personne dont le métier consiste à nettoyer les conduits des cheminées. *Le ramoneur est monté sur le toit de la maison pour ramoner la cheminée.*

rampe *nom féminin (n. f.)*
Une rampe est une barre rigide placée le long d'un escalier, qui permet de s'appuyer. *Les rampes de l'escalier de l'immeuble sont en bois.*

ramper *verbe (v.)*
Ramper, c'est se déplacer en se traînant sur le ventre. *Les serpents et les escargots rampent.*

rancœur *nom féminin (n. f.)*
La rancœur est le sentiment d'amertume que l'on éprouve à la suite d'une déception ou d'une injustice. *Simon éprouve de la rancœur envers Candice parce qu'elle l'a trahi.*

rançon *nom féminin (n. f.)*
Une rançon est une somme d'argent demandée en échange d'une personne tenue prisonnière. *Les ravisseurs exigent une rançon en échange des otages.*

rancune *nom féminin (n. f.)*
La rancune est le fait d'en vouloir à quelqu'un qui nous a trahi ou déçu. *Maxime a de la rancune contre Raphaël parce que ce dernier lui a menti.*

randonnée *nom féminin (n. f.)*
Une randonnée est une longue promenade. *Paul et Pierre sont partis faire une randonnée en montagne.*

randonneur, randonneuse *nom masculin, féminin (n. m., f.)*
Un randonneur, une randonneuse est une personne qui pratique la randonnée. *Les randonneurs sont partis avec leur sac à dos et quelques provisions.*

rang *nom masculin (n. m.)*
Un rang est une ligne d'êtres ou de choses disposés les uns à côté des autres. *Personne ne veut s'asseoir au premier rang de la salle de cinéma.*

rangée *nom féminin (n. f.)*
Une rangée est une suite d'êtres ou des choses qui se trouvent sur la même ligne. *Il y a une rangée de voitures dans le parking.*

ranger *verbe (v.)*
Ranger, c'est mettre en ordre. *Sarah range ses vêtements dans le placard.*

rapace *nom masculin (n. m.)*
Un rapace est un oiseau à bec crochu et tranchant et à pattes munies de griffes, qui se nourrit de petits animaux qu'il chasse. *Les vautours, les aigles et les chouettes sont des rapaces.*
Le synonyme est : oiseau de proie.

à savoir

Certains rapaces chassent pendant le jour et d'autres pendant la nuit. La plupart des rapaces se nourrissent d'animaux vivants, à l'exception du vautour qui se nourrit d'animaux morts.

râpe *nom féminin (n. f.)*
Une râpe est un objet qui permet de réduire les aliments en petits morceaux. *Pierre râpe les carottes pour préparer une salade.*

Remarque : Le *a* prend un accent circonflexe.

râpé, râpée
adjectif masculin, féminin (adj. m., f.)
Un aliment râpé est un aliment qui a été réduit en petits morceaux. *Pierre met du fromage râpé sur ses pâtes.*

Remarque : Le *a* prend un accent circonflexe.

râper *verbe (v.)*
Râper, c'est réduire un aliment en petits fragments en se servant d'une râpe. *Djamila râpe les carottes tandis que Clara coupe les pommes de terre.*

Remarque : Le *a* prend un accent circonflexe.

rapide *adjectif masculin ou féminin (adj. m. ou f.)*
Ce qui est rapide se déplace vite. *Le TGV est un train très rapide.*
Le contraire est : lent.

rapidement *adverbe (adv.)*
Rapidement signifie *très vite, en peu de temps. Les voitures roulent rapidement sur l'autoroute.*

rappel *nom masculin (n. m.)*
1. Un rappel est le fait d'appeler quelqu'un de nouveau. **2.** Un rappel est le fait d'amener quelqu'un à se souvenir.

rappeler *verbe (v.)*
1. Rappeler, c'est appeler quelqu'un de nouveau. *Rappelle Héloïse ! Elle ne t'a pas entendu.* **2.** Rappeler, c'est téléphoner une nouvelle fois. *Salomé rappelle le dentiste pour demander un autre rendez-vous.*

se rappeler *verbe (v.)*
Se rappeler, c'est se souvenir. *Je ne me rappelle pas son prénom.*

rapport *nom masculin (n. m.)*
Le rapport est la relation qui existe entre deux ou plusieurs choses. *Quel est le rapport entre ces deux images ?* ► Par rapport à : cela signifie : en comparaison de. *Cet été a été un peu frais par rapport à celui de l'année précédente.*

rapporter *verbe (v.)*
1. Rapporter, c'est rendre quelque chose ou remettre une chose à sa place. *Marine a rapporté les livres à la bibliothèque.* **2.** Rapporter, c'est apporter quelque chose en revenant de quelque part. *Charlotte a rapporté des fruits du marché. Sabri a rapporté du nougat de Montélimar.*

rapprocher *verbe (v.)*
Rapprocher, c'est mettre plus près. *Cette route nous rapproche de la ville.*

se rapprocher *verbe (v.)*
Se rapprocher, c'est se mettre plus près. *Le chaton s'est rapproché de Marion.*

raquette *nom féminin (n. f.)*
Une raquette est un objet plat et ovale pourvu d'un manche qui sert à lancer une balle. *Les raquettes de tennis ont des cordes.*

rare
adjectif masculin ou féminin (adj. m. ou f.)
1. Ce qui est rare est peu abondant. *La pluie est rare dans le désert.* **2.** Ce qui est rare n'est pas très courant. *Il a des sculptures très rares dans ce musée.* **3.** Ce qui est rare est peu fréquent. *Il est rare de voir des gens sur ce chemin.*

se raser *verbe (v.)*
Se raser, c'est se couper très court les poils ou les cheveux. *Papa se rase la barbe avec un rasoir.*

rasoir *nom masculin (n. m.)*
Un rasoir est un objet qui sert à se raser. *Alexandre se rase avec un rasoir électrique et Alexis avec un rasoir jetable.*

rassasier *verbe (v.)*
Rassasier, c'est calmer la faim. *Seydou est rassasié, il a bien mangé.*

rassembler *verbe (v.)*
Rassembler, c'est réunir ce qui est dispersé. *Alice rassemble ses crayons de couleur et les garde dans sa trousse.*

se rassembler *verbe (v.)*
Se rassembler, c'est se regrouper au même endroit. *Les élèves se sont rassemblés dans la cour de l'école.*

rassurant, rassurante
adjectif masculin, féminin (adj. m., f.)
Ce qui est rassurant tranquillise. *Clémence a reçu des nouvelles rassurantes de son frère.*

rassurer *verbe (v.)*
Rassurer, c'est tranquilliser quelqu'un. *Rassure-toi. Tout va s'arranger !*

rat *nom masculin (n. m.)*
Un rat est un petit mammifère au pelage gris ou noir, qui possède un museau allongé et une longue queue. *Les rats sont plus grands que les souris. La femelle du rat s'appelle la « rate » et le petit s'appelle « raton. »*

à savoir
Les rats vivent généralement dans les égouts, les caves, les greniers ou les granges. Les rats peuvent transmettre à l'homme certaines maladies, comme la peste.

ratatouille *nom féminin (n. f.)*
La ratatouille est un plat composé de poivrons, d'aubergines, d'oignons, de courgettes et de tomates cuits à l'huile d'olive et assaisonnés avec divers aromates.

rate *nom féminin (n. f.)*
La rate est la femelle du rat.

râteau *nom masculin (n. m.)*
Un râteau est un outil de jardinage composé d'une pièce munie de dents, fixée à un long manche. Il sert à égaliser ou à nettoyer un terrain. *Papa rassemble les feuilles mortes avec le râteau.*

Remarque : Le *a* prend un accent circonflexe. Le pluriel de *râteau* est : des râteaux.

rater *verbe (v.)*
1. Rater, c'est échouer. *Émilie a raté son examen de mathématiques.*
2. Rater, c'est manquer quelque chose. *Héloïse a raté le bus.*

ration *nom féminin (n. f.)*
Une ration est une quantité de nourriture donnée à une personne ou à un animal. *David donne au chien trois rations de nourriture par jour.*

raton *nom masculin (n. m.)*
Le raton est le petit du rat.

raton laveur *nom masculin (n. m.)*
Un raton laveur est un mammifère d'Amérique du Nord, au pelage gris-brun, à longue queue épaisse et aux yeux entourés de noir, qui se nourrit de poissons et de mollusques.

rattraper *verbe (v.)*
1. Rattraper, c'est attraper quelque chose ou quelqu'un qui allait tomber. *Solène a rattrapé ses lunettes au dernier moment.* **2.** Rattraper, c'est rejoindre quelqu'un qui était parti avant. *Le policier a rattrapé le voleur.*

se rattraper *verbe (v.)*
Se rattraper, c'est se raccrocher à quelque chose. *Hamidou a failli tomber, mais il s'est rattrapé à la rampe de l'escalier.*

rature *nom féminin (n. f.)*
Une rature est un trait fait pour barrer une lettre ou un mot dans un texte, pour rayer ce que l'on écrit. *La maîtresse n'est pas contente, ma feuille est pleine de ratures.*

raturer *verbe (v.)*
Raturer, c'est barrer, rayer des lettres ou des mots. *Jessie a raturé quelques mots de la troisième ligne de sa lettre.*

rauque
adjectif masculin ou féminin (adj. m. ou f.)
Une voix rauque est une voix grave, voilée. *Pauline parle d'une voix rauque parce qu'elle a mal à la gorge.*

ravi, ravie
adjectif masculin, féminin (adj. m., f.)
Être ravi, c'est être très heureux. *Emma est ravie de vous voir.*
Le synonyme est : enchanté.

ravin *nom masculin (n. m.)*
Un ravin est une vallée aux pentes abruptes. *Hai a failli tomber dans un ravin.*

ravioli *nom masculin (n. m.)*
Les raviolis sont de petits carrés de pâte garnis de viande hachée, de fromage ou de légumes.

ravir *verbe (v.)*
Ravir, c'est enchanter. *Ce film a ravi les enfants.*

ravissant, ravissante
adjectif masculin, féminin (adj. m., f.)
Ce qui est ravissant est très beau. *Géraldine est ravissante avec sa robe.*

rayé, rayée
adjectif masculin, féminin (adj. m., f.)
Ce qui est rayé possède des rayures. *Le zèbre a le pelage rayé noir et blanc.*

rayer *verbe (v.)*
Rayer, c'est barrer d'un trait un ou plusieurs mots dans un texte. *Nicolas a rayé son adresse sur la liste.*

1. rayon *nom masculin (n. m.)*
Un rayon est une tige de métal qui va du centre jusqu'au bord d'une roue de vélo. *Alice a cassé un des rayons de sa bicyclette en tombant.*

2. rayon *nom masculin (n. m.)*

Les rayons d'un magasin, ce sont les comptoirs où sont rangés par catégorie les produits à vendre. *Les rayons « Fruits et légumes » et « Surgelés » se trouvent à la droite du magasin.*

rayure *nom féminin (n. f.)*

Une rayure est une ligne ou une bande de couleur sur un fond d'une autre couleur. *Grand-père porte un pull à rayures.*

raz-de-marée

nom masculin (n. m.)

Un raz-de-marée est une vague gigantesque qui arrive violemment sur une côte. *Le tremblement de terre sous-marin a provoqué un raz-de-marée.*

Remarque : Ce mot ne change pas au pluriel : *La tempête a provoqué plusieurs raz-de-marée.*

réaction *nom féminin (n. f.)*

Une réaction est une façon de réagir. *Laure a eu une réaction très violente suite au vol de sa voiture.*

réagir *verbe (v.)*

Réagir, c'est se comporter d'une certaine manière face à une situation. *Audrey a réagi avec beaucoup de calme lorsqu'elle a appris la nouvelle.*

réaliser *verbe (v.)*

1. Réaliser, c'est effectuer quelque chose. *Tous les travaux ont été réalisés par les employés.* **2.** Réaliser, c'est rendre réel. *Marine a réalisé son rêve en allant en Australie.*

réalité *nom féminin (n. f.)*

La réalité est ce qui existe vraiment. *Ali ne sait pas s'il s'agit d'un rêve ou de la réalité.* ► En réalité : cela signifie en fait. *Arthur pensait qu'il était à l'heure, mais en réalité, il était très en retard.*

rebelle

adjectif masculin ou féminin (adj. m. ou f.)

Une personne rebelle n'aime pas recevoir d'ordres. *Lola est rebelle, elle n'obéit ni à ses parents ni à sa maîtresse.*

rebondir *verbe (v.)*

Rebondir, c'est faire un ou plusieurs bonds. *Le basketteur fait rebondir plusieurs fois le ballon.*

rébus *nom masculin (n. m.)*

Un rébus est une devinette composée de dessins, de chiffres ou de lettres qui représentent un mot ou une phrase que l'on doit découvrir. *Clara a été la première à déchiffrer ce rébus.*

Remarque : Ce mot se termine par un *s* que l'on ne prononce pas.

récemment *nom masculin (n. m.)*
Récemment veut dire : il y a peu de temps. *Valentin est allé récemment au restaurant.*

récent, récente
adjectif masculin, féminin (adj. m., f.)
Ce qui est récent existe depuis peu de temps. *Cette salle de cinéma est récente.*

réception *nom féminin (n. f.)*
La réception est l'endroit d'un hôtel où l'on accueille des gens. *Si tu veux d'autres renseignements, adresse-toi à la réception de l'hôtel.*

réceptionniste
nom masculin ou féminin (n. m. ou f.)
Un réceptionniste, une réceptionniste est une personne dont le métier consiste à accueillir les clients dans un hôtel. *Les réceptionnistes de cet hôtel sont très aimables.*

recette *nom féminin (n. f.)*
Une recette est un ensemble d'indications données pour préparer un plat. *David connaît par cœur la recette des crêpes.*

recevoir *verbe (v.)*
1. Recevoir, c'est prendre ce que quelqu'un nous a envoyé ou offert. *Pierre a reçu une lettre de sa grand-mère.* **2.** Recevoir, c'est accueillir chez soi. *Ma mère a reçu les invités.* **3.** Être reçu, c'est réussir à un examen. *Il a été reçu à son examen.*

réchauffement
nom masculin (n. m.)
Le réchauffement est le fait de devenir plus chaud. *Le réchauffement climatique menace notre planète.*

réchauffer *verbe (v.)*
Réchauffer, c'est chauffer une nouvelle fois. *Maman a réchauffé mon repas dans le four à micro-ondes.*

se réchauffer *verbe (v.)*
Se réchauffer, c'est devenir plus chaud. *Le climat se réchauffe en été.*

recherche *nom féminin (n. f.)*
La recherche est le fait de chercher ou de faire un travail scientifique pour découvrir ou retrouver quelque chose. *Ce groupe de scientifiques fait des recherches pour découvrir de nouveaux vaccins.*

recherché, recherchée
adjectif masculin, féminin (adj. m., f.)
1. Une personne recherchée est une personne que l'on veut trouver. *Ce bandit est recherché dans tout le pays.* **2.** Un objet recherché est un objet que l'on veut acquérir à cause de sa rareté. *Le saphir est une pierre de grande valeur, très recherchée.*

rechercher *verbe (v.)*
Rechercher, c'est chercher attentivement afin de découvrir ou retrouver quelque chose ou quelqu'un. *La police recherche les coupables du vol.*

récif *nom masculin (n. m.)*
Un récif est un rocher ou un groupe de rochers que l'on voit pointer à la surface de la mer. *Les récifs de coraux abritent de nombreuses espèces végétales et animales.*

récipient *nom masculin (n. m.)*
Un récipient est un objet creux pouvant contenir quelque chose. *Une tasse, un bol, un seau sont des récipients.*

récit *nom masculin (n. m.)*
Un récit est une histoire réelle ou imaginaire qui est racontée. *Pierre fait un récit de son voyage en Italie.*

récitation *nom féminin (n. f.)*
Une récitation est un texte que l'on doit apprendre par cœur pour le réciter. *Alexandre a oublié les dernières lignes de sa récitation.*

réciter *verbe (v.)*
Réciter, c'est dire à haute voix un texte appris par cœur. *Armelle récite un poème devant les élèves de sa classe.*

réclamer *verbe (v.)*
Réclamer, c'est demander quelque chose en insistant. *Manon réclame des bonbons à sa mère.*

se recoiffer *verbe (v.)*
Se recoiffer, c'est se coiffer une nouvelle fois. *Cassandra se recoiffe parce qu'elle a des mèches rebelles.*

recoin *nom masculin (n. m.)*
Un recoin est un lieu caché. *Kelly cherche ses boucles d'oreilles dans tous les recoins de la maison.*

recoller *verbe (v.)*
Recoller, c'est coller une nouvelle fois. *Juliette recolle les photos sur son cahier.*

récolte *nom féminin (n. f.)*
La récolte est l'action de cueillir ou de ramasser les produits de la terre. *Les agriculteurs font la récolte des pommes.*

récolter *verbe (v.)*
Récolter, c'est cueillir ou ramasser des fruits, des légumes ou des céréales. *Les agriculteurs récoltent des cerises.*

recommander *verbe (v.)*
Recommander, c'est suggérer vivement. *La maîtresse recommande aux élèves de réviser leurs cours régulièrement.*

recommencer *verbe (v.)*
Recommencer, c'est commencer une nouvelle fois. *Samba doit recommencer son exercice parce qu'elle n'arrive pas à trouver la solution.*
Le synonyme est : refaire.

récompenser *verbe (v.)*
Récompenser, c'est donner quelque chose à quelqu'un qui a bien agi. *Hassan a été récompensé pour avoir secouru Tom.*

réconciliation
nom féminin (n. f.)
La réconciliation est le fait de parler de nouveau à quelqu'un avec qui on s'était disputé. *Leur réconciliation a réjoui tout le monde.*

se réconcilier *verbe (v.)*
Se réconcilier, c'est reprendre de bonnes relations avec quelqu'un après s'être fâché. *Ils se sont brouillés pendant cette soirée, mais après, ils se sont réconciliés.*

reconnaissance
nom féminin (n. f.)
La reconnaissance est le sentiment de gratitude éprouvé envers quelqu'un qui nous a aidé. *Jean a beaucoup de reconnaissance envers Arthur parce qu'il l'a secouru.*

reconnaître *verbe (v.)*
1. Reconnaître, c'est identifier une chose ou un être déjà vu ou rencontré. *Anthony a tellement changé que Tom ne l'a pas reconnu.* **2.** Reconnaître, c'est admettre que quelque chose est vrai. *Mariam reconnaît avoir triché lors du jeu.*

recopier *verbe (v.)*
Recopier, c'est écrire une nouvelle fois un texte. *Alexis recopie l'exercice sur son cahier.*

record *nom masculin (n. m.)*
Un record est un résultat très positif jamais obtenu auparavant. *Cet athlète a battu le record du monde du saut en hauteur.*

recoudre *verbe (v.)*
Recoudre, c'est coudre un vêtement décousu ou déchiré. *Simon a recousu l'ourlet de son pantalon.*

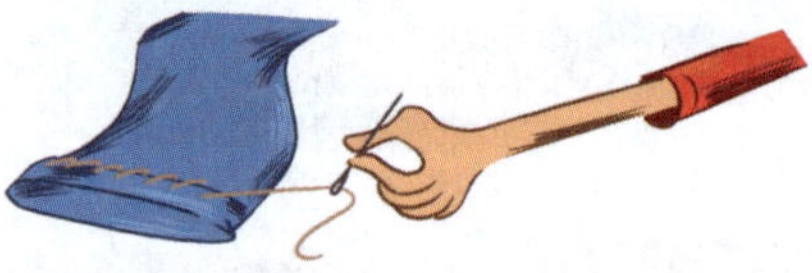

recouper *verbe (v.)*
Recouper, c'est couper une nouvelle fois. *Coralie recoupe ses cheveux.*

recourbé, recourbée
adjectif masculin, féminin (adj. m., f.)
Ce qui est recourbé est d'une forme arrondie. *Les orfraies, les vautours, les aigles ont le bec recourbé.*

recourir *verbe (v.)*
Recourir, c'est demander de l'aide ou faire appel à quelqu'un. *Les ménages recourent souvent aux banques pour obtenir un prêt.*

récréation *nom féminin (n. f.)*
La récréation est le moment de repos et de détente que les enfants ont entre les heures de classe. *Les enfants jouent à saute-mouton pendant la récréation.*

récrire ou réécrire *verbe (v.)*
Récrire, c'est écrire une nouvelle fois un texte. *Renata récrit le poème sur son cahier.*

rectangle *nom masculin (n. m.)*
Un rectangle est une figure géométrique qui a quatre angles droits et quatre côtés, dont deux grands et deux petits. *Richard trace un rectangle sur le tableau.*

rectangulaire
adjectif masculin ou féminin (adj. m. ou f.)
Ce qui est rectangulaire a la forme d'un rectangle. *Les feuilles de mon classeur ont une forme rectangulaire.*

recueillir *verbe (v.)*
Recueillir, c'est accueillir un être chez soi pendant un certain temps. *Grand-mère a recueilli de petits chatons.*

reculer *verbe (v.)*
Reculer, c'est se déplacer ou déplacer quelque chose en arrière. *Candice a reculé de quelques pas pour laisser passer un cycliste.*

à reculons *adverbe (adv.)*
À reculons signifie : en allant vers l'arrière, en reculant. *Le chat s'éloigne à reculons parce qu'il a peur de nous.*

récupérer *verbe (v.)*
1. Récupérer, c'est retrouver ce que l'on avait perdu ou reprendre ce que l'on avait prêté. *Kien a récupéré les bandes dessinées qu'il avait prêtées à Koffi.* **2.** Récupérer, c'est ramasser des objets pouvant être encore utiles. *Matthieu récupère des cartons pour ranger ses livres.*

recyclable
adjectif masculin ou féminin (adj. m. ou f.)
Ce qui est recyclable peut être réutilisé. *Les cartons, les journaux ou les bouteilles sont des produits recyclables.*

recyclage *nom masculin (n. m.)*
Le recyclage est le fait de récupérer et de traiter des matières usées afin de les réutiliser. *Le recyclage contribue à la protection de l'environnement.*

recycler *verbe (v.)*
Recycler, c'est effectuer un recyclage. *Les eaux usées sont recyclabes.*

rédaction *nom féminin (n. f.)*
Une rédaction est un texte que l'on écrit sur un sujet donné. *Marie doit faire une rédaction sur les villes de France.*

rédiger *verbe (v.)*
Rédiger, c'est écrire un texte. *Papa a rédigé une lettre.*

redire *verbe (v.)*
Redire, c'est dire une nouvelle fois. *Peux-tu me redire ton adresse ?*
Le synonyme est : répéter.

redoubler *verbe (v.)*
Redoubler, c'est recommencer une année dans la même classe. *Léo a redoublé sa cinquième.*

réduction *nom féminin (n. f.)*
Une réduction est une diminution de prix. *Le vendeur de la boutique nous a fait une réduction de 15 euros sur le prix du pantalon.*

réduire *verbe (v.)*
Réduire une chose, c'est la rendre plus petite ou moins importante. *Les légumes réduisent à la cuisson.*
Le contraire est : augmenter.

réel, réelle
adjectif masculin, féminin (adj. m., f.)
Ce qui est réel existe vraiment. *Mamie nous raconte des histoires réelles sur sa vie d'autrefois.*
Le synonyme est : vrai.
Les contraires sont : imaginaire, irréel.

refaire *verbe (v.)*
1. Refaire, c'est faire une nouvelle fois. *Marion refait son exercice de mathématiques.*
Le synonyme est : recommencer.
2. Refaire, c'est réparer quelque chose. *L'ouvrier refait le carrelage de la cuisine.*

réfectoire *nom masculin (n. m.)*
Un réfectoire est une grande salle où l'on peut prendre ses repas lorsque l'on vit en groupe. Les pensionnaires prennent leur repas dans le réfectoire.
Le synonyme est : cantine.

réfléchi, réfléchie
adjectif masculin, féminin (adj. m., f.)
Une personne réfléchie pense avant d'agir.

réfléchir *verbe (v.)*
Réfléchir, c'est prendre le temps de penser avant d'agir. *Léa réfléchit avant de donner son avis.*

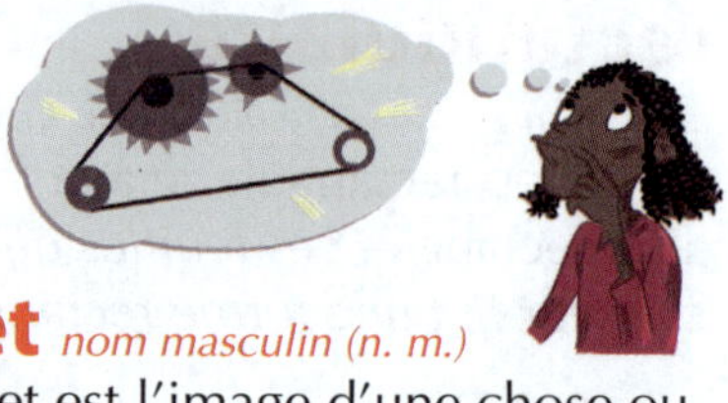

reflet *nom masculin (n. m.)*
Un reflet est l'image d'une chose ou d'un être que l'on peut voir sur une surface. *Camille voit le reflet des arbres dans le lac.*

se refléter *verbe (v.)*
Se refléter, c'est être visible sur une surface. *Le ciel se reflète dans l'eau de la fontaine.*

réflexe *nom masculin (n. m.)*
Un réflexe est un mouvement rapide que l'on fait sans réfléchir. *Coralie a eu le réflexe de monter sur la chaise lorsqu'elle a vu la souris.*

réflexion *nom féminin (n. f.)*
1. La réflexion est le fait de réfléchir attentivement à quelque chose. *Après un moment de réflexion, Bintou a accepté l'offre d'emploi.*
2. Une réflexion est une critique, une remarque désagréable que l'on fait à quelqu'un. *Arrête de me faire des réflexions ! Pierre m'a fait des réflexions sur mes vêtements.*

coin lecture

« Vous m'effrayez, dit le rosier. Je n'y ai jamais réfléchi.
– Évidemment, vous ne vous livrez jamais à la réflexion. N'avez-vous jamais essayé de comprendre pourquoi vous fleurissiez et comment seulement cela se produit ? »
L'Escargot et le Rosier.
Andersen.

refrain *nom masculin (n. m.)*
Le refrain est la partie d'une chanson ou d'un poème qui se répète après chaque couplet. *Audrey connaît par cœur le refrain de cette chanson.*

réfrigérateur *nom masculin (n. m.)*
Un réfrigérateur est un appareil ménager servant à garder les aliments au froid pour les conserver. *Maman a rangé le yaourt et le jambon dans le réfrigérateur.*

refroidir *verbe (v.)*
1. Refroidir, c'est rendre froid. *Le glaçon refroidit ma boisson.*
2. Refroidir, c'est perdre de sa chaleur. *Ta soupe va refroidir.*
se refroidir *verbe (v.)*
Se refroidir, c'est devenir plus froid. *Le climat se refroidit en hiver.*

se réfugier *verbe (v.)*
Se réfugier, c'est se mettre à l'abri. *La souris s'est réfugiée dans un trou.*

refuser *verbe (v.)*
Refuser, c'est ne pas accepter ou ne pas vouloir faire quelque chose. *Marion a refusé de venir avec nous au cinéma.*

se régaler *verbe (v.)*
Se régaler, c'est prendre beaucoup de plaisir à déguster quelque chose. *Salomé s'est régalée en mangeant sa glace au chocolat.*

A B C D E F G H I J K L M N O P Q R S T U V W X Y Z

regard *nom masculin (n. m.)*
Le regard est l'action ou la façon de regarder. *Émilie a un beau regard. Pierre lui a lancé un regard méprisant.*

regarder *verbe (v.)*
1. Regarder, c'est diriger ses yeux vers un être ou vers une chose. *Héloïse regarde le paysage.*
2. Regarder, c'est concerner. *Cela ne te regarde pas !*

régime *nom masculin (n. m.)*
Un régime est une façon de se nourrir qui consiste à manger seulement certaines quantités de certains aliments. *Eva s'est mise au régime pour perdre quelques kilos.*

région *nom féminin (n. f.)*
Une région est une partie d'un pays. *La Bretagne est une région de France.*

règle *nom féminin (n. f.)*
1. Une règle est une longue barre qui sert à mesurer ou à tracer des lignes. *Héloïse trace un triangle à l'aide de sa règle.* **2.** Une règle est une indication que l'on doit respecter. *Valentin ne suit pas les règles du jeu ! Il triche !*

règlement
nom masculin (n. m.)
Un règlement est un ensemble d'instructions sur ce que l'on a le droit de faire ou pas. *Le règlement de cette école est très strict.*

régler *verbe (v.)*
1. Régler, c'est donner une solution à un problème. *Leur dispute n'a pas encore été réglée.* **2.** Régler, c'est mettre au point un appareil pour qu'il marche bien. *J'ai réglé le volume de ma télévision.* **3.** Régler, c'est payer quelque chose. *Pierre a réglé ses courses en faisant un chèque.*

réglisse *nom féminin (n. f.)*
La réglisse est une plante à racine comestible. *Maman boit une infusion de réglisse.*

régner *verbe (v.)*
Régner, c'est diriger un pays en tant que roi ou reine. *Henri IV a régné pendant vingt et un ans.*

regret *nom masculin (n. m.)*
1. Le regret est le sentiment de tristesse éprouvé lorsque l'on perd quelqu'un ou quelque chose. *Meddy éprouve toujours du regret lorsqu'elle doit partir.* **2.** Le regret est le sentiment éprouvé lorsque l'on pense avoir mal agi. *Maxence a beaucoup de regrets : il s'est mal conduit avec ses parents et leur a fait de la peine.*

regretter *verbe (v.)*
1. Regretter, c'est avoir de la peine à cause de l'absence ou de la perte d'un être ou d'une chose. *Lucas regrette beaucoup ses amis d'enfance.* **2.** Regretter, c'est se repentir de ne pas avoir bien agi. *Jonathan regrette de ne pas avoir téléphoné.*

regrouper *verbe (v.)*
Regrouper, c'est rassembler ce qui est dispersé. *Kouamé regroupe toutes ses affaires de ski pour les retrouver facilement.*

régulier, régulière
adjectif masculin, féminin (adj. m., f.)
Ce qui est régulier se répète de la même façon. *Il dort : son souffle est régulier.*

régulièrement *adverbe (adv.)*
Régulièrement veut dire : de manière régulière, assidûment. *Matthieu va régulièrement au cinéma.*

rein *nom masculin (n. m.)*
Les reins sont les deux organes en forme de haricot, situés à l'intérieur du corps, dans le bas du dos. Ils servent à filtrer le sang et à éliminer les déchets sous forme d'urine. ► Avoir mal aux reins : c'est avoir mal au bas du dos. *Grand-mère a mal aux reins.*

à savoir
Les reins mesurent environ 12 centimètres de longueur et 6 centimètres de largeur. L'urine formée dans les reins est évacuée par la vessie.

reine *nom féminin (n. f.)*
Une reine est une femme qui gouverne un royaume ou qui est épousée par un roi. *La reine de ce château portait une couronne.*

Remarque : Ne pas confondre *reine* avec un *renne* ou avec une *rêne.*

reinette *nom féminin (n. f.)*
Une reinette est une pomme dont il existe plusieurs variétés.

rejet *nom masculin (n. m.)*
1. Le rejet est le fait de repousser quelqu'un ou quelque chose. *J'éprouve un sentiment de rejet envers lui.* **2.** Le rejet est le refus. Le rejet de sa demande d'augmentation a beaucoup contrarié maman.

rejeter *verbe (v.)*
Rejeter, c'est renvoyer en lançant. *Le footballeur a rejeté la balle hors du terrain.*

rejoindre *verbe (v.)*
Rejoindre, c'est aller retrouver quelqu'un. *Meddy a rejoint ses amis au restaurant.*

réjouir *verbe (v.)*
Réjouir, c'est donner de la joie. *Nos cadeaux l'ont beaucoup réjoui. Notre présence l'a beaucoup réjoui.*

relâcher *verbe (v.)*
Relâcher quelqu'un, c'est le remettre en liberté. *Les otages ont été relâchés.*

Remarque : Le *a* prend un accent circonflexe.

relais *nom masculin (n. m.)*
Prendre le relais, c'est remplacer quelqu'un. *Rama a pris le relais de sa coéquipière.*

relation *nom féminin (n. f.)*
Une relation est un lien qui existe entre des choses ou des êtres. *Quelle est la relation entre ces deux images ?*

relever *verbe (v.)*
1. Relever, c'est mettre debout. *Lucas a relevé Matthieu parce qu'il était tombé.* **2.** Relever, c'est mettre plus haut. *Marion relève les manches de sa chemise pour ne pas les salir.* **3.** Relever, c'est remarquer. *La maîtresse a relevé quelques fautes d'orthographe dans ma dictée.*

relief *nom masculin (n. m.)*
Le relief est l'ensemble des creux et des bosses à la surface de la Terre. *Nous avons étudié le relief de la France.*

religion *nom féminin (n. f.)*
La religion est la croyance en un dieu unique ou en plusieurs dieux. *Clara est de religion catholique, son meilleur ami est de religion musulmane.*

relire *verbe (v.)*
Relire, c'est lire une nouvelle fois. *Julien relit le texte pour mieux le comprendre.*

remarquable
adjectif masculin ou féminin (adj. m. ou f.)
Ce qui est remarquable est admirable, magnifique. *Koffi a obtenu des notes remarquables.*

remarque *nom féminin (n. f.)*
Une remarque est un commentaire. *Il y a des remarques sur l'orthographe des mots dans ce dictionnaire.*

remarquer *verbe (v.)*
Remarquer, c'est noter ou se rendre compte de quelque chose. *As-tu remarqué la nouvelle coiffure de Leïla ?* ► Se faire remarquer : c'est attirer l'attention sur soi. *Aurélie parle fort, juste pour se faire remarquer.*

rembourser *verbe (v.)*
Rembourser, c'est rendre l'argent que quelqu'un nous avait prêté. *Nouha a remboursé à Marine les deux euros du sachet de bonbons.*

remède *nom masculin (n. m.)*
Un remède est un produit utilisé pour soigner une maladie. *Maman m'a donné un remède contre le rhume.*
Le synonyme est : médicament.

remédier *verbe (v.)*
Remédier, c'est résoudre un problème. *Pour remédier à tes problèmes d'argent, il te faudrait retrouver un emploi.*

remerciement
nom masculin (n. m.)
Un remerciement est une parole par laquelle on remercie. *Le patron a prononcé un discours de remerciement devant ses employés.*

remercier *verbe (v.)*
Remercier, c'est dire merci. *Jean m'a remercié de l'avoir raccompagné.*

remettre *verbe (v.)*
1. Remettre, c'est mettre une chose là où elle était précédemment. *Émilie remet les livres sur l'étagère.* **2.** Remettre, c'est mettre encore une fois quelque chose sur soi. *Alice remet son pull-over parce qu'il y a du vent.* **3.** Remettre, c'est rajouter. *Clémence remet de la sauce sur sa salade.* **4.** Remettre, c'est donner quelque chose à quelqu'un. *Emma doit remettre un colis à sa voisine.*
se remettre *verbe (v.)*
1. Se remettre, c'est commencer de nouveau à. *Il se remet à neiger.*
2. Se remettre, c'est se rétablir après une maladie ou une opération. *Mathilde se remet de sa grippe.*

remonter *verbe (v.)*
1. Remonter, c'est monter une nouvelle fois. *Marine remonte les escaliers.* **2.** Remonter, c'est relever. *Pauline remonte les manches de sa chemise pour ne pas les salir.*
Le contraire est : baisser.

remords *nom masculin (n. m.)*
Le remords est le sentiment de regret et de honte éprouvé lorsque l'on pense avoir mal agi. *Lisa a des remords : elle a volé sa meilleure amie.*

remorque *nom féminin (n. f.)*
Une remorque est un véhicule sans moteur tiré par un autre. *Lucas tire la remorque avec son camion.*

rempart *nom masculin (n. m.)*
Un rempart est une muraille entourant un château ou une ville. *Autrefois, les remparts protégeaient les habitants des châteaux de leurs ennemis.*

remplaçant, remplaçante
nom masculin, féminin (n. m., f.)
Un remplaçant, une remplaçante est une personne qui en remplace une autre dans son travail. *Mon dentiste est parti en vacances, et c'est son remplaçant qui m'a soigné.*

A B C D E F G H I J K L M N O P Q R S T U V W X Y Z

remplacer *verbe (v.)*

1. Remplacer, c'est changer une chose par une autre. *Il n'y a plus d'encre dans la cartouche de mon stylo. Il faut la remplacer.*
2. Remplacer, c'est faire le travail de quelqu'un à sa place. *Un nouveau jardinier remplace M. Morel.*

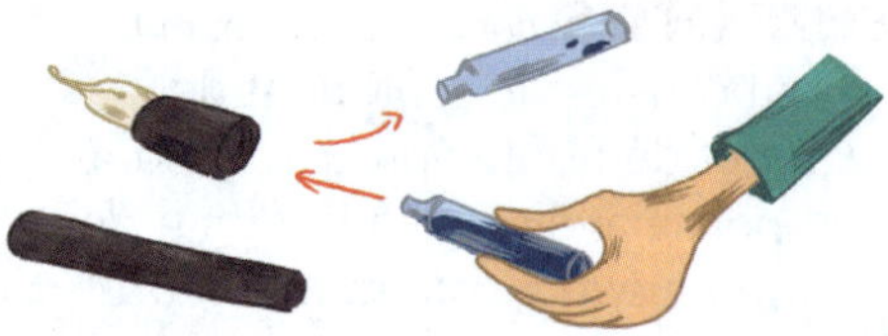

remplir *verbe (v.)*

Remplir, c'est rendre plein. *Rama a rempli sa tasse de café.*
Le contraire est : vider.

remporter *verbe (v.)*

1. Remporter, c'est reprendre ce que l'on avait apporté. *Luna a remporté sa valise.* **2.** Remporter, c'est gagner. *Marion a remporté la victoire.*

remuer *verbe (v.)*

Remuer, c'est bouger. *Lisa remue sa tête dans tous les sens.*

renard, renarde

nom masculin, féminin (n. m., f.)

Un renard, une renarde est un mammifère au pelage roux, qui possède un museau allongé, de grandes oreilles, une queue touffue, et qui se nourrit de viande. *Quand le renard pousse des cris, il glapit.*

à savoir

Le renard chasse la nuit et vit dans des terriers qu'il creuse pour s'abriter. Le petit du renard et de la renarde s'appelle le renardeau.

coin lecture

« Aux traces de son sang,
un vieux hôte des bois,
Renard fin, subtil et matois,
Blessé par des chasseurs,
et tombé dans la fange,
Autrefois attira ce parasite ailé
Que nous avons mouche appelé. »
Le Renard, les Mouches et le Hérisson.
Jean de La Fontaine.

renardeau *nom masculin (n. m.)*

Le renardeau est le petit du renard et de la renarde.

rencontrer *verbe (v.)*

1. Rencontrer quelqu'un, c'est se trouver face à lui ou à elle. *J'ai rencontré Marie au cinéma.*
2. Rencontrer quelqu'un, c'est faire sa connaissance. *Maxime et Lisa se sont rencontrés dans un café.*

rendez-vous

nom masculin (n. m.)

Un rendez-vous est une rencontre fixée à l'avance. *Léo rappelle le dentiste pour fixer un nouveau rendez-vous.*

se rendormir *verbe (v.)*
Se rendormir, c'est s'endormir une nouvelle fois. *La musique a réveillé Anaïs, mais elle s'est tout de suite rendormie.*

rendre *verbe (v.)*
1. Rendre, c'est remettre quelque chose à son propriétaire. *Pauline ne m'a toujours pas rendu le livre.*
2. Rendre, c'est faire devenir. *Ta présence me rend heureuse.*

se rendre *verbe (v.)*
Se rendre, c'est aller quelque part. *Marie s'est rendue à la plage.*

rêne *nom féminin (n. f.)*
Une rêne est un lien en cuir servant à diriger un cheval. *Le cavalier tire sur les rênes pour que le cheval ralentisse.*

Remarque : Le premier *e* prend un accent circonflexe. Ne pas confondre *rêne* avec un *renne* ou une *reine*.

renne *nom masculin (n. m.)*
Un renne est un mammifère à grandes cornes qui vit dans les pays froids et qui ressemble au cerf.

Remarque : Ne pas confondre *renne* avec une *rêne* ou une *reine*.

renoncer *verbe (v.)*
Renoncer à quelque chose, c'est accepter de ne plus le faire. *Yao a renoncé à acheter l'ordinateur.*

renouveler *verbe (v.)*
Renouveler, c'est changer, remplacer ou bien refaire, recommencer. *Eva a renouvelé sa garde-robe d'été.*

renseignement
nom masculin (n. m.)
Un renseignement est une information dont on a besoin. *Tu peux demander d'autres renseignements à la réception de l'hôtel.*

renseigner *verbe (v.)*
Renseigner, c'est donner les informations nécessaires à quelqu'un sur quelque chose. *Renseigne-toi à l'accueil du magasin.*

se renseigner *verbe (v.)*
Se renseigner, c'est demander une information à quelqu'un. *Je vais me renseigner par téléphone.*

rentrée *nom féminin (n. f.)*
La rentrée est la période de l'année où les enfants commencent une nouvelle année de classe. *La rentrée scolaire a lieu en septembre.*

rentrer *verbe (v.)*
1. Rentrer, c'est entrer de nouveau. *Nous sommes rentrés à la maison.*
2. Rentrer, c'est mettre quelque chose à l'intérieur. *Pauline rentre sa trottinette dans le garage.*

renverser *verbe (v.)*
Renverser, c'est faire tomber. *Walid a renversé son bol de lait sur la table.*

renvoyer *verbe (v.)*
1. Renvoyer, c'est demander à quelqu'un de retourner à l'endroit où il était. *Marion a été renvoyée dans sa chambre.* **2.** Renvoyer, c'est licencier, chasser, exclure. *Mon oncle a été renvoyé de son travail.* **3.** Renvoyer, c'est lancer quelque chose dans le sens contraire. *Le basketteur a renvoyé la balle à son équipier.*

répandre *verbe (v.)*
1. Répandre, c'est faire couler quelque chose sur une surface. *Marie a répandu de la peinture sur la moquette en renversant le seau.*
se répandre *verbe (v.)*
Se répandre, c'est se diffuser, se propager. *Une odeur de frites s'est répandue dans la cuisine.*

réparation *nom féminin (n. f.)*
La réparation est le fait de remettre une chose abîmée en bon état. *Le plombier est venu effectuer quelques réparations dans la salle de bains.*

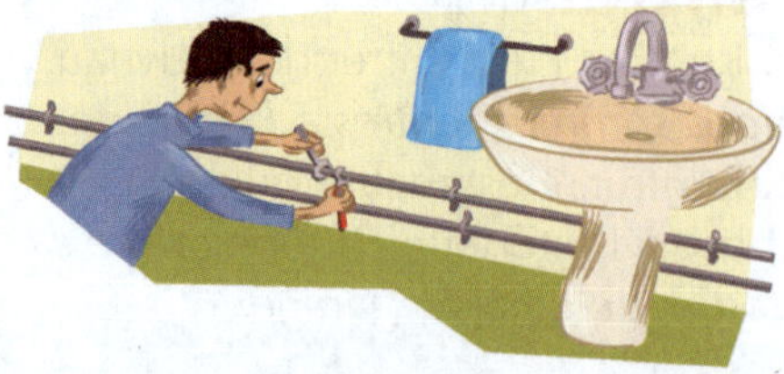

réparer *verbe (v.)*
Réparer, c'est faire fonctionner quelque chose de nouveau. *Mon père a réparé ma trottinette.*

repartir *verbe (v.)*
1. Repartir, c'est partir une nouvelle fois. *Maman repart à son bureau.* **2.** Repartir, c'est retourner où l'on était avant. *Marion est repartie chez elle.*

répartir *verbe (v.)*
Répartir, c'est distribuer quelque chose entre plusieurs personnes. *Elle a réparti les cartes entre tous les joueurs.*

repas *nom masculin (n. m.)*
Le repas est la nourriture que l'on mange chaque jour à certains moments de la journée. *Arthur prend son repas du soir en regardant la télévision.*

1. repasser *verbe (v.)*
Repasser, c'est passer une nouvelle fois. *Mes amis repasseront ce soir pour manger.* **2.** Repasser, c'est défroisser un vêtement à l'aide d'un fer à repasser. *Papa repasse sa chemise pour demain.*

repère *nom masculin (n. m.)*
Un point de repère est un objet ou un détail qui permet de reconnaître un endroit et de s'orienter. *La place du centre-ville, c'est le point de repère.*

Remarque : Ne pas confondre *repère* avec un *repaire* (cachette).

repérer *verbe (v.)*
Repérer, c'est remarquer, se rendre compte. *Ma mère a repéré un endroit magnifique pour pique-niquer. Léo a repéré Léa lorsqu'elle descendait du train.*
se repérer *verbe (v.)*
Se repérer, c'est s'orienter. *Adrien se repère facilement dans la ville grâce aux panneaux indicateurs.*

répéter *verbe (v.)*
1. Répéter, c'est dire une nouvelle fois quelque chose. *Peux-tu me répéter ton numéro de téléphone ?* **2.** Répéter, c'est raconter à quelqu'un ce que quelqu'un d'autre a dit. *Pierre m'a confié un secret et j'ai promis de ne le répéter à personne.* **3.** Répéter, c'est s'exercer soigneusement avant de jouer une pièce de théâtre, de chanter ou de jouer d'un instrument de musique devant un public. *Les acteurs répètent plusieurs fois leur rôle avant la représentation générale.*

répétition *nom féminin (n. f.)*
1. Une répétition est un mot ou une phrase qui figure plusieurs fois dans un texte ou une conversation. *Fatou a fait trop de répétitions dans sa rédaction.* **2.** Une répétition est une séance qui permet aux artistes de bien se préparer avant de donner leur spectacle devant un public. *Valentin va à sa répétition de chant tous les mercredis.*

replacer *verbe (v.)*
Replacer, c'est remettre une chose là où elle était avant. *Marine replace les pions sur le jeu de dames avant de commencer une nouvelle partie.*

répondeur *nom masculin (n. m.)*
Un répondeur est un appareil enregistrant les messages laissés par les personnes qui téléphonent lorsque l'on est absent ou indisponible. *Pierre a deux messages sur son répondeur.*

répondre *verbe (v.)*
1. Répondre, c'est apporter une réponse à une question ou à une demande. *Réponds-moi au plus vite !* **2.** Répondre, c'est décrocher le téléphone qui sonne. *Le téléphone sonne, réponds !*

réponse *nom féminin (n. f.)*
Une réponse est une parole ou un geste exprimé à la suite d'une question ou d'une demande. *Personne n'a donné la bonne réponse au professeur.*

reportage *nom masculin (n. m.)*
Un reportage est un documentaire de télévision ou un article de journal dans lequel un journaliste raconte ou explique quelque chose. *Alice a vu un reportage sur la savane africaine à la télévision.*

repos *nom masculin (n. m.)*
Le repos est le moment où l'on arrête de faire quoi que ce soit, pour se détendre. *Chloé prend dix minutes de repos avant de continuer à réviser ses cours.*

reposer *verbe (v.)*
Reposer, c'est poser une nouvelle fois. *Marie repose les assiettes sur la table.*

se reposer *verbe (v.)*
Se reposer, c'est arrêter de faire quelque chose pour ne plus être fatigué. *Lucas se repose sur un banc parce qu'il a beaucoup marché.*

1. repousser *verbe (v.)*
Repousser, c'est pousser une nouvelle fois. *Les feuilles des arbres repoussent au printemps.*

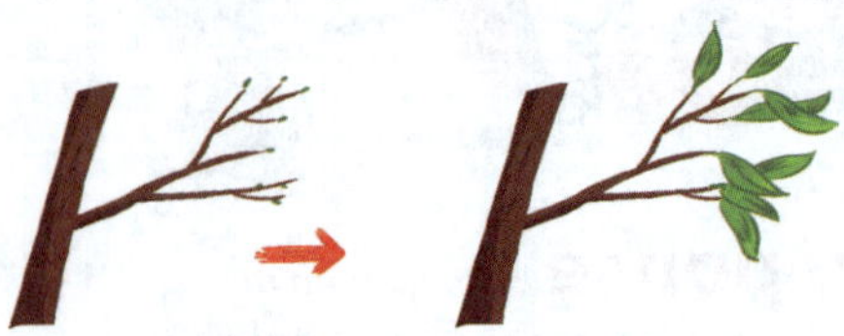

2. repousser *verbe (v.)*
Repousser, c'est éloigner un être ou une chose. *La citronnelle est efficace pour repousser les moustiques.*

reprendre *verbe (v.)*
Reprendre, c'est prendre une nouvelle fois. *Clara a prêté ses cahiers à son amie, elle les reprendra plus tard.*

représentation *nom féminin (n. f.)*
Une représentation est un spectacle joué devant un public. *La représentation a été applaudie par tous les spectateurs. La représentation de la pièce L'Avare a reçu de très bonnes critiques.*

représenter *verbe (v.)*
1. Représenter, c'est montrer quelque chose au moyen d'un dessin ou d'une image. *Ce petit cœur représente le sentiment de l'amour.*
2. Représenter, c'est jouer une pièce de théâtre ou un spectacle face à un public. *Ces acteurs représentent une pièce de théâtre de Molière.*

réprimander *verbe (v.)*
Réprimander, c'est faire des remarques à quelqu'un pour exprimer son désaccord ou son mécontentement. *Ma tante nous réprimande parce que nous faisons trop de bruit.*

reproche *nom masculin (n. m.)*
Un reproche est une critique faite à quelqu'un pour lui montrer que l'on n'est pas d'accord ou que l'on n'est pas content. *La maîtresse m'a fait quelques reproches sur mon orthographe.*

reprocher *verbe (v.)*
Reprocher, c'est exprimer son mécontentement ou son désaccord par des remarques ou des critiques. *Tu n'as rien à te reprocher.*

reproduction *nom féminin (n. f.)* **1.** La reproduction est le fait de donner la vie à des êtres vivants. *La reproduction des plantes diffère de celle des animaux.* **2.** Une reproduction est une copie ou une imitation de quelque chose. *Ce tableau est une reproduction de l'original.*

se reproduire *verbe (v.)*
1. Se reproduire, c'est donner naissance à un être. *Les lapins se reproduisent rapidement.* **2.** Se reproduire, c'est se produire une nouvelle fois. *Le même phénomène s'est reproduit dans la soirée.*

reptile *nom masculin (n. m.)*
Un reptile est un animal qui a le corps couvert d'écailles ou d'une carapace. Certains reptiles possèdent de très courtes pattes. D'autres, n'en possédant pas, se déplacent en rampant. *Le crocodile, le serpent, la tortue ou le lézard sont des reptiles.*

république *nom féminin (n. f.)*
Une république est un pays gouverné par un président qui est élu par le peuple. *La France est une république.*

requin *nom masculin (n. m.)*
Un requin est un grand poisson au museau allongé qui possède une bouche très puissante située sur son ventre. Il se nourrit principalement de poissons, de tortues et de phoques. *Les requins se trouvent dispersés dans toutes les mers de la planète.*

à savoir
Il existe environ 370 espèces de requins. Certaines d'entre elles peuvent attaquer l'homme. C'est le cas du requin blanc, du requin bleu ou du requin marteau.

rescapé, rescapée
nom masculin, féminin (n. m., f.)
Un rescapé, une rescapée est une personne restée en vie après un grave accident ou une catastrophe. *Richard est l'un des rescapés du tremblement de terre.*

réserve *nom féminin (n. f.)*
Une réserve est une certaine quantité de choses que l'on garde en cas de besoin. *Maman a quelques réserves de nourriture dans le placard.*
Le synonyme est : provision.

A B C D E F G H I J K L M N O P Q R S T U V W X Y Z

réserver *verbe (v.)*
1. Réserver, c'est garder des choses pour s'en servir plus tard. *Lisa réserve quelques bouteilles de vin pour l'anniversaire de son frère.*
2. Réserver, c'est faire garder ou louer quelque chose à l'avance. *Aurélie téléphone au restaurant pour réserver une table pour quatre personnes. Bintou a réservé une chambre d'hôtel pour les vacances.* **3.** Réserver, c'est accorder quelque chose uniquement à quelqu'un. *Ces gâteaux sont réservés aux petits enfants.*

réservoir *nom masculin (n. m.)*
Un réservoir est un récipient dans lequel on peut garder un liquide. *Il y a un réservoir d'eau à côté du jardin.*

résidence *nom féminin (n. f.)*
La résidence est l'endroit où l'on habite principalement. *Quel est votre lieu de résidence ?*

résidu *nom masculin (n. m.)*
Un résidu est un reste que l'on n'utilise plus et que l'on jette. *Audrey a jeté les résidus du repas à la poubelle.*
Le synonyme est : déchet.

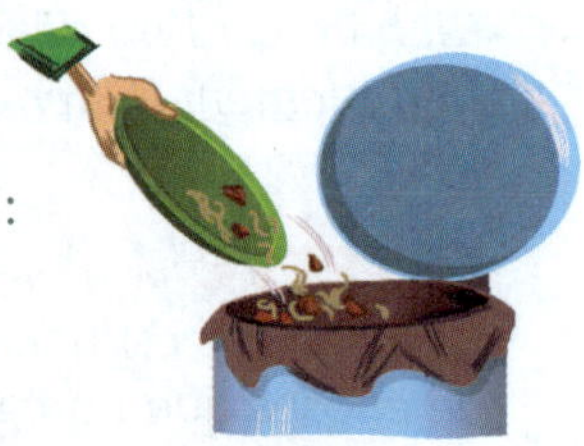

résistant, résistante
adjectif masculin, féminin (adj. m., f.)
1. Un objet résistant est un objet solide. *Mon cartable est très résistant.*
Le contraire est : fragile.
2. Un être résistant est un être fort, robuste, vigoureux. *Marion est très résistante, elle a fait tout le parcours à pied sans se fatiguer.*
Le contraire est : faible.

résister *verbe (v.)*
1. Résister, c'est supporter quelque chose ou quelqu'un. *Le toit de la maison n'a pas résisté à la tempête.*
2. Résister, c'est se défendre, s'opposer avec force à quelqu'un. *Le joueur de tennis a très bien résisté aux attaques de son adversaire.*

résolution *nom féminin (n. f.)*
Une résolution est une décision que l'on prend. *Pierre a pris une bonne résolution : arrêter de fumer.*

résonner *verbe (v.)*
Résonner, c'est produire un son fort et de longue durée. *Les sirènes des ambulances résonnent dans la rue.*

résoudre *verbe (v.)*
Résoudre, c'est trouver la solution à un problème. *Anne a été la première à résoudre l'exercice de mathématiques.*

respect *nom masculin (n. m.)*
1. Le respect est l'estime que l'on porte à quelqu'un ou à quelque chose. *Nous devons respecter la nature.* **2.** Le respect est le fait de bien se comporter et de suivre certaines règles pour mieux vivre en communauté. *Nous devons respecter nos différences.*

respectable
adjectif masculin ou féminin (adj. m. ou f.)
Une personne respectable est une personne honorable, honnête. *Monsieur Dupont est un homme respectable.*

respecter *verbe (v.)*
1. Respecter, c'est avoir de l'estime envers quelqu'un ou quelque chose. *Cet enfant est mal élevé. Il ne respecte pas ses parents.* **2.** Respecter, c'est suivre certaines règles. *Les enfants doivent respecter le règlement scolaire. Les conducteurs doivent respecter les panneaux routiers.*

respectueux, respectueuse
adjectif masculin, féminin (adj. m., f.)
Une personne respectueuse se comporte poliment avec les autres. *Léa est très respectueuse envers ses grands-parents.*
Les contraires sont : impertinent, insolent.

respiration *nom féminin (n. f.)*
La respiration est le fait de faire entrer de l'air dans les poumons et de l'en faire sortir par le nez ou par la bouche.

respirer *verbe (v.)*
Respirer, c'est faire entrer de l'air dans les poumons pour ensuite le rejeter. *Marion respire par la bouche. Elle a le nez bouché.*

resplendir *verbe (v.)*
Resplendir, c'est briller de façon intense. *Ce diamant est magnifique, il resplendit de tous ses feux !*

resplendissant, resplendissante
adjectif masculin, féminin (adj. m., f.)
1. Ce qui est resplendissant est très brillant, rayonnant, splendide. *Cet été fut resplendissant. La robe d'Anaïs est resplendissante.* **2.** Ce qui est resplendissant exprime de la joie. *Lola a un air resplendissant aujourd'hui.*

responsabilité
nom féminin (n. f.)
La responsabilité est la capacité de prendre des décisions tout seul. *Valentin a beaucoup de responsabilités dans son travail.*

responsable
adjectif masculin ou féminin (adj. m. ou f.)
Être responsable de quelqu'un ou de quelque chose, c'est veiller sur cette personne ou sur cette chose, s'en occuper. *Quand maman part, c'est la nounou qui est responsable du bébé. La maîtresse est responsable de ses élèves.*

responsable *nom masculin ou féminin (n. m. ou f.)*
Être le responsable ou la responsable, c'est être à l'origine de quelque chose ou en être l'auteur. *Ces voyous sont les responsables du vol dans le magasin.*

A B C D E F G H I J K L M N O P Q R S T U V W X Y Z

ressembler *verbe (v.)*

Ressembler, c'est avoir des traits similaires. *Le chien de Julie ressemble à celui de Matthieu.*

ressentir *verbe (v.)*

Ressentir, c'est éprouver une sensation ou un sentiment. *Youssef ressent de la tristesse parce que sa mère l'a réprimandé.*

ressort *nom masculin (n. m.)*

Un ressort est un fil de métal élastique, en forme de spirale, qui se tend et se détend plus ou moins souplement en reprenant sa forme initiale. *Le sommier de mon lit est fait de ressorts.*

à savoir

Les ressorts se trouvent à l'intérieur de nombreux objets. Ils peuvent servir à amortir un choc ou à produire un mouvement.

ressources *nom féminin pluriel (n. f. pl.)*

1. Les ressources, c'est l'argent ou les moyens dont une personne dispose. *Marie demande de l'aide à ses voisins parce qu'elle n'a pas de ressources.* **2.** Les ressources c'est l'ensemble d'éléments naturels ou matériels dont une région ou un pays dispose. *Certains pays possèdent de vastes ressources minières.*

restaurant *nom masculin (n. m.)*

Un restaurant est un lieu où l'on peut commander et manger de la nourriture contre paiement. *Ce soir, nous ne mangeons pas à la maison, papa et maman nous emmènent au restaurant.*

reste *nom masculin (n. m.)*

Le reste est une quantité toujours présente après soustraction d'une partie de quelque chose. *Marine a pris un morceau de gâteau et Richard a mangé le reste.* ► Les restes : c'est la quantité de nourriture n'ayant pas été consommée. *Nous avons mangé au déjeuner les restes du repas d'hier soir.*

rester *verbe (v.)*

1. Rester, c'est continuer d'être quelque part. *Zoé reste à la maison l'après-midi.* **2.** Rester, c'est être présent. *Tu resteras toujours dans ma mémoire.* **3.** Rester, c'est ne pas changer de position ni d'allure. *Les passagers sont restés assis pendant tout le voyage.*

résultat *nom masculin (n. m.)*

1. Le résultat d'un examen est la note obtenue. *Amina a eu de bons résultats à ses examens.* **2.** Le résultat d'une compétition est la place ou le score obtenu. *Quel a été le résultat du match de tennis ?* **3.** Le résultat d'une opération mathématique est sa solution. *Luna a été la première à trouver le résultat de la soustraction.*

résumé *nom masculin (n. m.)*
Un résumé est une courte présentation d'un texte, d'une œuvre ou d'un film. *Rama fait un résumé du film qu'elle a vu à la télévision.*

résumer *verbe (v.)*
Résumer, c'est présenter les idées les plus importantes d'un texte, d'une œuvre ou d'un film. *Élise résume toute l'histoire en quelques lignes.*

se rétablir *verbe (v.)*
Se rétablir, c'est aller mieux après avoir été malade ou après avoir subi une opération. *Marion s'est rétablie après avoir souffert d'un gros rhume.*

retard *nom masculin (n. m.)*
Être en retard, c'est ne pas arriver à l'heure prévue. *À cause des embouteillages, Suong est en retard d'une heure.*

retarder *verbe (v.)*
1. Retarder quelqu'un, c'est l'empêcher d'arriver à l'heure prévue. *Un accident sur la route nous a retardés.* **2.** Retarder, c'est reporter à plus tard. *Le départ du train a été retardé d'une heure.*
3. Lorsqu'une montre retarde, elle indique une heure déjà passée. *La montre de Zohra retarde de quinze minutes.*

retenir *verbe (v.)*
1. Retenir, c'est empêcher que quelque chose ou quelqu'un tombe, bouge ou s'en aille. *Maman retient mon petit frère par la main.*
2. Retenir, c'est se souvenir. *Amina a retenu l'adresse et le téléphone de son oncle.* **3.** Retenir, c'est faire une retenue d'un chiffre dans une opération.

se retenir *verbe (v.)*
Se retenir, c'est s'empêcher de faire quelque chose. *Sarah n'a pas pu se retenir de manger le dessert.*

retenue *nom féminin (n. f.)*
Une retenue est un chiffre réservé qui est ensuite ajouté à la colonne suivante dans une opération. *Armelle ne comprend pas très bien les additions avec retenue.*

retirer *verbe (v.)*
Retirer, c'est enlever quelque chose. *Anne retire son foulard parce qu'elle a chaud.*

retour *nom masculin (n. m.)*
1. Le retour est le fait de revenir à l'endroit d'où l'on était parti. *Loan me prêtera de l'argent à son retour.*
2. Le retour est le trajet parcouru pour revenir là d'où l'on était parti.
Le contraire est : aller.

retourner *verbe (v.)*

1. Retourner, c'est revenir là où l'on était précédemment. *Alexis retourne à la maison le week-end.*
Le synonyme est : rentrer.
2. Retourner, c'est aller une nouvelle fois quelque part. *Charline est retournée en Espagne pendant les vacances.* **3.** Retourner, c'est mettre quelque chose à l'envers. *Antoine retourne la crêpe dans la poêle.*

se retourner *verbe (v.)*

Se retourner, c'est faire un mouvement pour regarder derrière soi. *Aziz s'est retourné parce que quelqu'un l'a appelé.*

retraite *nom féminin (n. f.)*

La retraite est la situation d'une personne qui cesse de travailler après l'avoir fait pendant un certain nombre d'années. *Mon oncle va bientôt prendre sa retraite.*

rétrécir *verbe (v.)*

Rétrécir, c'est devenir plus étroit, plus petit. *Ma robe a rétréci. Je ne peux plus la porter.*

retrousser *verbe (v.)*

Retrousser, c'est replier ou retourner un vêtement sur lui-même. *Marine retrousse les manches de sa chemise pour faire la vaisselle.*

retrouver *verbe (v.)*

1. Retrouver, c'est trouver ce que l'on avait égaré. *Walid a retrouvé son passeport sous la table.*
2. Retrouver quelqu'un, c'est le rejoindre. *Arthur retrouvera ses amis à la sortie du cinéma.*

se retrouver *verbe (v.)*

Se retrouver, c'est se réunir. *Alexandre et Alexis se sont retrouvés à la plage.*

réunion *nom féminin (n. f.)*

Une réunion est un rassemblement de personnes. *Le patron de l'usine organise une réunion avec ses employés.*

réunir *verbe (v.)*

Réunir, c'est rassembler des choses ou des êtres dans un même endroit. *La maîtresse réunit les élèves dans la cour de récréation.*

se réunir *verbe (v.)*

Se réunir, c'est se retrouver ensemble en un même lieu. *Ma famille se réunit souvent à la fin de l'année.*

réussir *verbe (v.)*

Réussir, c'est obtenir quelque chose avec succès. *Marion a réussi son examen d'anglais.*
Le contraire est : échouer.

réussite *nom féminin (n. f.)*

La réussite est le fait de parvenir à faire quelque chose. *Mes parents sont contents de ma réussite scolaire.*
Le synonyme est : succès.
Le contraire est : échec.

rêve *nom masculin (n. m.)*
1. Un rêve est l'ensemble des images, agréables ou non, souvent incohérentes, que nous voyons en dormant. *Simon ne se souvient pas très bien de son rêve.*
Le synonyme est : songe.
2. Un rêve est une idée, un désir ou un projet que l'on voudrait voir s'accomplir. *Le rêve de Moussa, c'est d'être avocat.*

Remarque : Le premier *e* prend un accent circonflexe.

réveil *nom masculin (n. m.)*
1. Le réveil est le fait de sortir du sommeil. Meddy est très énervé au réveil. **2.** Un réveil est une petite pendule qui sonne pour nous réveiller à une heure fixée précédemment. *Quentin a mis son réveil à sonner à 7 heures du matin.*

réveiller *verbe (v.)*
Réveiller, c'est faire sortir un être du sommeil. *Le chien m'a réveillé pendant la nuit. Il n'a pas cessé d'aboyer.*
se réveiller *verbe (v.)*
Se réveiller, c'est ne plus dormir. *Paul se réveille de bonne heure pour aller travailler.*

réveillon *nom masculin (n. m.)*
Le réveillon est un repas de fête qui a lieu le 24 ou le 31 décembre. *Maman a préparé un chapon aux marrons pour le réveillon de Noël.*

révéler *verbe (v.)*
Révéler, c'est faire connaître ce qui était caché ou secret. *Rémi a révélé ses sentiments à Clémence.*

revenant *nom masculin, féminin (n. m., f.)* Un revenant, une revenante est une personne morte dont l'esprit revient sur terre. *Les revenants de ce film d'horreur ont effrayé les enfants.*
Le synonyme est : fantôme.

Remarque : Les revenants existent seulement dans les histoires.

revenir *verbe (v.)*
1. Revenir, c'est venir une nouvelle fois. *Le plombier reviendra demain matin.* **2.** Revenir, c'est rentrer. *Pierre n'est pas encore revenu du cinéma.*

rêver *verbe (v.)*
1. Rêver, c'est avoir des images qui se présentent à l'esprit lorsque l'on dort. *Héloïse rêve souvent de ses parents.* **2.** Rêver, c'est désirer que quelque chose s'accomplisse. *Zoé rêve d'être danseuse.* **3.** Rêver, c'est laisser aller son imagination. *En regardant par la fenêtre, Djamila rêve de paysages inconnus.*

Remarque : Le premier *e* prend un accent circonflexe.

réviser *verbe (v.)*
Réviser, c'est relire avec soin et application une leçon déjà vue pour bien l'apprendre. *Fatou révise ses cours avant de passer l'examen.*

révision *nom féminin (n. f.)*
La révision est le fait d'étudier une nouvelle fois une leçon pour mieux s'en souvenir. *Les élèves font des révisions intensives avec leur professeur d'anglais.*

revoir *verbe (v.)*
Revoir, c'est voir une nouvelle fois. *Sarah et Solène se sont revues dans le parc.*

revolver *nom masculin (n. m.)*
Un revolver est une arme à feu que l'on tient d'une seule main et qui permet de tirer des balles pour attaquer ou se défendre contre quelqu'un ou quelque chose. *Le bandit a tiré trois balles avec son revolver.*

revue *nom féminin (n. f.)*
Une revue est un journal épais avec des illustrations, qui paraît régulièrement. *Il y a quelques recettes dans les dernières pages de la revue.*
Le synonyme est : magazine.

rez-de-chaussée
nom masculin (n. m.)
Le rez-de-chaussée est la partie d'une habitation ou d'un local qui se trouve au niveau du sol de la rue. *Nous habitons au rez-de-chaussée de cet immeuble.*

Remarque : Ce mot s'écrit de la même façon au pluriel : des rez-de-chaussée.

rhinocéros *nom masculin (n. m.)*
Un rhinocéros est un grand mammifère au corps massif, à peau épaisse et résistante, qui possède un museau avec une ou deux cornes et qui se nourrit de végétaux. *Le rhinocéros noir et le rhinocéros blanc vivent en Afrique.*

Remarque : Ce mot se termine par un *s* que l'on prononce.

à savoir

Les rhinocéros vivent dans la savane et les régions marécageuses d'Asie et d'Afrique. Le rhinocéros d'Afrique possède deux cornes sur le nez. Celui d'Asie n'en a qu'une seule.

rhume *nom masculin (n. m.)*
Un rhume est une maladie contagieuse de courte durée qui provoque des éternuements et fait couler le nez. *Maman m'a donné un remède, mais ce n'est pas facile de soigner un rhume.*

riche
adjectif masculin ou féminin (adj. m. ou f.)
Une personne riche est une personne qui possède beaucoup d'argent et de nombreux biens. *Camélia est riche parce qu'elle a gagné au Loto.*
Le synonyme est : aisé.
Le contraire est : pauvre.

ride *nom féminin (n. f.)*
Une ride est un pli qui se forme sur la peau lorsque l'on vieillit. *Cassandra a acheté une crème antirides.*

ridé, ridée
adjectif masculin, féminin (adj. m., f.)
Ce qui est ridé est couvert de rides. *Les mains de mon arrière-grand-mère sont complètement ridées et couvertes de taches de vieillesse.*

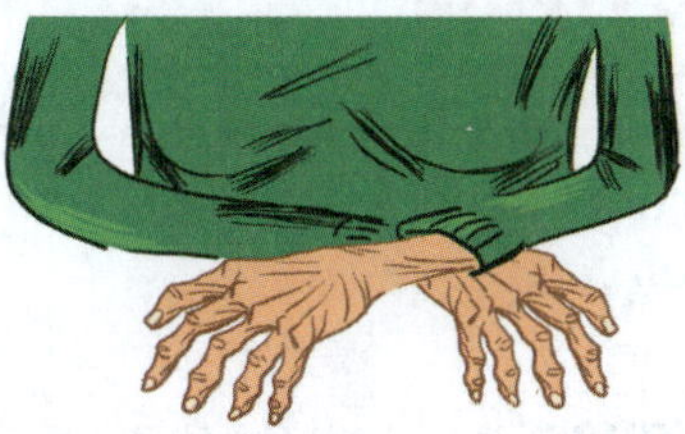

rideau *nom masculin (n. m.)*
Un rideau est un morceau de tissu que l'on suspend devant une fenêtre. *Alexandra a mis un rideau transparent dans le salon.*

Remarque : Le pluriel de *rideau* est : des rideaux : *Ferme les rideaux de ta chambre !*

ridicule
adjectif masculin ou féminin (adj. m. ou f.)
Ce qui est ridicule donne envie de rire, de se moquer. *Les chaussures de Renata sont vraiment ridicules.*

rien *pronom indéfini (pron. ind.)*
Rien est l'absence de toute chose. *Ahmed n'a rien à manger chez lui.*

rieur, rieuse
adjectif masculin, féminin (adj. m., f.)
Une personne rieuse est une personne qui est souvent de bonne humeur et qui rit facilement. *Les enfants de ma classe sont très rieurs.*
Les synonymes sont : gai, joyeux, souriant.

rigoler *verbe (v.)*
Rigoler, c'est s'amuser. *Nous avons bien rigolé avec les pitreries de Pierre.*

rigolo, rigolote
adjectif masculin, féminin (adj. m., f.)
Ce qui est rigolo est drôle, amusant. *Les blagues de Jean sont très rigolotes.*

rime *nom féminin (n. f.)*
Une rime est un son qui se répète à la fin de plusieurs vers dans un poème, afin de le rendre plus agréable à l'oreille.

rincer *verbe (v.)*
Rincer, c'est passer une chose à l'eau pour la nettoyer ou pour enlever le savon qui la recouvre. *Maman rince la vaisselle.*

1. rire *verbe (v.)*
Rire, c'est exprimer la joie par un mouvement de la bouche et par des sons plus ou moins bruyants. *Les singeries de Simon font rire toute la classe.*
Le contraire est : pleurer.

2. rire *nom masculin (n. m.)*
Le rire est le mouvement de la bouche accompagné de sons que l'on fait quand on est content. *Cyrille et David ont eu un fou rire en regardant la télévision.*

risque *nom masculin (n. m.)*
Un risque est la possibilité de rencontrer un danger. *Ne prends pas de risques en rentrant si tard à la maison.*

risqué, risquée
adjectif masculin, féminin (adj. m., f.)
Ce qui est risqué est dangereux. *Ne nourris pas les animaux du zoo. C'est risqué.*

risquer *verbe (v.)*
Risquer quelque chose, c'est exposer cette chose à un danger. *Matthieu a risqué sa vie pour sauver Valentin de la noyade.*

rivage *nom masculin (n. m.)*
Le rivage est le bord de la mer. *Le bateau s'éloigne du rivage.*

coin lecture

« " Là, nous nous
attendrons ; le rivage
est tout près,
Une barque est au bord ;
les rameurs, le vent même. " »
Les Filles de Minée.

rival, rivale
nom masculin, féminin (n. m., f.)
Un rival, une rivale est un adversaire ou un concurrent. *Jonathan a battu son rival.*

Remarque : Le pluriel de *rival* est : des rivaux. Le pluriel de *rivale* est : des rivales.

rivalité *nom féminin (n. f.)*
La rivalité est la concurrence entre des individus. *Il y a beaucoup de rivalité entre ces collègues de travail.*

rive *nom féminin (n. f.)*
La rive est le bord d'une étendue d'eau douce. *Les canards se reposent sur la rive du lac.*

rivière *nom féminin (n. f.)*
Une rivière est un cours d'eau qui se jette dans un autre cours d'eau.

riz *nom masculin (n. m.)*
Le riz est une céréale cultivée dans les pays chauds et humides, dont les grains sont souvent blancs. *Maman a préparé du riz au lait.*

robe *nom féminin (n. f.)*
Une robe est un vêtement de femme fabriqué d'une seule pièce, avec ou sans manches. *Les filles portent souvent des robes en été.*

robinet *nom masculin (n. m.)*
Le robinet est un dispositif permettant de faire couler l'eau. *Tous les éviers et lavabos sont équipés d' un robinet.*

robot *nom masculin (n. m.)*
Un robot est une machine commandée par un ordinateur, qui est capable de réaliser certaines tâches à la place de l'homme. *Dans ce film de science-fiction, les robots contrôlaient le monde.*

robuste
adjectif masculin ou féminin (adj. m. ou f.)
Un être robuste est fort, résistant, vigoureux. *Pierre tombe rarement malade. Il est très robuste.*

roc *nom masculin (n. m.)*
Un roc est une masse de pierre très dure. *Antonin est très robuste, on dit qu'il est solide comme un roc.*

Remarque : Ne pas confondre *roc* avec le *rock* : *Julie aime la musique rock.*

roche *nom féminin (n. f.)*
Une roche est un bloc de matière minérale. *Maman possède un bracelet en cristal de roche.*

rocher *nom masculin (n. m.)*
Un rocher est un gros bloc de pierre. *Les randonneurs escaladent les rochers.*

rocheux, rocheuse
adjectif masculin, féminin (adj. m., f.)
Ce qui est rocheux est formé de rochers. *Certaines plages près de la Méditerranée sont rocheuses.*

roi *nom masculin (n. m.)*
Un roi est un homme qui gouverne un royaume. *Le roi est assis sur son trône.*

coin lecture

« Comme un roi
fit venir un berger à
sa cour. [...] Ce roi vit un troupeau
qui couvrait tous les champs,
Bien broutant, en bon corps,
rapportant tous les ans,
Grâce aux soins du berger, de très
notables sommes. »
Le Berger et le Roi.
Jean de La Fontaine.

A B C D E F G H I J K L M N O P Q R S T U V W X Y Z

roller *nom masculin (n. m.)*
Un roller est un patin dont les roulettes sont alignées. *Valentin fait du roller après l'école.*

roman *nom masculin (n. m.)*
Un roman est un récit écrit qui raconte une histoire imaginée par son auteur. *Jean adore les romans de science-fiction.*

rompre *verbe (v.)*
1. Rompre, c'est briser ou couper. *La corde s'est rompue : Nicolas a tiré trop fort !*
Les synonymes sont : casser, briser.
2. Rompre, c'est mettre fin à quelque chose. *Marion et Arthur ont rompu. Ils ne vivent plus ensemble.*

ronce *nom féminin (n. f.)*
Une ronce est un arbuste à longues tiges épineuses dont le fruit est la mûre. *Il y a plein de ronces dans les bois.*

coin lecture
« Elle montait tout inquiète entre deux grandes masses de roches ; les épines et les ronces piquaient ses pieds, la pluie battait son visage et le vent agitait ses longs cheveux. »
L'Ondine de l'étang.
Les frères Grimm.

rond, ronde
adjectif masculin, féminin (adj. m., f.)
Ce qui est rond a la forme d'une boule ou d'un cercle. *Les oranges sont rondes.*
rond *nom masculin (n. m.)*
Un rond est une figure ou un dessin en forme de cercle. *Marie dessine des ronds sur son cahier.*

ronde *nom féminin (n. f.)*
Une ronde est une danse où plusieurs personnes forment un cercle et tournent en rond en se tenant par la main. *Les enfants font des rondes pendant la récréation.*

rondelle *nom féminin (n. f.)*
Une rondelle est une tranche fine et ronde. *Maman coupe le saucisson en rondelles.*

rond-point *nom masculin (n. m.)*
Un rond-point est une place en forme de cercle d'où partent plusieurs routes ou rues. *En voiture maman ralentit toujours à l'approche d'un rond-point.*

Remarque : Le pluriel de *rond-point* est : des ronds-points.

ronflement *nom masculin (n. m.)*
Un ronflement est une respiration bruyante que l'on peut avoir pendant que l'on dort. *Marion ne supporte pas les ronflements de son frère.*

ronfler *verbe (v.)*
Ronfler, c'est avoir une respiration bruyante pendant son sommeil. *Marie a ronflé hier à cause de son rhume.*

ronger *verbe (v.)*
Ronger, c'est manger quelque chose que l'on coupe en petits morceaux avec les dents. *Les écureuils rongent des noisettes.*

rongeur *nom masculin (n. m.)*
Un rongeur est un petit mammifère qui ronge ses aliments grâce à ses dents de devant, plates et tranchantes. *Les lapins, les écureuils, les souris ou les castors sont des rongeurs.*

à savoir

Il y a environ 1 700 espèces de rongeurs.

ronronner *verbe (v.)*
Lorsque le chat ronronne, il produit des petits bruits légers pour montrer qu'il est content. *Mon chat ronronne à chaque fois que quelqu'un arrive à la maison.*

roquefort *nom masculin (n. m.)*
Le roquefort est un fromage au goût très fort, fabriqué avec du lait de brebis et dont la pâte contient des moisissures.

1. rose *nom féminin (n. f.)*
Une rose est une fleur souvent parfumée à longue tige épineuse qui pousse sur le rosier. *Marie a acheté un bouquet de roses chez le fleuriste.*

à savoir
La rose est la fleur la plus répandue dans le monde. Il en existe plusieurs variétés parmi lesquelles figurent les roses rouges, jaunes ou roses.

2. rose
adjectif masculin ou féminin (adj. m. ou f.)
La couleur rose est la couleur qui tire entre le rouge et le blanc. *Marine a un crayon rose fluo dans sa trousse.*

rose *nom masculin (n. m.)*
Le rose est la couleur rose. *Cette petite fille s'habille en rose.*

roseau *nom masculin (n. m.)*
Le roseau est une plante à tige droite et flexible qui pousse au bord de l'eau.

Remarque : Le pluriel de *roseau* est : des roseaux.

rosée *nom féminin (n. f.)*

La rosée est l'humidité qui se dépose sur les plantes et sur le sol, le soir ou le matin. Elle se manifeste par la formation de fines gouttes d'eau.

rossignol *nom masculin (n. m.)*

Un rossignol est un petit oiseau au plumage brun clair qui chante mélodieusement. *Anaïs aime écouter le chant des rossignols.*

coin lecture

« Le rossignol chanta si magnifiquement, que l'empereur en eut les larmes aux yeux. Les larmes lui coulèrent sur les joues et le rossignol chanta encore plus merveilleusement. »
Le Rossignol et l'Empereur.
Andersen.

rôti *nom masculin (n. m.)*

Un rôti est un morceau de viande que l'on fait cuire à feu vif. *Maman a acheté un rôti de veau.*

Remarque : Le *o* prend un accent circonflexe.

rôtir *verbe (v.)*

Rôtir, c'est faire cuire une viande à feu vif. *Le boucher fait rôtir les poulets à la rôtisserie.*

Remarque : Le *o* prend un accent circonflexe.

roue *nom féminin (n. f.)*

Une roue est un cercle qui tourne sur un axe situé dans la partie inférieure d'un véhicule et qui lui permet de rouler. *Les voitures ont quatre roues.*
► La grande roue : c'est une attraction de fête foraine.
► Un paon fait la roue lorsqu'il déploie les plumes de sa queue en éventail.

rouge

adjectif masculin ou féminin (adj. m. ou f.)
La couleur rouge est la couleur du sang. *Les coquelicots sont des fleurs rouges.*

rouge *nom masculin (n. m.)*
1. Le rouge est la couleur rouge. *Camille s'habille en rouge.* **2.** Un rouge à lèvres est un produit qui sert à maquiller la bouche. *Armelle met du rouge à lèvres pour se sentir plus belle.*

rouge-gorge
nom masculin (n. m.)
Un rouge-gorge est un petit oiseau au plumage brun dont la gorge et la poitrine sont tachetées de rouge.

Remarque : Le pluriel de *rouge-gorge* est : des rouges-gorges.

rougeole *nom féminin (n. f.)*
La rougeole est une maladie contagieuse qui produit de petites taches rouges sur la peau. *Les enfants doivent se faire vacciner contre la rougeole.*

rougir *verbe (v.)*
Rougir, c'est devenir rouge à cause de la chaleur ou d'une émotion. *Audrey rougit, car le soleil tape très fort. Thomas rougit quand ses amis lui posent des questions indiscrètes.*

rouille *nom féminin (n. f.)*
La rouille est une matière brun-rouge qui se forme sur le fer lorsqu'il est exposé à l'humidité.

rouiller *verbe (v.)*
Rouiller, c'est produire de la rouille. *Le portail du jardin a rouillé à cause de la pluie.*

roulant, roulante
adjectif masculin, féminin (adj. m., f.)
1. Un objet roulant est équipé de roues. *Certaines personnes handicapées se déplacent en fauteuil roulant.* **2.** Un objet roulant se déplace sur des rouleaux ou grâce à un autre système et permet de transporter des choses ou des personnes. *Il y a des tapis roulants devant les caisses des supermarchés. Il y a des escaliers roulants dans les stations de métro.*

rouleau *nom masculin (n. m.)*
1. Un rouleau est un objet en forme de cylindre. *Maman étale la pâte à tarte à l'aide du rouleau à pâtisserie.* **2.** Un rouleau est une bande de papier enroulée sur elle-même. *La commerçante a mis un rouleau de papier pour faire fonctionner sa caisse.*

Remarque : Le pluriel de rouleau est : des rouleaux.

rouler *verbe (v.)*
1. Rouler, c'est se déplacer à l'aide de roues. *Les voitures roulent très vite sur l'autoroute.* **2.** Rouler, c'est se déplacer en tournant sur soi-même. *Le ballon roule sur la pelouse.* **3.** Rouler, c'est mettre quelque chose en forme de rouleau. *Marie roule ses posters.*

se rouler *verbe (v.)*
Se rouler, c'est tourner sur soi-même. *Les enfants se roulent dans l'herbe.*

A B C D E F G H I J K L M N O P Q R S T U V W X Y Z

roulette *nom féminin (n. f.)*
Une roulette est une petite roue. *La table du salon a des roulettes.*

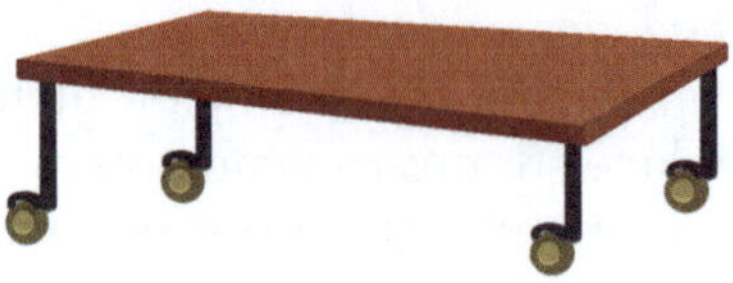

rousseur *nom féminin (n. f.)*
Une tache de rousseur est une tache de couleur rousse qui se forme sur la peau. *Lisa a des taches de rousseur.*

route *nom féminin (n. f.)*
Une route est une voie de communication où circulent les voitures.

routine *nom féminin (n. f.)*
La routine est la façon répétitive ou régulière d'agir. *Pour rompre la routine, Candice a décidé de partir en vacances.*

rouvrir *verbe (v.)*
Rouvrir, c'est ouvrir une nouvelle fois. *Rouvre la fenêtre !*

roux, rousse
adjectif masculin, féminin (adj. m., f.)
1. Le roux est une couleur qui tire entre l'orangé et le brun. *Les feuilles des arbres deviennent rousses en automne.* **2.** Une personne rousse a les cheveux de couleur rousse. *Baptiste est surnommé « Poil de carotte » parce qu'il est roux.*

royal, royale
adjectif masculin, féminin (adj. m., f.)
Ce qui est royal se rapporte au roi. *La famille royale habite dans un immense château.*

royaume *nom masculin (n. m.)*
Un royaume est un pays dirigé par un roi ou une reine.

ruban *nom masculin (n. m.)*
Un ruban est une bande de tissu fine et étroite qui sert à attacher ou à orner quelque chose. *Héloïse a attaché ses cheveux avec un ruban rouge.*

rubis *nom masculin (n. m.)*
Un rubis est une pierre de couleur rouge, de grande valeur. *Antoine a offert à Pauline une bague avec un rubis.*

ruche *nom féminin (n. f.)*
Une ruche est un refuge construit par l'homme pour élever les abeilles. *L'apiculteur a construit une ruche en bois.*

rude *adjectif masculin ou féminin (adj. m. ou f.)* Ce qui est rude est dur, pénible. *Le climat dans les montagnes est rude en hiver.*

rue *nom féminin (n. f.)*
Une rue est une voie de communication qui se trouve dans une ville ou dans un village, au bord de laquelle il y a des maisons. *Géraldine habite 236, rue de la République.*

ruelle *nom féminin (n. f.)*
Une ruelle est une petite rue très étroite. *Nous nous sommes promenés dans les ruelles du centre-ville.*

ruer *verbe (v.)*
Un cheval ou un âne rue lorsqu'il lance violemment ses pattes de derrière en l'air.
se ruer *verbe (v.)*
Se ruer, c'est se précipiter quelque part. *Les gens se sont rués vers la sortie du métro.*

rugby *nom masculin (n. m.)*
Le rugby est un sport d'équipe joué avec les mains et les pieds et qui consiste à envoyer un ballon ovale dans les buts de l'équipe adverse. *Le rugbyman s'est emparé du ballon et court marquer les premiers points du match.*

rugbyman *nom masculin (n. m.)*
Un rugbyman est un joueur de rugby. *Le rugbyman s'est blessé à la jambe.*

rugir *verbe (v.)*
Rugir, c'est l'action de pousser un cri pour un fauve. *Les lions et les panthères rugissent.*

rugueux, rugueuse
adjectif masculin, féminin (adj. m., f.)
Ce qui est rugueux est couvert d'aspérités. *La lime à ongles est rugueuse.*
Le contraire est : lisse.

ruine *nom féminin (n. f.)*
La ruine est la perte de l'argent et des biens. *Bastien n'a plus d'argent. Pour lui, c'est la ruine.*
ruines *nom féminin pluriel (n. f. pl.)*
Des ruines sont des restes d'une construction détruite volontairement ou au fil du temps. *Aziz a visité les ruines d'un château médiéval.*
► Tomber en ruine : c'est s'effondrer lentement. *Ces vieux immeubles tombent en ruine.*

ruiné, ruinée
adjectif masculin, féminin (adj. m., f.)
Une personne ruinée est une personne qui a perdu toute sa fortune. *Théo est ruiné. Il a tout perdu au casino.*

se ruiner *verbe (v.)*
Se ruiner, c'est tout perdre.

ruisseau *nom masculin (n. m.)*
Un ruisseau est un petit cours d'eau peu profond.

Remarque : Le pluriel de *ruisseau* est : des ruisseaux.

coin lecture

« Le long d'un clair ruisseau buvait une colombe,
Quand sur l'eau se penchant une fourmi y tombe ; Et dans cet océan l'on eût vu la fourmi
S'efforcer, mais en vain, de regagner la rive. »
La Colombe et la Fourmi.
Jean de La Fontaine.

rumeur *nom féminin (n. f.)*
Une rumeur est une information vraie ou fausse qui se répand par le bouche-à-oreille. *Selon la rumeur, Sébastien vient d'être licencié.*

ruminer *verbe (v.)*
En parlant de certains animaux, ruminer est mâcher une nouvelle fois les aliments déjà avalés qui remontent de l'estomac vers la bouche. *La girafe rumine les feuilles de l'arbre.*

rupture *nom féminin (n. f.)*
1. La rupture est le fait de se rompre. *La rupture de la corde a été provoquée par l'humidité.* **2.** Une rupture est le fait de mettre fin à quelque chose. *Jean a mal supporté la rupture avec son ex-fiancée.*

ruse *nom féminin (n. f.)*
Une ruse est une action réalisée afin de tromper quelqu'un et de l'induire en erreur. *Bastien a gagné aux échecs par la ruse.*
Le synonyme est : stratagème.

rusé, rusée
adjectif masculin, féminin (adj. m., f.)
Être rusé, c'est tromper les autres pour obtenir ce que l'on veut. *Les joueurs de cette équipe sont très rusés.*

rythme *nom masculin (n. m.)*
1. Le rythme est le mouvement rapide ou lent d'une musique. *Le rap a un rythme très rapide.* **2.** Le rythme est la vitesse à laquelle on réalise une activité. *Le rythme de vie dans les grandes villes est très intense.*

sable *nom masculin (n. m.)*
Le sable est une multitude de petits grains formés par la désagrégation des roches et des coquillages. *La plage et le désert sont constitués de sable.*

sabot *nom masculin (n. m.)*
1. Un sabot est une chaussure faite d'un morceau de bois creusé. *Certains mettent un sabot à l'entrée de la maison. Pour eux, les sabots portent bonheur.*
2. Le sabot est la corne qui recouvre le bout des pattes de certains mammifères. *Les vaches, les chevaux, les moutons et les bœufs ont des sabots.*

sac *nom masculin (n. m.)*
Un sac est un objet s'ouvrant par le haut, fait en matière souple et permettant de garder ou de transporter des choses. *Maman prend son sac à main pour aller travailler. Valentin prend son sac à dos pour aller à l'école.*

sachet *nom masculin (n. m.)*
Un sachet est un petit sac. *Maman m'a demandé d'aller chercher un sachet de thé dans le placard de la cuisine.*

sacrifice *nom masculin (n. m.)*
Un sacrifice est ce que l'on fait lorsqu'on se prive volontairement de quelque chose que l'on aimerait bien avoir. *Maman a fait des sacrifices pour pouvoir acheter la maison.*

sacrifier *verbe (v.)*
Sacrifier, c'est se priver de quelque chose que l'on aime bien pour quelque chose de plus utile. *Simon a sacrifié toutes ses économies pour s'acheter une voiture.*

safari *nom masculin (n. m.)*
Un safari est une expédition de chasse en Afrique noire. *Pierre a fait un safari au Kenya cet été.*

safari-photo *nom masculin (n. m.)*
Un safari-photo est un voyage effectué dans une réserve naturelle afin de photographier les animaux. *Au cours d'un safari-photo en Afrique, Marie a pu voir des zèbres et des lions.*

Remarque : Le pluriel de *safari-photo* est : des safaris-photos.

sage
adjectif masculin ou féminin (adj. m. ou f.)
1. Une personne sage est une personne calme et obéissante. *Anne est très sage, elle reste assise sans bavarder pendant les cours.*
Le contraire est : turbulent.
2. Ce qui est sage est raisonnable. *Avec cette tempête de neige, il serait plus sage de ne pas sortir la voiture.*
Le synonyme est : prudent.

sagement *adverbe (adv.)*
Sagement veut dire : calmement, prudemment. *Anaïs écoute sagement les conseils de ses parents.*

sagesse *nom féminin (n. f.)*
1. La sagesse est le comportement tranquille ou calme d'une personne.
2. La sagesse est la qualité d'une personne qui réfléchit avant d'agir. *Bintou a eu la sagesse de dire toute la vérité à sa maîtresse.*
Le synonyme est : prudence.

saigner *verbe (v.)*
Saigner, c'est perdre du sang. *Leïla saigne du nez.*

sain, saine
adjectif masculin, féminin (adj. m., f.)
1. Ce qui est sain est bon pour la santé. *L'air de la campagne est sain.*
2. Ce qui est sain est en bonne santé. *Le dentiste m'a rassuré, j'ai une denture très saine.* ► Être sain et sauf : c'est ne pas avoir été blessé au cours d'un accident. *Tous les passagers sont sortis sains et saufs de la voiture accidentée.*

Remarque : Ne pas confondre *sain* avec un *sein* ou avec un *saint*.

saisir *verbe (v.)*
Saisir, c'est attraper quelque chose ou quelqu'un avec sa main. *Léa a réussi à saisir les feuilles de son classeur avant qu'elles ne s'envolent au vent.*

saison *nom féminin (n. f.)*
Une saison est une période de l'année qui se caractérise par une végétation et un climat particuliers. L'été est ma saison préférée.

à savoir

Dans l'année, il y a quatre saisons : le printemps, l'été, l'automne et l'hiver.

coin lecture

« Chaque saison apportait son tribut ; Car au printemps, il jouissait encore Des plus beaux dons que nous présente Flore. » *L'Écolier, le Pédant et le Maître d'un jardin.* Jean de La Fontaine.

salade *nom féminin (n. f.)*
1. Une salade est un légume que l'on mange cru. *La batavia est une salade.* **2.** Une salade est un mélange de légumes crus ou cuits ou d'autres aliments assaisonnés à la vinaigrette. *Maman a fait une salade de carottes râpées.* ▶ Une salade de fruits : c'est un mélange de morceaux de fruits. *Coralie commande une salade de fruits pour le dessert.*

saladier *nom masculin (n. m.)*
Un saladier est un récipient où l'on sert la salade. *Voici le saladier, servez-vous.*

salaire *nom masculin (n. m.)*
Un salaire est une somme d'argent perçue par celui qui travaille. *Suong touche son salaire à la fin du mois.*

sale
adjectif masculin ou féminin (adj. m. ou f.)
Ce qui est sale n'est pas entretenu. *Les vitres sont sales, il faut les nettoyer.*

Remarque : Ne pas confondre *sale* avec une *salle.*

salé, salée
adjectif masculin, féminin (adj. m., f.)
Ce qui est salé contient du sel. *La mer est salée.*

salement *adverbe (adv.)*
Salement veut dire : de façon sale. *Cet enfant mange salement, il est mal éduqué.*

saler *verbe (v.)*
Saler, c'est mettre du sel sur un aliment. *Kelly aime bien saler ses frites.*

saleté *nom féminin (n. f.)*
1. La saleté est l'état de ce qui est sale. *La saleté des rues m'a surpris.* Le contraire est : propreté.
2. Une saleté est une chose sale. *Charline a laissé plein de saletés sur la table après le repas.*

salir *verbe (v.)*
Salir, c'est rendre sale. *Héloïse est tombée par terre, elle a sali ses vêtements.* Les synonymes sont : souiller, tacher.

salissant, salissante
adjectif masculin, féminin (adj. m., f.)
1. Ce qui est salissant salit. *Le travail dans la ferme est salissant.* **2.** Ce qui est salissant se salit facilement. *Ta chemise rose est très salissante.*

salive *nom féminin (n. f.)*
La salive est le liquide qui est produit par la bouche et qui aide à digérer les aliments. *Un filet de salive coule de la gueule du chien.*

salle *nom féminin (n. f.)*
1. Une salle est une pièce d'un logement. *La salle de bains est occupée.* **2.** Une salle est un local qui permet d'accueillir plusieurs personnes. *La salle de cinéma est vide.*

Remarque : Ne pas confondre *salle* avec *sale*.

salon *nom masculin (n. m.)*
1. Le salon est la pièce d'un logement où l'on reçoit les invités. *Nous devons acheter quelques meubles pour le salon.* **2.** Un salon est le local de certains commerces. *Maman va au salon de coiffure pour faire couper ses cheveux.*

salopette *nom féminin (n. f.)*
Une salopette est un vêtement composé d'un pantalon et d'un haut à bretelles. *Pour faire du jardinage, Anne enfile une salopette.*

saluer *verbe (v.)*
Saluer quelqu'un, c'est lui dire bonjour. *Ils se sont salués de la main.*

salut *nom masculin (n. m.)*
Un salut est soit un geste de la main ou de la tête, soit une parole pour dire bonjour ou au revoir. *Zohra m'a fait un salut de la tête.*

samedi *nom masculin (n. m.)*
Le samedi est le sixième jour de la semaine. *Le samedi matin, Héloïse fait du footing.*

sandale *nom féminin (n. f.)*
Une sandale est une chaussure faite d'une semelle retenue au pied par des lanières. *Marie met ses sandales pour aller à la plage.*

sandwich *nom masculin (n. m.)*
Un sandwich est composé de deux tranches de pain entre lesquelles sont glissés des aliments variés. *Dans mon sandwich, il y a des crudités et du thon.*

Remarque : Le pluriel de *sandwich* est : des sandwiches ou des sandwichs.

sang *nom masculin (n. m.)*
Le sang est le liquide rouge qui circule dans le corps. Anne s'est coupée, elle a du sang qui coule le long du bras.

Remarque : Ne pas confondre sang avec *cent* ni avec *sans*.

sang-froid *nom masculin (n. m.)*
Le sang-froid est le calme que l'on conserve en contrôlant ses émotions. *Lors d'un accident, il faut garder son sang-froid.*

sanglier *nom masculin (n. m.)*
Un sanglier est un porc sauvage à la peau épaisse, avec des poils très durs, qui vit dans la forêt. *Le sanglier grommelle.*

à savoir
La femelle du sanglier s'appelle la « laie » et son petit s'appelle le « marcassin ».

sanglot *nom masculin (n. m.)*
Un sanglot est le bruit produit par la respiration quand on pleure très fort. *Hugo a éclaté en sanglots parce que sa mère l'a puni.*

sangloter *verbe (v.)*
Sangloter, c'est pleurer bruyamment. *Clément n'arrête pas de sangloter, il est vraiment triste.*

sans *préposition (prép.)*
Sans veut dire : en l'absence de quelque chose ou de quelqu'un. *Cette boisson est sans alcool.*
Le contraire est : avec.

Remarque : Ne pas confondre *sans* avec le *sang* ni avec *cent*.

sans-abri
nom masculin ou féminin (n. m. ou f.)
Un sans-abri, une sans-abri est une personne qui n'a pas de maison. *Hier, nous avons vu un sans-abri qui dormait sur un banc.*

Remarque : Ce mot s'écrit de la même façon au pluriel : *Les sans-abri dorment dans la rue.*

santé *nom féminin (n. f.)*
La santé est le bon état dans lequel une personne se trouve. *Cet homme est très âgé, mais il est en bonne santé.*

saphir *nom masculin (n. m.)*

Un saphir est une pierre transparente de couleur bleue et de très grande valeur. *Maman a acheté un collier avec un saphir.*

sapin *nom masculin (n. m.)*

Un sapin est un arbre résineux dont les feuilles sont des aiguilles. *Le sapin pousse surtout en montagne.*

à savoir

Les fruits du sapin ont la forme d'un cône. Le sapin peut mesurer jusqu'à 40 mètres.

coin lecture

« [...] des enfants en foule se précipitèrent comme s'ils allaient renverser le sapin, les grandes personnes les suivaient posément. Les enfants s'arrêtaient [...], puis ils se mettaient à pousser des cris de joie [...] et à danser autour de l'arbre. »

Le Sapin.
Andersen.

sarcophage *nom masculin (n. m.)*

Un sarcophage était jadis un cercueil de pierre. *Les momies des pharaons étaient déposées dans des sarcophages.*

sardine *nom féminin (n. f.)*

Une sardine est un petit poisson de mer. Les sardines se déplacent en bancs très serrés. *Maman a acheté une boîte de sardines.*

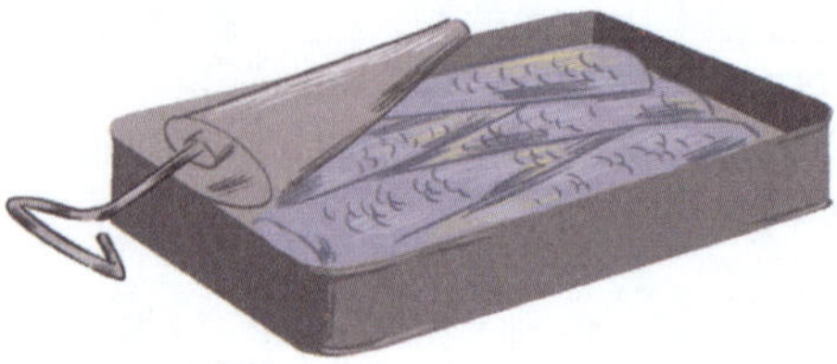

satellite *nom masculin (n. m.)*

1. Un satellite est un astre qui tourne autour d'une planète. *La Lune est le satellite de la Terre.* **2.** Un satellite est un engin lancé dans l'espace et qui tourne autour de la Terre.

satisfaction *nom féminin (n. f.)*

La satisfaction est le sentiment de bonheur que l'on éprouve lorsque tout se déroule comme on l'avait prévu. *Gagner la course a été une énorme satisfaction pour Marie.*

satisfait, satisfaite

adjectif masculin, féminin (adj. m., f.)

Une personne satisfaite est contente d'avoir eu ce qu'elle voulait. *Marine est satisfaite du résultat de la course parce qu'elle est arrivée deuxième.*

sauce *nom féminin (n. f.)*
Une sauce est un liquide épais que l'on prépare pour assaisonner les plats. *Youssef met de la sauce tomate sur ses frites.*

saucisse *nom féminin (n. f.)*
Une saucisse est un produit de charcuterie fait de viande hachée et assaisonnée contenue dans un boyau de porc. *Les merguez sont des saucisses.*

saucisson *nom masculin (n. m.)*
Un saucisson est une grosse saucisse séchée que l'on mange souvent froide. *Mes parents ont mangé quelques tranches de saucisson à l'apéritif.*

sauf, sauve
adjectif masculin, féminin (adj. m., f.)
Ce qui est sauf n'a été ni blessé ni tué. *Maxence est arrivé sain et sauf.*

sauf *préposition (prép.)*
Sauf signifie : à l'exception de. *Tous sont arrivés au sommet de la colline, sauf Killian.*

saumon *nom masculin (n. m.)*
Un saumon est un gros poisson de mer à chair rose qui pond ses œufs dans les rivières ou les fleuves. *Maman a acheté du saumon fumé.*

saut *nom masculin (n. m.)*
Un saut est un mouvement par lequel on s'élève au-dessus du sol pendant un court moment. *Les moineaux se déplacent par petits sauts entre les chaises des terrasses.*

saute-mouton
nom masculin (n. m.)
Le saute-mouton est un jeu où une personne saute par-dessus une autre, qui est penchée en avant. *Les enfants jouent à saute-mouton pendant la récréation.*

sauter *verbe (v.)*
Sauter, c'est s'élever au-dessus du sol pendant un moment très court. *Les grenouilles sautent d'un nénuphar à l'autre avant de plonger dans l'eau.*

coin lecture

« La puce, la sauterelle et l'oie sauteuses voulurent une fois voir laquelle savait sauter le plus haut. Elles invitèrent à cette compétition le monde entier. »
Le Concours de saut.
Andersen.

sauterelle *nom féminin (n. f.)*
Une sauterelle est un petit insecte à longues pattes arrière avec des antennes allongées, qui avance en sautant. *Les sauterelles peuvent être grises, vertes ou jaunes.*

A B C D E F G H I J K L M N O P Q R S T U V W X Y Z

sauvage
adjectif masculin ou féminin (adj. m. ou f.)

1. Un animal sauvage est un animal qui vit librement dans la nature. *Les lions sont des animaux sauvages.*
Les contraires sont : apprivoisé, domestique.
2. Une plante sauvage est une plante qui pousse toute seule sans être cultivée. *Fatou a récolté quelques fruits sauvages dans le bois.*
3. Une personne sauvage est une personne qui n'aime pas parler aux autres et qui préfère rester toute seule. *Cette femme habite une maison éloignée, elle est un peu sauvage.*
Le contraire est : sociable.

sauver *verbe (v.)*
Sauver un être, c'est l'empêcher de mourir ou le protéger d'un danger ou d'une situation désespérée. *Mon chat est tombé à la rivière, mais Emma l'a sauvé en le sortant de l'eau.*

se sauver *verbe (v.)*
Se sauver, c'est s'enfuir. *Les oiseaux se sont sauvés lorsque que je me suis approchée.*

sauvetage *nom masculin (n. m.)*
Le sauvetage est l'action qui permet de sauver un être en danger.

sauveteur *nom masculin (n. m.)*
Un sauveteur est une personne qui sauve quelqu'un d'un danger. *Le sauveteur m'a sauvé de la noyade.*

savane *nom féminin (n. f.)*
Une savane est une vaste prairie avec quelques arbres isolés. *Il y a des lions, des zèbres et des éléphants dans cette savane africaine.*

à savoir
On trouve des savanes en Afrique et en Amérique du Sud.

savant, savante
nom masculin, féminin (n. m., f.)

Une personne savante est une personne très cultivée. *Les maîtresses de l'école sont très savantes.*

savoir *verbe (v.)*
1. Savoir, c'est être informé de quelque chose. *Je ne sais pas si Marion va venir.* **2.** Savoir quelque chose, c'est l'avoir appris. *Nicolas sait sa leçon.* **3.** Savoir, c'est être capable de faire quelque chose. *Luna sait faire des bracelets de perles.*

savon *nom masculin (n. m.)*
Le savon est un produit qui permet de nettoyer ou de se laver. *Nous devons nous laver les mains avec du savon avant chaque repas.*

savonner *verbe (v.)*
Savonner, c'est laver avec du savon. *Léa savonne son corps sous la douche.*

savonnette *nom féminin (n. f.)*
Une savonnette est un petit savon pour la toilette.

scaphandre *nom masculin (n. m.)*
Un scaphandre est un équipement composé d'un vêtement imperméable et d'un casque qui permet de respirer sous l'eau ou dans l'espace.

scaphandrier *nom masculin (n. m.)* Un scaphandrier est une personne qui plonge dans l'eau avec un scaphandre. *Les scaphandriers font de la plongée sous-marine.*

scarabée *nom masculin (n. m.)*
Un scarabée est un insecte au corps massif, noir et brillant, muni d'ailes rigides, qui se nourrit de débris de plantes. *Le hanneton ressemble au scarabée.*

scène *nom féminin (n. f.)*
1. La scène est la partie du théâtre où se déroule le spectacle. *Les acteurs entrent en scène.*
2. Une scène est un événement qui se produit sous nos yeux. *Il y avait deux femmes qui se disputaient, j'ai assisté à la scène.*

schéma *nom masculin (n. m.)*
Un schéma est un dessin qui explique quelque chose. *Il y a un schéma de la métamorphose du papillon dans ce livre.*

scie *nom féminin (n. f.)*
Une scie est un outil muni d'une lame dentée fixée à une poignée qui permet de couper des matières dures. *Papa coupe une planche avec une scie.*

science *nom féminin (n. f.)*
La science est l'ensemble des connaissances humaines. *De nouvelles inventions sont créées chaque jour grâce à la science.*

science-fiction *nom féminin (n. f.)*
Un film, un roman de science-fiction présente des histoires imaginaires qui se déroulent dans le futur. *Dans ce film de science-fiction, les robots gouvernent le monde.*

scientifique *nom masculin ou féminin (n. m. ou f.)*
Un scientifique, une scientifique est une personne très savante qui expérimente, découvre et invente des choses nouvelles. *Des scientifiques ont construit des navettes spatiales.*

scintiller *verbe (v.)*
Scintiller, c'est briller de façon intermittente. *Les étoiles scintillent dans le ciel.*

scolaire
adjectif masculin ou féminin (adj. m. ou f.)
Ce qui est scolaire est relatif à l'école. *La rentrée scolaire a lieu en septembre.*

score *nom masculin (n. m.)*
Un score est le nombre de points obtenus par un joueur ou une équipe lors d'un match.
Le score a été de 3 à 1 en faveur de la France.

scorpion *nom masculin (n. m.)*
Un scorpion est un petit animal des pays chauds qui a une paire de pinces, huit pattes et une queue terminée par un aiguillon venimeux. *La piqûre de scorpion peut être mortelle.*

Scotch *nom masculin (n. m.)*
Le Scotch est un ruban adhésif souvent transparent. *Jean colle la photo sur le cahier avec du Scotch.*

Remarque : Ce mot s'écrit de la même façon au pluriel : Maman a trouvé deux Scotch dans le tiroir. Ce mot s'écrit avec une majuscule, car c'est un nom de marque.

sculpter *verbe (v.)*
Sculpter, c'est tailler une matière dure en lui donnant une certaine forme. *Pierre sculpte sur bois.*

sculpture *nom féminin (n. f.)*
Une sculpture est une forme obtenue en taillant une matière dure comme la pierre, le bois, le marbre ou le métal. *Il y a de nombreuses sculptures dans les musées.*

se *pronom (pron.)*
Se désigne la troisième personne du singulier ou du pluriel. *Émilie se réveille tôt. Cyrille et David se couchent tard le soir.*

Remarque : *Se* devient *s'* devant une voyelle ou un *h* muet : *Hassan s'est endormi parce qu'il était fatigué. Jean ne sait pas comment s'habiller aujourd'hui.* Ne pas confondre *se* avec *ce*.

séance *nom féminin (n. f.)*
Une séance est la projection d'un film au cinéma. *Marine ira à la séance de 17 heures, parce qu'elle ne peut pas avant.*

seau *nom masculin (n. m.)*
Un seau est un récipient à anse, en forme de cylindre, utilisé pour transporter des liquides ou d'autres matières. *Pour nettoyer la voiture, papa a apporté un seau d'eau.*

Remarque : Le pluriel de *seau* est : des seaux. Ne pas confondre *seau* avec un *saut* ou un *sceau*, ni avec un *sot*.

sec, sèche

adjectif masculin, féminin (adj. m., f.)

1. Une chose sèche ne contient pas d'eau. *Le linge est sec.*
Le contraire est : humide.
2. Un climat sec est un climat très ensoleillé avec très peu de pluie. *En Afrique, le climat est souvent sec.*
3. Un aliment sec est un aliment qui a été séché pour être conservé. *Héloïse adore les raisins secs.*

sèche-cheveux *nom masculin (n. m.)*

Un sèche-cheveux est un appareil électrique utilisé pour sécher les cheveux. *Maman a oublié de débrancher le sèche-cheveux.*

Remarque : Ce mot s'écrit de la même façon au pluriel : *Il y a plusieurs sèche-cheveux dans le salon de coiffure.*

sécher *verbe (v.)*

Sécher, c'est rendre ou devenir sec. *Les vêtements ont séché vite sur la terrasse.*

sécheresse *nom féminin (n. f.)*

La sécheresse est l'absence de pluie ou d'eau. *La sécheresse a abîmé toutes les cultures.*

second, seconde

adjectif masculin, féminin (adj. m., f.)

Ce qui est second vient après le premier, ou après le meilleur. *Maman préfère voyager en seconde classe, parce que c'est moins cher que la première classe.*

seconde *nom féminin (n. f.)*

Une seconde est un laps de temps très court. *Il y a 60 secondes dans une minute.*

secouer *verbe (v.)*

Secouer, c'est agiter à plusieurs reprises. *Maman secoue la nappe par la fenêtre pour enlever toute les miettes.*

secourir *verbe (v.)*

Secourir, c'est aider quelqu'un qui est en danger. *Les pompiers ont secouru les victimes de l'accident.*

secours *nom masculin (n. m.)*

Le secours est l'aide apportée à quelqu'un qui est en danger. *Valentin m'a porté secours.* ► Au secours : c'est ce que l'on dit quand on demande de l'aide. *Au secours ! Un homme vient de s'enfuir avec mon porte-monnaie.*

secret *nom masculin (n. m.)*
Un secret est une chose que l'on ne dit pas aux autres. *Baptiste m'a confié un secret et j'ai promis de ne le répéter à personne.*

secrétaire *nom masculin ou féminin (n. m. ou f.)*
Un secrétaire, une secrétaire est une personne dont le métier consiste à classer les dossiers, à écrire les courriers et à répondre au téléphone. *Le patron de cette usine a deux secrétaires.*

secrètement *adverbe (adv.)*
Secrètement veut dire : de façon secrète, en cachette. *Bruno prend secrètement quelques gâteaux.*

section *nom féminin (n. f.)*
Une section est une partie d'un groupe. *Mon frère cadet est dans la section des petits.*

sécurité *nom féminin (n. f.)*
La sécurité est une situation dans laquelle on n'est pas en danger. *Je me sens en sécurité dans ce parc, car il est très bien surveillé.*

sein *nom masculin (n. m.)*
Les seins sont les mamelles d'une femme. *Maman ne donne plus le sein à mon petit frère. Maintenant, il prend le biberon.*

Remarque : Ne pas confondre un *sein* avec un *saint* ni avec *sain.*

séisme *nom masculin (n. m.)*
Un séisme est un tremblement de terre. *Le séisme a détruit quelques maisons.*

séjour *nom masculin (n. m.)*
Un séjour est un temps relativement long que l'on passe dans un endroit. *Pendant son séjour en Australie, Anne a appris à parler l'anglais.*
► La salle de séjour : c'est une pièce qui sert de salon et de salle à manger. *Maman doit acheter quelques meubles pour la salle de séjour.*

sel *nom masculin (n. m.)*
Le sel est une matière blanche contenue dans l'eau de mer et utilisée pour assaisonner et conserver les aliments. *July a mis du sel dans la salière.*

Remarque : Ne pas confondre *sel* avec une *selle.*

selle *nom féminin (n. f.)*

1. Une selle est un morceau de cuir mis sur le dos d'un cheval et qui sert de siège au cavalier. **2.** Une selle est le petit siège en forme de triangle d'une bicyclette ou d'une moto.

Remarque : Ne pas confondre *selle* avec du *sel*.

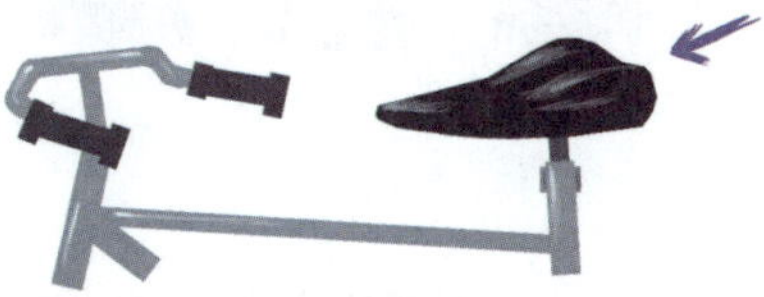

selon *préposition (prép.)*

1. *Selon* veut dire : en fonction de. *Selon le temps, nous ferons un pique-nique ou nous resterons à la maison.* **2.** *Selon* veut dire : d'après quelqu'un. *Selon Pierre, la maîtresse est là.*

semaine *nom féminin (n. f.)*

Une semaine est une période de sept jours qui commence le lundi. *Le dimanche est le jour de la semaine préféré de Luna.*

coin lecture

« Et maintenant nous allons vous dire comment Ole Ferme-l'œil, durant toute une semaine, vint tous les soirs chez un petit garçon qui s'appelait Hjalmar. Cela fait en tout sept histoires puisqu'il y a sept jours dans la semaine. »
Une semaine du petit elfe Ferme-l'œil. Andersen.

semblable

adjectif masculin ou féminin (adj. m. ou f.)

Ce qui est semblable a des traits communs avec quelque chose ou quelqu'un. *Ces deux cartables sont semblables, ils ont la même couleur et la même forme.*

sembler *verbe (v.)*

Sembler, c'est donner l'impression de quelque chose. *Marion semble triste.*

semelle *nom féminin (n. f.)*

Une semelle est le dessous de la chaussure qui est en contact avec le sol. *Les semelles de mes chaussures sont usées.*

semer *verbe (v.)*

Semer, c'est mettre des graines dans la terre pour faire pousser de nouvelles plantes. *Maman sème des graines dans le jardin.*

semoule *nom féminin (n. f.)*

La semoule est une sorte de farine faite de tout petis morceaux de grains de blé dur. *Papa a acheté de la semoule pour faire du couscous.*

A B C D E F G H I J K L M N O P Q R S T U V W X Y Z

1. sens *nom masculin (n. m.)*

1. Le sens est la direction. *Dans quel sens doit-on partir ?*
2. Le sens est le côté utilisé normalement. *Lisa a mis sa robe dans le mauvais sens.*

2. sens *nom masculin (n. m.)*

1. Les sens, c'est ce qui permet à l'homme d'avoir des sensations. *La vue, l'ouïe, l'odorat, le goût et le toucher sont les cinq sens.* **2.** Le sens d'un mot est ce que ce mot veut dire. *Le mot* souris *a plusieurs sens.*
► Avoir du bon sens : c'est être capable de bien juger, de savoir ce qui est raisonnable. *Pierre réfléchit bien, il a du bon sens.*

sensation *nom féminin (n. f.)*

Une sensation est ce que l'on ressent avec le corps. *Le vent donne une sensation de froid.*

sensible *adjectif masculin, féminin (adj. m., f.)*

1. Un être sensible est un être très émotif. *Laure est très sensible, elle pleure souvent.* **2.** Ce qui est sensible est fragile. *Jean a les dents sensibles.*

sentier *nom masculin (n. m.)*

Un sentier est un chemin étroit. *Amina se promène le long des sentiers ombragés.*

sentiment *nom masculin (n. m.)*

Un sentiment est ce que l'on ressent. *La tristesse, la joie et l'amour sont des sentiments.*

sentir *verbe (v.)*

1. Sentir, c'est identifier une odeur. *En passant par la rôtisserie, Rayan a senti une odeur de poulet rôti.*
2. Sentir, c'est dégager une odeur. *Maman sent un parfum de rose.*
3. Sentir, c'est éprouver une sensation avec le corps. *Raphaël a senti que quelque chose l'avait piqué à la jambe.* **4.** Sentir, c'est avoir une impression. *Maxime sent que Rachid ne veut pas lui parler.*

se sentir *verbe (v.)*

Se sentir, c'est éprouver un sentiment. *Ousmane se sent triste, elle a perdu son ours en peluche.*

séparation *nom féminin (n. f.)*

1. La séparation est le fait de ne plus vivre ensemble. *La séparation de ses parents l'a beaucoup chagriné.*
Le synonyme est : rupture.
2. Une séparation est un objet qui isole. *Papa a mis un mur de séparation dans le salon.*

séparer *verbe (v.)*
Séparer, c'est isoler, mettre à part. *Avant de faire la lessive, maman sépare le linge noir et le linge blanc.*

se séparer *verbe (v.)*
Se séparer, c'est ne plus être ensemble. *Mes parents se sont séparés.*

septembre *nom masculin (n. m.)*
Septembre est le neuvième mois de l'année. *La rentrée scolaire a lieu en septembre.*

serein, sereine
adjectif masculin, féminin (adj. m., f.)
Ce qui est serein est tranquille, paisible. *Je me sens bien. Je suis très sereine.*

Remarque : Ne pas confondre *serein* avec un *serin.*

série *nom féminin (n. f.)*
Une série est une suite de choses de même nature. *Camélia écrit une série de phrases sur son cahier.*

sérieusement *adverbe (adv.)*
Sérieusement veut dire : de manière appliquée, avec soin. *Léa révise sérieusement ses cours.*

sérieux, sérieuse
adjectif masculin, féminin (adj. m., f.)
1. Une personne sérieuse ne plaisante pas. *Quoc est très sérieux, il rit rarement.* **2.** Une personne sérieuse travaille avec soin et application. *Les élèves de ma classe sont très sérieux.*

seringue *nom féminin (n. f.)*
Une seringue est une petite pompe terminée par une aiguille qui permet de prélever du sang ou d'introduire un liquide dans le corps. *L'infirmière a piqué Mathis avec une seringue pour le vacciner.*

serpent *nom masculin (n. m.)*
Un serpent est un animal sans pattes, au corps allongé et couvert d'écailles, qui avance en rampant. *Le serpent est un reptile.*

serpentin *nom masculin (n. m.)*
Un serpentin est une longue bande de papier, mince et colorée, enroulée sur elle-même et qui se déroule quand on la lance. *Maman a acheté des confettis et des serpentins pour la fête d'anniversaire de mon frère.*

1. serre *nom féminin (n. f.)*
Une serre est un endroit fermé où l'on cultive des plantes en les protégeant du froid. *Hamidou a vu des cactus et des orchidées dans la serre du parc.*

2. serre *nom féminin (n. f.)*
Les serres sont les griffes des oiseaux de proie. *Les orfraies, les vautours et les aigles ont des serres.*

A B C D E F G H I J K L M N O P Q R S T U V W X Y Z

serrer *verbe (v.)*

1. Serrer, c'est tenir fermement une chose ou un être. *Aurélie serre sa poupée dans ses bras.* **2.** Serrer, c'est comprimer. *Cette robe me serre à la taille.*

serre-tête *nom masculin (n. m.)*

Un serre-tête est un bandeau qui permet de maintenir les cheveux en arrière.

Remarque : Ce mot ne change pas au pluriel : *Maman a deux serre-tête dans le tiroir.*

serrure *nom féminin (n. f.)*

Une serrure est un mécanisme qui permet d'ouvrir ou de fermer une porte avec une clé ou un code. *Alexandre a cassé la clé dans la serrure.*

serrurier *nom masculin (n. m.)*

Un serrurier est une personne dont le métier consiste à fabriquer, à vendre, à réparer et à poser des serrures. *Le serrurier est venu réparer la serrure de la porte.*

serveur, serveuse

nom masculin, féminin (n. m., f.)

Un serveur, une serveuse est une personne dont le métier consiste à servir les clients dans un café, dans un restaurant ou dans un bar. *Bruno a laissé deux euros de pourboire au serveur du restaurant.*

serviable

adjectif masculin ou féminin (adj. m. ou f.)

Une personne serviable aide volontiers les autres. *N'hésite pas à demander de l'aide à Thomas, il est très serviable.*

service *nom masculin (n. m.)*

Un service est ce que l'on fait pour aider quelqu'un. *Peux-tu me rendre service ?*

serviette *nom féminin (n. f.)*

1. Une serviette est un morceau de papier ou de tissu utilisé pour s'essuyer la bouche ou les mains lors d'un repas. *Après avoir fini sa glace, Baptiste s'essuie la bouche avec une serviette.* **2.** Une serviette est un morceau de tissu-éponge utilisé pour s'essuyer le corps après un bain. *Il y a deux serviettes dans la salle de bains.*

servir *verbe (v.)*

1. Servir quelqu'un, c'est lui donner à manger ou à boire. *Maman nous a servi le repas.* **2.** Servir, c'est être utile ou être utilisé pour faire quelque chose. *Le stylo sert à écrire.*

se servir *verbe (v.)*

Se servir, c'est utiliser. *Hugo se sert de sa voiture pour aller travailler.*

seuil *nom masculin (n. m.)*
Le seuil est l'entrée d'une maison.

seul, seule
adjectif masculin, féminin (adj. m., f.)
1. Quelqu'un qui est seul n'est pas accompagné. *David est seul à la maison l'après-midi.* **2.** Un seul, une seule, c'est juste un ou une. *Hassan a une seule pièce d'un euro dans sa poche.* ► Faire quelque chose tout seul : c'est le faire sans l'aide de personne. *Valentin fait ses devoirs tout seul.*

seulement *adverbe (adv.)*
1. *Seulement* veut dire : pas plus. *Il y a seulement trois stylos dans ma trousse.* **2.** *Seulement* signifie : uniquement. *Clément a confié son secret à Cyrille seulement.*

sève *nom féminin (n. f.)*
La sève est le liquide qui circule à l'intérieur des végétaux et qui les nourrit.

sévère *adjectif masculin ou féminin (adj. m. ou f.)* Une personne sévère est stricte, dure. *Mes parents sont sévères avec moi, ils me punissent très souvent.*
Le synonyme est : autoritaire.
Les contraires sont : compréhensif, indulgent.

sexe *nom masculin (n. m.)*
Le sexe est l'ensemble des caractéristiques permettant de différencier le mâle de la femelle. *Une femme est une personne du sexe féminin. Un garçon est une personne du sexe masculin.*

shampooing *nom masculin (n. m.)*
Un shampooing est un produit qui permet de se laver les cheveux. *Emma utilise un shampooing pour les cheveux secs.*

short *nom masculin (n. m.)*
Un short est un pantalon très court utilisé pour faire du sport ou lorsqu'il fait chaud. *Adrien a mis un short pour aller courir.*

show *nom masculin (n. m.)*
Un show est un spectacle de variétés. *Nous avons regardé le show samedi à la télévision.*

A B C D E F G H I J K L M N O P Q R S T U V W X Y Z

1. si *adverbe (adv.)*
1. *Si* veut dire : tellement. *Anthony a si mal au ventre qu'il ne pourra pas aller à l'école.* **2.** *Si* signifie : oui. *Tu n'as pas trouvé les clés de la voiture ? – Si, elles étaient sur la table.*

2. si *conjonction (conj.)*
Si veut dire : à condition de. *Si tu finis tes devoirs, tu pourras regarder la télévision.*

siècle *nom masculin (n. m.)*
Un siècle est une période de cent ans. *Le grand-père de Lola a vécu un siècle.*

siège *nom masculin (n. m.)*
Un siège est un meuble pour s'asseoir. *Les tabourets, les chaises et les fauteuils sont des sièges.*

sien, sienne
pronom masculin, féminin (pron. m, f.)
Sien, sienne indiquent que quelque chose est à « lui » ou à « elle ». *J'ai oublié mon crayon, mais Sarah m'a prêté le sien.*

Remarque : Le pluriel de *sien* est : siens. Le pluriel de *sienne* est : siennes.

sieste *nom féminin (n. f.)*
Une sieste est un moment de repos que l'on prend après le repas de midi. *Grand-mère fait rarement la sieste.*

siffler *verbe (v.)*
Siffler, c'est produire un son en faisant sortir de l'air par la bouche. *Jean siffle l'air d'une chanson très gaie.*

sifflet *nom masculin (n. m.)*
Un sifflet est un petit instrument qui produit un son lorsque l'on souffle dedans. *L'arbitre a donné un coup de sifflet pour signaler la fin du match.*

signal *nom masculin (n. m.)*
Un signal est un bruit ou un geste qui informe ou avertit. *Le signal sonore du métro indique que la fermeture des portes est imminente.*

signaler *verbe (v.)*
1. Signaler, c'est indiquer quelque chose par un geste ou un bruit. *L'arbitre signale la faute commise par le joueur en donnant un coup de sifflet.* **2.** Signaler, c'est attirer l'attention. *Je te signale, c'est la deuxième fois que tu arrives en retard !*

signature *nom féminin (n. f.)*
La signature d'une personne est son nom écrit de sa main, toujours de la même manière, pour indiquer qu'elle est d'accord avec ce qui est écrit. *Papa a oublié de mettre sa signature sur le chèque.*

signe *nom masculin (n. m.)*
Un signe est une marque, un geste, une image ou un comportement qui indique quelque chose. *Le point et la virgule sont des signes de ponctuation. Candice m'a fait un signe de la main pour me dire au revoir.*

Remarque : Ne pas confondre *signe* avec un *cygne*.

signer *verbe (v.)*
Signer, c'est mettre sa signature sur une carte, une lettre ou un document. *Cassandra a oublié de signer la carte de vœux pour Manon.*

signifier *verbe (v.)*
Signifier, c'est vouloir dire. D'habitude *signifie* normalement.

silence *nom masculin (n. m.)*
1. Le silence est l'absence de bruit. *Aziz aime le silence de la campagne.*
Le synonyme est : calme.
Le contraire est : bruit.
2. Le silence est le fait de ne pas parler. *À la bibliothèque, nous devons travailler en silence.*

silencieusement
adverbe (adv.)
Silencieusement veut dire : sans faire de bruit. *Nicolas est entré silencieusement à la maison.*

silencieux, silencieuse
adjectif masculin, féminin (adj. m., f.)
1. Dans un endroit silencieux, il n'y a pas de bruit. *Clément aime se promener sur les sentiers silencieux.*
Le synonyme est : calme.
Le contraire est : bruyant.
2. Une personne silencieuse ne parle pas. *Hai est resté silencieux durant tout l'après-midi.*

silex *nom masculin (n. m.)*
Le silex est une roche dure de couleur jaune, brune ou noire. *Autrefois, les hommes fabriquaient des armes en silex.*

à savoir

Les hommes préhistoriques frottaient deux silex l'un contre l'autre pour fabriquer du feu.

silhouette *nom féminin (n. f.)*
La silhouette est la forme générale d'un être ou d'un objet. *Héloïse a une très belle silhouette.*

sillon *nom masculin (n. m.)*
Un sillon est une fente creusée dans la terre par une charrue. *Le paysan sème des graines dans le sillon.*

simple *adjectif masculin ou féminin (adj. m. ou f.)*
Une chose simple est une chose facile à comprendre ou à réaliser. *Le devoir de français était très simple.* Les contraires sont : compliqué, difficile.

simplement *adverbe (adv.)*
1. *Simplement* veut dire : uniquement. *Géraldine a simplement parlé de ses vacances.* **2.** *Simplement* signifie : de façon simple, sans complication. *La maîtresse s'exprime simplement.*

sincère
adjectif masculin ou féminin (adj. m. ou f.)
1. Une personne sincère ne ment pas. *Natacha est sincère, elle dit toujours ce qu'elle pense vraiment.*
Le synonyme est : franc.
Les contraires sont : hypocrite, menteur.
2. Ce qui est sincère est vrai. *Mes sentiments pour toi sont sincères.*
Les synonymes sont : réel, véritable.

sincérité *nom féminin (n. f.)*
La sincérité est le fait d'être franc. *David nous a parlé en toute sincérité.*
Le synonyme est : franchise.
Le contraire est : hypocrisie.

singe *nom masculin (n. m.)*
Un singe est un mammifère qui a des mains et des pieds terminés par des doigts lui permettant d'attraper des objets. *Le ouistiti, le gorille et le chimpanzé sont des singes.* ► Faire le singe : c'est faire des grimaces ou des plaisanteries pour amuser les autres. *Killian fait le singe en classe.*

à savoir

Les singes vivent en Asie, en Amérique et en Afrique. Tous les singes n'ont pas la même taille ni la même allure. La plupart d'entre eux passent leur temps dans les arbres, mais il y a certaines espèces qui vivent aussi sur terre.

singulier, singulière
adjectif masculin, féminin (adj. m., f.)
Ce qui est singulier est original. *La façade de cette maison est singulière.*
Le contraire est : ordinaire.

singulier *nom masculin (n. m.)*
Un mot est au singulier lorsqu'il désigne un seul être ou une seule chose. *Le mot* fille *est au singulier.*
Le contraire est : pluriel.

sinon *conjonction (conj.)*
Sinon veut dire : dans le cas contraire. *Rentre tôt, sinon tu ne pourras pas dîner avec nous.*

1. sirène *nom féminin (n. f.)*
Une sirène est un personnage imaginaire moitié femme et moitié poisson. *Les sirènes attiraient les marins par leur voix mélodieuse.*

coin lecture

« [...] pour être beau, il leur faut avoir deux grossières colonnes qu'ils appellent des jambes. La petite sirène soupira et considéra sa queue de poisson avec désespoir. »
La Petite Sirène.
Andersen.

2. sirène *nom féminin (n. f.)*
Une sirène est un appareil qui émet un bruit fort et continu servant de signal d'alerte. *On entend la sirène de l'ambulance.*

sirop *nom masculin (n. m.)*
1. Le sirop est une boisson sucrée, parfumée et épaisse que l'on mélange avec de l'eau. *Chloé adore le sirop de cassis.* **2.** Le sirop est un médicament liquide et sucré. *Maman a acheté du sirop contre la toux à la pharmacie.*

situation *nom féminin (n. f.)*
La situation est l'état dans lequel une personne ou une chose se trouve. *Valentin se trouve dans une situation très délicate, il a perdu son travail.*

situer *verbe (v.)*
Situer, c'est dire à quel endroit se trouve quelque chose. *La bibliothèque est située près de la mairie.*

ski *nom masculin (n. m.)*
1. Un ski est une planche allongée et étroite que l'on chausse pour glisser sur l'eau ou sur la neige. *Anthony a acheté une paire de skis.* **2.** Le ski est un sport que l'on pratique sur la neige avec des skis. *Baptiste fait du ski sur les pentes enneigées des Alpes.*

skier *verbe (v.)*
Skier, c'est se déplacer sur la neige avec des skis. *Nous skions dans une station de sports d'hiver.*

skieur, skieuse
nom masculin, féminin (n. m., f.)
Un skieur et une skieuse sont des personnes qui font du ski. *Les skieurs font du ski sur la piste.*

slip *nom masculin (n. m.)*

Un slip est une culotte servant de sous-vêtement ou de maillot de bain.

sociable

adjectif masculin ou féminin (adj. m. ou f.)

Une personne sociable aime parler aux autres, et être accompagnée des autres par eux. *Zoé est très sociable, elle s'est fait beaucoup de copines à l'école.*

Les contraires sont : farouche, sauvage.

société *nom féminin (n. f.)*

La société est un groupe organisé de personnes habitant le même pays, partageant les mêmes coutumes et obéissant aux mêmes lois. ▶ Un jeu de société : c'est un jeu joué à plusieurs. *Le jeu de société préféré de Laure, c'est le jeu de l'oie.*

coin lecture

« La gazelle, le rat,
le corbeau, la tortue,
Vivaient ensemble unis : douce société. Le choix d'une demeure aux humains inconnue assurait leur félicité. »
Le Corbeau, la Gazelle, la Tortue et le Rat. Jean de La Fontaine.

socquette *nom féminin (n. f.)*

Une socquette est une chaussette courte qui couvre le pied et qui monte jusqu'à la cheville. *Marine porte des socquettes avec ses baskets.*

soda *nom masculin (n. m.)*

Un soda est une boisson composée d'eau gazeuse et de sirop de fruits. *Papa boit un soda pour se rafraîchir.*

sœur *nom féminin (n. f.)*

Une sœur est une fille qui a les mêmes parents qu'une autre personne. *Zohra est la sœur de Rachid.*

coin lecture

« Les deux sœurs s'aimaient tant, qu'elles se tenaient par la main toutes les fois qu'elles sortaient ensemble; et quand Blancheneige disait : " Nous ne nous quitterons jamais ", Rougerose répondait : " Tant que nous vivrons ".
Blancheneige et Rougerose.
Les frères Grimm.

sofa *nom masculin (n. m.)*

Un sofa est un canapé dont on se sert comme lit de repos ou comme siège. *Léa s'est étendue sur le sofa pour regarder la télévision.*

soi *pronom (pron.)*

Soi est un mot qui désigne la troisième personne du singulier. *Après l'école, chacun rentre chez soi.*

Remarque : Ne pas confondre *soi* avec la *soie*.

soie *nom féminin (n. f.)*
La soie est un tissu doux, brillant et fin, fabriqué avec les fils produits par les vers à soie. *Maman a acheté plusieurs chemises en soie.*

soif *nom féminin (n. f.)*
La soif est ce que l'on ressent quand on a besoin de boire quelque chose. *Élise a fait trop de sport, elle a soif.*

Remarque : Ne pas confondre *soie* avec *soi.*

soigner *verbe (v.)*
1. Soigner, c'est donner des soins médicaux. *Le dentiste soigne mes dents.* **2.** Soigner, c'est entretenir une chose pour la garder en bon état. *Maman soigne son corps.* **3.** Soigner, c'est faire quelque chose avec beaucoup de soin et d'attention. *Chloé soigne son orthographe.*

soin *nom masculin (n. m.)*
Le soin est le fait de réaliser quelque chose avec application. *Marie brosse ses dents avec soin.* ► Prendre soin de faire quelque chose : c'est penser à le faire. *Il faut prendre soin de sortir la poubelle ce soir.*
► Les soins : c'est l'ensemble des choses réalisées pour essayer de guérir quelqu'un.

soir *nom masculin (n. m.)*
Le soir est la fin de la journée. *Maman est rentrée très tard hier soir.*
Le contraire est : matin.

soirée *nom féminin (n. f.)*
La soirée est la partie de la journée comprise entre la tombée de la nuit et l'heure où l'on se couche. *Clara et Clémence passent la soirée à écouter de la musique.*

sol *nom masculin (n. m.)*
1. Le sol est la surface sur laquelle on marche. **2.** Le sol est une étendue de terre que l'on cultive.

solaire *adjectif masculin ou féminin (adj. m. ou f.)* Ce qui est solaire est relatif au soleil. *La crème solaire protège la peau des rayons du soleil.*

soldat *nom masculin (n. m.)*
Un soldat est une personne qui fait partie de l'armée. *Les soldats portent souvent des armes et des uniformes.*
Le synonyme est : militaire.

soleil *nom masculin (n. m.)*
Le soleil est un astre qui chauffe et qui illumine la Terre. *Le soleil est indispensable pour notre planète.*

à savoir
Le soleil est une étoile.

solfège *nom masculin (n. m.)*
Le solfège est la lecture et l'écriture de la musique. *Lisa et Charlotte prennent des cours de solfège.*

solidaire
adjectif masculin ou féminin (adj. m. ou f.)
Les personnes solidaires s'aident mutuellement. *Les voisins de ce quartier sont très solidaires.*

solidarité *nom féminin (n. f.)*
La solidarité est ce qui pousse les personnes à s'entraider.

solide *adjectif masculin ou féminin (adj. m. ou f.)* Ce qui est solide est résistant. *Cette table en bois est très solide.*
Le contraire est : fragile.

solitaire
adjectif masculin ou féminin (adj. m. ou f.)
Un être solitaire reste seul et n'aime pas la compagnie. *Charles est un garçon solitaire. Il reste dans son coin, il n'aime pas se mêler aux autres.*

solitude *nom féminin (n. f.)*
La solitude est le fait d'être ou de se sentir seul.

solution *nom féminin (n. f.)*
1. La solution est la réponse à un problème. *Personne n'a trouvé la solution du problème de mathématiques.* **2.** Une solution est un moyen de résoudre une difficulté. *Papa a trouvé la solution pour économiser de l'argent.*

sombre
adjectif masculin ou féminin (adj. m. ou f.)
1. Une couleur sombre est une couleur foncée. *Camélia s'habille toujours avec des vêtements sombres.*
Le contraire est : clair.
2. Ce qui est sombre ne reçoit pas la lumière. *La cave est très sombre.*
Le synonyme est : obscur.
3. Ce qui est sombre est triste. *Mathilde a l'air sombre.*
Le contraire est : gai.

somme *nom féminin (n. f.)*
1. Une somme est le résultat d'une addition. *La somme de trois plus deux est cinq.* **2.** Une somme est une quantité d'argent. *Le patron lui a donné une somme d'argent pour son travail.*

sommeil *nom masculin (n. m.)*
Le sommeil est le besoin ou l'envie de dormir. *Renata a sommeil, mais elle continue de regarder la télévision.*

coin lecture

« La princesse se percera la main d'un fuseau ; mais au lieu d'en mourir, elle tombera seulement dans un profond sommeil qui durera cent ans, au bout desquels le fils d'un roi viendra la réveiller. »
La Belle au bois dormant.
Charles Perrault.

sommet *nom masculin (n. m.)*
Le sommet est la partie la plus élevée de quelque chose. *Les randonneurs sont arrivés au sommet de la montagne.*

somnambule
nom masculin ou féminin (n. m. ou f.)
Une personne somnambule est une personne qui se lève et qui marche alors qu'elle est encore endormie.

son, sa *adjectif masculin, féminin (adj. m., f.)* *Son, sa* sont des mots qui indiquent que quelque chose est à « elle » ou à « lui ». *Où est sa voiture ?*

Remarque : Le pluriel de *son* et de *sa* est *ses* : *Où sont ses clés ?*

son *nom masculin (n. m.)*
Un son est ce que l'on entend. *Monte le son du téléviseur !*

sonner *verbe (v.)*
1. Sonner, c'est produire un son. *Le téléphone sonne, décroche !*
2. Sonner, c'est presser une sonnette pour avertir que l'on est là. *Quelqu'un sonne à la porte, ouvre !*

sonnerie *nom féminin (n. f.)*
Une sonnerie est le bruit produit par un appareil qui sonne. *Walid n'a pas entendu la sonnerie de son téléphone portable.*

sonnette *nom féminin (n. f.)*
Une sonnette est un appareil qui sonne lorsque l'on appuie dessus. *La sonnette ne marche plus, frappe à la porte !*

sorcier, sorcière
nom masculin, féminin (n. m., f.)
Un sorcier, une sorcière est une personne qui a des pouvoirs magiques et qui jette des sorts. *Dans les films, les sorcières volent sur des balais.*

Remarque : C'est dans les contes que l'on peut lire des histoires de sorcières. Dans la réalité, ces sorcières n'existent pas.

coin lecture

« Le petit frère se leva, prit sa petite sœur par la main, et ils se mirent à chercher la source. Mais la méchante belle-mère était sorcière […]. Elle s'était glissée sur leurs traces, en cachette, comme font les sorcières, et avait jeté un sort sur toutes les sources. »
Petit frère et petite sœur.
Les frères Grimm.

sort *nom masculin (n. m.)*
Jeter un sort, c'est attirer le malheur sur quelqu'un par un acte de sorcellerie. *Le prince s'est transformé en crapaud parce que le sorcier lui a jeté un sort.*
Le synonyme est : sortilège.

sorte *nom féminin (n. f.)*
Une sorte est un genre, une variété d'objets ou d'êtres. *Il y a plusieurs sortes de fleurs dans ce jardin.*
Le synonyme est : type.
► Une sorte de : c'est une espèce de. *Anne prépare une sorte de tarte aux pommes.*

sortie *nom féminin (n. f.)*
La sortie est l'endroit par où l'on sort. *La sortie de secours doit être dégagée.*

sortir *verbe (v.)*
Sortir, c'est quitter un endroit pour aller dehors ou ailleurs. *Anaïs n'a pas pu sortir de l'hôpital, elle est encore malade.*
Le contraire est : entrer.

sosie *nom masculin (n. m.)*
Un sosie est une personne presque identique à une autre.

sot, sotte *adjectif masculin, féminin (adj. m., f.)*
Une personne sotte est une personne qui n'est pas intelligente.
Les synonymes sont : stupide, bête.

sottise *nom féminin (n. f.)*
1. La sottise est une bêtise. *C'est une sottise d'avoir perdu les clés.*
2. Une sottise est une parole ou un comportement stupide. *Rama m'énerve, elle ne dit que des sottises.*
Le synonyme est : bêtise.

sou *nom masculin (n. m.)*
Un sou est une ancienne pièce de monnaie. Avoir des sous, c'est avoir de l'argent. *Maxence n'a pas un sou.*

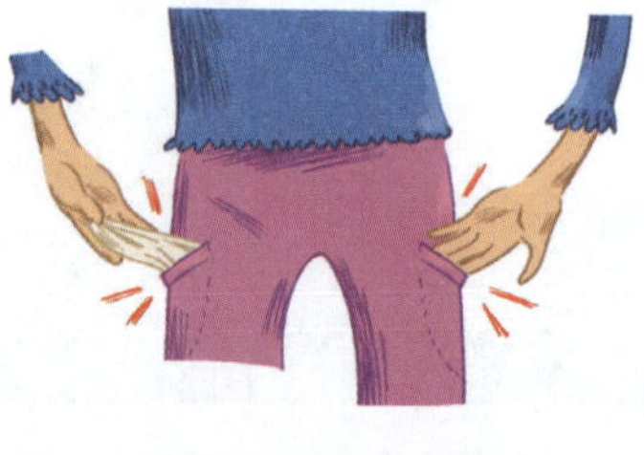

souci *nom masculin (n. m.)*
Un souci est une chose qui inquiète, qui préoccupe. *N'hésite pas à m'appeler en cas de souci !*
Les synonymes sont : ennui, problème, tracas.

se soucier *verbe (v.)*
Se soucier, c'est se préoccuper de quelque chose ou de quelqu'un. *Le médecin se soucie de ses patients.*
Le synonyme est : s'inquiéter.

soucieux, soucieuse
adjectif masculin, féminin (adj. m., f.)
Une personne soucieuse est une personne inquiète. *Jean est soucieux parce que Léo a eu un accident.*

soucoupe *nom féminin (n. f.)*
Une soucoupe est une petite assiette sur laquelle on pose une tasse.

soudain *adverbe (adv.)*
Soudain veut dire : tout à coup. *Il faisait beau et, soudain, il a commencé à pleuvoir.*

souffle *nom masculin (n. m.)*
Le souffle est l'air rejeté par la bouche ou le nez.

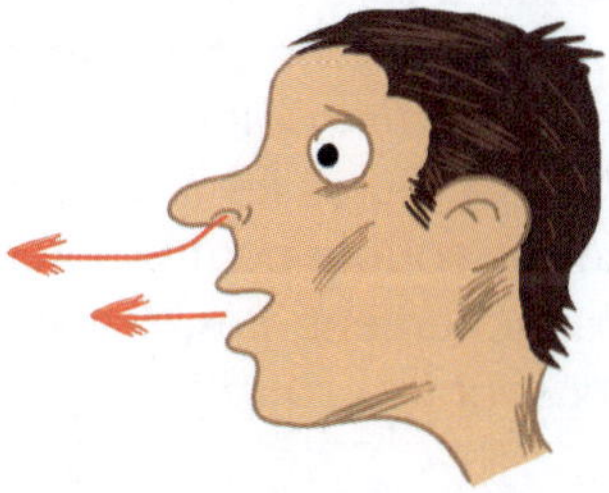

souffler *verbe (v.)*
1. Souffler, c'est faire sortir de l'air par la bouche ou le nez. *Matthieu souffle les bougies de son gâteau et fait un vœu.* **2.** Quand le vent souffle, il y a de l'air qui se déplace. *Le vent souffle assez fort dans les villes côtières.* **3.** Souffler, c'est dire quelque chose tout bas. *Killian t'a soufflé toutes les réponses.*

souffrance *nom féminin (n. f.)*
La souffrance est le fait d'éprouver une douleur.

souffrir *verbe (v.)*
Souffrir, c'est subir quelque chose de pénible. *Jonathan souffre parce que ses parents le réprimandent beaucoup.*

souhait *nom masculin (n. m.)*
Un souhait est le désir que quelque chose arrive. *Mon souhait est de partir en vacances.*
Le synonyme est : vœu.

souhaiter *verbe (v.)*
1. Souhaiter, c'est avoir envie de quelque chose. *Koffi souhaite s'acheter une voiture.* **2.** Souhaiter, c'est désirer que quelqu'un obtienne ce qu'il veut. *Jérémy vous souhaite plein de bonheur.*

soûl, soûle
adjectif masculin, féminin (adj. m., f.)
Une personne soûle est une personne qui a trop bu d'alcool et qui se comporte de façon étrange. *Lucas ne doit pas conduire la voiture, il est soûl.*
Le synonyme est : ivre.

Remarque : On peut aussi écrire *saoul, saoule*. Ne pas confondre *soûl* avec un *sou*, ni avec *sous*.

soulager *verbe (v.)*
1. Soulager, c'est calmer une douleur. *Le sirop contre la toux m'a beaucoup soulagé.* **2.** Soulager, c'est tranquilliser. *Charline est soulagée en sachant que Tom est là.*

soulever *verbe (v.)*
Soulever, c'est lever quelque chose légèrement. *Thomas soulève la table pour la changer de place.*

souligner *verbe (v.)*
Souligner, c'est faire un trait sous un mot ou une phrase. *La maîtresse a souligné les mots mal orthographiés.*

soupçon *nom masculin (n. m.)*
Avoir un soupçon, c'est se douter que quelqu'un est coupable. *La police a des soupçons : elle pense que c'est un habitant du quartier qui a commis le vol.*

soupçonner *verbe (v.)*
Soupçonner, c'est penser que quelqu'un est coupable, mais sans en avoir la preuve. *Ahmed soupçonne Pierre de lui avoir abîmé son vélo.*

soupe *nom féminin (n. f.)*
La soupe est un aliment liquide à base de légumes. *Grand-mère adore la soupe aux poireaux.*
Le synonyme est : potage.

soupir *nom masculin (n. m.)*
Un soupir est un souffle profond et bruyant. *Anne pousse des soupirs parce qu'elle s'ennuie.*

soupirer *verbe (v.)*
Soupirer, c'est pousser des soupirs. *Alexandre a soupiré quand le professeur lui a donné des devoirs.*

souple *adjectif masculin ou féminin (adj. m. ou f.)*
1. Une chose souple est flexible. *Ce tissu est très souple, il s'adapte à toutes les formes.* **2.** Une personne souple peut bouger son corps facilement. *Les danseuses de ballet sont très souples.*

souplesse *nom féminin (n. f.)*
La souplesse est le fait d'être souple avec son corps. *Il faut de la souplesse pour faire de la gymnastique.*

source *nom féminin (n. f.)*
Une source est de l'eau qui sort du sol. *Nous buvons de l'eau de source.*

sourcil *nom masculin (n. m.)*
Le sourcil est la ligne de poils située au-dessus de chaque œil. *La maman de Cassandra s'épile les sourcils.*

sourd, sourde
adjectif masculin, féminin (adj. m., f.)
Une personne sourde n'entend pas ou entend mal. *Cyrille est sourde de naissance.*

sourd-muet, sourde-muette
nom masculin, féminin (n. m., f.)
Un sourd-muet, une sourde-muette est une personne qui ne peut ni parler ni entendre. *Les sourds-muets communiquent en faisant des gestes.*

Remarque : Le pluriel de *sourd-muet* est : des sourds-muets. Le pluriel de *sourde-muette* est : des sourdes-muettes.

souriant, souriante
adjectif masculin, féminin (adj. m., f.)
Une personne souriante sourit fréquemment.

souriceau *nom masculin (n. m.)*
Le souriceau est le petit de la souris.

Remarque : Le pluriel de *souriceau* est : des souriceaux.

sourire *verbe (v.)*
Sourire, c'est exprimer sa joie par un mouvement de la bouche et des yeux. *Bastien sourit parce qu'il a réussi son examen.*

sourire *nom masculin (n. m.)*
Le sourire est le mouvement de la bouche et des yeux que l'on fait quand on est content. *Alexis a séduit Léa grâce à son beau sourire.*

souris *nom féminin (n. f.)*
1. Une souris est un petit mammifère au pelage gris, blanc ou brun, qui possède un museau allongé et une longue queue. *Les souris sont des rongeurs.* **2.** La souris de l'ordinateur est un petit appareil relié à l'ordinateur qui nous permet d'intervenir sur l'écran. *Faites un clic sur le bouton droit de la souris.*

sous *préposition (prép.)*
Sous signifie : en dessous de. *Le chat est sous la table.*
Le contraire est : sur.

Remarque : Ne pas confondre *sous* avec un *sou* ni avec *soûl*.

sous-marin *nom masculin (n. m.)*
Un sous-marin est un navire qui navigue sous l'eau. *Le Nautilus était un sous-marin américain.*

Remarque : Le pluriel de sous-marin est : des sous-marins.

sous-sol *nom masculin (n. m.)*
Le sous-sol est la partie d'une habitation ou d'un local qui est sous le rez-de-chaussée. *Le parking de l'immeuble se trouve au sous-sol.*

Remarque : Le pluriel de *sous-sol* est : des sous-sols.

soustraction *nom féminin (n. f.)*
La soustraction est l'opération qui permet de retrancher un nombre d'un autre. *Antonin doit faire la soustraction suivante : 12 - 5 =.*

soustraire *verbe (v.)*
Soustraire, c'est retrancher un nombre d'un autre. *Si on soustrait cinq de dix, il reste cinq.*
Le contraire est : additionner.

sous-vêtement *nom masculin (n. m.)*
Un sous-vêtement est un vêtement léger que l'on met sous les autres vêtements. *Les slips et les soutiens-gorge sont des sous-vêtements.*

Remarque : Le pluriel de *sous-vêtement* est : des sous-vêtements.

soutenir *verbe (v.)*
1. Soutenir quelqu'un, c'est l'aider à se maintenir debout. *Alexis soutient Chloé parce qu'elle a le pied dans le plâtre.* **2.** Soutenir quelque chose, c'est le porter. *Des poutres en chêne soutiennent le toit de la maison.*
3. Soutenir, c'est aider quelqu'un. *Tu n'es pas seul, ta famille te soutient.*

souterrain, souterraine
adjectif masculin, féminin (adj. m., f.)
Ce qui est souterrain est sous la terre. *La taupe creuse des galeries souterraines.*

soutien *nom masculin (n. m.)*
Un soutien est une aide, un appui. *Matthieu a eu le soutien de la banque pour acheter sa maison.*

se souvenir *verbe (v.)*
Se souvenir, c'est garder en mémoire quelque chose ou quelqu'un. *Julien se souvient très bien de son visage.*
Le synonyme est : se rappeler.
Le contraire est : oublier.

souvenir *nom masculin (n. m.)*
1. Un souvenir est un objet qui nous rappelle quelque chose, quelqu'un ou un endroit. *Ce tableau est un souvenir de mon voyage en Italie.*
2. Un souvenir est ce qui est présent dans la mémoire. *Jérémy a de très bons souvenirs de son séjour en Espagne.*

souvent *adverbe (adv.)*
Souvent signifie *fréquemment. Mathis se lève souvent de bonne heure.*

spacieux, spacieuse
adjectif masculin, féminin (adj. m., f.)
Ce qui est spacieux est grand, vaste. *Le salon est très spacieux.*

spaghetti *nom masculin (n. m.)*
Le spaghetti est une pâte longue et fine à base de semoule de blé. *Clara adore les spaghettis à la sauce bolognaise.*

sparadrap *nom masculin (n. m.)*
Un sparadrap est un morceau de tissu collant qui fait tenir un pansement.

spatial, spatiale
adjectif masculin, féminin (adj. m., f.)
Ce qui est spatial est relatif à l'espace interplanétaire. *Les astronautes sont montés dans la navette spatiale.*

Remarque : Le pluriel de *spatial* est : spatiaux. Le pluriel de *spatiale* est : spatiales.

spécial, spéciale
adjectif masculin, féminin (adj. m., f.)
Ce qui est spécial est particulier. *La vendeuse a ouvert le tiroir avec une clé spéciale.*

Remarque : Le pluriel de *spécial* est : spéciaux. Le pluriel de *spéciale* est : spéciales.

spectacle *nom masculin (n. m.)*
Un spectacle est une activité organisée pour divertir un public. *Un concert et une pièce de théâtre sont des spectacles.*

spectaculaire
adjectif masculin ou féminin (adj. m. ou f.)
Ce qui est spectaculaire est impressionnant, étonnant. *La course a été spectaculaire.*

spectateur, spectatrice

nom masculin, féminin (n. m., f.)
Un spectateur, une spectatrice est une personne qui assiste à un spectacle. *Les spectateurs ont applaudi le chanteur à la fin du concert.*

sphère *nom féminin (n. f.)*

Une sphère a une forme de boule. *La Terre a la forme d'une sphère.*

spirale *nom féminin (n. f.)*

Une spirale est un fil métallique ou plastique qui tourne sur lui-même et qui relie les feuilles d'un cahier ou d'un carnet. *Clémence a trois cahiers à spirale.*

splendide

adjectif masculin ou féminin (adj. m. ou f.)
Ce qui est splendide est magnifique, d'une grande beauté. *Élise est splendide avec sa robe.*

sport *nom masculin (n. m.)*

Un sport est une activité pratiquée de façon régulière pour maintenir le corps en bonne santé. *Le sport préféré de Chloé est la natation.*

sportif, sportive

adjectif masculin, féminin (adj. m., f.)
1. Ce qui est sportif est relatif au sport. *Demain, il y aura une compétition sportive ici.* **2.** Une personne sportive pratique un ou plusieurs sports de façon régulière. *Hassan est très sportif, il fait de la natation et du vélo.*

square *nom masculin (n. m.)*

Un square est un petit jardin public situé dans une ville. *En été, les squares ferment plus tard.*

squelette *nom masculin (n. m.)*

Le squelette est l'ensemble des os du corps. *Le chat et le chien ont un squelette.*

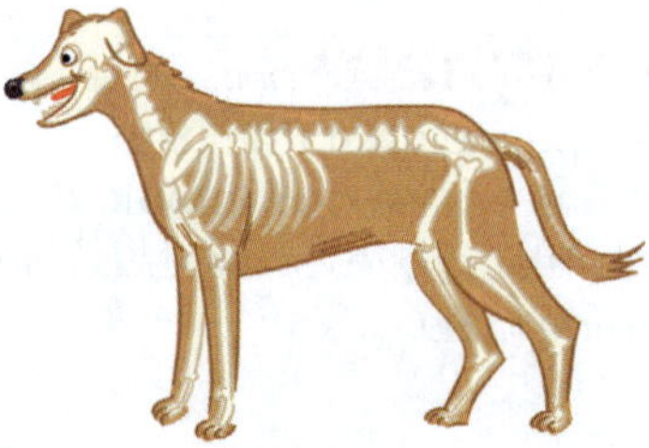

stable *adjectif masculin ou féminin (adj. m. ou f.)*

1. Ce qui est stable est en équilibre. **2.** Ce qui est stable possède une base solide.

stade *nom masculin (n. m.)*

Un stade est un terrain de sport en plein air, entouré souvent de tribunes. *Le Stade de France est en banlieue parisienne.*

star *nom féminin (n. f.)*
Une star est un acteur ou une actrice célèbre. *Cette femme est une star de cinéma.*

station *nom féminin (n. f.)*
Une station est le lieu où s'arrête le métro, le bus, le car, le tramway ou le taxi, pour prendre ou laisser des voyageurs. *Il y a une station de tramway en face de l'hôpital.*

stationner *verbe (v.)*
Stationner, c'est arrêter momentanément un véhicule dans un endroit. Les voitures qui stationnaient dans cette rue ont été emportées à la fourrière.

station-service
nom féminin (n. f.)
Une station-service est un endroit où l'on peut acheter de l'essence pour la voiture. *Avant de prendre l'autoroute, papa est passé par la station-service.*

statue *nom féminin (n. f.)*
Une statue est une sculpture en pierre, en bois ou en métal qui représente un être en entier. *Il y a quelques statues dans le jardin qui est à côté de chez moi.*

steak *nom masculin (n. m.)*
Un steak est une tranche de viande de bœuf. *Maman a acheté des steaks hachés.*

stock *nom masculin (n. m.)*
Un stock est un ensemble de produits qui sont mis en réserve. *Le supermarché a un stock de marchandises au sous-sol.*

stop! *interjection (interj.)*
Stop ! est un mot utilisé pour ordonner à quelqu'un de s'arrêter. *Stop ! Cela suffit !*

store *nom masculin (n. m.)*
Un store est un rideau en tissu ou en plastique que l'on peut dérouler ou enrouler devant une fenêtre. *Maman baisse le store parce qu'il y a trop de soleil.*

stress *nom masculin (n. m.)*
Le stress est le fait d'être anxieux, angoissé, inquiet. *Fatou est en état de stress à cause de son travail.*

stressé, stressée
adjectif masculin, féminin (adj. m., f.)
Une personne stressée est une personne anxieuse, nerveuse, inquiète. *Héloïse est stressée. C'est son premier jour à l'école.*

A B C D E F G H I J K L M N O P Q R S T U V W X Y Z

strict, stricte
adjectif masculin, féminin (adj. m., f.)
Une personne stricte est une personne sévère, dure, exigeante.
La maîtresse est très stricte avec nous.

strophe *nom féminin (n. f.)*
Une strophe est un ensemble de vers dans un poème. *Ce poème est composé de cinq strophes.*

studieux, studieuse
adjectif masculin, féminin (adj. m., f.)
Une personne studieuse est une personne appliquée. *Les élèves de cette classe sont très studieux.*

studio *nom masculin (n. m.)*
1. Un studio est une habitation d'une seule pièce. *Hamidou habite un studio.* **2.** Un studio est un endroit permettant de tourner des films ou d'enregistrer des émissions de télévision, de radio, ou des disques. *La chanteuse enregistre son nouvel album en studio.*

stupide *adjectif masculin ou féminin (adj. m. ou f.)*
Une personne stupide est une personne qui n'est pas intelligente.
Les synonymes sont : bête, sot.

coin lecture

« […] l'aînée devenait plus stupide de jour en jour. Ou elle ne répondait rien à ce qu'on lui demandait, ou elle disait une sottise. »
Riquet à la houppe.

stupidité *nom féminin (n. f.)*
1. La stupidité est le fait d'être bête, sot. *La stupidité de Marine m'agace.*
Le contraire est : intelligence.
2. Une stupidité est une chose ou une parole stupide. *Pourquoi dis-tu cela ? C'est d'une stupidité !*

stylo *nom masculin (n. m.)*
Un stylo est un petit objet muni d'un réservoir d'encre et qui sert à écrire. *Audrey a deux stylos à bille et un stylo à plume.*

subir *verbe (v.)*
Subir, c'est supporter quelque chose de pénible. *Marie a subi une opération.*

subitement *adverbe (adv.)*
Subitement veut dire : tout à coup. *Candice parlait au téléphone et, subitement, elle a raccroché.*

succès *nom masculin (n. m.)*
Le succès est le fait de réussir, d'obtenir un bon résultat. *Aurélie est fière de son succès.*
Le synonyme est : réussite.
Le contraire est : échec.
► Avoir de succès : c'est plaire. *Zohra a du succès auprès des garçons.*

sucer *verbe (v.)*
1. Sucer un bonbon, une pastille, c'est les faire fondre dans la bouche. *Marie suce une pastille pour la gorge.* **2.** Sucer, c'est mettre quelque chose dans la bouche et téter. *Mon petit frère suce la tétine de son biberon.*

sucette *nom féminin (n. f.)*
Une sucette est un bonbon fixé à un bâtonnet et que l'on suce.

sucre *nom masculin (n. m.)*
Le sucre est une matière blanche ou brune utilisée pour donner un goût plus doux à certains aliments. *Maman a acheté du sucre en poudre.*

à savoir
Le sucre est tiré de la canne à sucre ou de la betterave à sucre.

sucré, sucrée
adjectif masculin, féminin (adj. m., f.)
Ce qui est sucré contient du sucre. *Le café est trop sucré.*

sucrer *verbe (v.)*
Sucrer, c'est mettre du sucre. *Léa sucre ses fraises.*

sucrerie *nom féminin (n. f.)*
Une sucrerie est un bonbon, une confiserie. *Les caramels et les sucettes sont des sucreries.*

sud *nom masculin (n. m.)*
Le sud est l'un des quatre points cardinaux qui permettent de se repérer dans l'espace. *Il fait beau dans le sud de la France.*
Le contraire est : nord.

coin lecture
« […] dis-nous où tu es allé. – En Afrique, ma mère, répondit le Vent du Sud. J'ai été à la chasse aux lions avec les Hottentots dans le pays des Cafres. […] »
Le Jardin du Paradis.
Andersen.

suer *verbe (v.)*
Suer, c'est rejeter de la sueur par la peau. *Il fait très chaud, Chloé sue.*
Le synonyme est : transpirer.

sueur *nom féminin (n. f.)*
La sueur est le liquide qui sort de la peau lorsque l'on a chaud, lorsque l'on a fait un effort physique ou quand on a peur. *Après son footing, Léo est en sueur.*
Le synonyme est : transpiration.

suffire *verbe (v.)*
Suffire, c'est avoir autant qu'il en faut. *Trois œufs me suffisent pour faire le gâteau.* ►Il suffit de : cela signifie *il faut seulement. Il suffit de lui téléphoner pour avoir son avis.*

suffisamment *adverbe (adv.)*
Suffisamment veut dire : assez. *J'ai suffisamment étudié, maintenant je vais me reposer.*

suffisant, suffisante
adjectif masculin, féminin (adj. m., f.)
Ce qui est suffisant est en assez grande quantité. *Je pense qu'un litre de lait est suffisant.*

suffoquer *verbe (v.)*
Suffoquer, c'est manquer d'air. *Grand-père suffoque dans cette pièce, il fait trop chaud..*

suggérer *verbe (v.)*
Suggérer, c'est donner un conseil à quelqu'un. *Je te suggère de prendre ton parapluie avant de sortir.*

se suicider *verbe (v.)*
Se suicider, c'est se donner la mort. *Une adolescente a tenté de se suicider hier.*

suisse *adjectif et nom masculin, féminin (adj. et n. m. f.)*
Ce qui est suisse vient du pays qui s'appelle la Suisse. *Nicolas est suisse. Il est né en Suisse.*

suite *nom féminin (n. f.)*
1. Une suite est un ensemble de choses ou de personnes qui viennent les unes après les autres. *La maîtresse a écrit une suite de chiffres au tableau.* **2.** La suite est la continuation de quelque chose. *Connais-tu la suite de cette histoire ?*
► Tout de suite : c'est immédiatement. *Viens à table tout de suite !*

suivant, suivante
adjectif masculin, féminin (adj. m., f.)
Ce qui est suivant vient immédiatement après. *Qui est la personne suivante ?*

suivre *verbe (v.)*
1. Suivre, c'est aller derrière. *L'oisillon suit sa mère.* **2.** Suivre, c'est aller dans une direction. *Tu dois suivre cette route pour arriver à la mairie.* **3.** Suivre, c'est obéir. *Bintou n'a pas suivi mes conseils.* **4.** Suivre, c'est prendre un cours. *Clément suit des cours d'anglais.*

sujet *nom masculin (n. m.)*
Le sujet est ce dont on parle dans un texte ou dans une conversation. *Quel est le sujet de cette histoire ?*
Le synonyme est : thème.

superficie *nom féminin (n. f.)*
La superficie est l'étendue d'un endroit. *La chambre de Marine a une superficie de 25 mètres carrés.*

supérieur, supérieure
adjectif masculin, féminin (adj. m., f.)
1. Ce qui est supérieur est meilleur. *Émilie est supérieure à Emma en mathématiques.* **2.** Ce qui est supérieur se trouve plus haut. *Mon appartement se trouve à un étage supérieur à celui du voisin.*
Le contraire est : inférieur.

supermarché
nom masculin (n. m.)
Un supermarché est un grand magasin où l'on peut choisir ce que l'on veut acheter. *Maman fait ses courses dans le supermarché d'à côté.*

superposer *verbe (v.)*
Superposer, c'est poser une chose au-dessus d'une autre. *Armelle et Audrey dorment dans des lits superposés.*

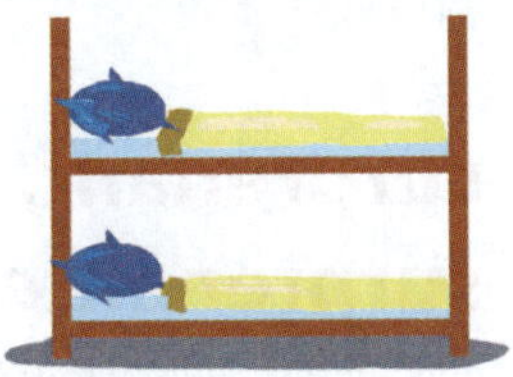

supplément
nom masculin (n. m.)
Un supplément est une chose donnée en plus. *Camille a eu un supplément de glace.*

supplier *verbe (v.)*
Supplier, c'est demander quelque chose avec insistance. *Je t'en supplie, laisse-moi regarder la télévision.*

supporter *verbe (v.)*
1. Supporter, c'est tolérer. *Grand-père ne supporte pas la chaleur de cette pièce.* **2.** Supporter, c'est porter un poids, soutenir. *Attention, cette chaise est cassée, elle ne supportera pas ton poids.*

supporteur, supportrice
nom masculin, féminin (n. m., f.)
Un supporteur, une supportrice est une personne qui encourage une équipe de sportifs. *Les supporteurs ont célébré la victoire de l'équipe dans les rues.*

Remarque : Tu peux aussi écrire un *supporter*, des *supporters*.

supposer *verbe (v.)*
Supposer, c'est croire à quelque chose, mais sans en être sûr. *Je suppose qu'il a déjà mangé.*

supprimer *verbe (v.)*
Supprimer, c'est faire disparaître quelque chose. *Ils ont supprimé le cours de jeudi.*

sur *préposition (prép.)*
Sur veut dire : au-dessus. *Le journal est sur la table.*
Le contraire est : sous.

Remarque : Ne pas confondre *sur* et *sûr*.

sûr, sûre *adjectif masculin, féminin*
(adj. m., f.) **1.** Ce qui est sûr est certain. *Ma tante viendra, c'est sûr !* **2.** Ce qui est sûr ne court pas de risque. *L'argent de la banque est gardé dans un endroit sûr.* ► Bien sûr : c'est sans aucun doute. *J'aime le chocolat, bien sûr !*

sûrement *adverbe (adv.)*
Sûrement veut dire : sans aucun doute. *Aurélie sera sûrement en retard d'une heure.*

surf *nom masculin (n. m.)*
Le surf est un sport qui consiste à se tenir en équilibre sur une planche pour glisser sur les vagues ou sur la neige.

surface *nom féminin (n. f.)*
La surface est l'étendue d'un endroit. *Le soleil se reflète sur la surface du lac.*

surfer *verbe (v.)*
Surfer, c'est glisser sur la neige ou sur les vagues en se tenant en équilibre sur une planche.

surgelé, surgelée
adjectif masculin, féminin (adj. m., f.)
Un produit surgelé est un produit qui a été conservé à une température très basse à moins 18 degrés. *Maman a acheté du poisson surgelé.*

surgeler *verbe (v.)*
Surgeler un aliment, c'est le congeler pour le conserver.

surgir *verbe (v.)*
Surgir, c'est apparaître subitement. *Le loup a surgi des buissons.*

surnom *nom masculin (n. m.)*
Un surnom est un nom donné à une personne à la place de son vrai nom. *Le surnom d'Anne est La Roulette, parce qu'elle adore se rouler dans l'herbe.*

surprenant, surprenante
adjectif masculin, féminin (adj. m., f.)
Ce qui est surprenant provoque de la surprise. *Tu as déjà fini, c'est surprenant !*
Les synonymes sont : étonnant, inattendu.

surprendre *verbe (v.)*
1. Surprendre, c'est étonner. *Ses paroles ont surpris tout le monde.*
2. Surprendre, c'est prendre au dépourvu. *Léo a été surpris en train de manger des sucreries.*

surprise *nom féminin (n. f.)*
Une surprise est une chose inattendue. *Mes amis m'ont fait une surprise pour mon anniversaire.*

sursauter *verbe (v.)*
Sursauter, c'est faire un bond parce que l'on est surpris. *Anne a sursauté en entendant la sonnerie du téléphone portable.*
Le synonyme est : tressaillir.

surtout *adverbe (adv.)*
Surtout veut dire : avant tout. *Simon aime surtout les glaces au chocolat.*
Les synonymes sont : particulièrement, spécialement.

surveillance *nom féminin (n. f.)*
La surveillance est le fait de surveiller quelqu'un ou quelque chose. *le travail du vigile, c'est la surveillance du magasin.*

surveillant, surveillante
nom masculin, féminin (n. m., f.)
Un surveillant, une surveillante est une personne qui veille à ce que tout soit en ordre. *Il y a deux surveillants à la cantine.*

surveiller *verbe (v.)*
Surveiller, c'est veiller à ce que tout se passe correctement. *La police surveille le quartier.*

survêtement *nom masculin (n. m.)*
Un survêtement est un vêtement fait d'un pantalon et d'une veste que l'on met par-dessus une tenue de sport pour être au chaud. *Les joueurs enlèvent leur survêtement parce que le match va bientôt commencer.*
Le synonyme est : jogging.

survivant, survivante
nom masculin, féminin (n. m., f.)
Un survivant, une survivante est une personne qui est restée en vie après un grave danger. *Les survivants ont été hospitalisés.*

survivre *verbe (v.)*
Survivre, c'est échapper à la mort. *Jean a survécu à l'incendie.*

survoler *verbe (v.)*
Survoler, c'est voler au-dessus d'un endroit. *L'hélicoptère survole la ville.*

susceptible
adjectif masculin ou féminin (adj. m. ou f.)
Une personne susceptible est une personne qui se fâche facilement.

suspect, suspecte
adjectif masculin, féminin (adj. m., f.)
Ce qui est suspect provoque la méfiance. *L'homme est considéré comme suspect. Il a été interrogé par la police.*

suspecter *verbe (v.)*
Suspecter, c'est se méfier de quelque chose ou de quelqu'un.
Le synonyme est : soupçonner.

suspendre *verbe (v.)*
Suspendre, c'est accrocher quelque chose en le laissant pendre.
Valentin suspend son foulard au portemanteau.

suspendu, suspendue
adjectif masculin, féminin (adj. m., f.)
Ce qui est suspendu pend en étant soutenu par quelque chose. *Le lustre est suspendu au plafond.*

suspense *nom masculin (n. m.)*
Le suspense est le moment d'un film, d'un livre ou d'un spectacle où l'on attend la suite avec impatience.

syllabe *nom féminin (n. f.)*
Une syllabe est un groupe de lettres dans un mot que l'on prononce en une seule fois. *Le mot* souris *a deux syllabes :* sou *et* ris.

sympathie *nom féminin (n. f.)*
La sympathie est le sentiment que l'on éprouve pour une personne que l'on apprécie. *Géraldine éprouve de la sympathie pour Héloïse.*

sympathique
adjectif masculin ou féminin (adj. m. ou f.)
Une personne sympathique est une personne agréable et gentille. *J'aime bien discuter avec Marie, elle est très sympathique.*
Le synonyme est : aimable.
Les contraires sont : antipathique, désagréable.

synagogue *nom féminin (n. f.)*
Une synagogue est le lieu où se déroulent les cérémonies religieuses juives.

synonyme *nom masculin (n. m.)*
Un synonyme est un mot ayant presque le même sens qu'un autre mot. Magnifique *et* splendide *sont des synonymes.*

système *nom masculin (n. m.)*
1. Un système est un ensemble d'éléments qui fonctionnent de façon organisée. *La Terre fait partie du système solaire.* **2.** Un système est une méthode créative qui permet d'obtenir quelque chose. *Fatou a trouvé un système pour économiser de l'argent.*

tabac *nom masculin (n. m.)*
1. Le tabac est une plante dont les feuilles, riches en nicotine, sont séchées et préparées pour faire des cigares ou des cigarettes.
Le tabac est une plante originaire des Amériques. **2.** Un tabac est un établissement où l'on vend des cigares ou des cigarettes.

à savoir

C'est le navigateur Christophe Colomb qui a rapporté le tabac en Europe. Durant la deuxième moitié du XVIe siècle, le tabac fut planté en France. Il était considéré comme une plante médicinale un peu magique. Au XXe siècle, les effets néfastes du tabac sur la santé ont été de mieux en mieux connus. L'État a donc mis en place des campagnes de prévention déconseillant à tous de consommer du tabac.

table *nom féminin (n. f.)*
Une table est un meuble composé d'une planche posée sur un ou plusieurs pieds. *Mathis et Maxence prennent leur repas à table.*
► Mettre la table : c'est poser sur la table tout ce qui est nécessaire pour le repas. *Léa a fini de mettre la table. Elle a mis les couverts, les assiettes, les verres et les serviettes.* ► Se mettre à table : c'est s'asseoir autour de la table pour prendre le repas.
► Une table de multiplication : c'est un tableau qui donne les multiplications des nombres de 1 à 10, avec les résultats. ► Une table des matières : c'est la liste des chapitres d'un livre. *Meddy a consulté la table des matières pour trouver la page exacte du troisième chapitre.*

tableau *nom masculin (n. m.)*

1. Un tableau est une œuvre faite par un peintre. *Léo est allé au musée pour voir quelques tableaux de Picasso.* **2.** Un tableau est un panneau accroché au mur d'une classe et sur lequel on écrit. *Koffi écrit sur le tableau avec un feutre.* **3.** Un tableau est une liste d'informations ordonnées. *Ce tableau contient des informations sur le nom et l'âge des élèves.*

Remarque : Le pluriel de *tableau* est : des tableaux.

tablette *nom féminin (n. f.)*

1. Une tablette est une petite étagère sur laquelle on pose des objets. *Lucas est très petit, il n'arrive pas à prendre le peigne qui est sur la tablette.* **2.** Une tablette est un aliment qui a la forme d'une plaque. *Maman a acheté trois tablettes de chocolat pour faire un gâteau.*

tablier *nom masculin (n. m.)*

Un tablier est un vêtement que l'on met sur ses habits pour ne pas les salir. *Ma mère met un tablier pour faire le ménage.*

tabouret *nom masculin (n. m.)*

Un tabouret est un siège sans bras ni dossier. *Alexandre est assis sur un tabouret.*

tache *nom féminin (n. f.)*

1. Une tache est une marque provoquée par la saleté. *Il y a des taches de chocolat sur les vêtements de Lisa.* **2.** Une tache est une marque de couleur différente sur la peau d'une personne ou sur le pelage d'un animal. *La mère de Charline a des taches de rousseur sur son visage et sur ses bras.*

Remarque : Ne pas confondre *tache* avec une *tâche*.

tâche *nom féminin (n. f.)*

Une tâche est un travail à accomplir. *Ma mère a partagé les tâches ménagères entre tous.*

Remarque : Ne pas confondre *tâche* avec une *tache*. Le *a* de ce mot prend un accent circonflexe.

tacher *verbe (v.)*

Tacher, c'est salir quelque chose. *Coralie a taché son pull avec de la sauce tomate.*

Remarque : Ne pas confondre *tacher* avec *tâcher*.

tâcher *verbe (v.)*

Tâcher, c'est s'efforcer, essayer. *Tâchez de ne pas arriver en retard.*

Remarque : Ne pas confondre *tâcher* avec *tacher*. Le *a* de ce mot prend un accent circonflexe.

tacheté, tachetée

adjectif masculin, féminin (adj. m., f.)

Ce qui est tacheté est couvert de petites taches. *La girafe a un pelage fauve tacheté de brun.*
Le synonyme est : moucheté.

taie *nom féminin (n. f.)*

Une taie d'oreiller, une taie de traversin est une enveloppe en tissu où l'on met l'oreiller ou le traversin pour le protéger. *Maman change souvent les taies d'oreillers et les draps.*

taille *nom féminin (n. f.)*

1. La taille est la grandeur d'un être ou d'une chose. *Un géant est une personne de très grande taille.* **2.** La taille est la partie du corps entre les côtes et les hanches. *Les femmes ont la taille plus fine que les hommes.*

taille-crayon

nom masculin (n. m.)

Un taille-crayon est un petit instrument qui permet de tailler les crayons. *Le taille-crayon a une petite lame qui affine la mine du crayon.*

Remarque : Le pluriel de *taille-crayon* est : des taille-crayons.

tailler *verbe (v.)*

Tailler, c'est couper une partie de quelque chose pour lui donner une forme particulière. *Le jardinier taille les sapins.*

se taire *verbe (v.)*

Se taire, c'est cesser de parler. *Jérémy et Jonathan se sont tus lorsqu'ils sont entrés dans la bibliothèque.*

talent *nom masculin (n. m.)*

Avoir du talent, c'est être doué pour quelque chose. *Hamidou a du talent pour la danse.*

talentueux, talentueuse

adjectif masculin, féminin (adj. m., f.)

Une personne talentueuse est une personne qui a du talent pour quelque chose. *Bruno est un journaliste très talentueux.*

talon *nom masculin (n. m.)*

1. Le talon est la partie arrière du pied. *Ces chaussures me blessent au talon.* **2.** Le talon d'une chaussure ou d'une chaussette est la partie où repose le talon du pied. *Antoine troue ses chaussettes au talon.*

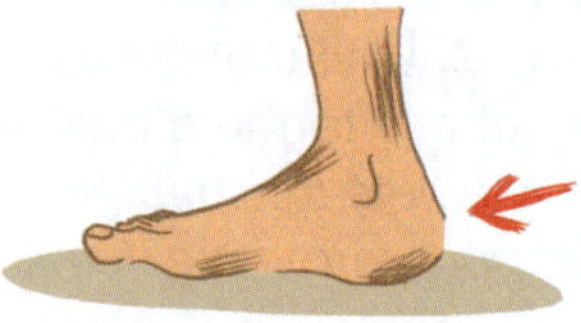

tambour *nom masculin (n. m.)*

Un tambour est un instrument de musique en forme de cylindre sur lequel on tape avec deux baguettes. *Arthur joue du tambour lors du carnaval.*

tambourin *nom masculin (n. m.)*
Un tambourin est un petit tambour plat à grelots. *Le professeur de musique apprend aux enfants à jouer du tambourin.*

tampon *nom masculin (n. m.)*
Un tampon est une petite plaque de métal ou de caoutchouc portant une inscription ou un dessin que l'on imprime sur du papier. *Maman m'a acheté des tampons avec des figures d'animaux.*

tam-tam *nom masculin (n. m.)*
Un tam-tam est un tambour sur lequel on tape avec les mains.

à savoir

Il y a deux types de tam-tam : le tam-tam d'Afrique et le tam-tam de Chine.

tandis que *conjonction (conj.)*
Tandis que veut dire : pendant que. *Tandis que Géraldine fait ses devoirs, Héloïse regarde la télévision.*

tank *nom masculin (n. m.)*
Un tank est un véhicule avec un canon utilisé pour le combat. *Les tanks sont blindés.*
Le synonyme est : char d'assaut.

tant *adverbe (adv.)*
Tant veut dire : tellement. *Suong a tant joué que, maintenant, elle est fatiguée.*

tante *nom féminin (n. f.)*
La tante est la sœur de l'un des parents. *Les deux sœurs de mon père sont mes tantes.*

tant pis *adverbe (adv.)*
Tant pis veut dire : c'est dommage. *Il pleut. Tant pis !*
Le contraire est : tant mieux.

tape *nom féminin (n. f.)*
Une tape est un coup léger que l'on donne avec la paume de la main. *Papa m'a donné une petite tape sur le bras.*

taper *verbe (v.)*
1. Taper, c'est donner un ou plusieurs coups. *Hassan m'a tapé avec sa raquette de tennis.* **2.** Taper, c'est écrire un texte en frappant les touches d'un clavier d'ordinateur. *Mon frère tape la lettre sur l'ordinateur.*

tapis *nom masculin (n. m.)*
Un tapis est un tissu très épais que l'on met par terre pour recouvrir le sol d'une pièce. *Ma mère a mis un tapis à l'entrée de la maison.*

tapisserie *nom féminin (n. f.)*
Une tapisserie, est un papier qui recouvre un mur. *La tapisserie du salon a de beaux motifs.*

taquiner *verbe (v.)*
Taquiner, c'est provoquer quelqu'un, l'agacer, mais sans être méchant. *Ces garçons ne font que taquiner les filles.*

tard *adverbe (adv.)*
Tard veut dire : après le moment souhaité ou le moment habituel. *Il est trop tard pour partir nous promener.* ▶ Plus tard : cela signifie après, à un autre moment. *Nous mangerons plus tard.*

tarder *verbe (v.)*
Tarder, c'est mettre longtemps à faire quelque chose. *Les invités tardent à venir.*

tarentule *nom féminin (n. f.)*
Une tarentule est une grosse araignée poilue et venimeuse. *Dans la ville où j'habite, il n'y a pas de tarentules, on ne les trouve que dans les pays chauds.*

tarif *nom masculin (n. m.)*
Le tarif d'une chose est son prix. *Quel est le tarif du spectacle ?*

tarte *nom féminin (n. f.)*
Une tarte est un gâteau plat, fait de pâte garnie de fruits ou de légumes. *Thomas et Valentin ont acheté une tarte aux pommes à la pâtisserie.*

tartelette *nom féminin (n. f.)*
Une tartelette est une petite tarte. *La nounou m'a fait goûter une tartelette aux cerises.*

tartine
nom féminin (n. f.)
Une tartine est une tranche de pain que l'on recouvre de beurre, de confiture ou de tout autre ingrédient. Pour le petit déjeuner, je me fais de grandes tartines beurrées.

tartiner *verbe (v.)*
Tartiner, c'est étaler du beurre, de la confiture ou tout autre ingrédient sur une tranche de pain. *Baptiste tartine ses biscottes avec du miel.*

tas *nom masculin (n. m.)*
Un tas est un groupe d'objets mis les uns sur les autres. *Aziz a un tas de cahiers dans sa chambre.*
Le synonyme est : amas.

tasse *nom féminin (n. f.)*
Une tasse est un récipient à anse qui sert à boire. *Maman prend une tasse de café.*

tasser *verbe (v.)*
Tasser, c'est appuyer sur une chose pour qu'elle occupe moins d'espace. *Alexis tasse ses vêtements dans la valise.*

tâter *verbe (v.)*
Tâter, c'est toucher avec la main. *Seydou tâte les fruits pour manger ceux qui sont mûrs.*
Le synonyme est : palper.

Remarque : Le *a* prend un accent circonflexe.

tatouage *nom masculin (n. m.)*
Un tatouage est un dessin à l'encre que l'on fait sur la peau avec une aiguille. *Ce motard a des tatouages sur les bras.*

tatouer *verbe (v.)*
Tatouer, c'est faire un dessin à l'encre sur la peau à l'aide d'une aiguille. *Si tu te fais tatouer, tu ne pourras plus enlever le tatouage.*

taupe *nom féminin (n. f.)*
Une taupe est un petit mammifère poilu, presque aveugle, qui vit sous terre et qui se nourrit d'insectes. *La taupe creuse la terre pour faire des galeries souterraines.*

à savoir
La taupe mesure environ 15 centimètres et peut vivre entre quatre et six ans.

taureau *nom masculin (n. m.)*
Le taureau est le mâle de la vache. *Le torero affronte un taureau dans l'arène.*

Remarque : Le pluriel de *taureau* est : des taureaux.

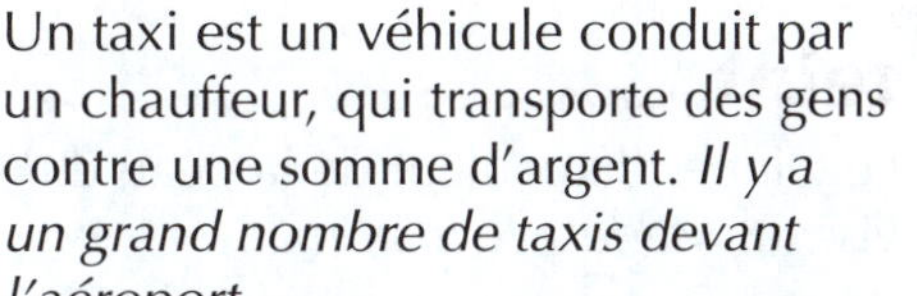

taxi *nom masculin (n. m.)*
Un taxi est un véhicule conduit par un chauffeur, qui transporte des gens contre une somme d'argent. *Il y a un grand nombre de taxis devant l'aéroport.*

te *pronom (pron.)*

Te désigne la deuxième personne du singulier. *Ta tante te téléphone souvent.*

Remarque : *Te* devient *t'* devant une voyelle : *Nicolas t'attend à la maison.*

tee-shirt ou T-shirt

nom masculin (n. m.)

Un tee-shirt est un maillot en coton, à manches courtes et sans col. *En été, les garçons portent des tee-shirts.*

Remarque : Le pluriel de *T-shirt* est : des T-shirts. Le pluriel de *tee-shirt* est : des tee-shirts.

teindre *verbe (v.)*

Teindre, c'est colorer quelque chose. *Maman teint ses cheveux tous les six mois.*

teint *nom masculin (n. m.)*

Le teint est la couleur de la peau du visage. *Marie a le teint mat.*

teinture *nom féminin (n. f.)*

Une teinture est un produit qui sert à teindre. *Le teinturier fait tremper la nappe dans une teinture bleue.*

télécommande

nom féminin (n. f.)

Une télécommande est un petit appareil qui permet de faire fonctionner un autre appareil de loin, sans se déplacer. *Où est la télécommande de la chaîne hi-fi ?*

téléphérique ou téléférique

nom masculin (n. m.)

Le téléphérique est un moyen de transport utilisé en montagne, composé d'une cabine accrochée à un câble. *Pour accéder à la piste de ski, nous devons prendre le téléphérique.*

téléphone *nom masculin (n. m.)*

Un téléphone est un appareil qui permet de parler à quelqu'un qui est loin. *Le téléphone sonne. Peux-tu répondre ?*

téléphoner *verbe (v.)*

Téléphoner, c'est parler à quelqu'un au téléphone. *Mamie vient de me téléphoner.*

télescope *nom masculin (n. m.)*
Un télescope est un appareil qui permet d'observer les astres dans le ciel, ou des objets très éloignés de nous. *Mon père observe les étoiles avec son télescope.*

télésiège *nom masculin (n. m.)*
Un télésiège est un moyen de transport composé de sièges découverts, suspendus à un câble. *Audrey et Aurélie prennent le télésiège pour atteindre les pistes.*

téléski *nom masculin (n. m.)*
Un téléski est un appareil qui permet aux skieurs de remonter la pente en s'accrochant à une perche.
Le synonyme est : remonte-pente.

téléviseur *nom masculin (n. m.)*
Un téléviseur est un appareil qui permet de regarder des programmes de télévision. *Mon père a acheté un téléviseur à écran plat.*

télévision *nom féminin (n. f.)*
La télévision est une technique qui permet de voir et d'entendre des images et des sons sur un téléviseur. *Il y a quoi ce soir à la télévision ?*

tellement *adverbe (adv.)*
Tellement veut dire : à tel point, à un tel degré. *Camélia était tellement pressée qu'elle n'a même pas dit au revoir.*

témoigner *verbe (v.)*
Témoigner, c'est dire ce que l'on a vu ou entendu. *Anne témoigne : elle était là lorsque les voleurs sont entrés dans le magasin.*

témoin *nom masculin (n. m.)*
Un témoin est une personne qui a assisté à quelque chose et qui peut raconter ce qu'elle a vu ou entendu. *Il y a deux témoins du vol de la bijouterie.*

température *nom féminin (n. f.)*
1. La température est le degré de chaleur ou de froid dans un endroit. *Les températures ne sont pas très élevées cet été.* **2.** La température est le degré de chaleur du corps. *L'infirmière prend la température de Manon parce qu'elle est malade.*

tempête *nom féminin (n. f.)*

Une tempête est un vent très fort accompagné souvent de pluie, de neige ou d'orage. *Plusieurs arbres sont tombés à cause de la tempête.*

coin lecture

« Le ciel était bleu encore [...] mais tout à l'entour des nuages d'un rouge menaçant annonçaient une terrible tempête [...] »
Le Pêcheur et sa femme.
Les frères Grimm.

temple *nom masculin (n. m.)*

Un temple est un édifice construit jadis par différents peuples pour rendre hommage à leurs dieux. *Amina a visité un temple grec pendant ses vacances.*

temps *nom masculin (n. m.)*

1. Le temps est la durée que l'on mesure en heures, en minutes et en secondes. *Clémence prend beaucoup de temps pour aller à l'école.* **2.** Le temps est un moment libre. *Tu peux venir avec moi si tu as le temps.* **3.** Le temps est l'état du ciel à un moment donné. *Le ciel est complètement dégagé, quel beau temps !*

tendre *adjectif masculin ou féminin (adj. m. ou f.)*

1. Une personne tendre est une personne affectueuse. *Mamie est très tendre avec moi. Elle me prend toujours dans ses bras.* **2.** Une viande tendre est une viande facile à couper et à mâcher. *Cette viande n'est pas tendre, elle est même très dure !*

tendrement *adverbe (adv.)*

Tendrement veut dire : affectueusement. *Ma mère nous parle tendrement parce qu'elle nous aime.*

tendresse *nom féminin (n. f.)*

La tendresse est le sentiment d'affection et de douceur que l'on éprouve pour une personne. *Grand-mère a beaucoup de tendresse pour sa petite-fille.*

tenir *verbe (v.)*

1. Tenir, c'est avoir quelque chose entre les mains. *Quentin tient un gros sac.* **2.** Tenir, c'est être fixé quelque part. *L'affiche tient par des punaises.* **3.** Tenir, c'est conserver. *Papa arrive dans cinq minutes, je dois tenir son repas au chaud.*
► Se tenir bien ou mal : c'est se comporter bien ou mal. *Moussa se tient bien à l'école, il est très sage.*

tennis *nom masculin (n. m.)*

Le tennis est un sport dans lequel des joueurs se renvoient une balle avec des raquettes par-dessus un filet tendu. *Dans une équipe de tennis, il peut y avoir deux ou quatre joueurs.*

tentacule *nom masculin (n. m.)*

Un tentacule est une sorte de bras dont sont pourvus certains animaux, qui leur permet de se déplacer, de détecter et de capturer leurs proies. *Le poulpe a huit tentacules très puissants.*

tentative *nom féminin (n. f.)*
Une tentative est un essai que l'on fait pour obtenir ce que l'on veut. *Après plusieurs tentatives, Mathilde a finalement gagné.*

tente *nom féminin (n. f.)*
Une tente est un refuge en toile, tendu avec des piquets et utilisé pour camper. *Les scouts ont monté une tente dans la forêt.*

tenter *verbe (v.)*
Tenter, c'est essayer de faire quelque chose. *Les pompiers ont tout tenté pour éteindre le feu.* ► Tenter sa chance : c'est essayer de réussir. *Rachid va tenter sa chance au casino.*

tenue *nom féminin (n. f.)*
La tenue est la façon dont on s'habille. *Pour aller au restaurant, Rémi a changé de tenue.*

terminer *verbe (v.)*
Terminer, c'est faire quelque chose jusqu'au bout. *Reda a terminé de réviser ses cours.*

terminus *nom masculin (n. m.)*
Le terminus est la dernière station d'un bus, d'un train ou d'une ligne de métro. *Ousmane descend au terminus du train.*

termite *nom masculin (n. m.)*
Un termite est un insecte qui vit en colonie et qui se nourrit de bois. *Les termites sont des insectes très nuisibles.*

terne
adjectif masculin ou féminin (adj. m. ou f.)
Ce qui est terne a peu d'éclat. *Maxime n'aime pas les couleurs ternes.*

terrain *nom masculin (n. m.)*
Un terrain est une étendue de terre. *La mairie va construire un parc sur ce terrain.*

terrasse *nom féminin (n. f.)*
1. Une terrasse est une plate-forme en plein air qui prolonge un appartement. *Dans mon immeuble, les appartements du dernier étage ont une grande terrasse.* **2.** La terrasse est la partie extérieure d'un café ou d'un restaurant. *En été, les gens préfèrent s'installer aux terrasses des cafés.*

terre *nom féminin (n. f.)*

1. La Terre est la planète où l'homme habite. *La Terre est ronde.* **2.** La terre est le sol. *Paul est tombé par terre.* **3.** La terre est la matière qui compose le sol. *Les agriculteurs cultivent la terre.*

coin lecture

« Ce qui l'étonnait le plus, c'est que là- haut, sur la terre, les fleurs eussent un parfum, ce qu'elles n'avaient pas au fond de la mer. »
La Petite Sirène.
Andersen.

terrestre

adjectif masculin ou féminin (adj. m. ou f.)

Ce qui est terrestre vit sur la terre. *Les poissons ne sont pas des animaux terrestres.*

terreur *nom féminin (n. f.)*

La terreur est une très forte peur. *La présence de loups aux alentours du village a provoqué la terreur des habitants.*

terrible *adjectif masculin ou féminin (adj. m. ou f.)*

1. Une chose terrible est une chose très violente, très forte. *Cet après-midi, il y a eu une terrible tempête.* **2.** Une personne terrible est une personne déplaisante, odieuse. *Ces garçons sont terribles. Ils ne font que des bêtises.*

terrier *nom masculin (n. m.)*

Un terrier est le refuge souterrain d'un animal. *Les renardeaux dorment dans le terrier.*

terrifiant, terrifiante

adjectif masculin, féminin (adj. m., f.)

Une chose terrifiante est une chose qui provoque une peur intense. *Le tremblement de terre a été terrifiant.*

territoire *nom masculin (n. m.)*

1. Un territoire est une étendue de terre délimitée et occupée par un groupe de personnes. *Le territoire français est plus grand que le territoire suisse.* **2.** Le territoire d'un animal est l'espace où il habite. *Les animaux défendent leur territoire des intrus.*

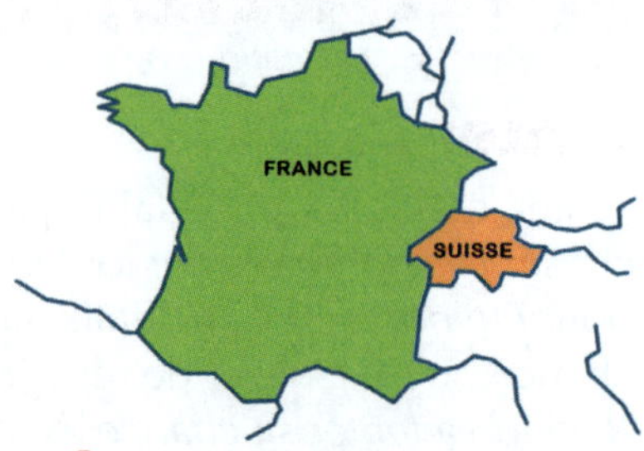

têtard *nom masculin (n. m.)*

Le têtard est le petit de la grenouille. *Les têtards vivent dans l'eau des marais.*

à savoir

Le têtard est pourvu d'une grosse tête et d'une queue. Il perd sa queue lorsque ses pattes apparaissent, et ses branchies sont remplacées par des poumons. Le têtard se métamorphose donc en grenouille et peut sortir de l'eau.

tête *nom féminin (n. f.)*

1. La tête est la partie supérieure du corps reliée au tronc par le cou. *Le cerveau, les yeux, la bouche, les oreilles et le nez se trouvent dans la tête.* **2.** La tête est le visage. *Quoc a une drôle de tête.* ▶ Faire la tête : c'est être de mauvaise humeur. *C'est incroyable ! Anne fait toujours la tête.*

Remarque : Le premier *e* de ce mot prend un accent circonflexe.

tétine *nom féminin (n. f.)*

La tétine est le bouchon en caoutchouc, percé d'un trou, d'un biberon. *C'est la tétine qui permet au bébé de boire son biberon.*

têtu, têtue

adjectif masculin, féminin (adj. m., f.)

Une personne têtue est une personne qui ne veut pas changer d'avis. *Marie est têtue, elle refuse toujours de venir avec nous au cinéma.*
Le synonyme est : obstiné.

texte *nom masculin (n. m.)*

Un texte est un ensemble de phrases ou de paragraphes. *La maîtresse nous a dicté un texte.*

thé *nom masculin (n. m.)*

Le thé est une infusion préparée avec les feuilles séchées d'une plante d'Asie. *Maman préfère le thé vert au thé blanc.*

à savoir

Les Anglais sont les premiers consommateurs de thé en Europe.

théière *nom féminin (n. f.)*

Une théière est un récipient utilisé pour préparer et pour servir le thé. *La théière de maman est en porcelaine.*

thermomètre

nom masculin (n. m.)

Un thermomètre est un appareil qui sert à mesurer la température. *Maman prend la température d'Albin avec le thermomètre.*

thon *nom masculin (n. m.)*

Un thon est un grand poisson qui vit dans les mers chaudes et tempérées. *Lucas adore les rillettes de thon.*

à savoir

Il existe deux variétés de thon : le thon blanc et le thon rouge. Le thon se déplace en bancs.

A B C D E F G H I J K L M N O P Q R S T U V W X Y Z

thorax *nom masculin (n. m.)*

Le thorax est la partie du corps située entre le cou et le ventre. *Le cœur et les poumons sont protégés par le thorax.*

tic *nom masculin (n. m.)*

Un tic est un mouvement nerveux que certaines personnes font sans s'en apercevoir. *Marie cligne de l'œil sans arrêt, c'est un tic.*

Remarque : Ne pas confondre *tic* avec une *tique.*

ticket *nom masculin (n. m.)*

1. Un ticket est un petit papier qui permet de voyager dans les transports en commun. *Reda a acheté un carnet de tickets pour prendre le métro.* **2.** Un ticket est un papier qui prouve que l'on a acheté quelque chose. *Marine doit avoir le ticket de caisse du magasin pour changer la robe.*

tiède

adjectif masculin ou féminin (adj. m. ou f.)

Une chose tiède est une chose légèrement chaude. *La tisane est déjà un peu tiède.*

tien, tienne

pronom masculin, féminin (pron. m., f.)

Tien, tienne veulent dire : « cette chose est à toi ». *J'ai oublié mon stylo, peux-tu me prêter le tien ?*

Remarque : Le pluriel de *tien* est : tiens. Le pluriel de *tienne* est *tiennes.*

tiens ! *interjection (interj.)*

Tiens ! est un mot que l'on utilise quand on est surpris ou étonné. *Tiens ! Je ne t'avais pas vu.*

tige *nom féminin (n. f.)*

La tige est la partie fine et allongée d'une plante qui porte les feuilles et les fleurs. *Les tiges des plantes sont vertes.*

tigre, tigresse

nom masculin, féminin (n. m., f.)

Un tigre, une tigresse sont des mammifères sauvages au pelage jaune-roux et à rayures noires qui se nourrissent de viande. *Le tigre feule.*

à savoir

Le tigre habite surtout en Asie. Le tigre est une espèce protégée parce qu'il est en voie de disparition.

tilleul *nom masculin (n. m.)*

Le tilleul est un grand arbre dont les fleurs parfumées sont blanches ou jaunes. *Nous préparons des tisanes avec les fleurs du tilleul.*

timbre *nom masculin (n. m.)*

Un timbre est un autocollant en forme de rectangle que l'on met sur une enveloppe ou sur un colis pour payer le prix de l'envoi. *Les prix des timbres varient selon le poids du courrier et sa destination.*

timbrer *verbe (v.)*

Timbrer, c'est mettre un timbre sur une enveloppe ou sur un colis. *Avant d'envoyer une lettre, nous devons la timbrer.*

timide *adjectif masculin ou féminin (adj. m. ou f.)*

Une personne timide est une personne qui manque de confiance en elle et qui a peur de parler aux autres. *Marine rougit facilement parce qu'elle est timide.*

Le synonyme est : réservé.
Le contraire est : hardi.

timidité *nom féminin (n. f.)*

La timidité est le caractère d'une personne timide. *Bruno n'ose pas parler à Héloïse par timidité.*

tique *nom féminin (n. f.)*

Une tique est un insecte qui vit sur la peau de certains mammifères et qui se nourrit de leur sang. *La tique peut transmettre des maladies.*

Remarque : Ne pas confondre *tique* avec un *tic.*

tir *nom masculin (n. m.)*

1. Le tir est le fait de tirer avec une arme. *Ali est très fort au tir à l'arc.* **2.** Un tir est un coup de pied donné à une balle pour la diriger vers un endroit particulier. *Le joueur a fait un tir au but.*

tire-bouchon *nom masculin (n. m.)*

Un tire-bouchon est un instrument qui permet de déboucher les bouteilles.

Remarque : Le pluriel de *tire-bouchon* est : des tire-bouchons.

tirelire *nom féminin (n. f.)*

Une tirelire est un objet pourvu d'une fente à travers laquelle on glisse de l'argent que l'ont veut économiser. *La tirelire la plus connue est celle en forme de cochon.*

coin lecture

« Tout en haut de l'armoire trônait la tirelire sous la forme d'un cochon en terre cuite ; il avait naturellement une fente dans le dos, et cette fente avait été élargie à l'aide d'un couteau [...]. »
La Tirelire.
Andersen.

tirer *verbe (v.)*

1. Tirer, c'est déplacer en amenant vers soi. *Le cheval tire le carrosse.* **2.** Tirer, c'est envoyer un projectile en utilisant une arme. *Le chasseur a tiré sur les canards.* **3.** Tirer, c'est donner un coup de pied dans une balle ou un ballon. *Le joueur a tiré au but.* **4.** Tirer, c'est prendre au hasard. *Antonin a tiré le numéro 5.*

tiroir *nom masculin (n. m.)*

Un tiroir est une case d'un meuble que l'on peut ouvrir et fermer. *La commode a cinq tiroirs.*

tisane *nom féminin (n. f.)*

Une tisane est une boisson chaude à base de plantes. *Cette boîte contient des sachets de différentes tisanes.* Le synonyme est : infusion.

tisser *verbe (v.)*

Tisser, c'est entrecroiser des fils pour faire un tissu. *Cette machine tisse des fils de laine.*

tissu *nom masculin (n. m.)*

Un tissu est une étoffe fabriquée en tissant des fils. *Le tissu sert à faire des vêtements.* ► Un tissu-éponge : c'est un tissu de coton qui absorbe l'eau. *Le tissu-éponge sert à faire des serviettes de toilette.*

titre *nom masculin (n. m.)*

1. Un titre est le nom donné à un film, à un livre, à un texte, à une pièce de théâtre ou à une chanson. *Le titre de cette fable est :* Le Lièvre et la Tortue. **2.** Un titre est une phrase écrite au début d'un article de journal et qui résume son contenu. *Les titres des articles de journaux sont écrits en gros caractères.*

toboggan *nom masculin (n. m.)*

Un toboggan est une piste en pente sur laquelle on se laisse glisser pour s'amuser. *On peut se jeter dans la piscine en glissant sur le toboggan.*

toi *pronom (pron.)*

Toi est un mot qui désigne la deuxième personne du singulier. *C'est à toi de jouer, c'est ton tour.*

Remarque : Ne pas confondre *toi* avec un *toit*.

toilette *nom féminin (n. f.)*

La toilette est le fait de se laver. *Nicolas fait sa toilette tous les matins.*

toilettes *nom féminin pluriel (n. f. pl.)*

Les toilettes sont les waters. *Dans le centre commercial, il y a des toilettes publiques.*

toit *nom masculin (n. m.)*

Le toit est la partie qui est sur le dessus d'un bâtiment. *La tempête a abîmé le toit de la maison.*

Remarque : Ne pas confondre *toit* avec *toi*.

tomate *nom féminin (n. f.)*
Une tomate est un fruit rond, charnu et rouge que l'on consomme cuit ou cru. *Marine n'aime pas la soupe de tomates.*

tombe *nom féminin (n. f.)*
Une tombe est un trou que l'on creuse dans la terre pour enterrer un mort. *Dans le cimetière, il y a de nombreuses tombes.*

tombeau *nom masculin (n. m.)*
Un tombeau est un monument élevé sur une tombe. *Dans ce cimetière, il y a des tombeaux d'écrivains très connus.*

Remarque : Le pluriel de *tombeau* est : des tombeaux.

tombée *nom féminin (n. f.)*
La tombée de la nuit est le moment où la nuit arrive. *Le soleil vient de se cacher, c'est la tombée de la nuit.* Le synonyme est : crépuscule.

tomber *verbe (v.)*
1. Tomber, c'est faire une chute. *Marion est tombée par terre.*
2. Tomber, c'est descendre du ciel vers le sol. *La neige tombe dans les montagnes.*

tombola *nom féminin (n. f.)*
Une tombola est un jeu de loterie qui permet de gagner des objets.

ton, ta *adjectif masculin, féminin (adj. m, f.)* *Ton, ta* sont des mots qui indiquent que quelque chose « est à toi ». *Où est ton cartable ?*

Remarque : Le pluriel de *ton* et de *ta* est : tes. On emploie *ton* au lieu de *ta* devant une voyelle ou un h muet : Ton inquiétude est grande. Où est ton habitation ? Ne confonds pas *ton* avec un *thon*.

tondre *verbe (v.)*
1. Tondre l'herbe, c'est la couper très court avec une tondeuse. *Le jardinier tond le gazon du parc.*
2. Tondre les cheveux ou les poils, c'est les couper très court. *Simon est allé chez le coiffeur qui lui a tondu ses cheveux.*

tonne *nom féminin (n. f.)*
Une tonne équivaut à mille kilos. *Ce tracteur pèse plusieurs tonnes.*

tonneau *nom masculin (n. m.)*
Un tonneau est un grand récipient arrondi et en bois, utilisé pour garder des boissons alcoolisées. *Le vin, le cidre et la bière sont gardés dans des tonneaux.*

Remarque : Le pluriel de *tonneau* est : des tonneaux.

tonnerre *nom masculin (n. m.)*

Le tonnerre est le bruit qui accompagne l'éclair pendant un orage. *La violence des coups de tonnerre a fait peur aux enfants.*

torche *nom féminin (n. f.)*

Une torche est un flambeau recouvert de cire que l'on allume. *Les torches servent à éclairer.*
► Une torche électrique : c'est une lampe qui fonctionne avec des piles. *Dans la voiture, mon père a toujours une torche électrique.*

torchon *nom masculin (n. m.)*

Un torchon est un morceau de tissu qui sert à essuyer la vaisselle. *Le torchon est mouillé parce que maman vient d'essuyer les verres.*

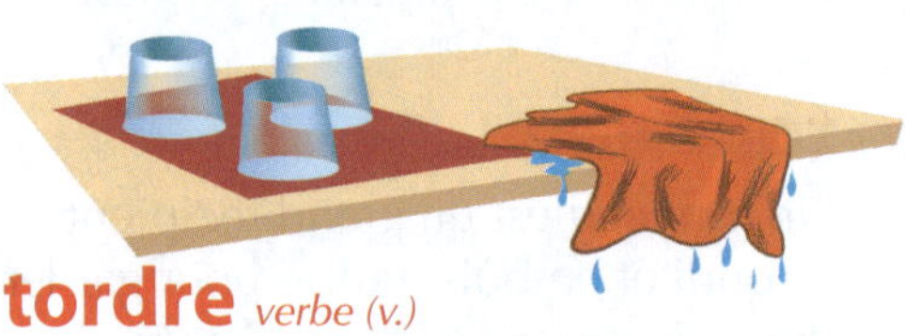

tordre *verbe (v.)*

1. Tordre, c'est plier ou tourner brutalement. *Marine s'est tordu la cheville en faisant son footing.*
2. Tordre, c'est tourner un objet sur lui-même. *Maman tord la nappe qu'elle vient de laver pour l'essorer.*

tornade *nom féminin (n. f.)*

Une tornade est un vent très fort qui forme des tourbillons. *Aux États-Unis, il y a souvent des tornades.*

torse *nom masculin (n. m.)*

Le torse d'une personne est la partie de son corps qui va des épaules à la taille. *En été, les garçons se baladent torse nu sur la plage.*

tort *nom masculin (n. m.)*

Un tort est une erreur. *Pierre ne reconnaît jamais ses torts.* ► Avoir tort : c'est faire une erreur, se tromper. *Ce n'est pas la réponse correcte, tu as tort !* ► Faire du tort à une personne : c'est lui nuire. *La façon dont il a parlé d'elle lui a fait du tort.*

tortue *nom féminin (n. f.)*

Une tortue est un animal à quatre pattes muni d'une carapace. *Les tortues sont des reptiles qui se déplacent lentement. Les tortues pondent des œufs.*

à savoir

La carapace de la tortue entoure complètement son corps tout en laissant passer la tête, les pattes et la queue. La vie d'une tortue peut aller jusqu'à 200 ans.

tôt *adverbe (adv.)*

Tôt veut dire : de bonne heure. *Pour aller à l'école, Nicolas se lève tôt le matin.*
Le contraire est : tard.

Remarque : Le *o* de ce mot prend un accent circonflexe.

total, totale
adjectif masculin, féminin (adj. m., f.)

1. Ce qui est total est complet, entier, absolu. *Cette pièce de théâtre a été un échec total.* **2.** Ce qui est total concerne la somme de tous les éléments d'un ensemble.

total *nom masculin (n. m.)*

Le total est le résultat d'une addition. *Le total de 10 + 10 est 20.*

totalité *nom féminin (n. f.)*

La totalité est l'ensemble des éléments d'un tout. *Pierre a mangé la totalité des fruits.*

toucan *nom masculin (n. m.)*

Un toucan est un oiseau au plumage coloré et à long bec qui se nourrit de fruits, d'œufs et de petits insectes. *Le toucan est originaire d'Amérique tropicale.*

à savoir

Le bec du toucan peut mesurer jusqu'à 20 centimètres.

touchant, touchante
adjectif masculin, féminin (adj. m., f.)

Une chose touchante est une chose qui attendrit. *La façon dont elle m'a parlé était très touchante.*

touche *nom féminin (n. f.)*

Une touche est une sorte de bouton d'un clavier sur lequel on appuie avec les doigts. *Les lettres de l'alphabet sont écrites sur les touches du clavier des ordinateurs.*

toucher *verbe (v.)*

1. Toucher, c'est poser la main sur un être ou sur une chose. *Ne touche pas ! C'est fragile !* **2.** Toucher, c'est produire de l'émotion. *Ses paroles m'ont touché.* **3.** Toucher, c'est recevoir de l'argent. *Mon père a touché une grosse somme d'argent ce mois-ci.*

touffe *nom féminin (n. f.)*

Une touffe est un petit amas de poils ou de brins d'herbe réunis. *Ma mère nettoie son jardin, elle arrache des touffes de mauvaises herbes.*

toujours *adverbe (adv.)*

Toujours veut dire : tout le temps. *Marine est toujours souriante.*

toupie *nom féminin (n. f.)*

Une toupie est un jouet en forme de poire que l'on fait tourner sur sa pointe. *On fait tourner certaines toupies à l'aide d'une corde.*

1. tour *nom féminin (n. f.)*
Une tour est une construction très haute. *La tour Eiffel est un monument très connu.*

2. tour *nom masculin (n. m.)*
Un tour est une petite promenade. *Alexandre et Alexis sont partis faire un tour dans le parc.*

tourbillon *nom masculin (n. m.)*
Un tourbillon est le mouvement fait par quelque chose qui tourne très rapidement. *Le vent soulève des tourbillons de feuilles.*

touriste *nom masculin, féminin (n. m., f.)* Un touriste, une touriste est une personne qui voyage pour son plaisir pour découvrir de nouveaux endroits. *Il y a beaucoup de touristes à Venise.*

tourner *verbe (v.)*
1. Tourner, c'est se déplacer autour de quelque chose. *Les roues du vélo tournent très vite.* **2.** Tourner, c'est changer de direction. *Marie a tourné la tête vers la droite.* ▶ Tourner les pages : c'est passer d'une page à l'autre dans un livre ou dans un cahier. ▶ Tourner un film : c'est faire un film.

tournesol *nom masculin (n. m.)*
Le tournesol est une plante dont les fleurs grandes et jaunes se tournent vers le soleil pendant toute la journée. *Lorsque j'ai voyagé en voiture, j'ai vu des champs de tournesols.*

à savoir
Le tournesol est aussi appelé « grand soleil ». Cette plante est cultivée pour ses graines qui servent à fabriquer de l'huile de tournesol.

tournevis *nom masculin (n. m.)*
Un tournevis est un outil pour serrer et desserrer des vis. *Papa serre les vis du placard à l'aide du tournevis.*

tournoi *nom masculin (n. m.)*
Un tournoi est une compétition sportive. *À l'école, il y a un tournoi d'athlétisme.*

tourterelle *nom féminin (n. f.)*
Une tourterelle est un oiseau au plumage gris et tacheté de noir qui se nourrit d'insectes et de grains. *Les tourterelles ressemblent aux pigeons.*

à savoir
Les tourterelles vivent dans le bois. Elles mesurent entre 20 et 30 centimètres environ.

tousser *verbe (v.)*
Tousser, c'est faire du bruit avec sa gorge en chassant l'air de sa bouche. *Simon tousse parce qu'il est malade.*

tout, toute
adjectif indéfini (adj. indéf.)

1. *Tout, toute* est l'ensemble d'une chose, la totalité. *Chloé a perdu tous ses cahiers.*

tout, toute *adverbe (adv.)*

Tout, toute signifie : totalement, complètement. *Mes chaussures sont toutes neuves.*

Remarque : Le pluriel de *tout* est : tous. Le pluriel de *toute* est : toutes.

tout de suite *adverbe (adv.)*
Tout de suite veut dire : immédiatement. *Viens à table tout de suite !*

toux *nom féminin (n. f.)*
La toux est la sortie brusque d'air par la bouche accompagnée de bruit. *Anaïs prend du sirop pour la toux.*

Remarque : ne pas confondre toux avec tout. Ce mot se termine par un *x*.

toxique
adjectif masculin ou féminin (adj. m. ou f.)

Un produit toxique est un produit qui contient du poison et qui nuit à la santé. *Les produits d'entretien sont souvent très toxiques pour l'environnement.*
Le synonyme est : nocif.

trac *nom masculin (n. m.)*
Le trac est la peur ressentie lorsque l'on doit paraître en public. *Chloé n'a plus de voix, elle a le trac.*

trace *nom féminin (n. f.)*
Une trace est une marque laissée par quelqu'un ou par quelque chose. *Il y a des traces de chocolat sur le pull de Bastien.*

tracer *verbe (v.)*
Tracer, c'est dessiner en faisant des traits. *Clément trace un triangle sur son cahier.*

tracteur *nom masculin (n. m.)*
Un tracteur est un gros véhicule agricole qui permet de faire des travaux dans les champs. *Les agriculteurs se servent des tracteurs pour labourer leurs champs.*

tradition *nom féminin (n. f.)*
Une tradition est un ensemble de croyances ou de coutumes que partage un groupe de personnes. *Le carnaval de Mardi gras fait partie de la tradition française.*

A B C D E F G H I J K L M N O P Q R S T U V W X Y Z

traduire *verbe (v.)*

Traduire, c'est exprimer dans une langue ce qui est dit dans une autre langue. *Mon professeur a traduit quelques phrases d'anglais en français.*

trafic *nom masculin (n. m.)*

Le trafic est la circulation des véhicules ou autres moyens de transport. *Le trafic est perturbé dans le métro.*

trahir *verbe (v.)*

Trahir, c'est tromper une personne. *Mariam n'a pas tenu sa promesse, elle m'a trahi.*

train *nom masculin (n. m.)*

Un train est un ensemble de wagons tirés par une locomotive qui sert au transport des voyageurs ou des marchandises. *Le train est arrivé en retard à la gare.*

à savoir

Les trains circulent sur des rails.

traîneau *nom masculin (n. m.)*

Un traîneau est un moyen de transport léger, tiré par des bêtes et utilisé sur la glace ou la neige. *Le père Noël apporte les cadeaux des enfants dans son traîneau.*

Remarque : Le *i* de ce mot prend un accent circonflexe. Le pluriel de *traîneau* est : des traîneaux.

traîner *verbe (v.)*

1. Traîner une chose, c'est la tirer derrière soi. *Pierre traîne son chariot.* **2.** Traîner, pour des objets, signifie qu'ils sont en désordre. *Tout traîne par terre dans ta chambre !* **3.** Traîner, c'est marcher lentement. *Dépêche-toi, ne traîne pas derrière nous.*

Remarque : Le *i* de ce mot prend un accent circonflexe.

traire *verbe (v.)*

Traire, c'est presser les mamelles d'un animal pour tirer son lait. *Armelle sait traire des vaches, des brebis et des chèvres.*

coin lecture

« Il souffrait tellement du chaud, que sa langue était collée de soif à son palais. « Il y a remède au mal, pensa-t-il ; je vais traire ma vache et me rafraîchir d'un verre de lait. »

Jean le chanceux.

Les frères Grimm.

trait *nom masculin (n. m.)*

1. Un trait est une ligne. *Alexandra a souligné d'un trait rouge le titre du texte.* **2.** Un trait est une marque particulière que possède quelqu'un ou quelque chose. *Les traits du visage de Lisa ressemblent beaucoup à ceux d'Alice.*

Remarque : Ne pas confondre *trait* avec *très*.

traiter *verbe (v.)*
1. Traiter, c'est agir d'une certaine manière avec un être. *Les élèves se traitent bien entre eux.* **2.** Traiter, c'est donner un nom désagréable à quelqu'un. *Cassandra a traité Cyrille de lâche.*

trajet *nom masculin (n. m.)*
Un trajet est un chemin à parcourir pour aller d'un endroit à un autre. *Le trajet pour aller à l'école est très court.*

trampoline *nom masculin (n. m.)*
Un trampoline est une grande toile tendue sur des ressorts sur laquelle on saute et on rebondit. *Il y a un trampoline dans la salle de sports.*

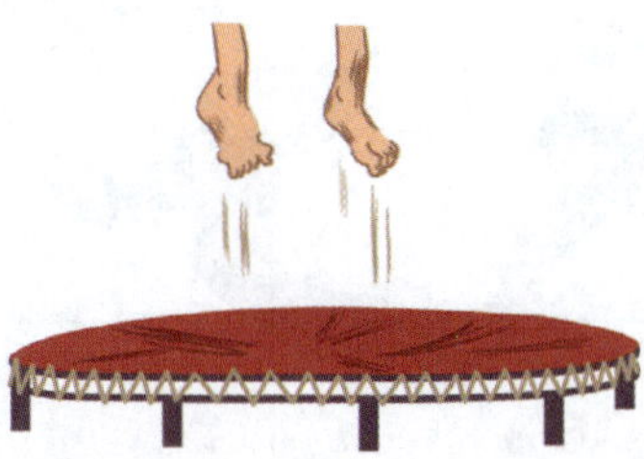

tramway *nom masculin (n. m.)*
Un tramway est un chemin de fer électrique qui sert à transporter des personnes dans les villes. *Il y a une station de tramway en face de l'hôpital.*

tranchant, tranchante
adjectif masculin, féminin (adj. m., f.)
Un instrument tranchant est coupant. *Camille s'est blessée avec une lame tranchante.*

tranche *nom féminin (n. f.)*
Une tranche est un morceau plus ou moins épais d'un aliment que l'on coupe. *Cette brioche est coupée en tranches.*

tranquille
adjectif masculin ou féminin (adj. m. ou f.)
1. Ce qui est tranquille est calme, serein. *Mon voisin mène une vie tranquille.* **2.** Un endroit tranquille est un endroit sans bruit, paisible. *La ville natale des mes parents est très tranquille.*

tranquillement *adverbe (adv.)* *Tranquillement* veut dire : calmement, sereinement. *Amina regarde la télévision tranquillement sur le canapé.*

tranquilliser *verbe (v.)*
Tranquilliser, c'est faire disparaître l'inquiétude chez une personne, la rassurer. *Tranquillise-toi, tout va s'arranger !*

transformer *verbe (v.)*
Transformer, c'est changer de forme, d'aspect. *Après les travaux de rénovation, la maison est complètement transformée.*
Le synonyme est : modifier.
se transformer *verbe (v.)*
Se transformer, c'est se métamorphoser. *Le prince s'est transformé en crapaud parce que la sorcière lui a jeté un sort.*

A B C D E F G H I J K L M N O P Q R S T U V W X Y Z

transmettre *verbe (v.)*

1. Transmettre, c'est faire passer quelque chose d'une personne à une autre. *Peux-tu transmettre mon message à Cassandra ?.*
2. Transmettre une maladie, c'est la propager. *Le moustique peut transmettre des maladies par sa piqûre.*

transparent, transparente

adjectif masculin, féminin (adj. m., f.)

Un objet transparent laisse passer la lumière et permet de distinguer les objets au travers. *Les rideaux de la maison sont assez transparents.*

transpiration *nom féminin (n. f.)*

La transpiration est le liquide qui sort de la peau lorsque l'on a chaud, lorsque l'on a fait un effort physique ou quand on a peur. *La transpiration est un liquide transparent.*

Le synonyme est : sueur.

transpirer *verbe (v.)*

Transpirer, c'est rejeter de la sueur par la peau. *Quand Alexandra court, elle transpire beaucoup.*

transport *nom masculin (n. m.)*

Le transport est le fait de déplacer des choses ou des êtres. *Le transport du courrier est effectué par la poste.*

► Les transports en commun : ce sont des moyens qui permettent à un grand nombre de personnes à la fois de se déplacer d'un endroit à un autre. *L'avion, le métro, le tramway et le bus sont des transports en commun.*

transporter *verbe (v.)*

Transporter, c'est porter un objet ou un animal, ou conduire une personne d'un endroit à un autre. *Le métro transporte un grand nombre de personnes tous les jours.*

trapéziste

nom masculin ou féminin (n. m. ou f.)

Un trapéziste, une trapéziste est une personne qui fait, dans un cirque, des exercices sur un trapèze.

trappe *nom féminin (n. f.)*

Une trappe est une petite porte qui permet d'accéder à une pièce située au plafond ou au plancher d'une maison, d'une construction. *Pour aller au grenier, monte les escaliers et ouvre la trappe.*

travail *nom masculin (n. m.)*

1. Un travail est une activité faite pour gagner de l'argent. *Nicolas est chômeur. Il n'a pas trouvé de travail.* Le synonyme est : emploi.
2. Le travail est un devoir ou une leçon pour l'école. *La maîtresse nous donne beaucoup de travail à chaque fois.* ► Les travaux : ce sont toutes les activités réalisées pour réparer ou construire quelque chose. *Les ouvriers font des travaux dans cet immeuble.*

Remarque : Le pluriel de *travail* est : des travaux.

travailler *verbe (v.)*

1. Travailler, c'est réaliser une activité pour gagner de l'argent. *Valentin travaille dans un hôpital, il est médecin.* **2.** Travailler, c'est faire des efforts pour obtenir de bons résultats. *Les enfants de Manon travaillent bien à l'école.*

travers *nom masculin (n. m.)*

1. *À travers* signifie : en traversant. *La lumière passe à travers la fenêtre.*
2. *En travers* veut dire : dans le sens de la largeur. *La voiture a dérapé. Elle est en travers de la route.*
3. *De travers* veut dire : incorrect, dans une position inhabituelle. *Ama a mis sa jupe de travers.*

traverser *verbe (v.)*

Traverser, c'est aller d'un bout à l'autre. *Anthony a traversé la rivière à la nage.*

trèfle *nom masculin (n. m.)*

Un trèfle est une petite plante à trois feuilles. *Il y a des trèfles dans l'herbe.*

à savoir

Quand le trèfle a quatre feuilles, on dit qu'il porte bonheur.

tremblement

nom masculin (n. m.)

Le tremblement est le fait d'agiter son corps par de petits mouvements. *Mon grand-père a des tremblements dans les bras.* ► Un tremblement de terre : c'est une série de secousses violentes qui font trembler la terre. *Le tremblement de terre a détruit quelques immeubles.*

trembler *verbe (v.)*

Trembler, c'est agiter le corps en faisant de petits mouvements répétés et que l'on ne peut pas contrôler. *Marine tremble de froid et elle n'a pas apporté son pull.*

tremper *verbe (v.)*

Tremper, c'est mettre quelque chose dans un liquide. *Maman fait tremper les vêtements dans l'eau.* Être trempé : c'est être mouillé. *Les enfants viennent de sortir de la piscine. Ils sont trempés.*

tremplin *nom masculin (n. m.)*

Un tremplin est une planche assez souple qui permet de prendre de l'élan pour se lancer ou plonger. *Mathias saute du tremplin.*

très *adverbe (adv.)*

Très veut dire : extrêmement. *Paul et Pierre sont des enfants très intelligents.*
Le contraire est : pas du tout.

Remarque : Ne pas confondre *très* avec un *trait.*

trésor *nom masculin (n. m.)*

Un trésor est un ou plusieurs objets auxquels on attache de la valeur et que l'on cherche à protéger. *Le trésor est dans un coffre.*

coin lecture

« [...] que d'or! Il pourrait acheter tout Copenhague avec ça, tous les cochons en sucre des pâtissiers et les soldats de plomb et les fouets et les chevaux à bascule du monde entier. Quel trésor ! »
Le Briquet.
Andersen.

tresse *nom féminin (n. f.)*

Une tresse est une coiffure faite en entrelaçant trois mèches de cheveux.
Le synonyme est : natte.

tresser *verbe (v.)*

Tresser, c'est entrelacer des mèches de cheveux. *Charlotte tresse les cheveux de ses poupées.*

tri *nom masculin (n. m.)*

Le tri est le fait de grouper des objets selon des caractéristiques particulières. *Manon fait le tri des ordures. Dans la poubelle jaune, elle met les cartons, et dans la blanche, elle met les bouteilles.*

triangle *nom masculin (n. m.)*

Un triangle est une figure géométrique qui a trois côtés. *Je trace un triangle sur mon cahier.*

triangulaire

adjectif masculin ou féminin (adj. m. ou f.)

Ce qui est triangulaire a la forme d'un triangle. *Charlotte a plié les serviettes en leur donnant une forme triangulaire.*

tribu *nom féminin (n. f.)*

Une tribu est un groupe de personnes qui ont un chef commun et qui partagent le même territoire et les mêmes habitudes. *En Amérique centrale, il existe des tribus d'Indiens.*

tricher *verbe (v.)*

Tricher, c'est ne pas respecter les règles d'un jeu afin de gagner. *Solène n'aime pas jouer avec Suong parce qu'il triche tout le temps.*

tricheur, tricheuse

nom masculin, féminin (n. m., f.)

Une personne tricheuse est une personne qui ne respecte pas les règles d'un jeu. *Tu n'es qu'un tricheur !*

tricot *nom masculin (n. m.)*

Un tricot est un vêtement fait de fils de laine entrecroisés. *Maman a presque fini son tricot.*

tricoter *verbe (v.)*

Tricoter, c'est entrecroiser des fils de laine ou d'une autre matière pour faire un vêtement. *Grand-mère tricote un pull pour moi.*

tricycle *nom masculin (n. m.)*

Un tricycle est un petit vélo qui à trois roues. *Les enfants font du tricycle dans le parc.*

trier *verbe (v.)*

Trier, c'est grouper des choses que l'on veut garder ou dont on veut se débarrasser. *Maman trie les vêtements. Elle donnera ceux qui ne me vont pas.*

trinquer *verbe (v.)*

Trinquer, c'est frapper légèrement son verre contre celui d'un autre avant de boire. *Quand on trinque, on dit : « Tchin-tchin ».*

triomphe *nom masculin (n. m.)*

Un triomphe est une grande victoire, un grand succès. *Le triomphe de l'équipe de Chloé nous a surpris.*

triple *nom masculin (n. m.)*

Le triple est trois fois la même quantité. *6 est le triple de 2.*

triste

adjectif masculin ou féminin (adj. m. ou f.)

1. Une personne triste est une personne qui a de la peine, du chagrin. *Alexis est triste parce que sa femme est morte.*
Le synonyme est : malheureux.
Les contraires sont : heureux, content.
2. Une chose triste provoque de la peine, du chagrin. *Grand-mère a versé quelques larmes en écoutant une chanson triste.*
Le contraire est gai.

A B C D E F G H I J K L M N O P Q R S T U V W X Y Z

tristesse *nom féminin (n. f.)*

La tristesse est le sentiment que l'on ressent quand on a de la peine, du chagrin. *Le ciel gris et l'absence de personnes dans les rues donnent un air de tristesse à ce village.*
Les contraires sont : gaieté, joie.

trombone *nom masculin (n. m.)*

Un trombone est un petit objet en métal ou en plastique qui sert à maintenir ensemble plusieurs feuilles de papier. *Léa attache les feuilles avec des agrafes et Seydou avec des trombones.*

trompe *nom féminin (n. f.)*

La trompe d'un éléphant est la partie allongée de son nez. *Grâce à sa trompe, l'éléphant peut boire de l'eau.*

tromper *verbe (v.)*

Tromper une personne, c'est lui faire croire des choses fausses. *Alexandre trompe sa mère en lui disant qu'il a eu de bonnes notes à l'école.*

se tromper *verbe (v.)*

Se tromper, c'est faire une faute, une erreur. *Théo s'est trompé de chemin, maintenant il est perdu.*

trompette *nom féminin (n. f.)*

Une trompette est un instrument de musique en cuivre, en forme de tube et élargi au bout.

à savoir
Les trompettes sont utilisées pour jouer de la musique classique, du jazz, ou dans les fanfares.

tronc *nom masculin (n. m.)*

1. Le tronc d'un corps humain est la partie à laquelle sont attachés les bras, les jambes et la tête. *Le cœur, l'estomac et les poumons se trouvent à l'intérieur du tronc.* **2.** Le tronc d'un arbre est la partie qui va des racines jusqu'aux branches. *Un oiseau a fait son nid dans le tronc d'un arbre.*

trône *nom masculin (n. m.)*

Le trône d'un roi ou d'une reine est le fauteuil sur lequel ils s'assoient lors des cérémonies. *Le trône de ce roi se trouve sur un tapis rouge.*

Remarque : Le *o* de ce mot prend un accent circonflexe.

trop *adverbe (adv.)*

Trop veut dire : plus qu'il ne faut. *Ma mère a mis trop de sucre dans le café.*

trophée *nom masculin (n. m.)*

Un trophée est un objet que l'on obtient lorsque l'on remporte une victoire. *Seul le meilleur des joueurs recevra un trophée.*

Remarque : Ce mot se termine par un *e*.

troquer *verbe (v.)*

Troquer, c'est échanger une chose contre une autre. *Ahmed a troqué son stylo contre un sachet de bonbons.*

coin lecture

« – Oui, j'ai troqué notre cheval contre une vache. – Dieu soit loué ! dit la mère. Je pourrai désormais faire des laitages, du beurre, du fromage. Excellent échange ! »
Ce que le Père fait est bien fait.
Andersen.

trottinette *nom féminin (n. f.)*

Une trottinette est un véhicule composé d'une planchette montée sur deux roues et d'un guidon. *Les enfants et les adultes font de la trottinette.*

trottoir *nom masculin (n. m.)*

Le trottoir est la partie haute de chaque côté d'une rue sur laquelle les personnes marchent. *Il est interdit de se garer sur les trottoirs.*

trou *nom masculin (n. m.)*

1. Un trou est un endroit creux dans le sol. *Les taupes ont fait plusieurs trous dans le jardin.*
2. Un trou est une ouverture faite dans quelque chose. *Meddy a fait un trou dans sa chaussette.*

trouer *verbe (v.)*

Trouer, c'est faire un trou. *Maxence a troué son pantalon lorsqu'il est tombé par terre.*

trouillard, trouillarde
nom masculin, féminin (n. m., f.)

Un trouillard, une trouillarde est une personne très peureuse.
Quelle bande de trouillards !

troupe *nom féminin (n. f.)*

1. Une troupe est un groupe de soldats. *Les troupes ont envahi le pays.* **2.** Une troupe est un groupe d'artistes. *La troupe de comédiens est partie en tournée dans toute la France.*

troupeau *nom masculin (n. m.)*

Un troupeau est un groupe d'animaux vivant ensemble.
Il y a un troupeau de chèvres dans la montagne.

trousse *nom féminin (n. f.)*

Une trousse est un étui où l'on garde des objets. *Ma mère a toujours dans son sac une trousse de maquillage.*

trouvaille *nom féminin (n. f.)*

Une trouvaille est une chose que l'on découvre sans le vouloir. *Les pirates on fait une trouvaille dans l'île déserte. Il s'agissait d'un trésor.*

trouver *verbe (v.)*

1. Trouver, c'est découvrir ce que l'on cherche. *As-tu vu mon livre ? Je ne le trouve pas.* **2.** Trouver, c'est découvrir quelque chose sans le vouloir. *Nicolas a trouvé un billet de 20 euros sur le trottoir.*
3. Trouver une réponse, une solution, c'est les découvrir après avoir réfléchi. **4.** Trouver, c'est penser, avoir une opinion. *Léa trouve que Pierre a beaucoup changé.*

se trouver *verbe (v.)*

Se trouver, c'est être situé à un endroit. *Où se trouve la boulangerie ?*

truc *nom masculin (n. m.)*

1. Un truc est un mot utilisé pour parler de quelque chose dont on ne connaît pas le nom ou que l'on ne veut pas nommer. *J'allais te dire un truc, mais j'ai oublié.* **2.** Un truc est un moyen ingénieux. *Quel est ton truc pour rester mince ?*
Le synonyme est : astuce.

truie *nom féminin (n. f.)*

La truie est la femelle du porc. *La truie est affamée, elle grogne.*

à savoir

Le petit de la truie est appelé « cochonnet » ou « porcelet ».

truite *nom féminin (n. f.)*

Une truite est un poisson à chair rose, assez proche du saumon, qui habite dans les rivières ou dans les lacs. *Le pêcheur a attrapé une truite.*

truquer *verbe (v.)*

Truquer, c'est changer quelque chose pour tromper quelqu'un. *Personne n'a gagné parce que le jeu était truqué.*

tu *pronom (pron.)*

Tu es un mot qui désigne la deuxième personne du singulier. *Tu es une très belle fille.*

tube *nom masculin (n. m.)*

Un tube est un récipient allongé, fermé par un bouchon et dans lequel on met des matières molles. *Maman a acheté un tube de dentifrice.*

tuer *verbe (v.)*

Tuer, c'est donner la mort à un être. *Le chat a tué une souris.*

tuile *nom féminin (n. f.)*
Une tuile est une plaque en terre cuite qui permet de couvrir le toit d'une maison. *Les tuiles de la maison se sont abîmées à cause de la tempête.*

tulipe *nom féminin (n. f.)*
Une tulipe est une plante qui n'a qu'une seule fleur. *Héloïse a acheté des tulipes chez le fleuriste.*

à savoir
La tulipe est une fleur à longue tige, de couleur vive et en forme de vase.

tunisien, tunisienne
adjectif et nom masculin, féminin (adj. et n. m., f.)
Ce qui est tunisien vient du pays qui s'appelle la Tunisie. *Hamid est tunisien. Il est né en Tunisie.*

tunnel *nom masculin (n. m.)*
Un tunnel est une galerie souterraine qui permet le passage d'une route, d'un canal ou d'une voie ferrée. *Le tunnel sous la Manche nous permet d'aller en Angleterre en train.*

turbulent, turbulente
adjectif masculin, féminin (adj. m., f.)
Une personne turbulente est une personne qui est agitée et bruyante. *La plupart des élèves de cette classe sont turbulents.*
Les contraires sont : calme, sage.

turquoise *nom féminin (n. f.)*
La turquoise est une pierre fine de couleur bleu clair ou bleu-vert. *Nous faisons des bijoux avec les turquoises.*
turquoise *adjectif masculin ou féminin (adj. m. ou f.)*
La couleur turquoise est la couleur de la turquoise. *La couleur de cette piscine est turquoise.*

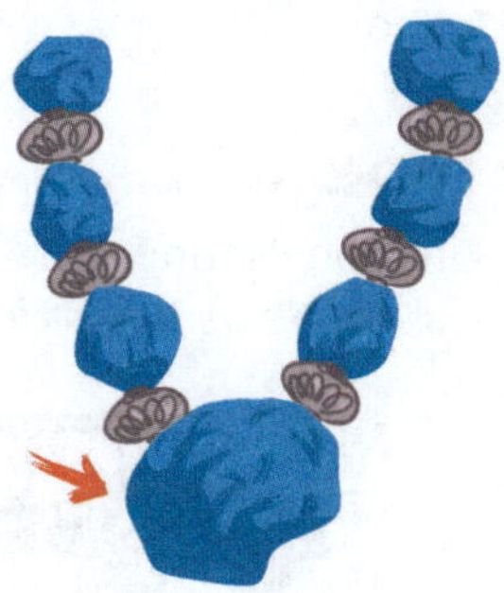

tutoyer *verbe (v.)*
Tutoyer une personne, c'est s'adresser à elle en utilisant le mot *tu*. *Je tutoie mes amis.*

tutu *nom masculin (n. m.)*
Un tutu est une jupe légère et courte, qui est portée par les danseuses de ballet.

tuyau *nom masculin (n. m.)*

Un tuyau est un long tube qui permet le passage d'un liquide ou d'un gaz. *Les tuyaux de la machine à laver sont en caoutchouc.*

Remarque : Le pluriel de *tuyau* est : des tuyaux.

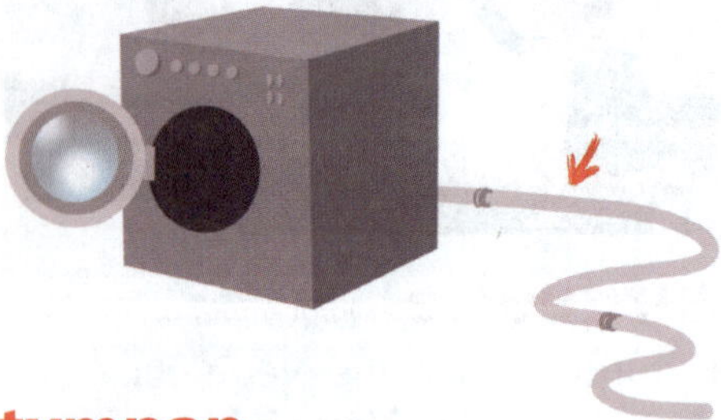

tympan *nom masculin (n. m.)*

Le tympan est une mince couche de peau qui se trouve au fond de l'oreille et qui permet d'entendre les sons.

type *nom masculin (n. m.)*

Un type est une sorte, un modèle. *Il y a différents types de voitures.*

tyran *nom masculin (n. m.)*

Un tyran est un homme très autoritaire qui ne tient pas compte des autres. *Ce pays est dirigé par un tyran.*

tyrannosaure

nom masculin (n. m.)

Le tyrannosaure était un grand dinosaure qui se nourrissait de viande, qui avait de tout petits bras et qui marchait sur ses deux pattes arrière. *Les tyrannosaures étaient hauts de 5 à 7 mètres.*

à savoir

Les tyrannosaures avaient une grande mâchoire munie de 60 dents environ qui mesuraient 20 centimètres.

un, une *article indéfini (art indéf.)*

Un ou *une* indique une personne ou une chose dont on parle pour la première fois ou qui n'est pas identifiée. *J'ai vu un chien dans ton jardin, à qui est-il ?*

uni, unie

adjectif masculin, féminin (adj. m., f.)

1. Quelque chose qui est uni est d'une seule couleur. *Elle a mis une veste unie avec son pantalon à rayures.*

2. Un groupe de personnes qui sont unies est un groupe de personnes qui s'entendent bien. *Nous formons une famille unie.*

uniforme *nom masculin (n. m.)*

Un uniforme est un vêtement qui est le même pour toutes les personnes d'un groupe. *Les pompiers et les policiers portent un uniforme.*

unique

adjectif masculin ou féminin (adj. m. ou f.)

Quelque chose ou quelqu'un qui est unique est le seul qui existe. *C'est mon unique stylo, ne le perds pas ! C'est mon unique enfant.*

► Fille unique, fils unique : c'est une fille ou un garçon qui n'a pas de frère et sœur. *Sindy est fille unique.*

► À sens unique : quand une rue ou un chemin est à sens unique, les voitures ne peuvent rouler que dans un seul sens. *J'habite dans une rue à sens unique.*

uniquement *adverbe (adv.)*

Uniquement veut dire *seulement*. *Anaïs vient uniquement pour te faire plaisir.*
Le synonyme est : juste.

unir *verbe (v.)*

Unir, c'est mettre ensemble. *Les joueurs ont uni leur force pour gagner le match.*

unité *nom féminin (n. f.)*

1. Une unité est une grandeur qui sert à mesurer. *L'heure est une unité de temps. Le gramme et le litre sont des unités de mesure qui concernent le poids.* **2.** Une unité est un élément qui sert à former les nombres. *Dans le nombre 21, 2 est le chiffre des dizaines et 1 est le chiffre des unités.*

univers *nom masculin (n. m.)*

L'Univers est l'ensemble de tout ce qui existe. *Les planètes, les étoiles font partie de l'univers.*

urbain, urbaine

adjectif masculin, féminin (adj. m., f.)

Ce qui est urbain concerne la ville. *La population urbaine est plus importante que la population rurale, car beaucoup plus de gens vivent en ville.*
Le contraire est : rural.

urgent, urgente

adjectif masculin, féminin (adj. m., f.)

Quelque chose qui est urgent doit être fait tout de suite, sans attendre. *Magali a une envie urgente d'aller aux toilettes.*
Le synonyme est : pressant.

urne *nom féminin (n. f.)*

Une urne est une boîte fermée avec une fente dans laquelle on glisse un bulletin de vote. *Papa a voté en mettant son bulletin dans l'urne.*

usage *nom masculin (n. m.)*

L'usage de quelque chose est son utilisation. *Essaie de faire bon usage de ton nouvel ordinateur !*

user *verbe (v.)*

1. User quelque chose, c'est l'abîmer à force de l'utiliser. *Soraya use ses crayons trop vite.* **2.** User quelqu'un, c'est le fatiguer beaucoup. *Les jumeaux ont usé la patience de leur mère à force de tout mettre en désordre.*

usine *nom féminin (n. f.)*
Une usine est un établissement où sont fabriquées des choses à l'aide de grandes machines. *Son père travaille dans une usine.*

ustensile *nom masculin (n. m.)*
Un ustensile est un objet que l'on utilise régulièrement dans une maison. *Une casserole, un couteau sont des ustensiles de cuisine.*

usuel, usuelle
adjectif masculin, féminin (adj. m., f.)
Quelque chose qui est usuel est utilisé dans la vie de tous les jours. *Les assiettes sont des objets usuels. Thomas est mon prénom usuel, mais mes amis m'appellent Tom.*

utile
adjectif masculin ou féminin (adj. m. ou f.)
Ce qui est utile sert à quelque chose. *Il est utile de connaître le chemin de l'école pour ne pas se perdre quand on est seul.*
Le contraire est : inutile.

utiliser *verbe (v.)*
Utiliser quelque chose, c'est s'en servir. *J'ai utilisé l'aspirateur pour ramasser les miettes.*

utilité *nom féminin (n. f.)*
L'utilité est le fait de servir à quelque chose. *Le parapluie est d'une grande utilité quand il pleut beaucoup.*

A B C D E F G H I J K L M N O P Q R S T U V W X Y Z

vacances
nom féminin pluriel (n. f. pl.)
Les vacances sont les jours pendant lesquels on se repose. *Ma tante part en vacances vendredi soir.*
Le synonyme est : congé.

vacancier, vacancière
nom masculin, féminin (n. m., f.)
Un vacancier, une vacancière est une personne qui est en vacances. *Les vacanciers sont arrivés à l'hôtel.*

vacarme *nom masculin (n. m.)*
Le vacarme est un bruit très fort. *Les klaxons des voitures font trop de vacarme.*

coin lecture

« Celle-ci par ses cris mettait tout en alarme ; Celle-ci faisait un vacarme, Un bruit, et des regrets à percer tous les cœurs. »
La Matrone d'Ephèse.
Jean de La Fontaine.

vaccin *nom masculin (n. m.)*
Un vaccin est un produit que l'on introduit dans le corps d'une personne ou d'un animal pour le protéger contre certaines maladies. *On doit faire aux chiens un vaccin contre la rage.*

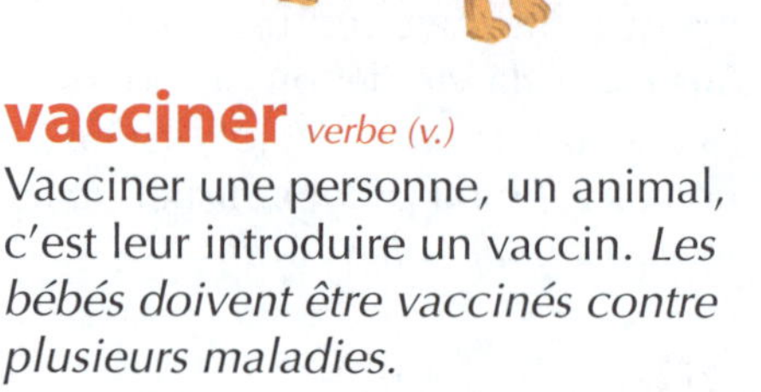

vacciner *verbe (v.)*
Vacciner une personne, un animal, c'est leur introduire un vaccin. *Les bébés doivent être vaccinés contre plusieurs maladies.*

vache *nom féminin (n. f.)*
Une vache est un animal qui est élevé pour son lait et pour sa viande. *Les vaches ont des cornes.*

à savoir

La vache est un mammifère herbivore. Le mâle de la vache est le taureau.

vagabond, vagabonde
nom masculin, féminin (n. m., f.)
Un vagabond, une vagabonde est une personne qui n'a ni maison ni argent et qui doit rester dans la rue. *Il y a un vagabond en face de l'école.*
Le synonyme est : clochard.

vagabonder *verbe (v.)*
Vagabonder, c'est marcher sans but précis. *J'aime vagabonder dans la campagne.*

1. vague *nom féminin (n. f.)*
Une vague est une masse d'eau qui se soulève et qui s'abaisse. *Aujourd'hui, la mer est calme, il n'y a pas beaucoup de vagues.*

2. vague
adjectif masculin ou féminin (adj. m. ou f.)
Ce qui est vague n'est ni clair ni précis. *La réponse de Marine a été très vague.*
Les synonymes sont : confus, flou.

vaincre *verbe (v.)*
Vaincre, c'est remporter une victoire sur un adversaire. *L'équipe des filles a vaincu l'équipe des garçons.*
Le synonyme est : battre.

vainqueur *nom masculin (n. m.)*
Un vainqueur est une personne qui a gagné. *Le vainqueur du jeu a gagné un trophée.*
Le synonyme est : gagnant.
Le contraire est : perdant.

vaisseau *nom masculin (n. m.)*
Un vaisseau était jadis un grand bateau de guerre. *Les vaisseaux étaient des navires très puissants.* ► Un vaisseau spatial est un véhicule qui voyage dans l'espace.

Remarque : Le pluriel de *vaisseau* est : des vaisseaux.

vaisselle *nom féminin (n. f.)*
La vaisselle est l'ensemble de plats, couverts et récipients utilisés pour les repas. *La vaisselle de maman est très fragile.* ► Faire la vaisselle : c'est laver les assiettes, les récipients et les couverts que l'on a utilisés pour le repas. *Je n'aime pas faire la vaisselle.*

valable
adjectif masculin ou féminin (adj. m. ou f.)
Ce qui est valable est toujours accepté ou admis. *Ton titre de transport n'est plus valable.*

valeur *nom féminin (n. f.)*
La valeur d'une chose est le prix qu'elle a. *Cet objet n'a pas une grande valeur.*

valise *nom féminin (n. f.)*
Une valise est un bagage que l'on peut porter à la main grâce à une poignée. *Ferme bien ta valise avant de sortir !* ► Faire sa valise : c'est ranger dans une valise les vêtements et les affaires personnelles nécessaires pour partir en voyage. *Ma mère doit faire sa valise.*

vallée *nom féminin (n. f.)*
Une vallée est un vaste terrain entre deux montagnes où coule un cours d'eau ou un glacier. *Dans cette vallée, il y a beaucoup de végétation.*

valoir *verbe (v.)*
Valoir, c'est avoir un certain prix. *Cette table vaut 100 euros.*
Le synonyme est : coûter.
► Valoir mieux : c'est être préférable. *Il vaut mieux apporter son parapluie, car il va pleuvoir.*

vampire *nom masculin (n. m.)*
Un vampire est un mort qui sort la nuit de son tombeau pour sucer le sang des gens. *Dracula est un vampire très connu.*

à savoir

Les vampires existent seulement dans les histoires.

vanille *nom féminin (n. f.)*
La vanille est le fruit d'une plante appelée vanillier. Cette plante pousse dans les pays chauds. *J'adore les glaces à la vanille.*

à savoir

Lorsque nous séchons ce fruit, il dévient noir et il sert à parfumer certains aliments.

vanité *nom féminin (n. f.)*
La vanité est le défaut d'une personne très prétentieuse, très contente d'elle-même. *La vanité est un vilain défaut.*

coin lecture

« Se croire un personnage
est fort commun en France :
On y fait l'homme d'importance,
Et l'on n'est souvent qu'un
bourgeois. C'est proprement le mal
françois. »
Le Rat et l'Éléphant.
Jean de La Fontaine.

se vanter *verbe (v.)*

Se vanter, c'est tirer vanité de ce que l'on a fait. *Elle ne fait que se vanter de sa réussite !*

vapeur *nom féminin (n. f.)*

La vapeur est l'ensemble de gouttelettes d'eau qui se trouvent dans l'air. *Il y a de la vapeur d'eau dans la cuisine.*

à savoir

L'eau devient vapeur lorsqu'elle bout.

vaporeux, vaporeuse

adjectif masculin, féminin (adj. m., f.)

Une chose vaporeuse est très légère et presque transparente. *Ce tissu est très vaporeux.*

varicelle *nom féminin (n. f.)*

La varicelle est une maladie très contagieuse qui donne des boutons sur tout le corps. *Ma petite fille a attrapé la varicelle à la crèche.*

varié, variée

adjectif masculin, féminin (adj. m., f.)

Une chose variée présente des aspects ou des éléments divers. *J'aime bien écouter de la musique variée.*

varier *verbe (v.)*

Varier, c'est changer. *Les plats varient tous les jours à la cantine.*

1. vase *nom masculin (n. m.)*

Un vase est un récipient dans lequel on met des fleurs. *J'ai cassé le vase de maman.*

2. vase *nom féminin (n. f.)*

La vase est de la boue qui se dépose dans le fond des rivières, des étangs et des mares. *Il y a plein d'animaux qui se cachent dans la vase de cette rivière.*

vaste

adjectif masculin ou féminin (adj. m. ou f.)

Une chose vaste est une chose très grande. *Cette forêt est très vaste.*
Le synonyme est : immense.
Le contraire est : petit.

vautour *nom masculin (n. m.)*

Un vautour est un grand oiseau qui se nourrit d'animaux morts. *Il y a un vautour dans le ciel.*

à savoir

Le vautour est un rapace qui n'a pas de plumes sur la tête ni sur le cou et qui a un bec recourbé.

veau *nom masculin (n. m.)*

Le veau est le petit de la vache et du taureau. *J'aime la viande de veau.*

Remarque : Le pluriel de *veau* est : des veaux.

vécu
nom masculin (n. m.)
Le vécu est l'expérience, ce que l'on a vraiment vécu au cours de son existence.

vedette *nom féminin (n. f.)*
Une vedette est une chanteuse ou un chanteur, une actrice ou un acteur très connu. *Aux États-Unis, il y a beaucoup de vedettes.*

végétal *nom masculin (n. m.)*
Un végétal est une plante ou un arbre. *La plupart des végétaux sont verts.*

Remarque : Le pluriel de *végétal* est : des végétaux.

à savoir
Les végétaux peuvent pousser dans la terre ou dans l'eau.

végétarien, végétarienne
adjectif masculin, féminin (adj. m., f.)
Une personne végétarienne mange des fruits et des légumes, mais pas de viande. *Alexandra est végétarienne.*

végétation *nom féminin (n. f.)*
La végétation est l'ensemble de plantes qui poussent dans un endroit. *Il y a beaucoup de végétation à côté de la ferme.*

véhicule *nom masculin (n. m.)*
Un véhicule est un engin qui permet le déplacement des choses ou des personnes. *La moto et la voiture sont deux sortes de véhicules.*

veille *nom féminin (n. f.)*
La veille est la journée précédente. *Alice doit réviser ses cours la veille de l'examen.*
Le contraire est : lendemain.

veiller *verbe (v.)*
Veiller, c'est faire attention à une personne ou à une chose. *Mes parents veillent sur moi.*

veine *nom féminin (n. f.)*
Les veines rendent possible la circulation du sang dans le corps. *Les veines sont bien visibles sous la peau de mes mains.*

vélo *nom masculin (n. m.)*
Le vélo est un moyen de transport à deux roues, qui a des pédales et un guidon. *Je suis tombé du vélo.*
Le synonyme est : bicyclette.

velours *nom masculin (n. m.)*
Le velours est un tissu doux dont l'une des faces a des poils très courts. *Ma mère a acheté une veste rouge en velours.*

Remarque : Ce mot se termine par un *s*.

velu, velue
adjectif masculin, féminin (adj. m., f.)
Une personne ou un animal velu a beaucoup de poils. *Cet homme est très velu.*
Le synonyme est : poilu.

vendange *nom féminin (n. f.)*
La vendange est la récolte du raisin. *Cette année, les vendanges auront lieu en septembre.*

vendeur, vendeuse
nom masculin, féminin (n. m., f.)
Un vendeur, une vendeuse est une personne qui vend des produits dans un magasin. *Les vendeuses de ce magasin sont très aimables.*

vendre *verbe (v.)*
Vendre une chose, c'est la donner à quelqu'un contre une somme d'argent. *J'ai vendu mon vélo 30 euros.*

vendredi *nom masculin (n. m.)*
Le vendredi est le cinquième jour de la semaine. *Je regarde la télévision le vendredi soir.*

vénéneux, vénéneuse
adjectif masculin, féminin (adj. m., f.)
Une plante vénéneuse est une plante qui contient du poison. *Certains champignons sont vénéneux.*
Le contraire est : comestible.

Remarque : Ne pas confondre *vénéneux* avec *venimeux.*

vengeance *nom féminin (n. f.)*
La vengeance est l'action de se venger. *Je ne prends pas au sérieux le désir de vengeance de mon frère.*

se venger *verbe (v.)*
Se venger, c'est faire du mal à quelqu'un qui nous a précédemment blessé. *Nicolas veut se venger de Marion.*

venimeux, venimeuse
adjectif masculin, féminin (adj. m., f.)
Un animal venimeux est un animal qui a du venin. *Certaines araignées sont venimeuses.*

Remarque : Ne pas confondre *venimeux* avec *vénéneux.*

A B C D E F G H I J K L M N O P Q R S T U V W X Y Z

venin *nom masculin (n. m.)*
Le venin est le poison que certains animaux produisent pour attaquer ou pour se défendre de leurs ennemis. *Le venin des serpents peut être très dangereux.*

venir *verbe (v.)*
1. Venir, c'est se déplacer pour aller dans un endroit. *Mon copain est venu chez moi.* **2.** Venir de, c'est provenir d'un endroit. *Ces chocolats viennent de Suisse.* ► Venir de faire quelque chose : c'est avoir fini de faire cette chose il y a un instant. *Hugo vient de se réveiller.*

vent *nom masculin (n. m.)*
Le vent est de l'air qui bouge. *Il y a souvent du vent à côté de la mer.*

coin lecture

« Notre homme s'était
donc à la pluie attendu :
Bon manteau bien doublé,
bonne étoffe bien forte.
« Celui-ci, dit le vent, prétend avoir pourvu
À tous les accidents ; mais il n'a pas prévu
Que je saurai souffler de sorte
Qu'il n'est bouton qui tienne [...]. »
Phébus et Borée.
Jean de La Fontaine.

vente *nom féminin (n. f.)*
La vente est l'action d'échanger quelque chose contre une somme d'argent. *La vente de sa voiture lui a permis d'en racheter une autre.*

venter *verbe (v.)*
Venter, c'est le vent qui souffle. *Il vente souvent dans cette région.*

venteux, venteuse
adjectif masculin, féminin (adj. m., f.)
Un endroit venteux est un endroit où il y a du vent. *Cette côte est venteuse.*

ventilateur *nom masculin (n. m.)*
Un ventilateur est un appareil électrique à hélice qui tourne vite et qui crée un courant d'air qui rafraîchit. *Mes parents ont acheté un ventilateur.*

ventiler *verbe (v.)*
Ventiler, c'est faire entrer de l'air frais dans un endroit. *Il faut ventiler cette chambre.*

ventre *nom masculin (n. m.)*
Le ventre est la partie du corps située au-dessous de la taille et qui contient les intestins. *Moussa a mangé trop de chocolat. Il a mal au ventre.*

ver *nom masculin (n. m.)*
Un ver est un petit animal au corps mou, allongé et sans pattes. *David a très peur des vers de terre.*

Remarque : Ne pas confondre *ver* avec un *vers*, du *verre* et *vert*, la couleur.

verbe *nom masculin (n. m.)*
Un verbe est un mot qui exprime une action ou qui décrit une chose, un animal ou une personne. Parler *et* écrire *sont des verbes.*

verdir *verbe (v.)*
Verdir, c'est lorsqu'une plante ou un végétal devient vert. *Les feuilles des arbres ont verdi au printemps.*

verdure *nom féminin (n. f.)*
La verdure est l'ensemble de la végétation que l'on trouve dans un endroit. *Il y a beaucoup de verdure dans ce parc.*

verger *nom masculin (n. m.)*
Un verger est un terrain où sont plantés des arbres fruitiers. *Dans le verger de mes grands-parents, il y a des orangers et des citronniers.*

verglacé, verglacée
adjectif masculin, féminin (adj. m., f.)
Le sol est verglacé lorsqu'il est couvert de verglas. *En hiver, il est dangereux de conduire sur les routes verglacées.*

verglas *nom masculin (n. m.)*
Le verglas est une fine couche de glace qui se forme sur le sol quand il gèle. *Le verglas a causé un accident de voiture.*

Remarque : ce mot se termine par un *s*.

vérifier *verbe (v.)*
Vérifier, c'est regarder si tout est correct. *J'ai vérifié les résultats de mon exercice de mathématiques.*

véritable
adjectif masculin ou féminin (adj. m. ou f.)
Une chose véritable est vraie. *Son père lui a offert un bijou en or véritable.*

vérité *nom féminin (n. f.)*
La vérité est ce qui est vrai. *Ma mère m'a dit qu'il faut toujours dire la vérité.*
Le contraire est : mensonge.

vernis *nom masculin (n. m.)*
Le vernis est un produit brillant que l'on applique sur une chose afin de la protéger ou de la décorer. *Elle met du vernis sur ses ongles.*

Remarque : ce mot se termine par un *s*.

verre *nom masculin (n. m.)*
1. Le verre est une matière dure, transparente et qui se casse facilement. *La bouteille de vin est en verre.* **2.** Un verre est un récipient en verre utilisé pour boire. *Bastien veut un verre de jus d'orange.* **3.** Un verre de lunettes est un petit disque qui aide à mieux voir. *Les verres de mes lunettes sont très fragiles.*

Remarque : Ne pas confondre *verre* avec un *ver*, un *vers* et *vert*, la couleur.

verrou *nom masculin (n. m.)*
Un verrou est un mécanisme de fermeture qui empêche d'ouvrir une porte. *Quand mes parents partent, je dois mettre le verrou.*

Remarque : Le pluriel de *verrou* est : des verrous.

1. vers *nom masculin (n. m.)*
Un vers est une ligne d'un poème. *Ce poème est composé de dix vers.*

2. vers *préposition (prép.)*
1. *Vers* veut dire : en direction de. *Le chat se dirige vers moi.* **2.** *Vers* indique une heure ou un moment. *Je serai là vers midi.*

Remarque : Ne pas confondre *vers* avec un *ver*, du *verre* et *vert*, la couleur.

versant *nom masculin (n. m.)*
Un versant est l'un des côtés d'une montagne. *Il y a un troupeau de chèvres sur le versant sud de cette montagne.*

à verse *adverbe (adv.)*
Lorsqu'il pleut à verse, il pleut abondamment. *Il a plu à verse cette semaine.*

Remarque : Ne pas confondre *à verse* avec *averse*.

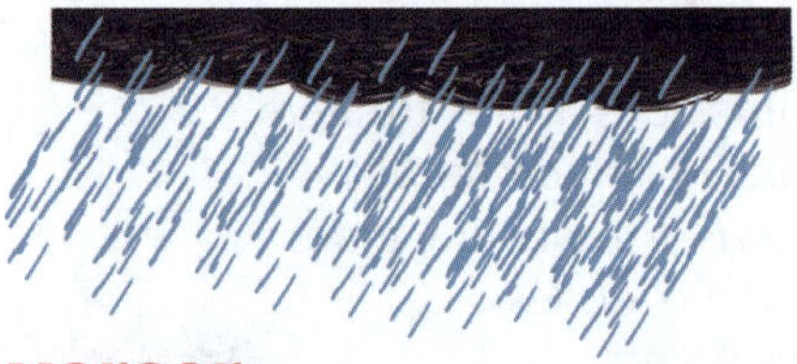

verser *verbe (v.)*
Verser, c'est faire couler un liquide dans un récipient. *Bruno a versé de l'eau dans le vase.* ► Verser des larmes : c'est pleurer. *Lorsque maman est partie, j'ai versé des larmes.*

1. vert, verte
adjectif masculin, féminin (adj. m., f.)
1. La couleur verte est la couleur des plantes. *La végétation est verte.*
2. Un fruit vert n'a pas encore mûri. *Jérémy ne peut pas manger la banane, car elle est encore verte.*

2. vert *nom masculin (n. m.)*
Le vert est la couleur des plantes. *Ma couleur préférée est le vert.*

Remarque : Ne pas confondre *vert* avec un *vers*, un *ver* et du *verre*.

vertèbre *nom féminin (n. f.)*
Les vertèbres sont les petits os qui forment la colonne vertébrale. *La colonne vertébrale de l'homme compte 33 vertèbres.*

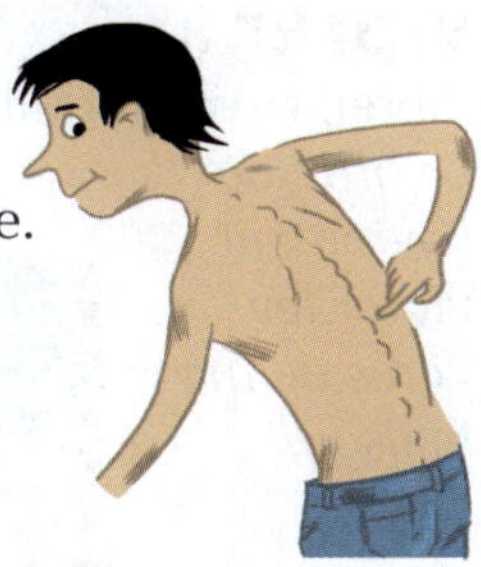

vertical, verticale
adjectif masculin, féminin (adj. m., f.)
Ce qui est vertical va de bas en haut. *Le professeur de mathématiques a tracé une ligne verticale au tableau.*
Le contraire est : horizontal.

Remarque : Le pluriel de *vertical* est : verticaux. Le pluriel de *verticale* est : verticales.

vertige *nom masculin (n. m.)*
Le vertige est une sensation désagréable que l'on éprouve quand on est au-dessus du vide, et qui fait penser que l'on va tomber. *July a le vertige quand elle se met au balcon.*

vertu *nom féminin (n. f.)*
La vertu est une qualité morale qui permet de bien agir. *La sincérité est l'une de plus belles vertus de l'homme.*
Le contraire est : vice.

Remarque : ce mot se termine par un *u*.

vertueux, vertueuse
adjectif masculin, féminin (adj. m., f.)
Une personne vertueuse possède des qualités morales qui lui permettent de bien agir. *Le professeur est très vertueux.*

veste *nom féminin (n. f.)*
Une veste est un vêtement à manches qui couvre le haut du corps et qui peut s'ouvrir ou se fermer devant. *Quand il fait frais, Ali met sa veste.*

vestiaire *nom masculin (n. m.)*
Un vestiaire est un endroit où l'on peut déposer les vêtements que l'on ne porte qu'à l'extérieur. *Yao va mettre son manteau et son chapeau au vestiaire.*

vêtement *nom masculin (n. m.)*
Un vêtement est ce que l'on met sur le corps afin de le couvrir et de le protéger. *J'aime bien les vêtements d'été.*
Le synonyme est : habit.

Remarque : Le premier *e* de ce mot prend un accent circonflexe.

vétérinaire
nom masculin ou féminin (n. m. ou f.)
Un vétérinaire, une vétérinaire est une personne qui soigne les animaux. *Le vétérinaire a bien soigné mon chien malade.*

se vêtir *verbe (v.)*
Se vêtir, c'est mettre des vêtements sur soi. *Après la mort de grand-père, mamie s'est toujours vêtue de noir.*
Le synonyme est : s'habiller.
Les contraires sont : se déshabiller, se dévêtir.

veuf, veuve
adjectif masculin, féminin (adj. m., f.)
Une personne veuve est une personne qui a perdu sa femme ou son mari. *Il faut beaucoup de temps pour que les personnes veuves oublient leur conjoint.*

coin lecture

« La perte d'un
époux ne va point sans soupirs […]
Entre la veuve d'une année
Et la veuve d'une journée
La différence est grande. »
La Jeune Veuve.
Jean de La Fontaine.

vexant, vexante
adjectif masculin, féminin (adj. m., f.)
Une chose ou une personne vexante fait de la peine et fait honte. *Ses paroles ont été vexantes.*

vexer *verbe (v.)*
Vexer, c'est faire de la peine à une personne. *Zohra m'a vexée. Elle a dit que je n'étais pas belle.*

viaduc *nom masculin (n. m.)*
Un viaduc est un grand pont très long qui permet de traverser une vallée. *Le train s'est arrêté sur le viaduc.*

viande *nom féminin (n. f.)*
La viande est la chair des animaux dont on se nourrit. *Tom aime bien la viande hachée.*

vibrer *verbe (v.)*
Vibrer, c'est produire des vibrations. *Le bruit de l'avion fait vibrer les vitres de ma maison.*

vice *nom masculin (n. m.)*
Le vice est un défaut moral qui conduit à faire de mauvaises actions. *Le vice de sa mère est l'alcool.*
Le contraire est : vertu.

victime *nom féminin (n. f.)*
1. Une victime est une personne blessée ou tuée. *L'accident a fait de nombreuses victimes.* **2.** Une victime est une personne qui subit quelque chose de désagréable. *Ma tante a été victime d'une maladie respiratoire.*

victoire *nom féminin (n. f.)*
Une victoire est une compétition, une épreuve sportive ou une bataille que l'on a gagnée. *Marie est très contente. Elle vient de remporter une victoire.*
Le synonyme est : triomphe.
Le contraire est : défaite.

vide
adjectif masculin ou féminin (adj. m. ou f.)
1. Une chose vide est une chose qui n'a rien à l'intérieur. *Ma nouvelle chambre est vide.* **2.** Une chose vide est une chose que personne n'occupe. *Le magasin est vide, il n'y a personne dedans.*

vidéo *nom féminin (n. f.)*
La vidéo est une technique qui permet d'enregistrer des images et des sons sur une bande magnétique, et de les rendre visibles et audibles sur un écran. ▶ Un jeu vidéo : c'est un jeu auquel on peut jouer sur un écran de télévision ou d'ordinateur à l'aide de boutons ou des touches d'un clavier. *Les enfants adorent les jeux vidéo.*

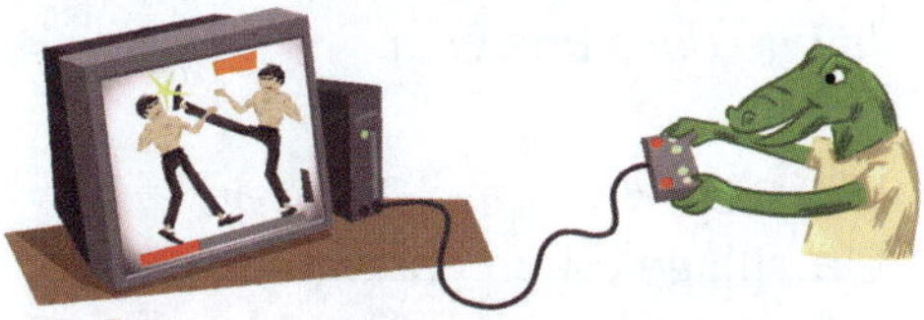

vidéocassette *nom féminin (n. f.)*
Une vidéocassette est une cassette sur laquelle on enregistre des films. *Nicolas a perdu la vidéocassette qu'Amélie lui avait prêtée.*

vider *verbe (v.)*
Vider, c'est retirer tout ce qu'il y a à l'intérieur de quelque chose. *Marine a vidé son sac.*
Le contraire est : remplir.

vieillard *nom masculin (n. m.)*
Un vieillard est une personne très âgée. *Un vieillard lisait un livre dans le parc hier soir.*

vieillesse *nom féminin (n. f.)*
La vieillesse est le moment de la vie où l'on est vieux. *La vieillesse est la dernière période de la vie.*
Le contraire est : jeunesse.

vieillir *verbe (v.)*
Vieillir, c'est devenir vieux. *Mon chien ne court plus comme avant. Il vieillit.*

vieux, vieille
adjectif masculin, féminin (adj. m., f.)
1. Une personne vieille, un animal vieux est une personne ou un animal d'un grand âge. *Cette vieille dame a un animal de compagnie.*
2. Une vieille chose, c est une chose qui existe depuis longtemps. *Audrey a de vieilles chaussures.*

Remarque : Devant une voyelle ou un *h*, *vieux* devient *vieil* : *Un vieil ami ; un vieil homme.*

A B C D E F G H I J K L M N O P Q R S T U V W X Y Z

vif, vive
adjectif masculin, féminin (adj. m., f.)
1. Une personne vive est une personne agile et pleine de vie. *Hai aime bien Camille parce qu'elle est très vive.* **2.** Une couleur vive est une couleur éclatante. *Le rose et le vert fluo sont des couleurs très vives.*

vigilance *nom féminin (n. f.)*
La vigilance est la surveillance attentive. *Ce petit voyou a trompé la vigilance du gardien.*

vigilant, vigilante
adjectif masculin, féminin (adj. m., f.)
Une personne vigilante est une personne qui surveille attentivement. *Maman est très vigilante.*

vigile *nom masculin (n. m.)*
Un vigile est une personne qui s'occupe de la surveillance d'un endroit. *Il y a deux vigiles dans ce magasin.*

vigne *nom féminin (n. f.)*
La vigne est la plante dont le fruit est le raisin. *Il y a beaucoup de vignes au sud de la France.*

vignette *nom féminin (n. f.)*
Une vignette est une petite illustration dans un livre. *J'aime beaucoup les vignettes qui illustrent quelques pages de ce vieux livre.*

vilain, vilaine
adjectif masculin, féminin (adj. m., f.)
1. Une personne vilaine est une personne méchante et qui n'obéit pas. *C'est un vilain garçon !*
2. Ce qui est vilain est laid. *Marie a une vilaine coiffure.*

coin lecture

« […] qu'est-ce qu'il vit, se reflétant sous lui, dans l'eau claire ? C'était sa propre image, non plus comme un vilain gros oiseau gris et lourdaud...
Il était devenu un cygne !!! »
Le Vilain Petit Canard.
Andersen.

villa *nom féminin (n. f.)*
Une villa est une grande maison avec un jardin. *Ma grand-mère habite dans une villa.*

village *nom masculin (n. m.)*
Un village est un ensemble de maisons à la campagne. *Ma mère est née dans un petit village.*

villageois, villageoise
nom masculin, féminin (n. m., f.)
Un villageois, une villageoise est une personne qui habite dans un village. *Ces villageois sont très aimables.*

ville *nom féminin (n. f.)*
Une ville est un ensemble très important de maisons, de rues, et qui possède de nombreux habitants. *Marie connaît plusieurs villes de France.*

vin *nom masculin (n. m.)*
Le vin est une boisson faite avec du raisin et qui contient de l'alcool. *Mon père aime bien boire du vin rouge au cours du repas.*

vinaigre *nom masculin (n. m.)*
Le vinaigre est un produit fait avec du vin ou avec de l'alcool et qui sert à assaisonner certains aliments. *Maman met du vinaigre dans la sauce.*

vinaigrette *nom féminin (n. f.)*
La vinaigrette est une sauce faite avec de l'huile, du vinaigre et des condiments. *La vinaigrette que nous avons achetée est délicieuse !*

violence *nom féminin (n. f.)*
1. La violence est une force brutale destructrice. *La violence des vagues a effrayé les enfants.* **2.** La violence est le comportement agressif d'une personne. *Bastien m'a parlé avec violence.*

violent, violente
adjectif masculin, féminin (adj. m., f.)
1. Une chose violente est une chose qui a une grande force. *La tempête a été très violente.* **2.** Une personne violente est une personne qui se comporte de façon agressive. *Alexandre est très violent.*

violet, violette
adjectif masculin, féminin (adj. m., f.)
La couleur violette est la couleur obtenue en mêlangeant le rouge et le bleu. *La chemise de Luna est violette.*

violette *nom féminin (n. f.)*
Une violette est une petite fleur parfumée de couleur violette. *Il y a des violettes dans le jardin.*

violon *nom masculin (n. m.)*
Un violon est un instrument de musique à quatre cordes que l'on frotte avec un archet. *Les violonistes jouent du violon.*

à savoir
Les violonistes jouent du violon en le plaçant entre leur épaule et leur menton.

violoncelle *nom masculin (n. m.)*
Un violoncelle est une sorte de grand violon. *Les violoncellistes jouent du violoncelle.*

à savoir
Les violoncellistes jouent assis et en tenant le violoncelle entre leurs jambes.

vipère *nom féminin (n. f.)*
Une vipère est un serpent venimeux qui a la tête en forme de triangle et une queue très courte. *Le venin d'une vipère est très dangereux.*

virtuose *nom masculin, féminin (n. m., f.)* Un virtuose, une virtuose est une personne qui joue d'un instrument de musique avec un immense talent.
Ce pianiste est un virtuose.

virus *nom masculin (n. m.)*
Un virus est un être vivant microscopique qui provoque des maladies. *Plusieurs enfants de l'école sont tombés malades à cause du virus de la grippe.*

Remarque : Ce mot se termine par un *s* que l'on prononce.

vis *nom féminin (n. f.)*
Une vis est une petite tige métallique qui sert à fixer des choses lorsque l'on bricole. *Un tournevis nous permet d'enfoncer ou de retirer une vis.*

Remarque : Ne pas confondre *vis* avec un *vice*. Ce mot se termine par un *s* que l'on prononce.

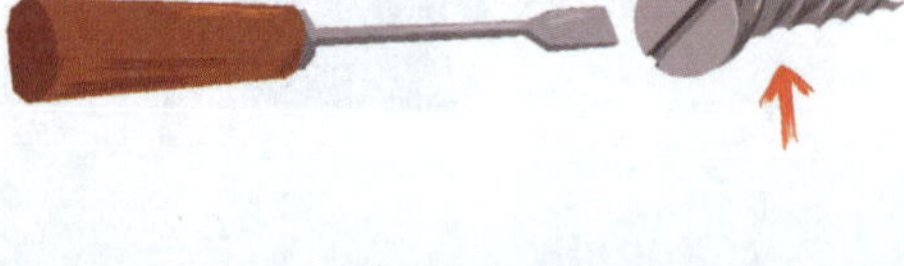

visage *nom masculin (n. m.)*
Le visage est la figure d'une personne. *Lola a un très beau visage.*

viser *verbe (v.)*
Viser, c'est faire aller un objet dans une direction précise afin d'atteindre quelque chose. *Les chasseurs n'ont pas très bien visé les canards. Ils n'en ont pas attrapé.*

visible
adjectif masculin ou féminin (adj. m. ou f.)
Ce qui est visible peut être vu. *Le soleil est visible parce qu'il n'y a pas de nuages dans le ciel.*
Le contraire est : invisible.

visière *nom féminin (n. f.)*
Une visière est la partie d'une casquette, d'un casque ou d'un képi qui protège les yeux et le front du soleil. *La casquette de Meddy a une très grande visière.*

vision *nom féminin (n. f.)*
La vision est la vue. *Amina n'a pas besoin de lunettes. Elle a une bonne vision.* ► Avoir des visions : c'est voir des choses qui ne sont pas réelles. *Anne a des visions. Elle voit des choses qui n'existent pas.*

visite *nom féminin (n. f.)*
Une visite est l'action de visiter un endroit. *Les horaires de visite du château sont affichés à l'entrée.*
► Rendre visite : c'est aller voir quelqu'un. *Mes parents sont venus rendre visite à ma grand-mère.*

visiter *verbe (v.)*
Visiter, c'est se promener dans un endroit pour le découvrir. *Nous avons visité une forteresse du Moyen Âge.*

visiteur, visiteuse
nom masculin, féminin (n. m., f.)
1. Un visiteur, une visiteuse est une personne qui parcourt un endroit pour le découvrir. *Les visiteurs se promènent dans le centre-ville.*
2. Un visiteur, une visiteuse est une personne qui rend visite à quelqu'un. *Il y a plusieurs visiteurs qui sont passés voir ma grand-mère à l'hôpital.*

vital, vitale
adjectif masculin, féminin (adj. m., f.)
Une chose vitale est une chose indispensable pour vivre. *Manger, c'est vital pour l'homme.*

Remarque : Le pluriel de *vital* est : vitaux. Le pluriel de *vitale* est : vitales.

vitalité *nom féminin (n. f.)*
La vitalité est la force physique et l'énergie d'une personne.
La vitalité de ces enfants est surprenante.

vitamine *nom féminin (n. f.)*
Une vitamine est une substance que l'on trouve dans les aliments et qui est nécessaire au bon fonctionnement de l'organisme. *Les fruits sont riches en vitamines.*

vite *adverbe (adv.)*
Vite veut dire : en peu de temps.
Cours vite ! Le bus va partir.
Le contraire est : lentement.

vitesse *nom féminin (n. f.)*
La vitesse est le fait de faire les choses en très peu de temps.
Le T.G.V. est un train à grande vitesse.

vitrail *nom masculin (n. m.)*
Un vitrail est une mosaïque en verres colorés. *Les vitraux décorent les églises.*

Remarque : Le pluriel de *vitrail* est : des vitraux.

vitre *nom féminin (n. f.)*
Une vitre est une plaque de verre d'une porte ou d'une fenêtre. *Des voyous ont cassé les vitres de mon appartement.*
Le synonyme est : carreau.

vitrine *nom féminin (n. f.)*
Une vitrine est la partie d'un magasin où l'on expose des objets à vendre pour qu'ils soient visibles de l'extérieur. *Bastien veut un ourson comme celui de la vitrine du magasin de jouets.*

vivant, vivante

adjectif masculin, féminin (adj. m., f.)

1. Être vivant, c'est être en vie.
Les animaux sont des êtres vivants.
2. Une personne vivante est une personne très dynamique.
Ces petits garçons sont très vivants.
Le synonyme est : actif.

vive ! *interjection (interj.)*

Vive ! est un mot qui s'utilise pour exprimer sa joie ou pour accueillir une personne avec enthousiasme.
Vive le président !

vivement *adverbe (adv.)*

Vivement est un mot qui exprime un souhait ou un désir ardent et qui signifie : fortement. *Vivement le week-end !*

vivre *verbe (v.)*

1. Vivre, c'est être en vie. *Mon grand-père vit toujours.* **2.** Vivre, c'est habiter un endroit. *Ma tante vit en Espagne.*

vocabulaire *nom masculin (n. m.)*

Le vocabulaire est l'ensemble des mots d'une langue. *Dans un dictionnaire, on trouve le vocabulaire d'une langue.*

vœu *nom masculin (n. m.)*

1. Un vœu est le désir que quelque chose arrive. *Charlotte a soufflé sur les bougies du gâteau et elle a fait un vœu.* **2.** Un vœu est un souhait de réussite et de bonheur. *À la fin de l'année, les gens s'envoient des cartes de vœux.*

Remarque : Le pluriel de *vœu* est : des vœux.

voici *préposition (prép.)*

Voici désigne ce qui est proche.
Voici le train !

voie *nom féminin (n. f.)*

Un chemin, un sentier, une route sont des voies, ils permettent d'aller quelque part. *Une autoroute est constituée de plusieurs voies.*
► La voie ferrée : c'est la voie sur laquelle les trains circulent. *Il y a plusieurs voies ferrées dans les gares.*

Remarque : Ne pas confondre *voie* avec la *voix*.

voilà *préposition (prép.)*

Voilà sert à présenter une personne et à montrer une chose un peu ou très éloignée. *Voilà Antoine !*

1. voile *nom féminin (n. f.)*

Une voile est un grand morceau de tissu fixé au mât d'un bateau. *Quand il y a du vent, la voile fait avancer le bateau.*

2. voile *nom masculin (n. m.)*

Un voile est un tissu léger et fin qui recouvre la tête. *Quand Pauline s'est mariée, elle portait un voile.*

voilier *nom masculin (n. m.)*

Un voilier est un bateau à voiles.
Il y a un voilier sur la mer.

voir *verbe (v.)*
Voir, c'est percevoir les choses, les animaux et les personnes avec les yeux. *Laura a vu un moineau dans le parc.* ► Aller voir une personne : c'est lui rendre visite, la rencontrer. *Sarah va voir ses amis tous les dimanches.*

voisin, voisine
nom masculin, féminin (n. m., f.)
Un voisin, une voisine est une personne qui habite tout près. *Marie a frappé à la maison à côté de chez elle. Ses voisins n'étaient pas là.*

voiture *nom féminin (n. f.)*
1. Une voiture est un moyen de transport à quatre roues et avec un moteur. *La voiture de mon père est en panne.* **2.** Une voiture est une partie d'un train de voyageurs. *Toutes les places de cette voiture sont réservées.*
Le synonyme est : wagon.

voix *nom féminin (n. f.)*
1. La voix est l'ensemble des sons produits par une personne lorsqu'elle parle, chante ou crie. *Élise adore la voix de ce chanteur.*
2. Une voix est le vote d'une personne dans une élection. *Ce candidat a obtenu un grand nombre de voix.*

Remarque : Ne pas confondre *voix* avec une *voie*. Le pluriel de ce nom est : des voix.

1. vol *nom masculin (n. m.)*
1. Le vol d'un oiseau ou d'un insecte est la façon dont l'oiseau ou l'insecte se déplace dans l'air. *Nouha regarde dans l'horizon le vol des oiseaux.*
2. Un vol est un trajet effectué par un avion. *Le vol Paris-Londres a duré environ une heure.*

2. vol *nom masculin (n. m.)*
Le vol est le fait de prendre possession de ce qui ne nous appartient pas. *Cassandra a été victime d'un vol.*

volaille *nom féminin (n. f.)*
La volaille est l'ensemble des oiseaux élevés dans une basse-cour pour leurs œufs et pour leur chair. *Les poules et les oies sont des volailles.*

1. volant, volante
adjectif masculin, féminin (adj. m., f.)
Un animal volant, une chose volante est un animal ou une chose qui se déplace dans l'air. *Les moustiques et les coccinelles sont des insectes volants.* ► Un ovni : c'est un objet volant non identifié.

2. volant *nom masculin (n. m.)*
Un volant est un objet rond qui sert à diriger les roues d'un véhicule. *Mon père est très vigilant quand il est au volant.*

volcan *nom masculin (n. m.)*
Un volcan est une montagne dont le sommet, appelé « cratère », peut cracher de la lave en fusion et des pierres. *Le cratère de ce volcan est énorme.*

1. voler *verbe (v.)*
Voler, c'est se déplacer dans l'air. *Les canards volent dans le ciel.*

2. voler *verbe (v.)*
Voler, c'est prendre les affaires qui appartiennent à quelqu'un d'autre et ne pas les lui rendre. *Quelqu'un a volé le cartable de Coralie.*

voleur, voleuse
nom masculin, féminin (n. m., f.)
Un voleur, une voleuse est une personne qui prend des affaires qui ne lui appartiennent pas. *Le voleur a été attrapé par la police.*

coin lecture

« Les voleurs
rentrèrent bientôt après,
et ils demandèrent avec colère pourquoi cet étranger était là. « Ah ! dit la vieille, c'est un pauvre enfant qui s'est égaré dans le bois ; je l'ai reçu par compassion. Il porte une lettre à la reine. »
Les Trois Cheveux d'or du diable.
Les frères Grimm.

volet *nom masculin (n. m.)*
Un volet est un panneau que l'on met devant une fenêtre pour mettre une pièce dans l'obscurité ou pour protéger du soleil. *Il fait nuit, ferme les volets !*

volley-ball *nom masculin (n. m.)*
Le volley-ball est un sport d'équipe qui se joue avec un ballon qui doit être renvoyé aux joueurs de l'autre équipe par-dessus un filet. *Dans chaque équipe de volley-ball, il y a six joueurs.*

volontaire

adjectif masculin ou féminin (adj. m. ou f.)
Une personne volontaire est une personne qui veut bien faire quelque chose. *Qui est volontaire pour aller chercher du pain ?*

volontairement *adverbe (adv.)*

Volontairement veut dire : de façon intentionnelle. *Manon a volontairement manqué l'école.*

volonté *nom féminin (n. f.)*

La volonté est la motivation d'une personne pour faire quelque chose. *Elle a réussi à surmonter tous les obstacles grâce à sa volonté.*

volontiers *adverbe (adv.)*

Volontiers signifie : avec plaisir. *Romain a volontiers accepté de venir.*

volume *nom masculin (n. m.)*

Le volume est la place qu'un objet occupe dans l'espace. *Ce buffet occupe un grand volume dans le salon. Il est immense !*

vomir *verbe (v.)*

Vomir, c'est rejeter par la bouche les aliments que l'on a consommés. *Sabri a vomi parce qu'il a trop mangé.*

vote *nom masculin (n. m.)*

Le vote est le choix que l'on fait pour élire quelqu'un. *Le vote permet d'élire un nouveau président.*

voter *verbe (v.)*

Voter, c'est choisir un candidat lors d'une élection. *La majorité de la population a voté hier pour le nouveau président.*

votre *adjectif masculin ou féminin (adj. m. ou f.)*

Votre est un mot qui indique que quelque chose est « à vous ». *Où est votre voiture ?*

Remarque : Le pluriel de *votre* est : vos.

le vôtre, la vôtre

pronom masculin, féminin (pron. m., f.)
Le vôtre, la vôtre indiquent ce qui est « à vous ». *Notre maison est plus grande, mais la vôtre est plus lumineuse.*

Remarque : Le pluriel de *le vôtre, la vôtre* est : les vôtres.

vouloir *verbe (v.)*

1. Vouloir, c'est avoir envie de faire quelque chose. *Sarah veut aller au cinéma.* **2.** Vouloir, c'est exiger quelque chose. *Ma mère veut que l'on arrête de faire des bêtises.* ► En vouloir à quelqu'un : c'est être fâché contre lui. *Simon m'en veut parce que j'ai abîmé son pantalon préféré.*

A B C D E F G H I J K L M N O P Q R S T U V W X Y Z

vous *pronom (pron.)*
1. *Vous* désigne la deuxième personne du pluriel. *Vous êtes très gentils.* **2.** *Vous* remplace *tu* lorsque l'on vouvoie une personne. *Vous pouvez venir, madame.*

vouvoyer *verbe (v.)*
Vouvoyer une personne, c'est s'adresser à elle en utilisant le « vous ». *Je ne vouvoie pas mes amis, je les tutoie.*

voyage *nom masculin (n. m.)*
Un voyage est un trajet que l'on fait pour aller quelque part. *Marie est partie en voyage au Mexique.*

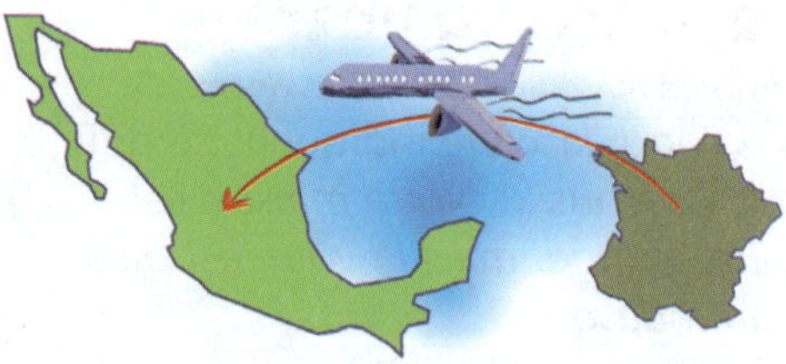

voyager *verbe (v.)*
Voyager, c'est partir quelque part. *Antoine adore voyager, il visite un pays différent chaque année.*

voyageur, voyageuse
nom masculin, féminin (n. m., f.)
Un voyageur, une voyageuse est une personne qui voyage. *Les voyageurs attendent le départ du train.*

voyelle *nom féminin (n. f.)*
Les voyelles sont une petite famille de lettres de l'alphabet. *L'alphabet compte six voyelles : a, e, i, o, u et y.*

voyou *nom masculin (n. m.)*
Un voyou est un garçon qui manque d'honnêteté et qui traîne dans la rue. *Ce garçon est un voyou ! Il ne fait que voler et tricher !*

Remarque : Le pluriel de *voyou* est : des voyous.

vrai, vraie
adjectif masculin, féminin (adj. m., f.)
1. Une chose vraie est une chose réelle. *C'est une histoire vraie !*
2. Une chose vraie est une chose authentique. *C'est un bijou en vrai or.*
Le contraire est : faux.

vraiment *adverbe (adv.)*
1. *Vraiment* veut dire *réellement* ou *véritablement. Ce film d'horreur est vraiment impressionnant.*
2. *Vraiment* signifie : très. *Léa est vraiment belle.*

vraisemblable
adjectif masculin ou féminin (adj. m. ou f.)
Ce qui est vraisemblable semble vrai ou réel. *Julien a donné une explication tellement vraisemblable que nous l'avons cru.*

vue *nom féminin (n. f.)*
La vue est le sens qui permet de voir. *Hugo n'a pas besoin de lunettes. Il a une bonne vue.*
Le synonyme est : vision.

wagon *nom masculin (n. m.)*
Un wagon est une voiture de chemin de fer qui roule sur des rails et qui est tirée par une locomotive. *Le wagon sert à transporter du courrier, du bétail ou des marchandises.*

Walkman *nom masculin (n. m.)*
Un Walkman est un appareil qui sert à écouter de la musique à l'aide d'écouteurs qu'on met sur les oreilles. *Tom court avec un Walkman sur les oreilles.*

Remarque : *Walkman* s'écrit avec une majuscule, car c'est un nom de marque. On prononce « wokman », c'est un mot anglais.

wapiti *nom masculin (n. m.)*
Le wapiti est un grand cerf qui vit en Amérique du Nord. *Le wapiti brame quand il pousse son cri.*

W.-C. *nom masculin pluriel (n. m. pl.)*
Les W.-C. sont la pièce où l'on fait ses besoins. *Manon cherche les W.-C. du restaurant.*
Le synonyme est : toilettes.

Web *nom masculin (n. m.)*
Le Web est le système qui permet d'aller sur Internet pour trouver des informations que l'on cherche. *Camille surfe sur le Web quand elle a un moment de libre.*

week-end *nom masculin (n. m.)*
Le week-end est la fin de la semaine, il comprend le samedi et le dimanche. *Tous les week-ends, je vais chez mamie.*

Remarque : *Week-end* se prononce « wikend », c'est un mot anglais.

western *nom masculin (n. m.)*
Le western est un film d'aventures avec des cow-boys et des Indiens qui se livrent des batailles. *Ce soir, on va regarder un western à la télévision.*

xylophone *nom masculin (n. m.)*
Un xylophone est un instrument de musique.

Remarque : *Xylophone* s'écrit avec un *y*.

à savoir

Le xylophone est formé de lames de différentes tailles sur lesquelles on tape avec deux petites baguettes. Chaque lame produit un son différent.

comme yaourt !

yacht *nom masculin (n. m.)*
Un yacht est un bateau luxueux qui sert à se promener en mer. *Ils ont fait une croisière sur un yacht pendant deux semaines.*

Remarque : *Yacht* se prononce « yot ».

yack *nom masculin (n. m.)*
Un yack est un grand animal avec de longs poils et de grandes cornes, vivant dans les montagnes d'Asie.

à savoir

On domestique le yack pour lui faire transporter des choses lourdes. Le yack est aussi élevé pour son lait, sa viande et sa fourrure épaisse et soyeuse.

yaourt *nom masculin (n. m.)*
Le yaourt est du lait fermenté qui s'épaissit et qui se mange nature, sucré ou aux fruits. *Élisa a mangé un yaourt à la fraise en dessert.*

yéti *nom masculin (n. m.)*
Le yéti est un animal légendaire qui habite dans la montagne de l'Himalaya. *On appelle le yéti « l'abominable homme des neiges ».*

yeux *nom masculin pluriel (n. m. pl.)*

Les yeux sont ce qui nous permet de voir. *On ferme les yeux pour dormir. Karine a les yeux bleus.*

Remarque : *Yeux* est le pluriel de *œil*.

coin lecture

« Ami, dit l'un, tes yeux sont meilleurs que les miens : Porte un peu tes regards sur ces plaines profondes ; j'y crois voir quelque chose. Est-ce un bœuf, un cheval ? - Eh ! qu'importe quel animal ? » *Les Deux Chiens et l'Âne mort.*
Jean de La Fontaine.

yoghourt ou yogourt
nom masculin (n. m.)

Yoghourt ou *yogourt* est une autre façon d'écrire le mot *yaourt*.

Yo-Yo *nom masculin (n. m.)*

Le Yo-Yo est un jouet rond avec un fil qui s'enroule autour que l'on s'amuse à faire monter et descendre. *Dimitri joue au Yo-Yo.*

Remarque : Yo-Yo s'écrit avec deux majuscules (c'est un nom de marque) et un tiret.
Au pluriel, il s'écrit de la même façon : des Yo-Yo.

zapper *verbe (v.)*

Zapper, c'est passer rapidement d'une chaîne de télévision à une autre avec une télécommande. *Pendant la publicité, il aime bien zapper pour voir ce qu'il y a sur les autres chaînes.*

zèbre *nom masculin (n. m.)*

Un zèbre est un animal sauvage qui a des rayures noires et d'autres blanches et qui vit dans la savane africaine. *Le zèbre est un cousin du cheval.*

zébré, zébrée
adjectif masculin, féminin (adj. m., f.)

Quelque chose qui est zébré a des rayures comme celles du zèbre. *Clara a mis des chaussettes zébrées.*

zéro *nom masculin (n. m.)*

Zéro est un nombre qui n'a aucune valeur et s'écrit 0. *Noémie a eu zéro en lecture, elle n'a eu aucun point.*

zigzag *nom masculin (n. m.)*

Un zigzag est une ligne brisée en forme de Z. *Théo a couru en faisant des zigzags pour éviter les arbres.*

zigzaguer *verbe (v.)*

Zigzaguer, c'est faire des zigzags. *Avec son vélo, Nathan zigzague entre les poteaux.*

zone *nom féminin (n. f.)*

Une zone est un endroit précis dans une ville. *Il travaille dans la zone industrielle. Nous sommes dans une zone piétonne, il n'y a pas de voitures.*

zoo *nom masculin (n. m.)*

Le zoo est un parc où se trouvent toutes sortes d'animaux que l'on peut aller voir. *Les singes du zoo m'ont beaucoup fait rire.*

zut ! *interjection (interj.)*

Zut est un mot que l'on dit quand on est embêté ou en colère. *Zut ! J'ai fait une rature.*

ATLAS

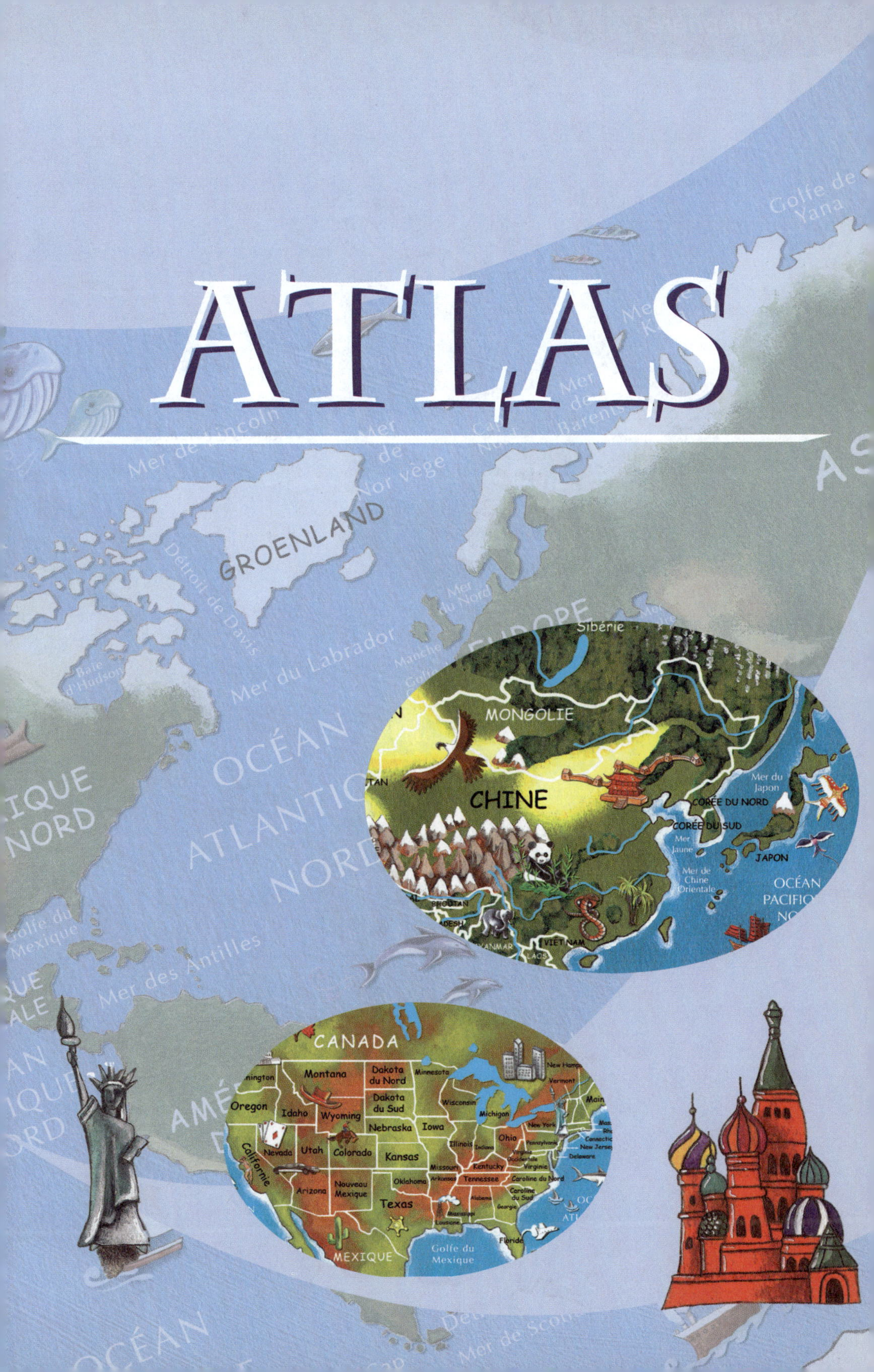

Golfe de Yana
Mer de Lincoln
Mer de Norvège
Mer de Barents
GROENLAND
Détroit de Davis
Baie d'Hudson
Mer du Labrador
Mer du Nord
EUROPE
OCÉAN ATLANTIQUE NORD
Golfe du Mexique
Mer des Antilles
Sibérie
MONGOLIE
CHINE
Mer du Japon
CORÉE DU NORD
CORÉE DU SUD
Mer Jaune
JAPON
Mer de Chine Orientale
OCÉAN PACIFIQUE
VIET NAM
CANADA
Montana
Dakota du Nord
Minnesota
Dakota du Sud
Oregon
Idaho
Wyoming
Wisconsin
Michigan
Nebraska
Iowa
Nevada
Utah
Colorado
Kansas
Illinois
Ohio
California
Missouri
Kentucky
Virginie
Arizona
Nouveau Mexique
Oklahoma
Arkansas
Tennessee
Caroline du Nord
Caroline du Sud
Texas
Floride
MEXIQUE
Golfe du Mexique
OCÉAN

Mer de Beaufort
Détroit de Béring
Mer de Lincoln
Mer de Norvège
Cap Nord
GROENLAND
Détroit de Davis
Baie d'Hudson
Golfe d'Alaska
AMÉRIQUE DU NORD
Mer du Labrador
Mer du Nord
Manche
Golfe de Gascogne
EUROPE
OCÉAN ATLANTIQUE NORD
Mer Méditerranée
Golfe du Mexique
AMÉRIQUE CENTRALE
AFRIQUE
Mer des Antilles
OCÉAN PACIFIQUE NORD
Golfe de Guinée
AMÉRIQUE DU SUD
OCÉAN ATLANTIQUE SUD
Cap de Bonne-Espérance
OCÉAN PACIFIQUE SUD
Détroit de Magellan
Cap Horn
Mer de Scotia
Mer Amundsen
Mer de Bellingshausen
Mer de Weddell

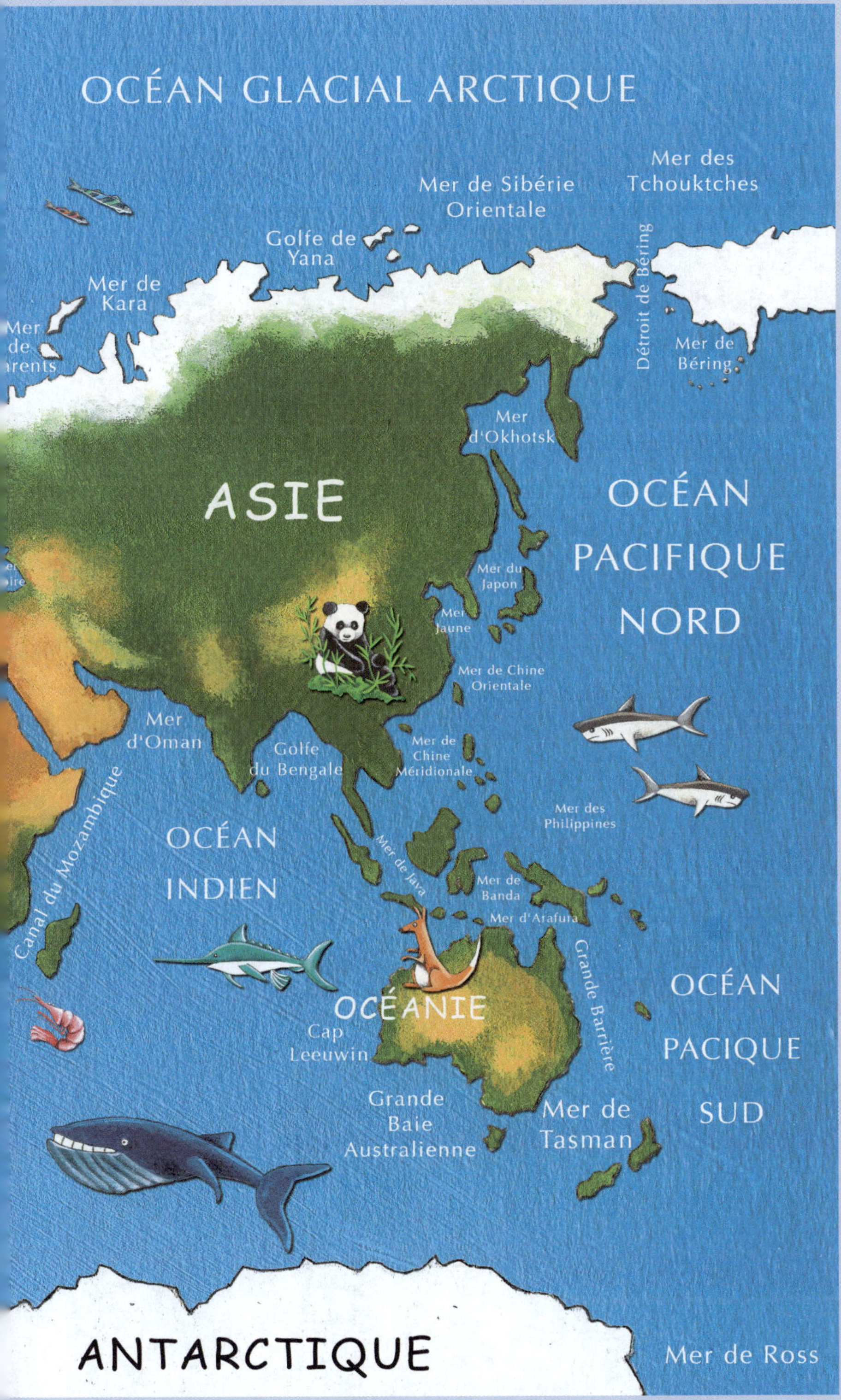
OCÉAN GLACIAL ARCTIQUE
Mer des Tchouktches
Mer de Sibérie Orientale
Golfe de Yana
Mer de Kara
Détroit de Béring
Mer de Béring
Mer d'Okhotsk
ASIE
OCÉAN PACIFIQUE NORD
Mer du Japon
Mer Jaune
Mer de Chine Orientale
Mer d'Oman
Golfe du Bengale
Mer de Chine Méridionale
Mer des Philippines
Canal du Mozambique
OCÉAN INDIEN
Mer de Java
Mer de Banda
Mer d'Arafura
Grande Barrière
OCÉANIE
Cap Leeuwin
OCÉAN PACIQUE SUD
Grande Baie Australienne
Mer de Tasman
ANTARCTIQUE
Mer de Ross

TURQUIE
IRAQ
KOWEIT
ARABIE
SAOUDITE
YEMEN
Golfe d'Aden
LIBAN
PALESTINE
JORDANIE
ISRAËL
CHYPRE
Mer Rouge
DJIBOUTI
ÉRYTHRÉE
ÉTHIOPIE
SOMALIE
KENYA
OUGANDA
TANZANIE
RWANDA
BURUNDI
Mer Méditerranée
ÉGYPTE
SOUDAN
SOUDAN DU SUD
LIBYE
TCHAD
RÉPUBLIQUE CENTRAFRICAINE
RÉPUBLIQUE DÉMOCRATIQUE DU CONGO
RÉPUBLIQUE DU CONGO
GABON
CAMEROUN
MALTE
TUNISIE
NIGER
NIGERIA
ALGÉRIE
MALI
BÉNIN
TOGO
GHANA
BURKINA FASO
CÔTE D'IVOIRE
LIBERIA
SIERRA LEONE
GUINÉE
GUINÉE BISSAO
GAMBIE
SÉNÉGAL
MAURITANIE
SAHARA OCCIDENTAL
MAROC
ESPAGNE
PORTUGAL
Détroit de Gibraltar
Canaries
Golfe de Guinée
SAO TOME-ET-PRINCIPE
GUINÉE ÉQUATORIALE

Golfe de Guinée
SAO TOME-ET-PRINCIPE
GUINÉE ÉQUATORIALE
OCÉAN
ATLANTIQUE
SUD
CAMEROUN
GABON
RÉPUBLIQUE DU CONGO
RÉPUBLIQUE CENTRAFRICAINE
RÉPUBLIQUE DÉMOCRATIQUE DU CONGO
ANGOLA
NAMIBIE
BOTSWANA
AFRIQUE DU SUD
Cap de
Bonne-Espérance
ZAMBIE
ZIMBABWE
LESOTHO
SWAZILAND
MOZAMBIQUE
MALAWI
TANZANIE
RWANDA
BURUNDI
OUGANDA
SOUDAN DU SUD
KENYA
ÉTHIOPIE
SOMALIE
Canal du Mozambique
MADAGASCAR
SEYCHELLES
MAURICE
RÉUNION
OCÉAN INDIEN

Détroit du Danemark
Mer du Labrador
OCÉAN ATLANTIQUE NORD
Baie de Baffin
Détroit de Davis
Bassin de Foxe
Baie d'Hudson
BAHAMAS
CUBA
Golfe du Mexique
MEXIQUE
ÉTATS-UNIS D'AMÉRIQUE
CANADA
Mer de Beaufort
Golfe d'Alaska
ALASKA
OCÉAN PACIFIQUE NORD

OCÉAN ATLANTIQUE
BERMUDES
BAHAMAS
RÉPUBLIQUE DOMINICAINE
HAÏTI
ILES VIERGES BRITANNIQUES
PORTO-RICO
ILES VIERGES AMÉRICAINES
GUADELOUPE
MARTINIQUE
DOMINIQUE
STE LUCIE
GRENADE
ANTILLES NÉERLANDAISES
AMÉRIQUE DU SUD
MER DES ANTILLES
JAMAÏQUE
CUBA
CAÏMAN
ÉTATS-UNIS
Golfe du Mexique
BELIZE
HONDURAS
NICARAGUA
COSTA RICA
PANAMA
GUATEMALA
SALVADOR
MEXIQUE
OCÉAN PACIFIQUE

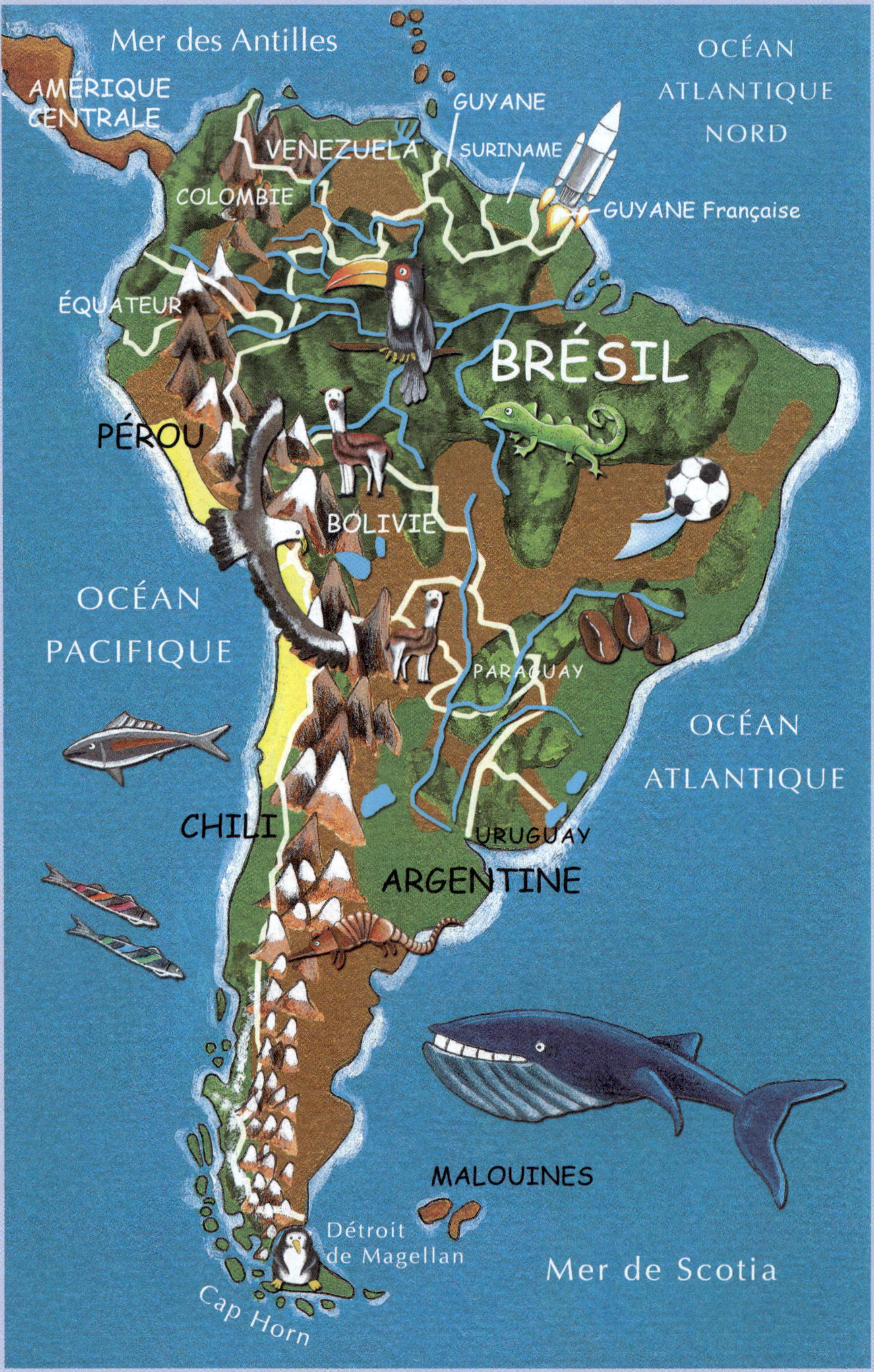

Mer des Antilles
OCÉAN
ATLANTIQUE
NORD
AMÉRIQUE
CENTRALE
GUYANE
VENEZUELA
SURINAME
COLOMBIE
GUYANE Française
ÉQUATEUR
BRÉSIL
PÉROU
BOLIVIE
OCÉAN
PACIFIQUE
PARAGUAY
OCÉAN
ATLANTIQUE
CHILI
URUGUAY
ARGENTINE
MALOUINES
Détroit
de Magellan
Mer de Scotia
Cap Horn

CANADA
OCÉAN ATLANTIQUE
OCÉAN PACIFIQUE
Golfe du Mexique
MEXIQUE
BAHAMAS
HAWAII
Maine
New Hampshire
Vermont
Massachussets
Rhode Island
Connecticut
New Jersey
Delaware
New York
Pennsylvanie
Virginie Occidentale
Virginie
Caroline du Nord
Caroline du Sud
Georgie
Floride
Ohio
Michigan
Indiana
Kentucky
Tennessee
Alabama
Mississippi
Lousiane
Illinois
Wisconsin
Minnesota
Iowa
Missouri
Arkansas
Oklahoma
Texas
Kansas
Nebraska
Dakota du Sud
Dakota du Nord
Montana
Wyoming
Colorado
Nouveau Mexique
Arizona
Utah
Idaho
Nevada
Californie
Oregon
Washington

OCÉAN PACIFIQUE
Mer de Chine Orientale
PHILIPPINES
Mer des Philippines
PALAU
PAPOUASIE NOUVELLE-GUINÉE
Mer d'Arafura
TIMOR
Mer de Banda
Mer de Java
INDONÉSIE
BRUNEI
MALAISIE
Mer de Chine Méridionale
CHINE
VIÊT NAM
LAOS
CAMBODGE
THAÏLANDE
MYANMAR
BANGLADESH
BHOUTAN
NÉPAL
INDE
Golfe du Bengale
OCÉAN INDIEN

RUSSIE
Sibérie
MONGOLIE
KAZAKHSTAN
CHINE
KIRGHIZTAN
TADJIKISTAN
AFGHANISTAN
CACHEMIRE
PAKISTAN
NÉPAL
BHOUTAN
BANGLADESH
INDE
MYANMAR
LAOS
VIÊTNAM
CORÉE DU NORD
CORÉE DU SUD
Mer du Japon
JAPON
Mer Jaune
Mer de Chine Orientale
OCÉAN PACIFIQUE NORD

CHINE
CACHEMIRE
NÉPAL
BHOUTAN
BANGLADESH
INDE
Golfe du Bengale
SRI LANKA
MALDIVES
Mer d'Oman
OUZBÉKISTAN
TADJIKISTAN
TURMÉNISTAN
AFGHANISTAN
PAKISTAN
IRAN
Mer Caspienne
AZERBAÏDJAN
ARMÉNIE
GÉORGIE
TURQUIE
CHYPRE
SYRIE
LIBAN
ISRAËL
JORDANIE
IRAQ
ARABIE SAOUDITE
Golfe Persique
BAHREÏN
QATAR
ÉMIRATS ARABES UNIS
OMAN
YÉMEN
Mer Rouge
ÉGYPTE
SOUDAN
ÉRYTHRÉE
ÉTHIOPIE
SOMALIE
KENYA
OUGANDA

INDONÉSIE
Mer de Banda
TIMOR
PAPOUASIE NOUVELLE GUINÉE
Mer d'Arafura
NAURU
TUVALU
SAMOA
TONGA
FIDJI
VANUATU
NOUVELLE-CALÉDONIE
Grande Barrière
AUSTRALIE
OCÉAN PACIFIQUE
NOUVELLE-ZÉLANDE
TASMANIE
Mer de Tasman
Grande Baie Australienne
Cap Leeuwin
OCÉAN INDIEN
ANTARCTIQUE

Détroit du Danemark
Mer de Norvège
ISLANDE
OCÉAN ATLANTIQUE NORD
ROYAUME-UNI
NORVÈGE
Mer du Nord
DANEMARK
PAYS-BAS
IRLANDE
BELGIQUE
LUXEMBOURG
FRANCE
SUISSE
Golfe de Gascogne
ESPAGNE
PORTUGAL
Détroit de Gibraltar
AFRIQUE

Cap Nord
Mer de Barents
FINLANDE
UEDE
ESTONIE
RUSSIE
LETTONIE
LITUANIE
POLOGNE
BIÉLORUSSIE
UBLIQUE
HÈQUE
SLOVAQUIE
UKRAINE
RICHE
MOLDAVIE
HONGRIE
OVÉNIE
BOSNIE
ROUMANIE
CROATIE
SERBIE ET
Mer Noire
BULGARIE
MACÉDOINE
ALBANIE
ALIE
GRÈCE
Mer Caspienne
ASIE
MALTE
er Méditerranée

Achevé d'imprimer
en mars 2013 en Chine